AF565875

DIE KATZEN DES LOUVRE

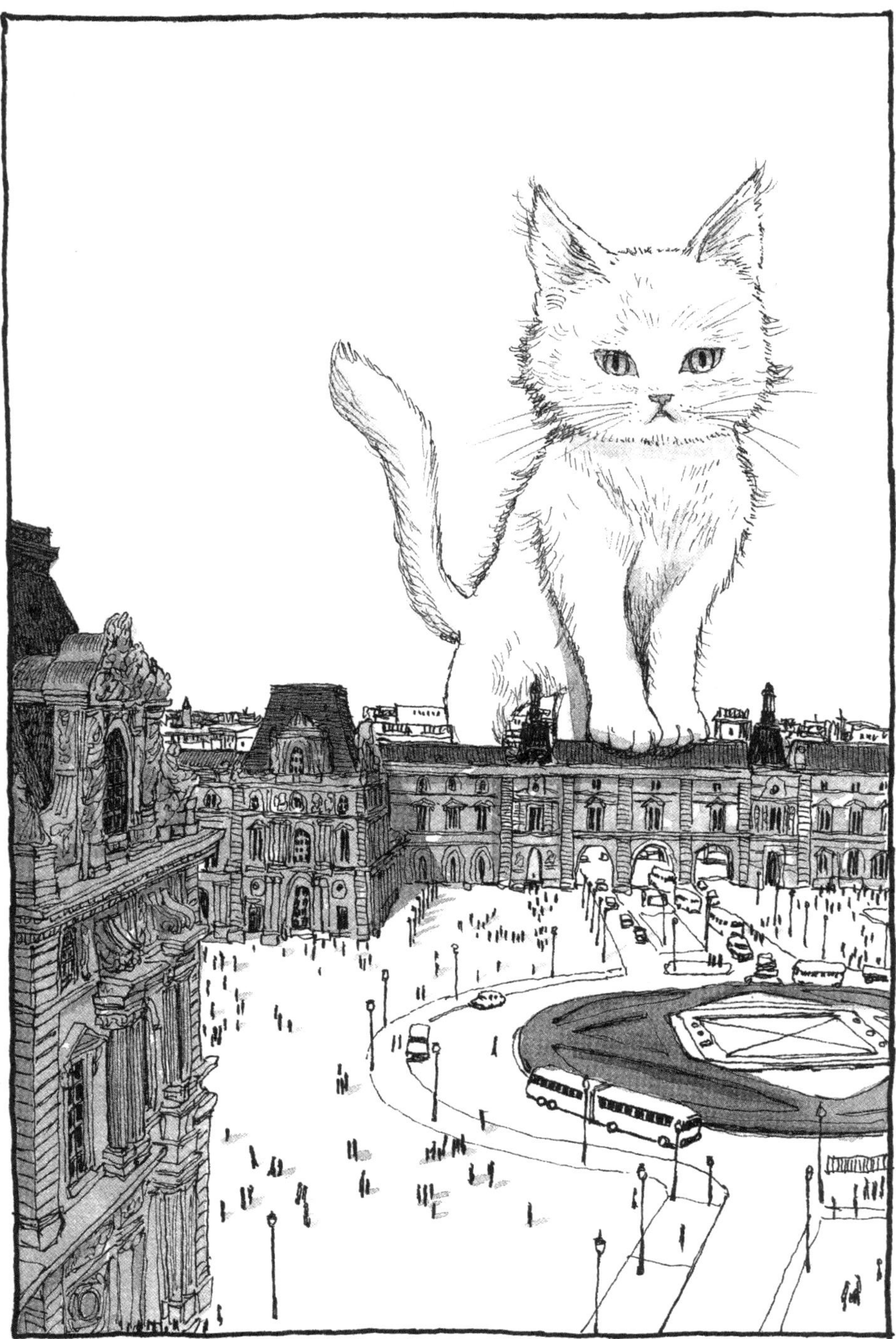

TAIYO MATSUMOTO

DIE KATZEN DES LOUVRE

REPRODUKT

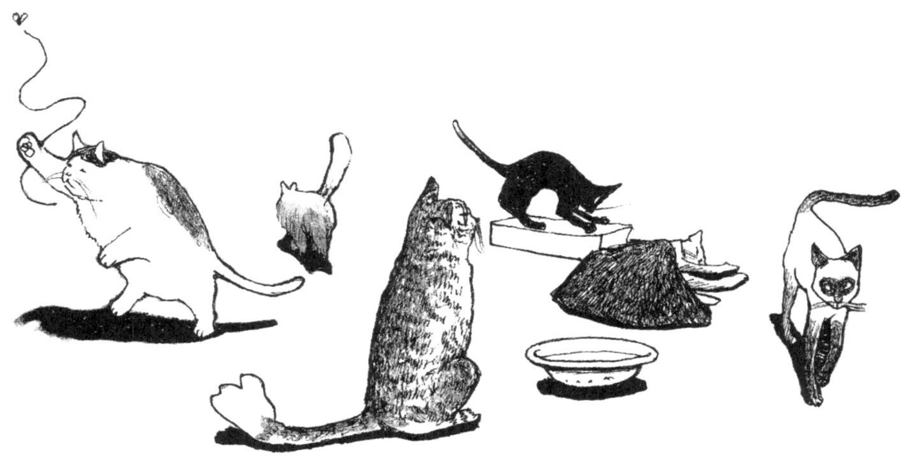

INHALT

Erster Teil

Zweiter Teil

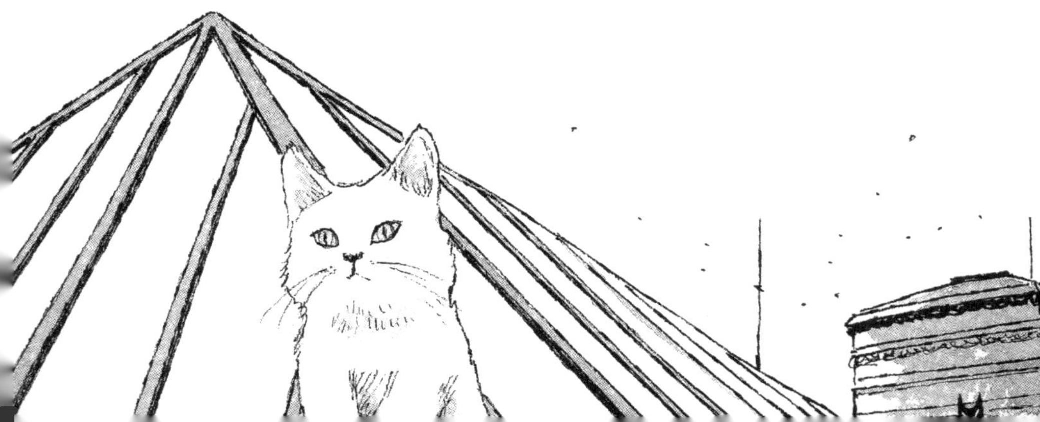

ERSTER TEIL

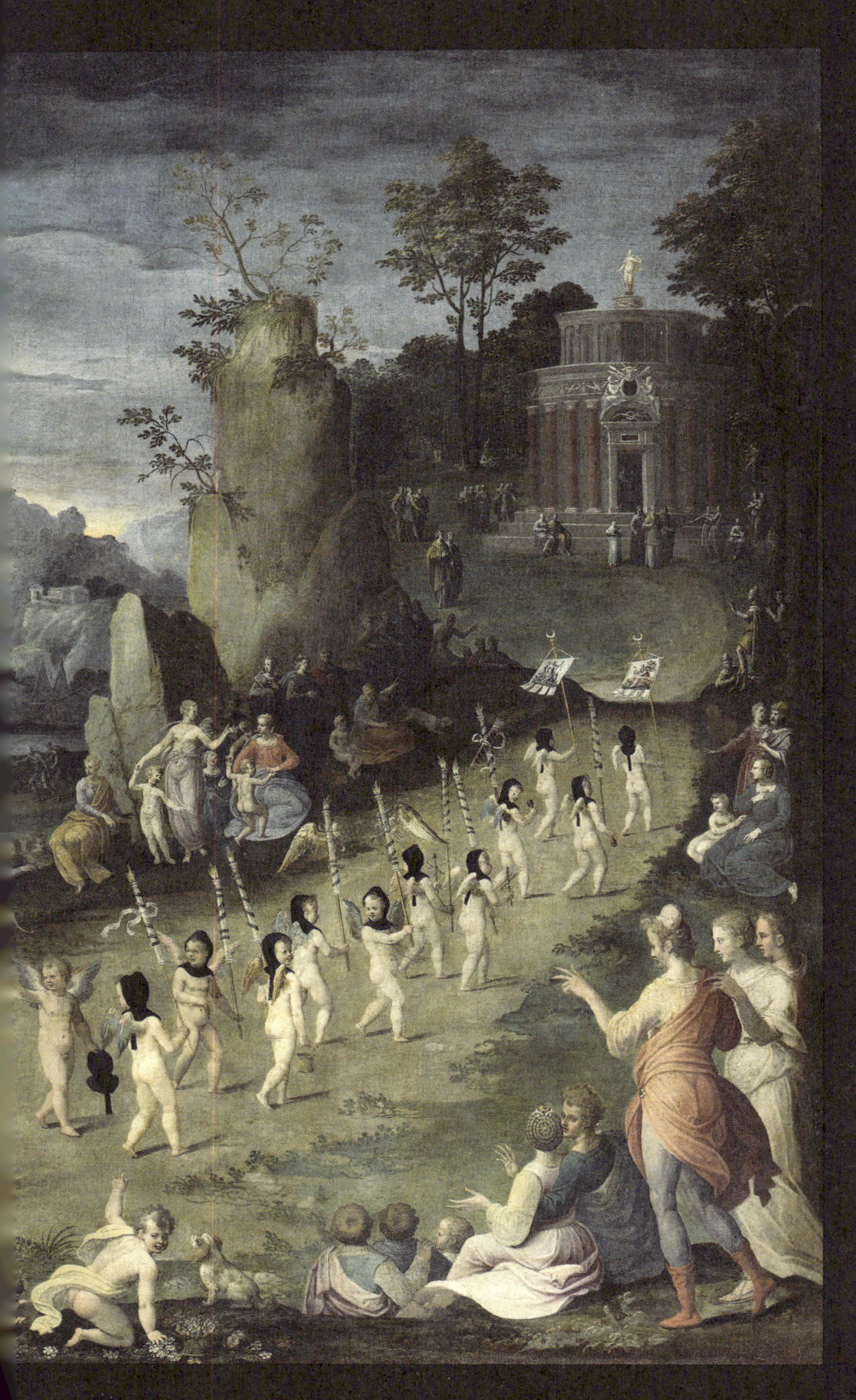

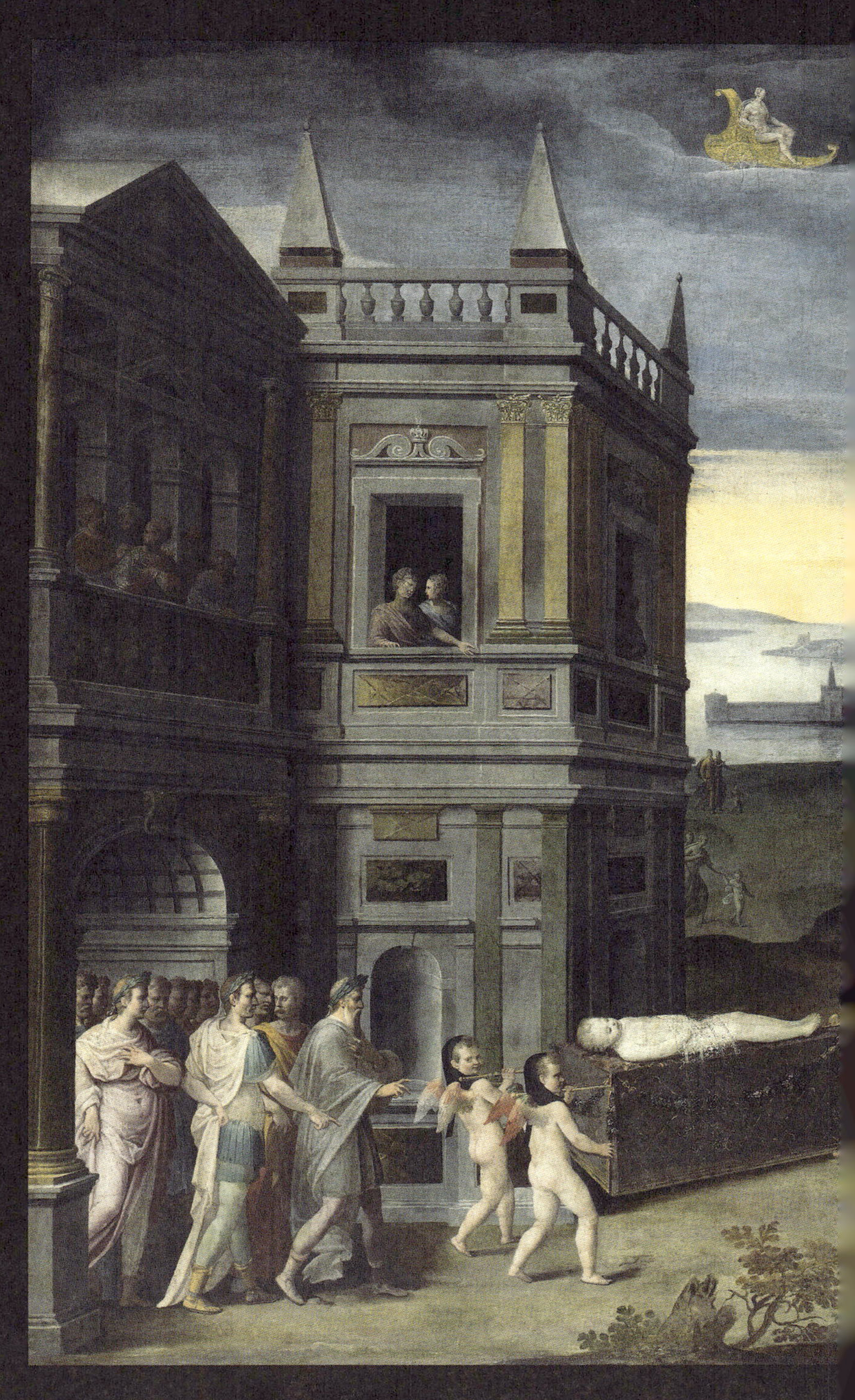

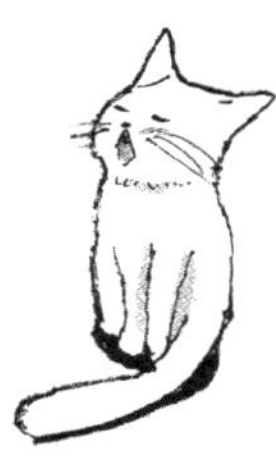

Abbildung auf der vorangegangenen Doppelseite:
Les Funérailles de l'Amour (Der Trauerzug Amors),
ca. 1580, Louvre-Museumssammlung

Henri Lerambert zugeschrieben (bekannt in Fontainebleau 1568–1570 – Paris, 1608),
Mitarbeiter von Antoine Caron. Paris, musée du Louvre, département des Peintures

FRÜHLING

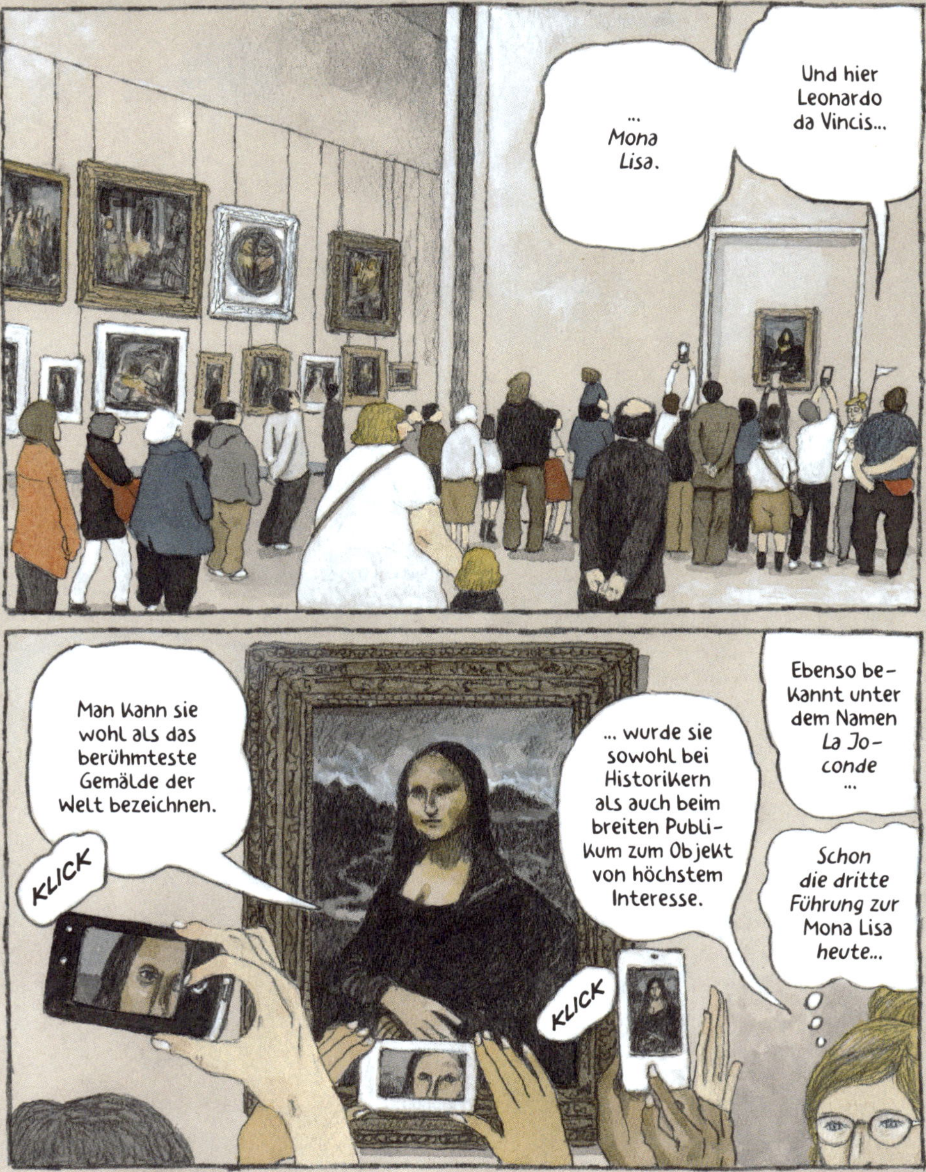

Und hier Leonardo da Vincis...

... Mona Lisa.

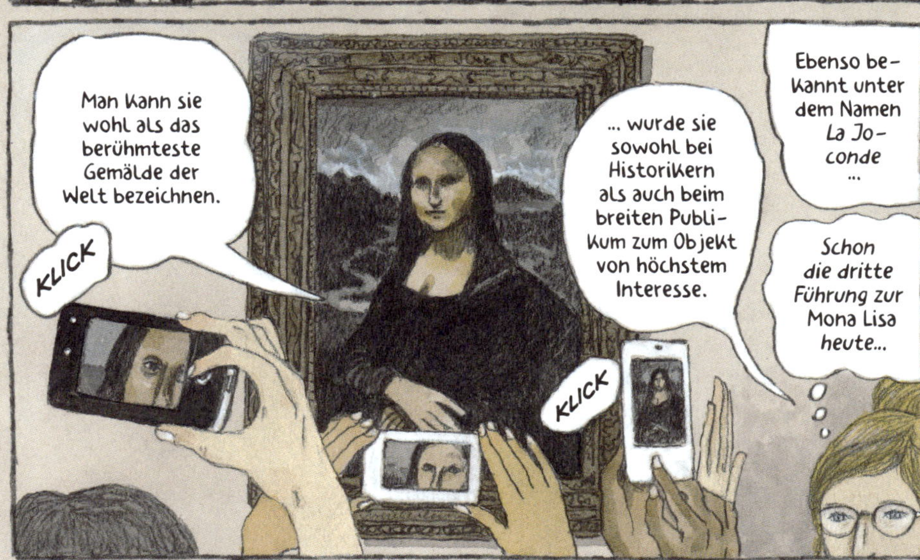

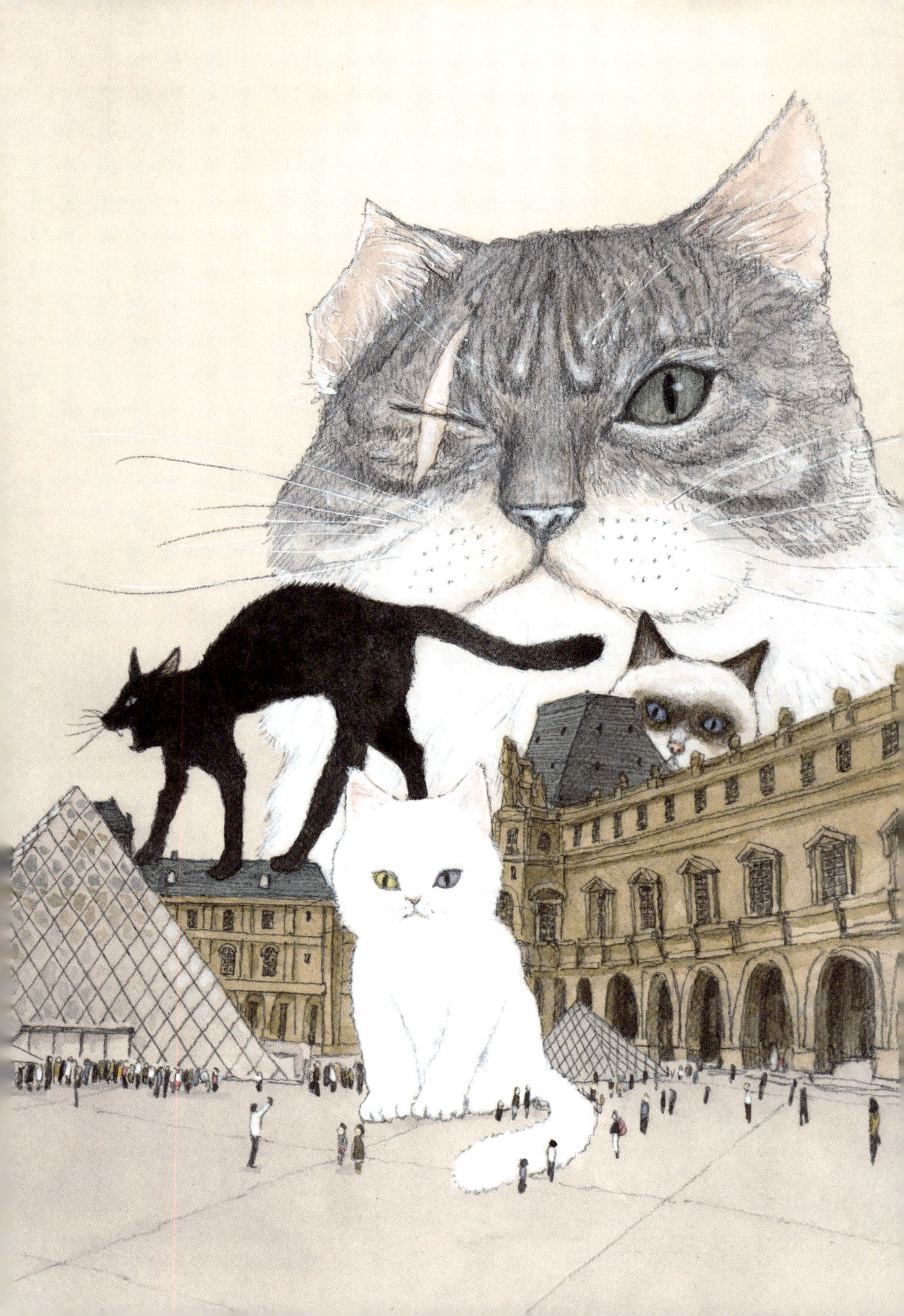

Kapitel 1

DAS GEHEIMNIS DES DACHBODENS

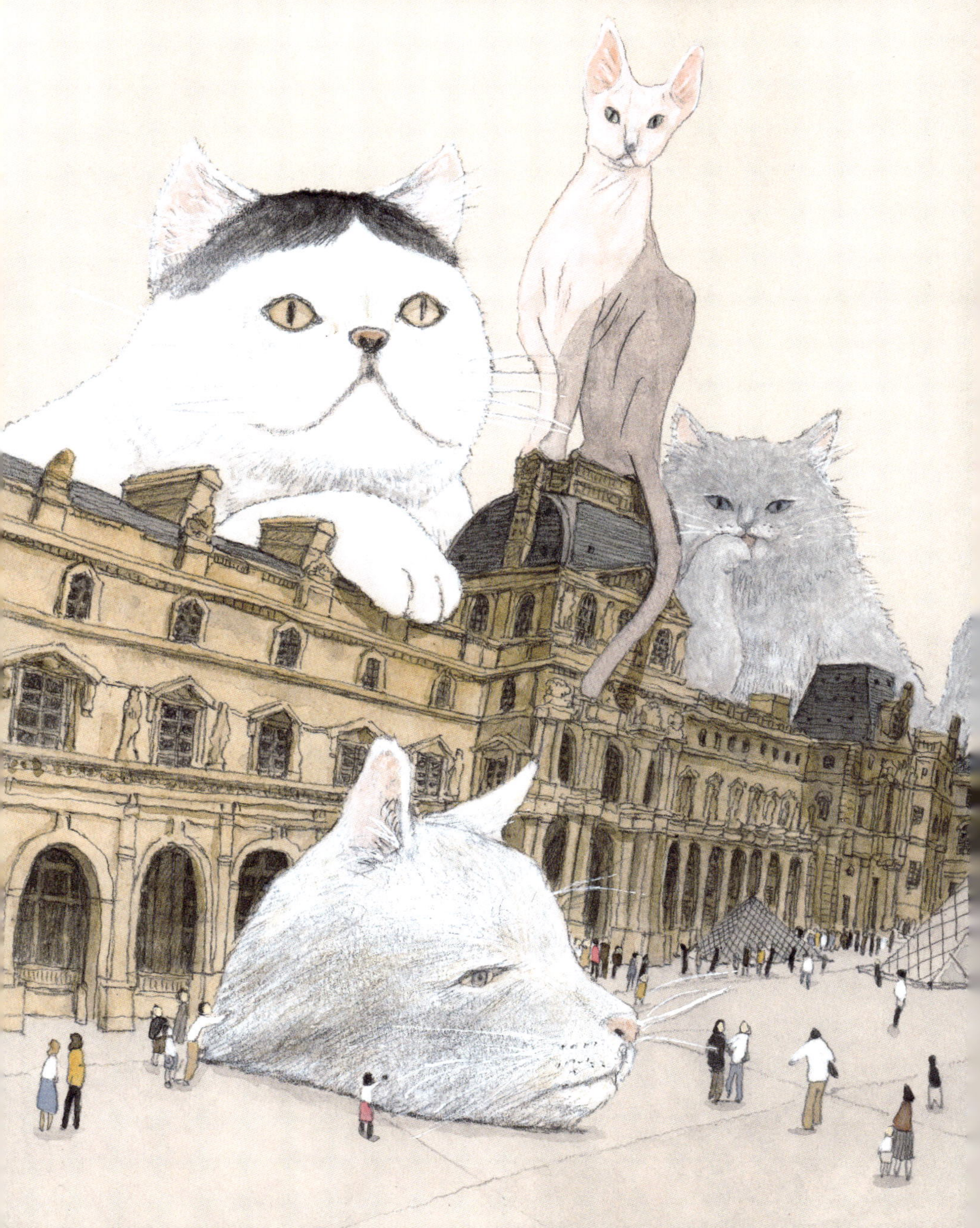

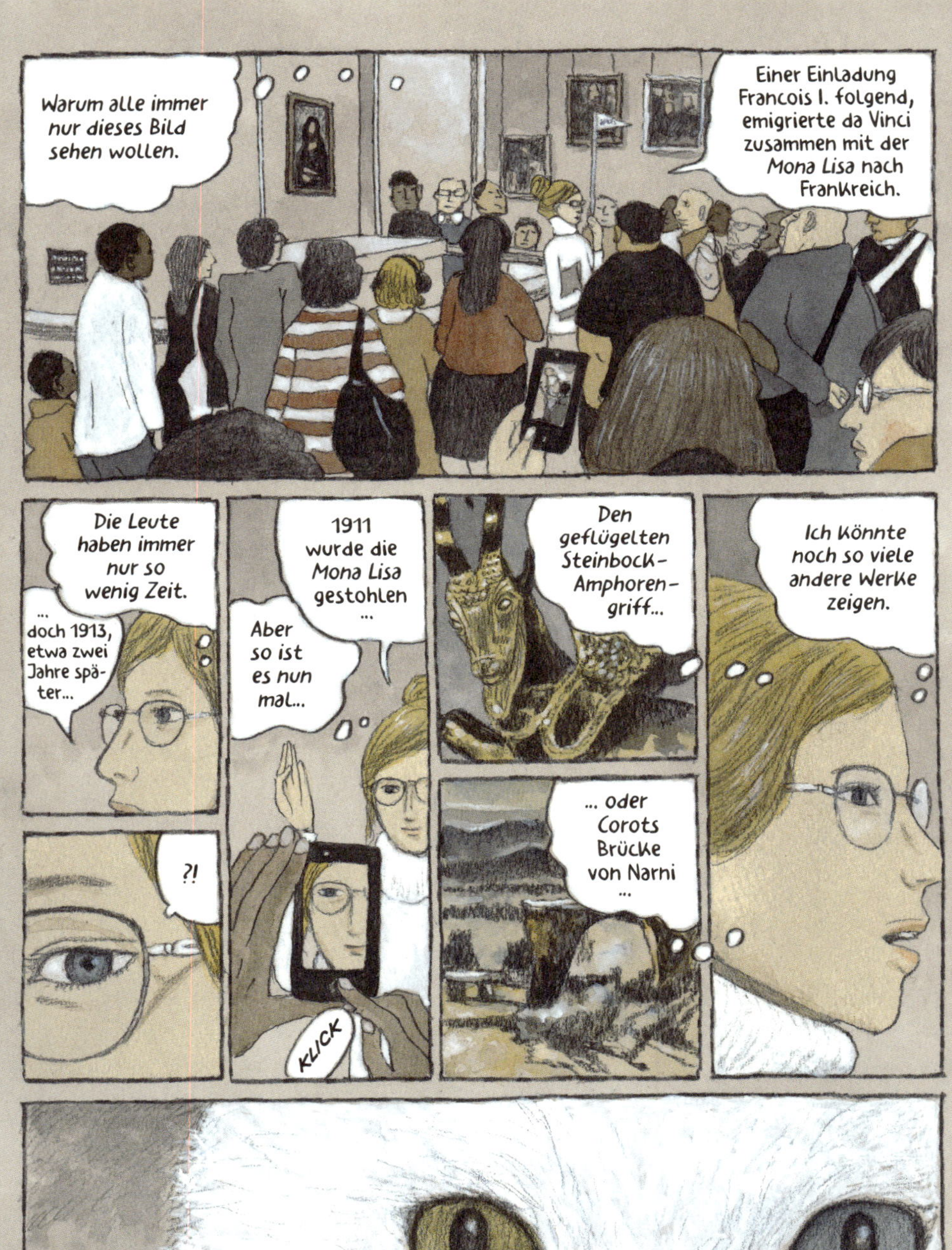
Warum alle immer nur dieses Bild sehen wollen.
Einer Einladung Francois I. folgend, emigrierte da Vinci zusammen mit der Mona Lisa nach Frankreich.
Die Leute haben immer nur so wenig Zeit.
... doch 1913, etwa zwei Jahre später...
1911 wurde die Mona Lisa gestohlen ...
Aber so ist es nun mal...
Den geflügelten Steinbock-Amphorengriff...
... oder Corots Brücke von Narni ...
Ich könnte noch so viele andere Werke zeigen.
?!
KLICK

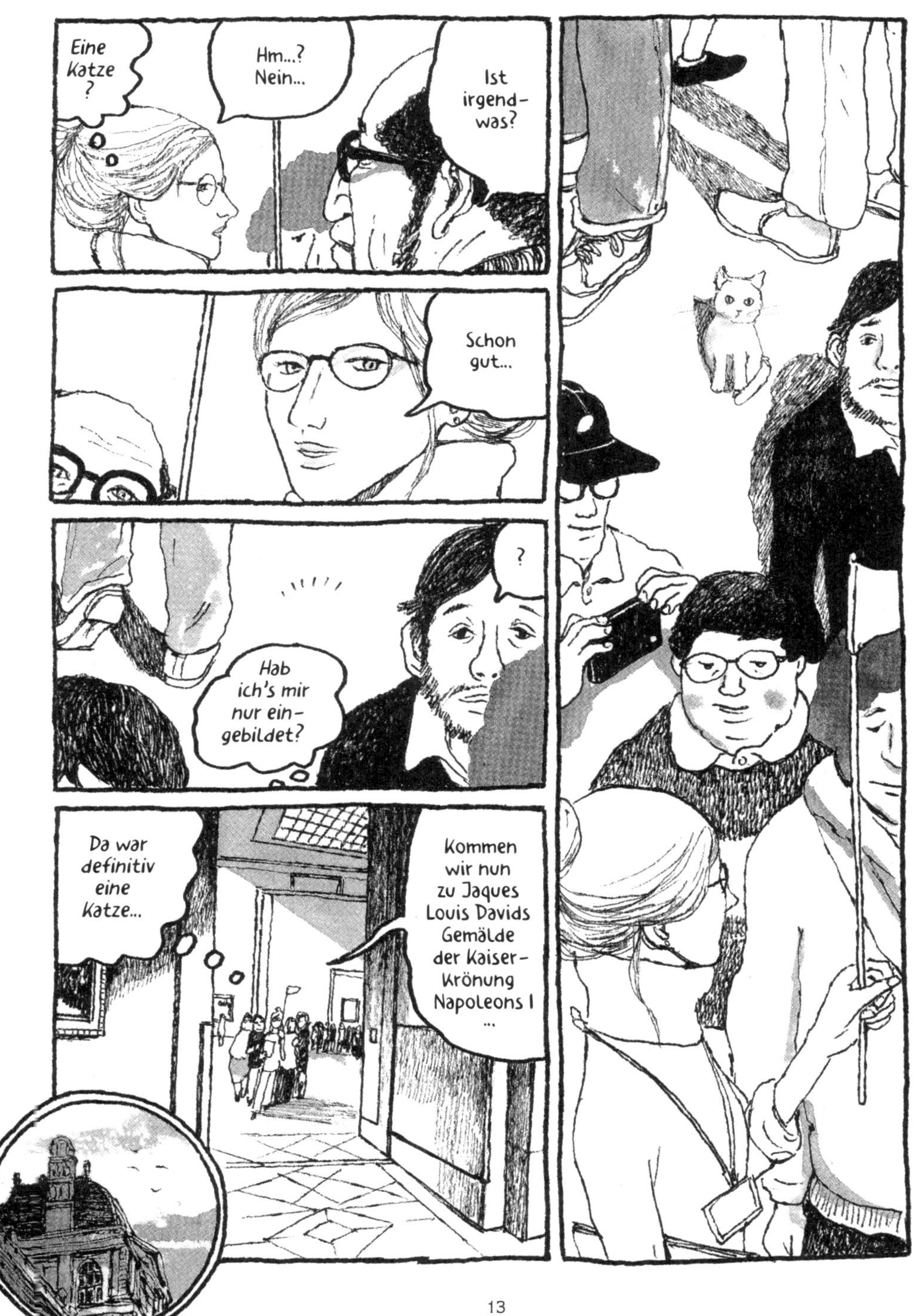
Eine Katze ?
Hm...? Nein...
Ist irgend-was?
Schon gut...
?
Hab ich's mir nur ein-gebildet?
Da war definitiv eine Katze...
Kommen wir nun zu Jaques Louis Davids Gemälde der Kaiser-Krönung Napoleons I ...

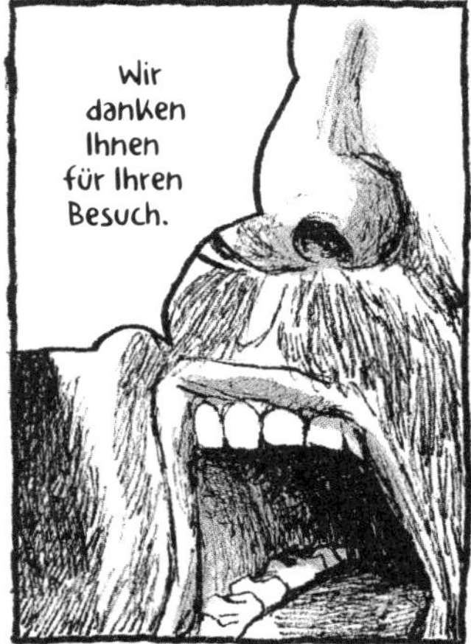
Wir danken Ihnen für Ihren Besuch.

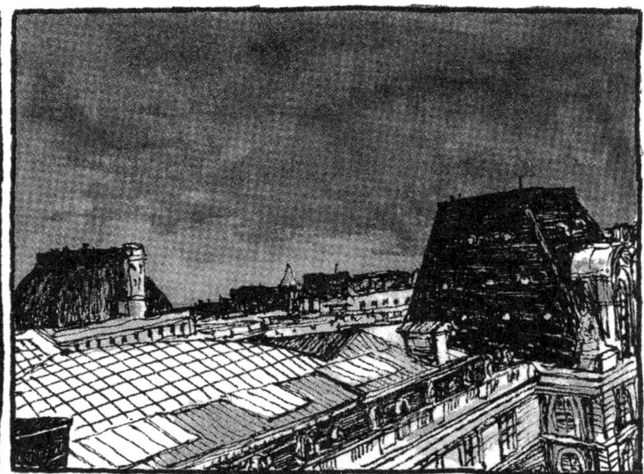

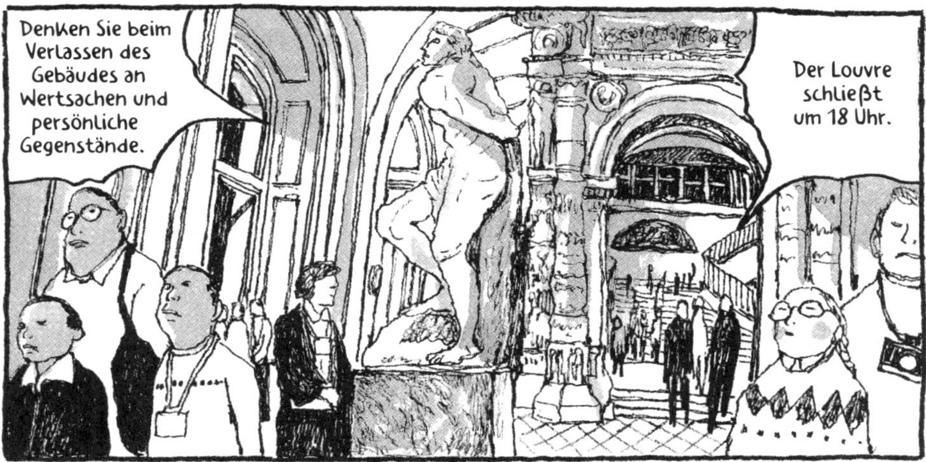
Denken Sie beim Verlassen des Gebäudes an Wertsachen und persönliche Gegenstände.
Der Louvre schließt um 18 Uhr.

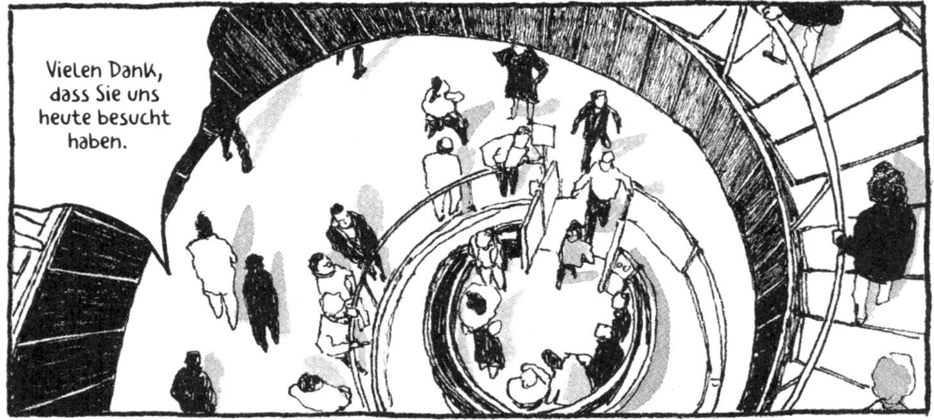
Vielen Dank, dass Sie uns heute besucht haben.

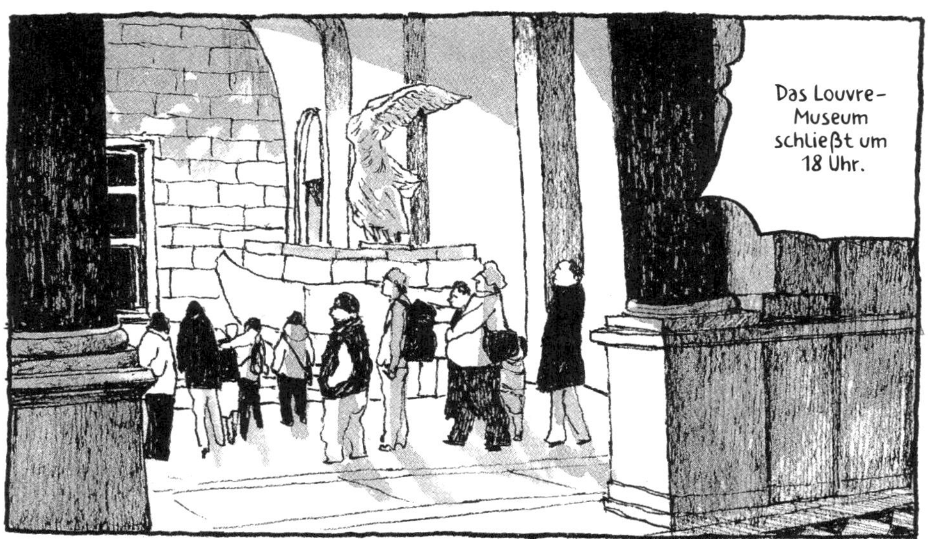
Das Louvre-Museum schließt um 18 Uhr.

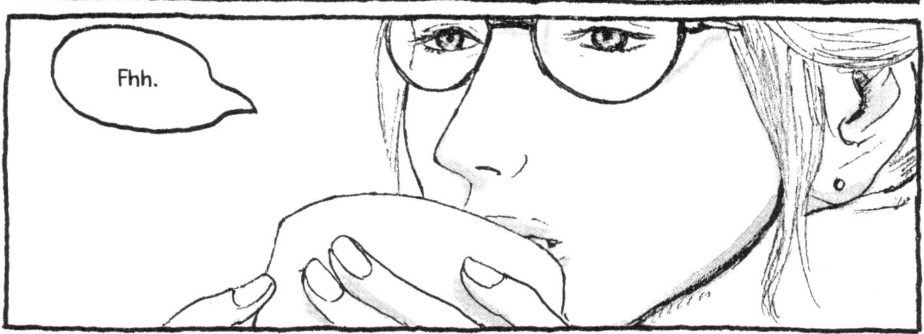
Fhh.

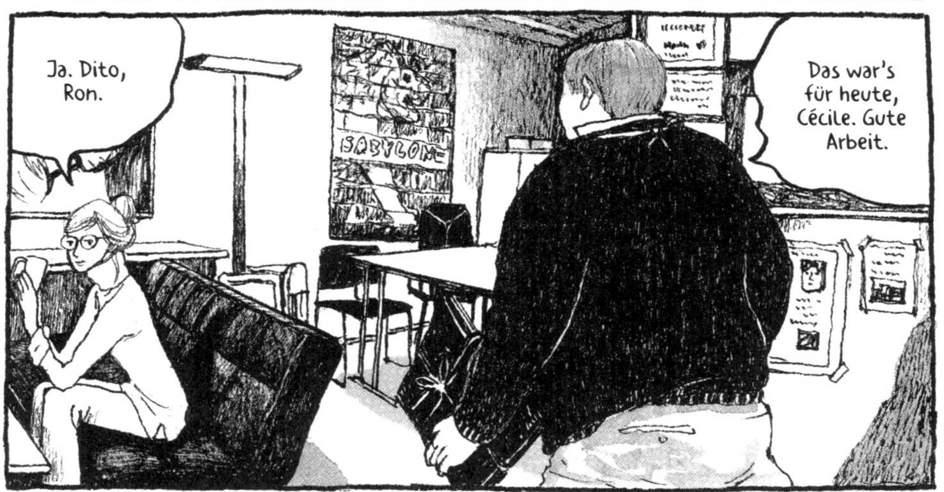
Das war's für heute, Cécile. Gute Arbeit.
Ja. Dito, Ron.
BABYLONE

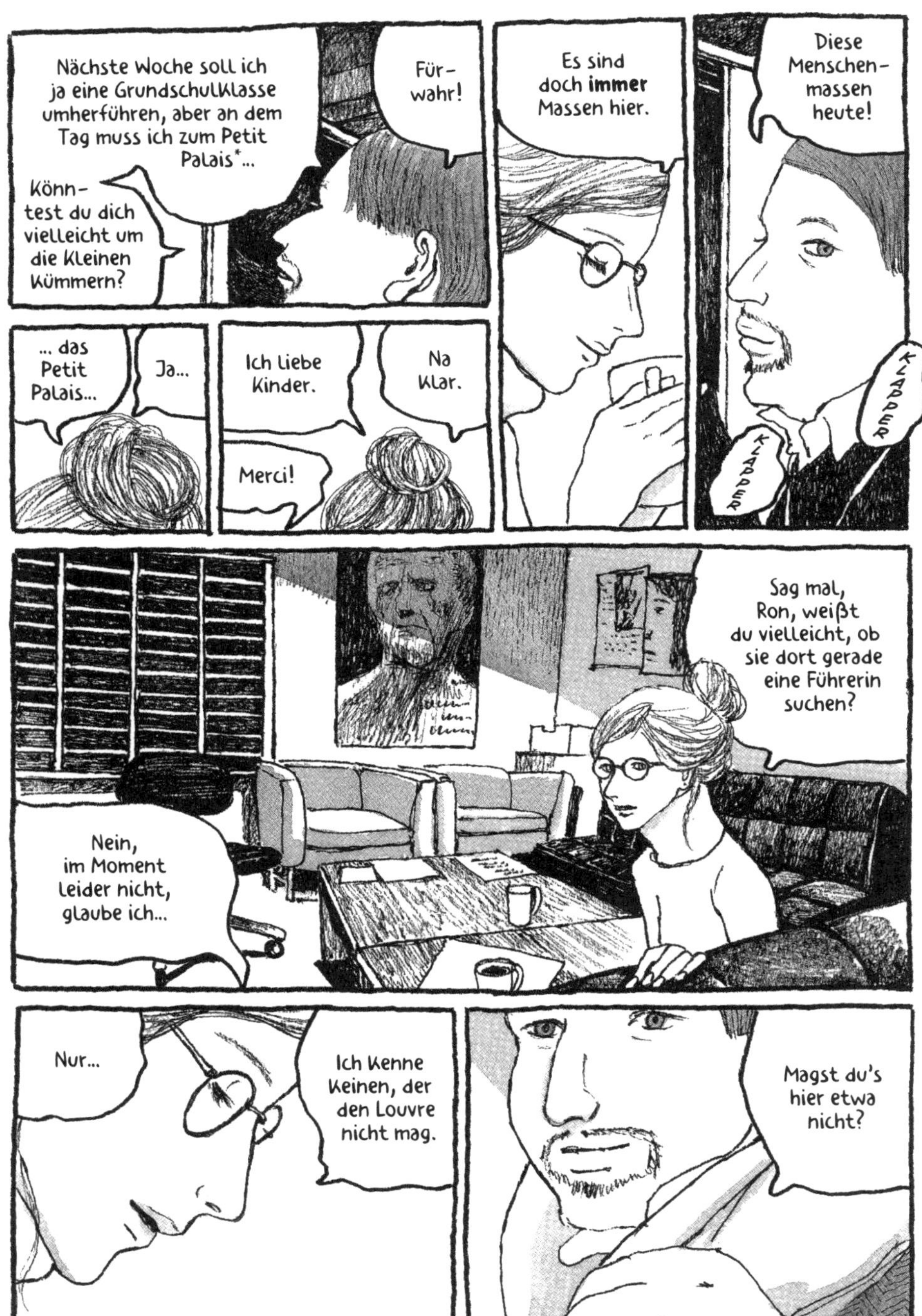

* Kunstmuseum im 8. Arrondissement von Paris

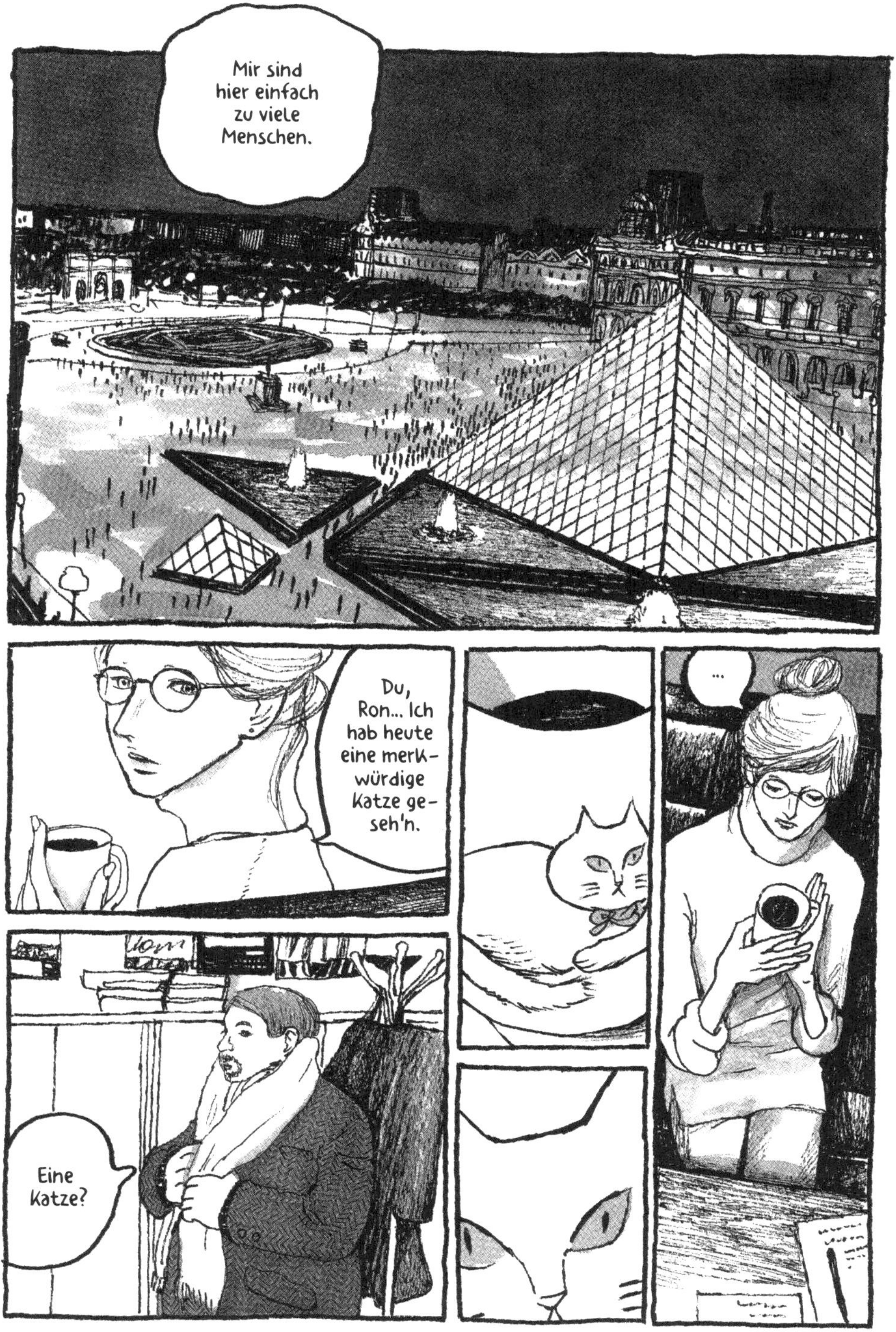

Mir sind hier einfach zu viele Menschen.

Du, Ron... Ich hab heute eine merkwürdige Katze geseh'n.

...

Eine Katze?

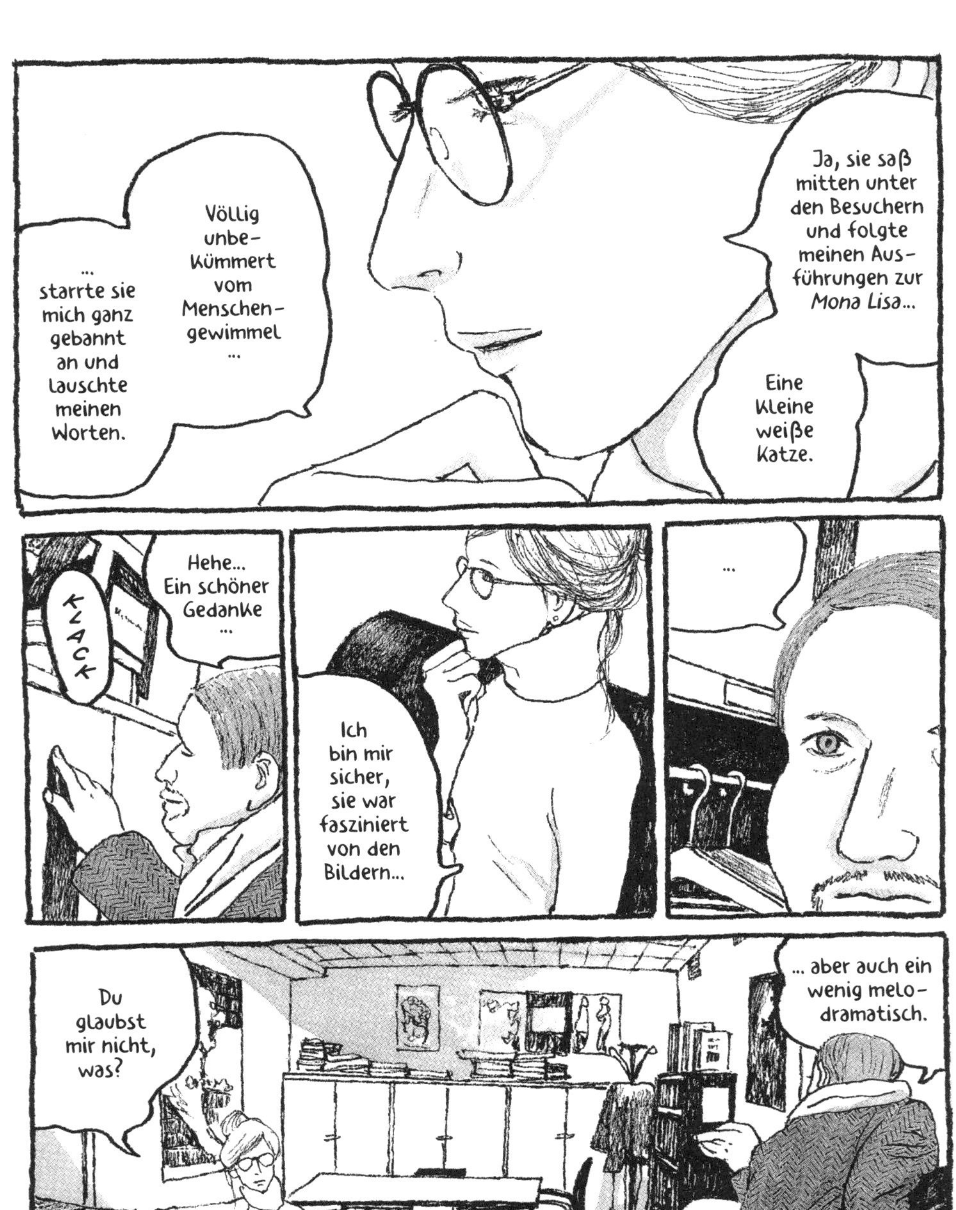
Ja, sie saß mitten unter den Besuchern und folgte meinen Ausführungen zur *Mona Lisa*...
Eine kleine weiße Katze.
Völlig unbekümmert vom Menschengewimmel ...
... starrte sie mich ganz gebannt an und lauschte meinen Worten.
KLACK
Hehe... Ein schöner Gedanke ...
Ich bin mir sicher, sie war fasziniert von den Bildern...
...
... aber auch ein wenig melodramatisch.
Du glaubst mir nicht, was?

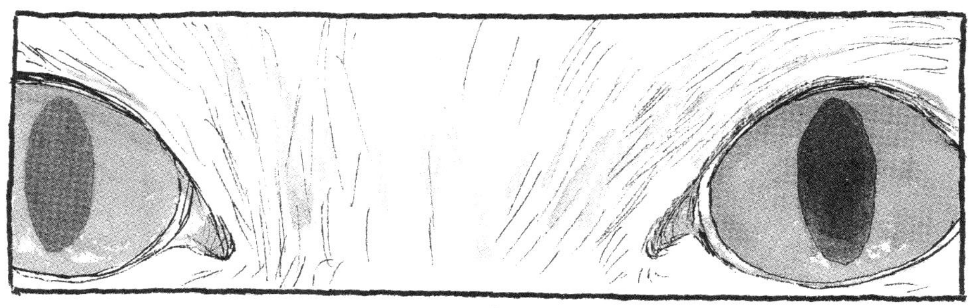

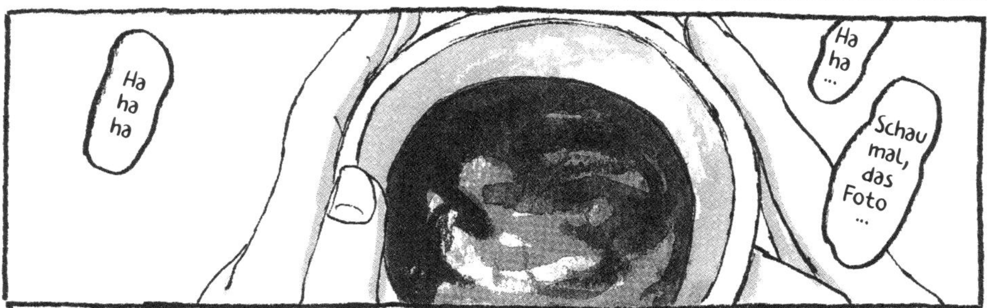
Ha
ha
ha
Ha
ha
...
Schau
mal,
das
Foto
...

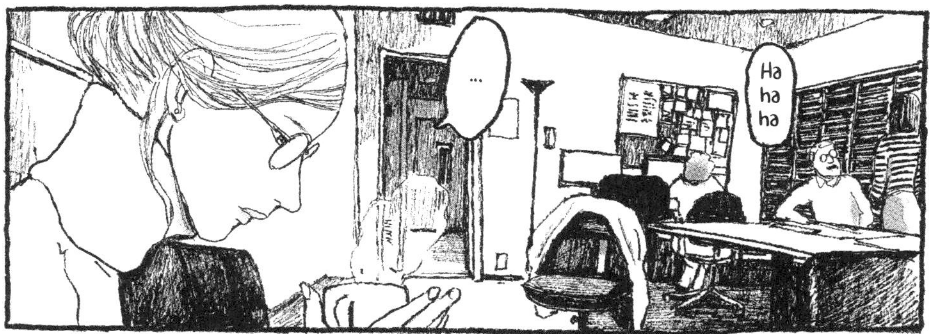
...
Ha
ha
ha
ha

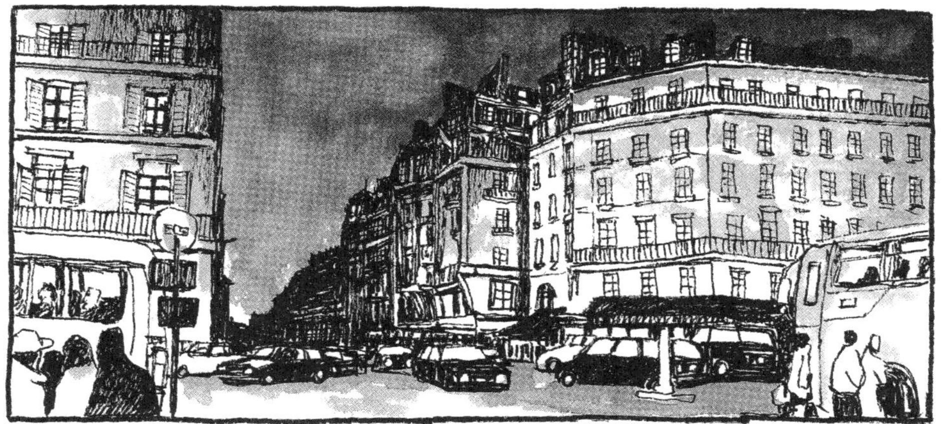

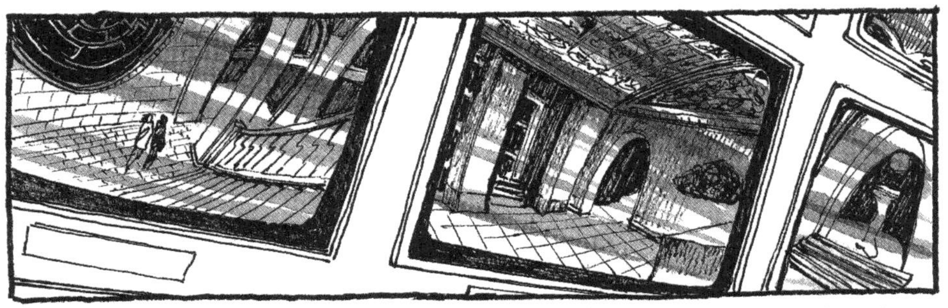

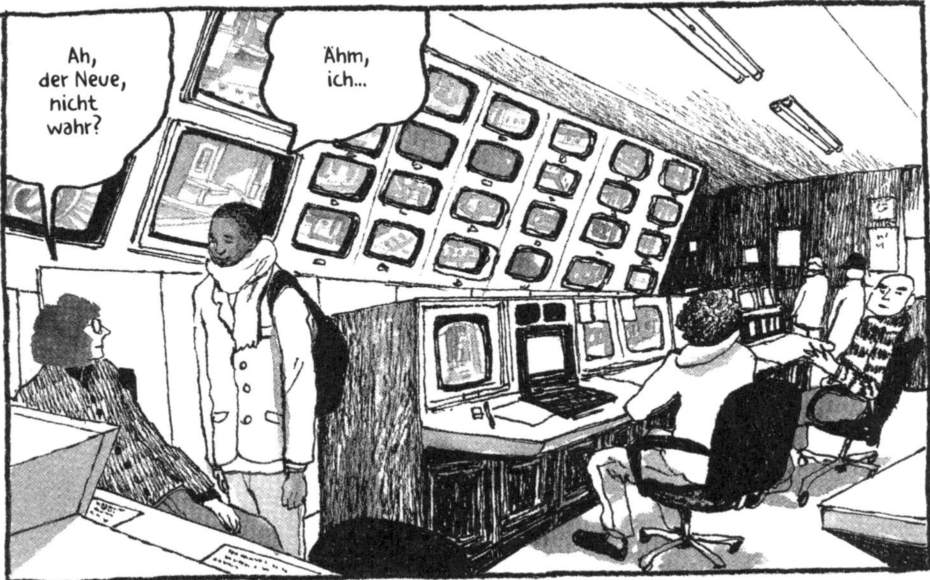
Ah, der Neue, nicht wahr?
Ähm, ich...

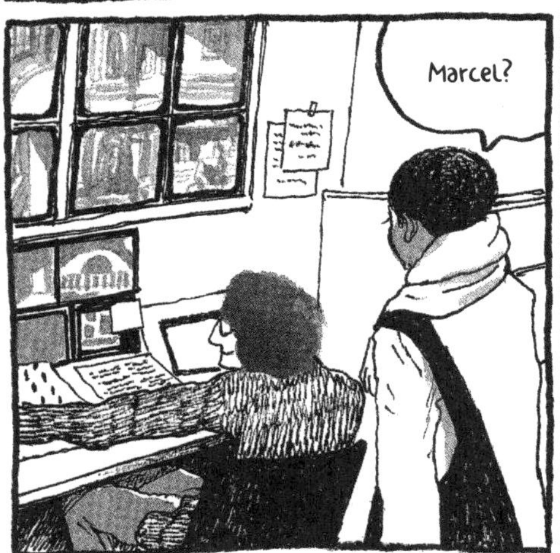
Marcel?

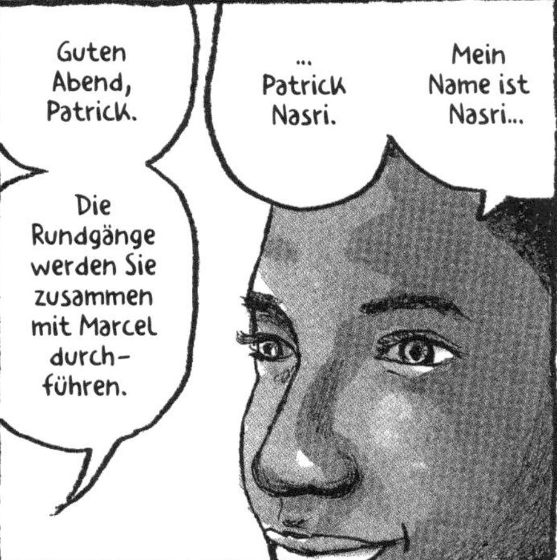
Guten Abend, Patrick.
Die Rundgänge werden Sie zusammen mit Marcel durch-führen.
Mein Name ist Nasri...
... Patrick Nasri.

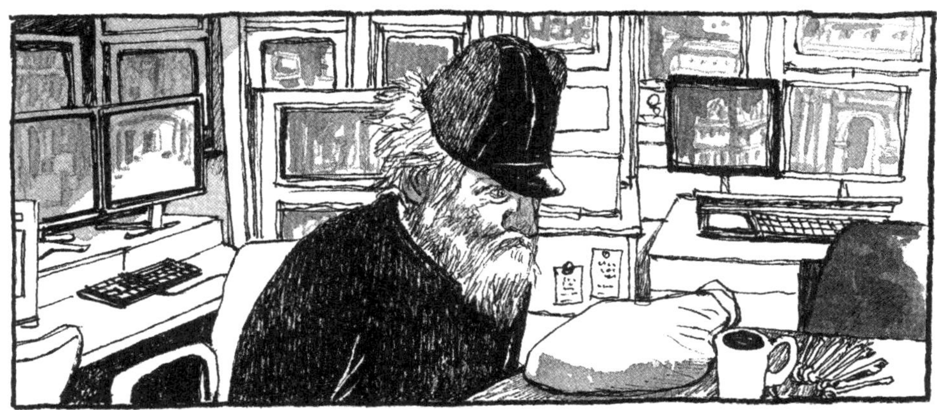

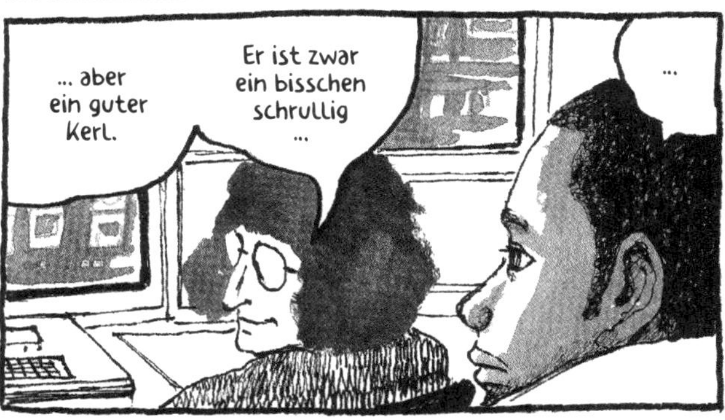
Er ist zwar ein bisschen schrullig ...
... aber ein guter Kerl.
...

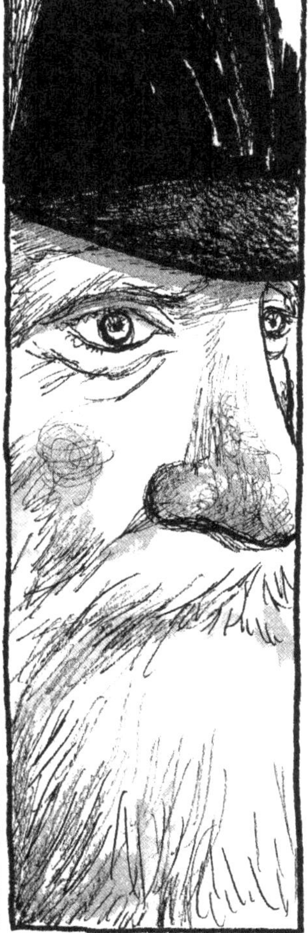

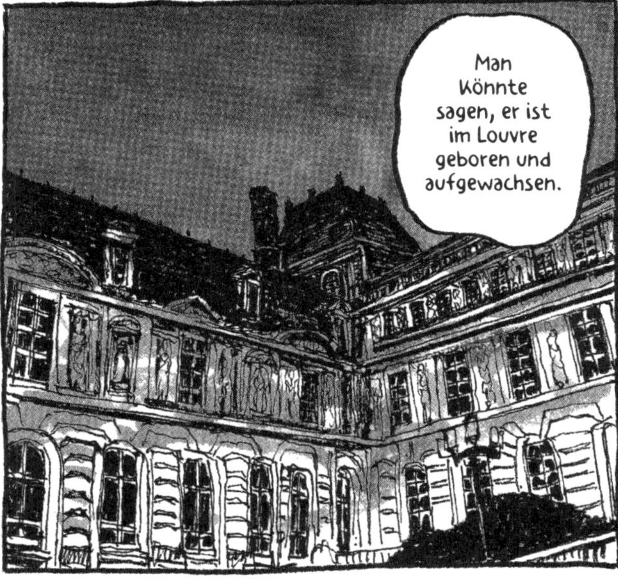
Man könnte sagen, er ist im Louvre geboren und aufgewachsen.

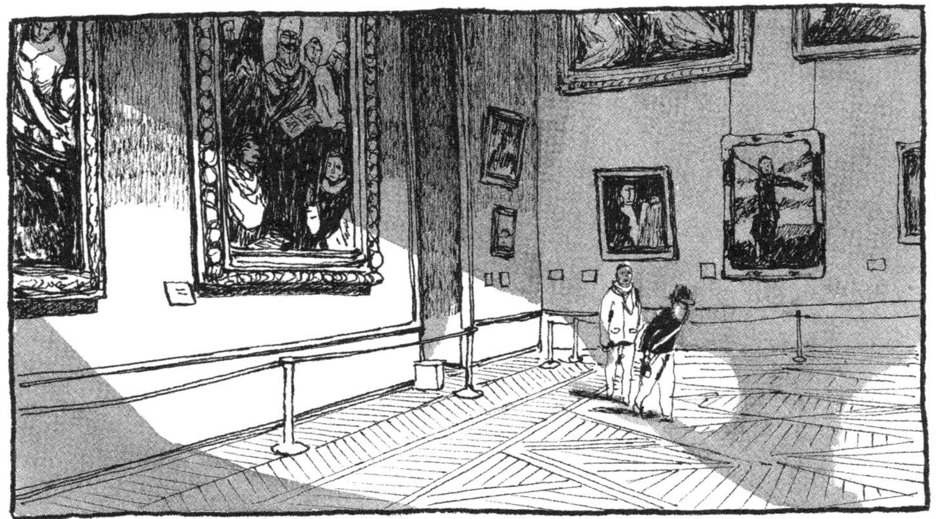

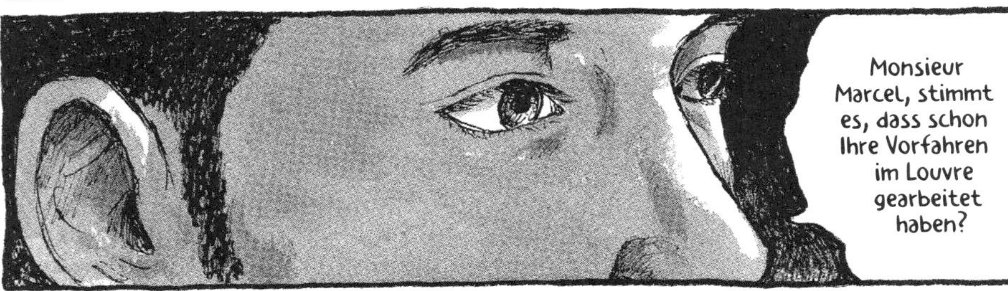
Monsieur Marcel, stimmt es, dass schon Ihre Vorfahren im Louvre gearbeitet haben?

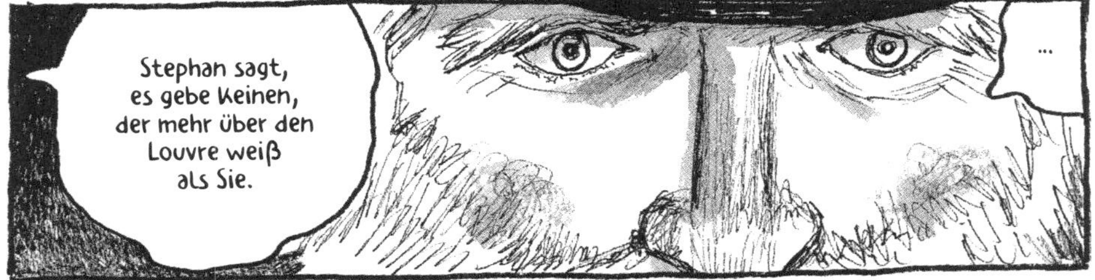
Stephan sagt, es gebe keinen, der mehr über den Louvre weiß als Sie.
...

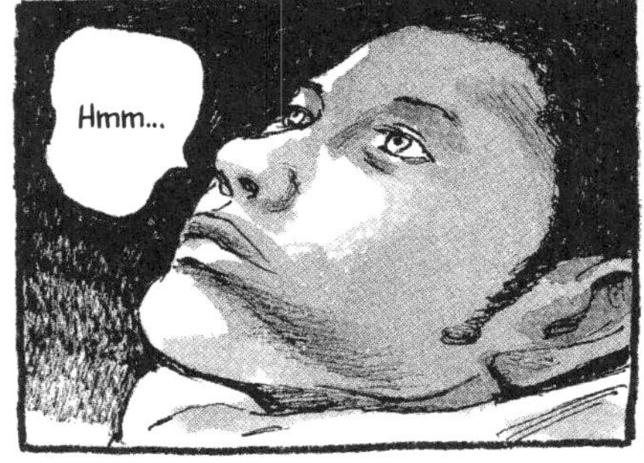
Hmm...

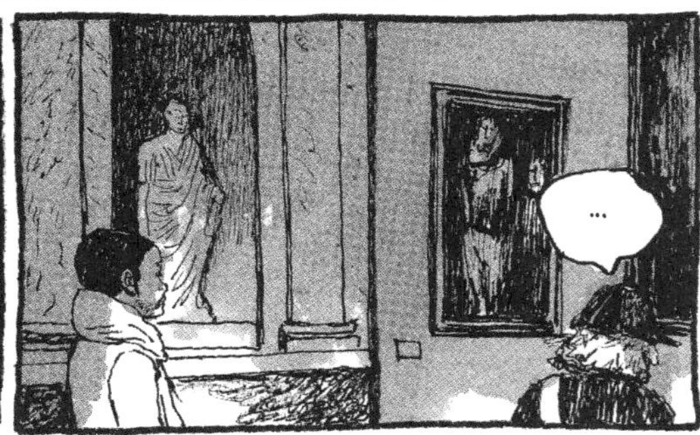
...

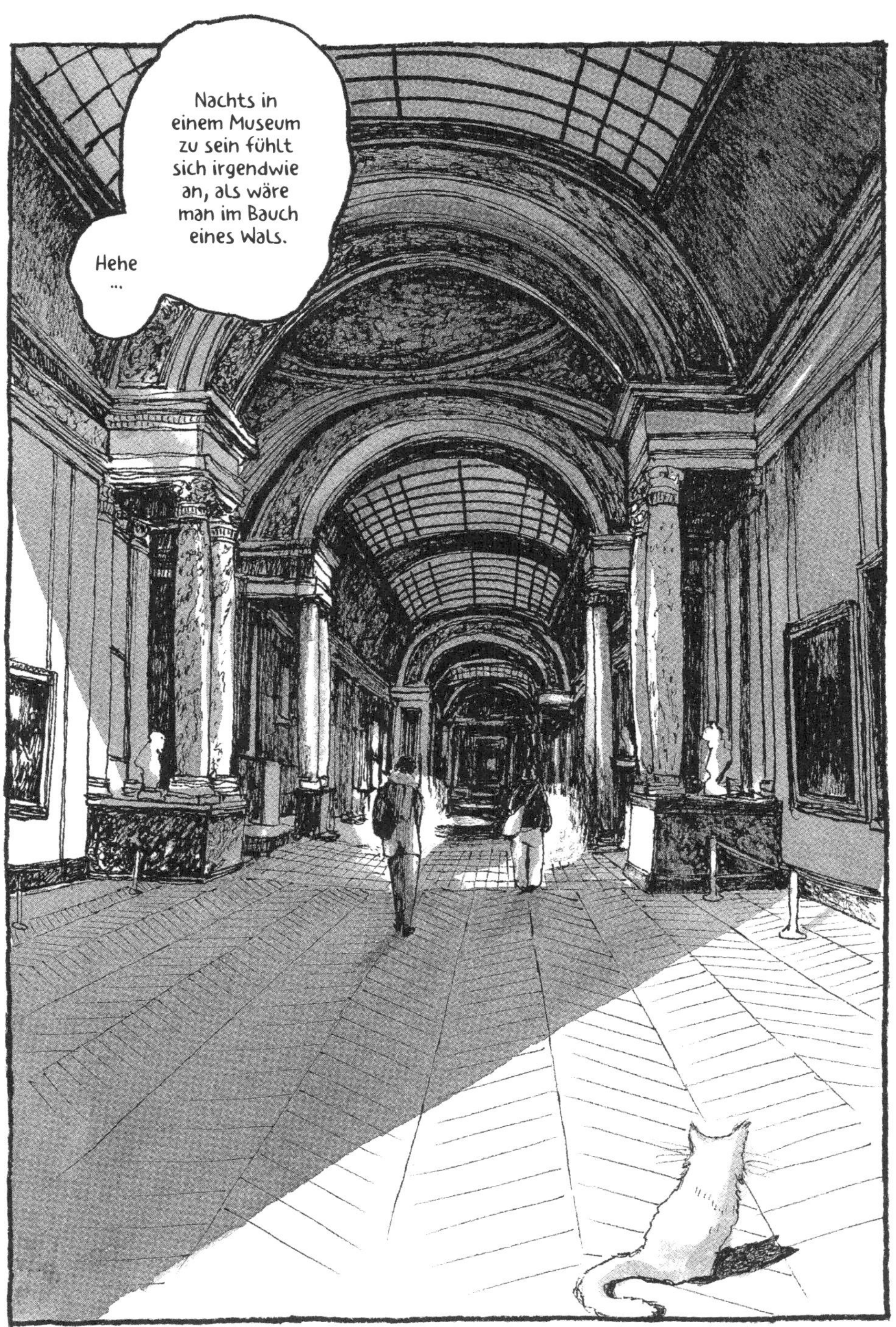
Nachts in einem Museum zu sein fühlt sich irgendwie an, als wäre man im Bauch eines Wals.
Hehe ...

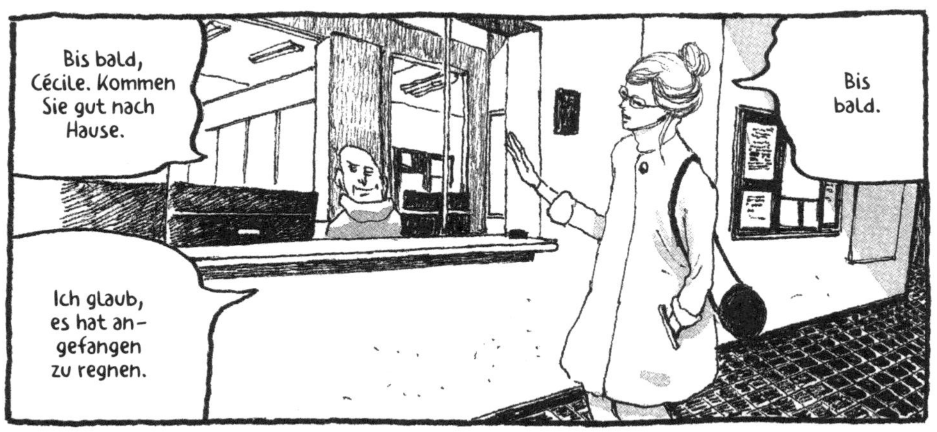
Bis bald, Cécile. Kommen Sie gut nach Hause.
Bis bald.
Ich glaub, es hat angefangen zu regnen.

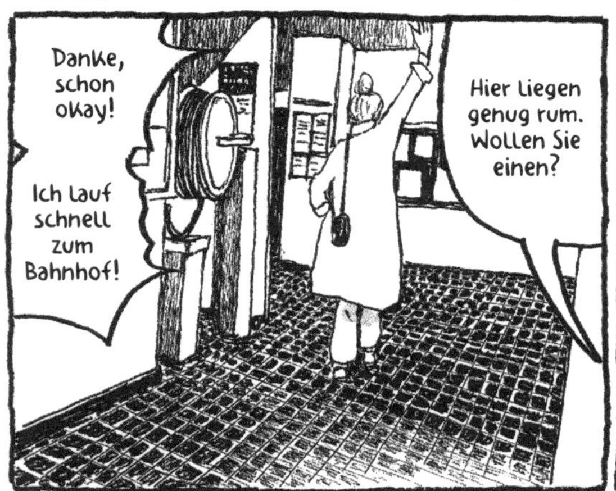
Hier liegen genug rum. Wollen Sie einen?
Danke, schon okay!
Ich lauf schnell zum Bahnhof!

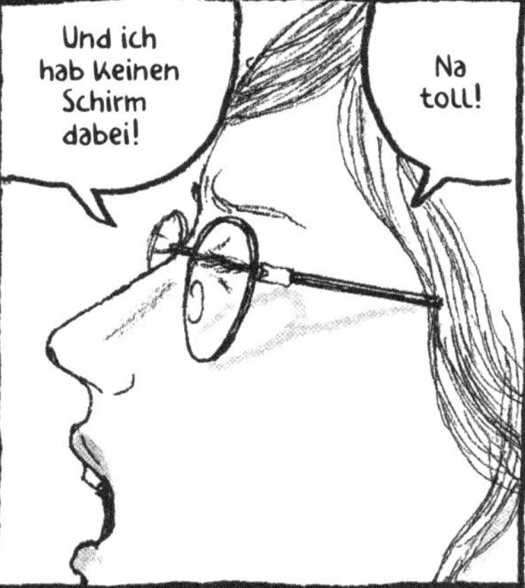
Na toll!
Und ich hab keinen Schirm dabei!

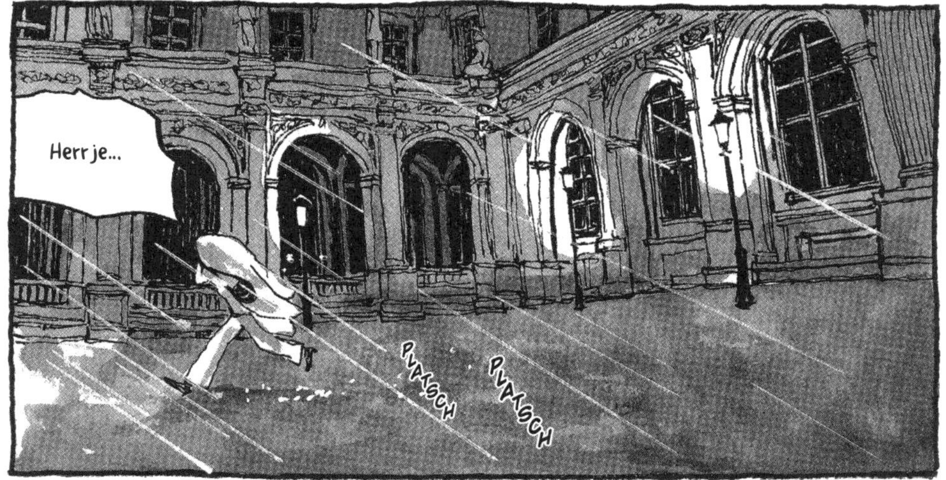
Herrje...
PLATSCH
PLATSCH

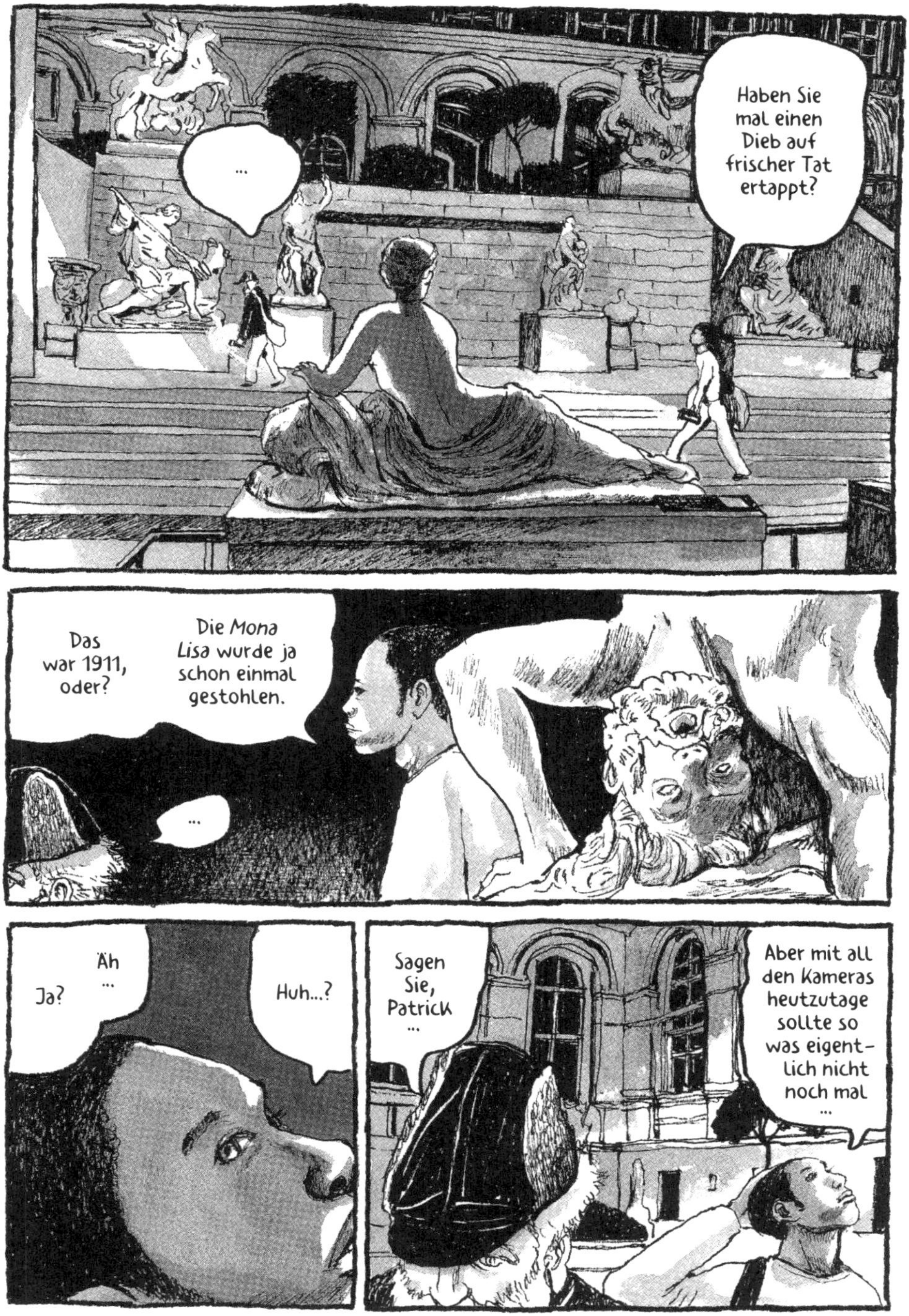

...

Haben Sie mal einen Dieb auf frischer Tat ertappt?

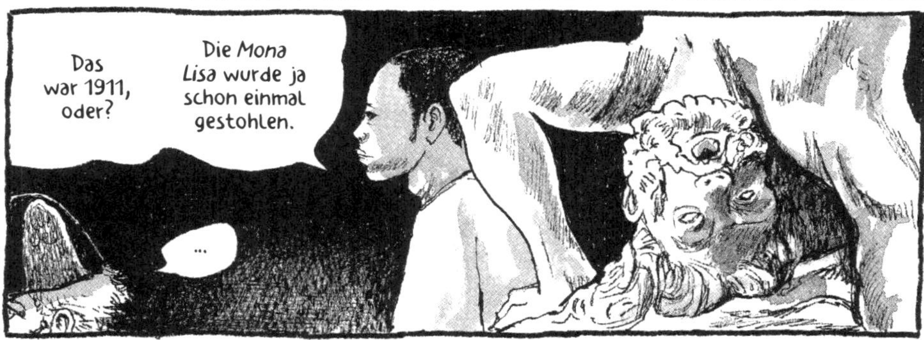

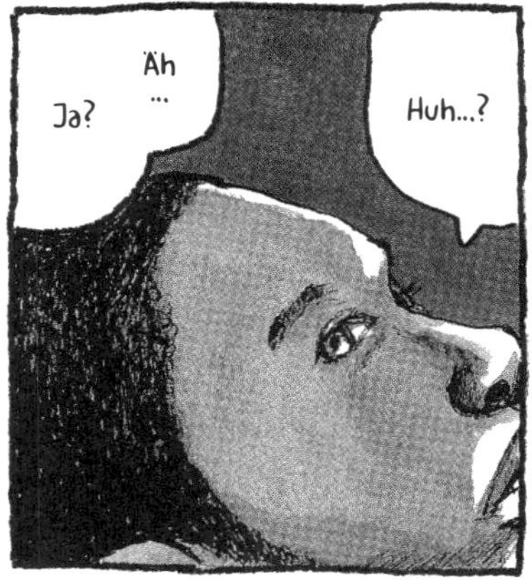

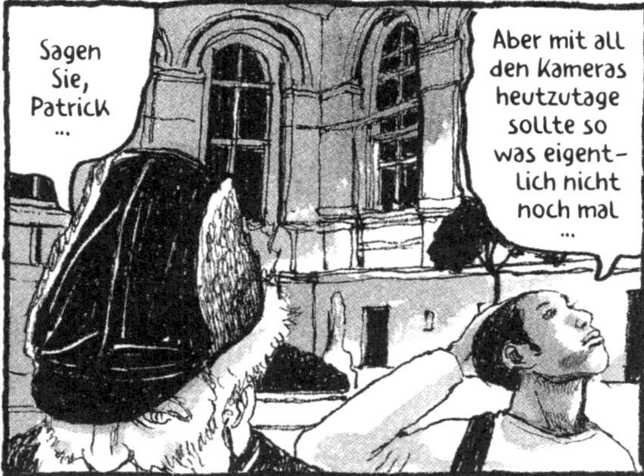

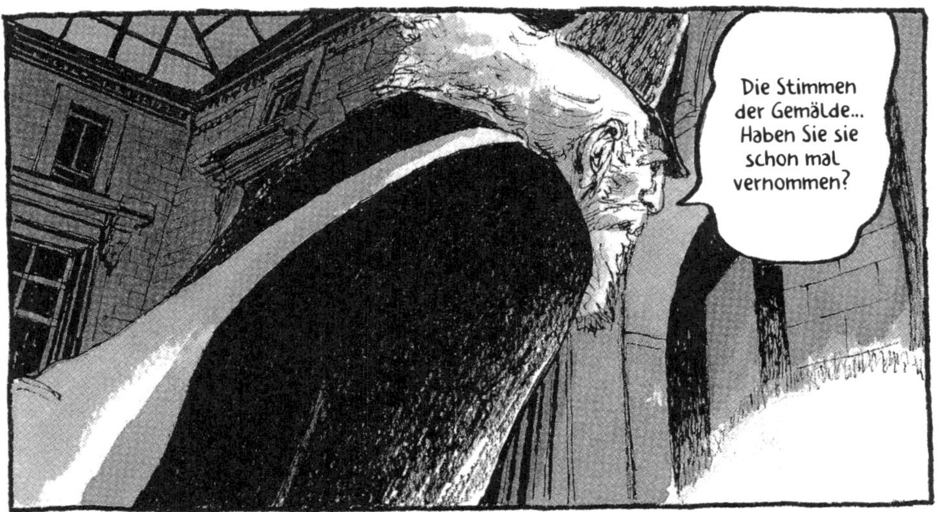
Die Stimmen der Gemälde... Haben Sie sie schon mal vernommen?

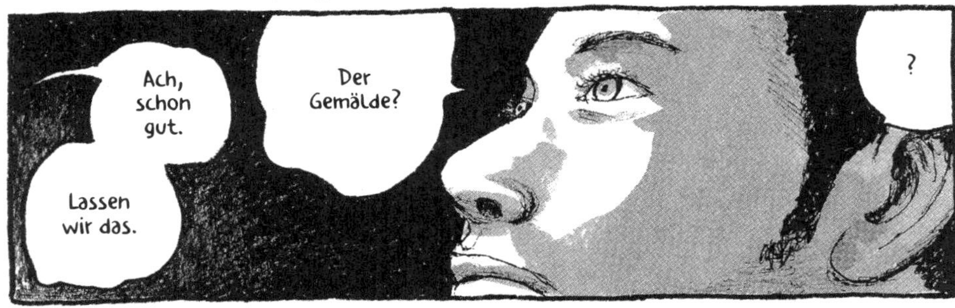
?
Der Gemälde?
Ach, schon gut.
Lassen wir das.

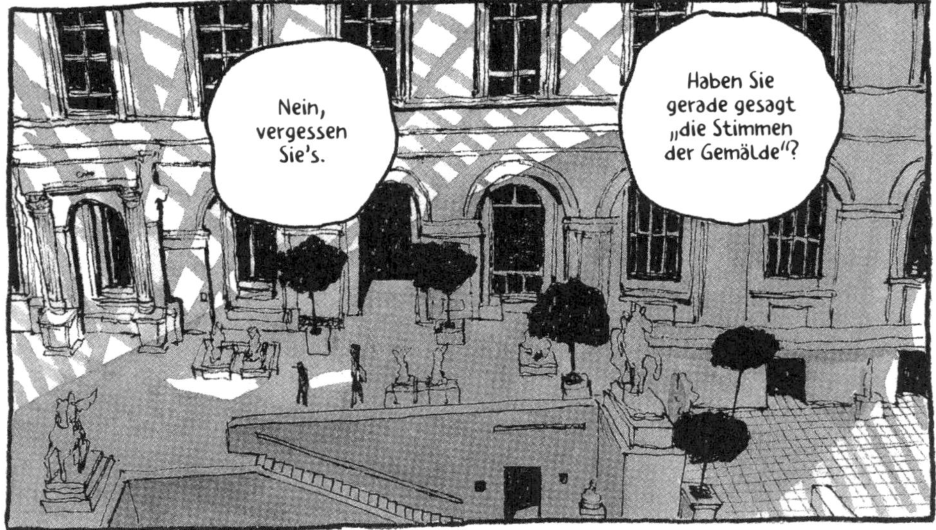
Haben Sie gerade gesagt „die Stimmen der Gemälde"?
Nein, vergessen Sie's.

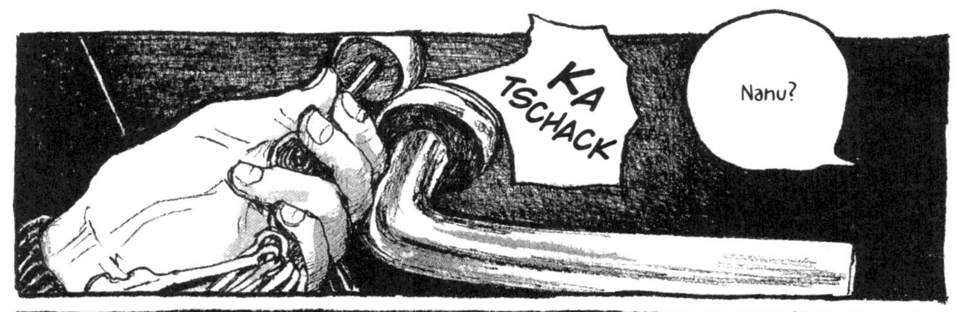
KA TSCHACK
Nanu?

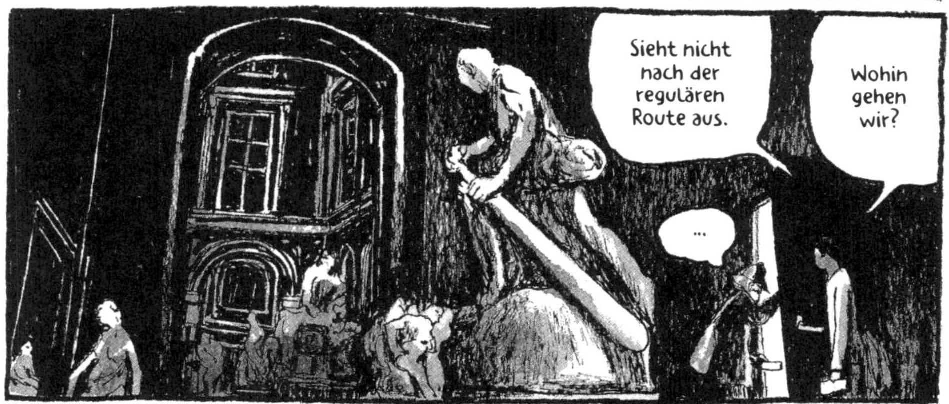
Sieht nicht nach der regulären Route aus.
Wohin gehen wir?
...

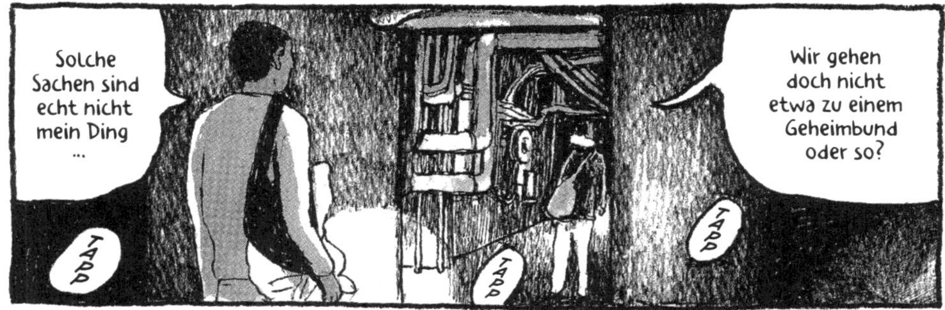
Solche Sachen sind echt nicht mein Ding ...
Wir gehen doch nicht etwa zu einem Geheimbund oder so?
TAPP
TAPP
TAPP

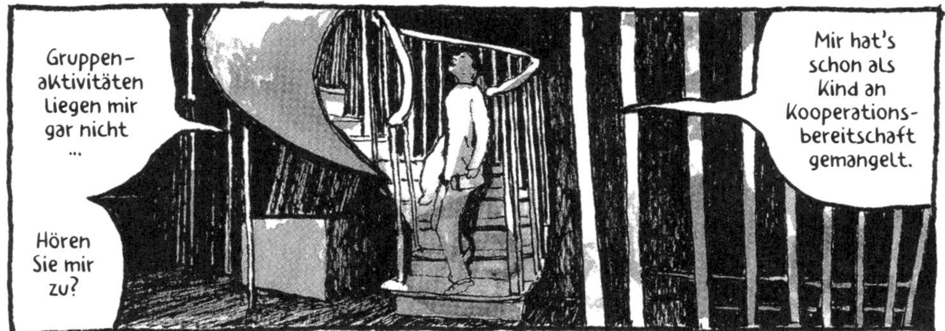
Gruppen-aktivitäten liegen mir gar nicht ...
Hören Sie mir zu?
Mir hat's schon als Kind an Kooperations-bereitschaft gemangelt.

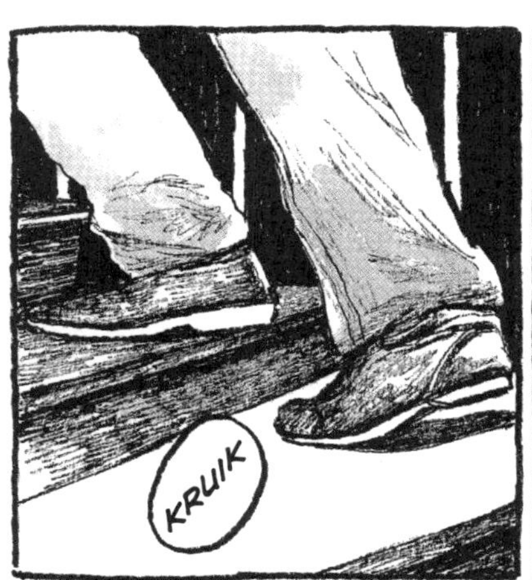
KRUIK

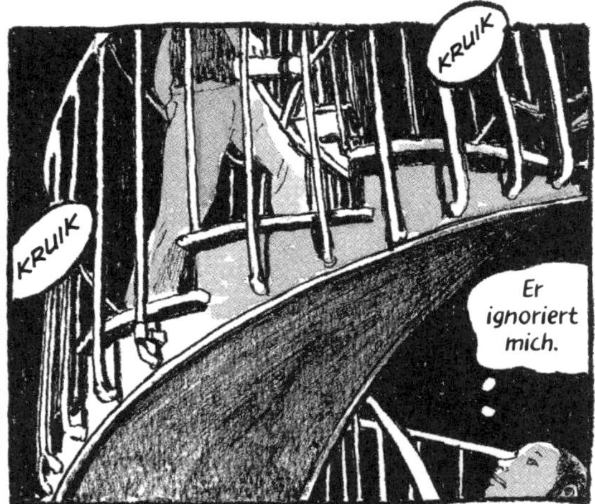
KRUIK
KRUIK
Er ignoriert mich.

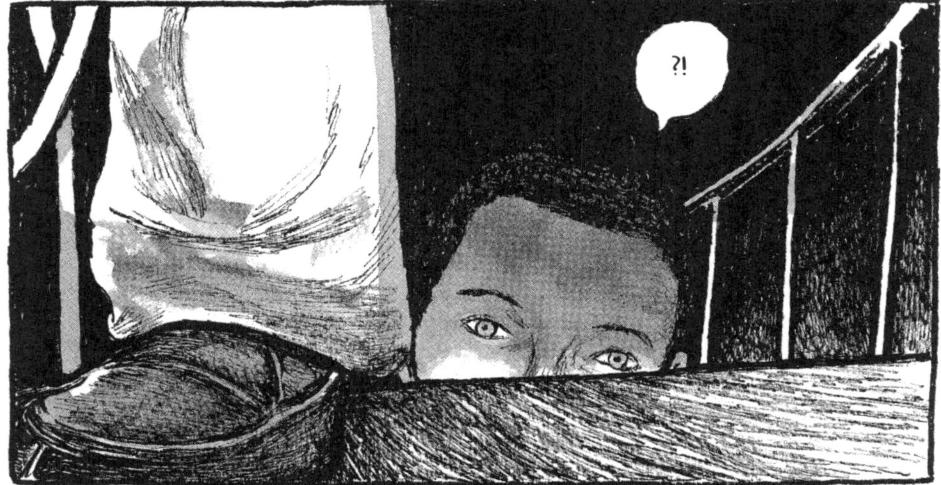
?!

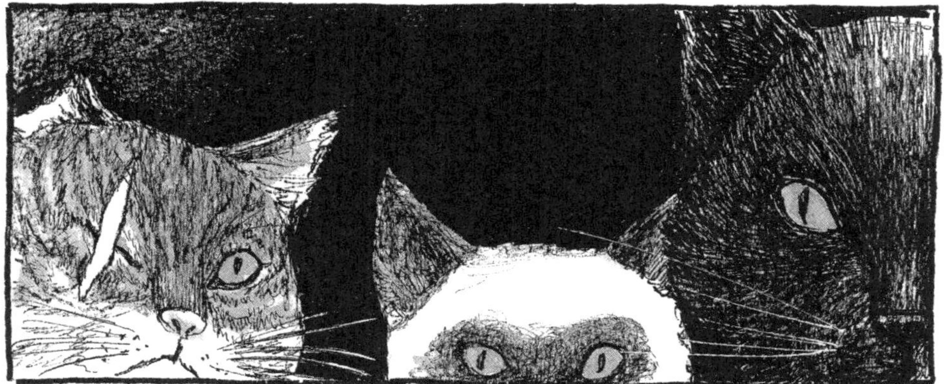

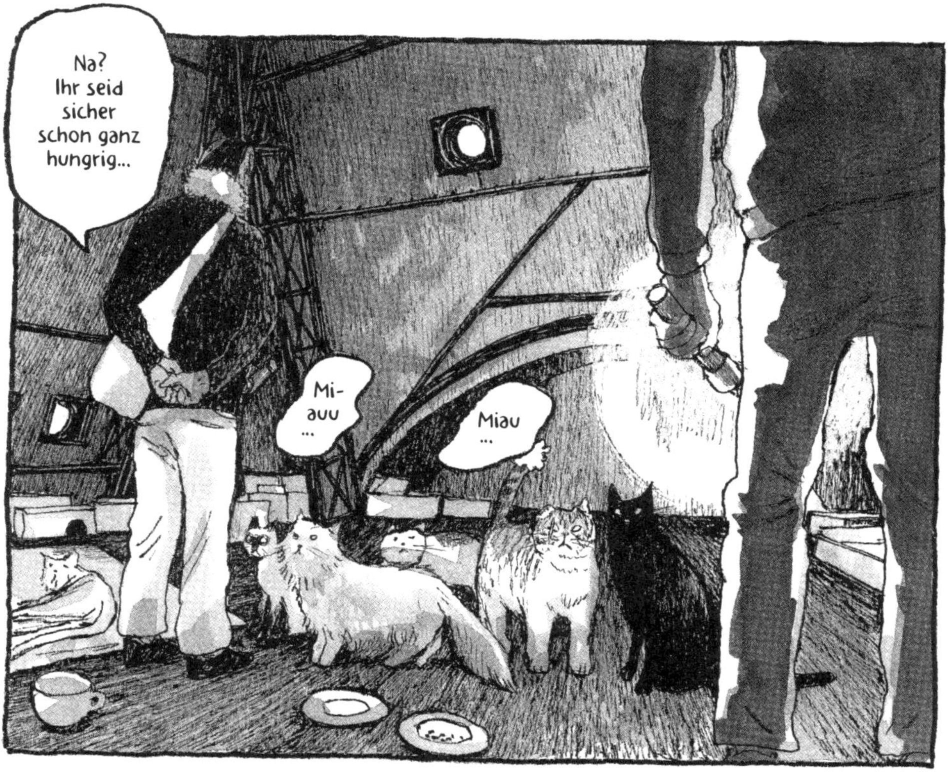

Na?
Ihr seid
sicher
schon ganz
hungrig ...

Mi-
auu
...

Miau
...

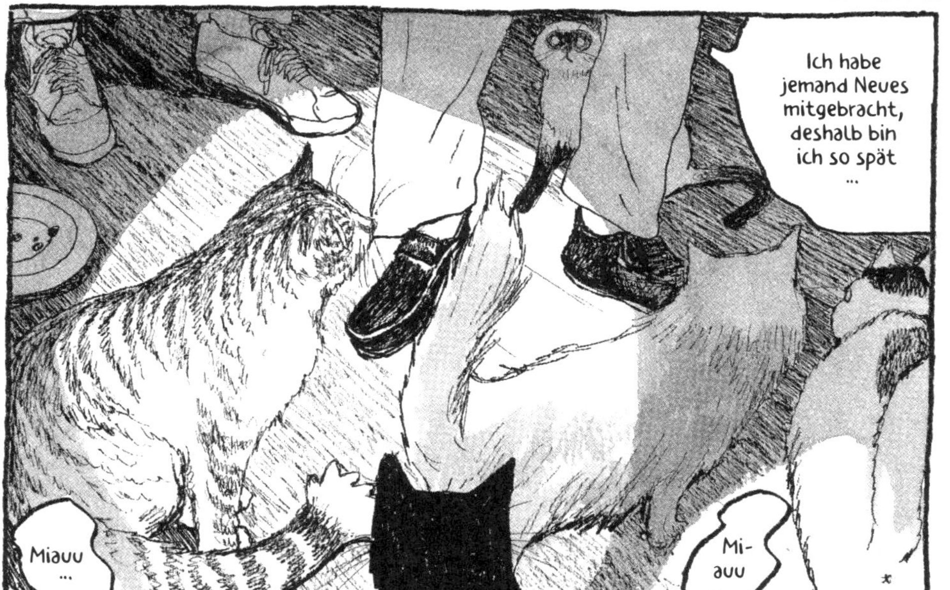

Ich habe
jemand Neues
mitgebracht,
deshalb bin
ich so spät
...

Miauu
...

Mi-
auu
...

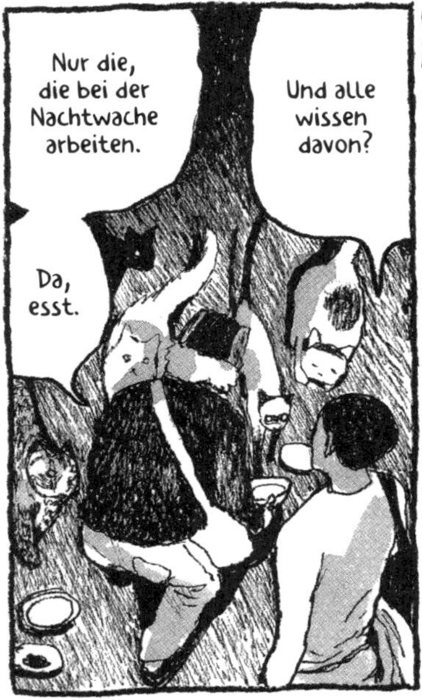
Nur die,
die bei der
Nachtwache
arbeiten.
Und alle
wissen
davon?
Da,
esst.

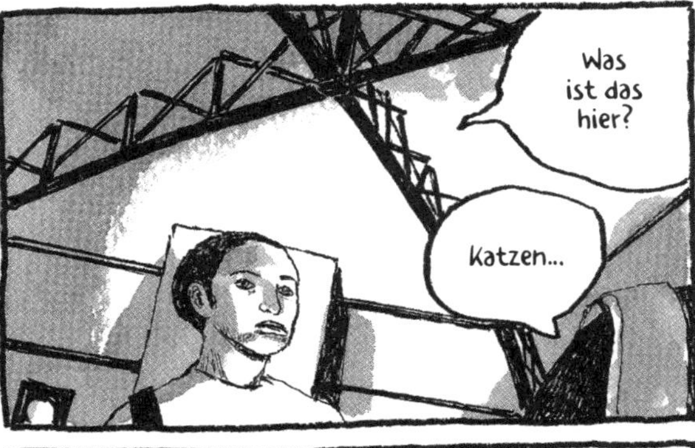
Was
ist das
hier?
Katzen...

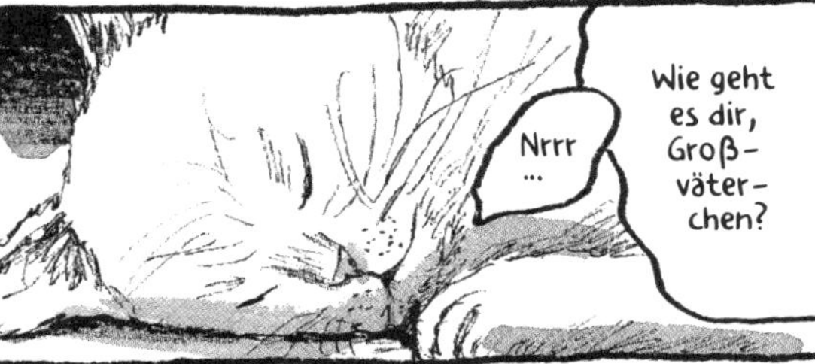
Wie geht
es dir,
Groß-
väter-
chen?
Nrrr
...

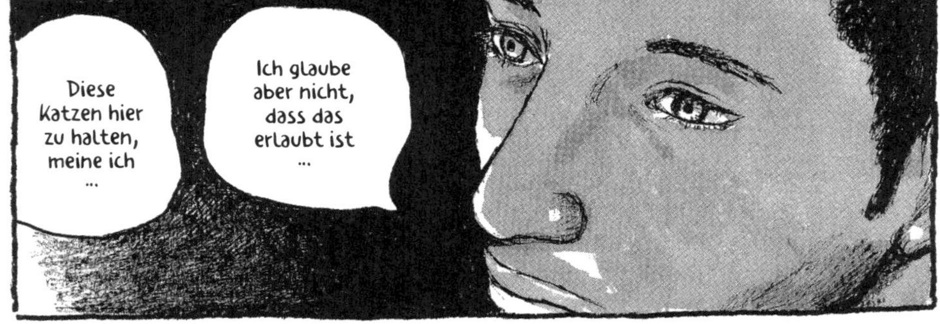
Diese
Katzen hier
zu halten,
meine ich
...
Ich glaube
aber nicht,
dass das
erlaubt ist
...

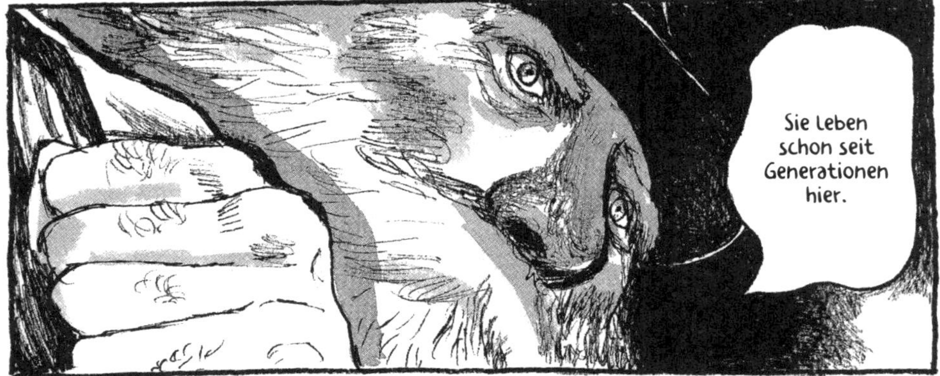
Sie leben
schon seit
Generationen
hier.

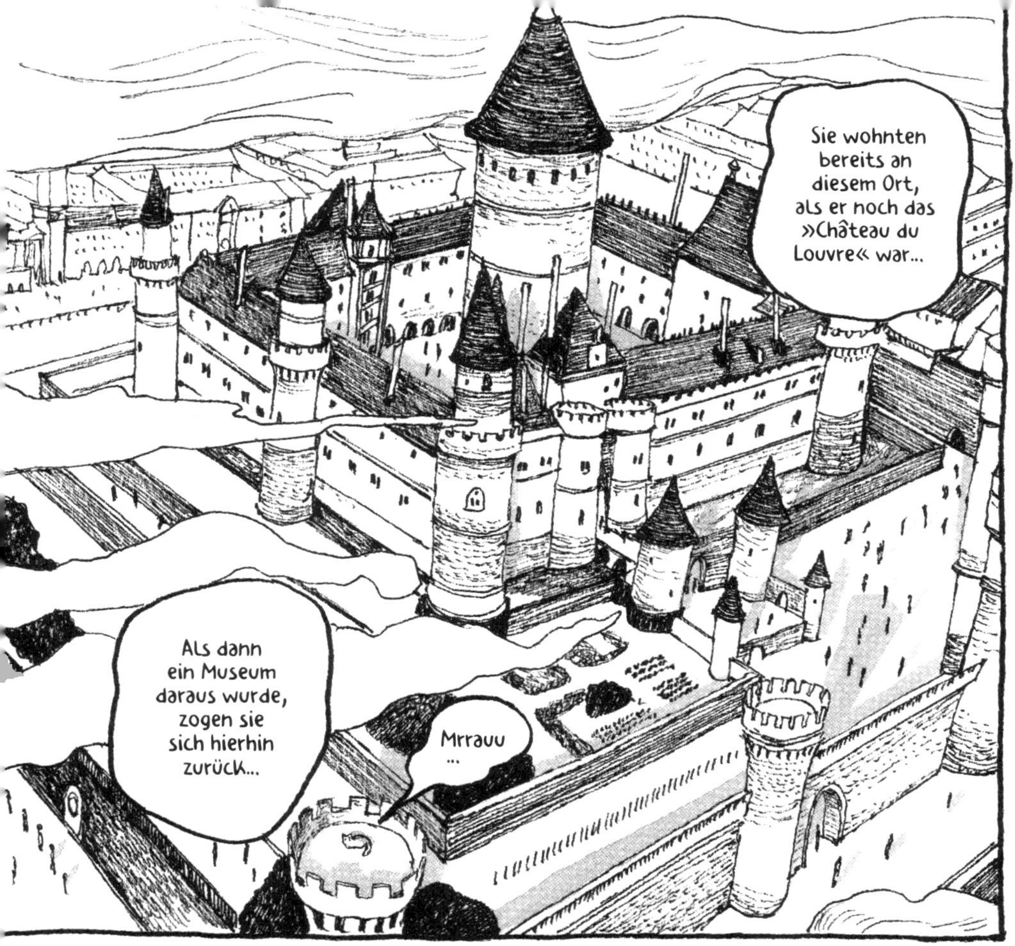

Sie wohnten bereits an diesem Ort, als er noch das »Château du Louvre« war…
Als dann ein Museum daraus wurde, zogen sie sich hierhin zurück…
Mrrauu …

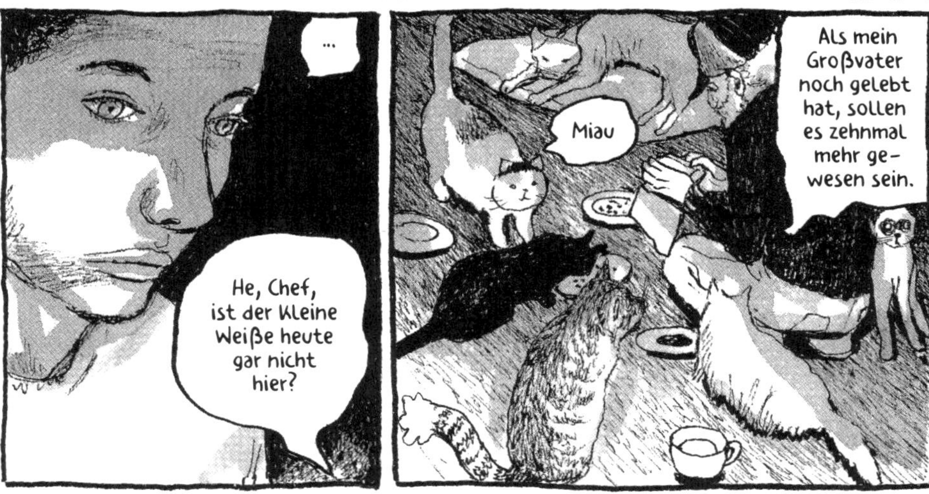
…
He, Chef, ist der Kleine Weiße heute gar nicht hier?
Als mein Großvater noch gelebt hat, sollen es zehnmal mehr gewesen sein.
Miau

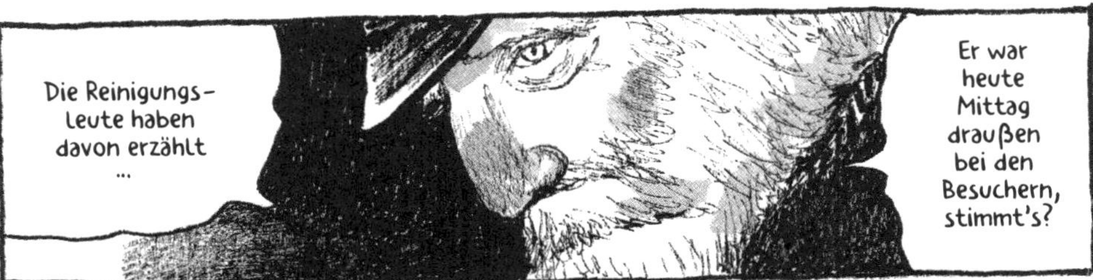
Die Reinigungs-leute haben davon erzählt ...
Er war heute Mittag draußen bei den Besuchern, stimmt's?

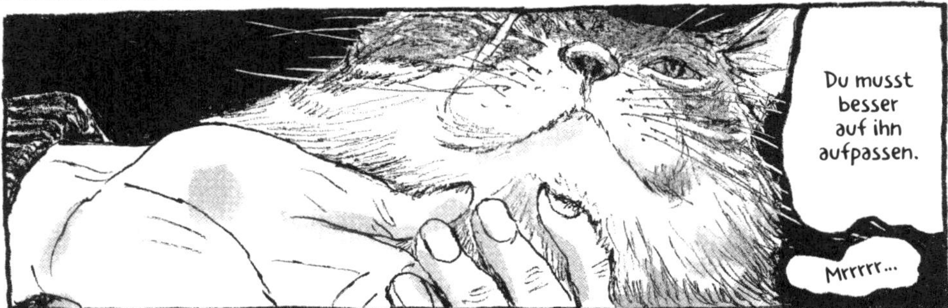
Du musst besser auf ihn aufpassen.
Mrrrrr...

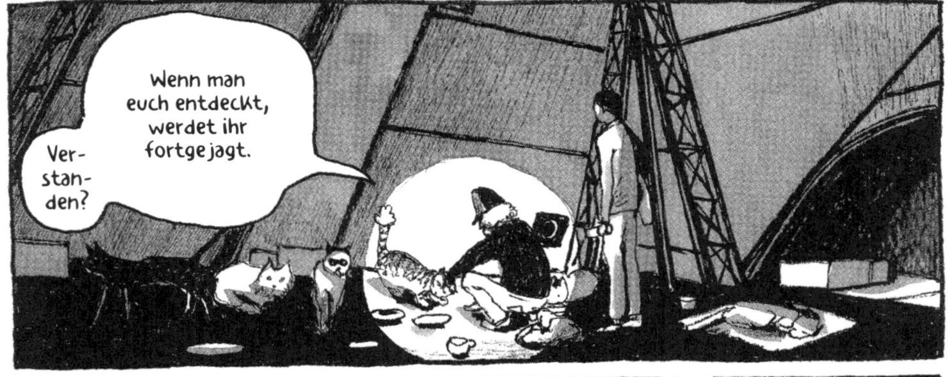
Wenn man euch entdeckt, werdet ihr fortgejagt.
Ver-stan-den?

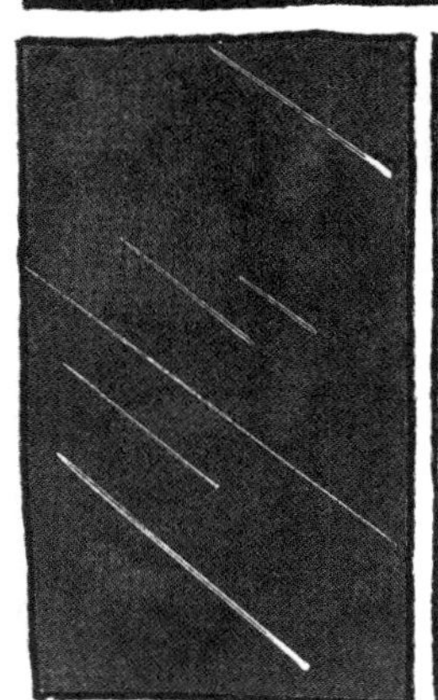

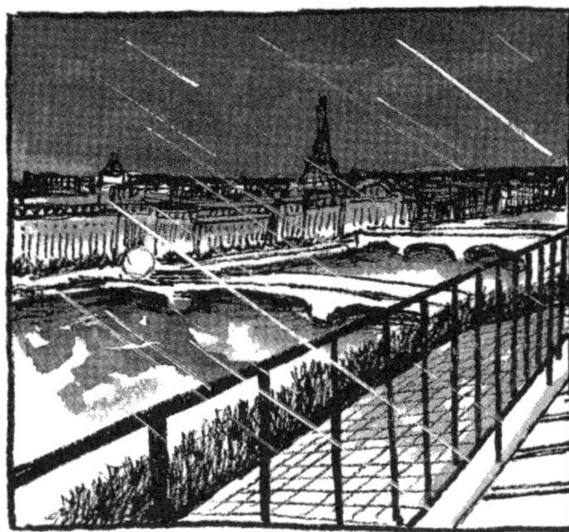

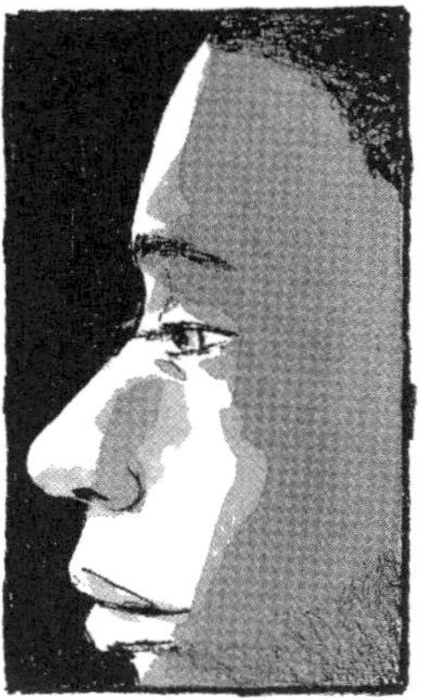

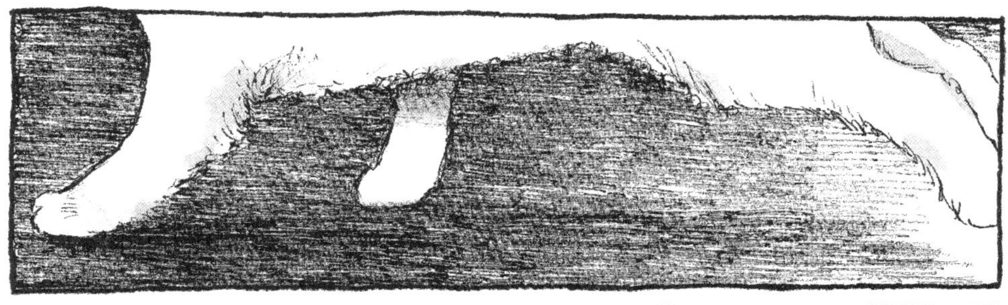
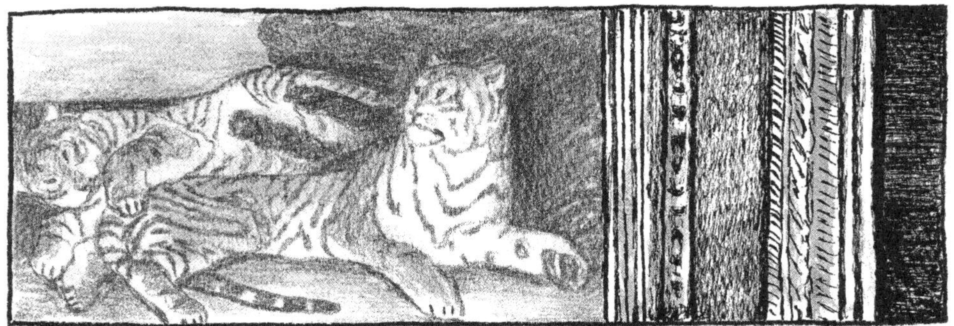
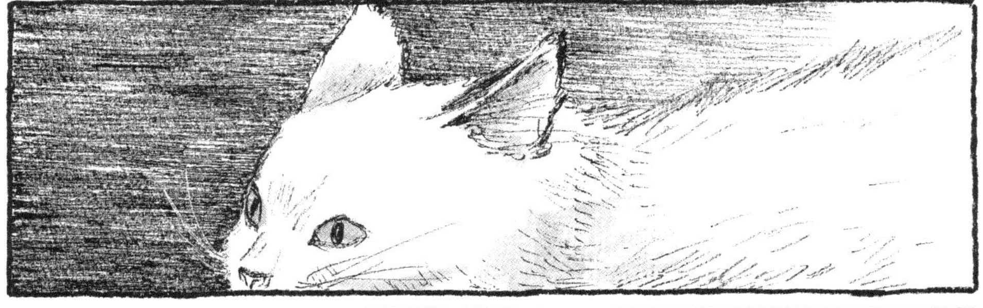
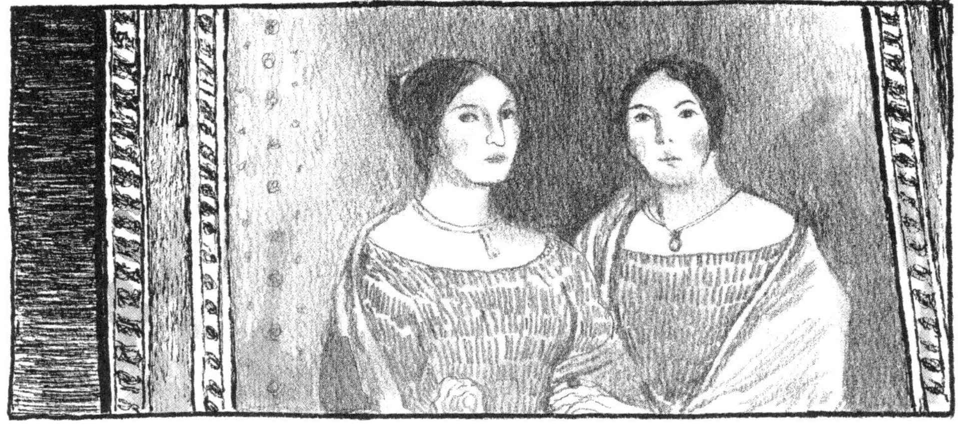

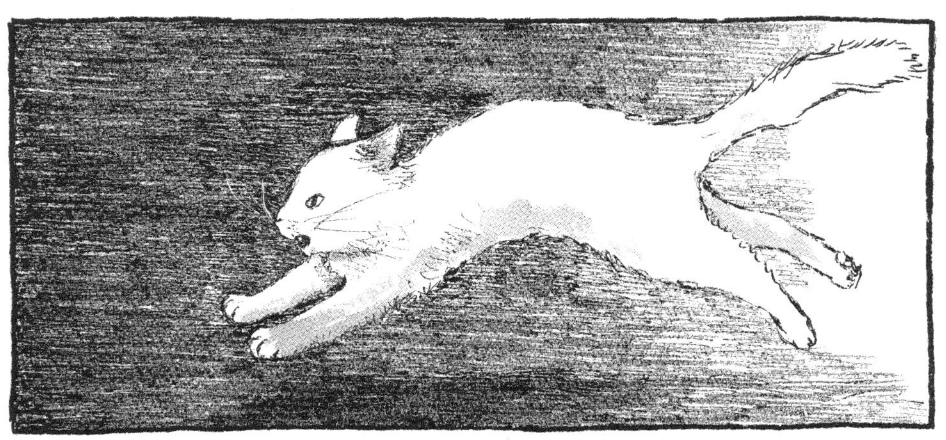

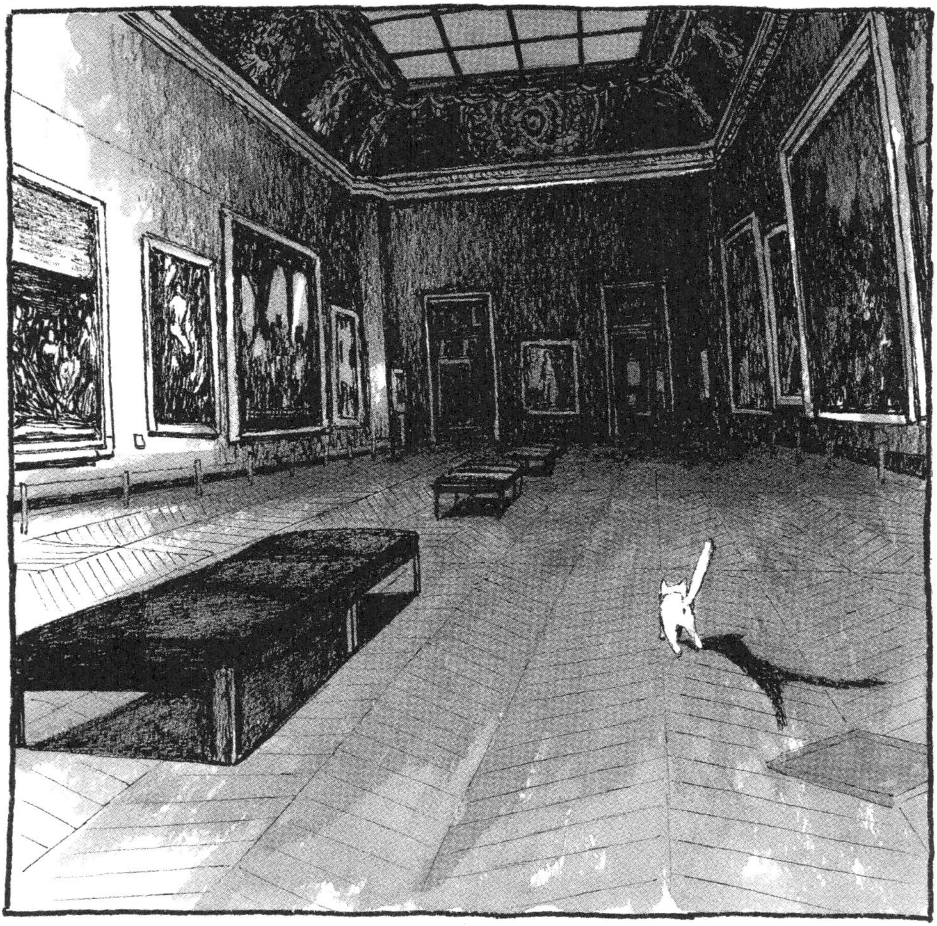

Kapitel 2
DAS GEHEIMNIS DES VOLLMONDS

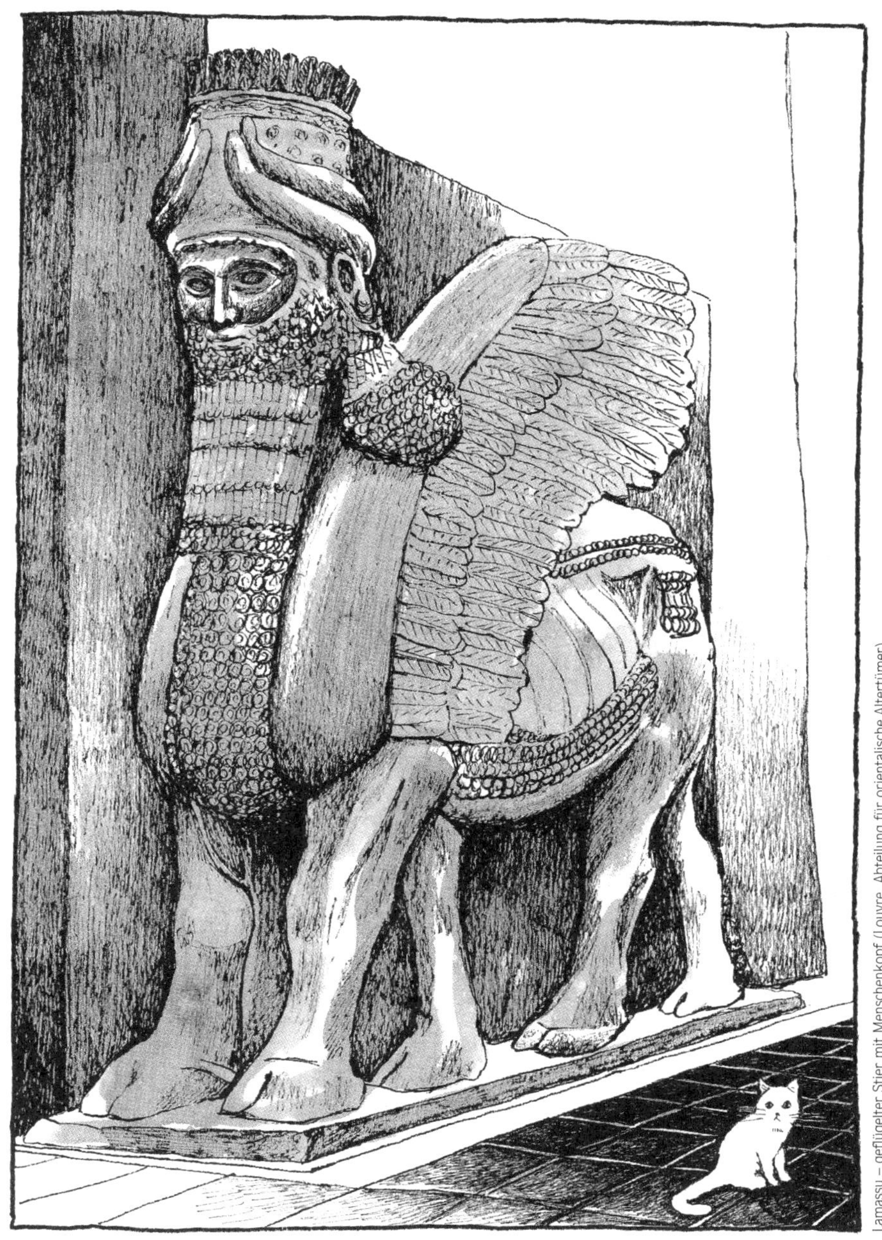

Lamassu – geflügelter Stier mit Menschenkopf (Louvre, Abteilung für orientalische Altertümer)

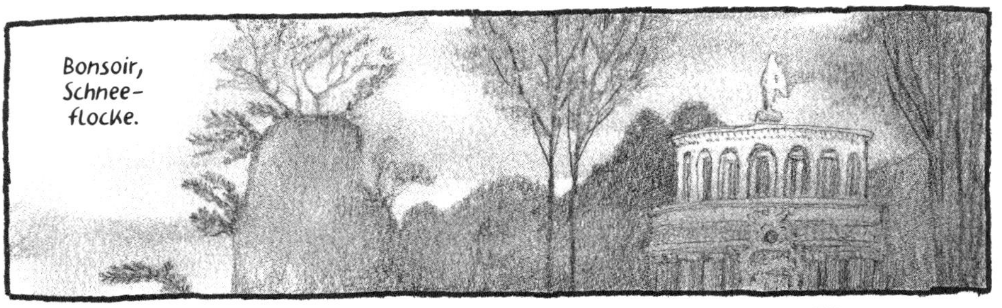
Bonsoir,
Schnee-
flocke.

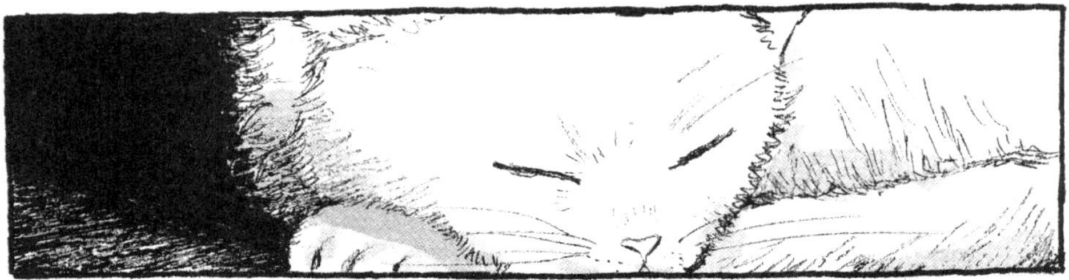

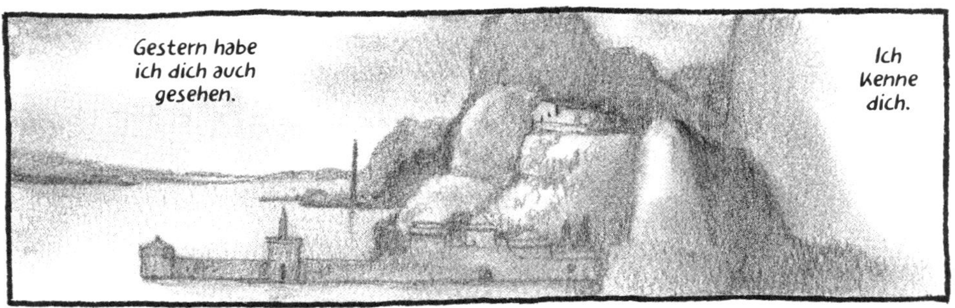
Gestern habe
ich dich auch
gesehen.
Ich
kenne
dich.

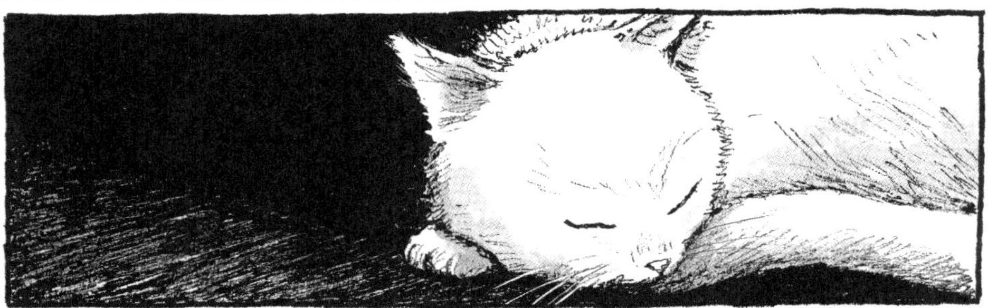

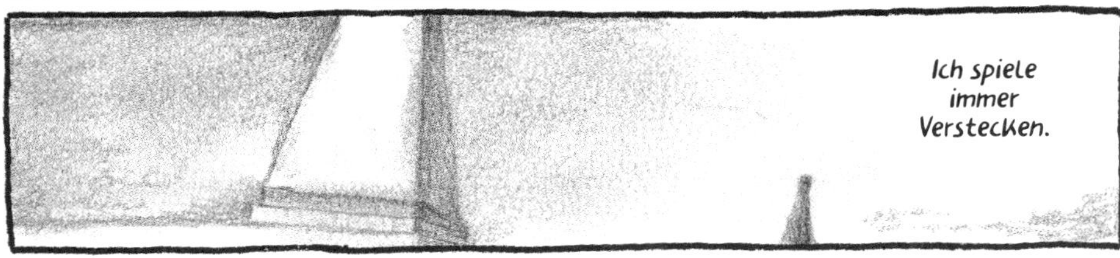
Ich spiele
immer
Verstecken.

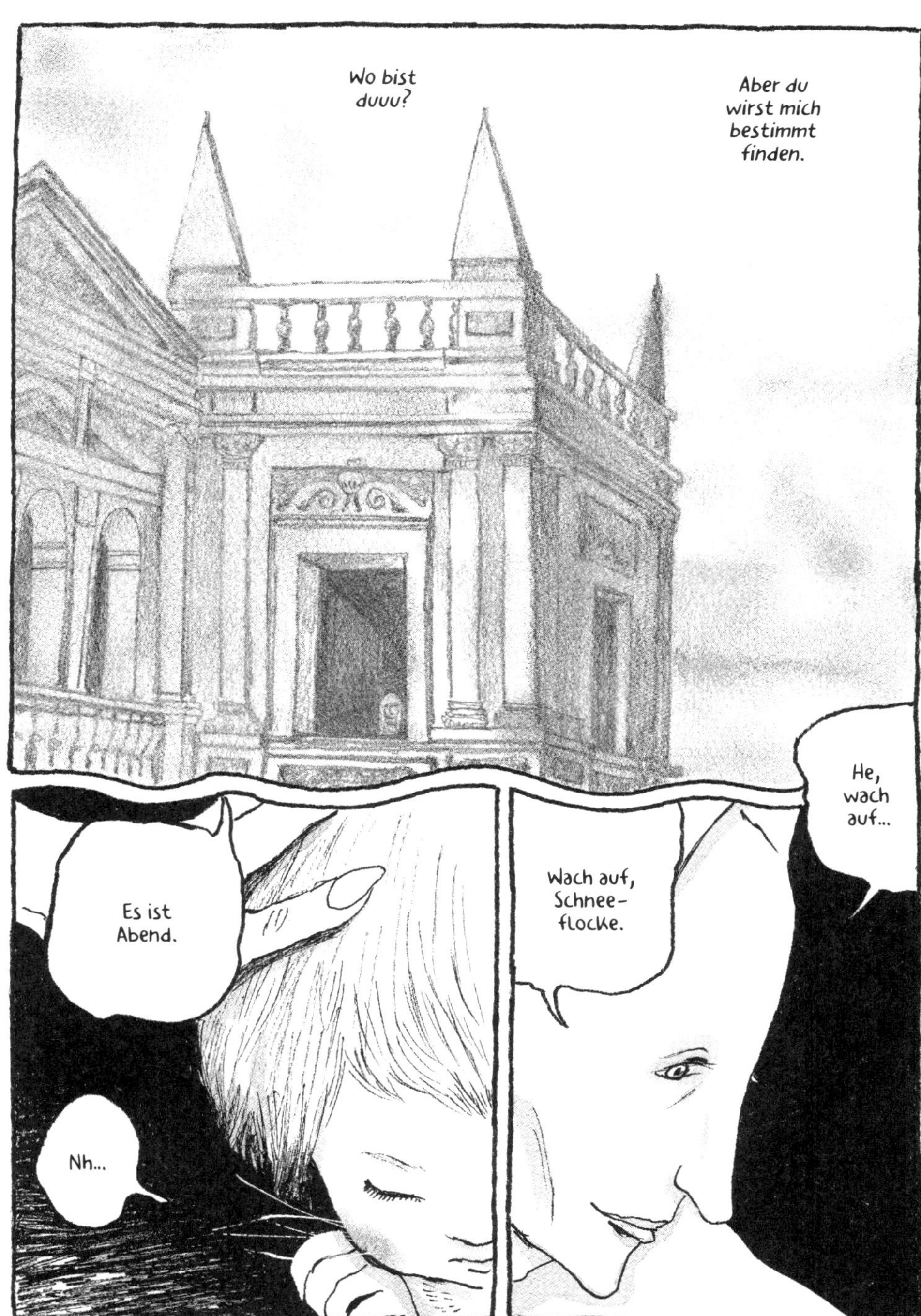
Wo bist
duuu?
Aber du
wirst mich
bestimmt
finden.
Es ist
Abend.
Nh...
Wach auf,
Schnee-
flocke.
He,
wach
auf...

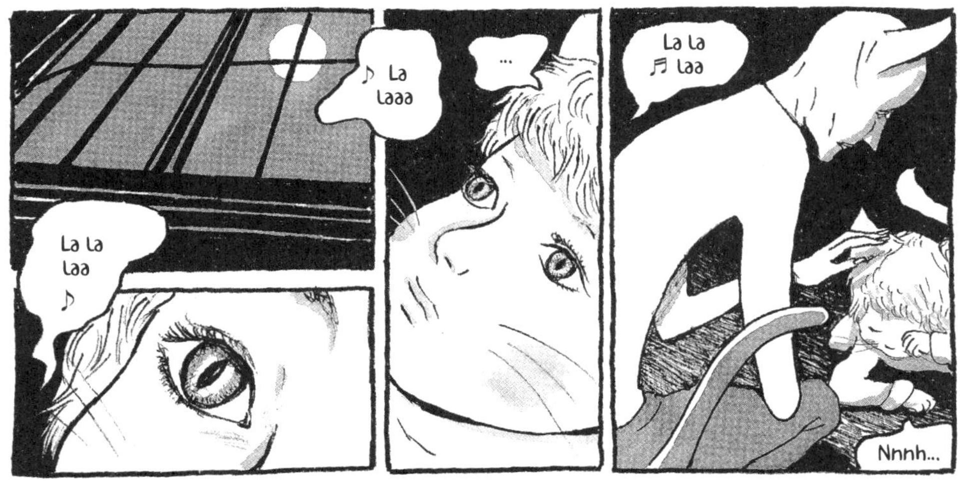

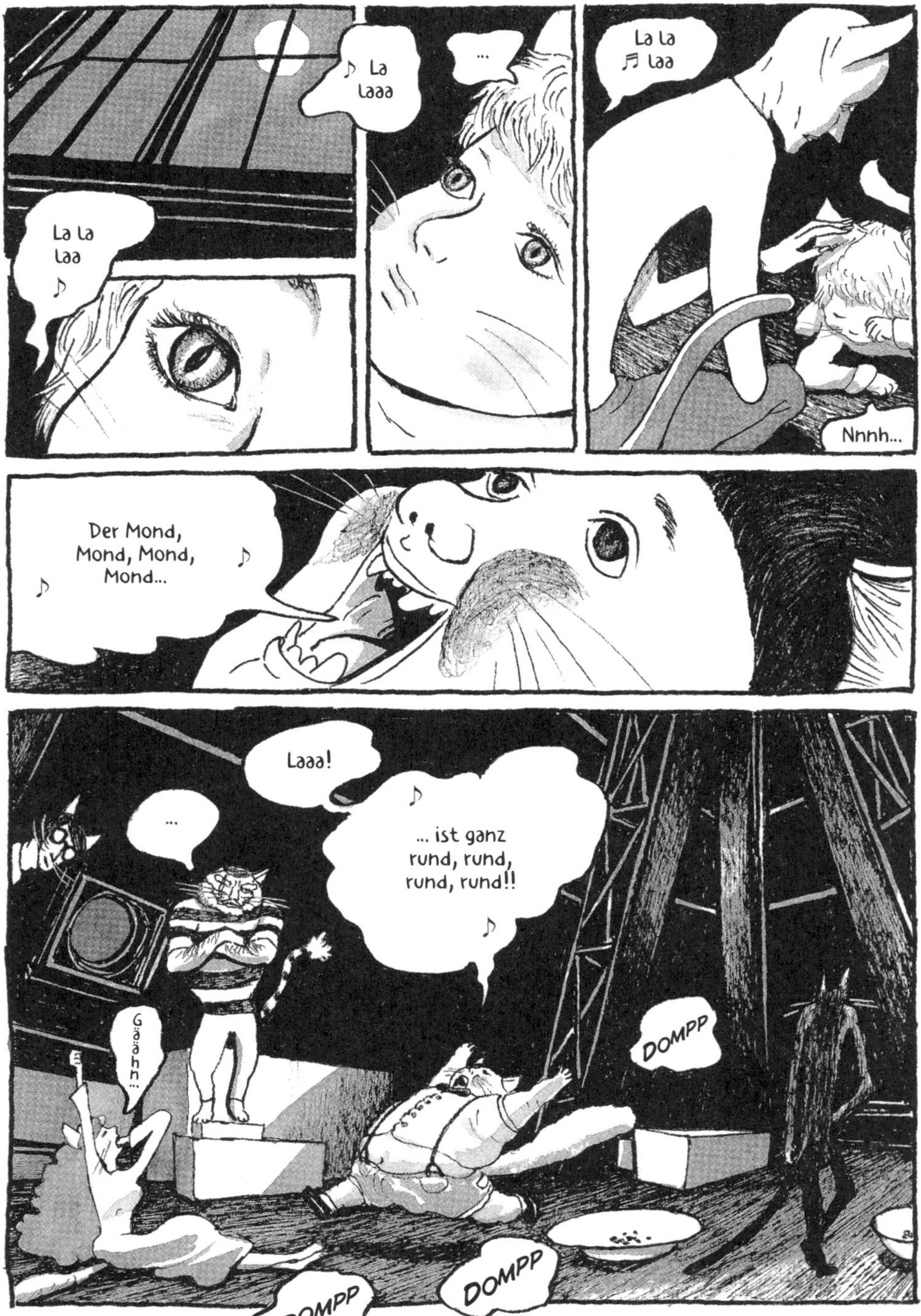

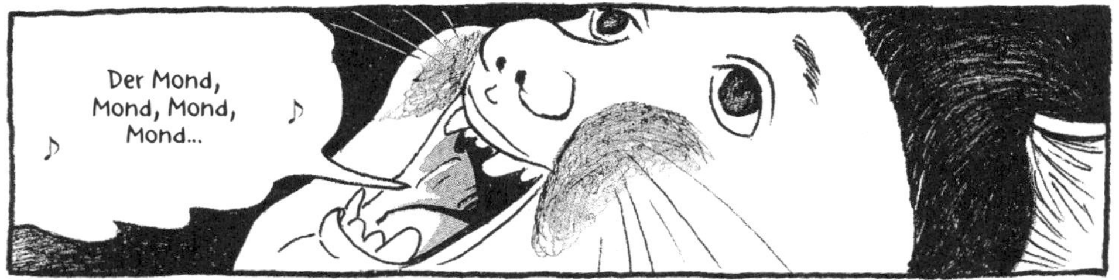

Laaa!
...
♪ ... ist ganz rund, rund, rund, rund!! ♪
Gäähn...
DOMPP
DOMPP
DOMPP

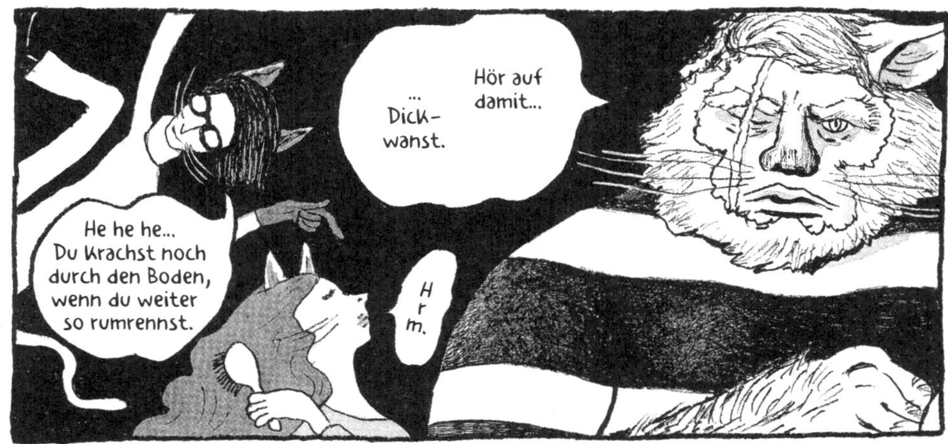
He he he... Du krachst noch durch den Boden, wenn du weiter so rumrennst.
Hör auf damit...
... Dick-wanst.
Hrm.

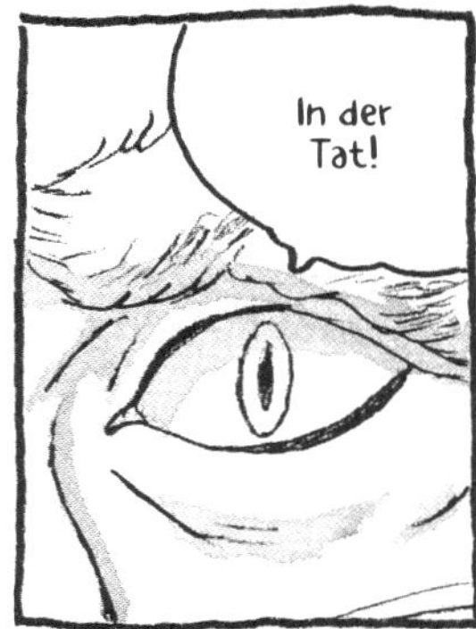
In der Tat!

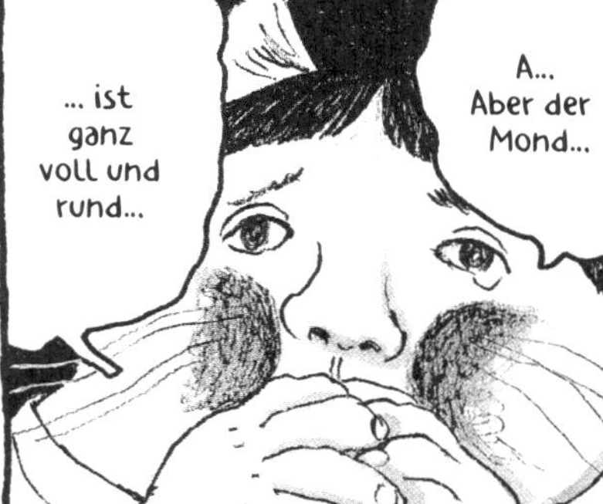
A... Aber der Mond...
... ist ganz voll und rund...

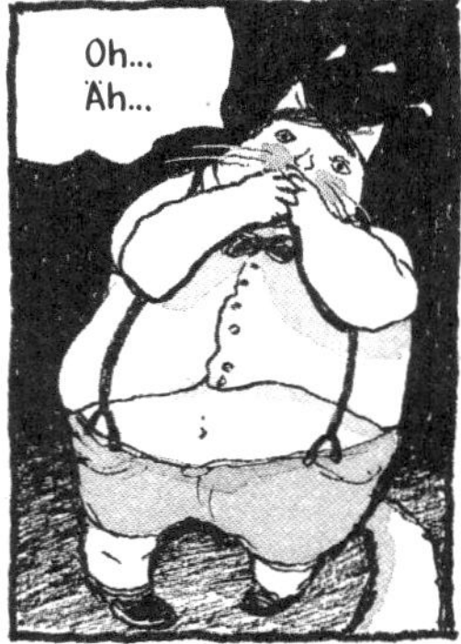
Oh... Äh...

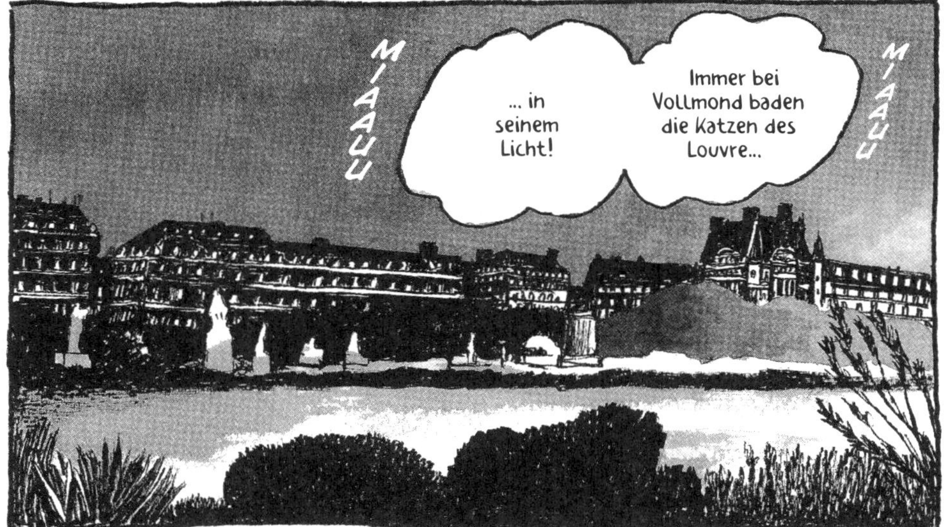
MIAAUU
Immer bei Vollmond baden die Katzen des Louvre...
... in seinem Licht!
MIAAUU

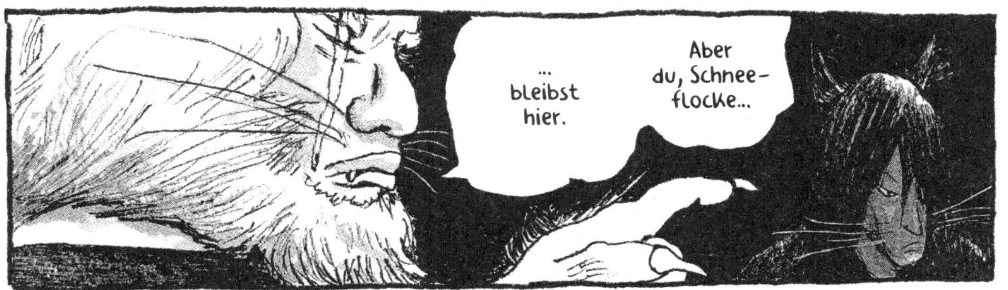
Aber du, Schnee-flocke...
... bleibst hier.

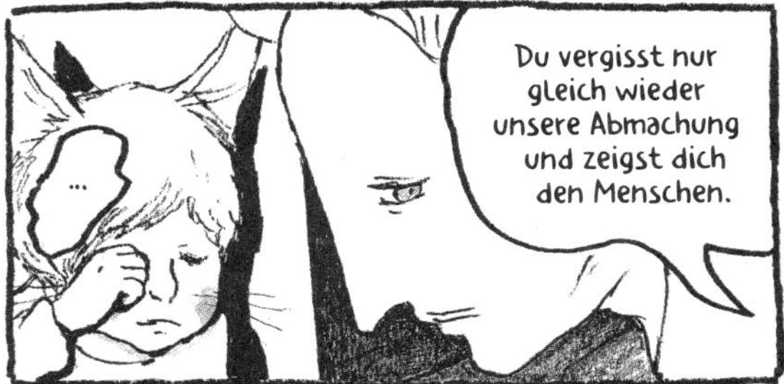
...
Du vergisst nur gleich wieder unsere Abmachung und zeigst dich den Menschen.

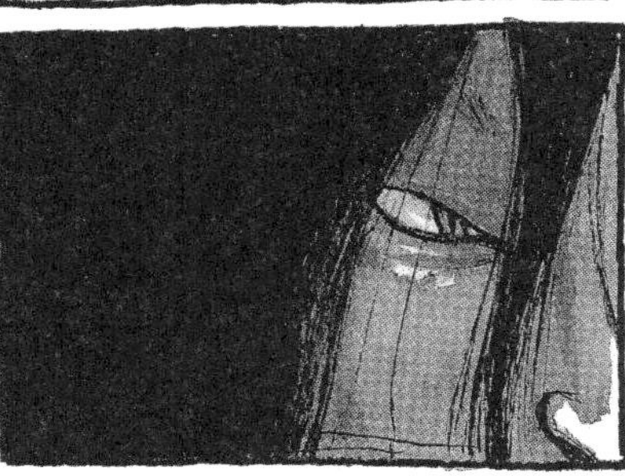

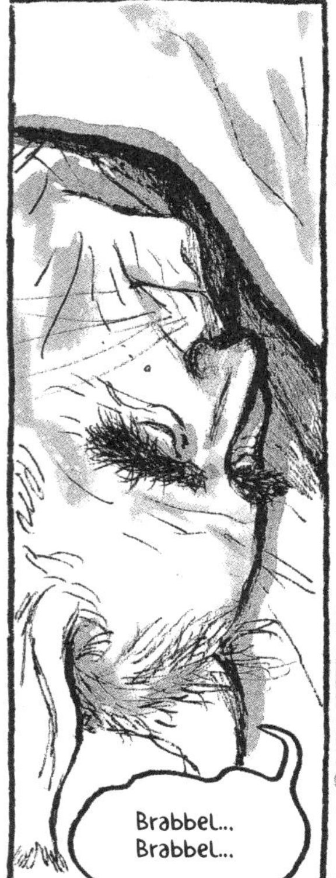
Brabbel... Brabbel...

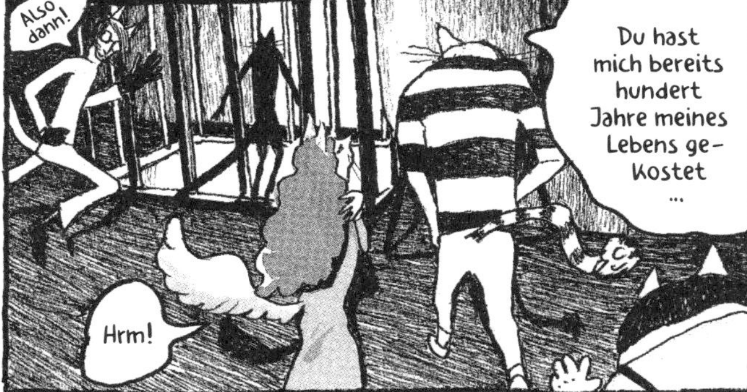
Also dann!
Du hast mich bereits hundert Jahre meines Lebens ge-kostet ...
Hrm!

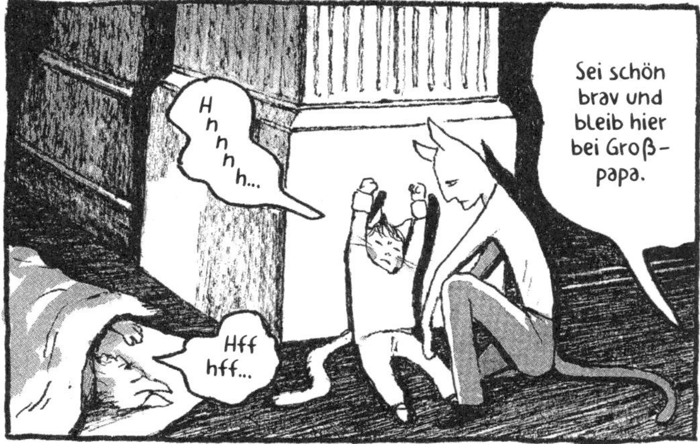
Sei schön brav und bleib hier bei Groß-papa.
Hnnnh...
Hff hff...

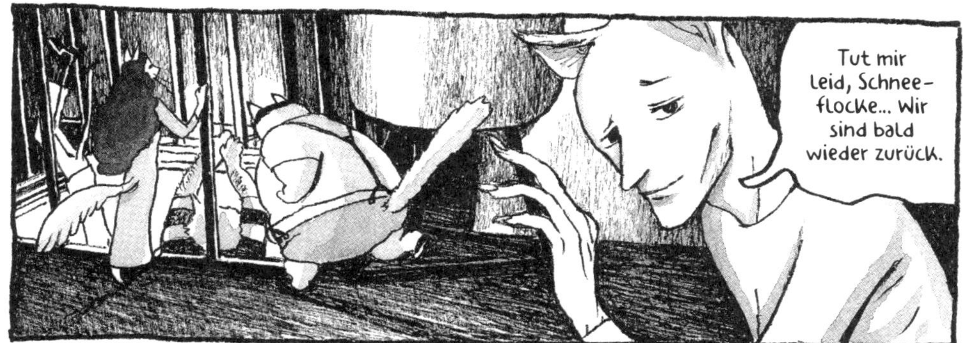

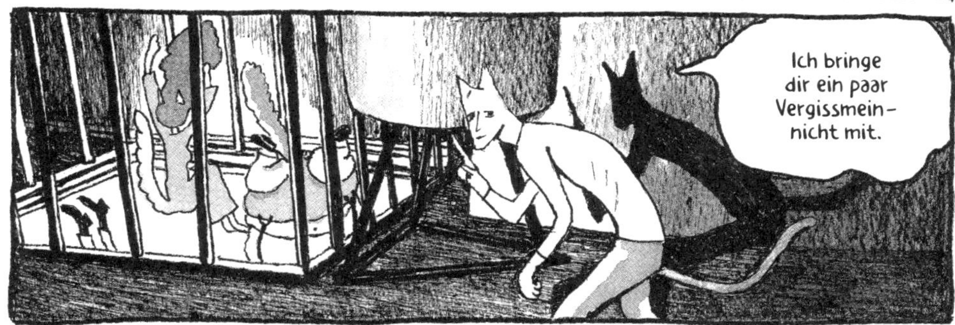

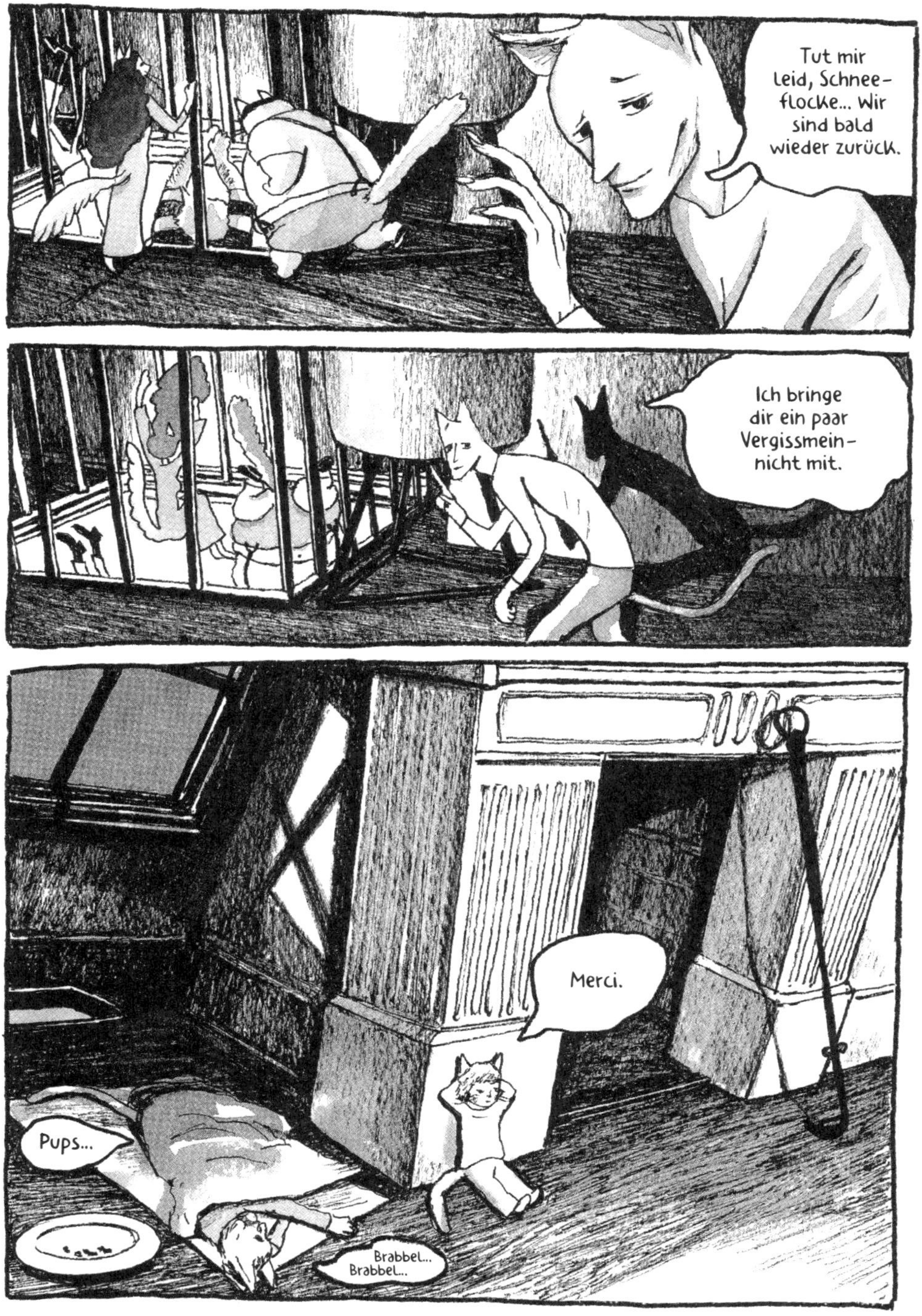

Merci.

Pups...

Brabbel... Brabbel...

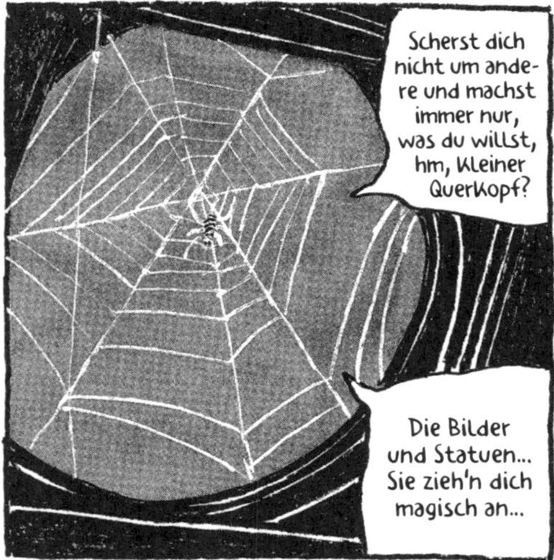
Scherst dich nicht um andere und machst immer nur, was du willst, hm, kleiner Querkopf?
Die Bilder und Statuen... Sie zieh'n dich magisch an...

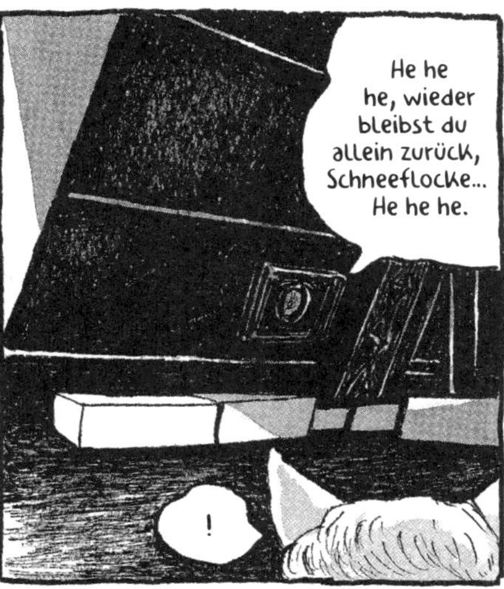
He he he, wieder bleibst du allein zurück, Schneeflocke... He he he.
!

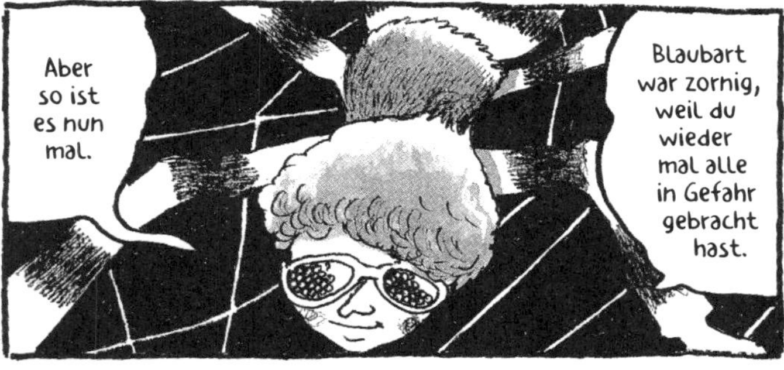
Blaubart war zornig, weil du wieder mal alle in Gefahr gebracht hast.
Aber so ist es nun mal.

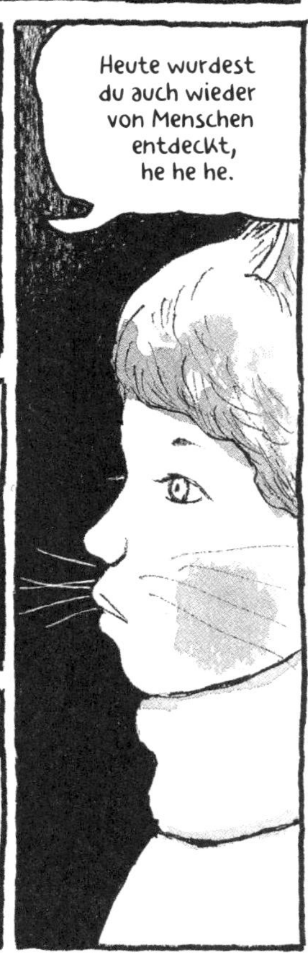
Heute wurdest du auch wieder von Menschen entdeckt, he he he.

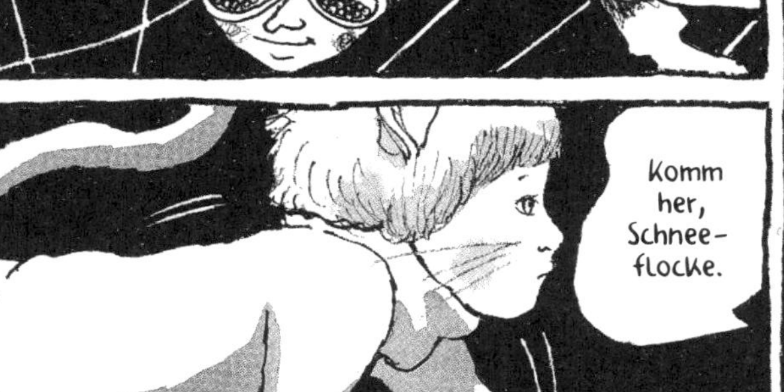
Komm her, Schneeflocke.

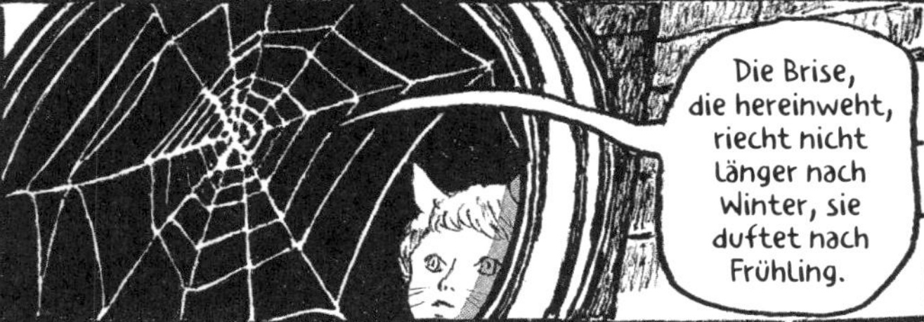
Die Brise, die hereinweht, riecht nicht länger nach Winter, sie duftet nach Frühling.

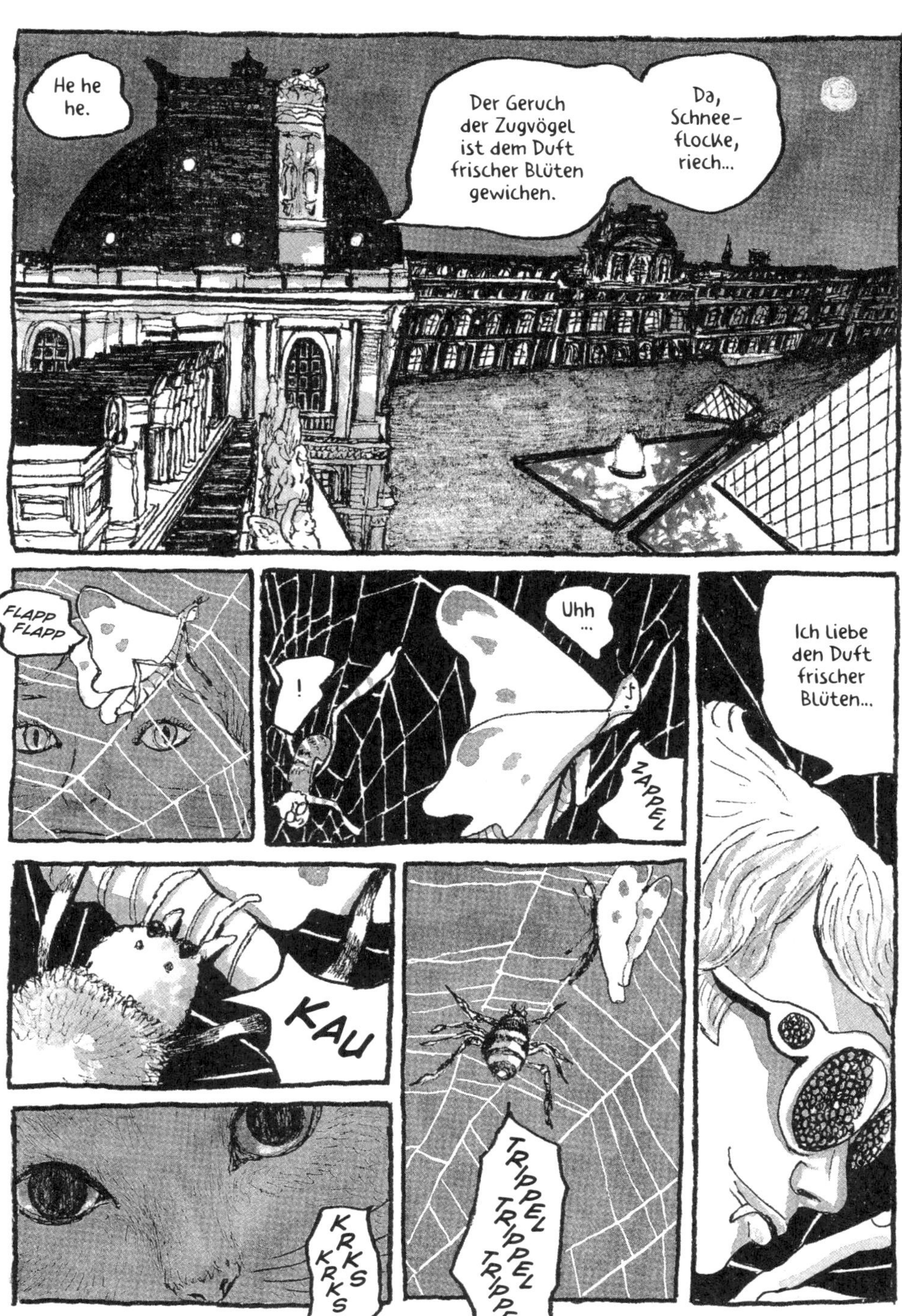
He he he.
Der Geruch der Zugvögel ist dem Duft frischer Blüten gewichen.
Da, Schnee-flocke, riech...
FLAPP FLAPP
!
Uhh ...
ZAPPEL
Ich liebe den Duft frischer Blüten...
KAU
TRIPPEL TRIPPEL TRIPPEL
KRKS KRKS

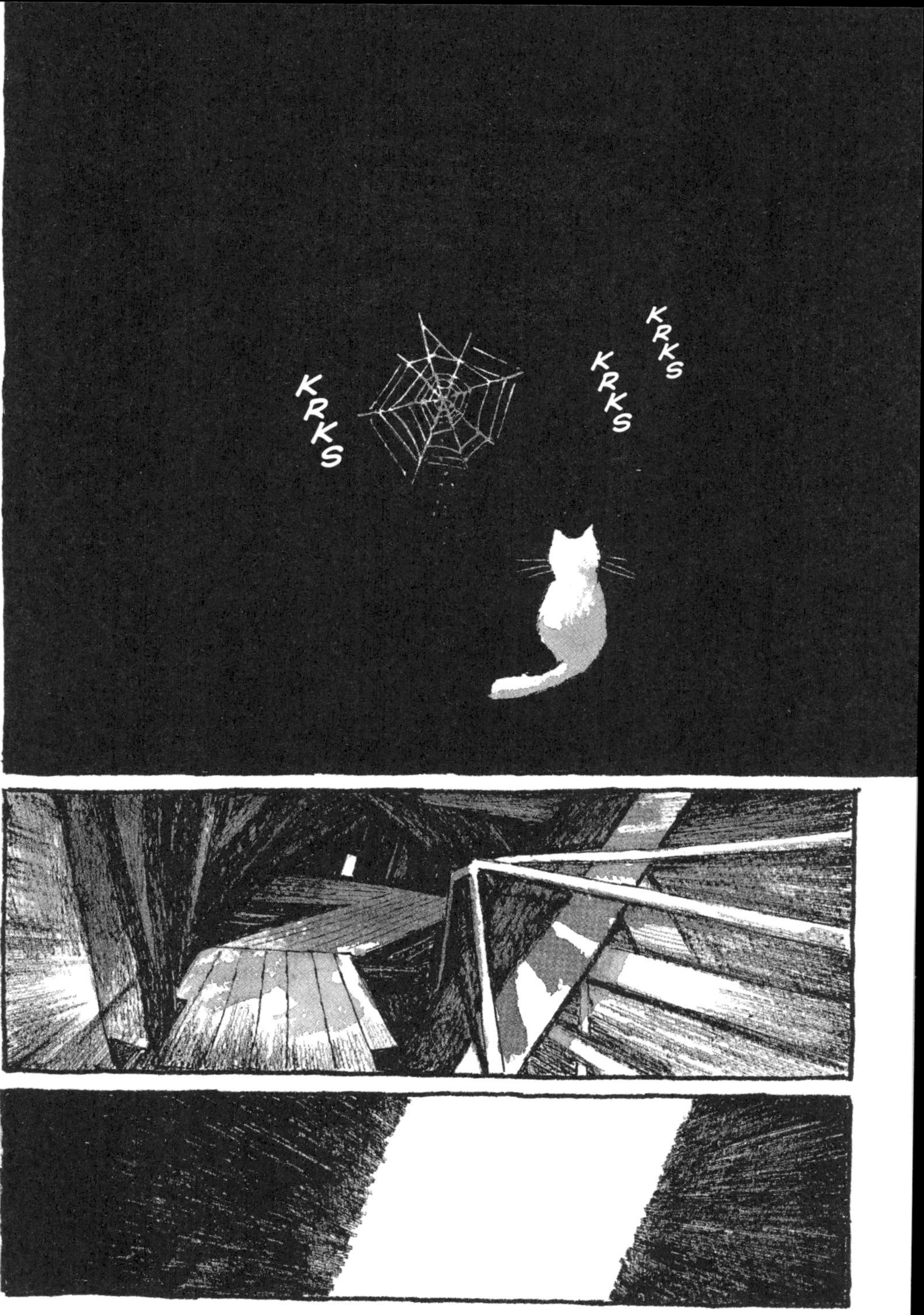

KRKS

KRKS

KRKS

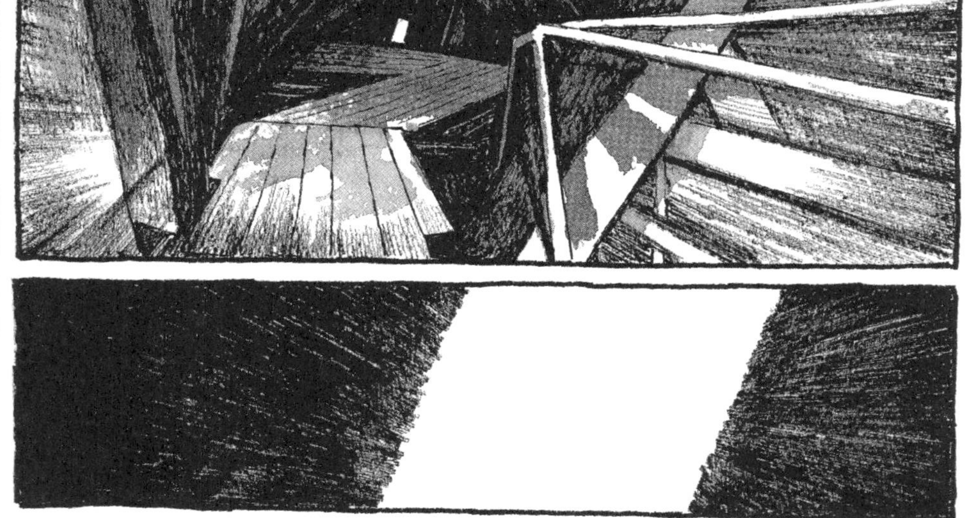

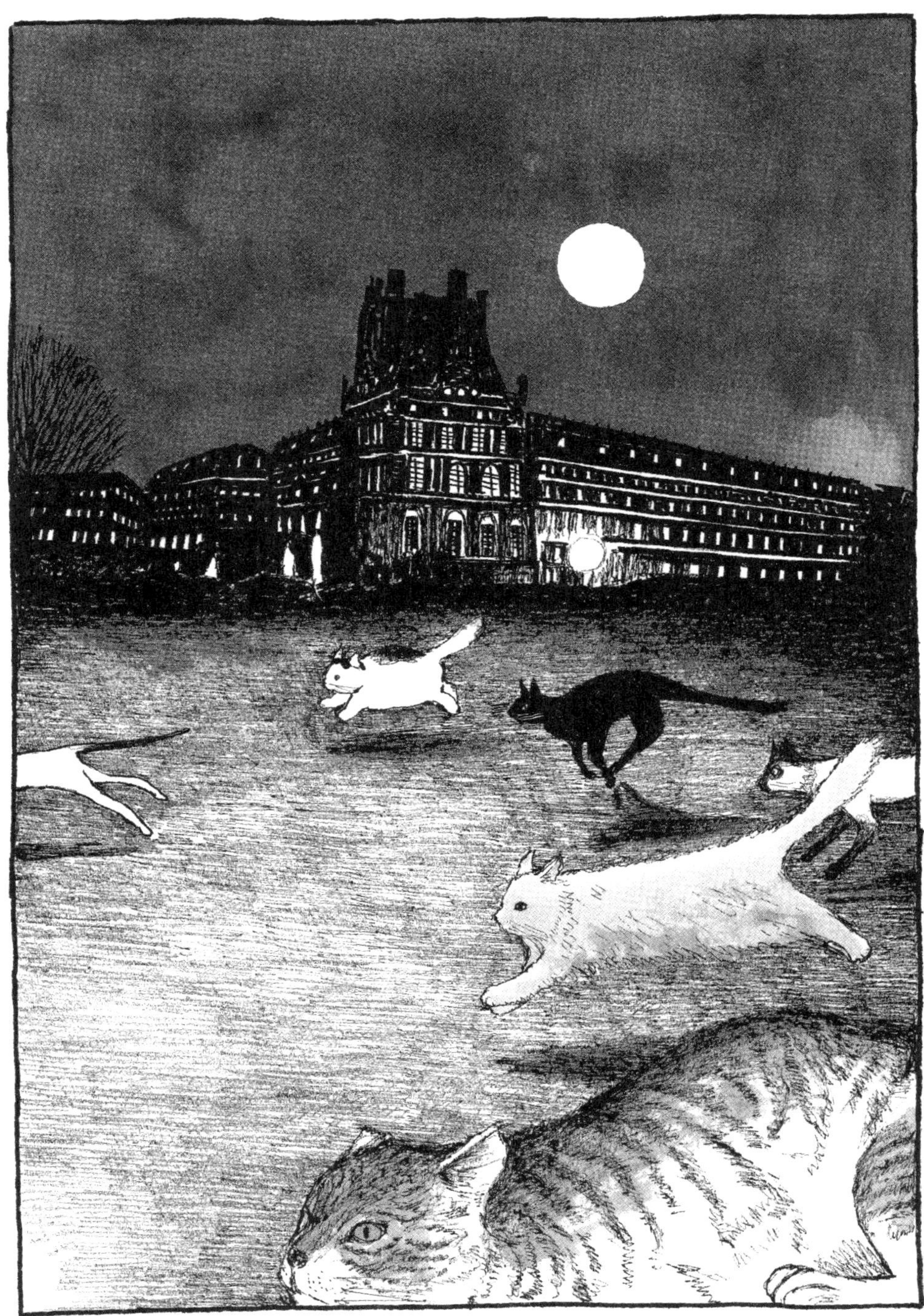

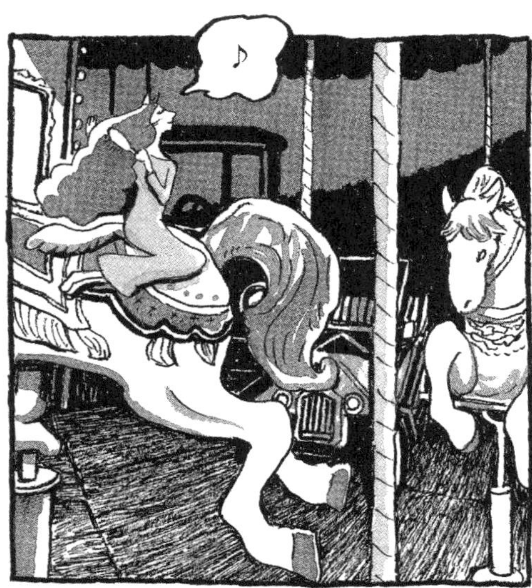
♪

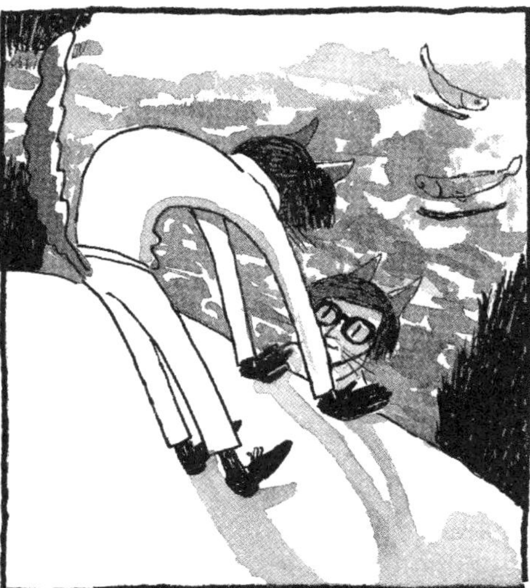

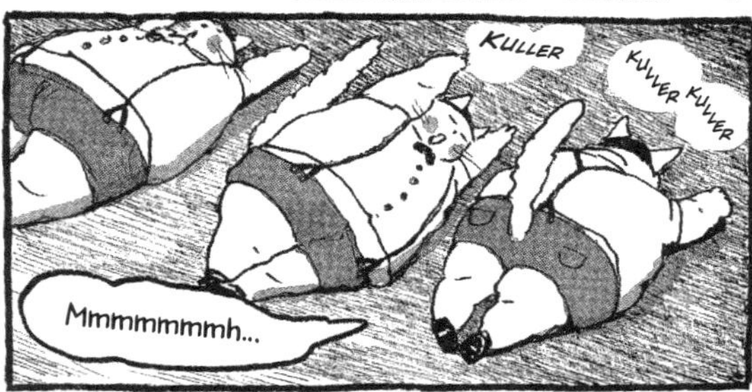
KULLER
KULLER KULLER
Mmmmmmmh...

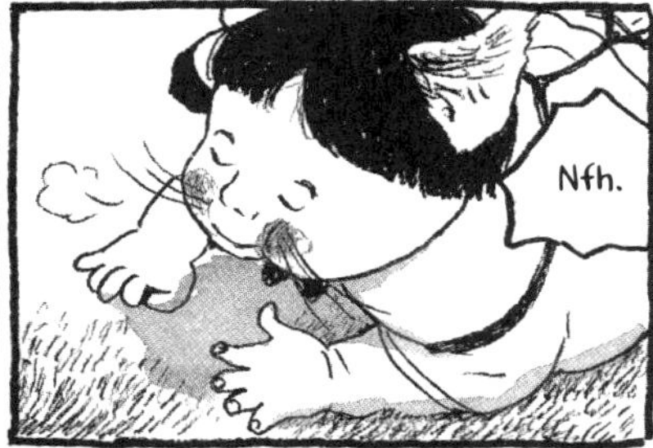
Nfh.

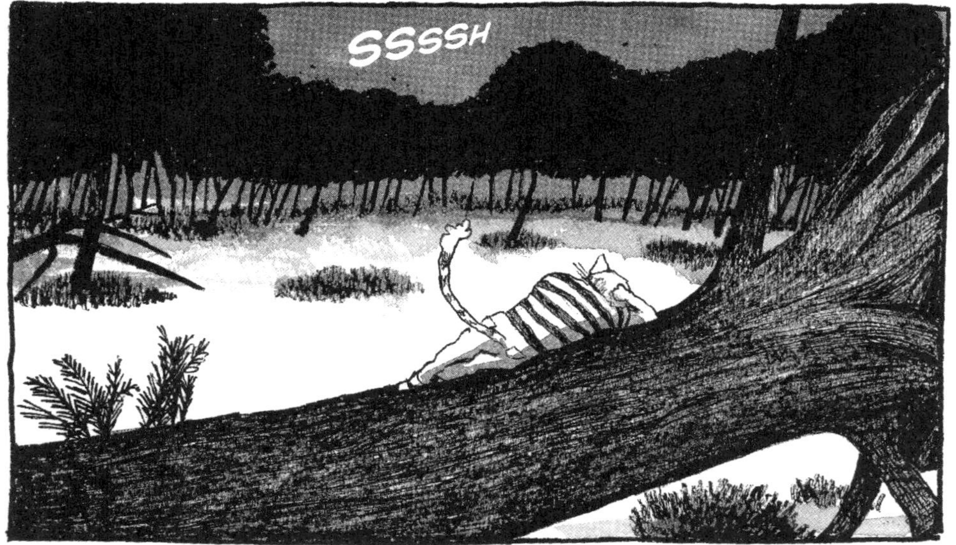
SSSSH

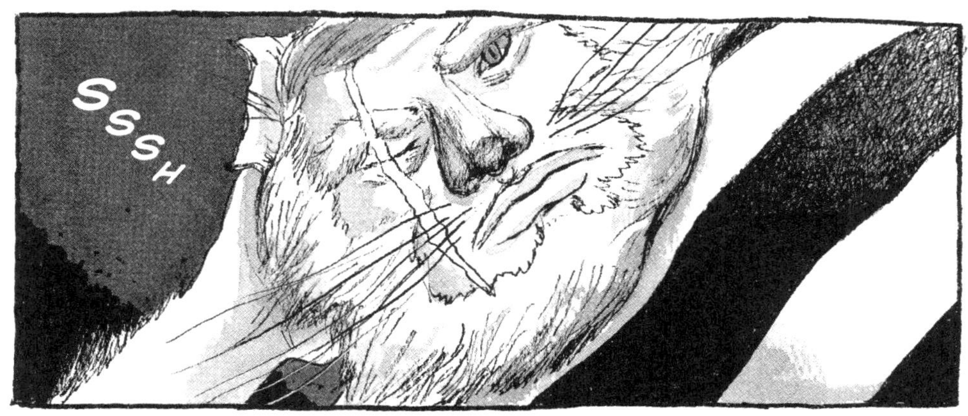
SSSH

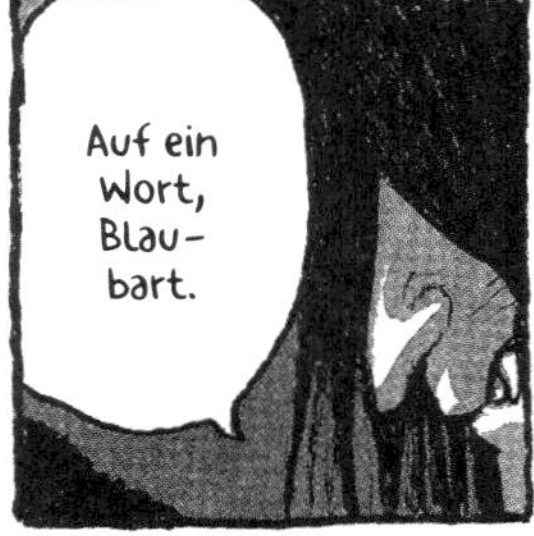
Auf ein Wort, Blau-bart.

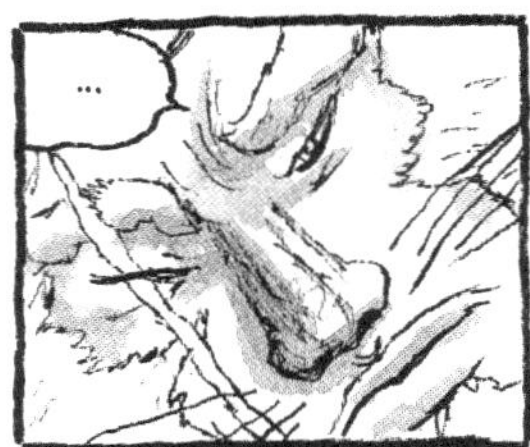
...

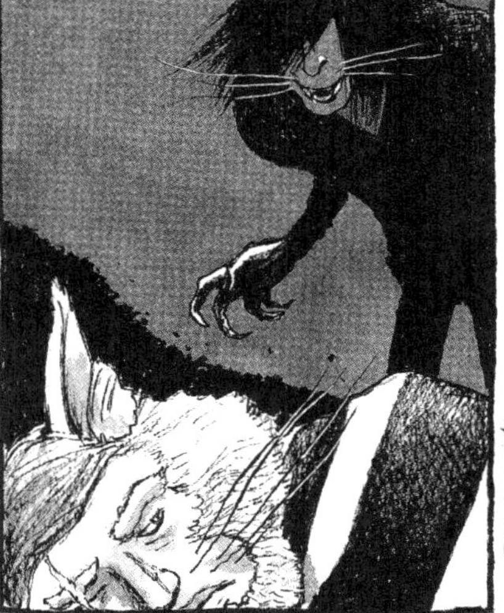

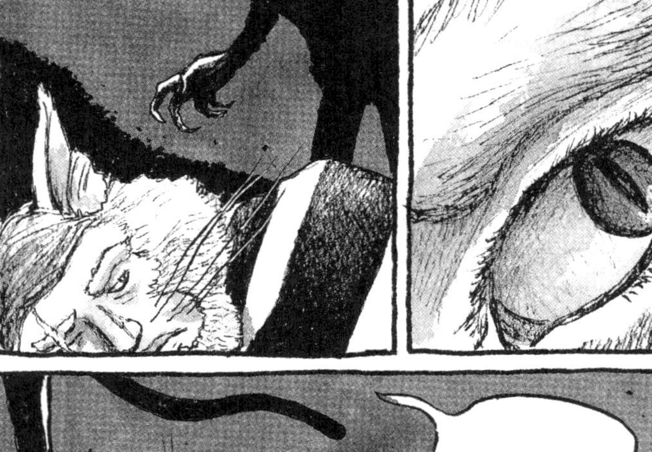
!

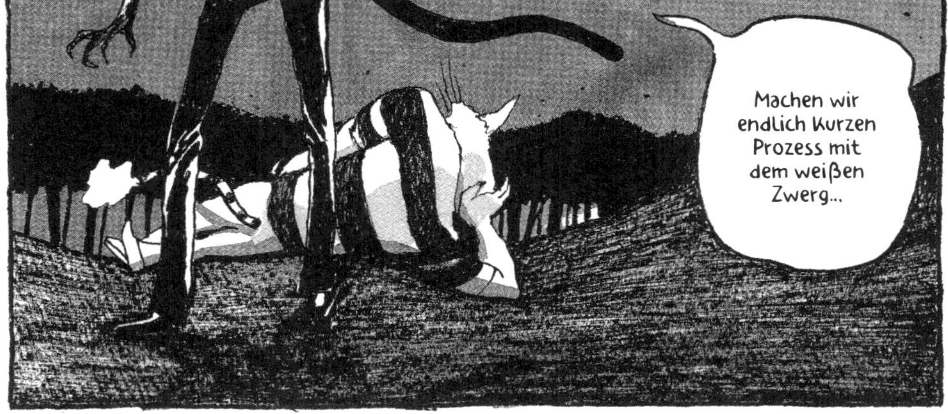
Machen wir endlich kurzen Prozess mit dem weißen Zwerg...

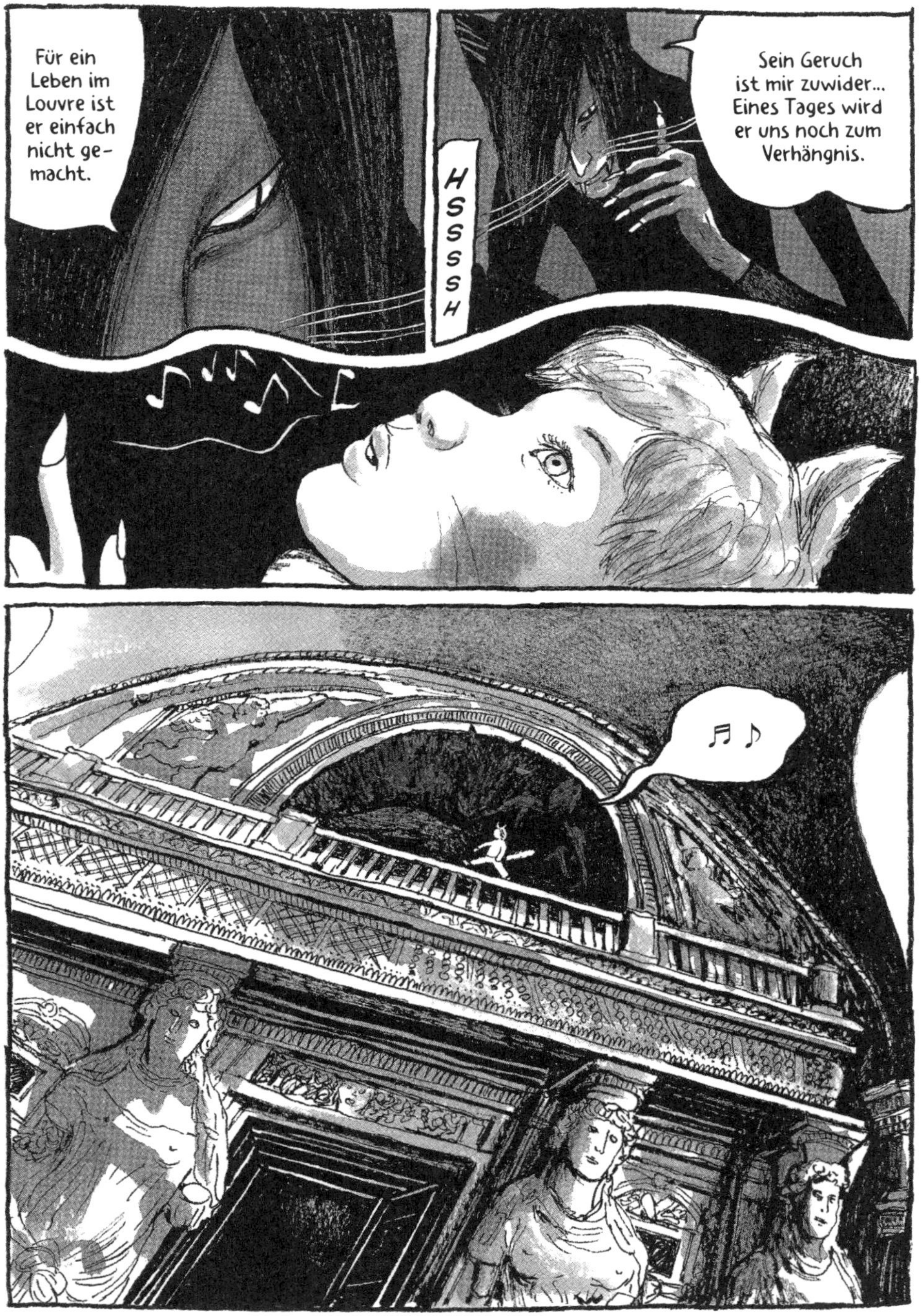

Für ein Leben im Louvre ist er einfach nicht gemacht.

HSSSSH

Sein Geruch ist mir zuwider... Eines Tages wird er uns noch zum Verhängnis.

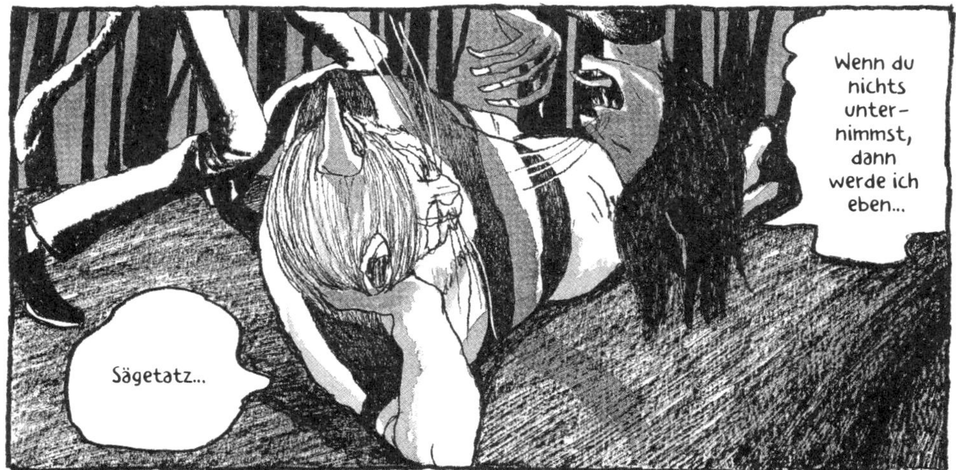
Wenn du nichts unter-nimmst, dann werde ich eben...
Sägetatz...

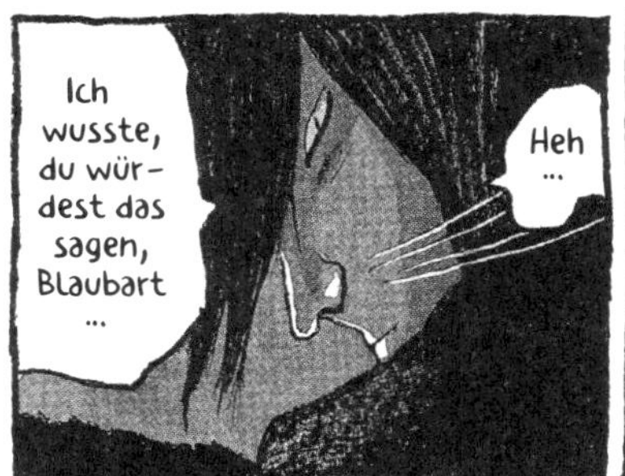
Heh ...
Ich wusste, du wür-dest das sagen, Blaubart ...

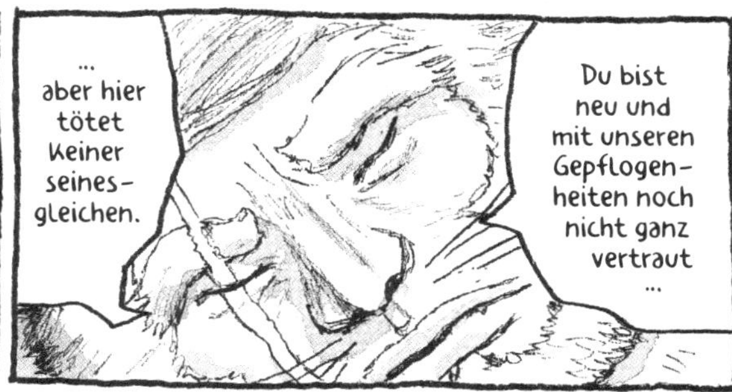
Du bist neu und mit unseren Gepflogen-heiten noch nicht ganz vertraut ...
... aber hier tötet keiner seines-gleichen.

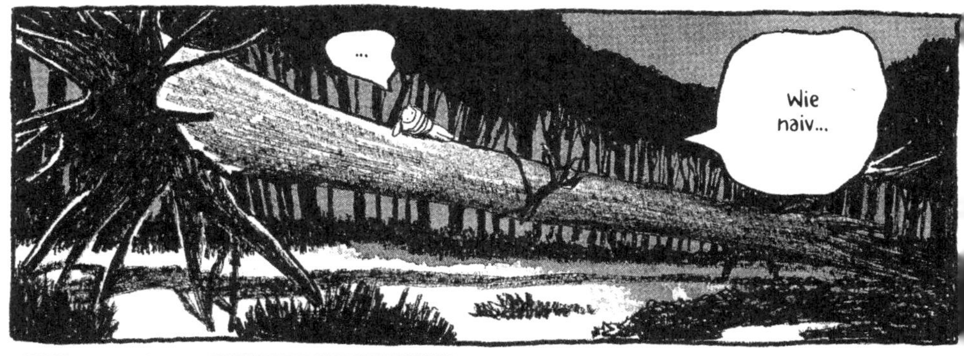
Wie naiv...
...

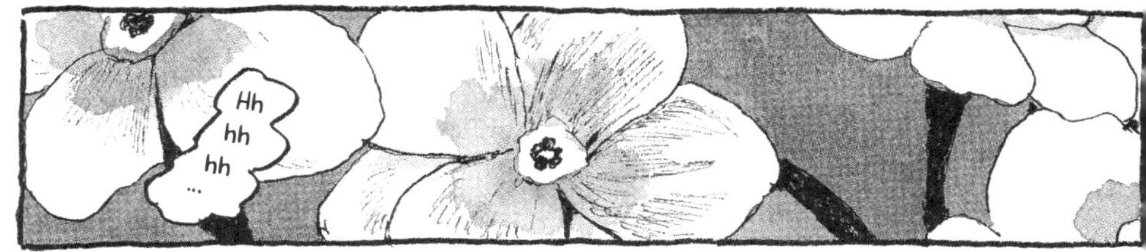
Hh hh hh ...

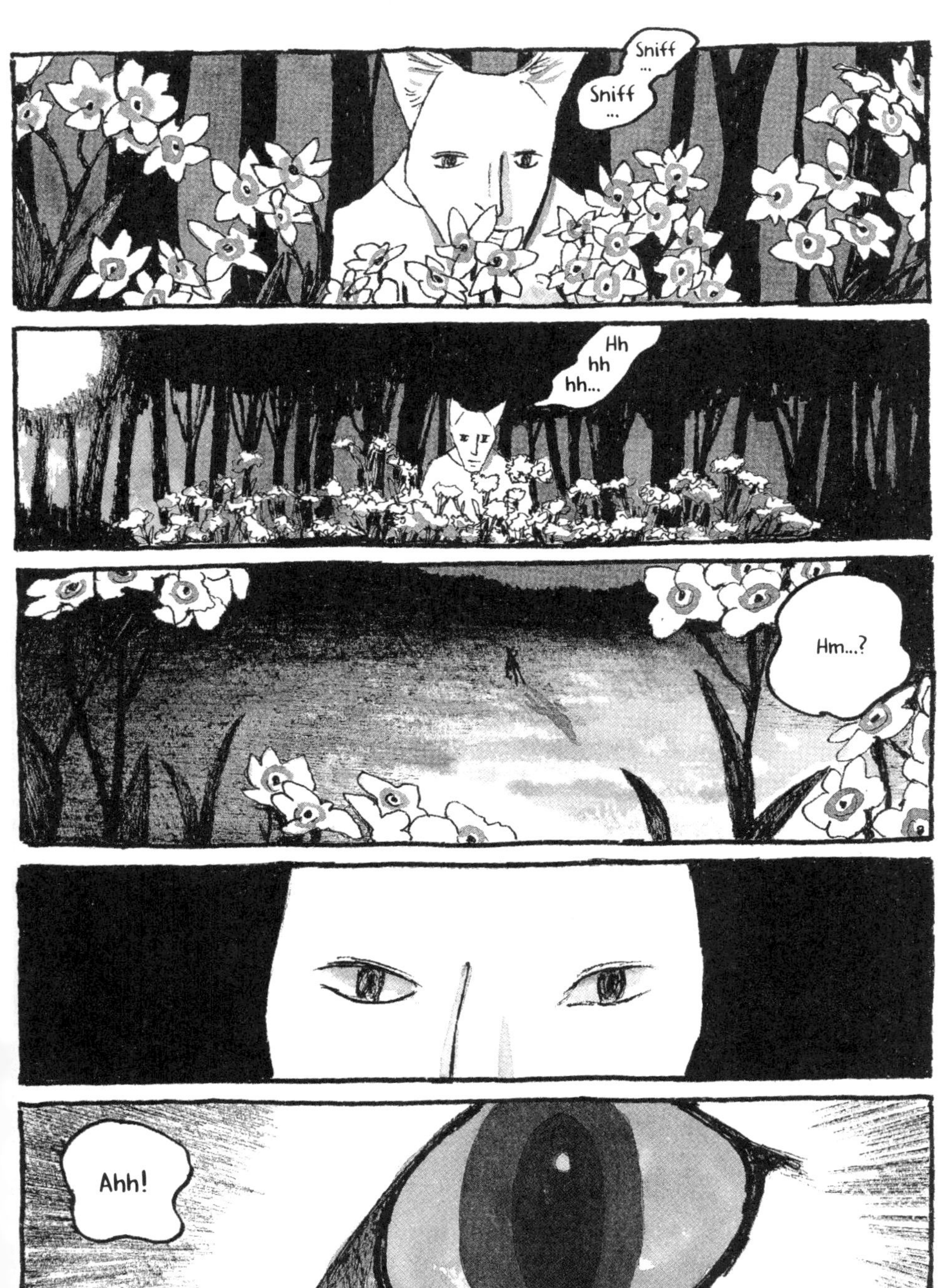
Sniff
...
Sniff
...
Hh
hh
hh...
Hm...?
Ahh!

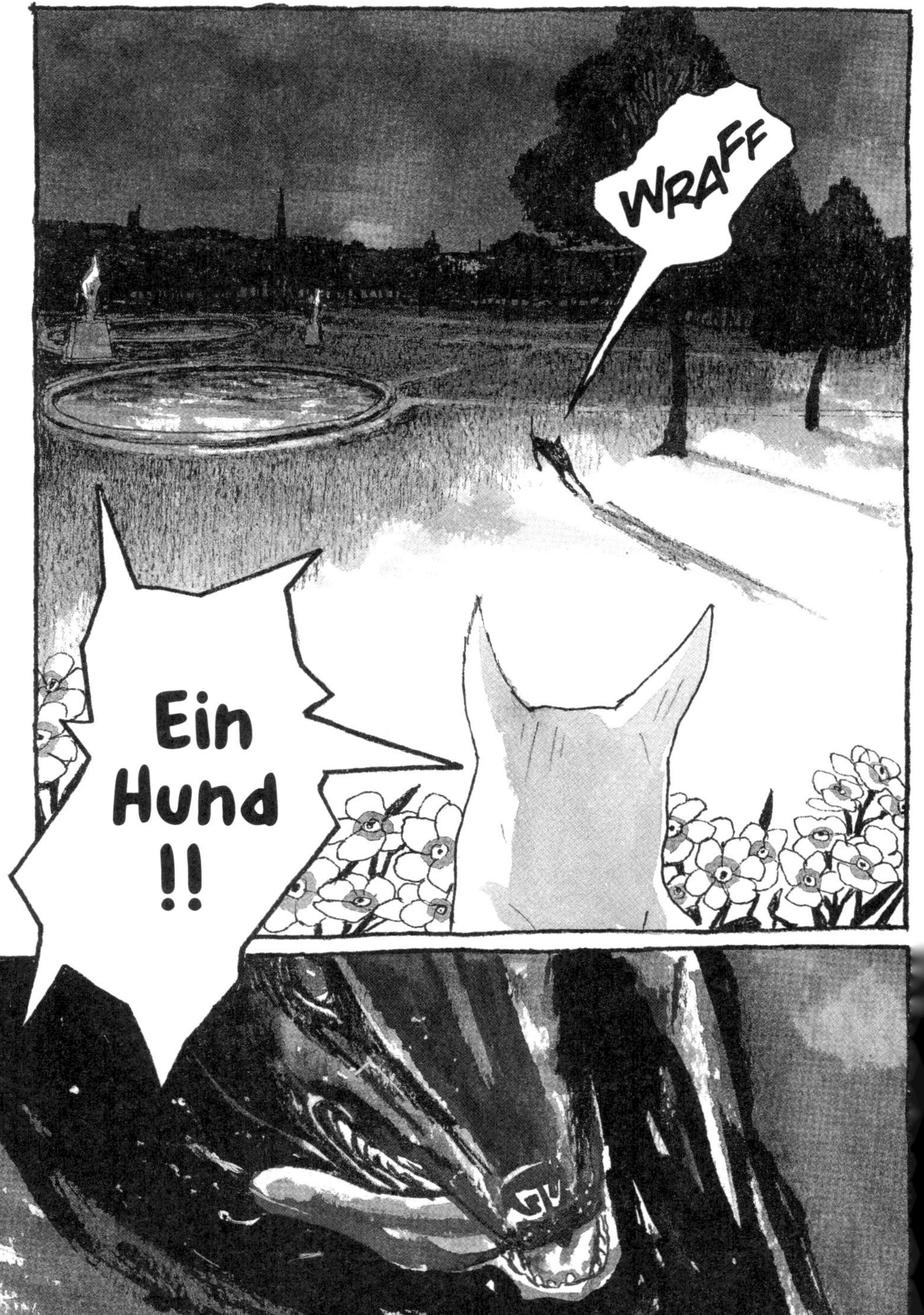
WRAFF
Ein Hund !!

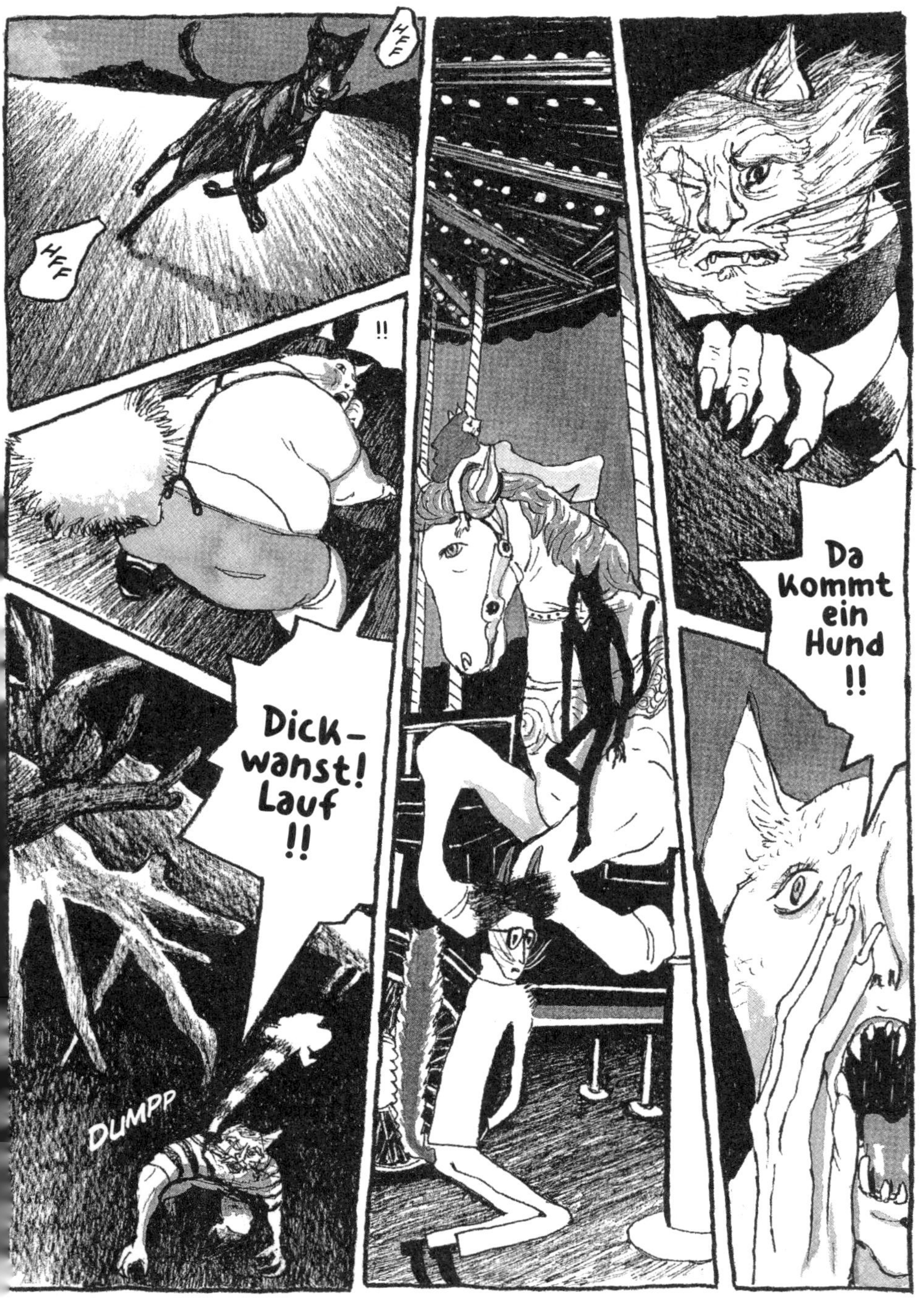
HFF
HFF
!!
Dick-
wanst!
Lauf
!!
DUMPP
Da
kommt
ein
Hund
!!

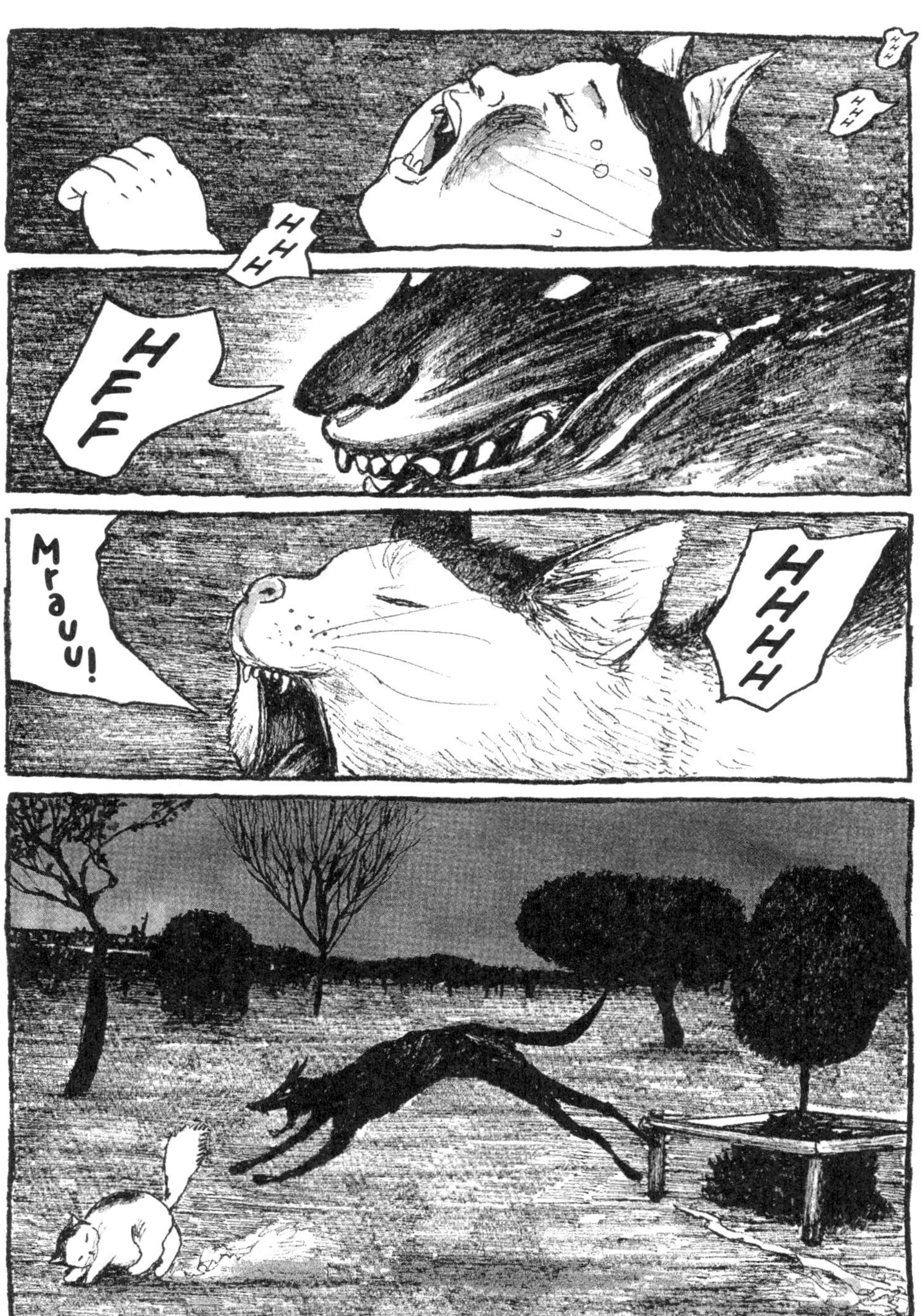
HHH
HHH
HHH
HFF
Mrauu!
HHHHH

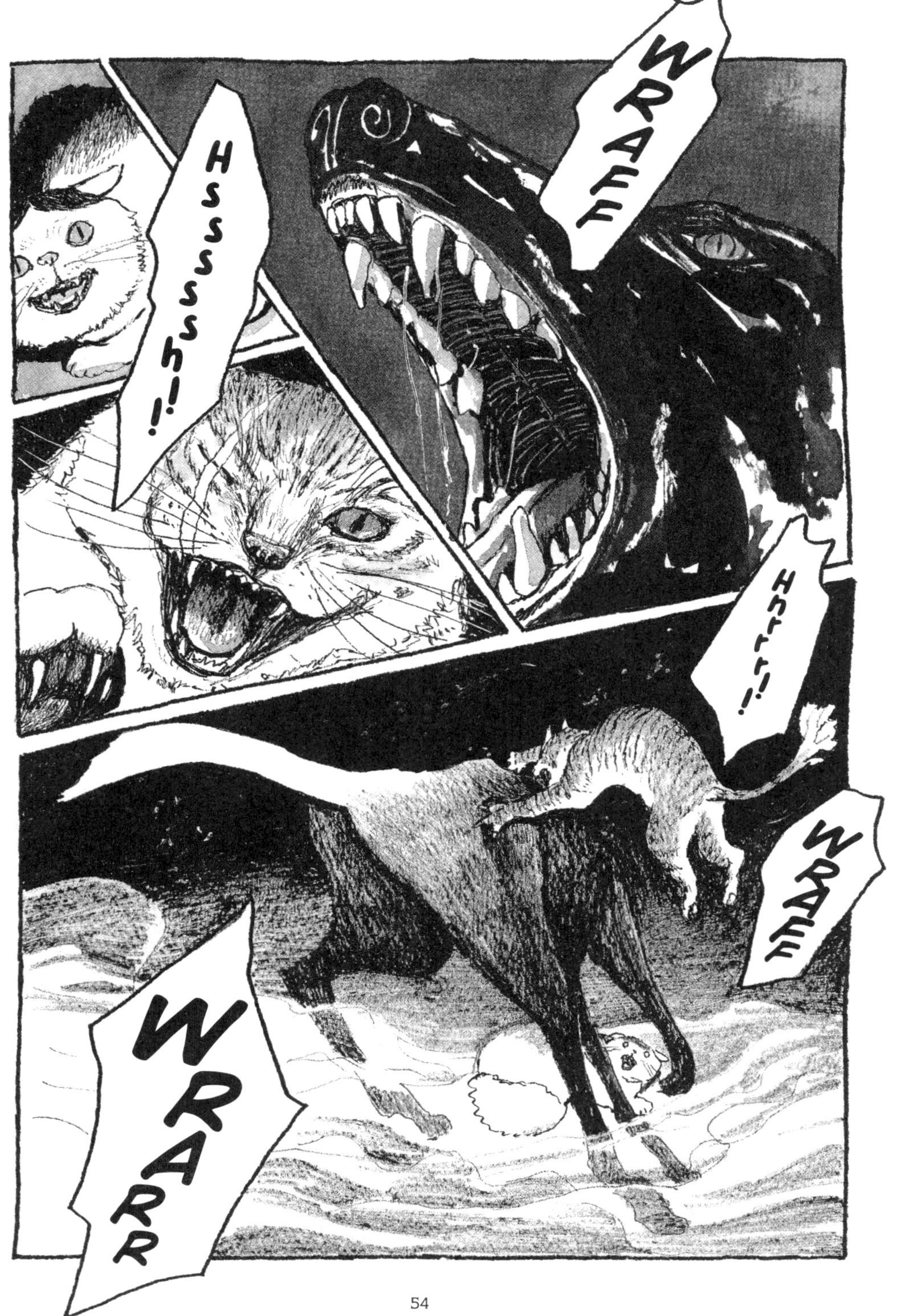
WRAFF
Hsssssh!!
Hmffff!!
WRAFF
WRARR

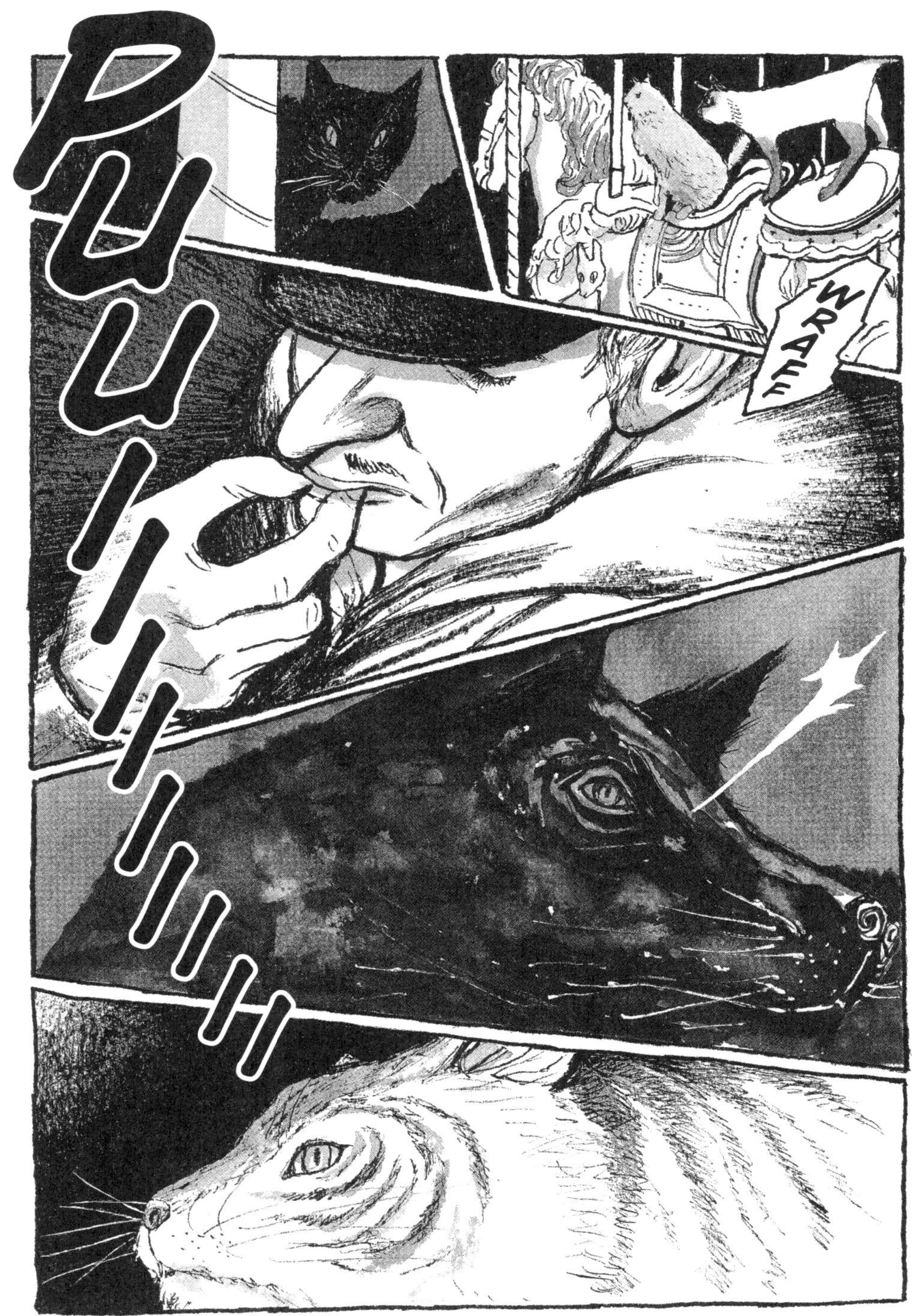
DUUIIIIIIIIII
WRAFF

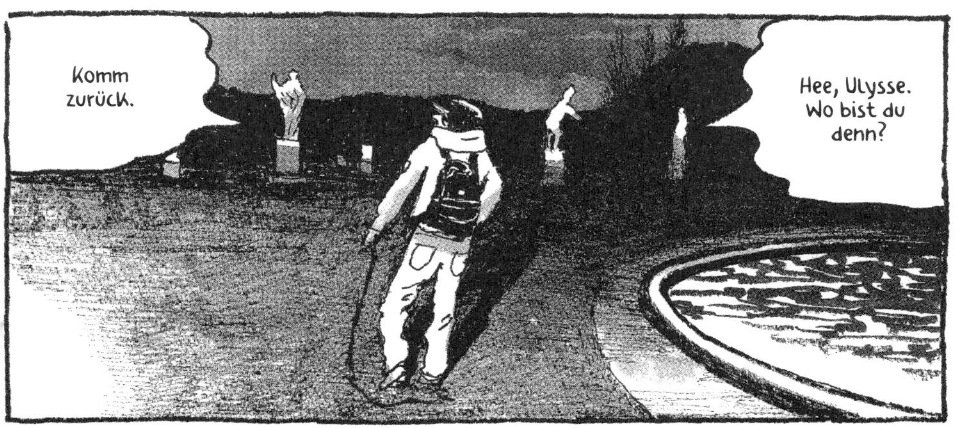
Komm zurück.
Hee, Ulysse. Wo bist du denn?

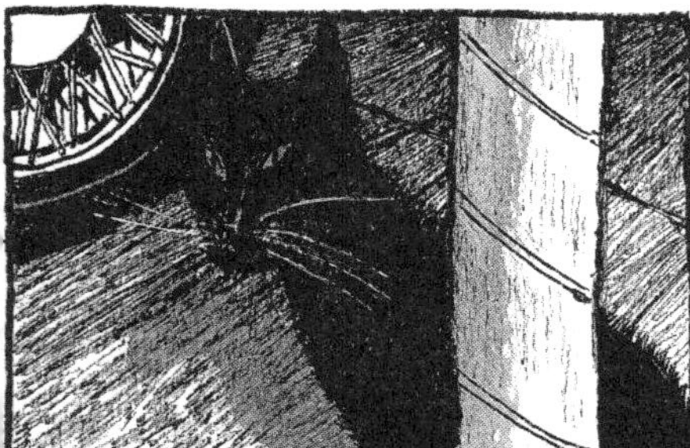

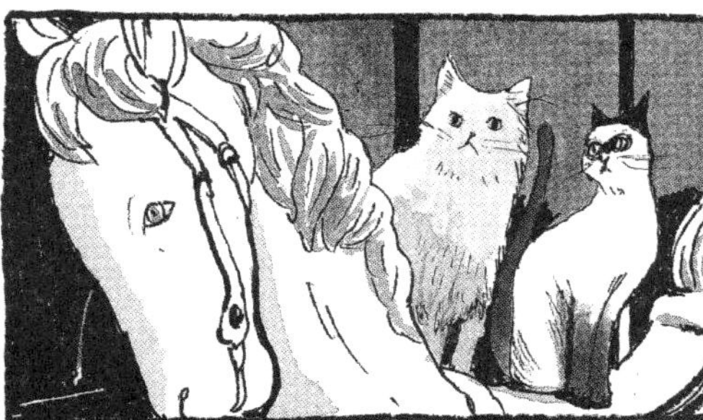

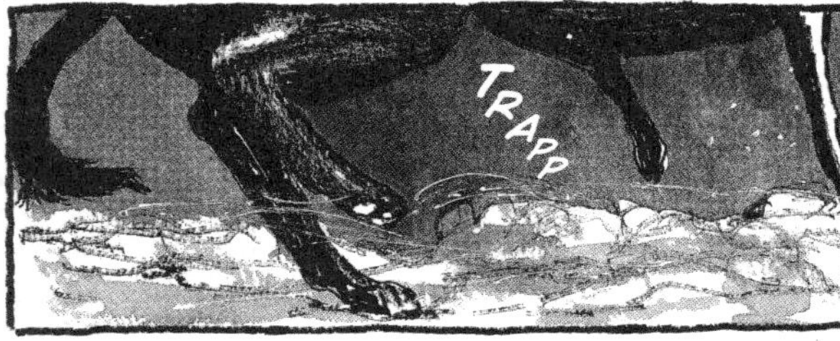
TRAPP

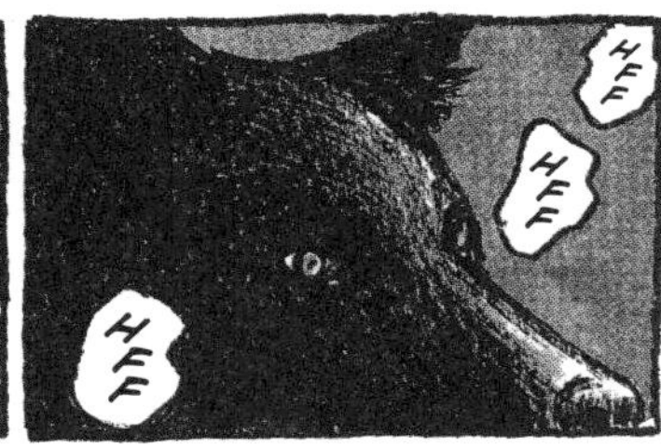
HEF
HEF
HEF

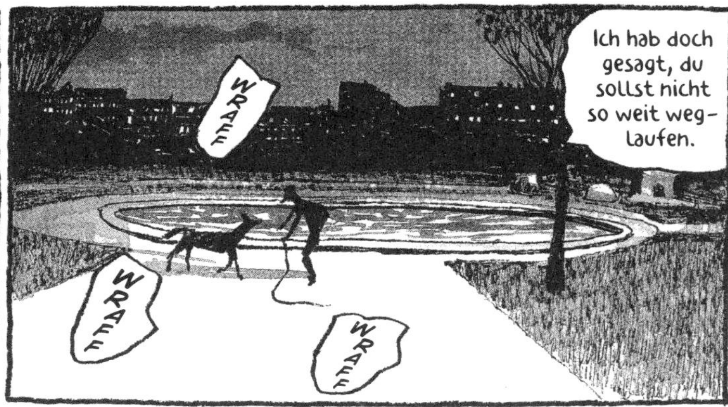
Ich hab doch gesagt, du sollst nicht so weit weglaufen.
WRAFF
WRAFF
WRAFF

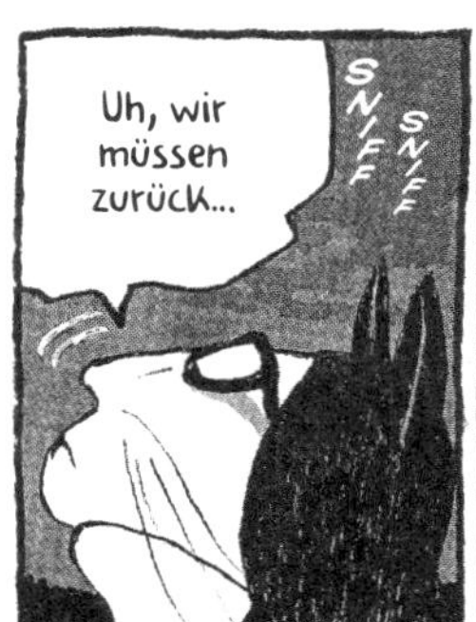
Uh, wir müssen zurück...
SNIFF
SNIFF

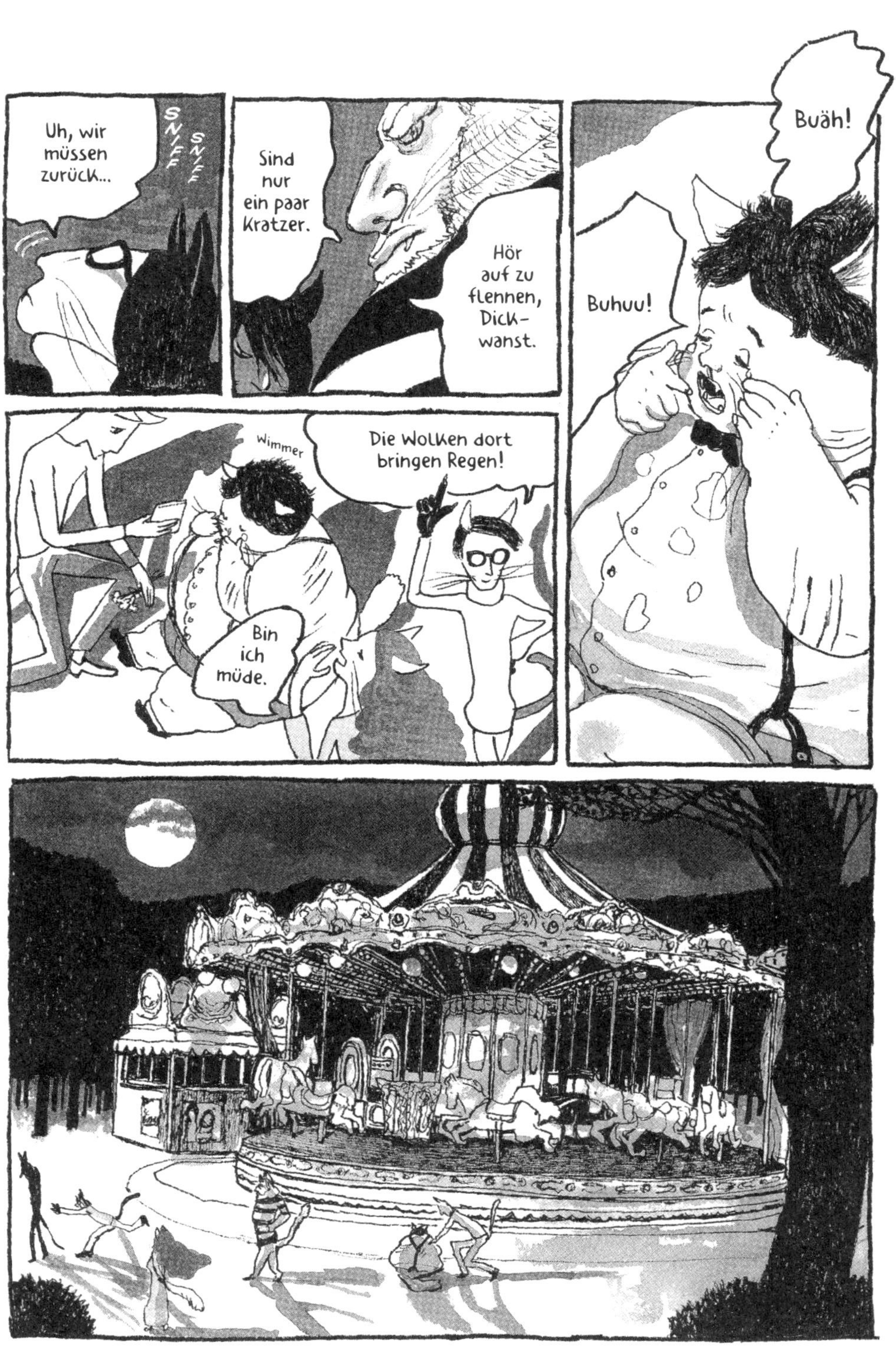

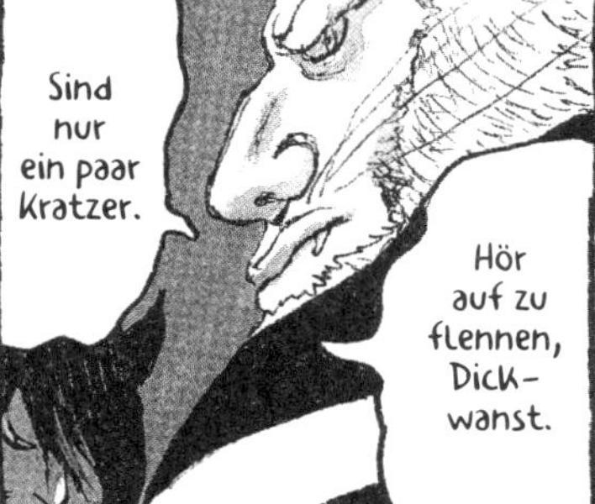
Sind nur ein paar Kratzer.
Hör auf zu flennen, Dick-wanst.

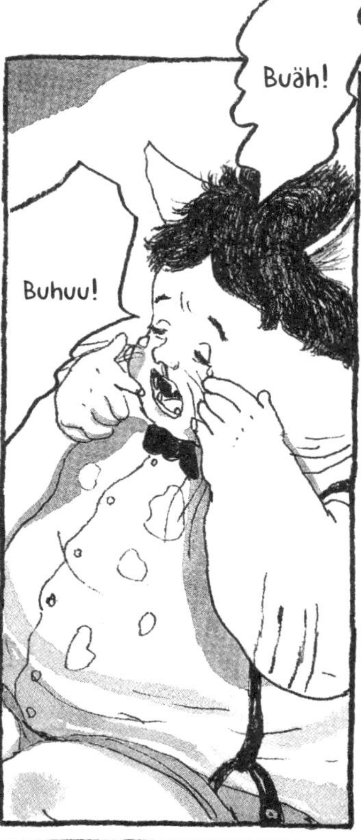
Buäh!
Buhuu!

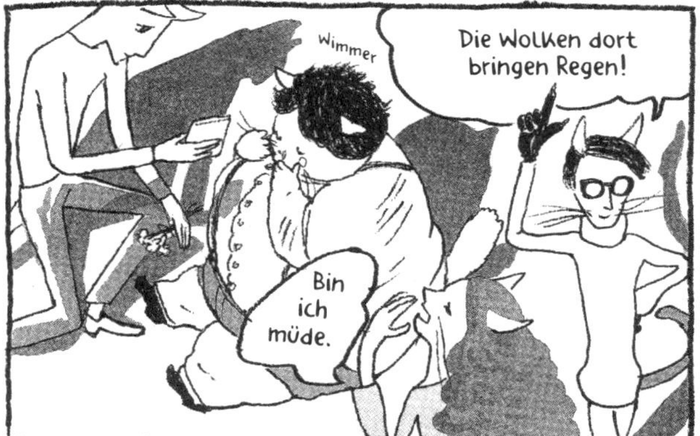
Wimmer
Die Wolken dort bringen Regen!
Bin ich müde.

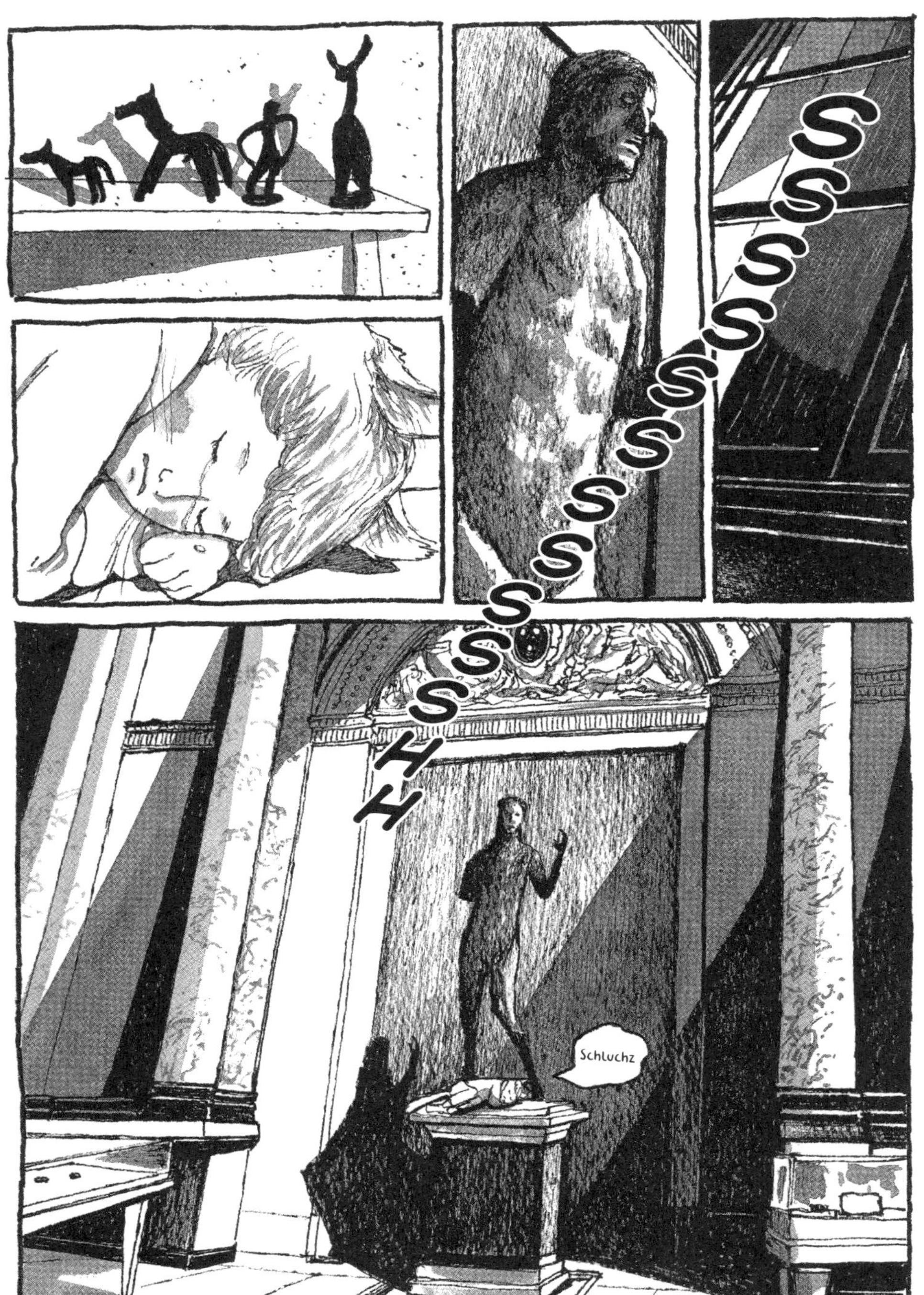
SSSSSSSSSSSSHH
Schluchz

Kapitel 3

DAS GEHEIMNIS DER KINDER

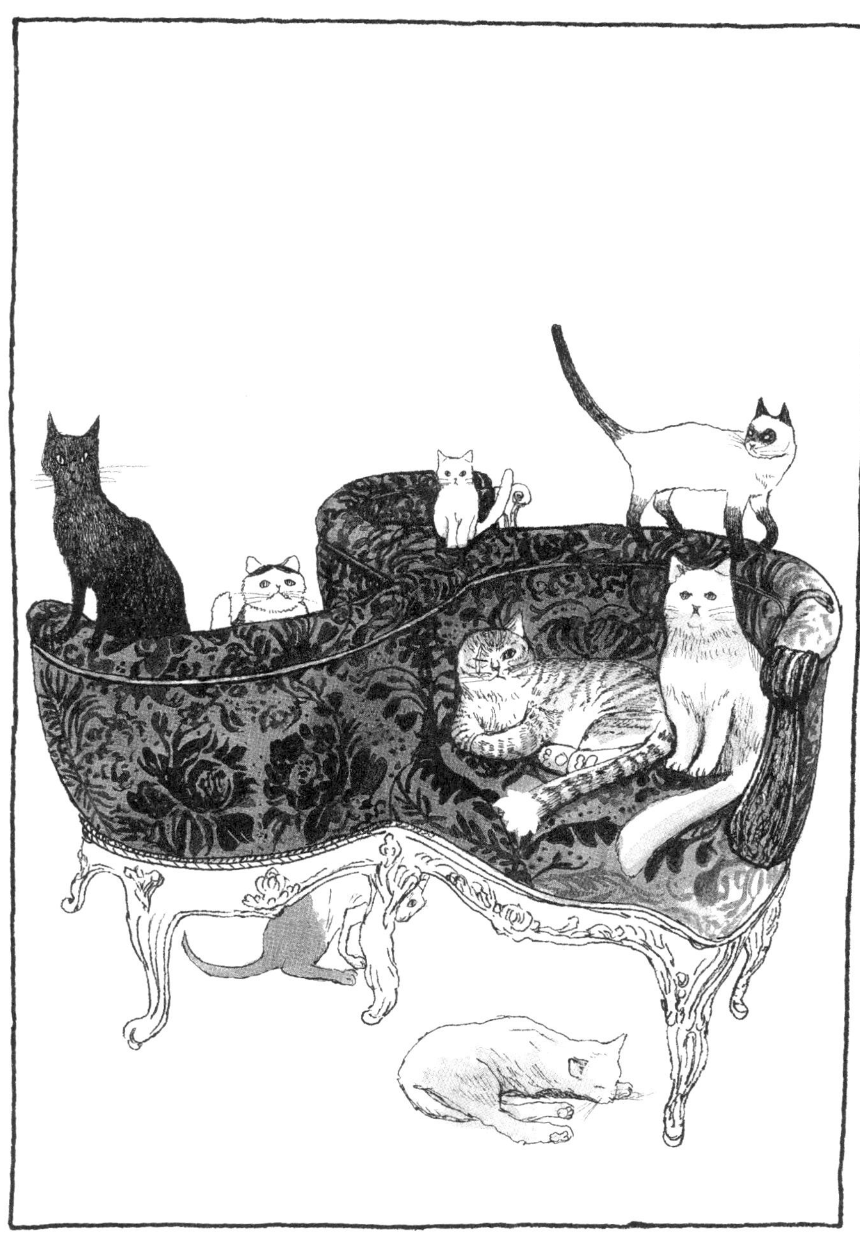

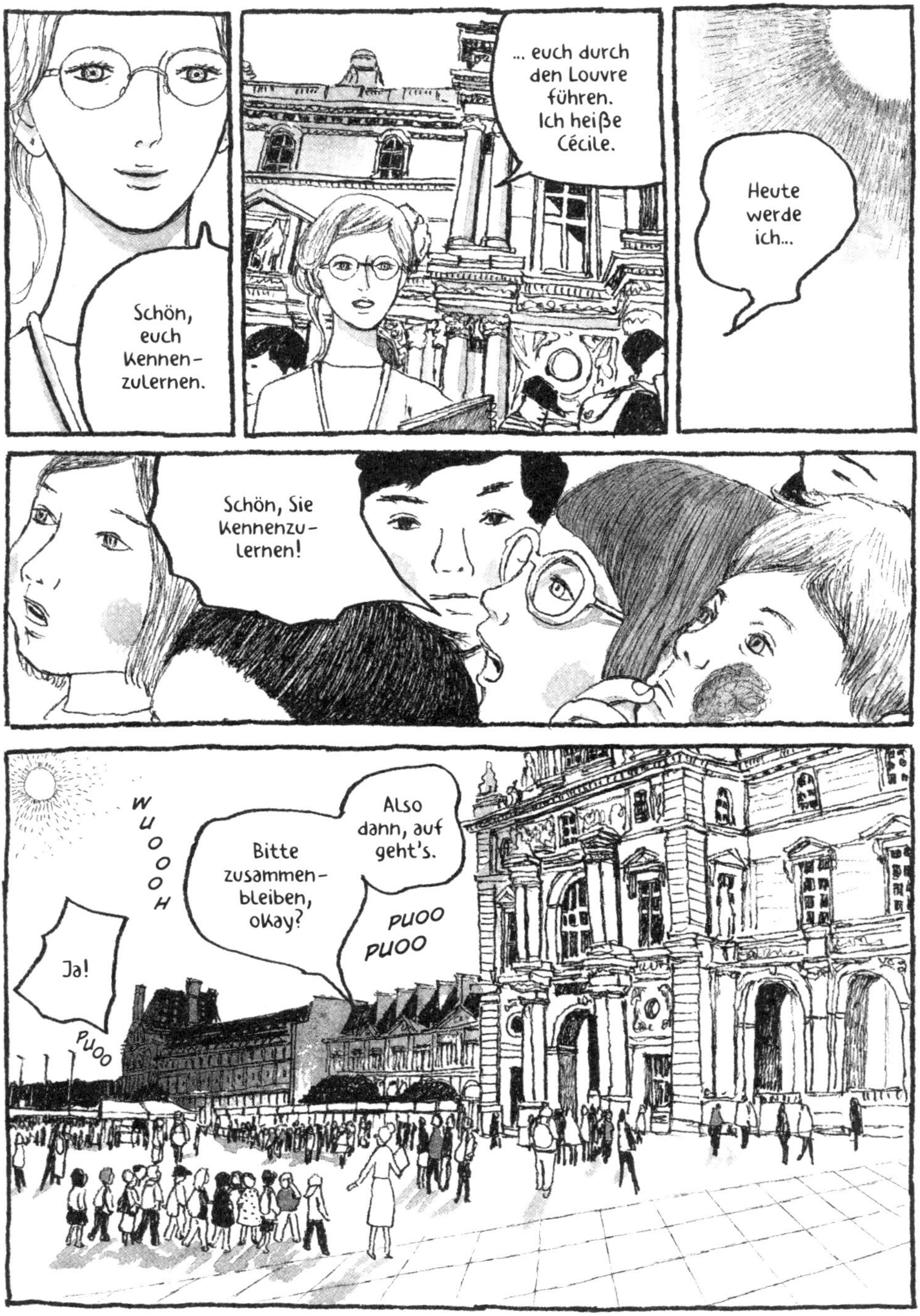

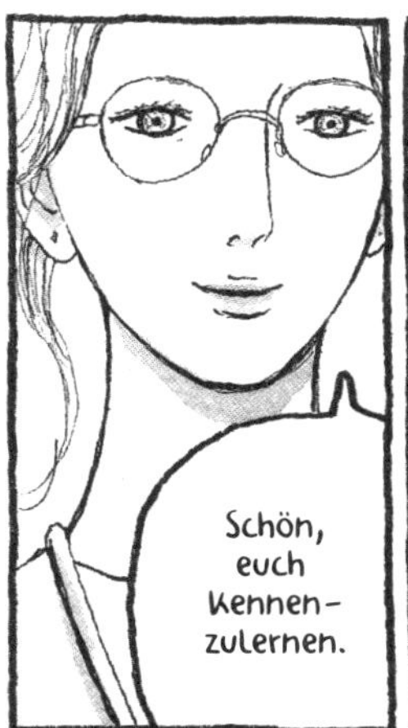

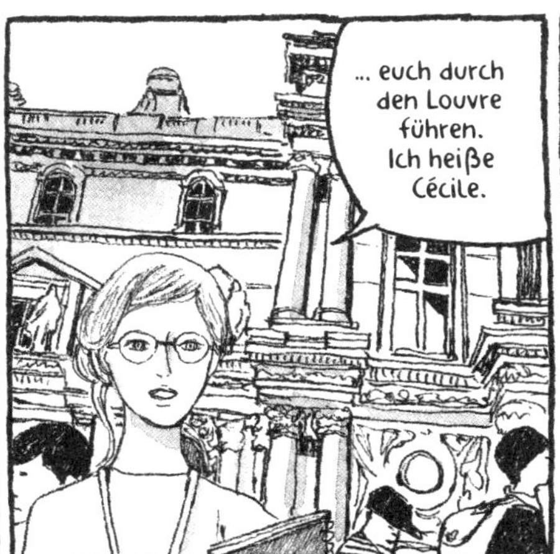

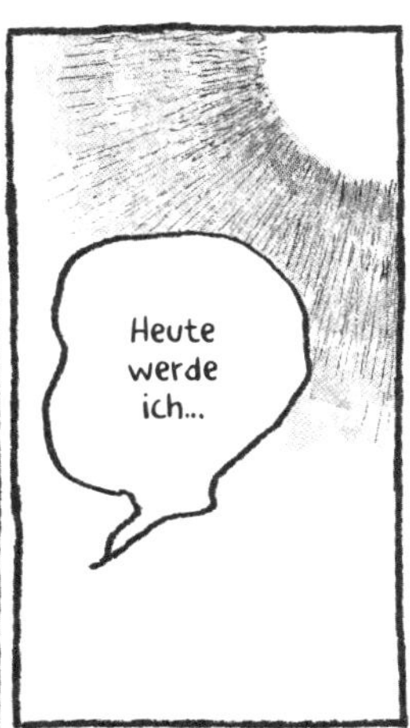

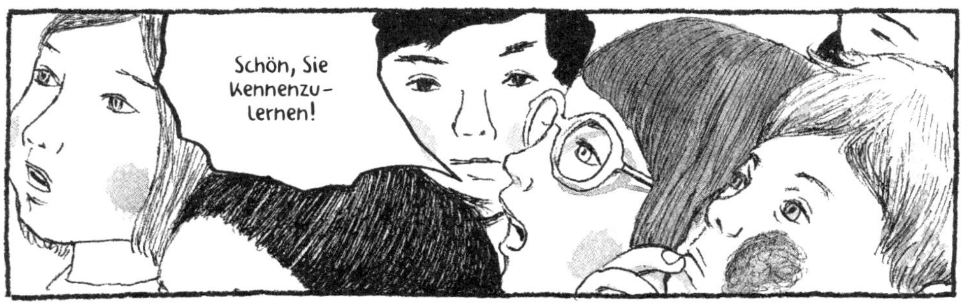

WUOOOH

Also dann, auf geht's.

Bitte zusammen-bleiben, okay?

PUOO PUOO

Ja!

PUOO

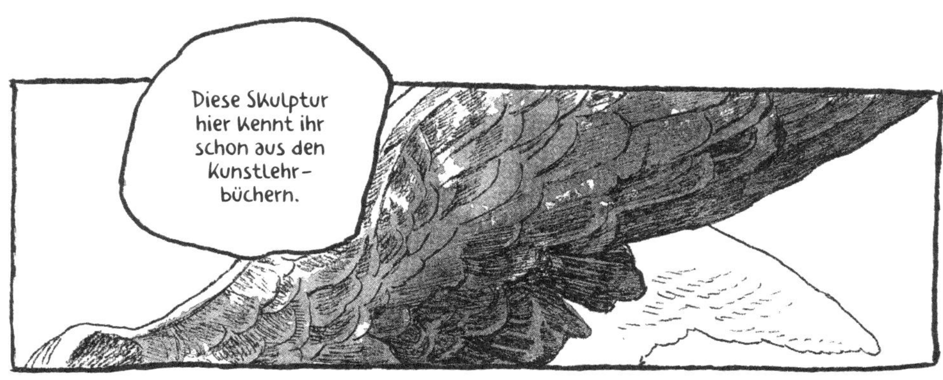
Diese Skulptur hier kennt ihr schon aus den Kunstlehr-büchern.

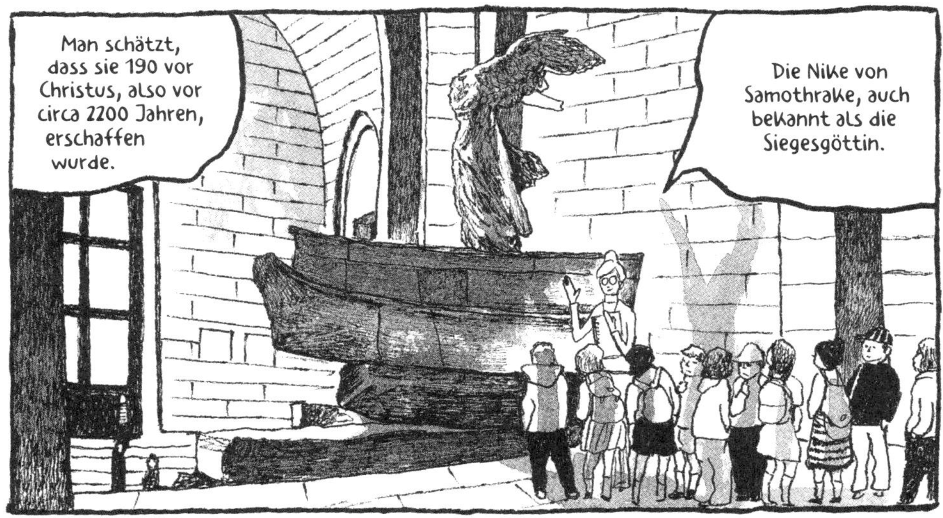
Die Nike von Samothrake, auch bekannt als die Siegesgöttin.
Man schätzt, dass sie 190 vor Christus, also vor circa 2200 Jahren, erschaffen wurde.

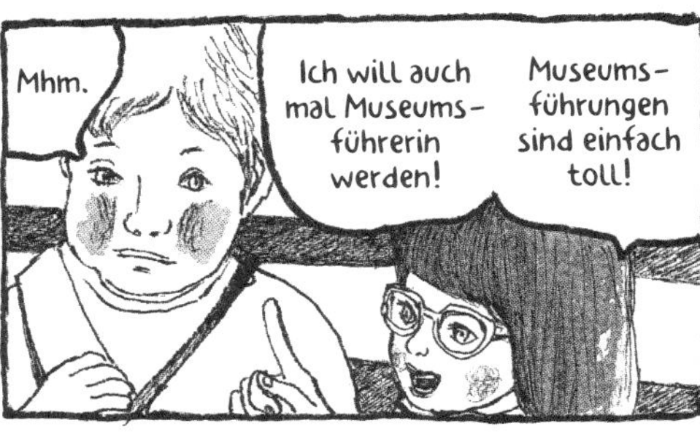
Mhm.
Ich will auch mal Museums-führerin werden!
Museums-führungen sind einfach toll!

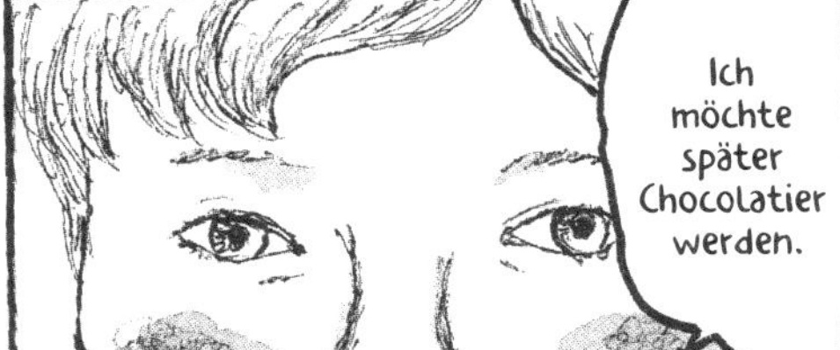
Ich möchte später Chocolatier werden.

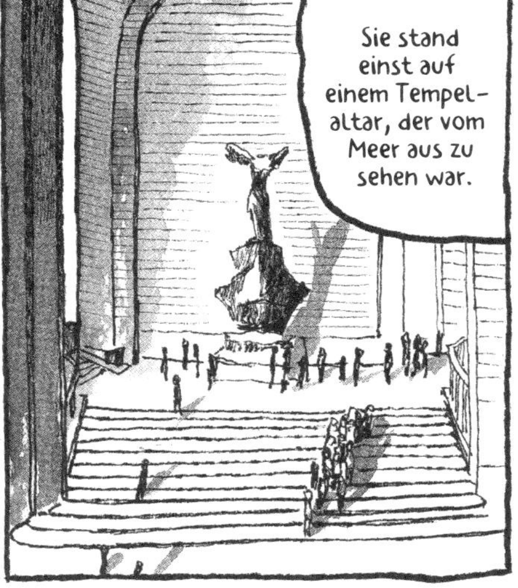
Sie stand einst auf einem Tempel-altar, der vom Meer aus zu sehen war.

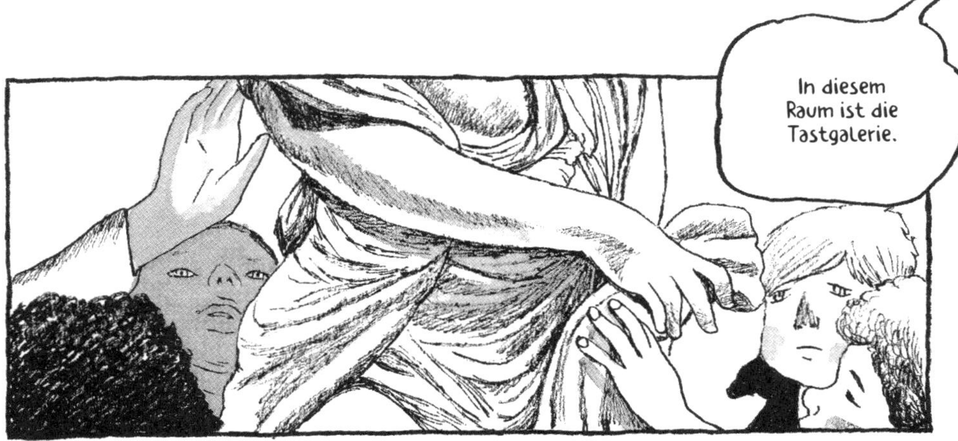
In diesem Raum ist die Tastgalerie.

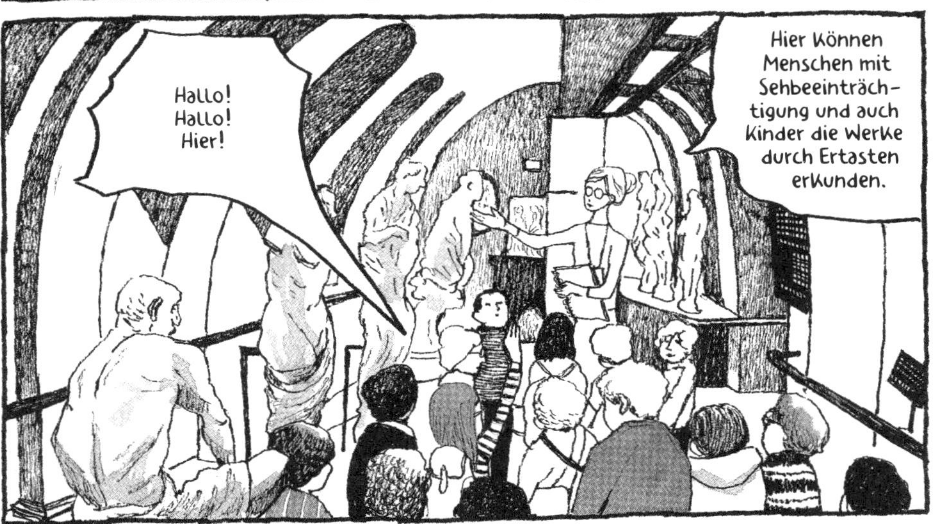
Hier können Menschen mit Sehbeeinträchtigung und auch Kinder die Werke durch Ertasten erkunden.
Hallo! Hallo! Hier!

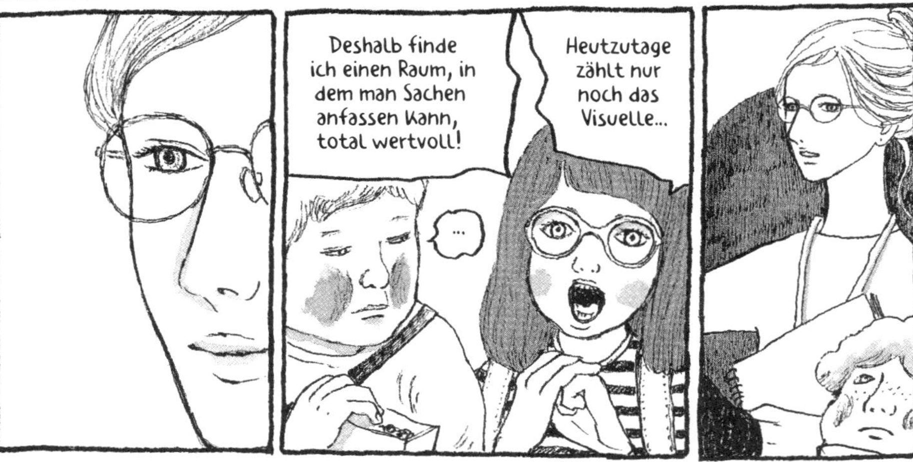
Heutzutage zählt nur noch das Visuelle...
Deshalb finde ich einen Raum, in dem man Sachen anfassen kann, total wertvoll!
...

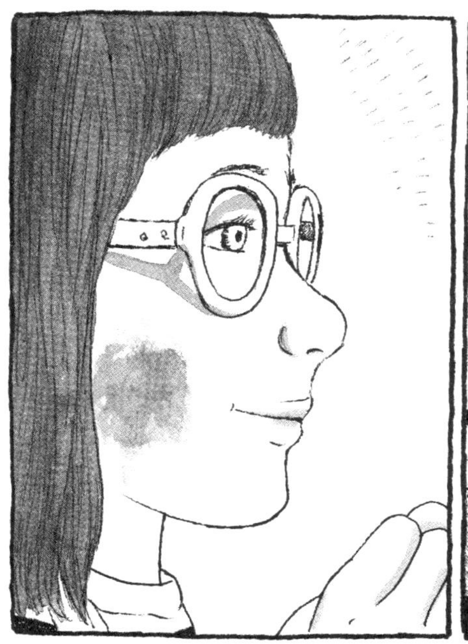
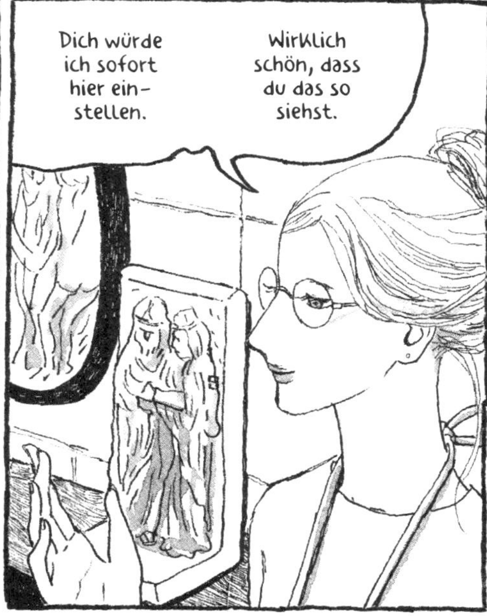
Dich würde ich sofort hier ein-stellen.
Wirklich schön, dass du das so siehst.
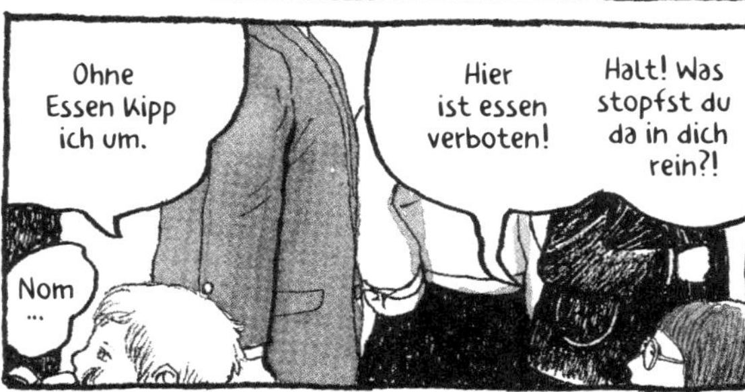
Ohne Essen kipp ich um.
Nom ...
Hier ist essen verboten!
Halt! Was stopfst du da in dich rein?!
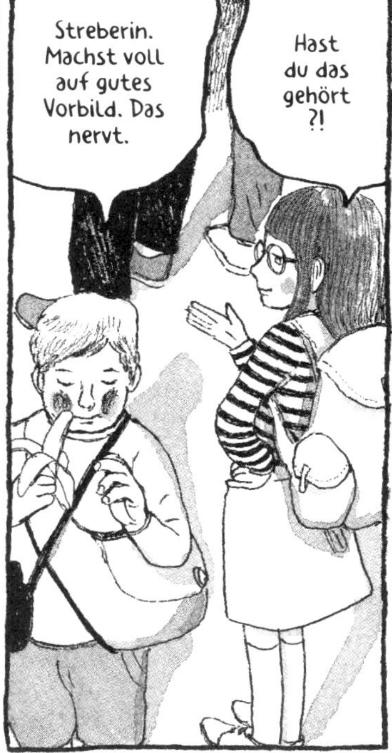
Streberin. Machst voll auf gutes Vorbild. Das nervt.
Hast du das gehört ?!
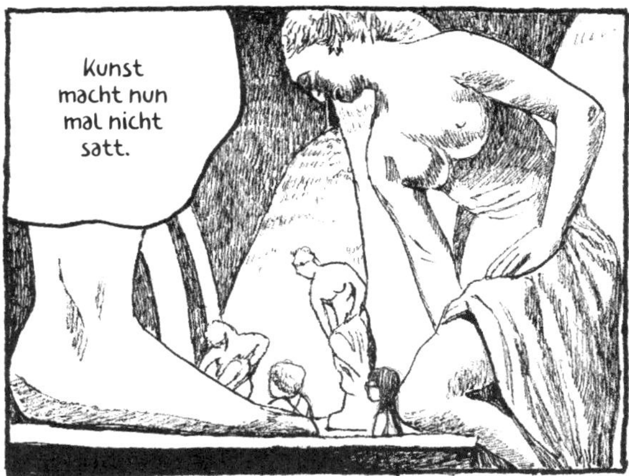
Kunst macht nun mal nicht satt.

*

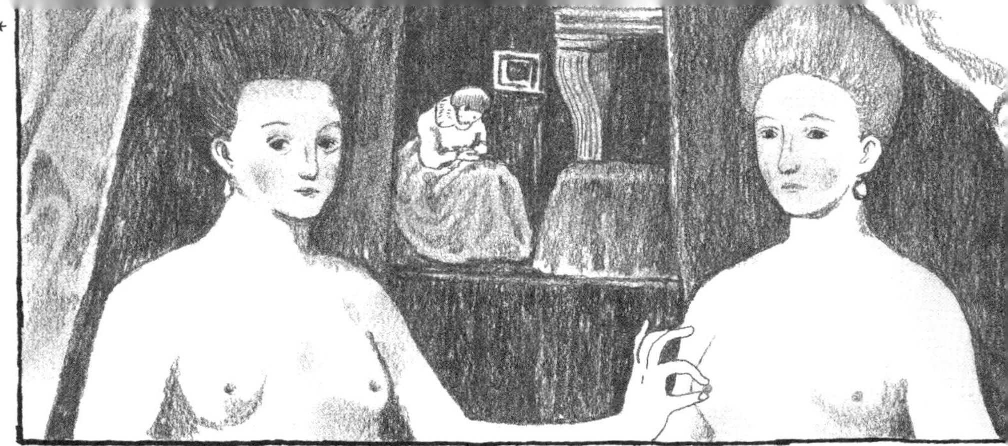

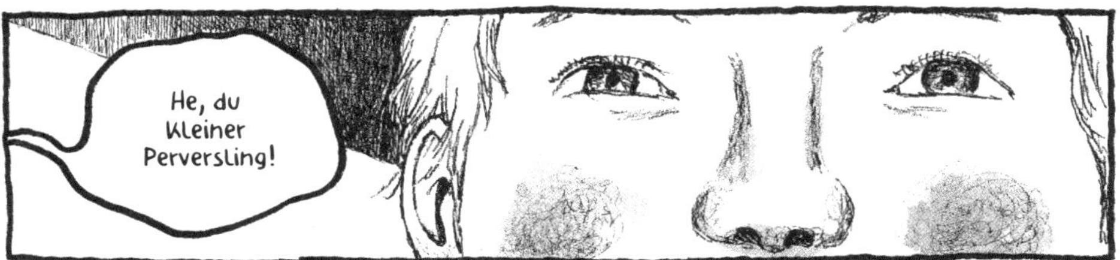

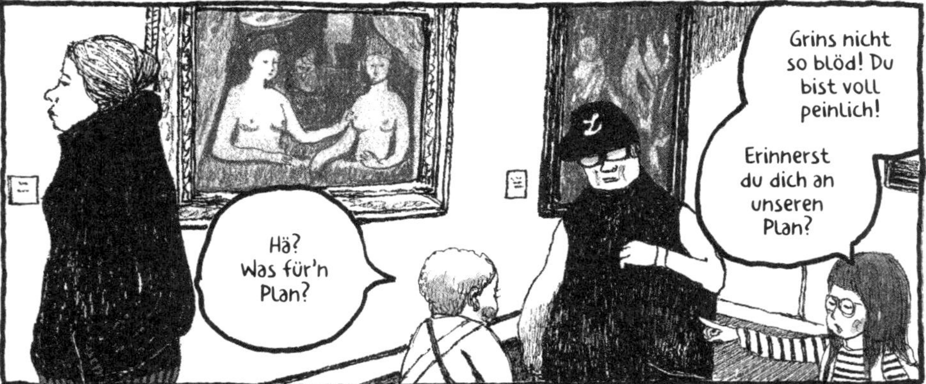

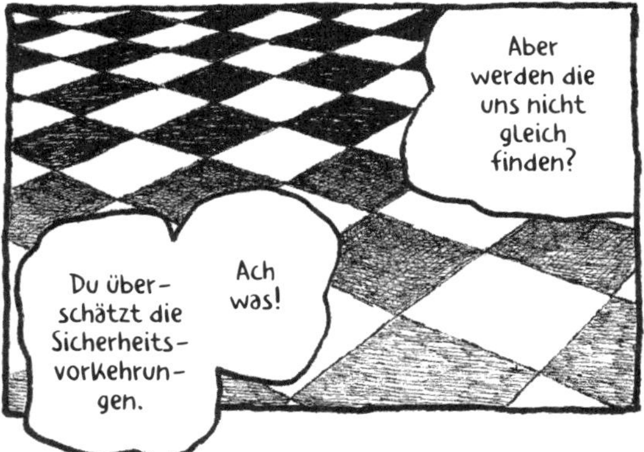

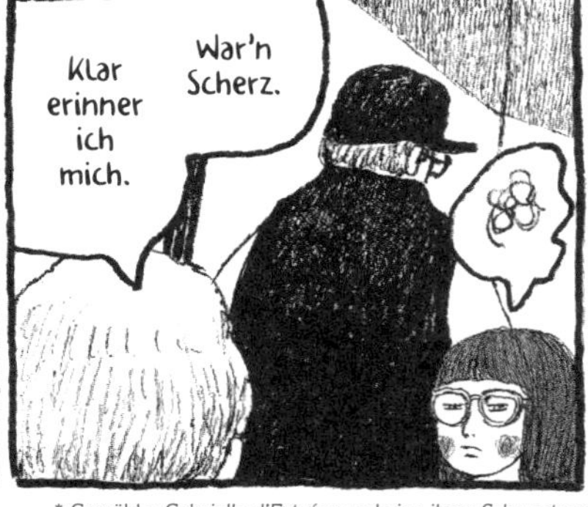

* Gemälde: *Gabrielle d'Estrées und eine ihrer Schwestern*

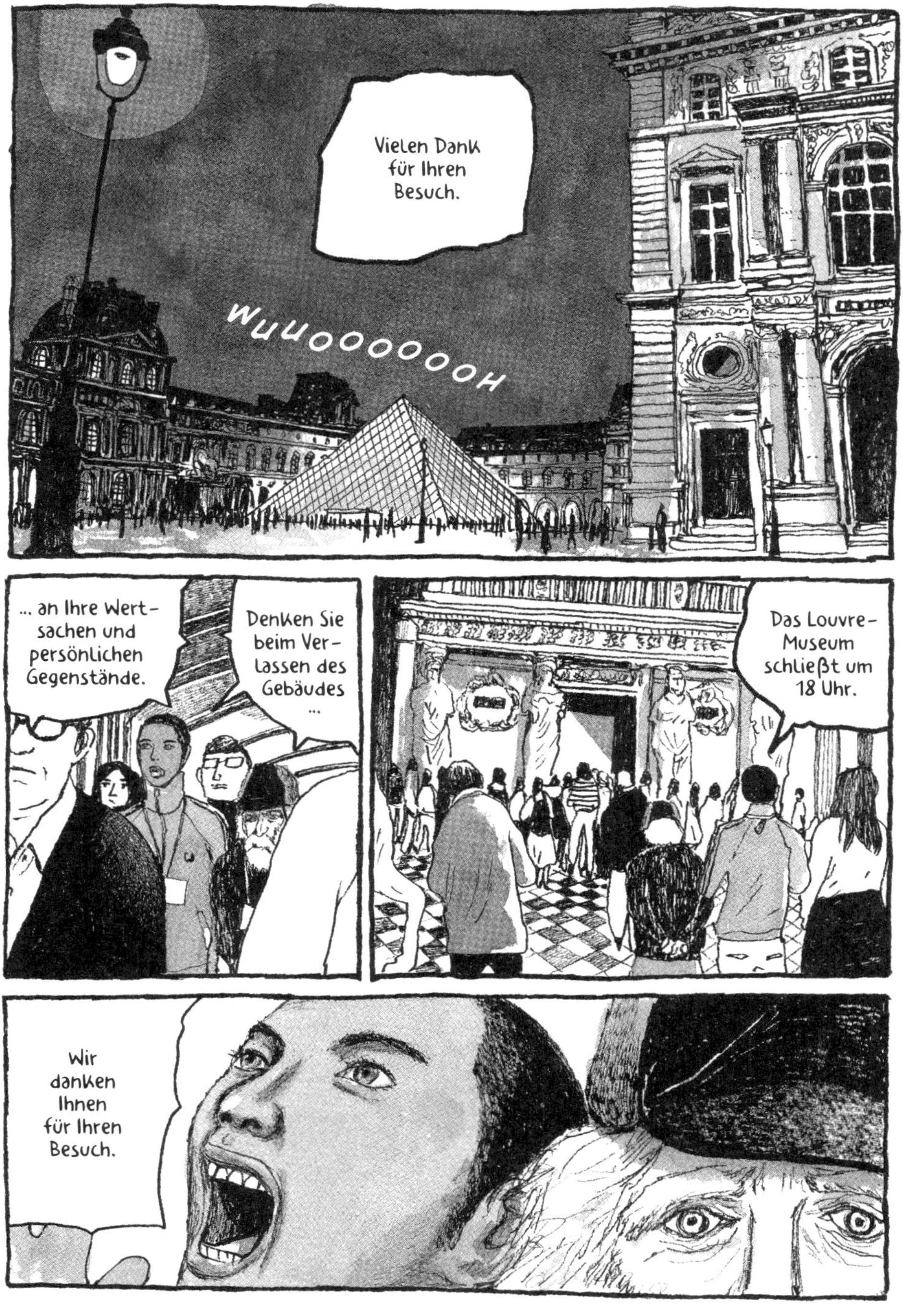

Vielen Dank für Ihren Besuch.

WUUOOOOOOOH

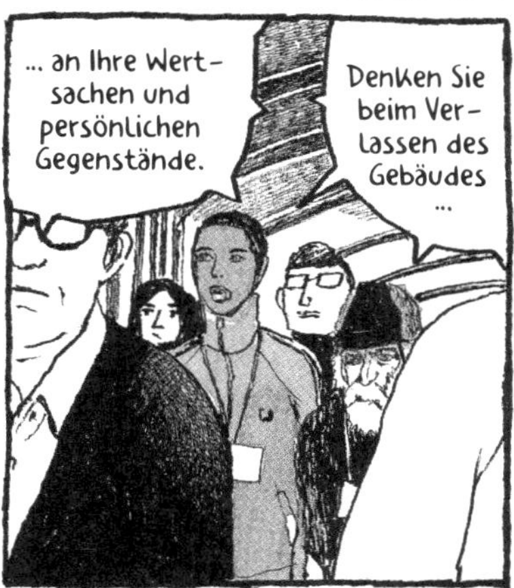

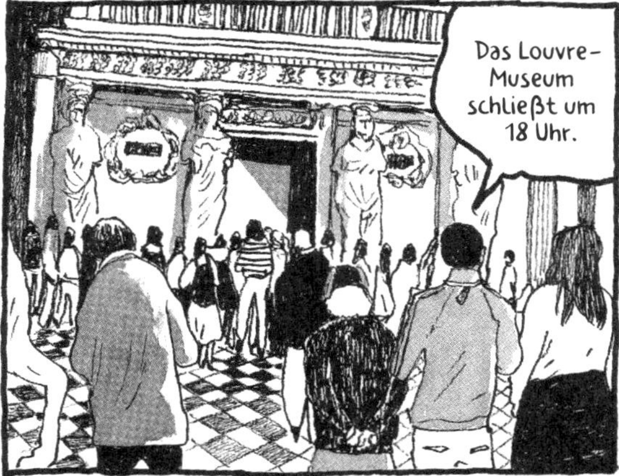

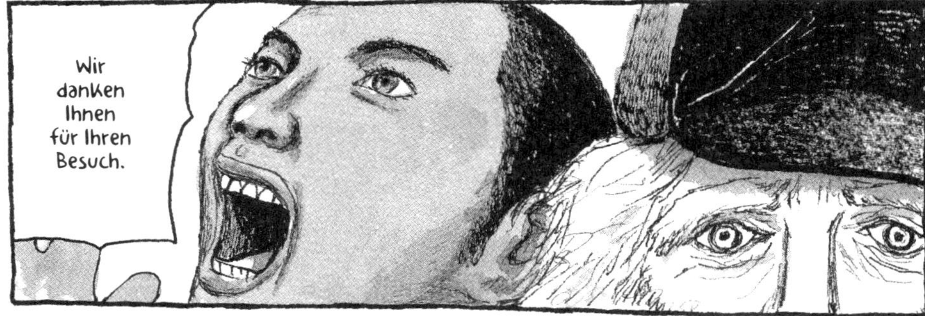

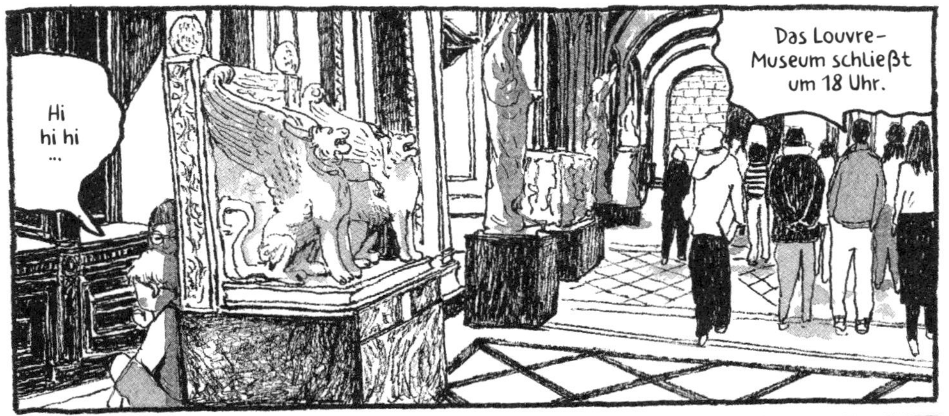
Das Louvre-Museum schließt um 18 Uhr.
Hi hi hi ...

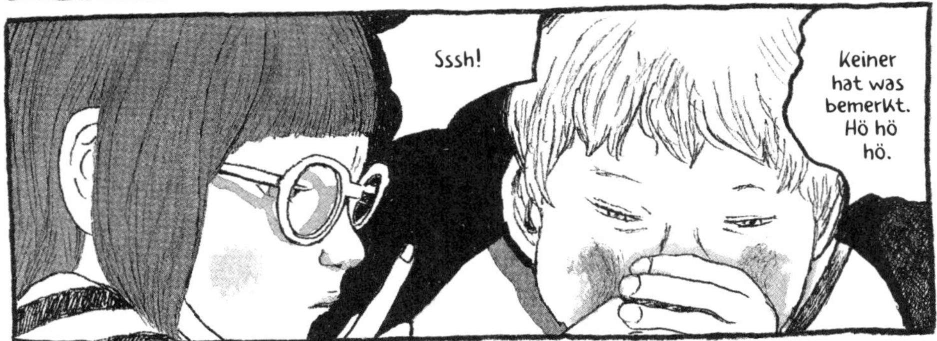
Sssh!
Keiner hat was bemerkt. Hö hö hö.

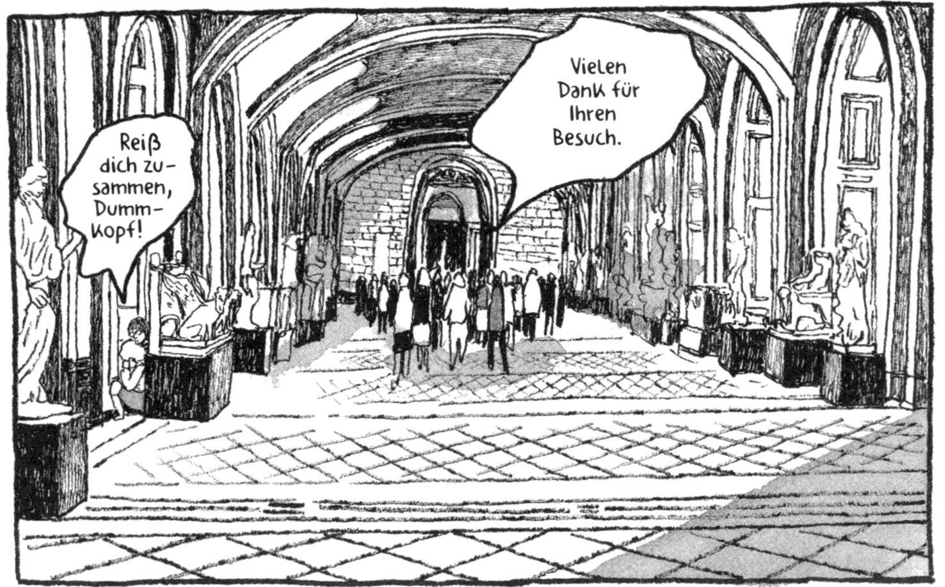
Vielen Dank für Ihren Besuch.
Reiß dich zusammen, Dummkopf!

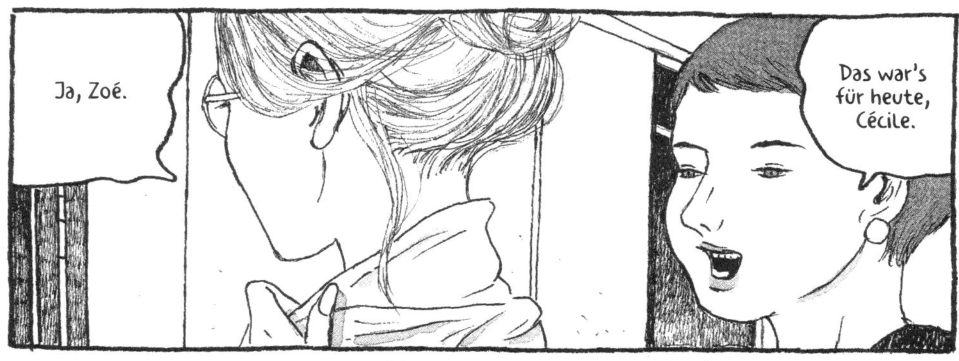
Ja, Zoé.
Das war's für heute, Cécile.

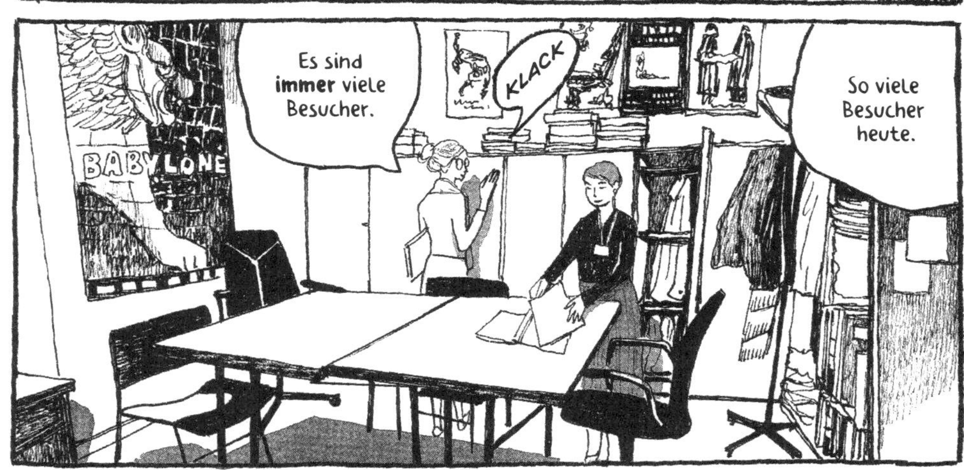
BABYLONE
Es sind **immer** viele Besucher.
KLACK
So viele Besucher heute.

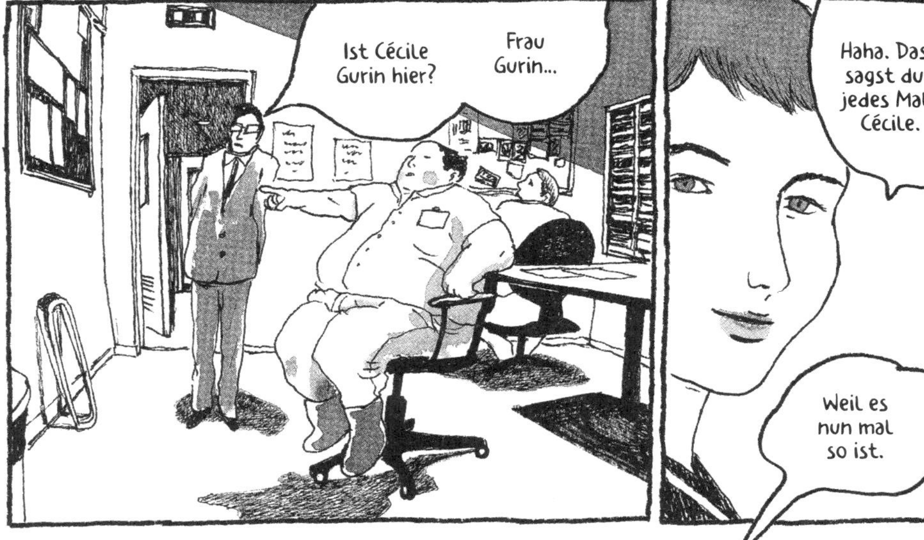
Ist Cécile Gurin hier?
Frau Gurin...
Haha. Das sagst du jedes Mal, Cécile.
Weil es nun mal so ist.

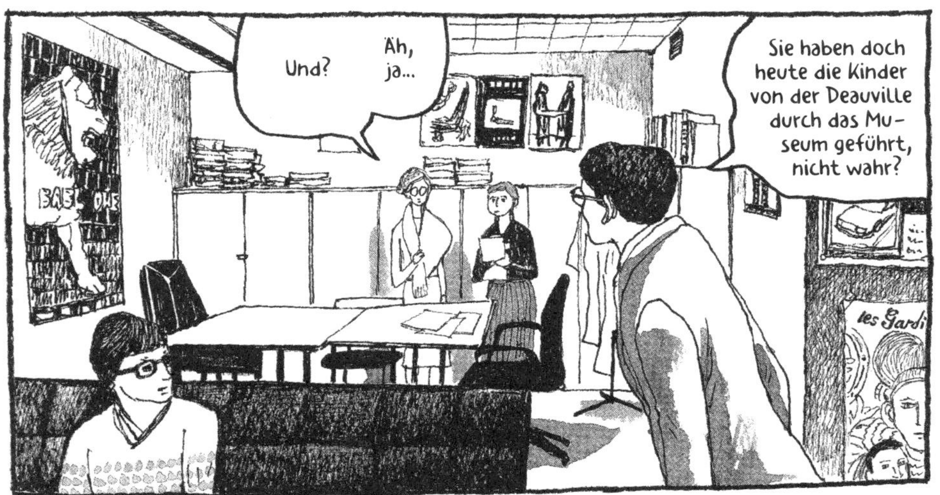
Sie haben doch heute die Kinder von der Deauville durch das Museum geführt, nicht wahr?
Äh, ja...
Und?

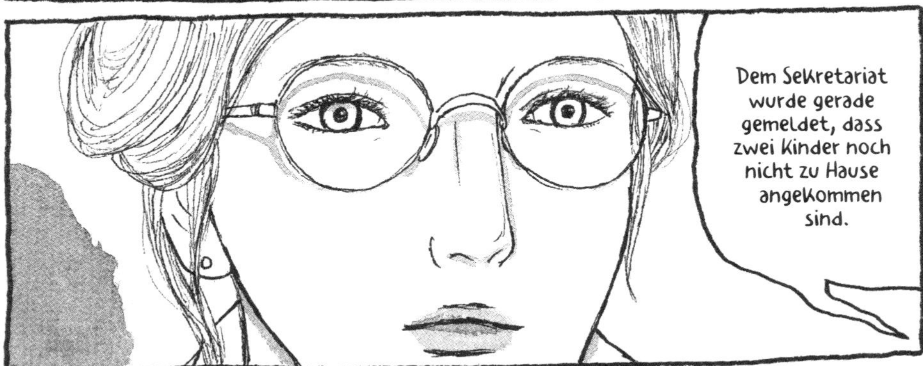
Dem Sekretariat wurde gerade gemeldet, dass zwei Kinder noch nicht zu Hause angekommen sind.

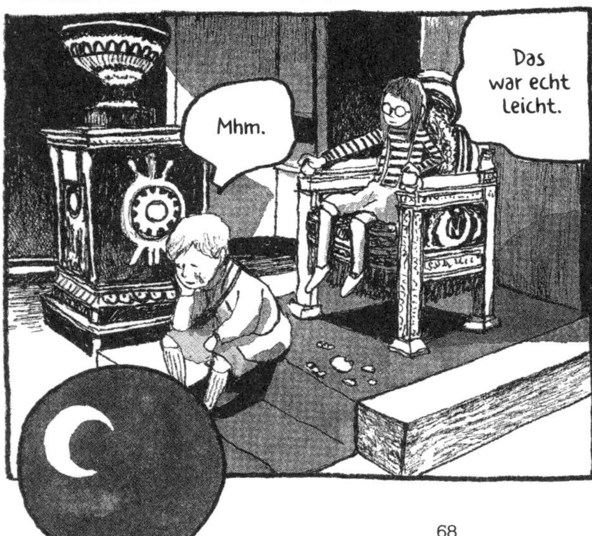
Das war echt leicht.
Mhm.

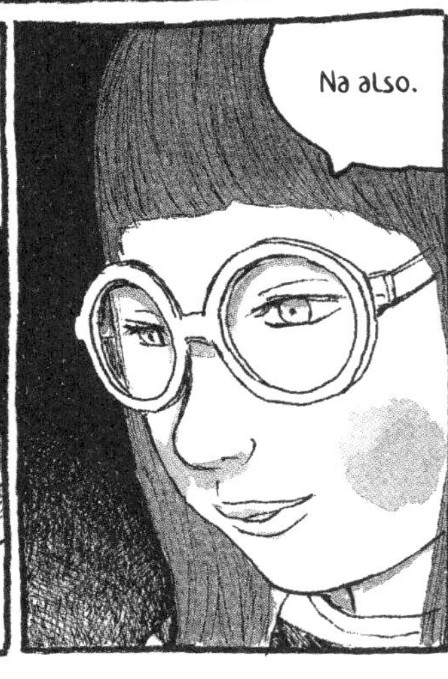
Na also.

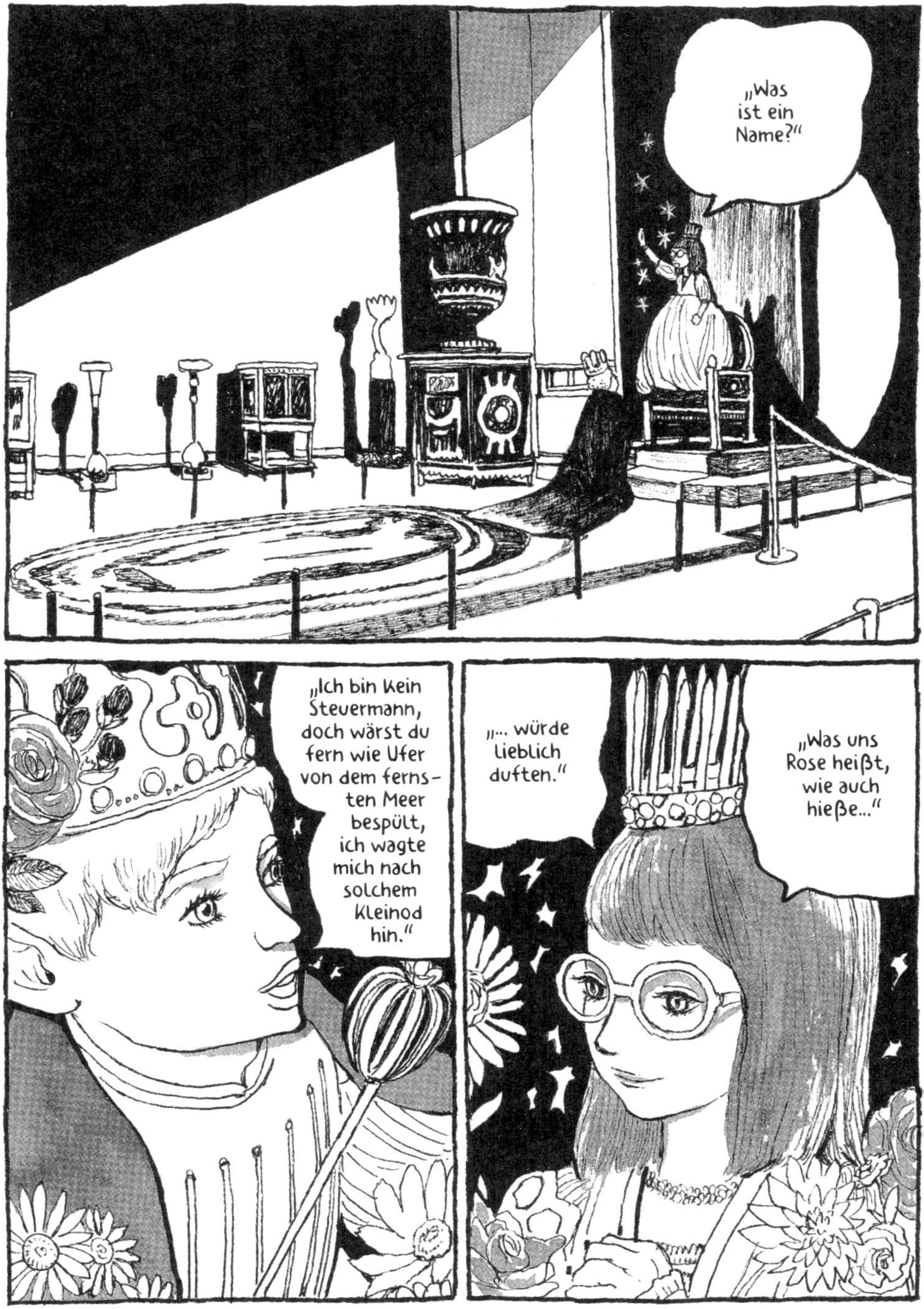

„Was ist ein Name?"

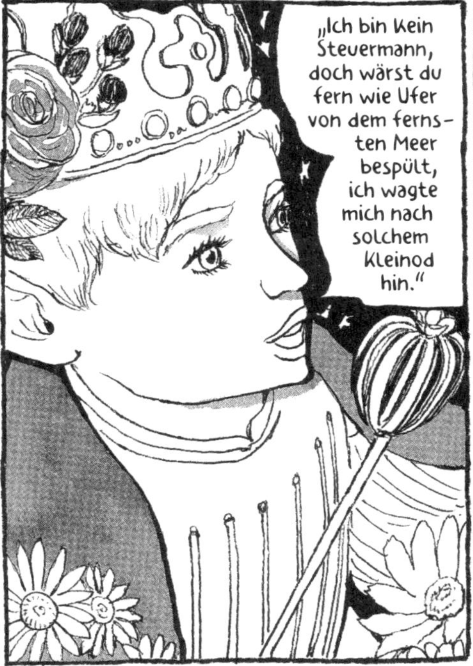

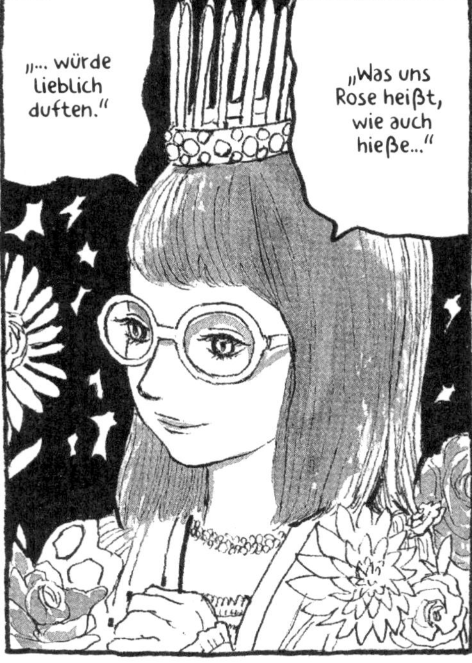

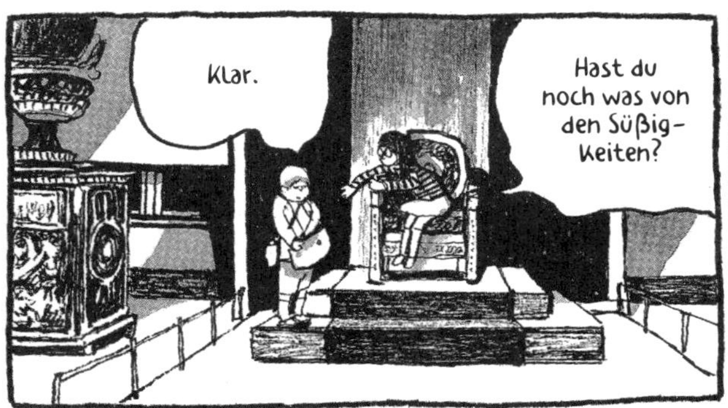

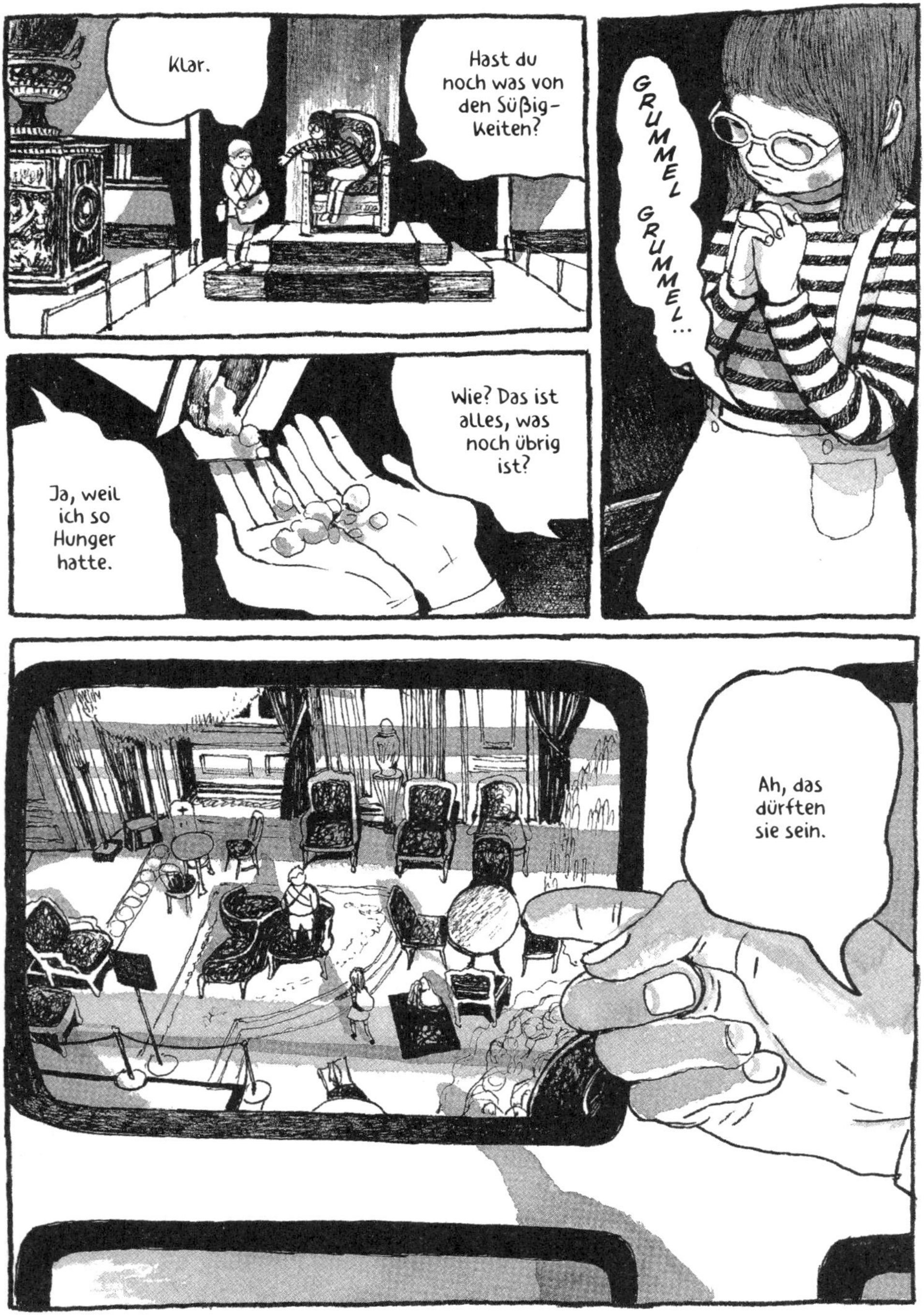

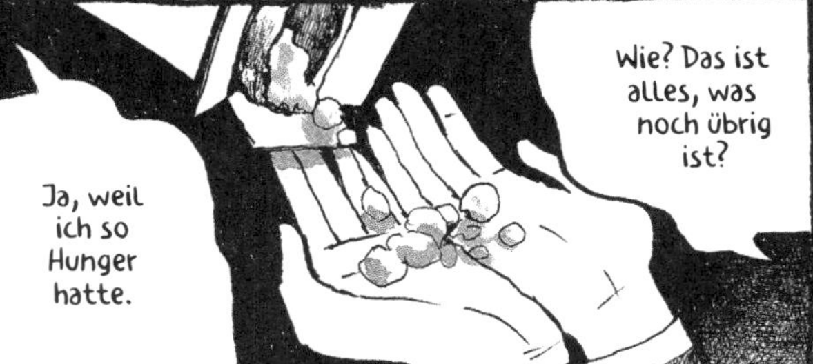

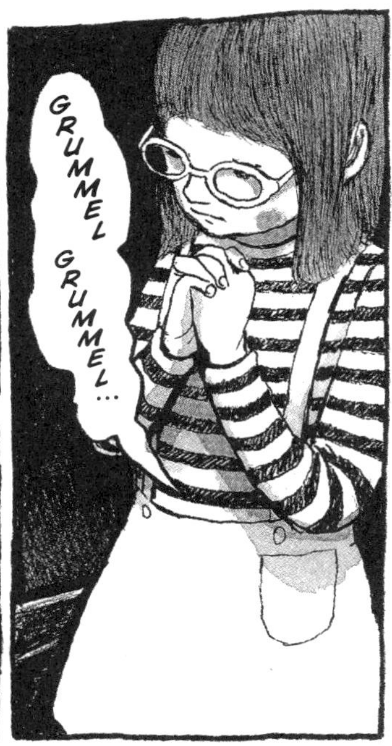

Ah, das dürften sie sein.

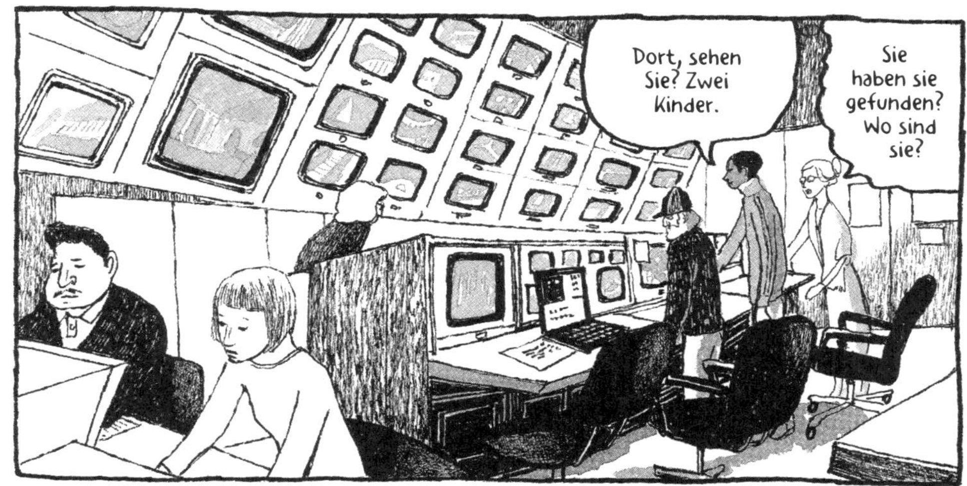
Dort, sehen Sie? Zwei Kinder.
Sie haben sie gefunden? Wo sind sie?

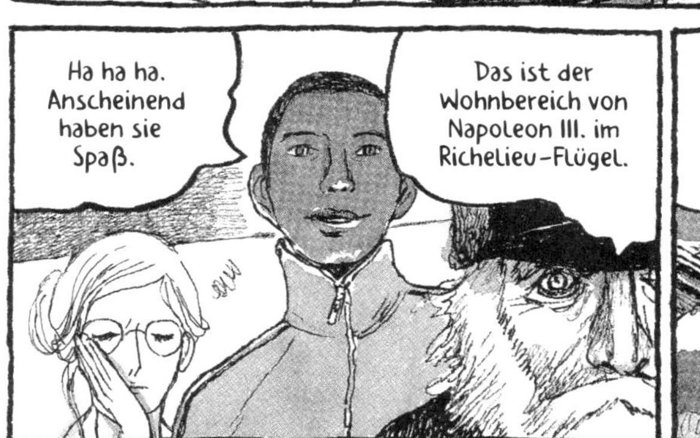
Ha ha ha. Anscheinend haben sie Spaß.
Das ist der Wohnbereich von Napoleon III. im Richelieu-Flügel.

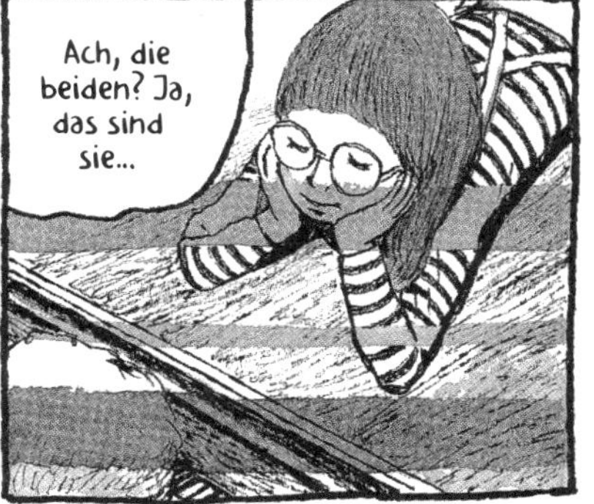
Ach, die beiden? Ja, das sind sie...

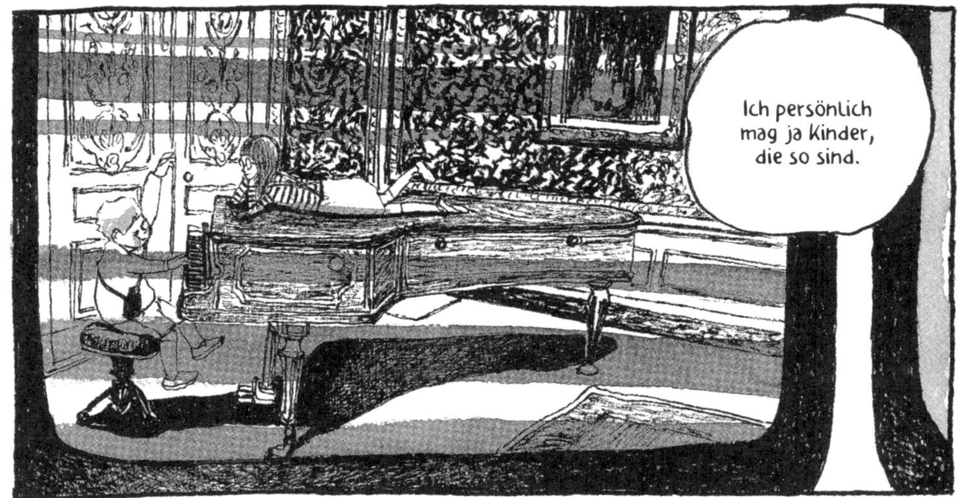
Ich persönlich mag ja Kinder, die so sind.

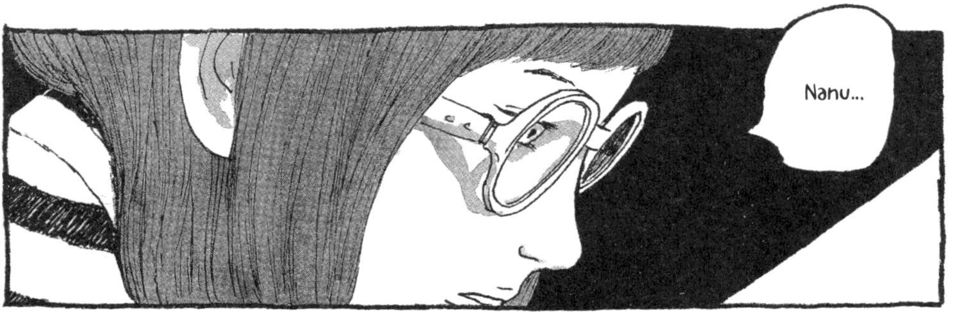
Nanu...

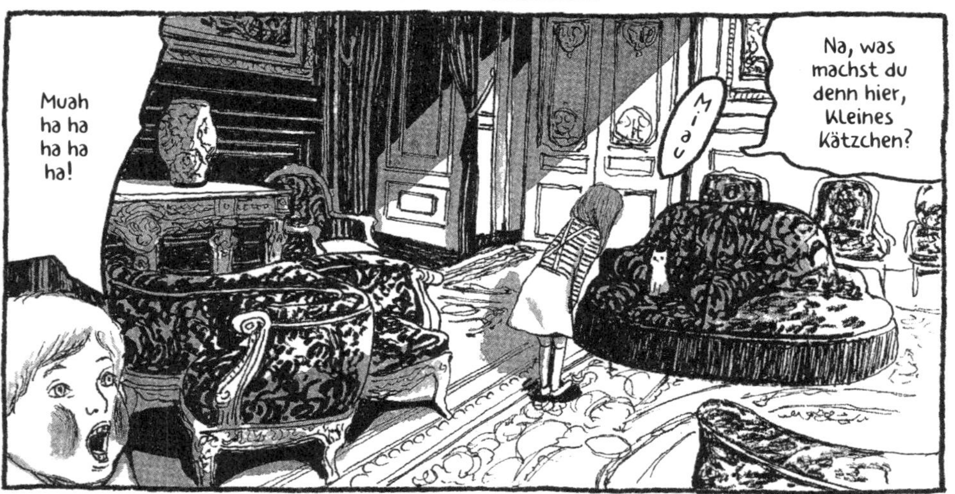
Na, was machst du denn hier, kleines Kätzchen?
Miau
Muah ha ha ha ha ha!

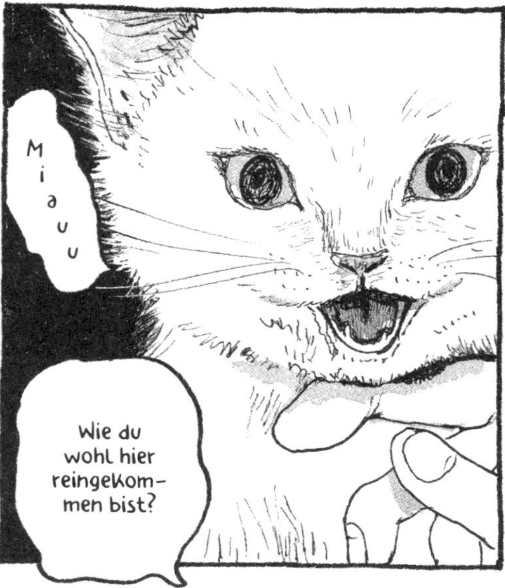
Miauu
Wie du wohl hier reingekommen bist?

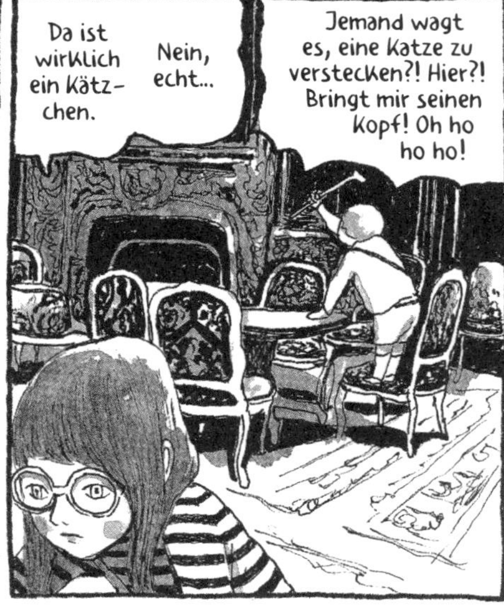
Jemand wagt es, eine Katze zu verstecken?! Hier?! Bringt mir seinen Kopf! Oh ho ho ho!
Nein, echt...
Da ist wirklich ein Kätzchen.

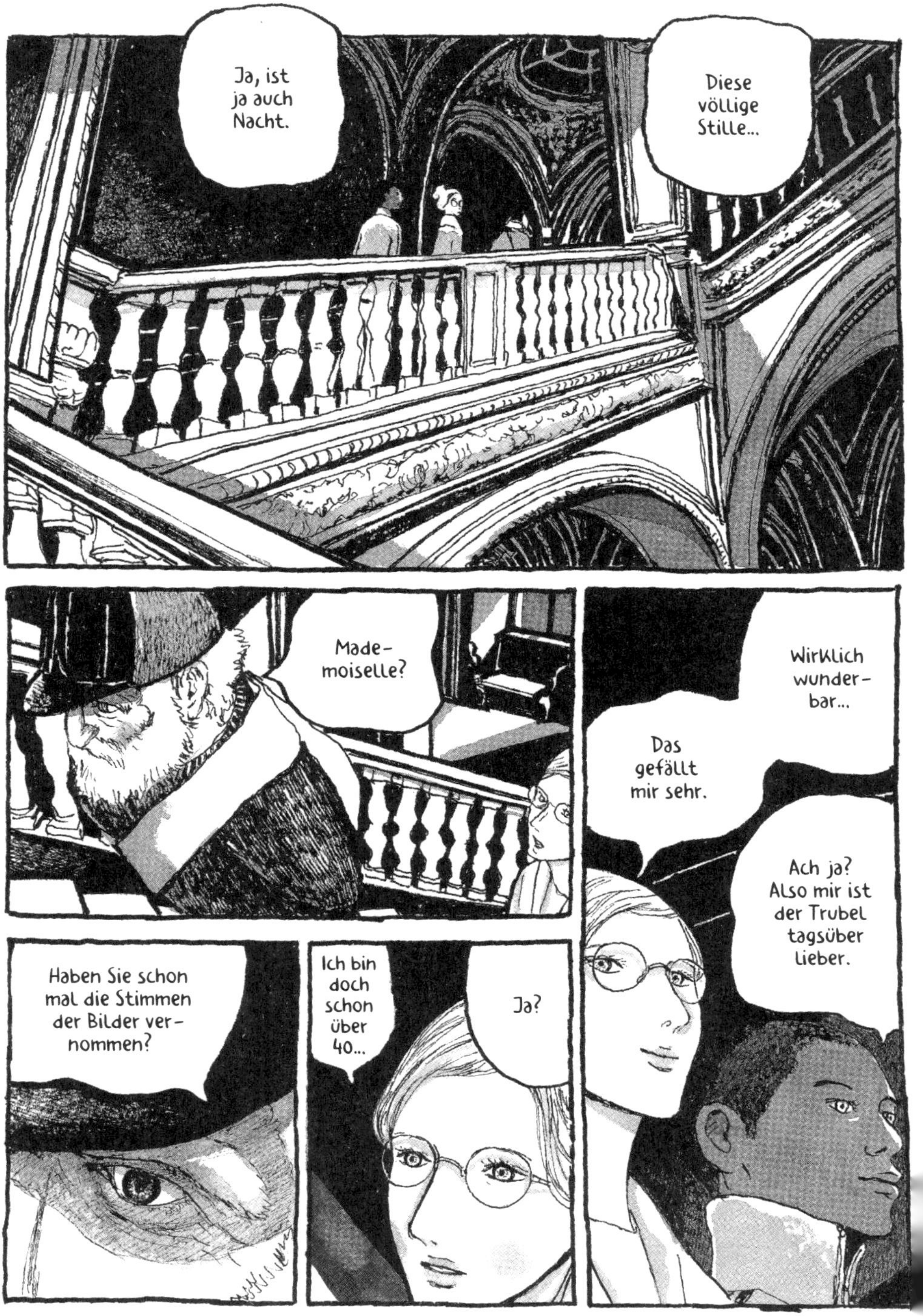

Ja, ist ja auch Nacht.
Diese völlige Stille...

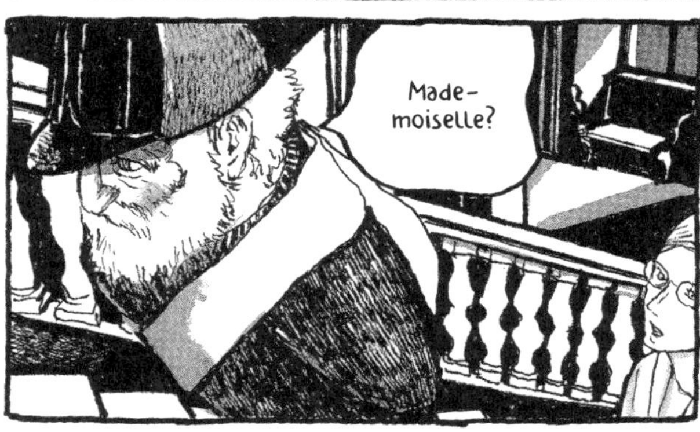

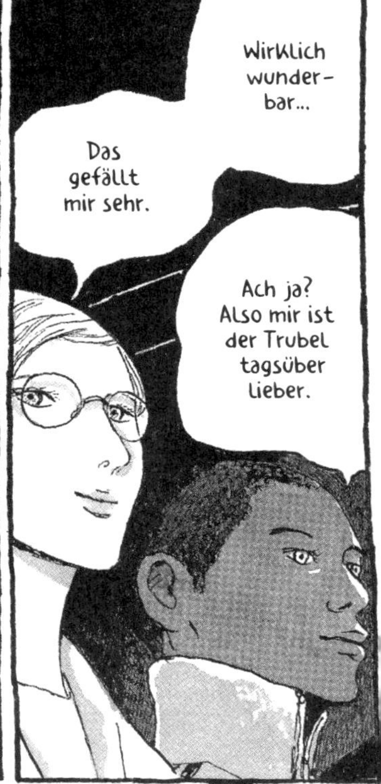

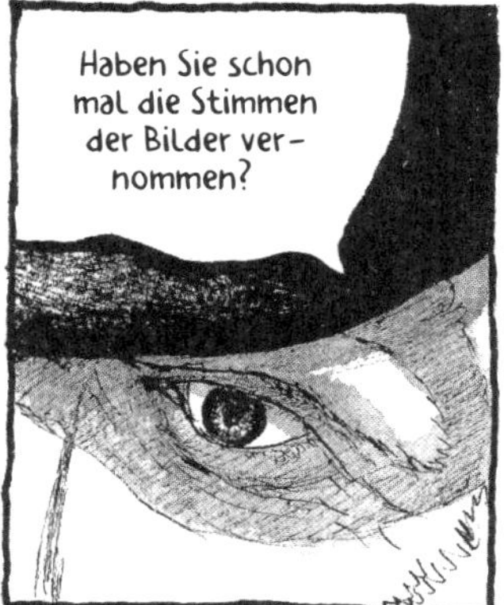

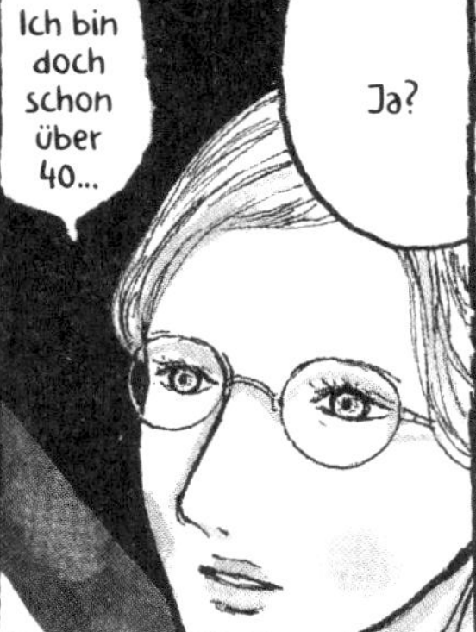

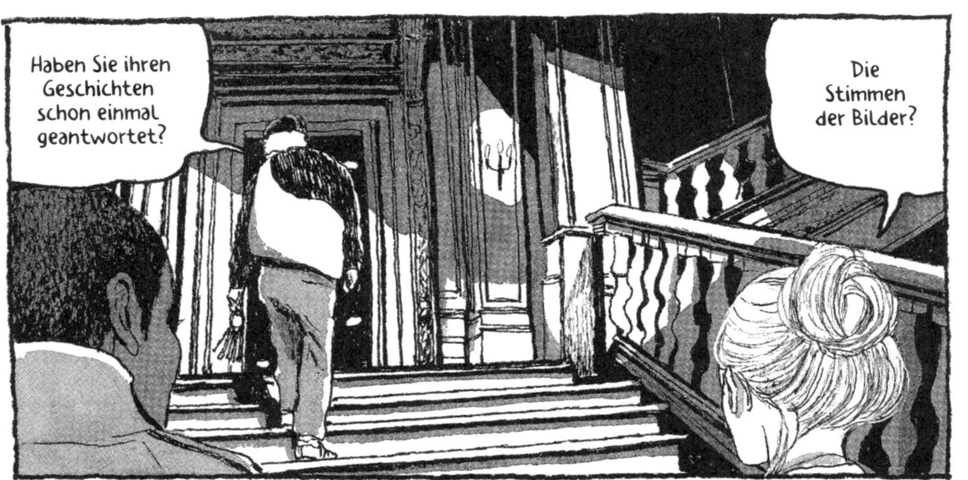
Haben Sie ihren Geschichten schon einmal geantwortet?
Die Stimmen der Bilder?

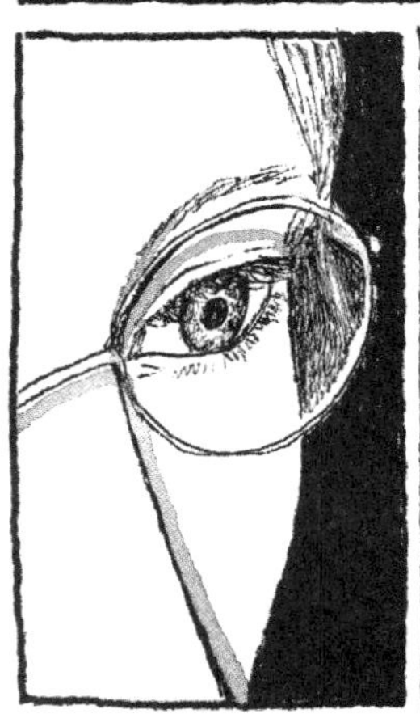

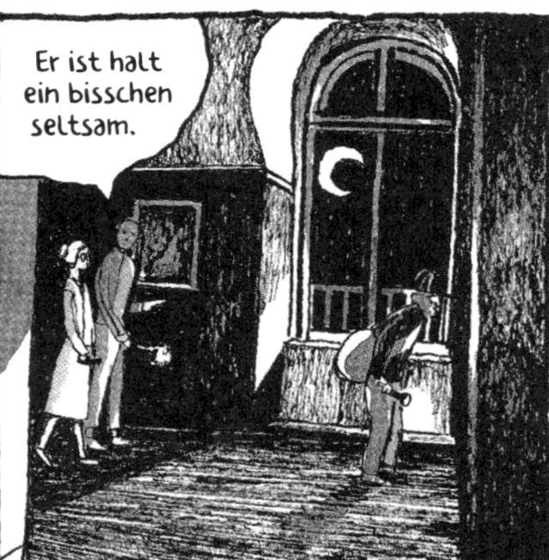
Er ist halt ein bisschen seltsam.

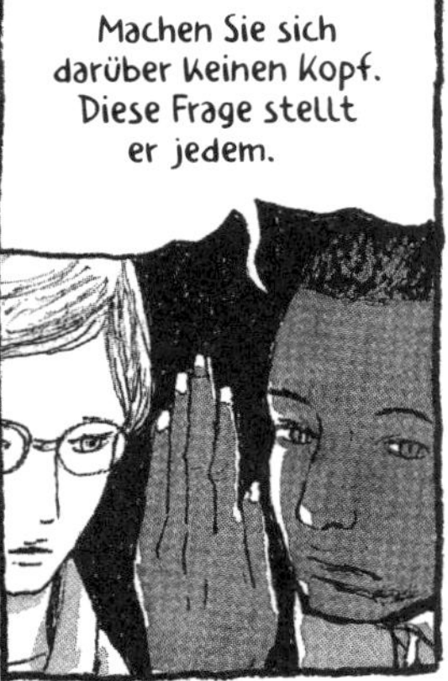
Machen Sie sich darüber keinen Kopf. Diese Frage stellt er jedem.

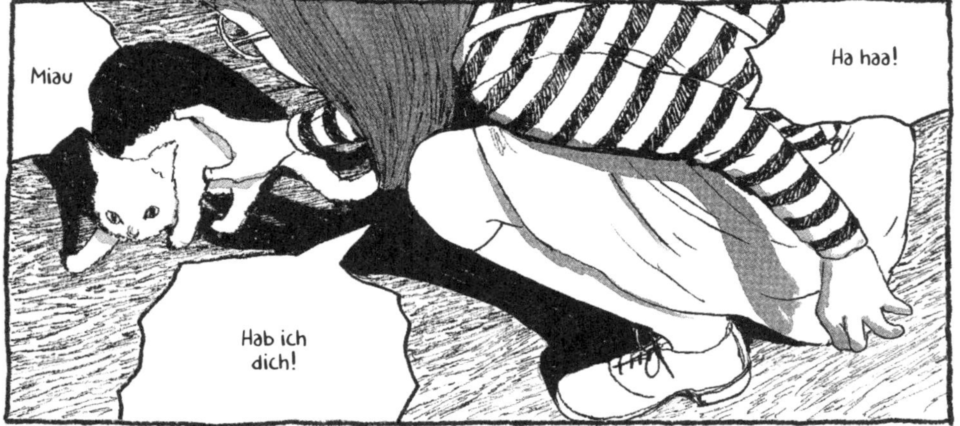
Miau
Ha haa!
Hab ich dich!

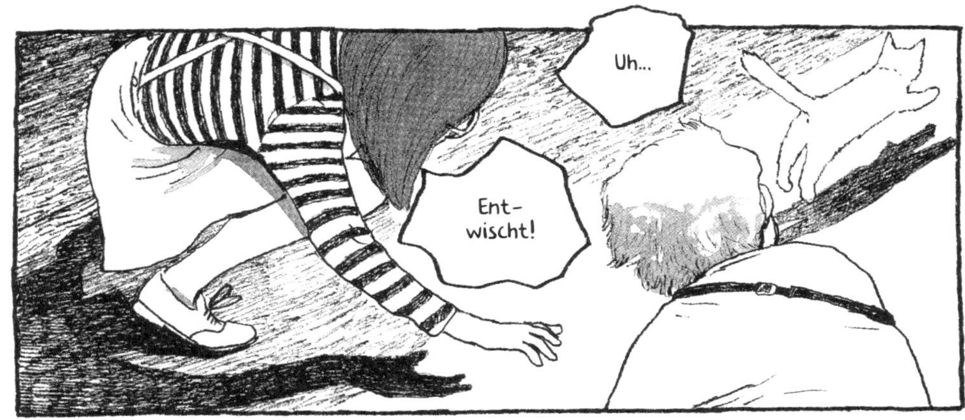
Uh...
Ent-
wischt!

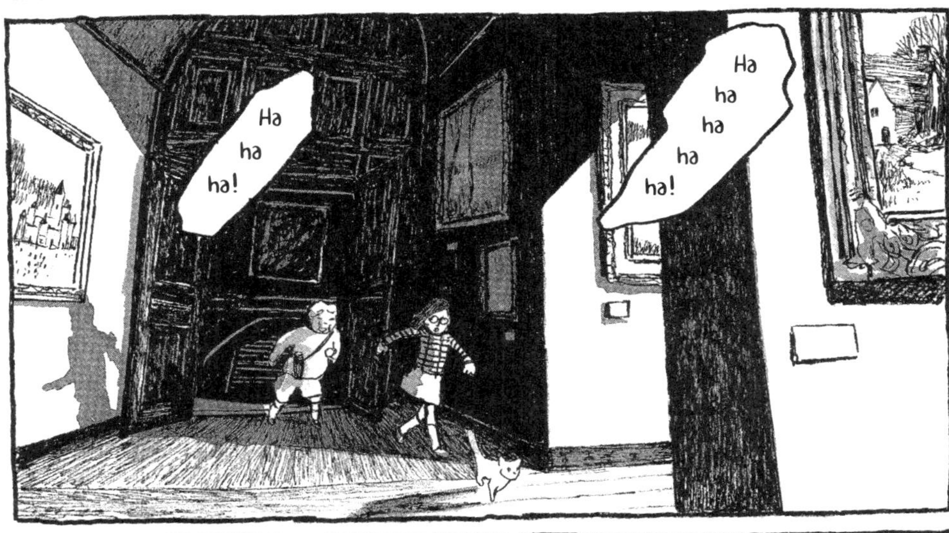
Ha
ha
ha!
Ha
ha
ha
ha
ha!

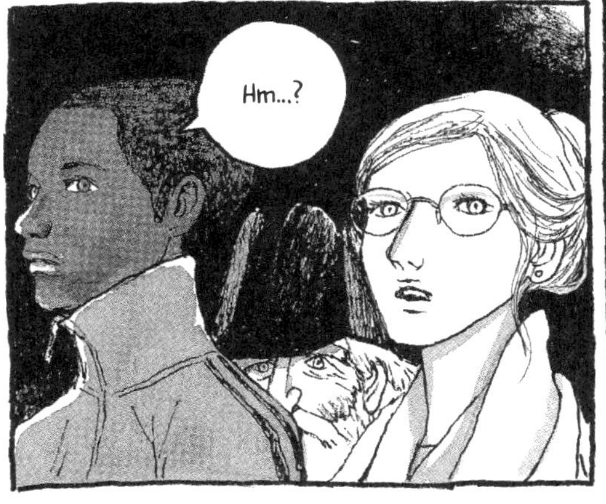
Hm...?

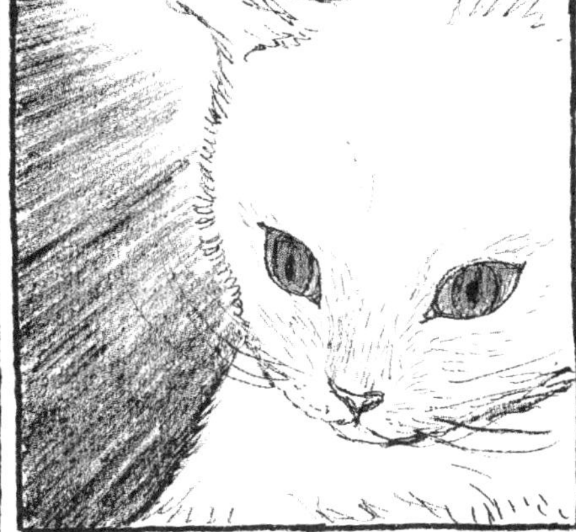

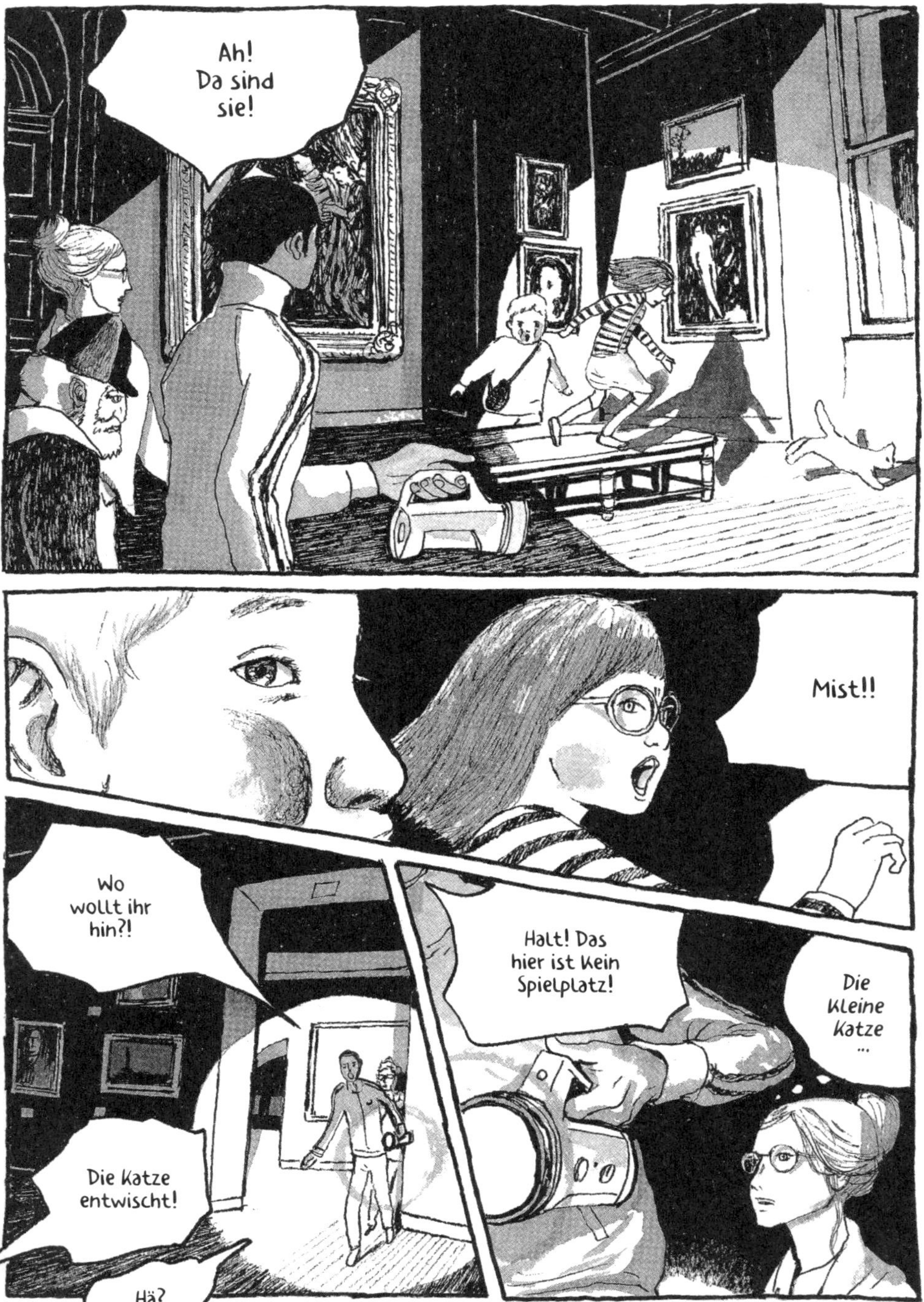

Ah! Da sind sie!

Mist!!

Wo wollt ihr hin?!

Die Katze entwischt!

Hä?

Halt! Das hier ist kein Spielplatz!

Die kleine Katze …

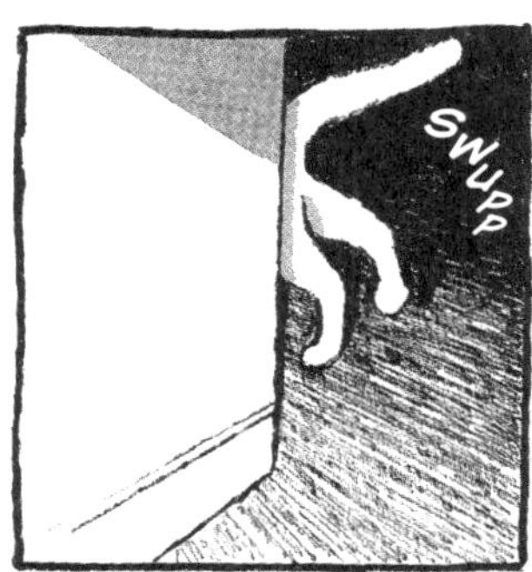
SWUPP

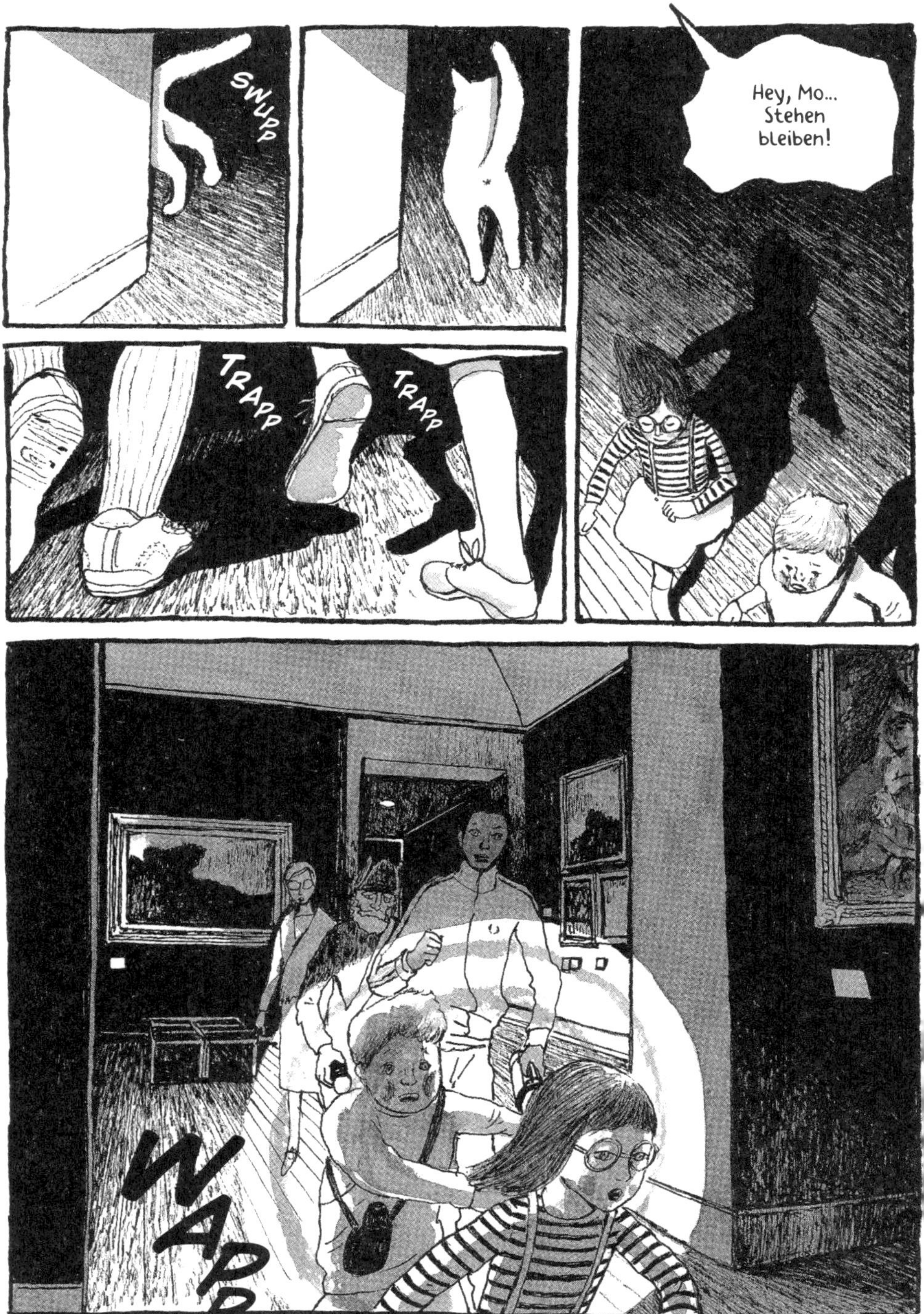

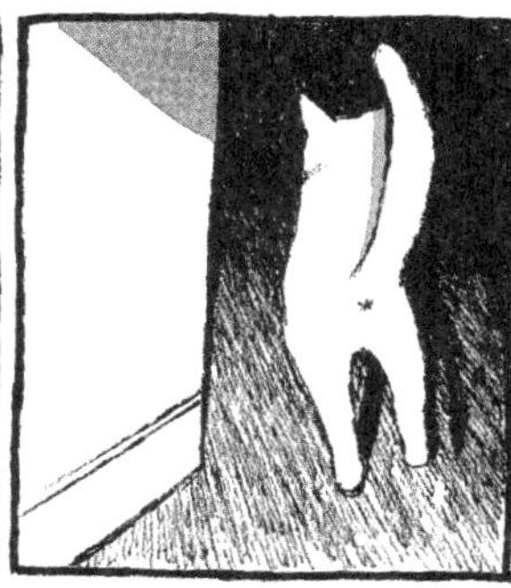

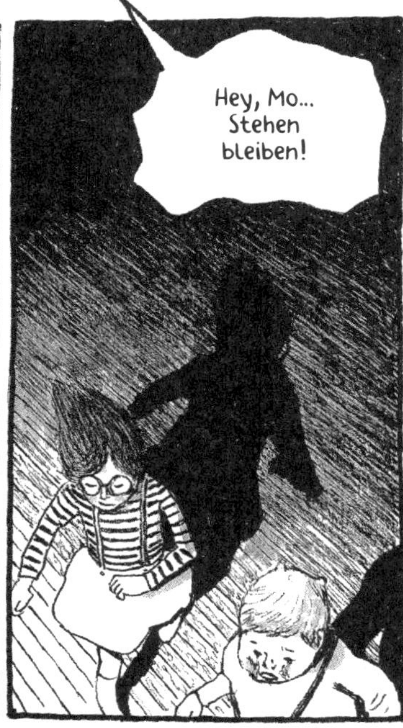
Hey, Mo...
Stehen
bleiben!

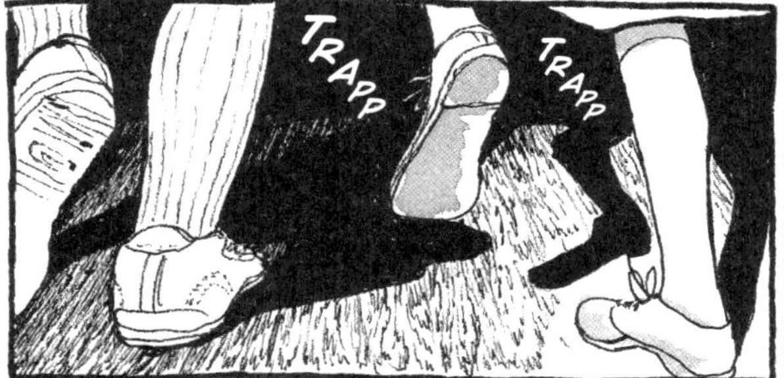
TRAPP
TRAPP

WAPP

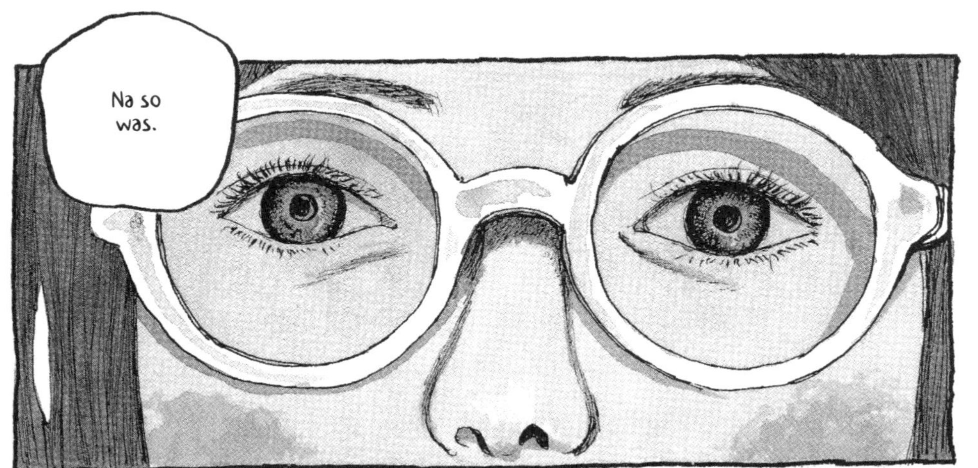

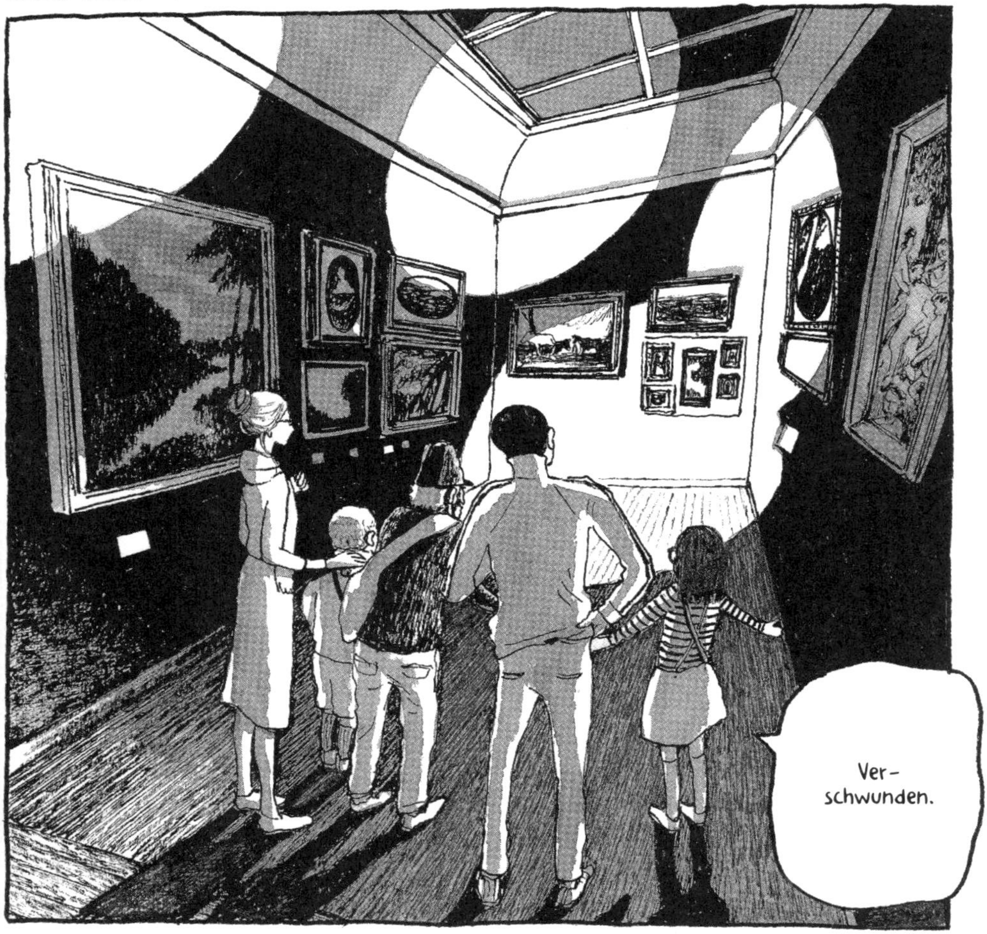

Ver-
schwunden.

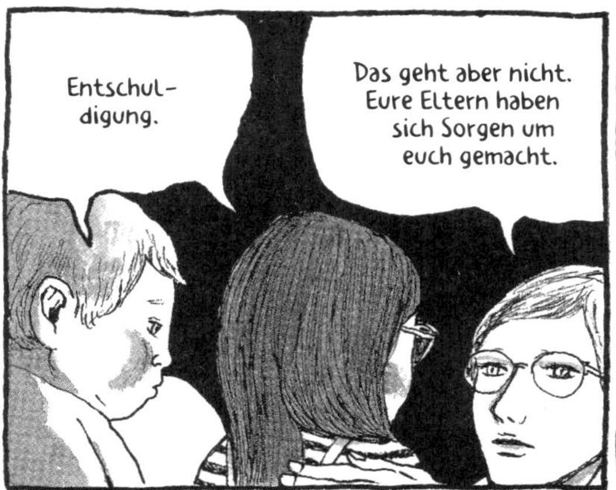
Entschul-
digung.
Das geht aber nicht.
Eure Eltern haben
sich Sorgen um
euch gemacht.

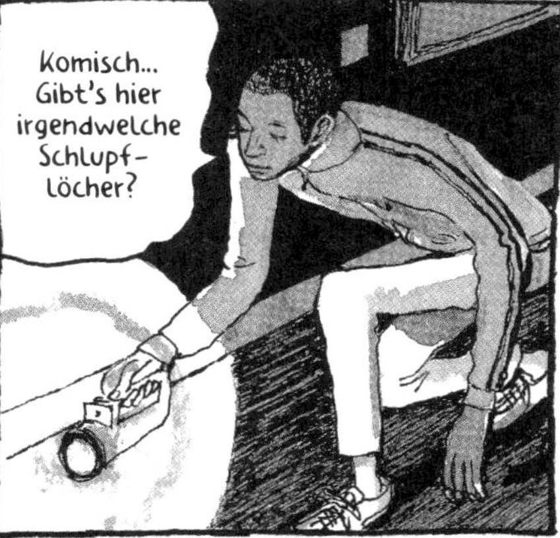
Komisch...
Gibt's hier
irgendwelche
Schlupf-
löcher?

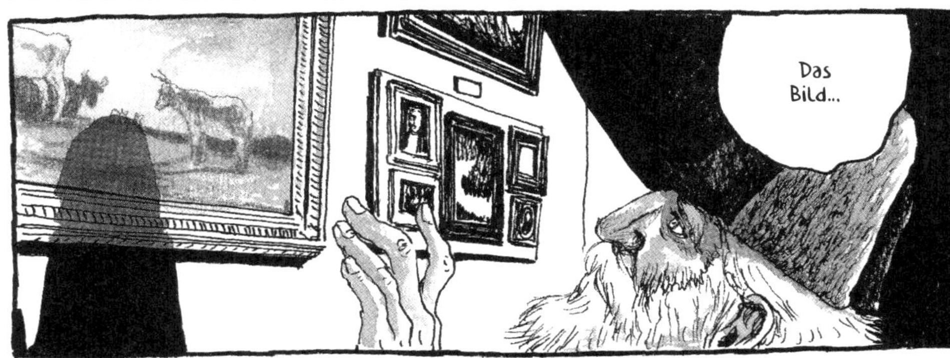
Das
Bild...

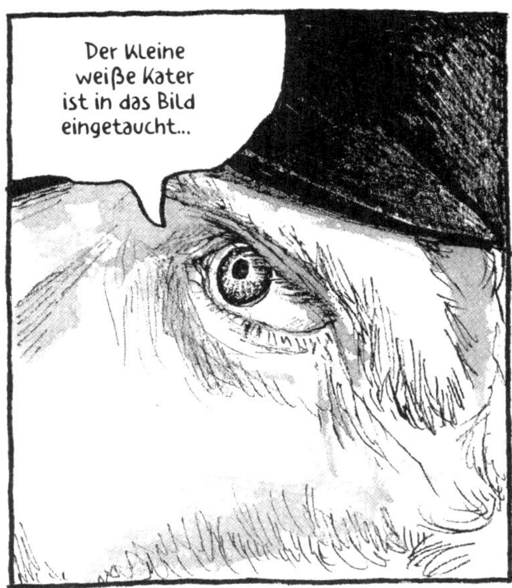
Der kleine
weiße Kater
ist in das Bild
eingetaucht...

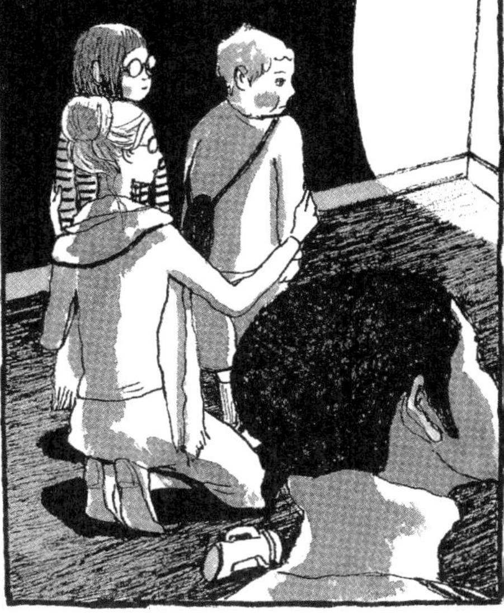

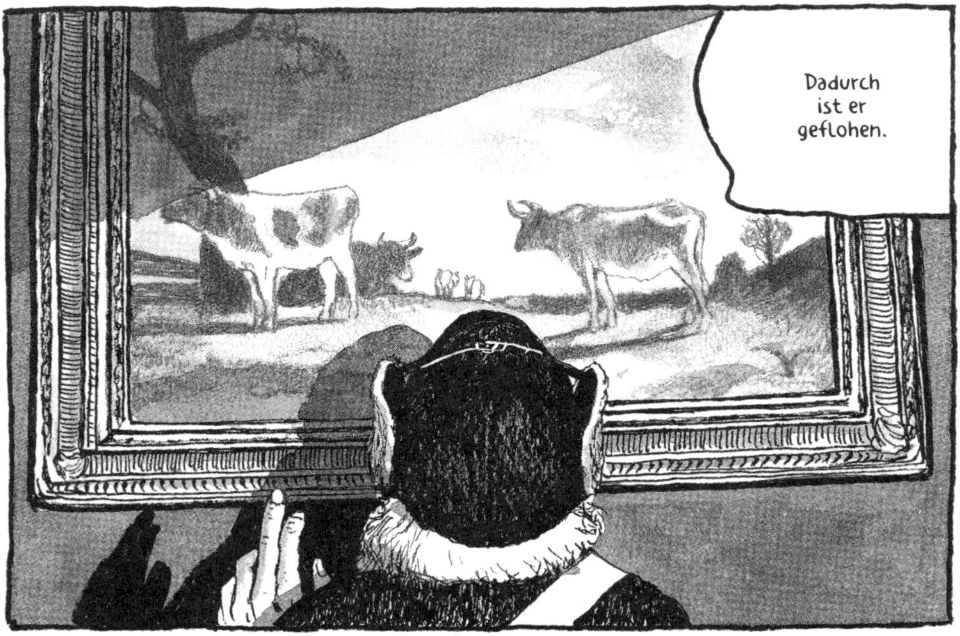

Dadurch
ist er
geflohen.

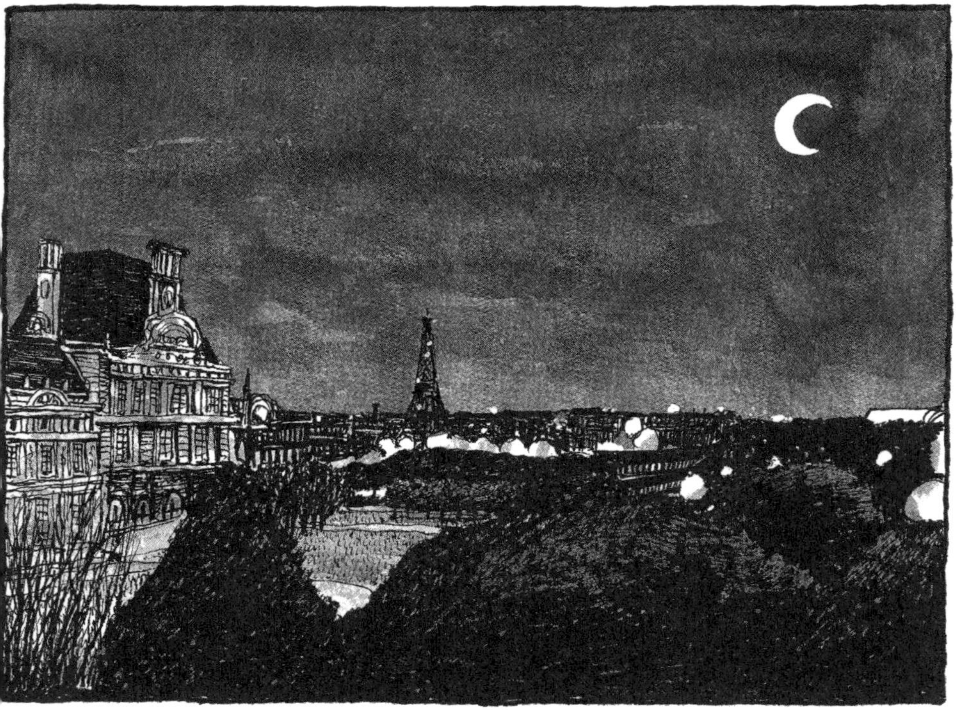

Kapitel 4

DAS GEHEIMNIS VON SÄGETATZ

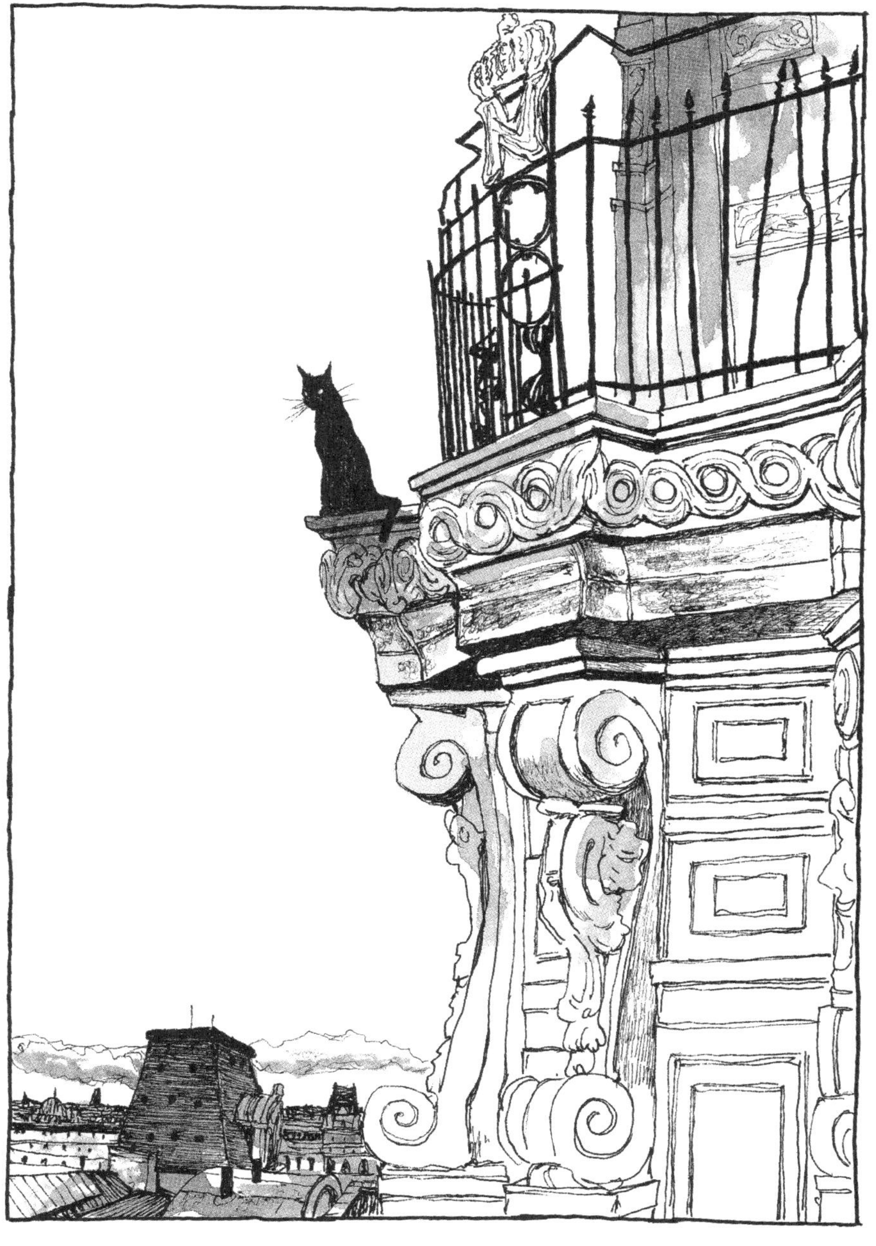

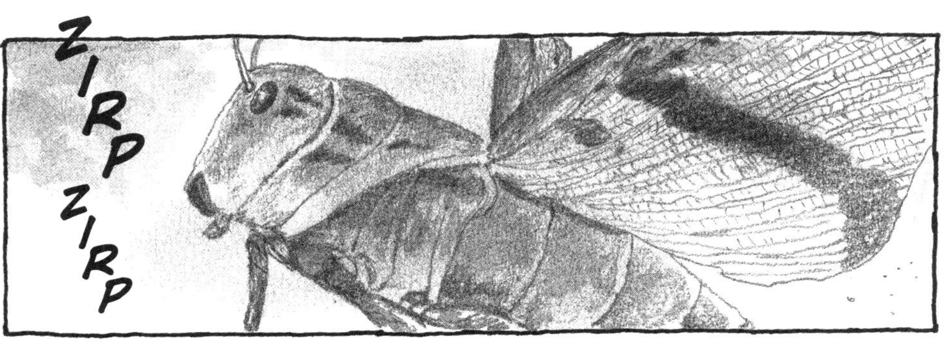
ZIRP
ZIRP

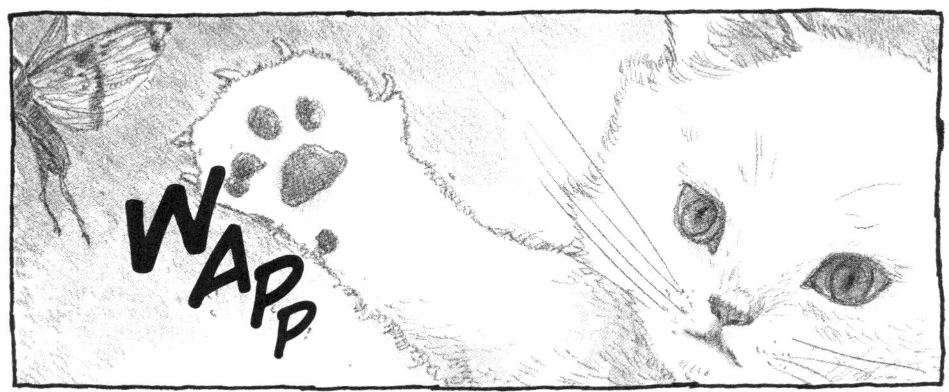
WAPP

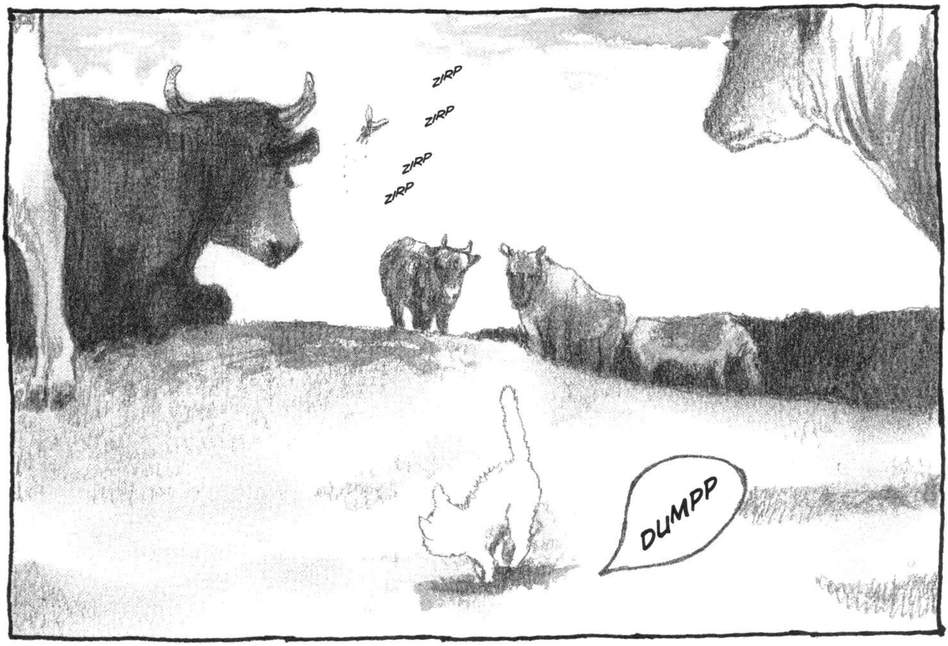

ZIRP
ZIRP
ZIRP
ZIRP
DUMPP

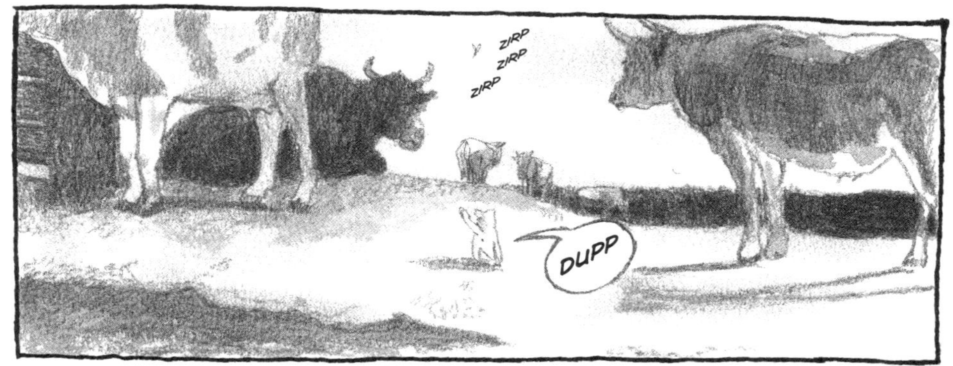
ZIRP
ZIRP
ZIRP
DUPP

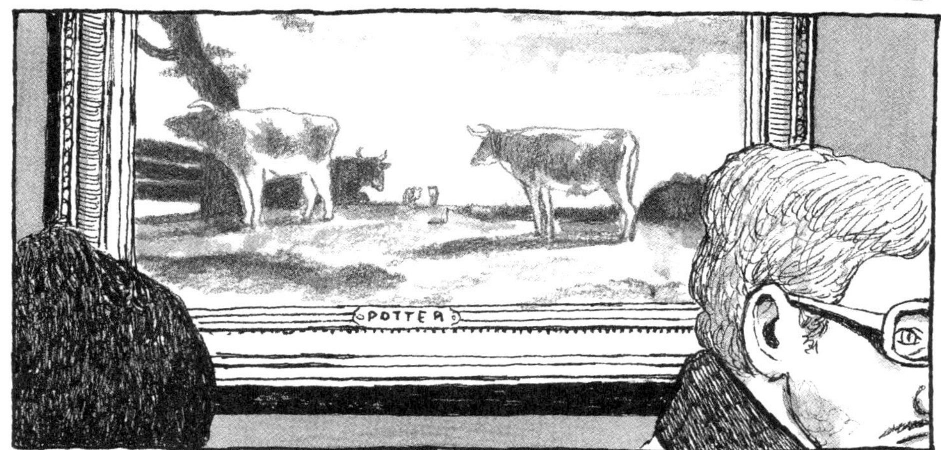
POTTER

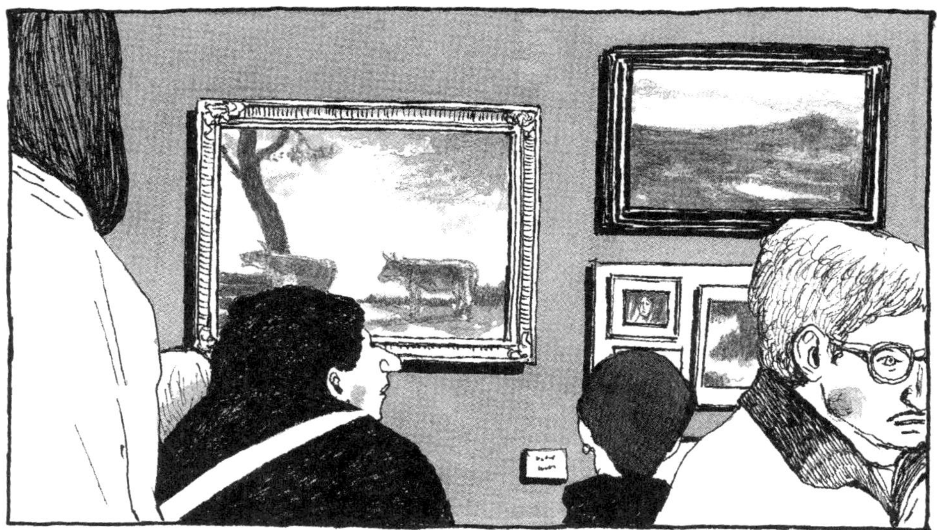

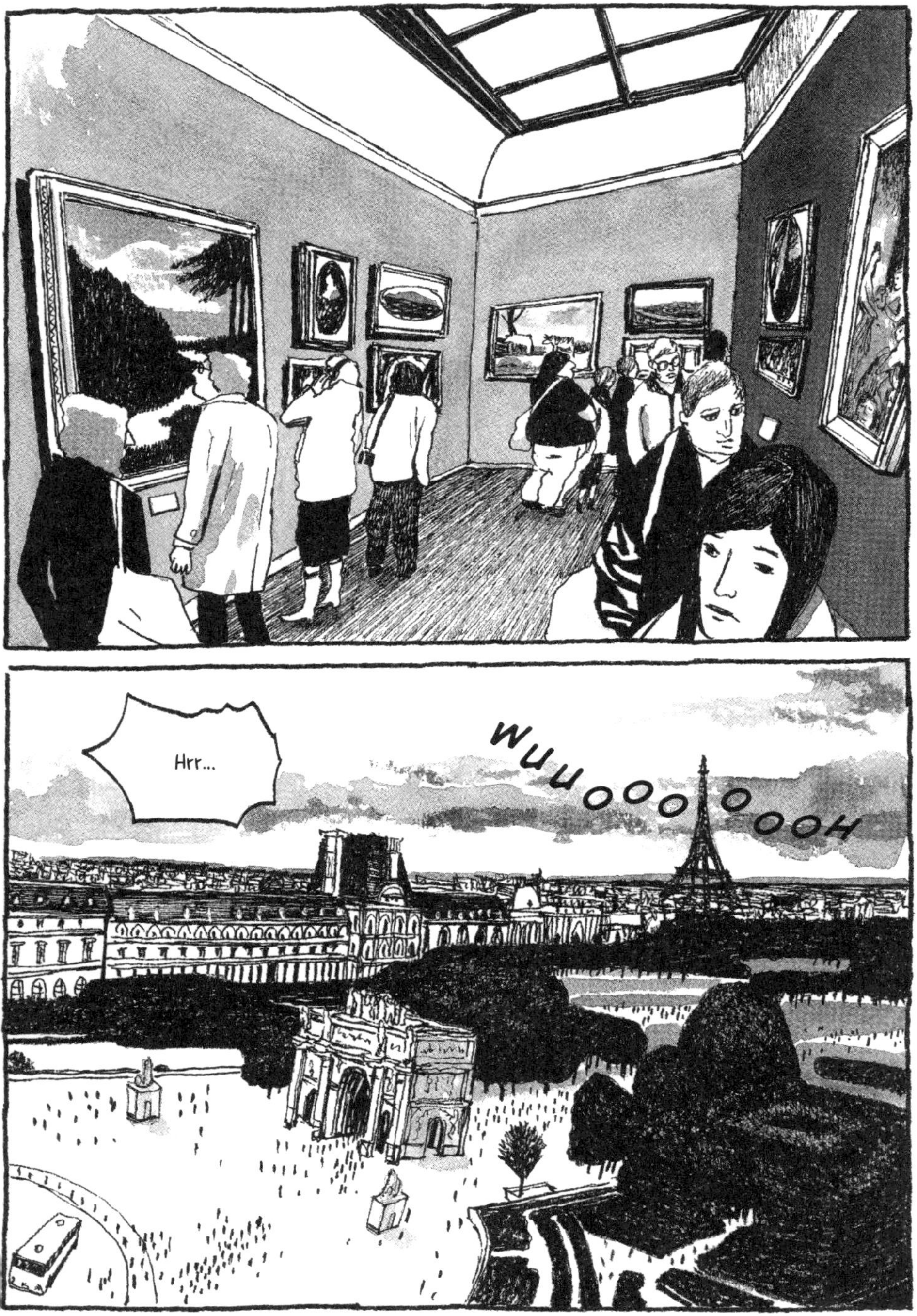

Hrr...
WUUOOOOOOOH

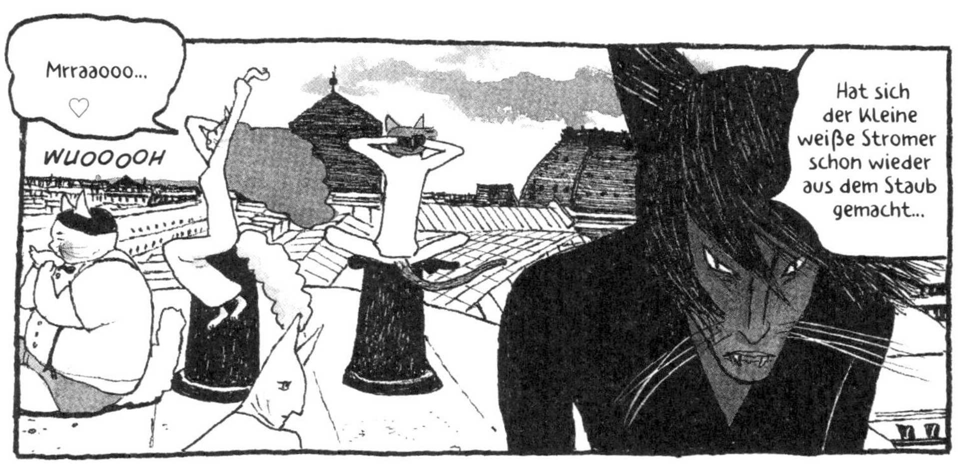
Mrraaooo... ♡
WUOOOOH
Hat sich der kleine weiße Stromer schon wieder aus dem Staub gemacht...

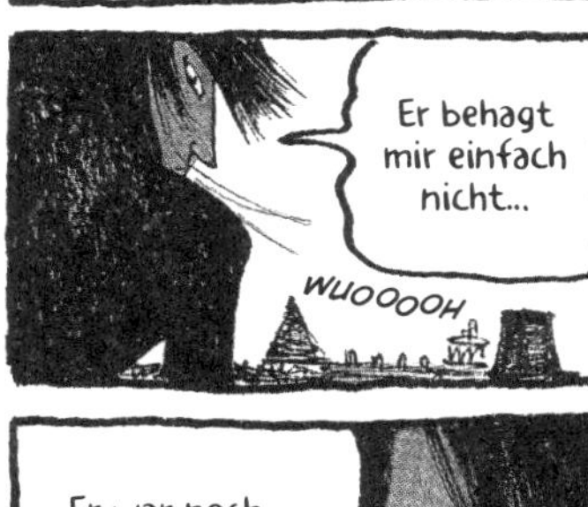
Er behagt mir einfach nicht...
WUOOOOH

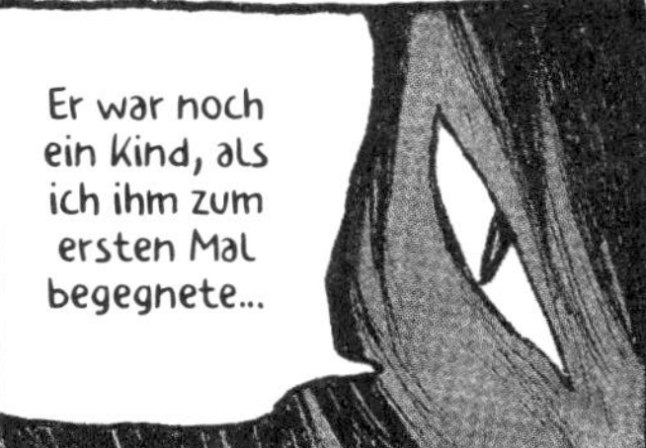
Er war noch ein Kind, als ich ihm zum ersten Mal begegnete...

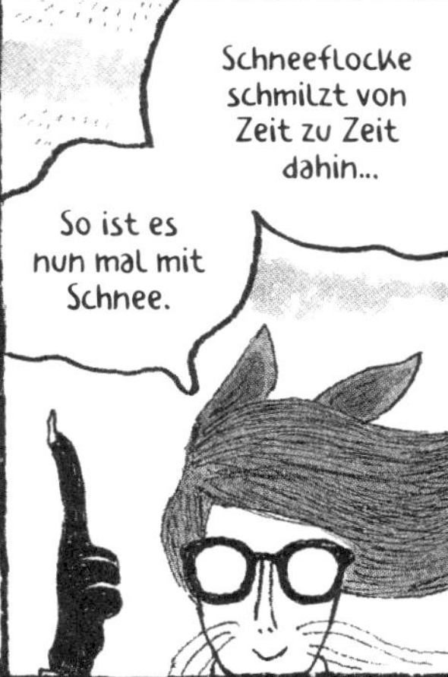
Schneeflocke schmilzt von Zeit zu Zeit dahin...
So ist es nun mal mit Schnee.

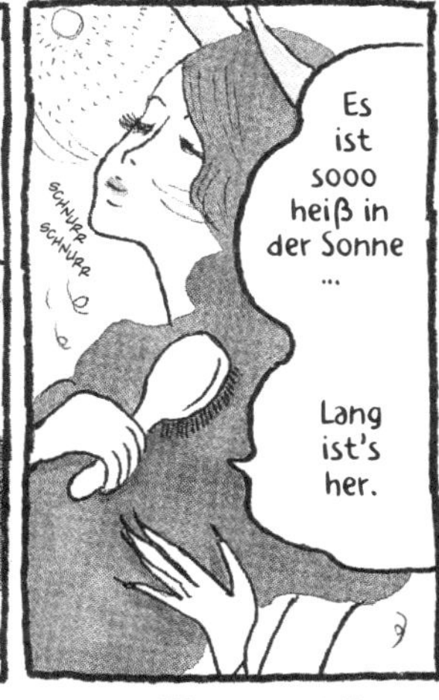
Es ist sooo heiß in der Sonne ...
SCHNURR SCHNURR
Lang ist's her.

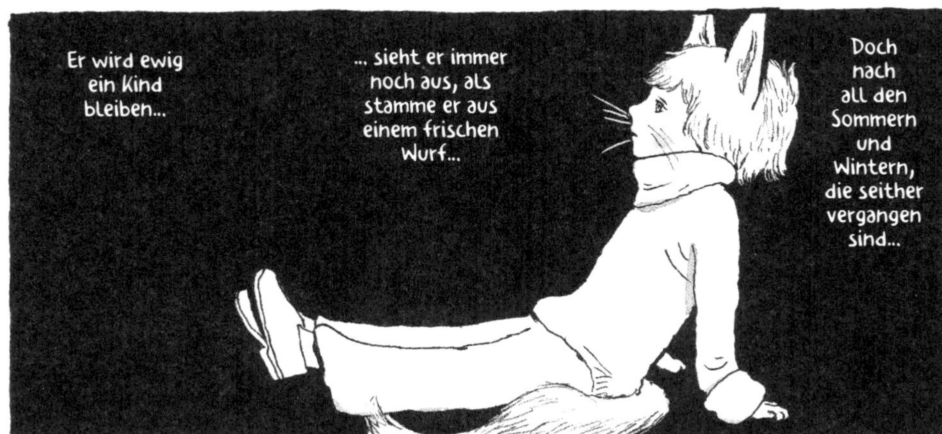
Er wird ewig ein Kind bleiben...
... sieht er immer noch aus, als stamme er aus einem frischen Wurf...
Doch nach all den Sommern und Wintern, die seither vergangen sind...

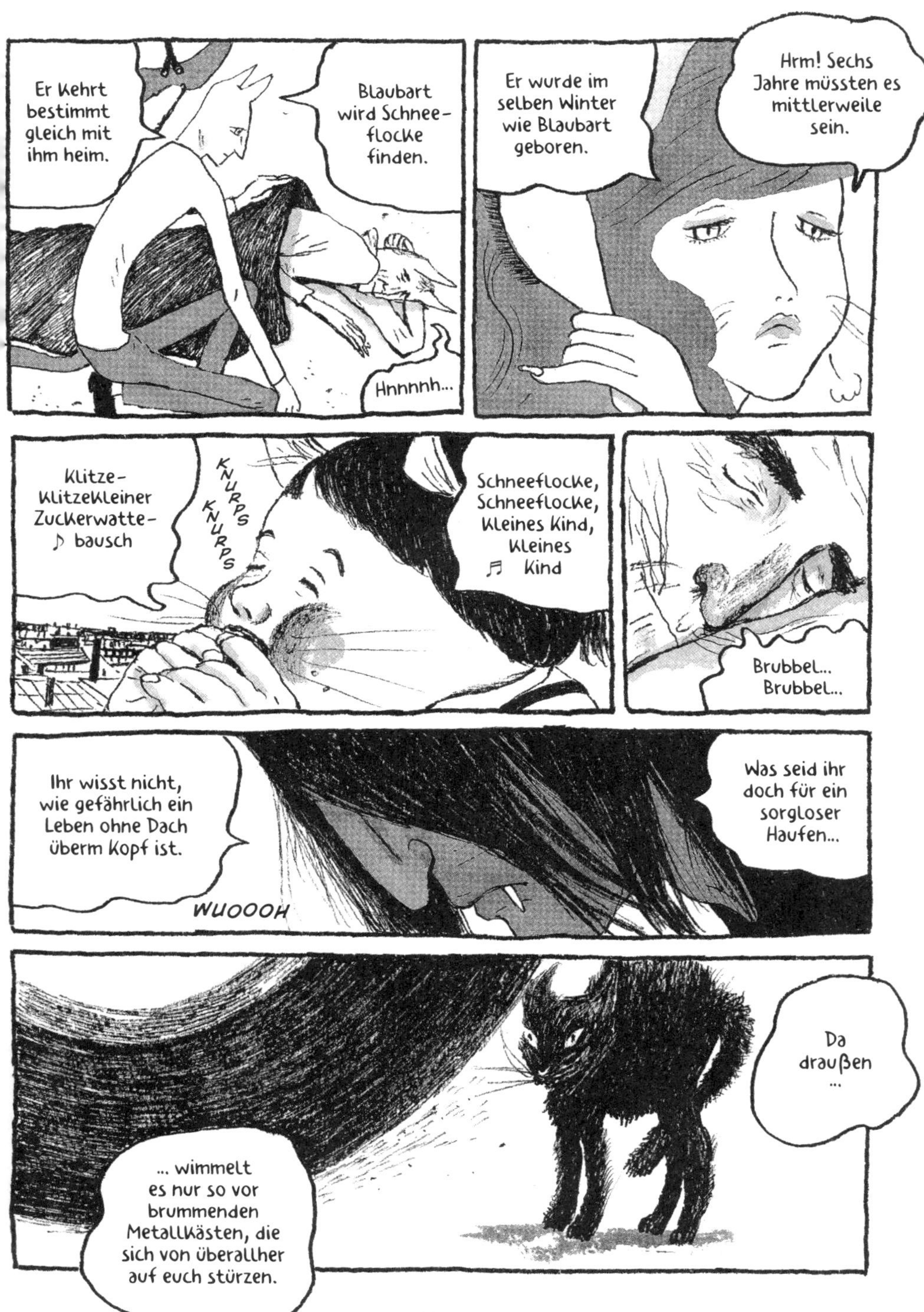
Er kehrt bestimmt gleich mit ihm heim.
Blaubart wird Schneeflocke finden.
Hnnnnh...
Er wurde im selben Winter wie Blaubart geboren.
Hrm! Sechs Jahre müssten es mittlerweile sein.
Klitze-klitzekleiner Zuckerwatte-♪ bausch
KNURPS KNURPS
Schneeflocke, Schneeflocke, kleines Kind, kleines ♬ Kind
Brubbel... Brubbel...
Ihr wisst nicht, wie gefährlich ein Leben ohne Dach überm Kopf ist.
WUOOOH
Was seid ihr doch für ein sorgloser Haufen...
Da draußen ...
... wimmelt es nur so vor brummenden Metallkästen, die sich von überallher auf euch stürzen.

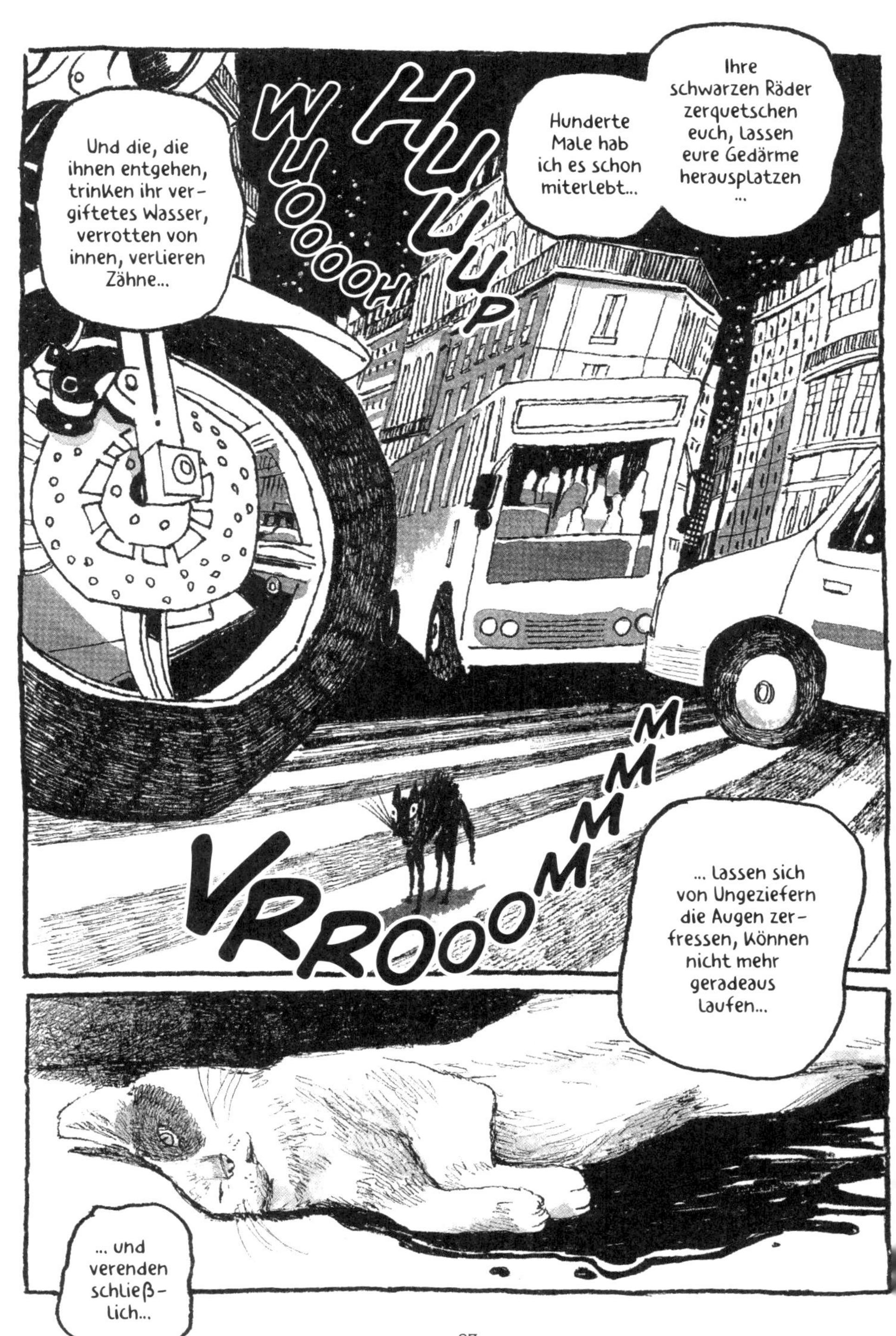
Und die, die ihnen entgehen, trinken ihr vergiftetes Wasser, verrotten von innen, verlieren Zähne...
WUUOOOOH
HUUUUP
Hunderte Male hab ich es schon miterlebt...
Ihre schwarzen Räder zerquetschen euch, lassen eure Gedärme herausplatzen ...
VRROOOOMMMMMM
... lassen sich von Ungeziefern die Augen zerfressen, können nicht mehr geradeaus laufen...
... und verenden schließlich...

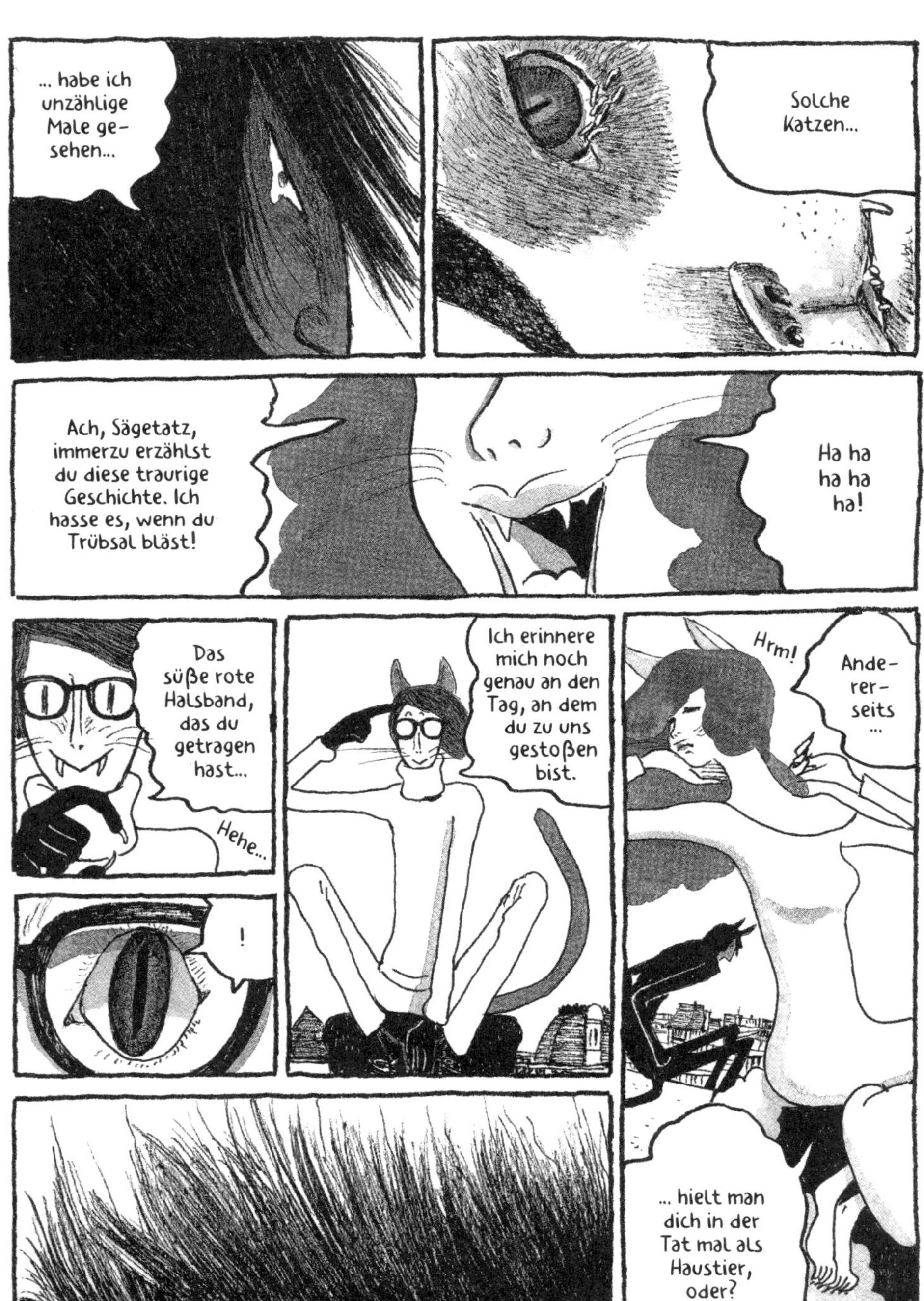
... habe ich unzählige Male gesehen...
Solche Katzen...
Ach, Sägetatz, immerzu erzählst du diese traurige Geschichte. Ich hasse es, wenn du Trübsal bläst!
Ha ha ha ha ha!
Das süße rote Halsband, das du getragen hast...
Hehe...
!
Ich erinnere mich noch genau an den Tag, an dem du zu uns gestoßen bist.
Hrm!
Andererseits ...
... hielt man dich in der Tat mal als Haustier, oder?

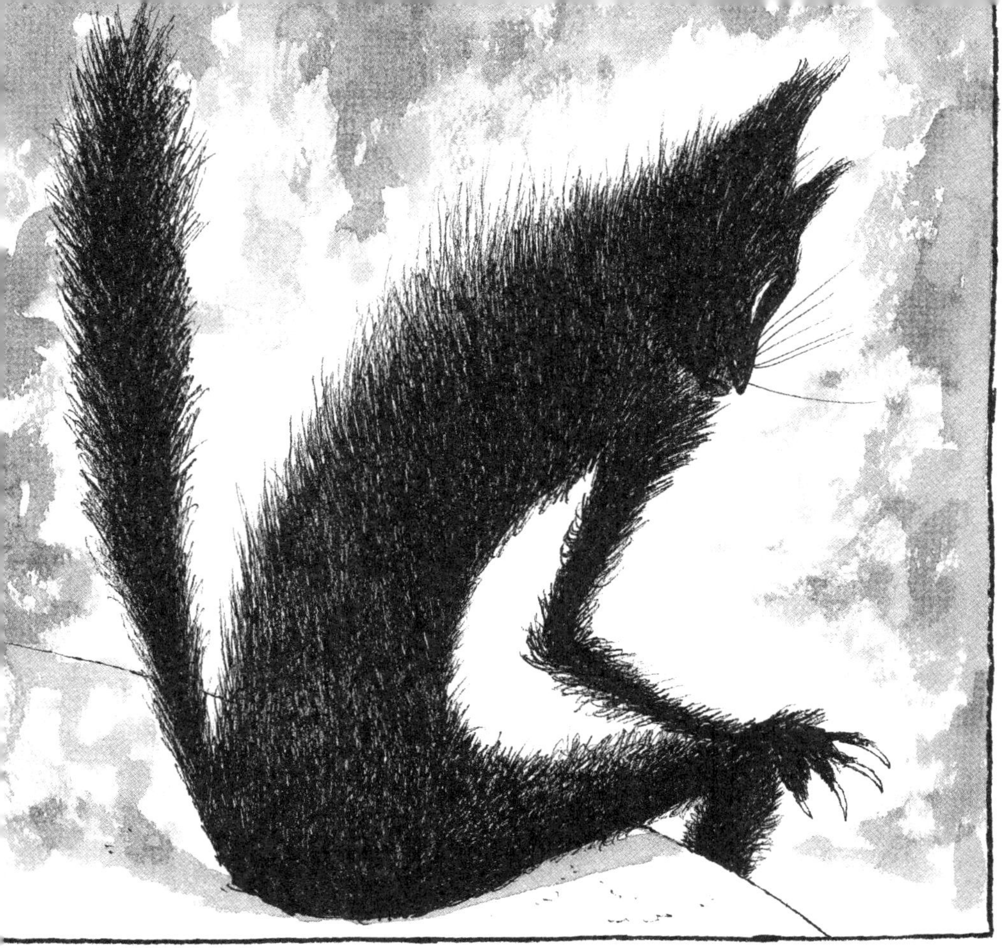

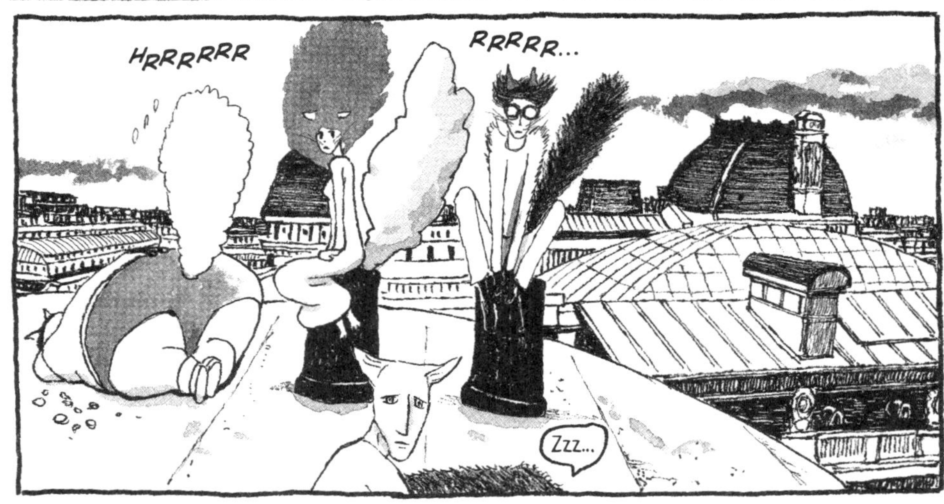
HRRRRRR
RRRRR...
Zzz...

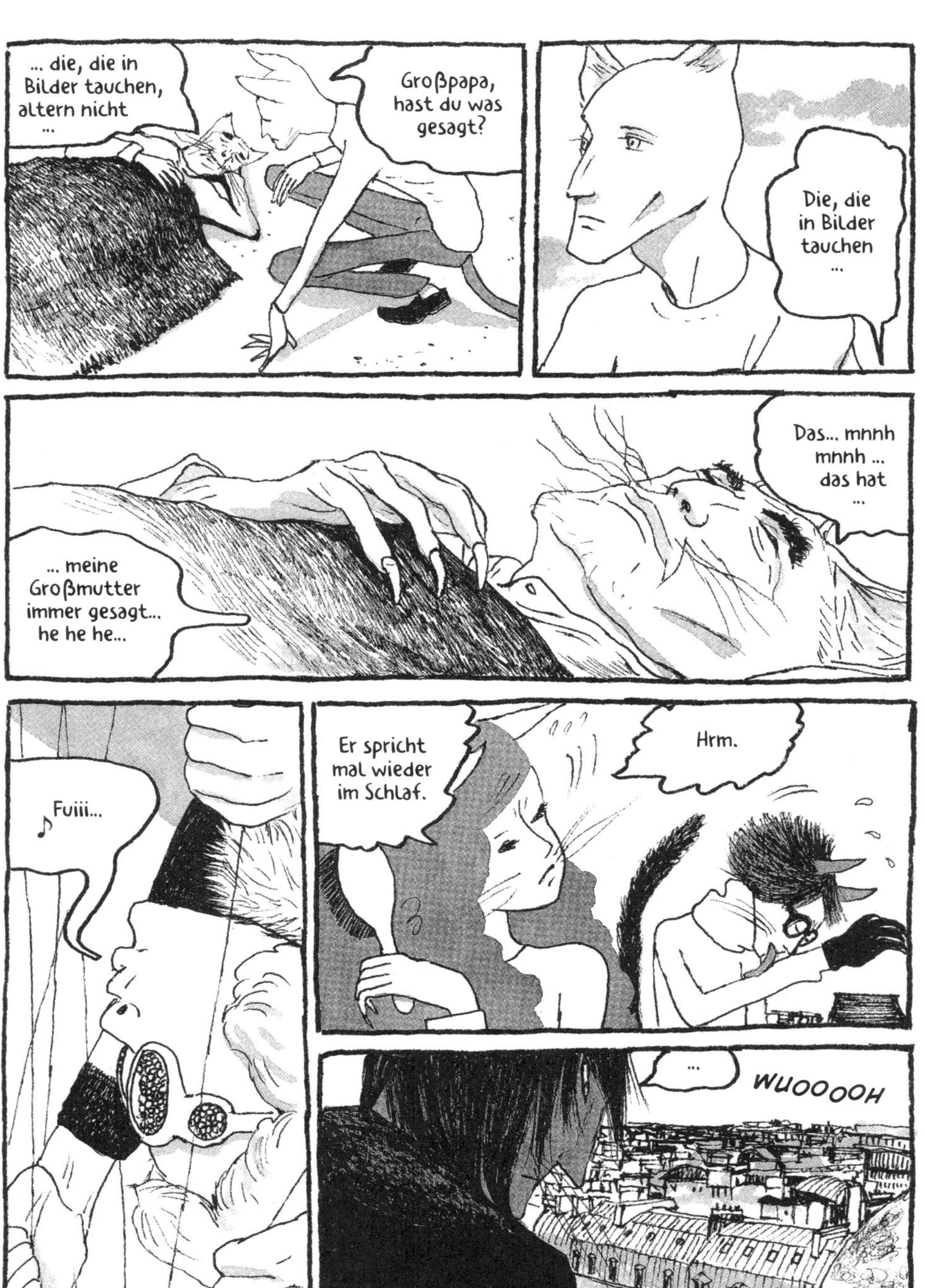
... die, die in Bilder tauchen, altern nicht ...
Großpapa, hast du was gesagt?
Die, die in Bilder tauchen ...
Das... mnnh mnnh ... das hat ...
... meine Großmutter immer gesagt... he he he...
♪ Fuiii...
Er spricht mal wieder im Schlaf.
Hrm.
...
WUOOOOH

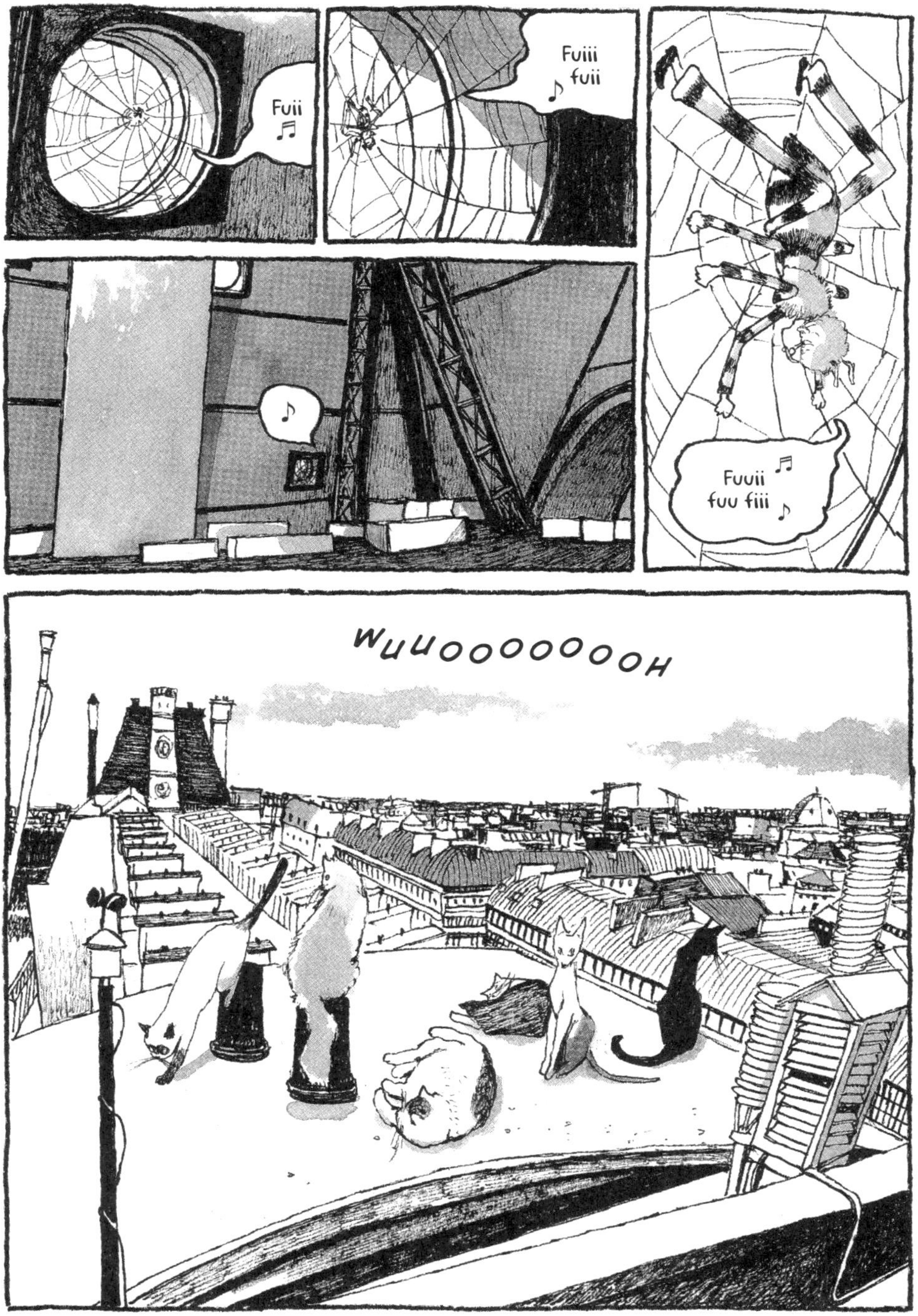

Fuii ♬
Fuiii fuii ♪
♪
Fuuii ♬ fuu fiii ♪
WUUOOOOOOOH

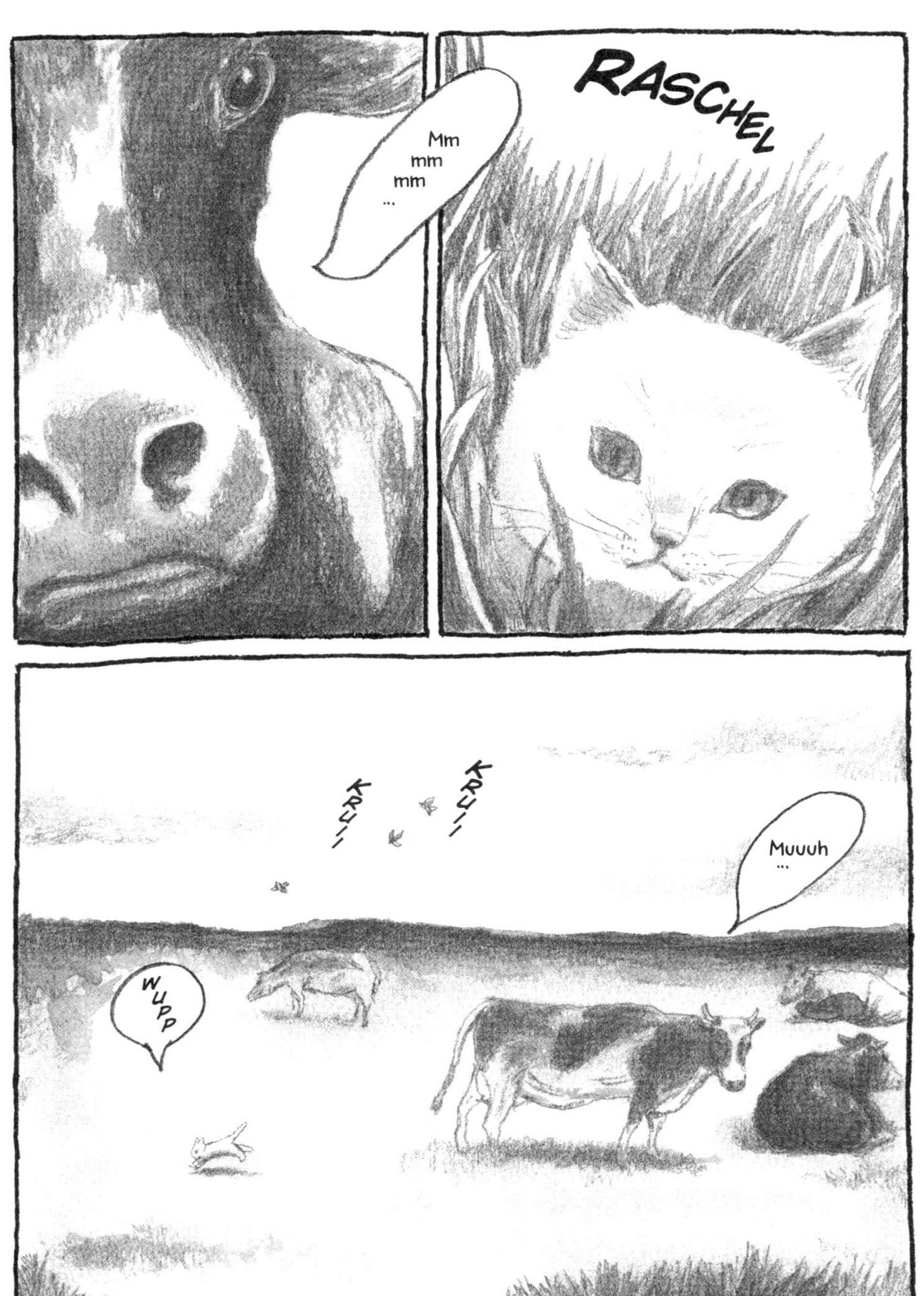
Mm
mm
mm
...
RASCHEL
KRUII
KRUII
Muuuh
...
WUPP

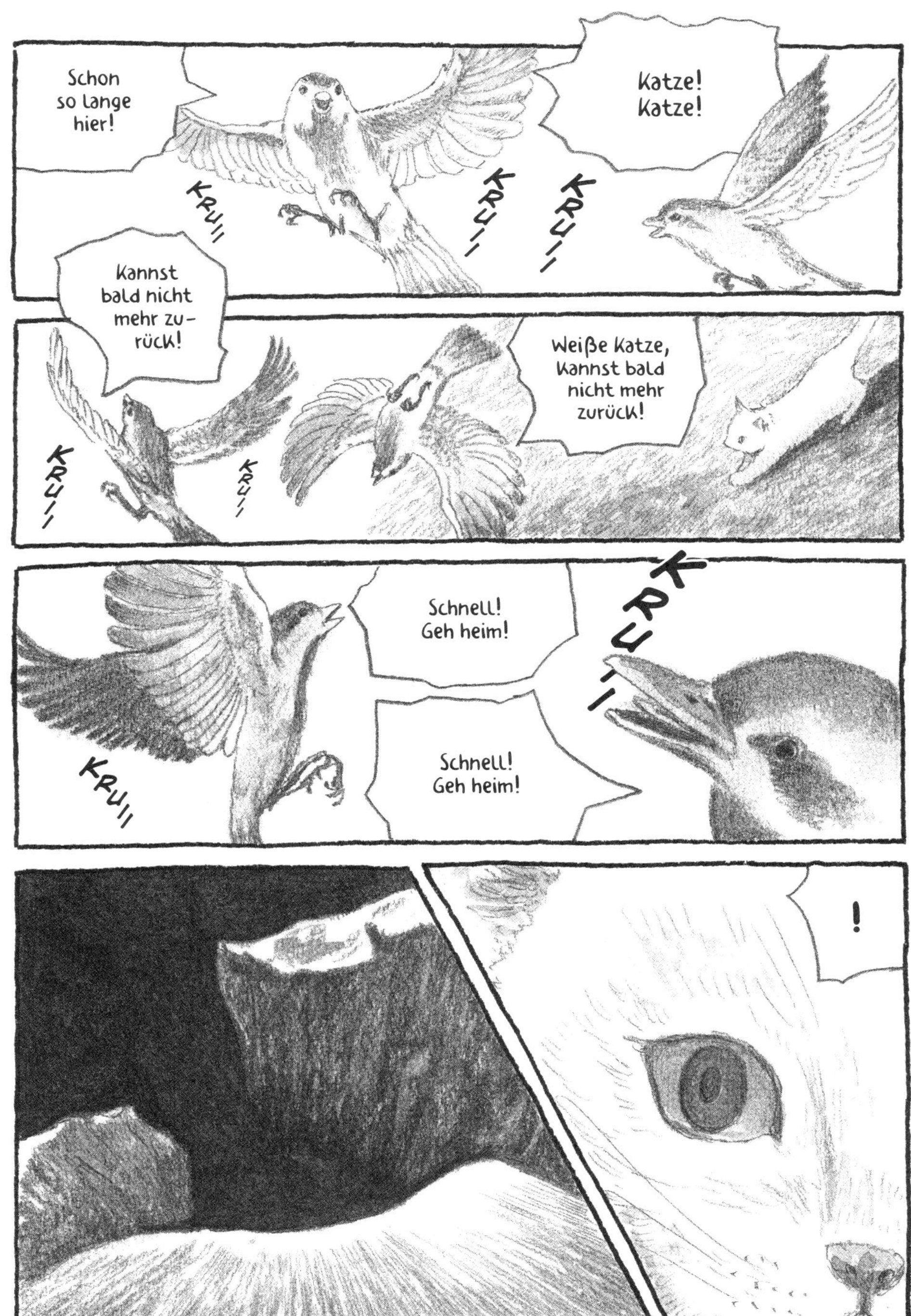
Schon so lange hier!
Katze! Katze!
KRU||
KRU||
KRU||
Kannst bald nicht mehr zu-rück!
KRU||
KRU||
Weiße Katze, Kannst bald nicht mehr zurück!
Schnell! Geh heim!
KRU||
KRU||
Schnell! Geh heim!
!

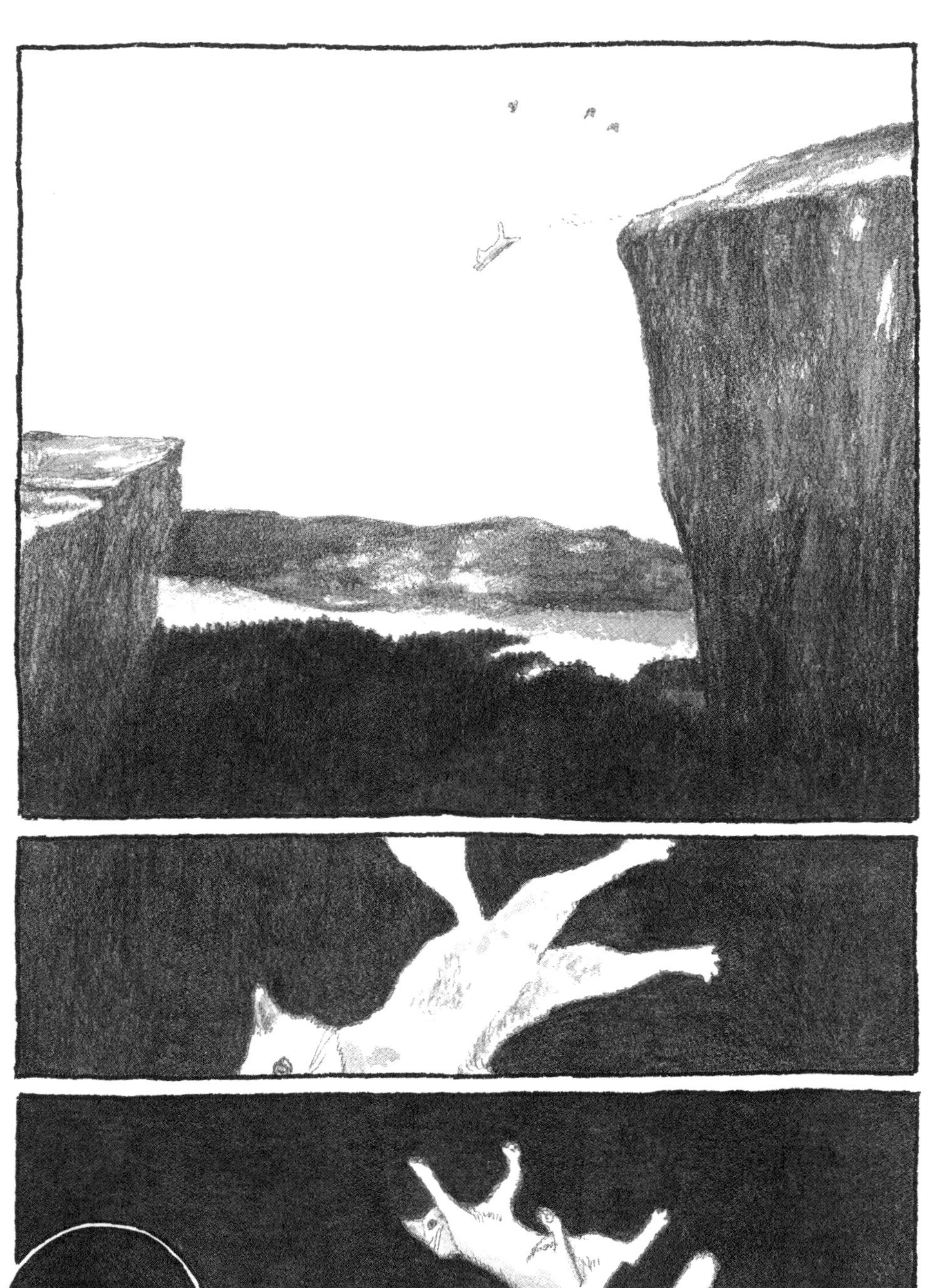

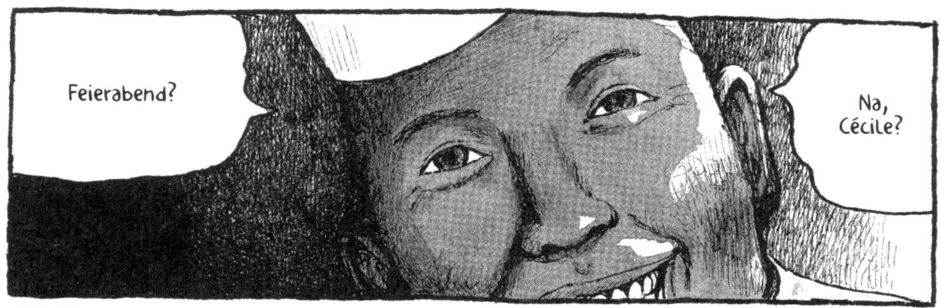
Feierabend?
Na, Cécile?

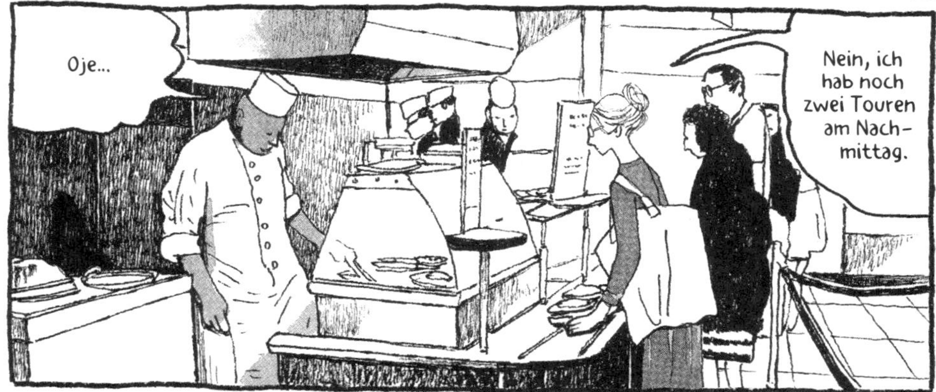
Oje...
Nein, ich hab noch zwei Touren am Nachmittag.

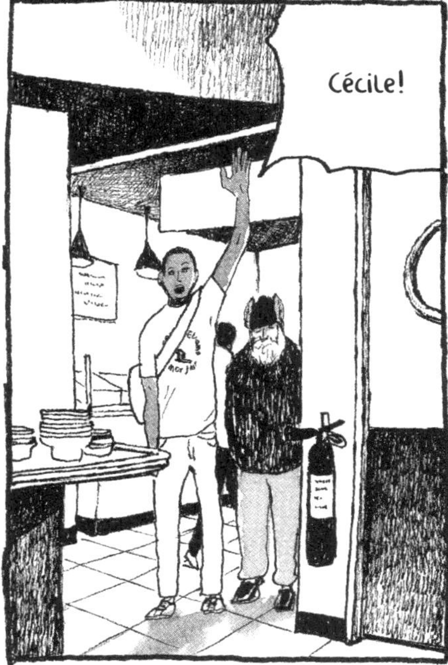
Cécile!

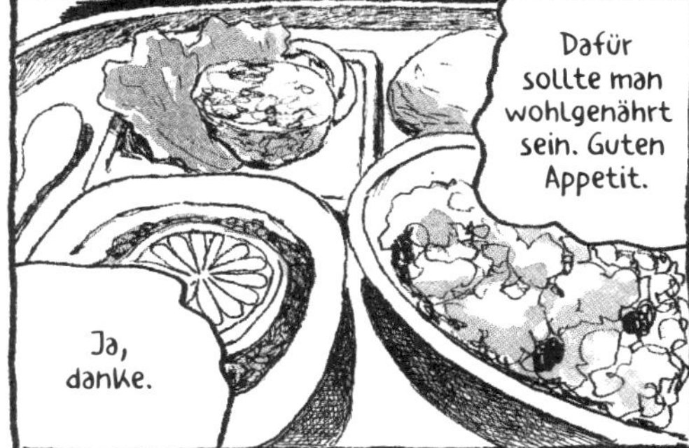
Dafür sollte man wohlgenährt sein. Guten Appetit.
Ja, danke.

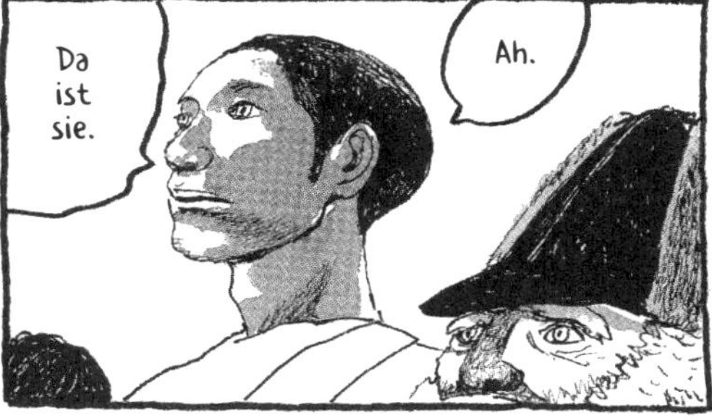
Da ist sie.
Ah.

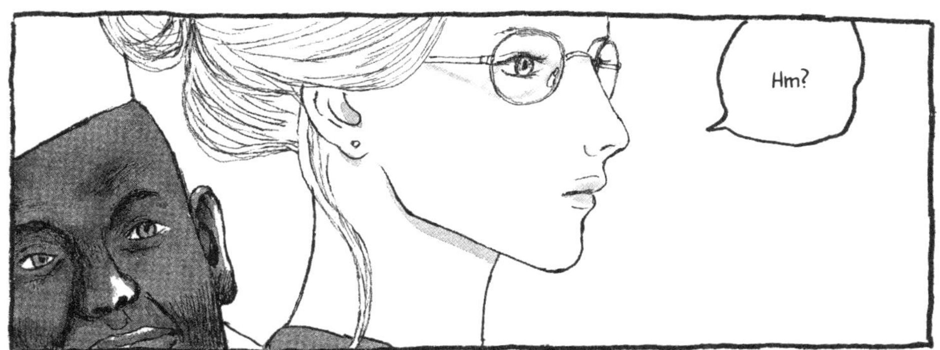
Hm?

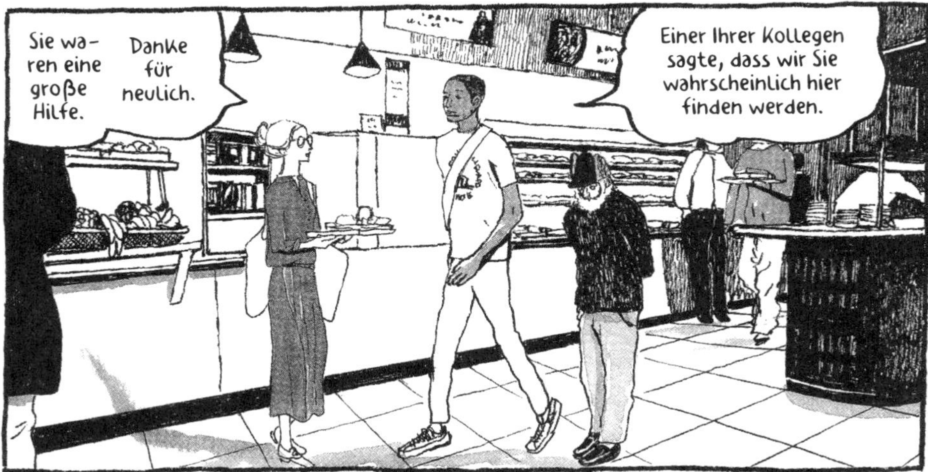
Sie waren eine große Hilfe.
Danke für neulich.
Einer Ihrer Kollegen sagte, dass wir Sie wahrscheinlich hier finden werden.

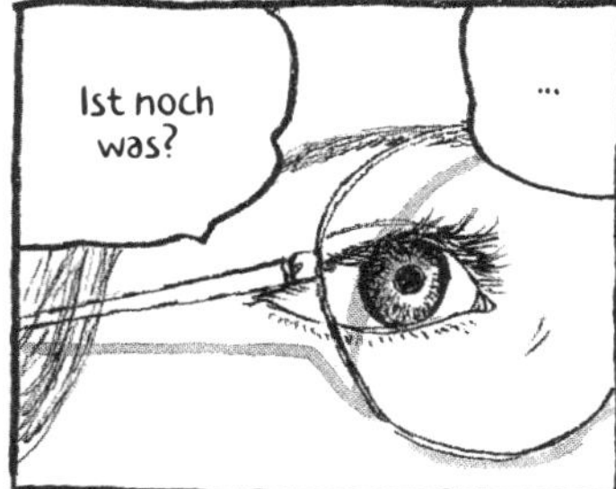
Ist noch was?
...

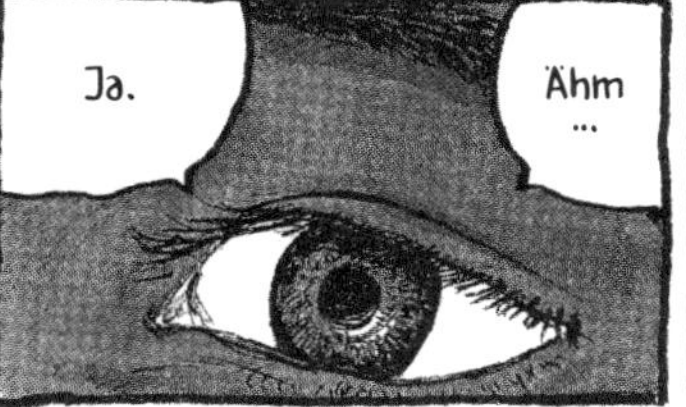
Ja.
Ähm ...

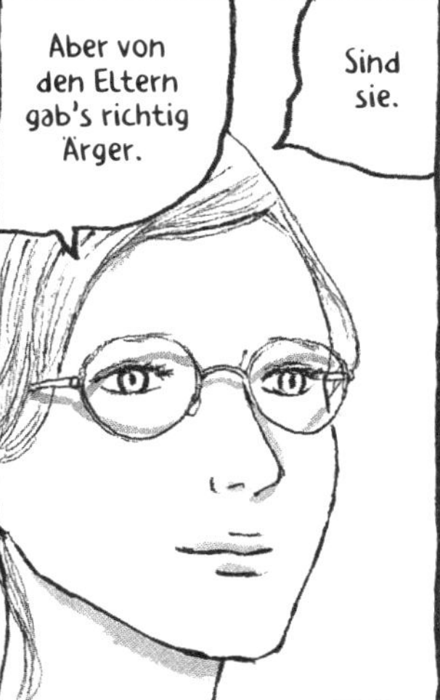
Aber von den Eltern gab's richtig Ärger.
Sind sie.

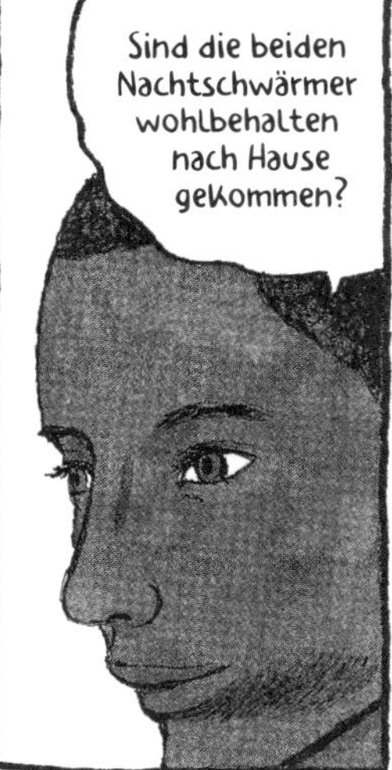
Sind die beiden Nachtschwärmer wohlbehalten nach Hause gekommen?

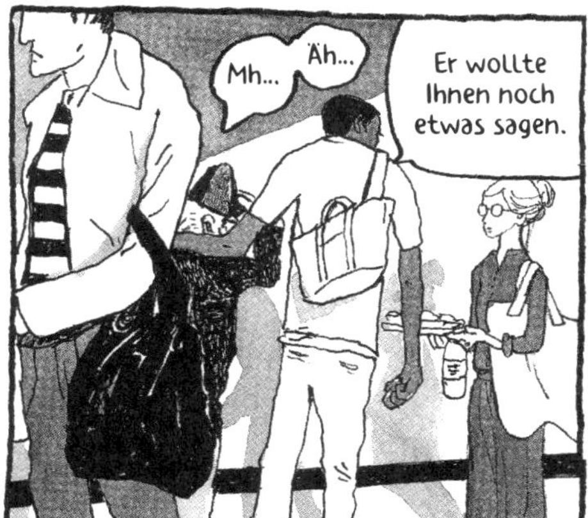
Mh...
Äh...
Er wollte Ihnen noch etwas sagen.
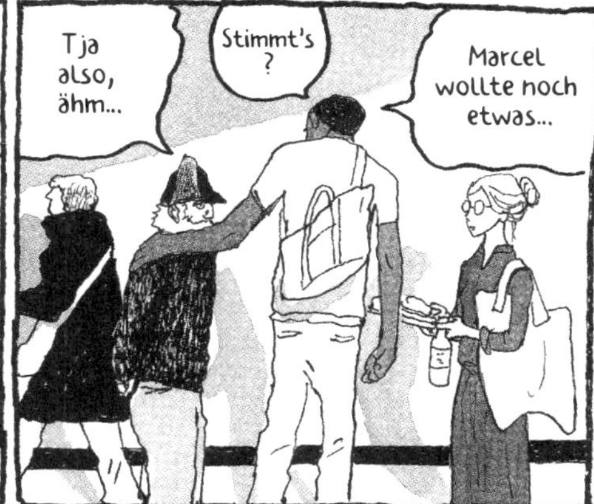
Marcel wollte noch etwas...
Stimmt's ?
Tja also, ähm...
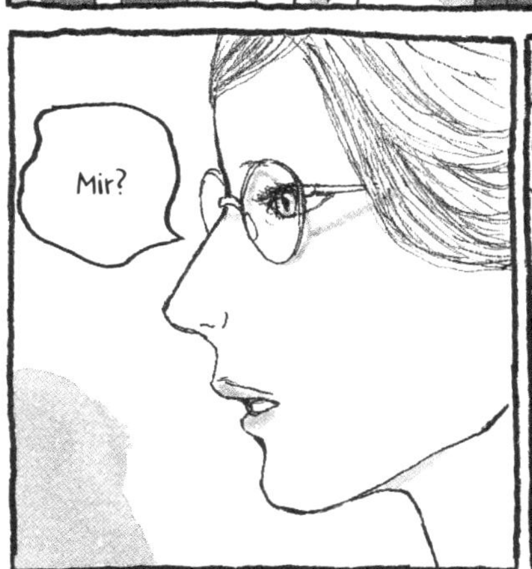
Mir?
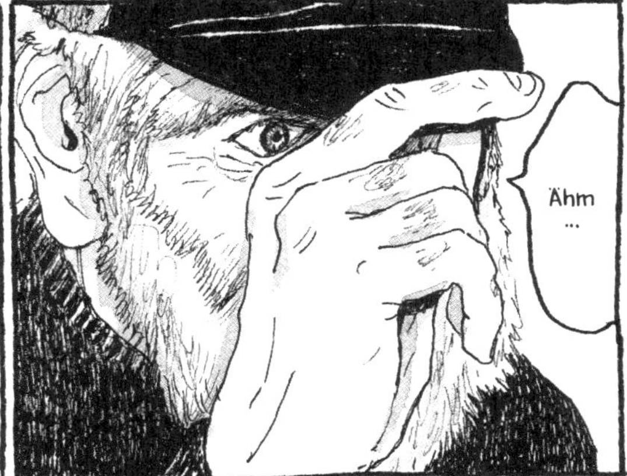
Ähm ...
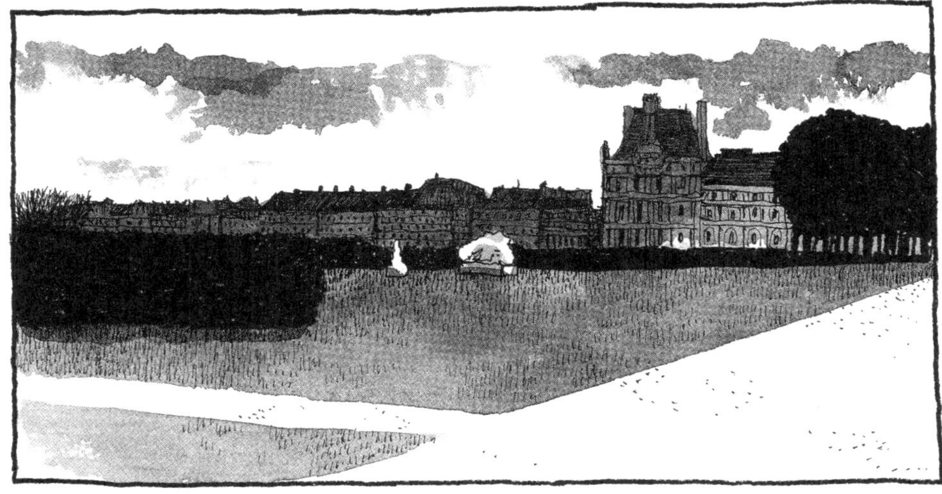

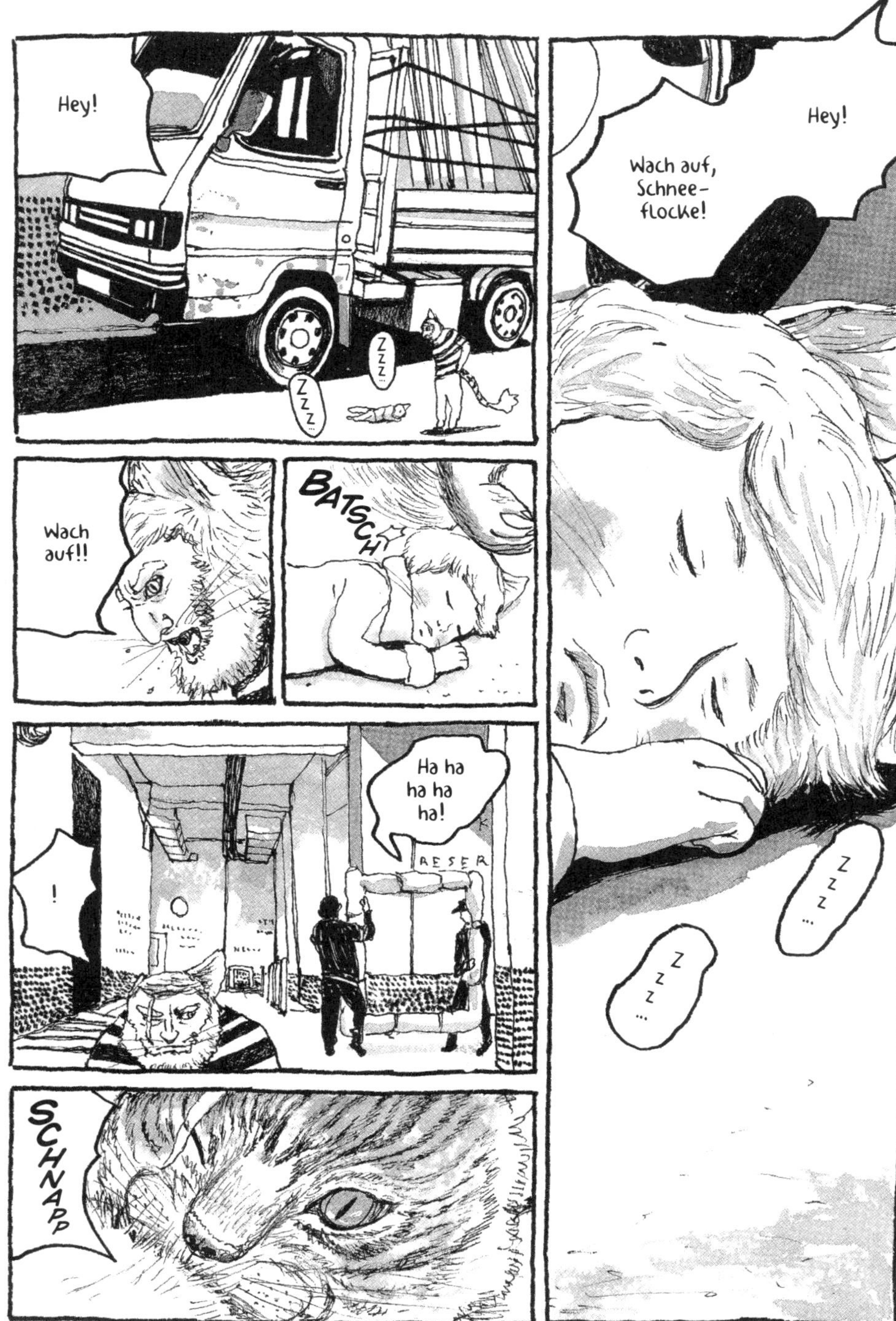
Hey!
Z z z …
Z z z …
Wach auf!!
BATSCH
!
Ha ha ha ha ha!
SCHNAPP
Hey!
Wach auf, Schnee-flocke!
Z z z …
Z z z …

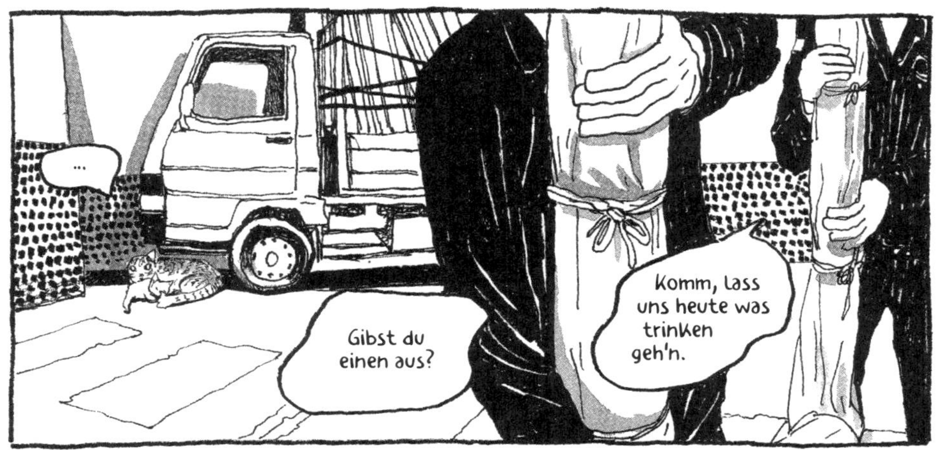
...
Komm, lass uns heute was trinken geh'n.
Gibst du einen aus?

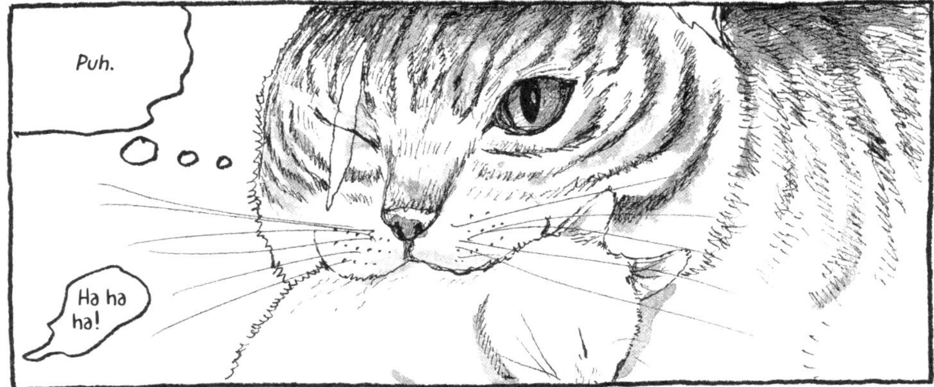
Puh.
Ha ha ha!

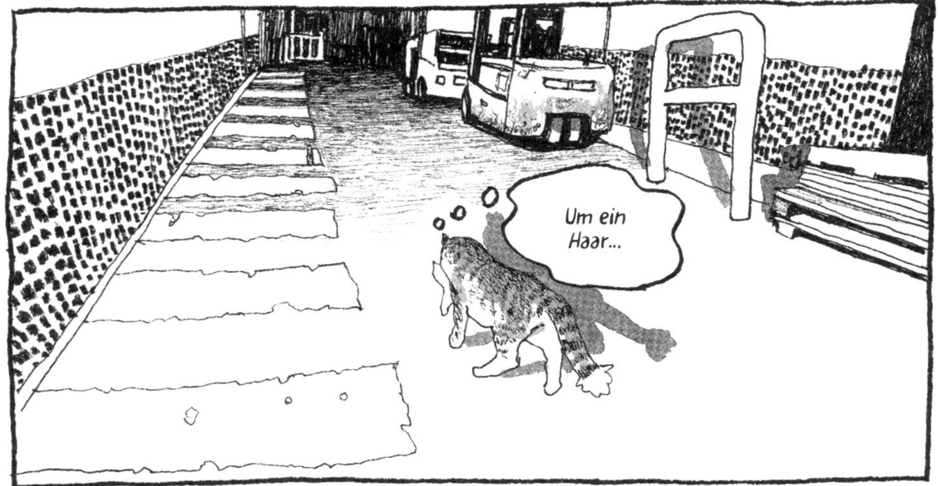
Um ein Haar...

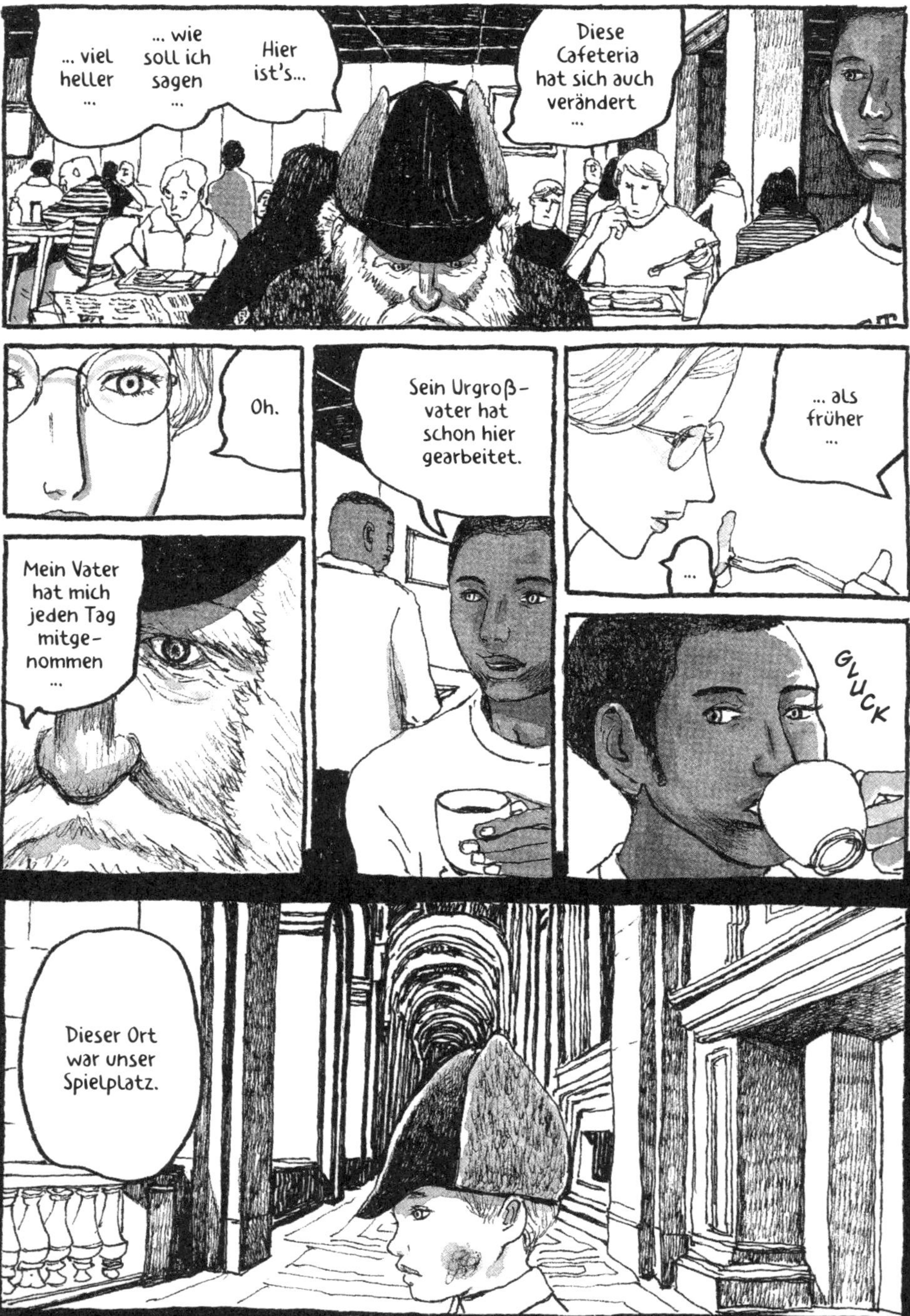

Diese Cafeteria hat sich auch verändert ...

Hier ist's...

... wie soll ich sagen ...

... viel heller ...

... als früher ...

...

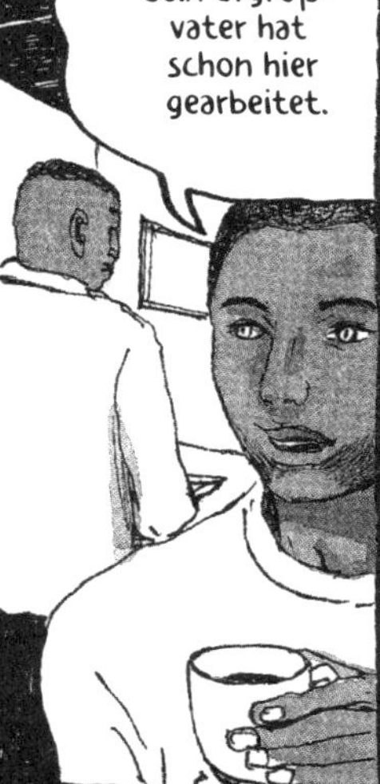

Oh.

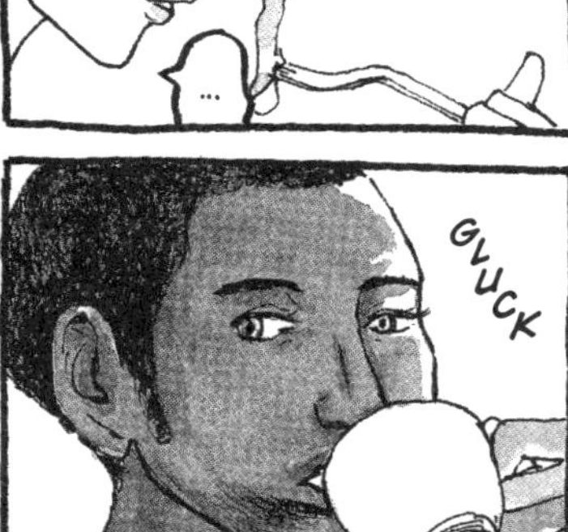

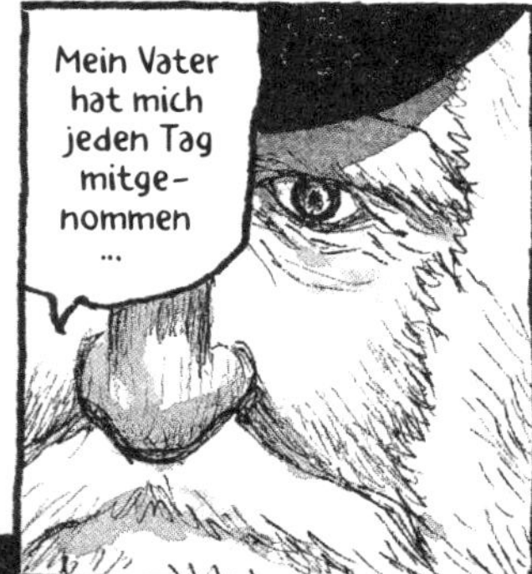

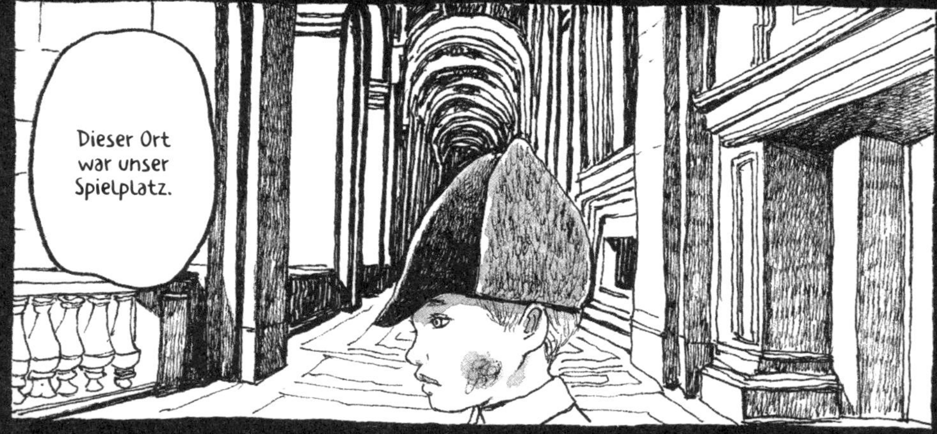

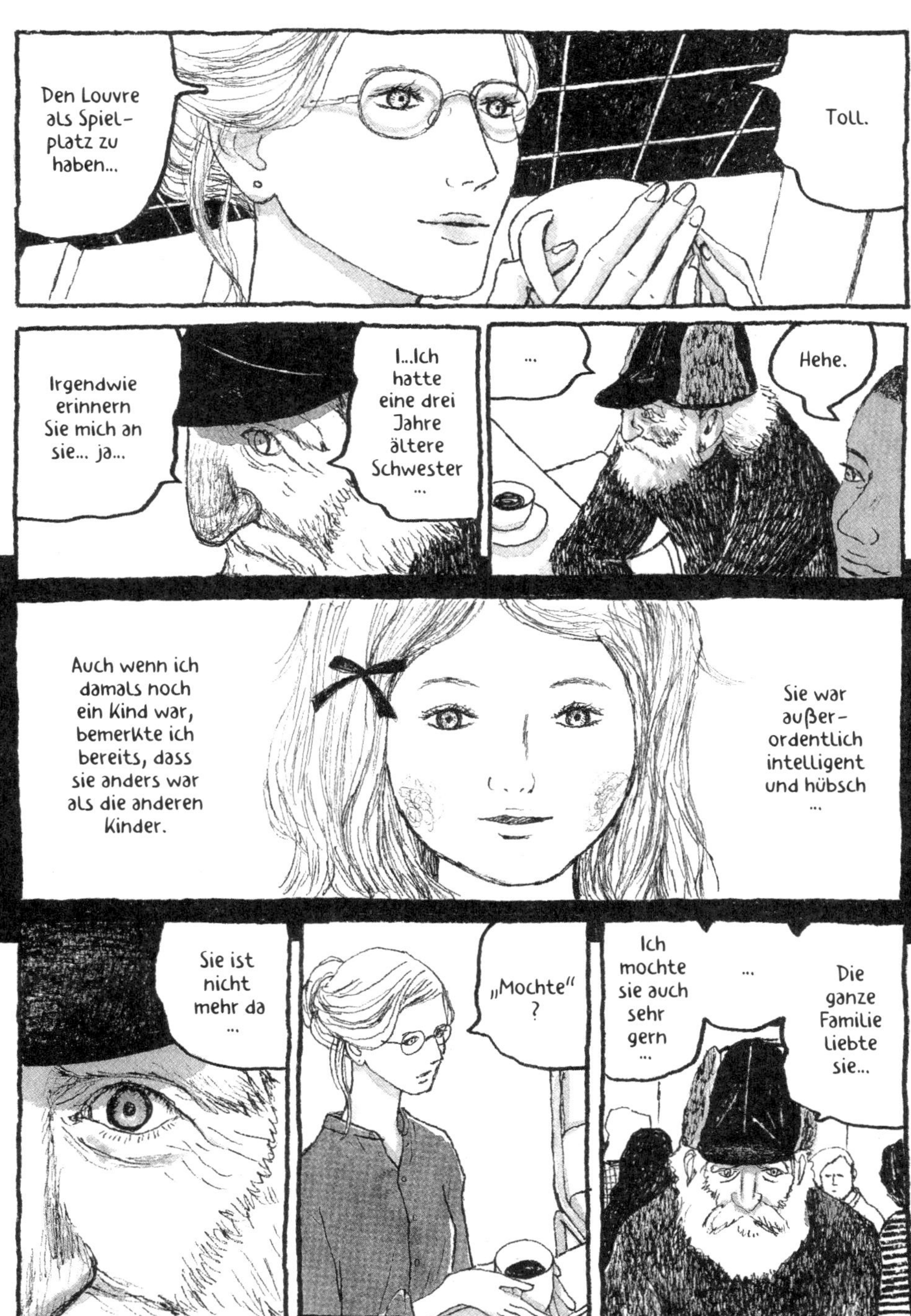
Den Louvre als Spielplatz zu haben...
Toll.
Irgendwie erinnern Sie mich an sie... ja...
I...Ich hatte eine drei Jahre ältere Schwester ...
...
Hehe.
Auch wenn ich damals noch ein Kind war, bemerkte ich bereits, dass sie anders war als die anderen Kinder.
Sie war außerordentlich intelligent und hübsch ...
Sie ist nicht mehr da ...
„Mochte" ?
Ich mochte sie auch sehr gern ...
...
Die ganze Familie liebte sie...

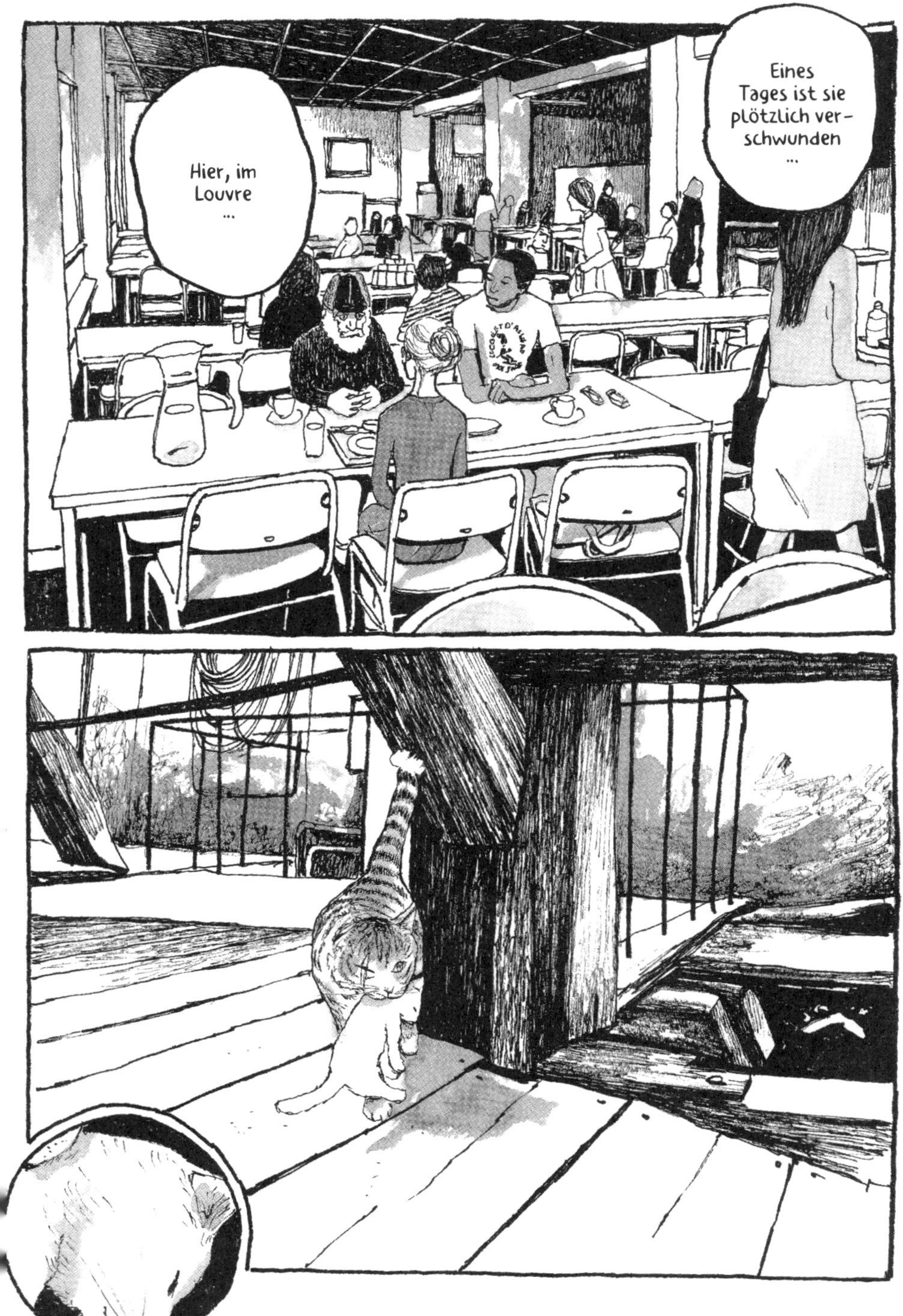

Hier, im Louvre …
Eines Tages ist sie plötzlich verschwunden …

Kapitel 5

DAS GEHEIMNIS VON MARCEL

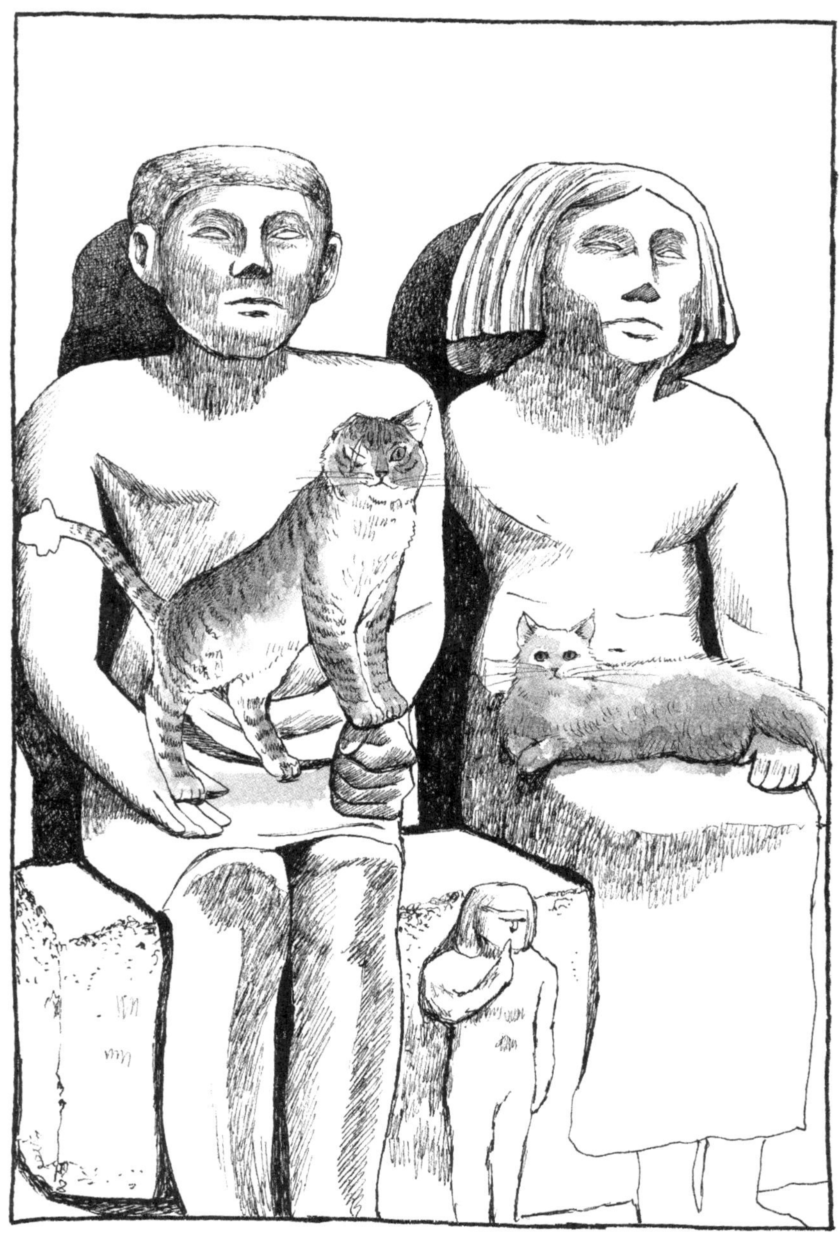

Skulptur eines Ehepaares mit Sohn (Louvre, Abteilung für ägyptische Altertümer)

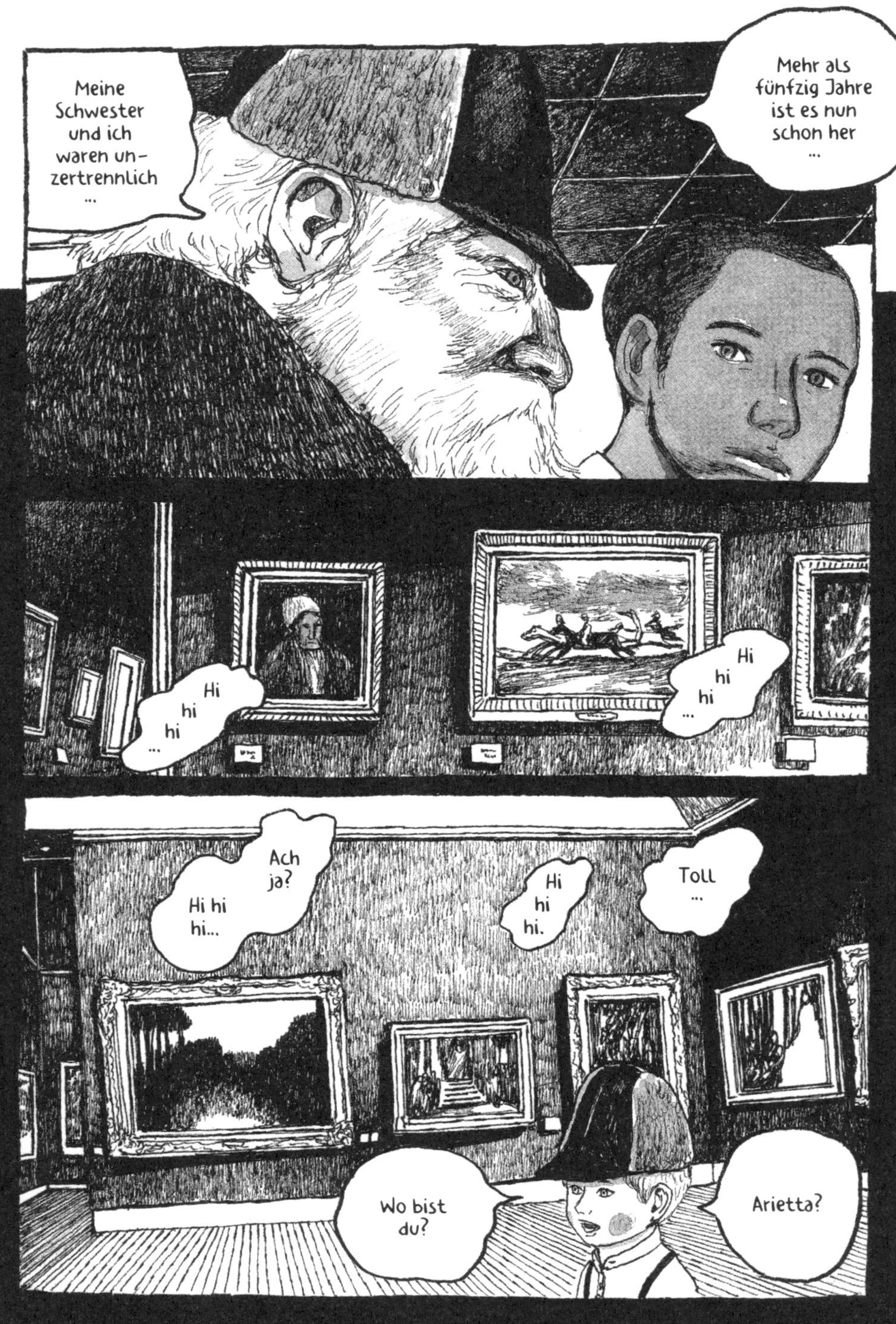
Meine Schwester und ich waren un-zertrennlich …
Mehr als fünfzig Jahre ist es nun schon her …
Hi hi hi …
Hi hi hi …
Hi hi hi…
Ach ja?
Hi hi hi.
Toll …
Wo bist du?
Arietta?

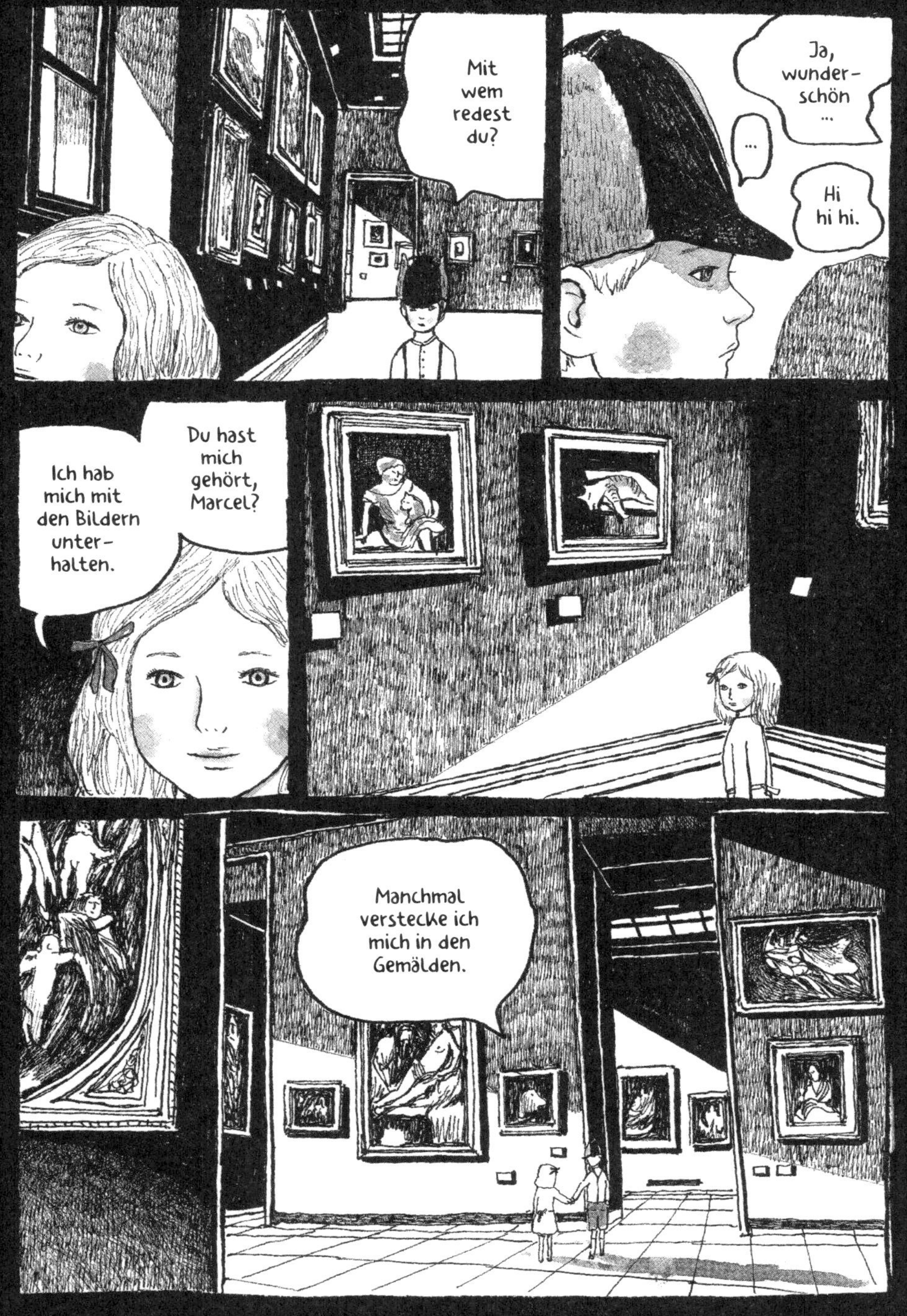
Mit wem redest du?
Ja, wunder-schön ...
...
Hi hi hi.
Du hast mich gehört, Marcel?
Ich hab mich mit den Bildern unter-halten.
Manchmal verstecke ich mich in den Gemälden.

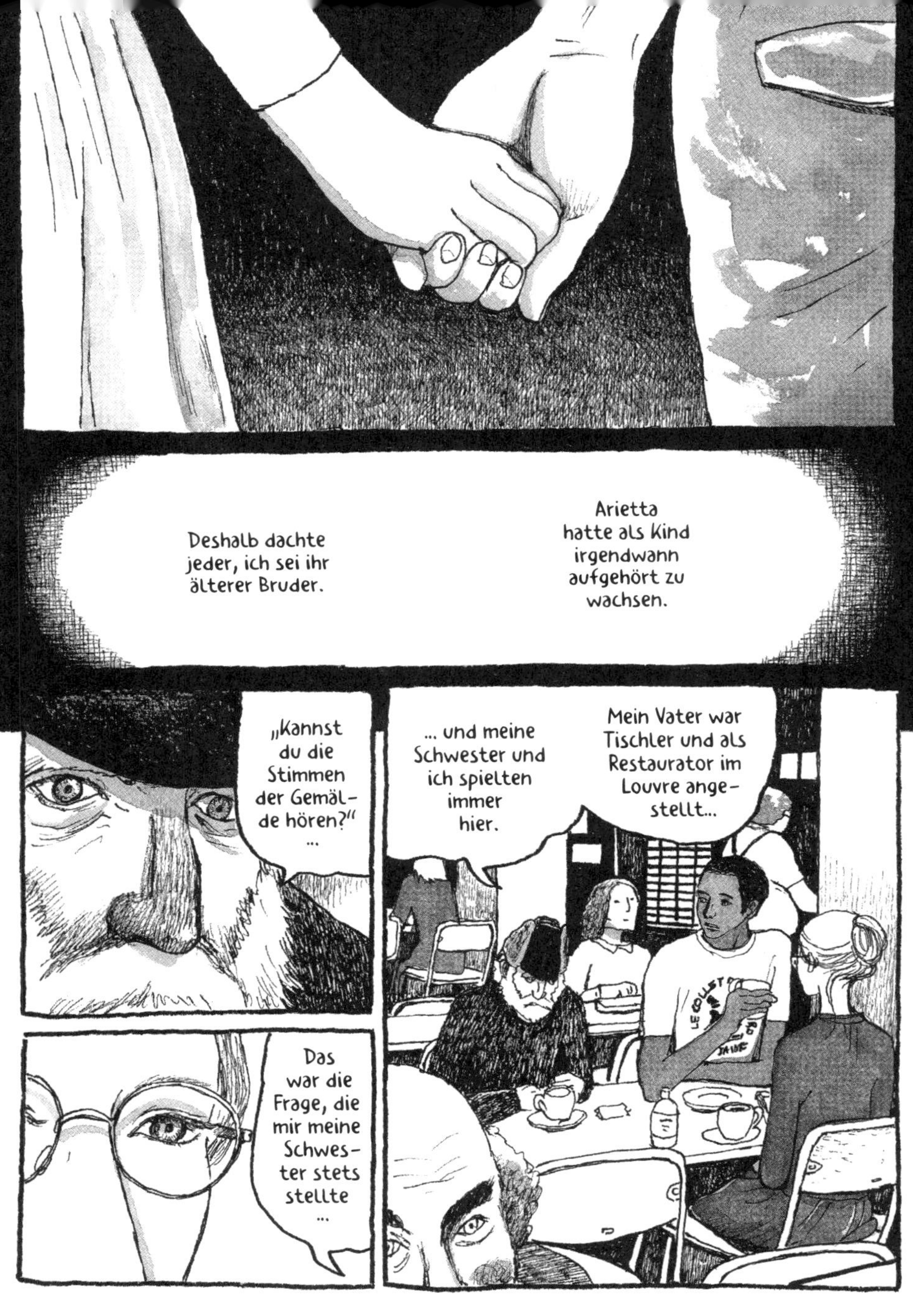
Arietta
hatte als Kind
irgendwann
aufgehört zu
wachsen.
Deshalb dachte
jeder, ich sei ihr
älterer Bruder.
„Kannst
du die
Stimmen
der Gemäl-
de hören?“
...
Das
war die
Frage, die
mir meine
Schwes-
ter stets
stellte
...
Mein Vater war
Tischler und als
Restaurator im
Louvre ange-
stellt...
... und meine
Schwester und
ich spielten
immer
hier.

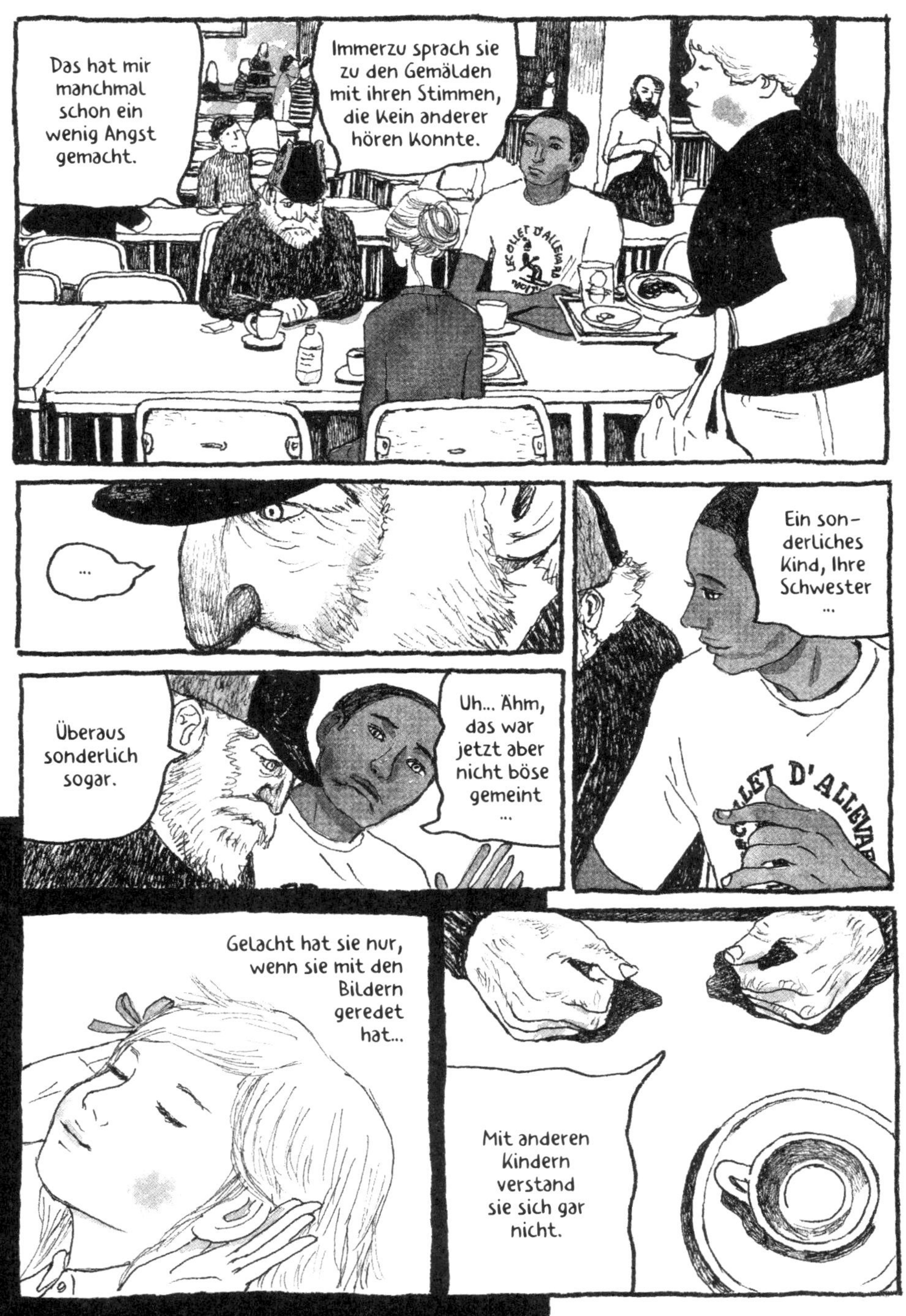
Das hat mir manchmal schon ein wenig Angst gemacht.
Immerzu sprach sie zu den Gemälden mit ihren Stimmen, die kein anderer hören konnte.
LE COLLET D'ALLEVARD
...
Ein sonderliches Kind, Ihre Schwester ...
LET D'ALLEVAR
Überaus sonderlich sogar.
Uh... Ähm, das war jetzt aber nicht böse gemeint ...
Gelacht hat sie nur, wenn sie mit den Bildern geredet hat...
Mit anderen Kindern verstand sie sich gar nicht.

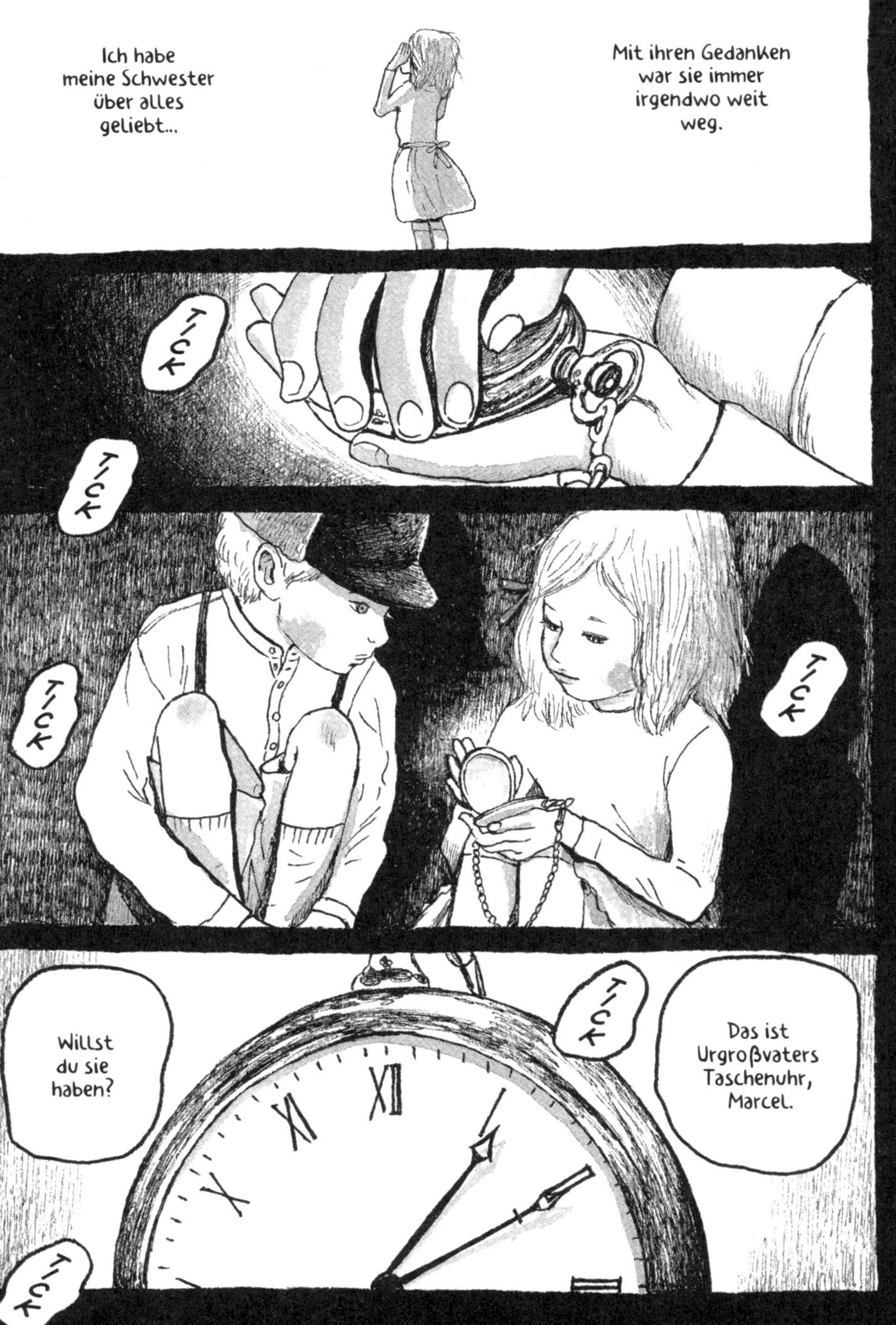
Ich habe meine Schwester über alles geliebt...
Mit ihren Gedanken war sie immer irgendwo weit weg.
TICK
TICK
TICK
TICK
Das ist Urgroßvaters Taschenuhr, Marcel.
Willst du sie haben?
TICK
TICK

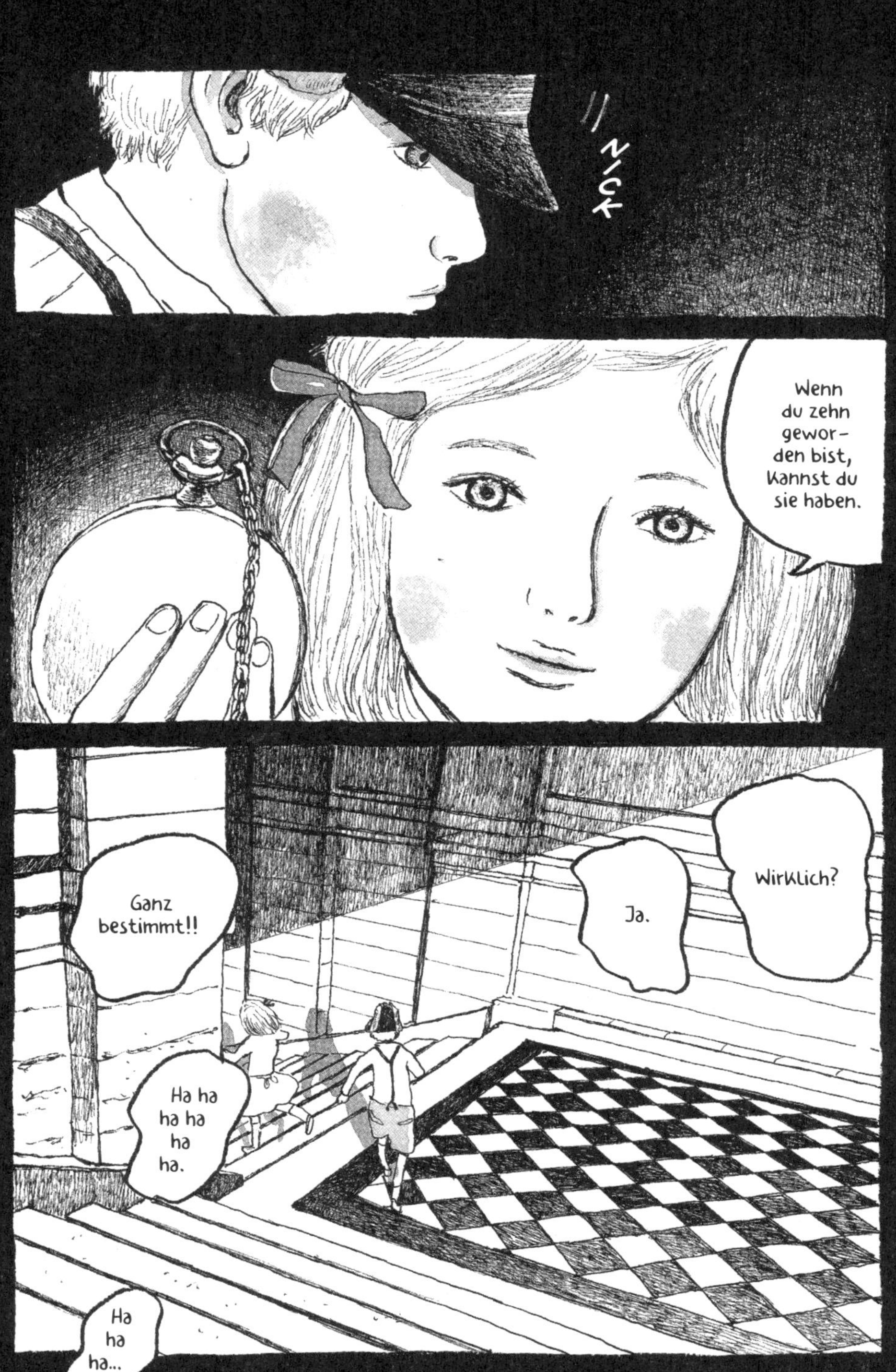
NICK
Wenn du zehn gewor-den bist, Kannst du sie haben.
Wirklich?
Ja.
Ganz bestimmt!!
Ha ha ha ha ha ha.
Ha ha ha...

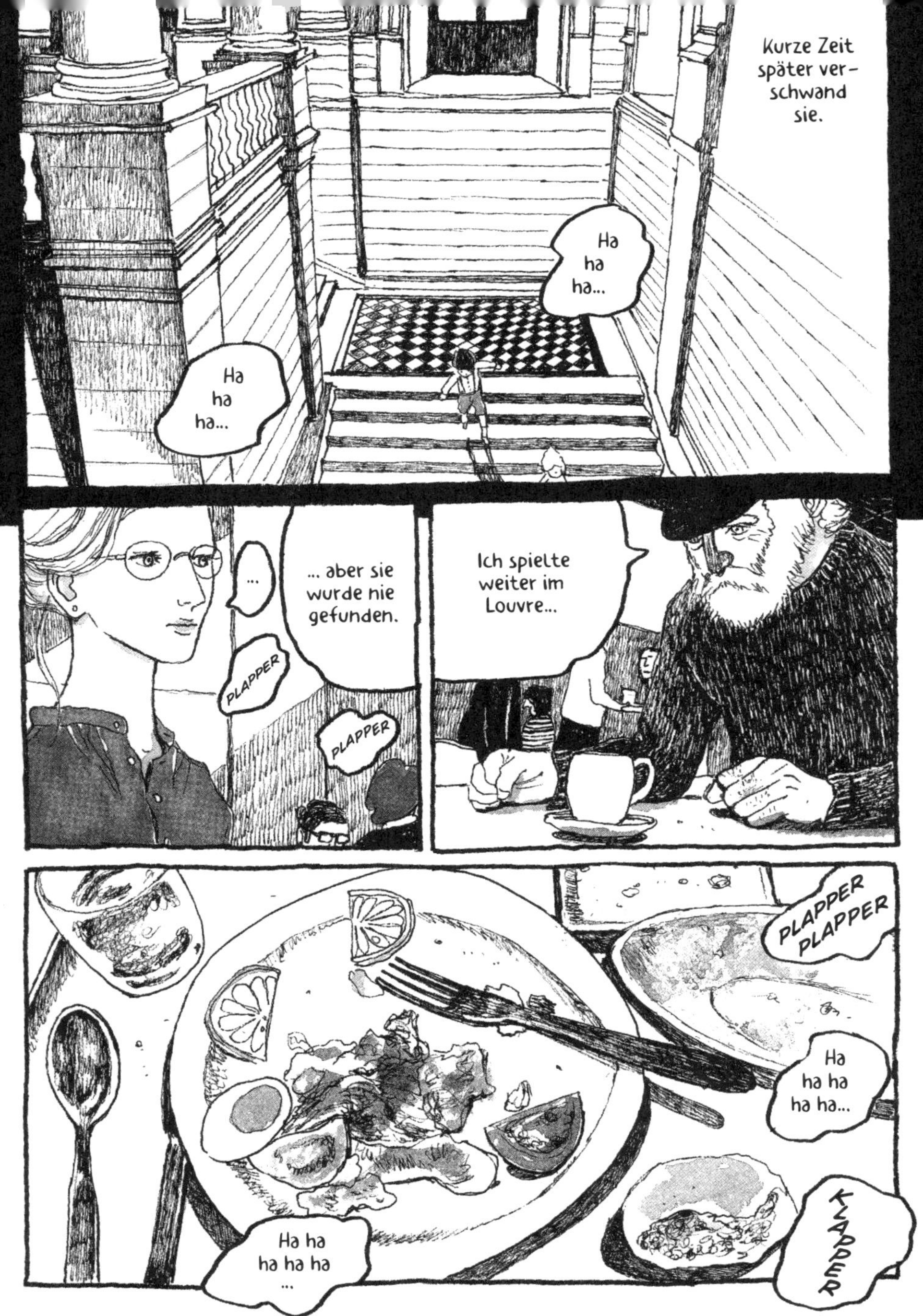
Kurze Zeit später verschwand sie.
Ha ha ha...
Ha ha ha...
...
... aber sie wurde nie gefunden.
PLAPPER
PLAPPER
Ich spielte weiter im Louvre...
PLAPPER PLAPPER
Ha ha ha ha ha...
Ha ha ha ha ha ...
KLAPPER

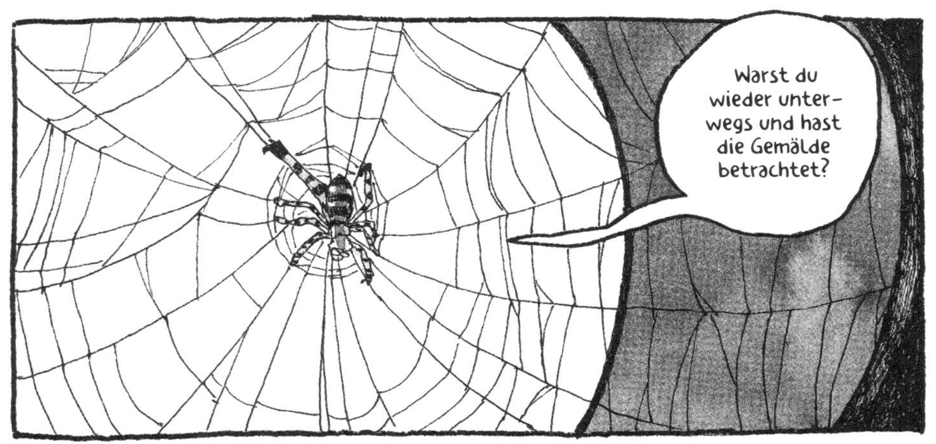
Warst du wieder unter-wegs und hast die Gemälde betrachtet?
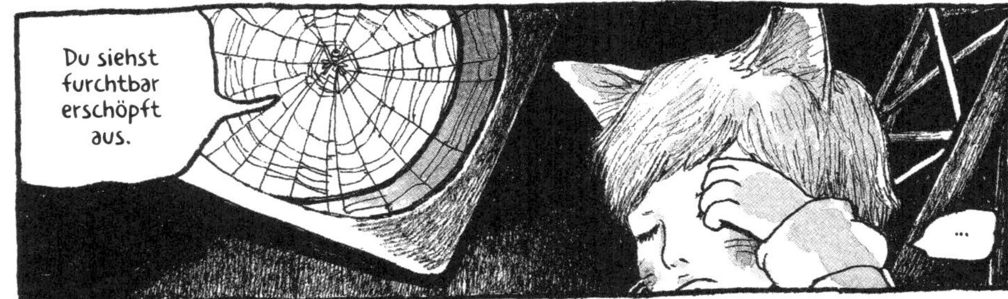
Du siehst furchtbar erschöpft aus.
...
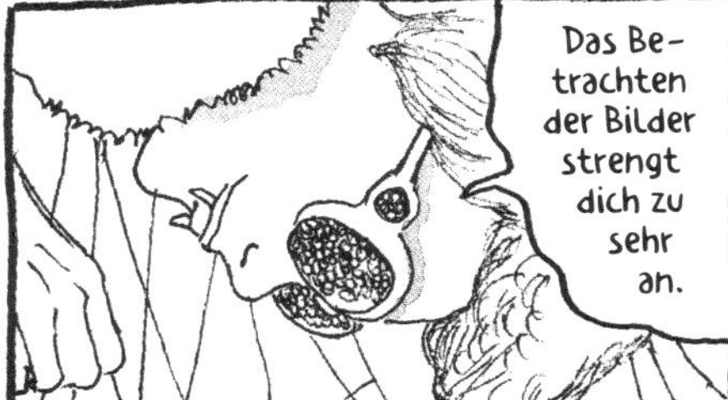
Das Be-trachten der Bilder strengt dich zu sehr an.
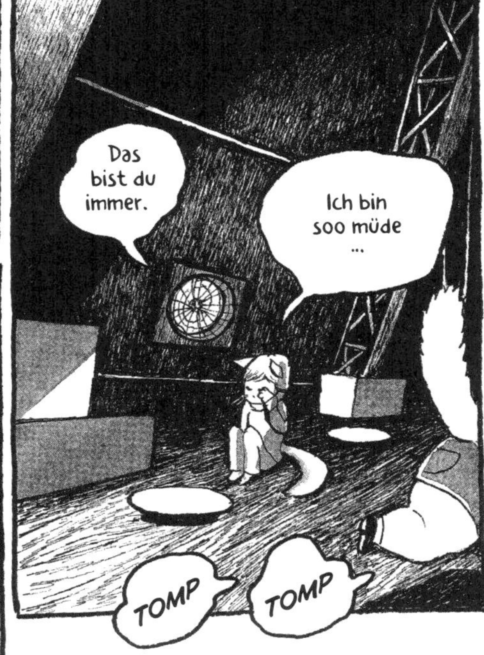
Ich bin soo müde ...
Das bist du immer.
TOMP
TOMP
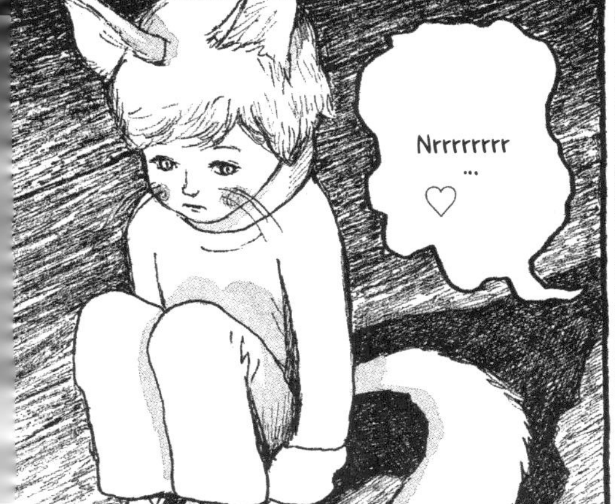
Nrrrrrrrr ...
♡

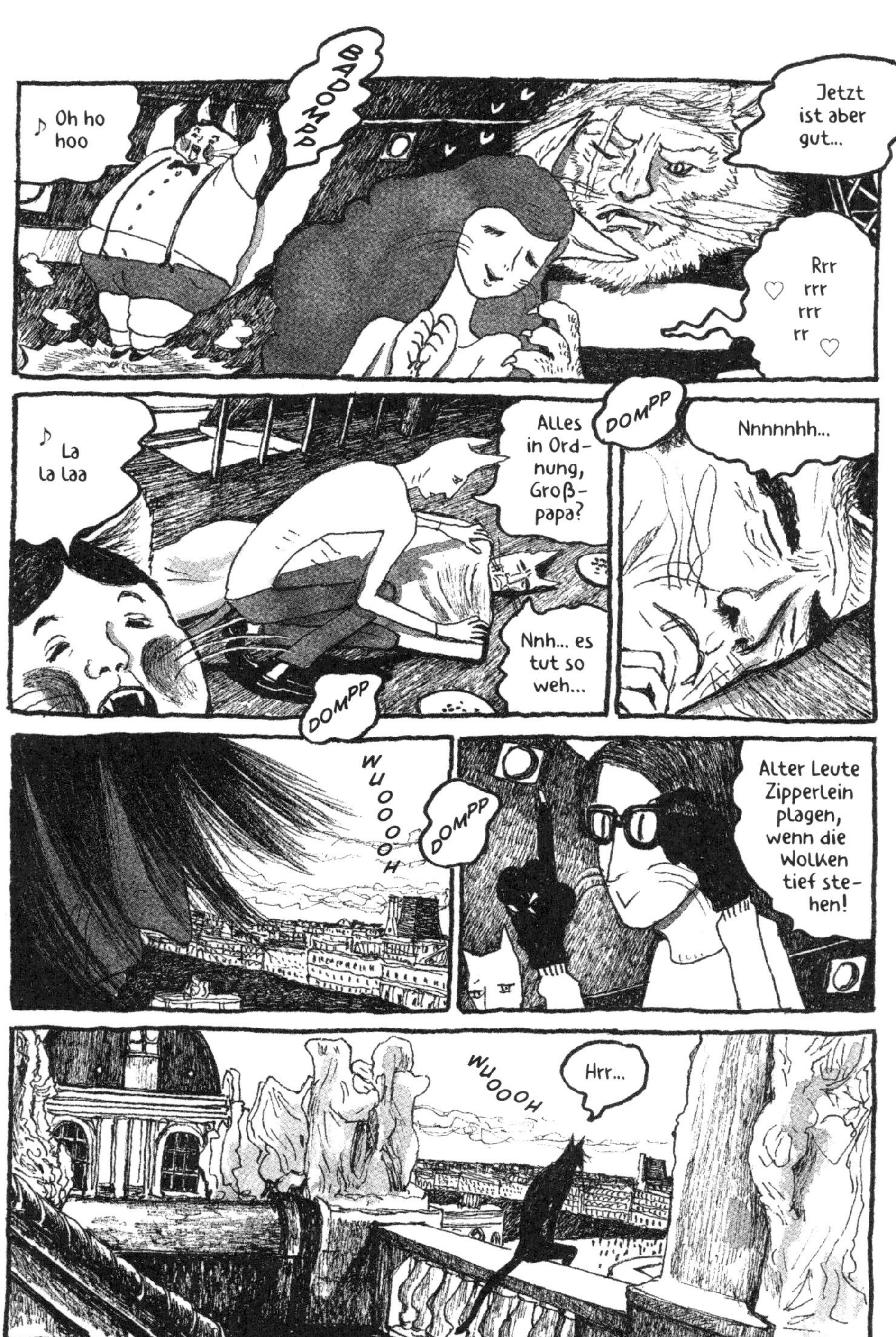
♪ Oh ho hoo
BADOMPP
Jetzt ist aber gut...
Rrr rrr rrr rr ♡ ♡
♪ La la laa
Alles in Ordnung, Groß-papa?
DOMPP
Nnnnnhh...
Nnh... es tut so weh...
DOMPP
WUOOOOH
DOMPP
Alter Leute Zipperlein plagen, wenn die Wolken tief ste-hen!
WUOOOH
Hrr...

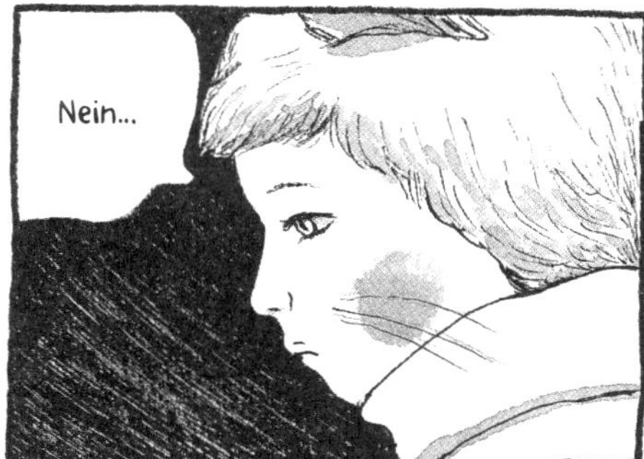

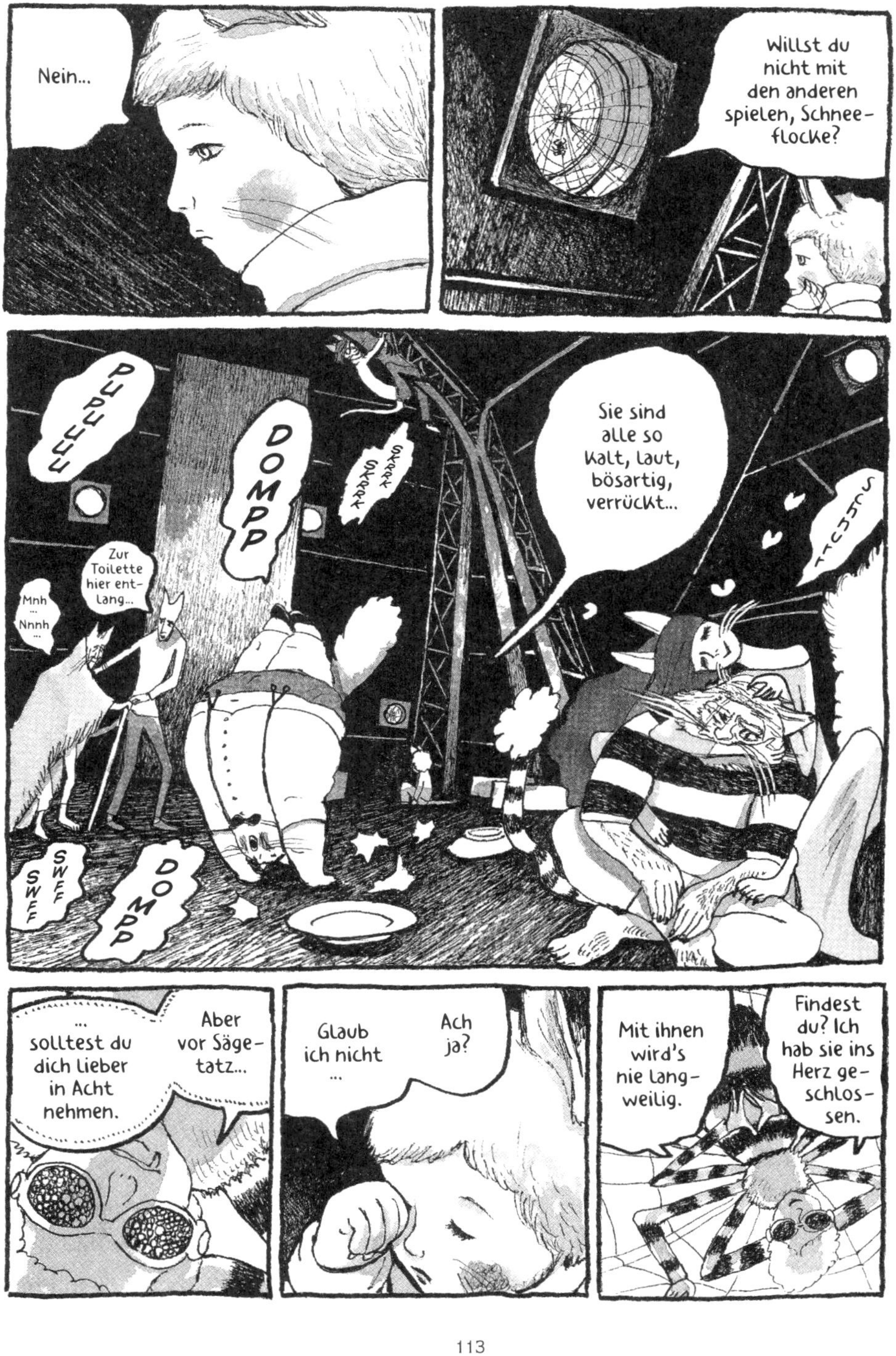

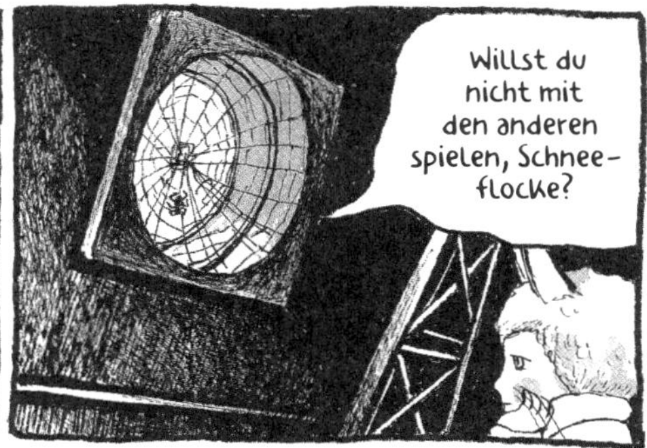

PUPUUUU
DOMPP
SKRRK SKRRK
Sie sind alle so kalt, laut, bösartig, verrückt...
Zur Toilette hier ent-lang...
Mnh ... Nnnh ...
SWFF SWFF
DOMPP

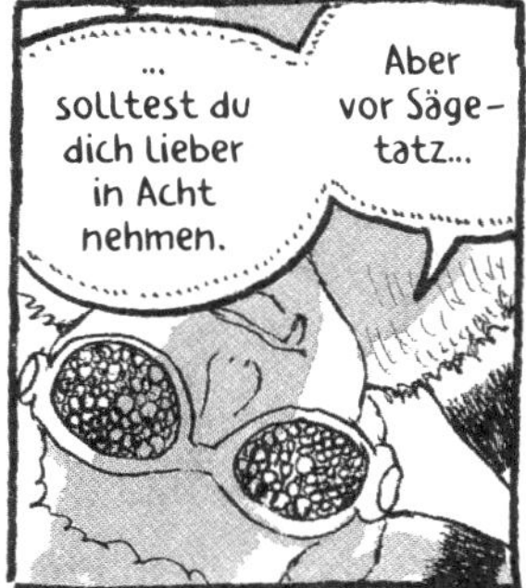

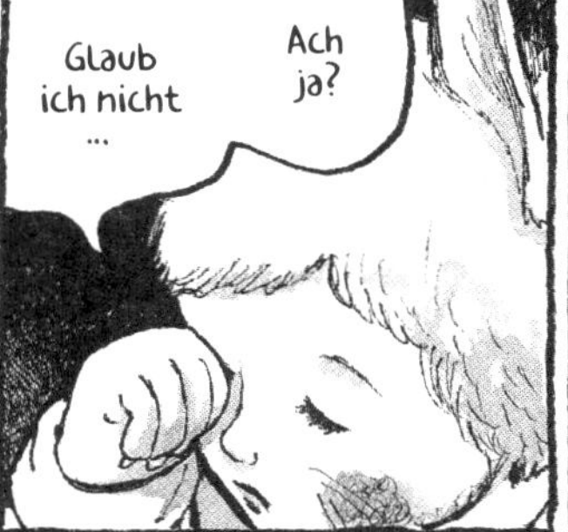

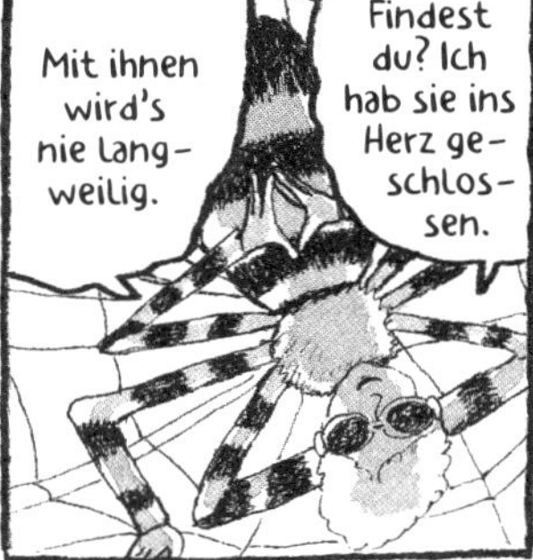

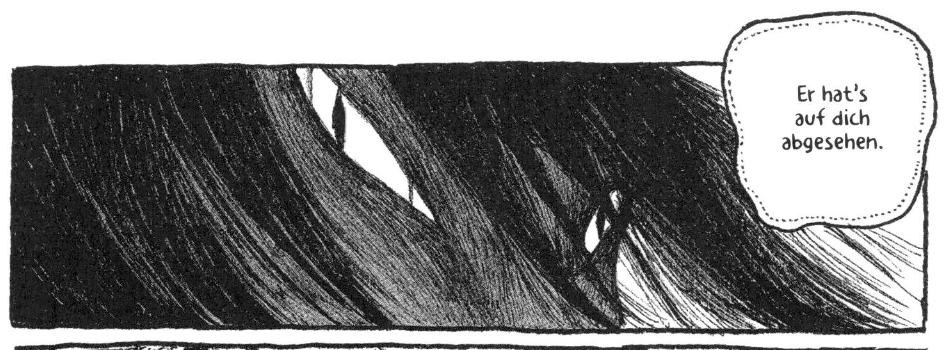
Er hat's auf dich abgesehen.

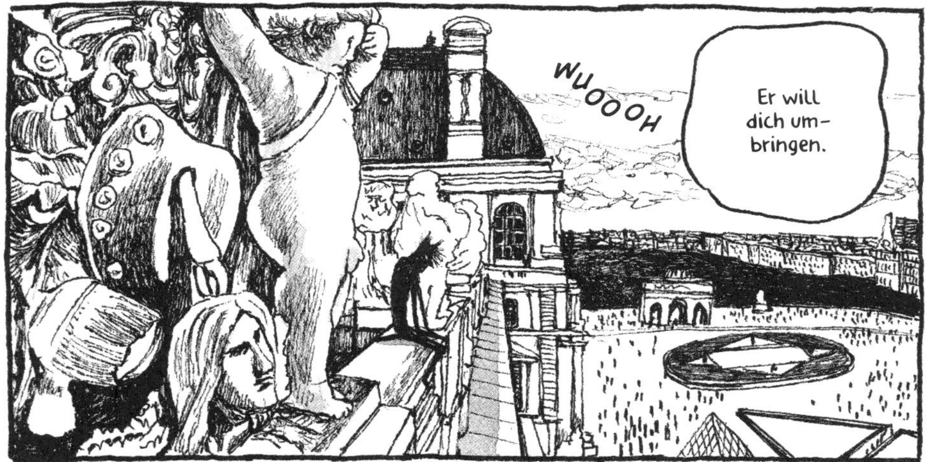
WUOOOH
Er will dich umbringen.

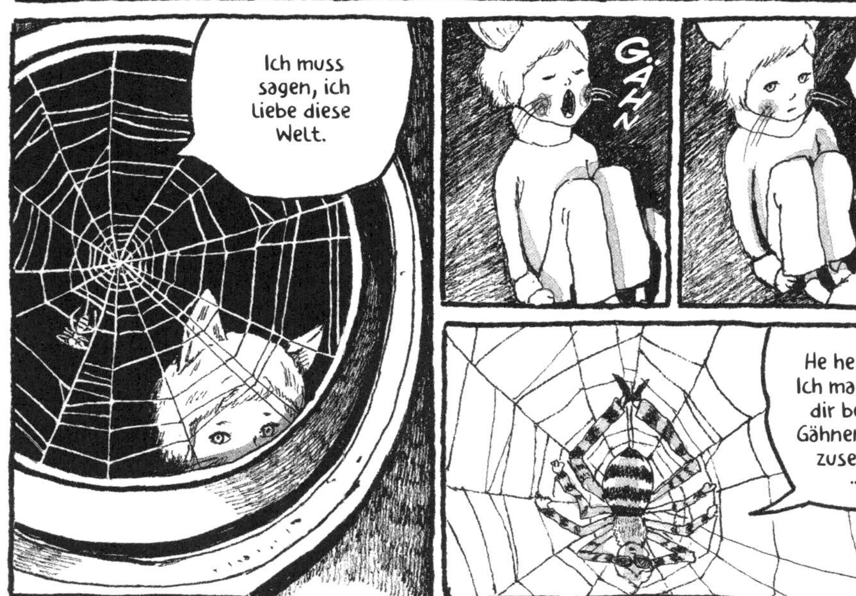
Ich muss sagen, ich liebe diese Welt.
GÄHN
...
He he he... Ich mag es, dir beim Gähnen zuzusehen ...

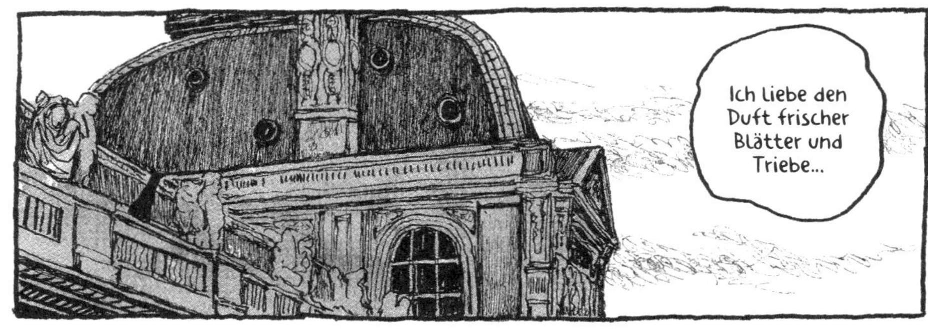

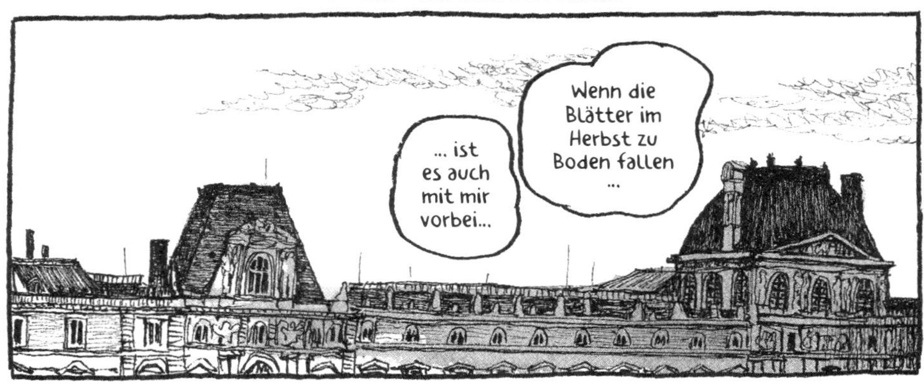

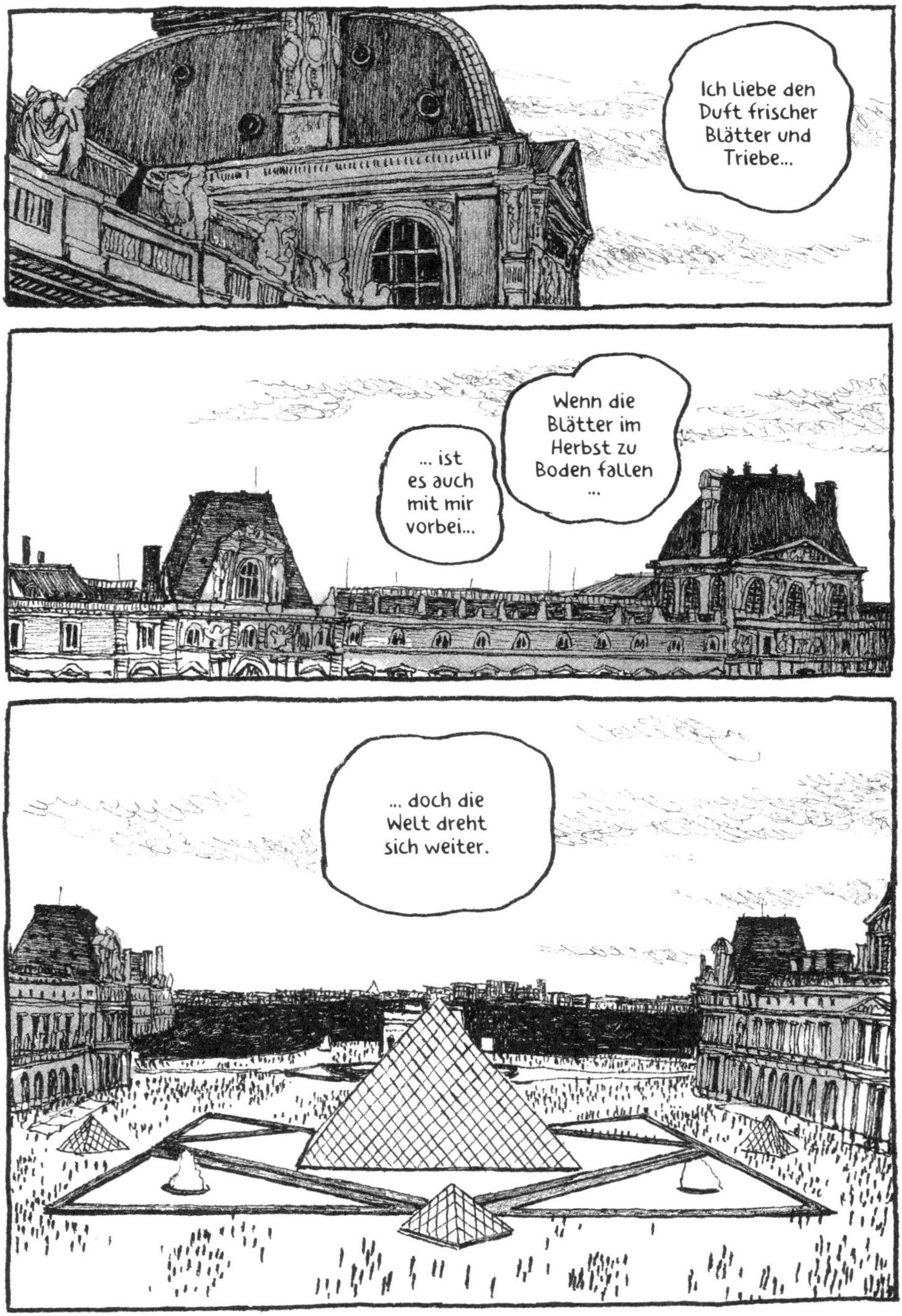

... doch die Welt dreht sich weiter.

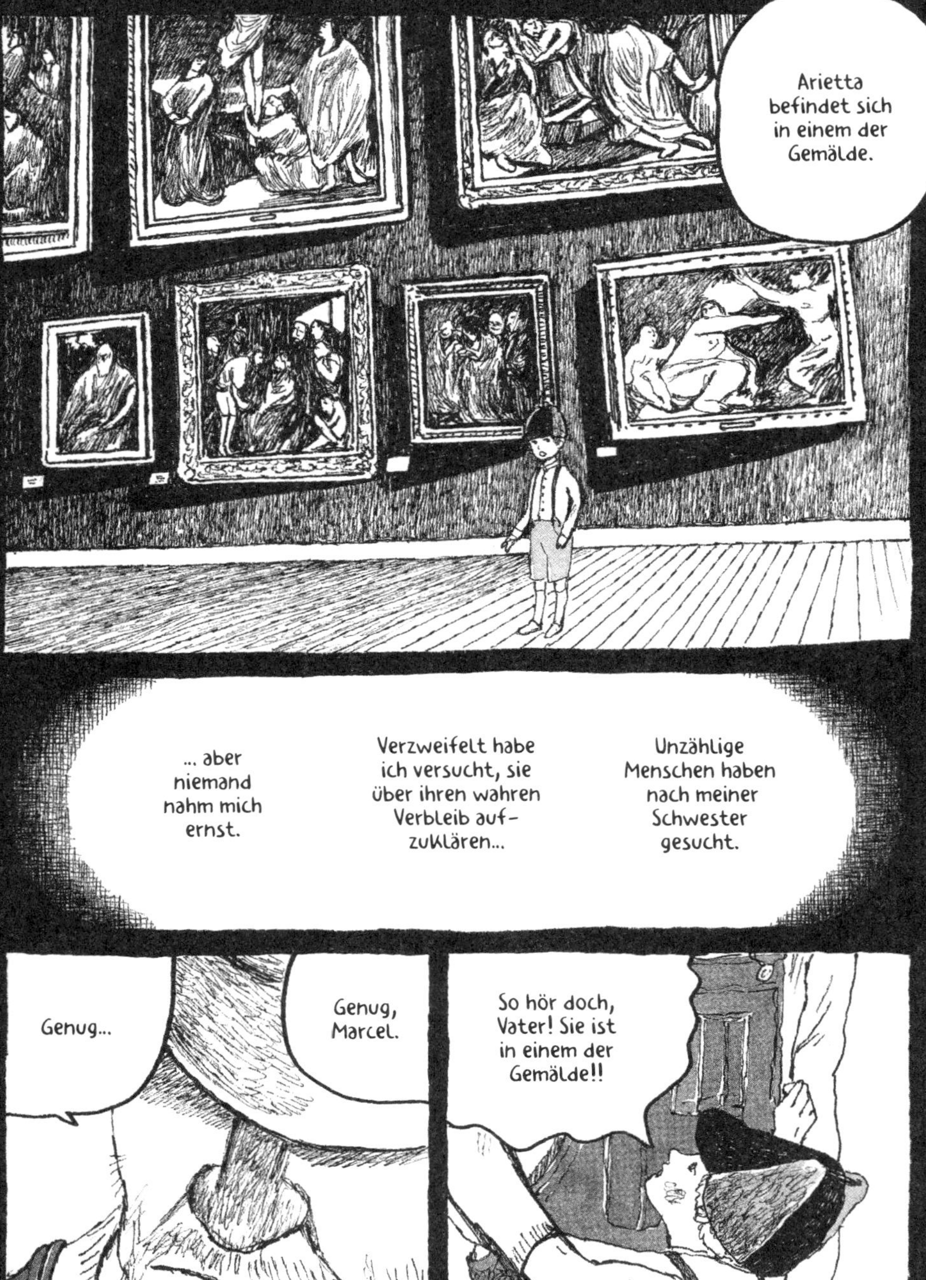

Arietta befindet sich in einem der Gemälde.

Unzählige Menschen haben nach meiner Schwester gesucht.

Verzweifelt habe ich versucht, sie über ihren wahren Verbleib aufzuklären...

... aber niemand nahm mich ernst.

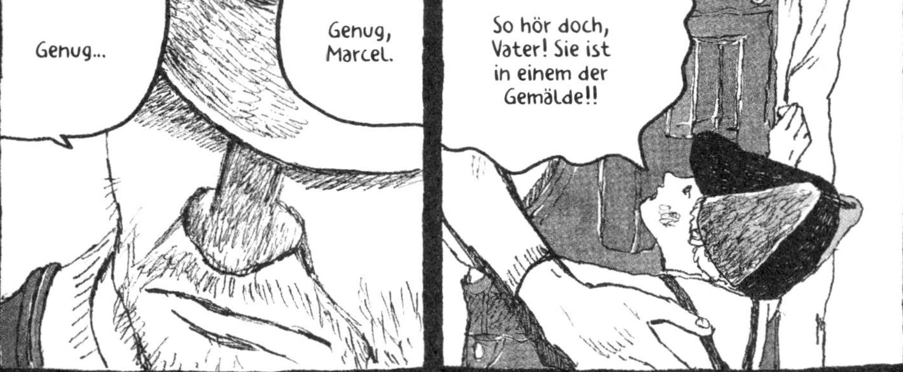

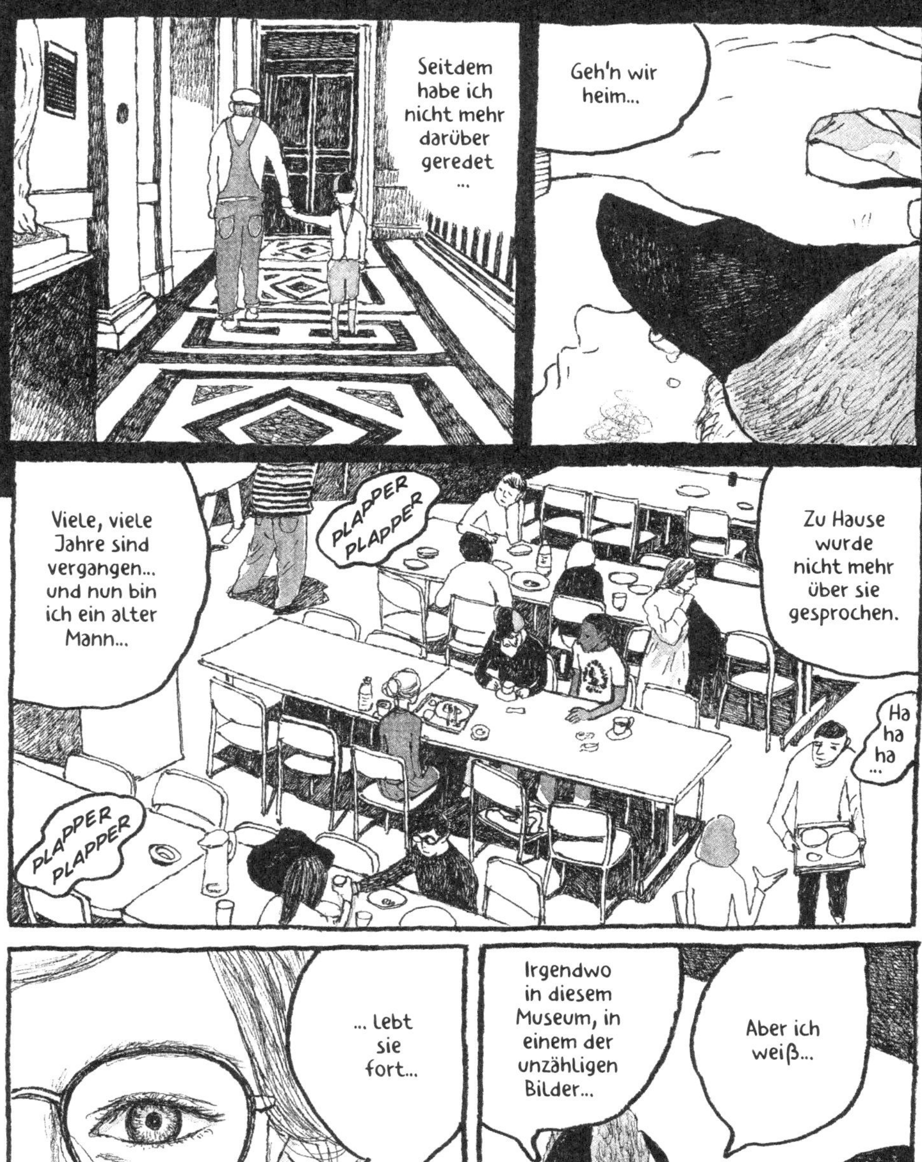
Seitdem habe ich nicht mehr darüber geredet ...
Geh'n wir heim...
Viele, viele Jahre sind vergangen... und nun bin ich ein alter Mann...
PLAPPER PLAPPER
Zu Hause wurde nicht mehr über sie gesprochen.
Ha ha ha ...
PLAPPER PLAPPER
... lebt sie fort...
... meine Schwes-ter.
Irgendwo in diesem Museum, in einem der unzähligen Bilder...
Aber ich weiß...

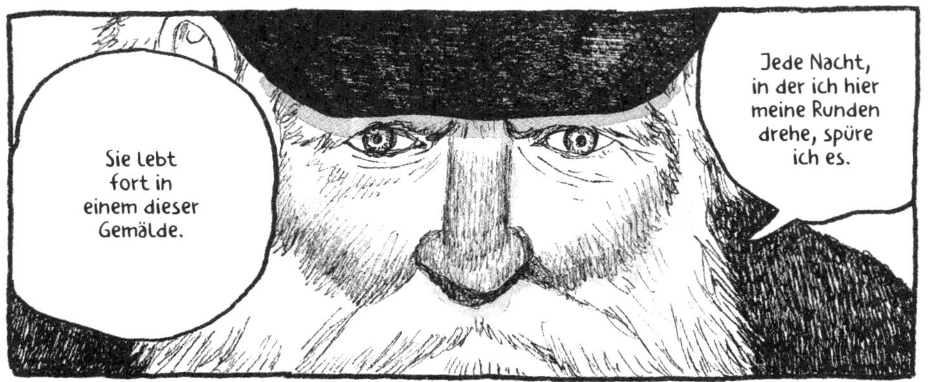
Sie lebt fort in einem dieser Gemälde.
Jede Nacht, in der ich hier meine Runden drehe, spüre ich es.

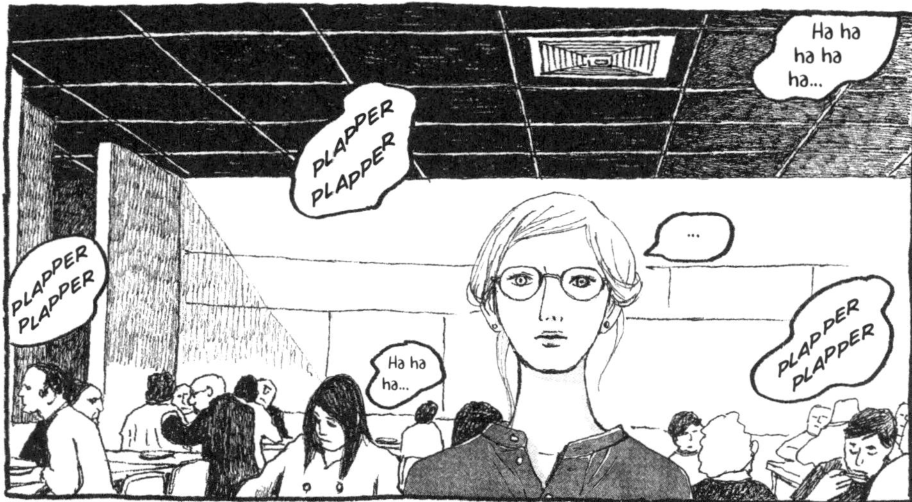
Ha ha ha ha ha…
PLAPPER PLAPPER
PLAPPER PLAPPER
…
Ha ha ha…
PLAPPER PLAPPER

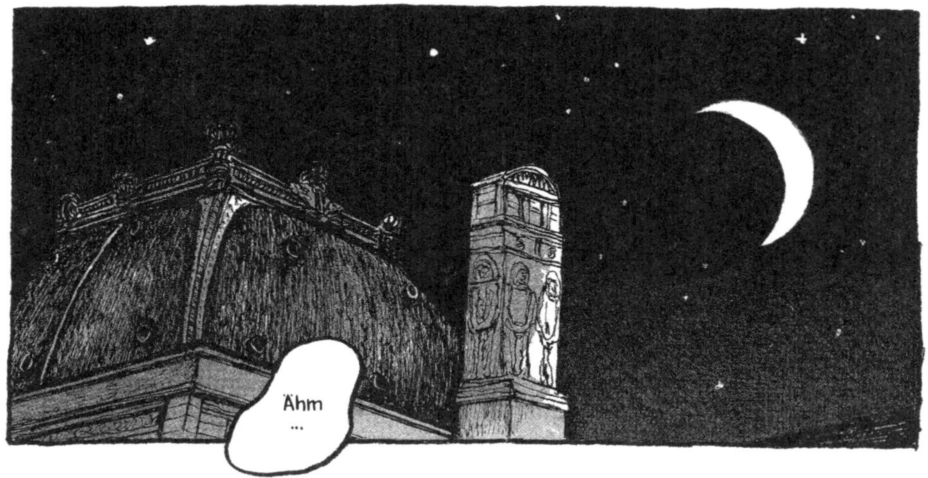
Ähm …

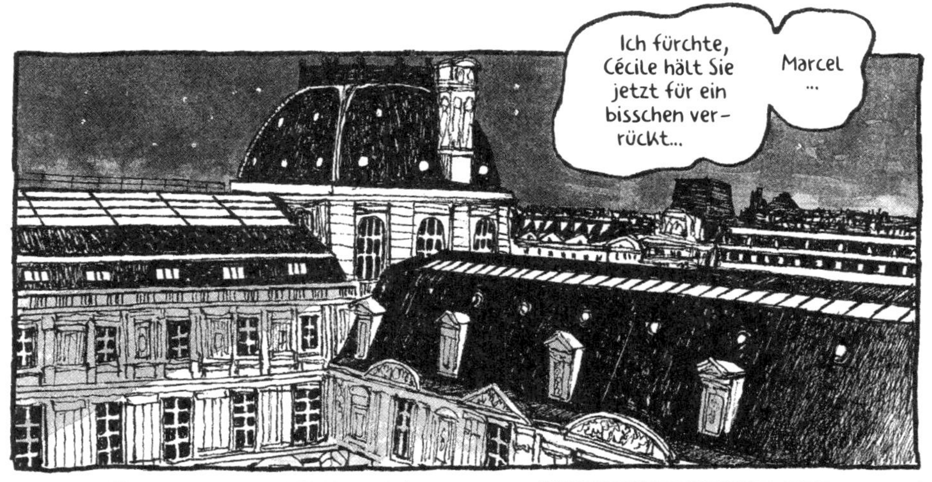
Ich fürchte, Cécile hält Sie jetzt für ein bisschen verrückt...
Marcel ...

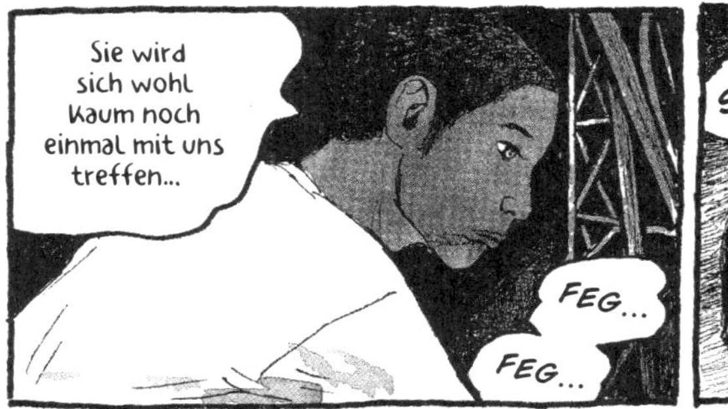
Sie wird sich wohl kaum noch einmal mit uns treffen...
FEG...
FEG...

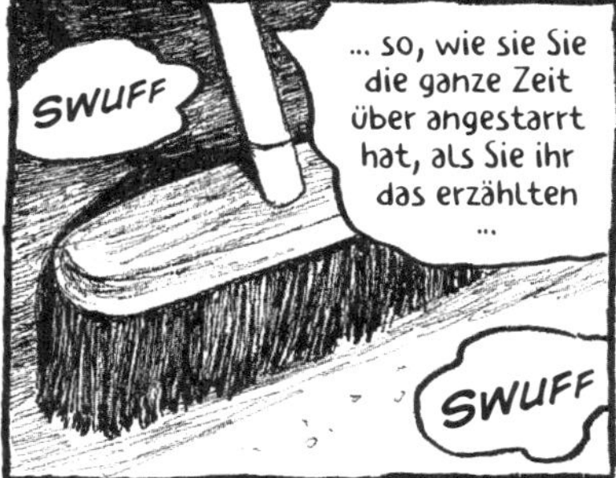
SWUFF
... so, wie sie Sie die ganze Zeit über angestarrt hat, als Sie ihr das erzählten ...
SWUFF

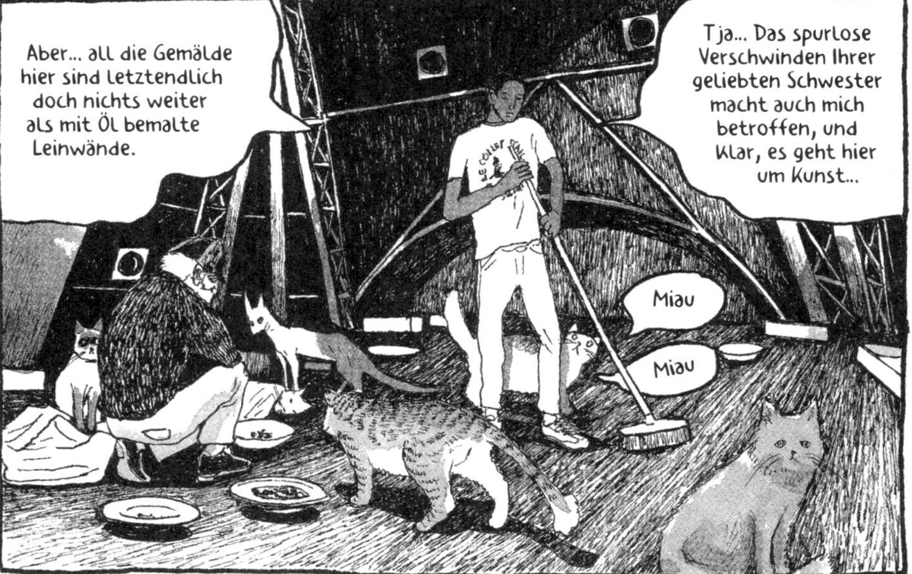
Aber... all die Gemälde hier sind letztendlich doch nichts weiter als mit Öl bemalte Leinwände.
Tja... Das spurlose Verschwinden Ihrer geliebten Schwester macht auch mich betroffen, und klar, es geht hier um Kunst...
Miau
Miau

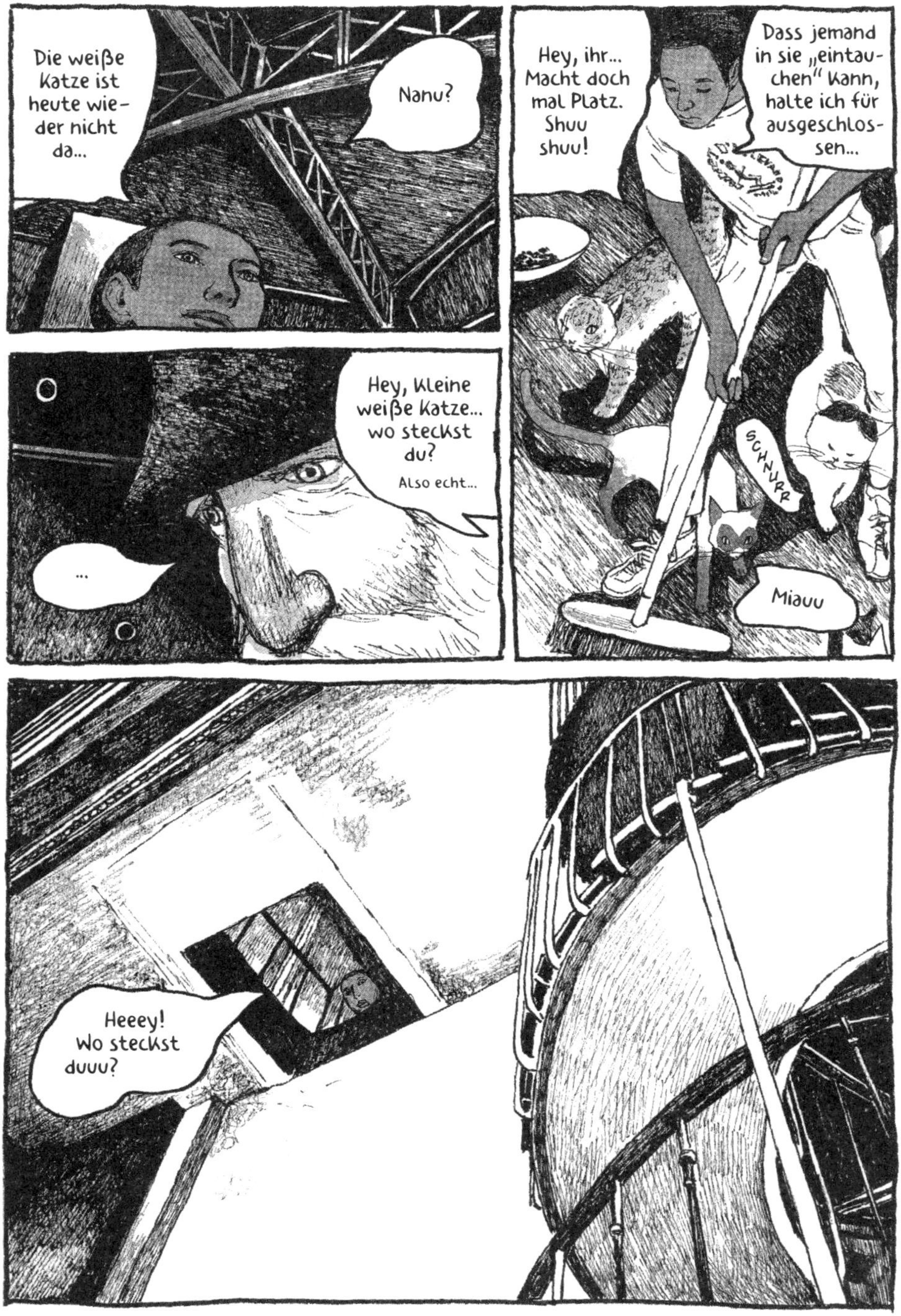

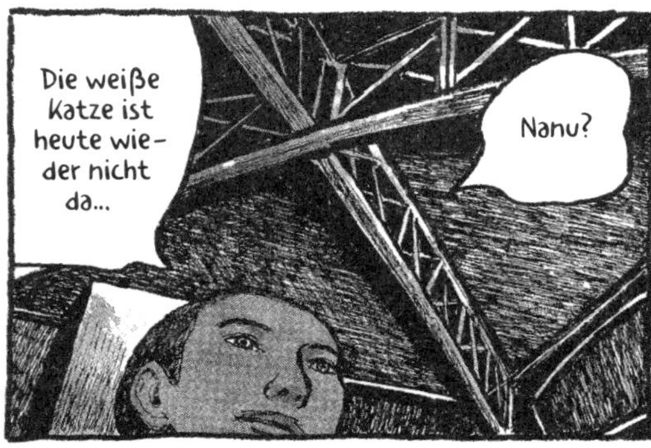

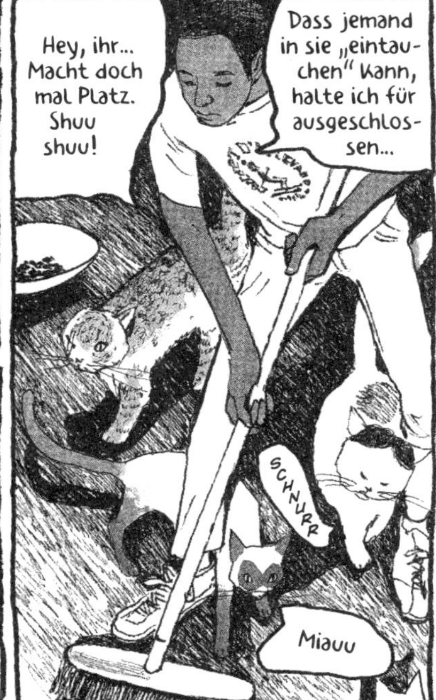

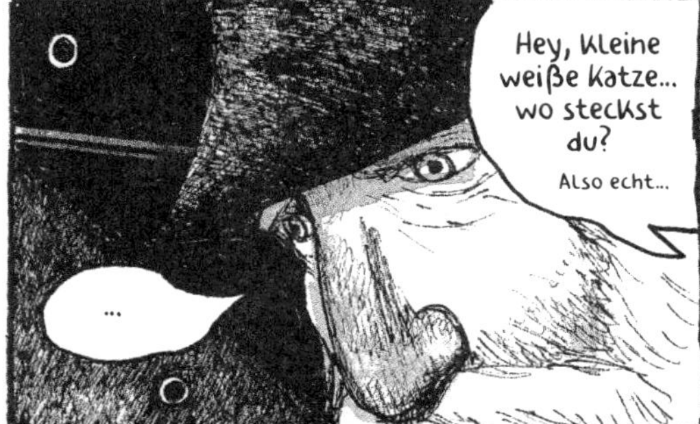

Heeey! Wo steckst duuu?

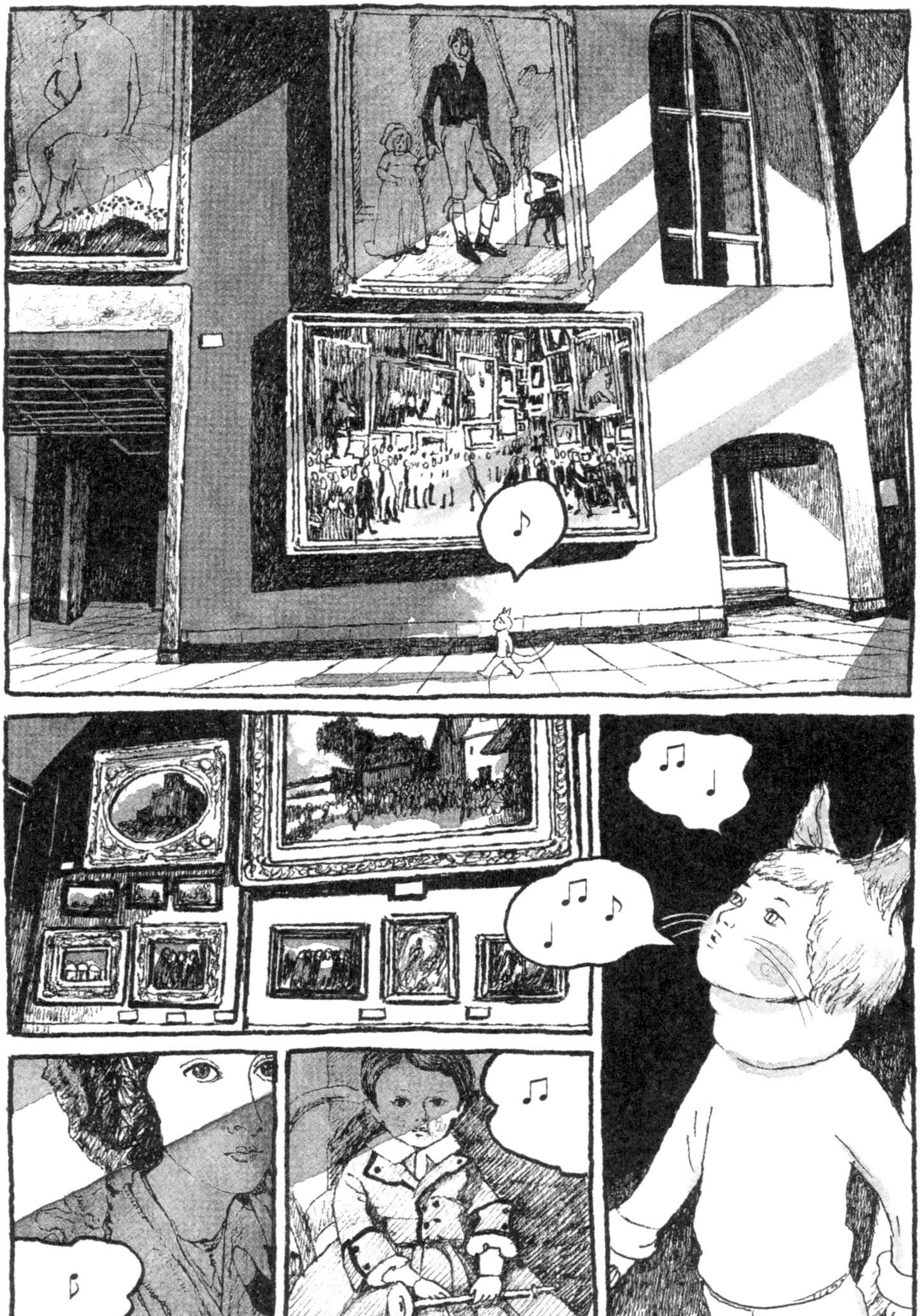

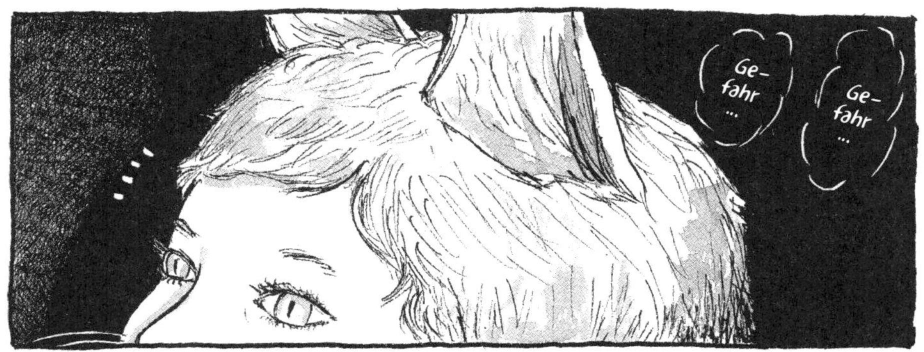
....
Ge-
fahr
...
Ge-
fahr
...

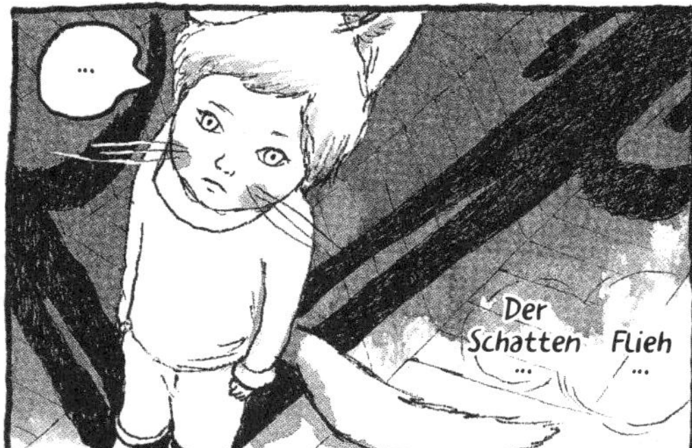
...
Der
Schatten
...
Flieh
...

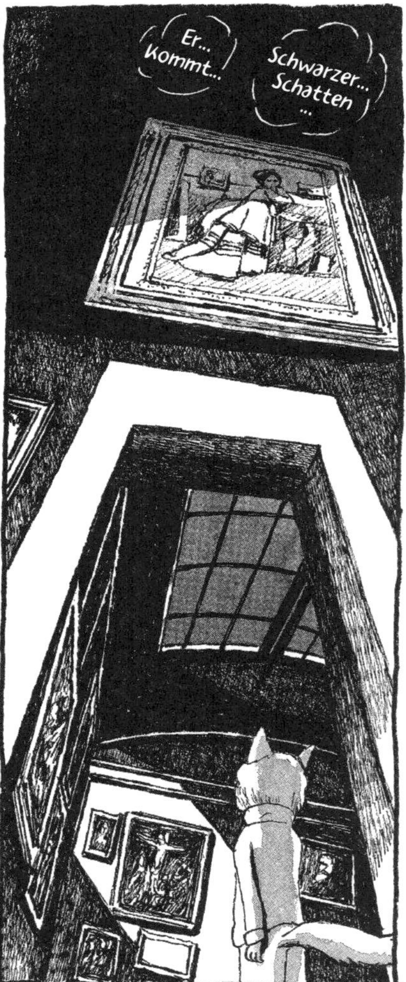
Er...
kommt...
Schwarzer...
Schatten
...

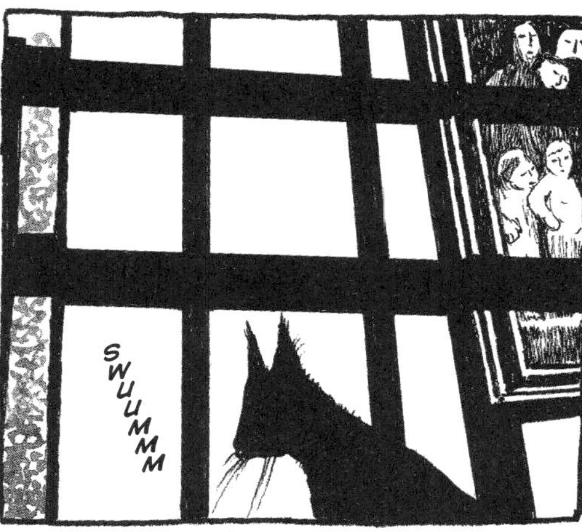
SWUUMMM

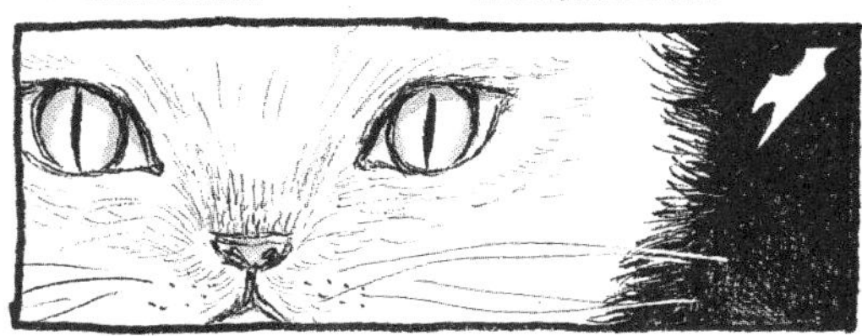

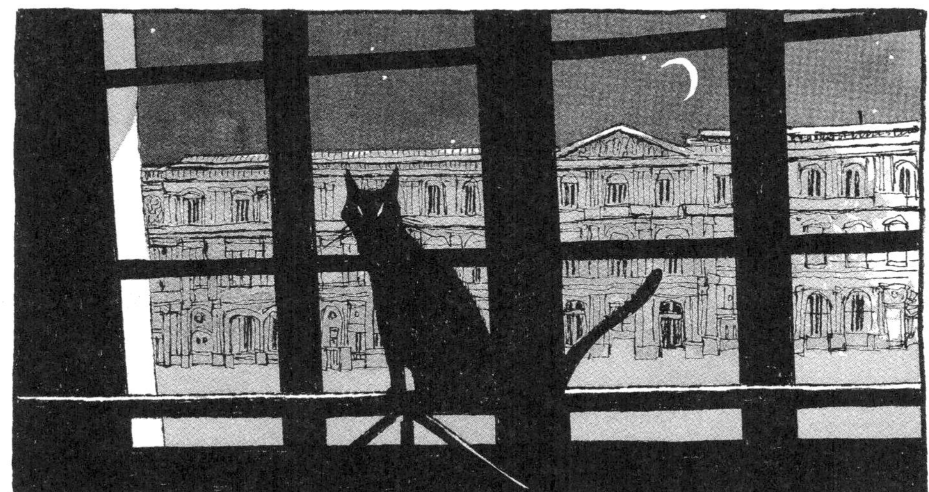

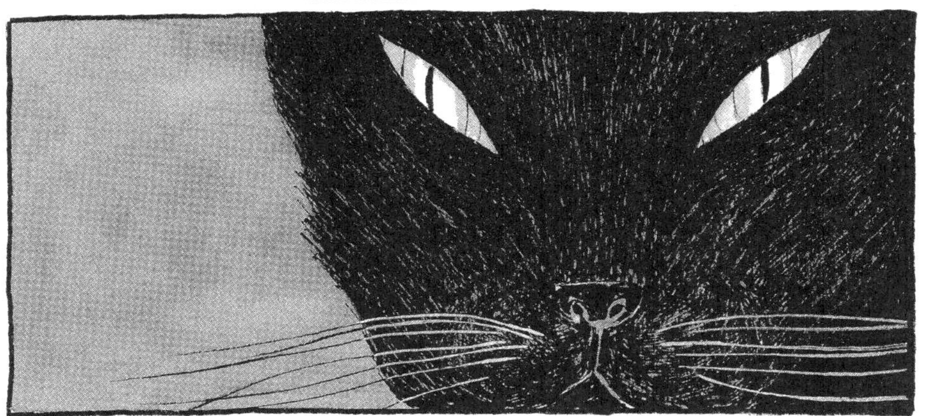

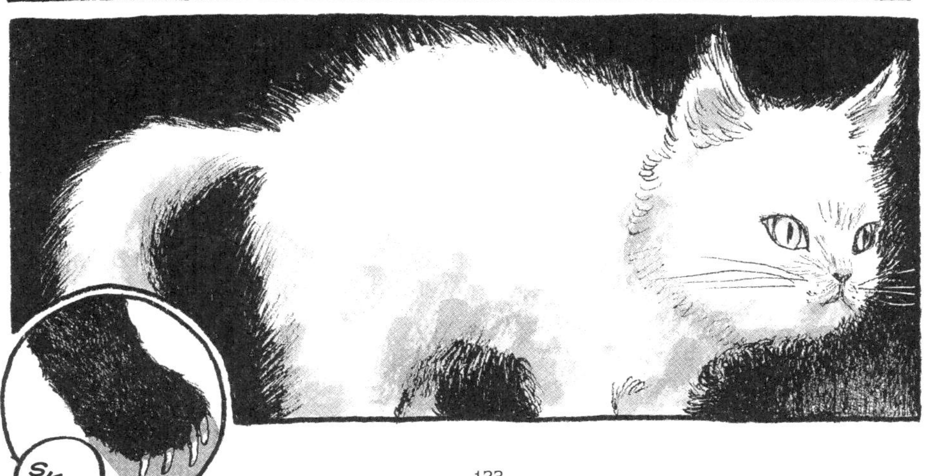
SKRK

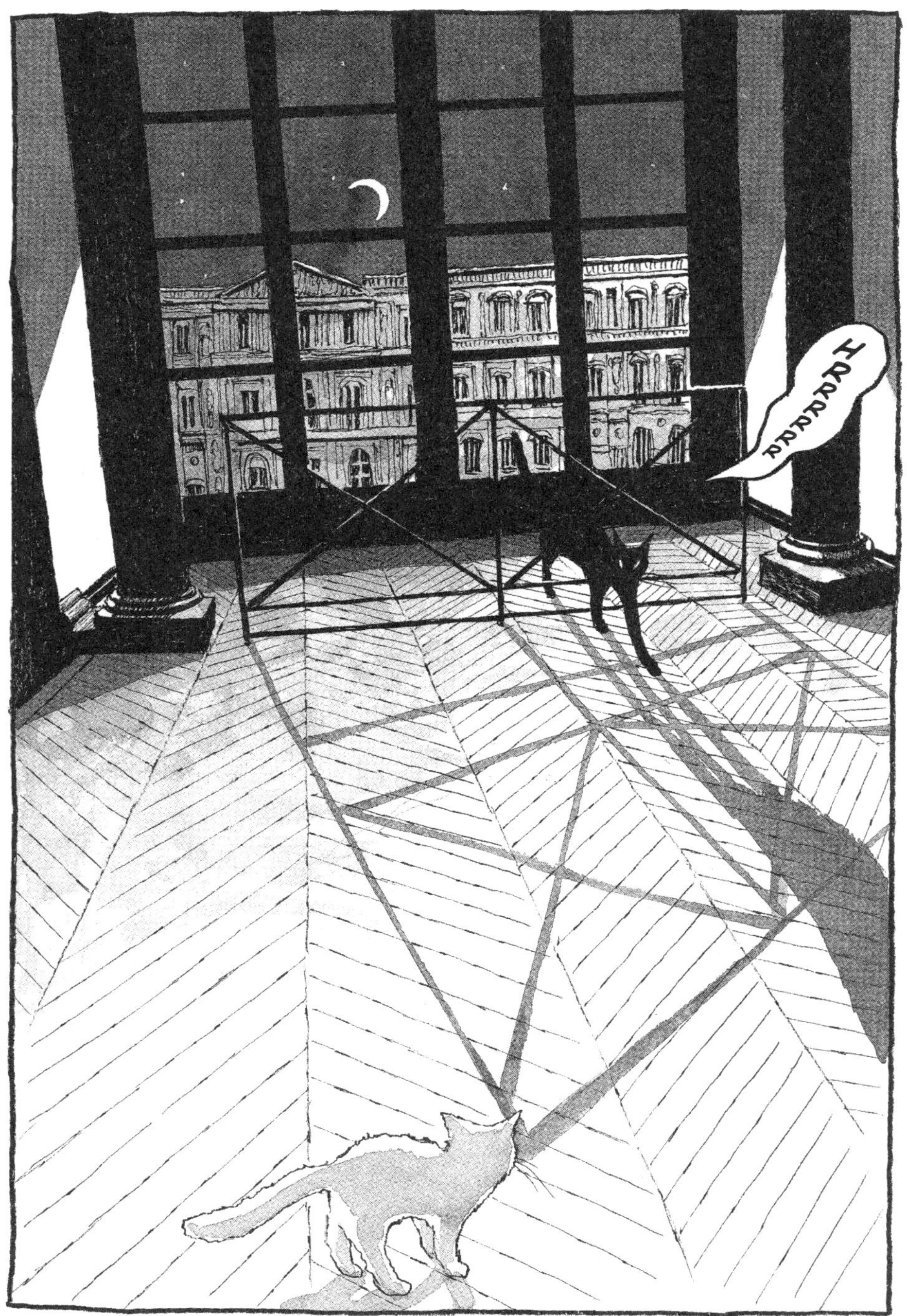
HRRRRRR

Kapitel 6

DAS GEHEIMNIS DER NEUMONDNACHT

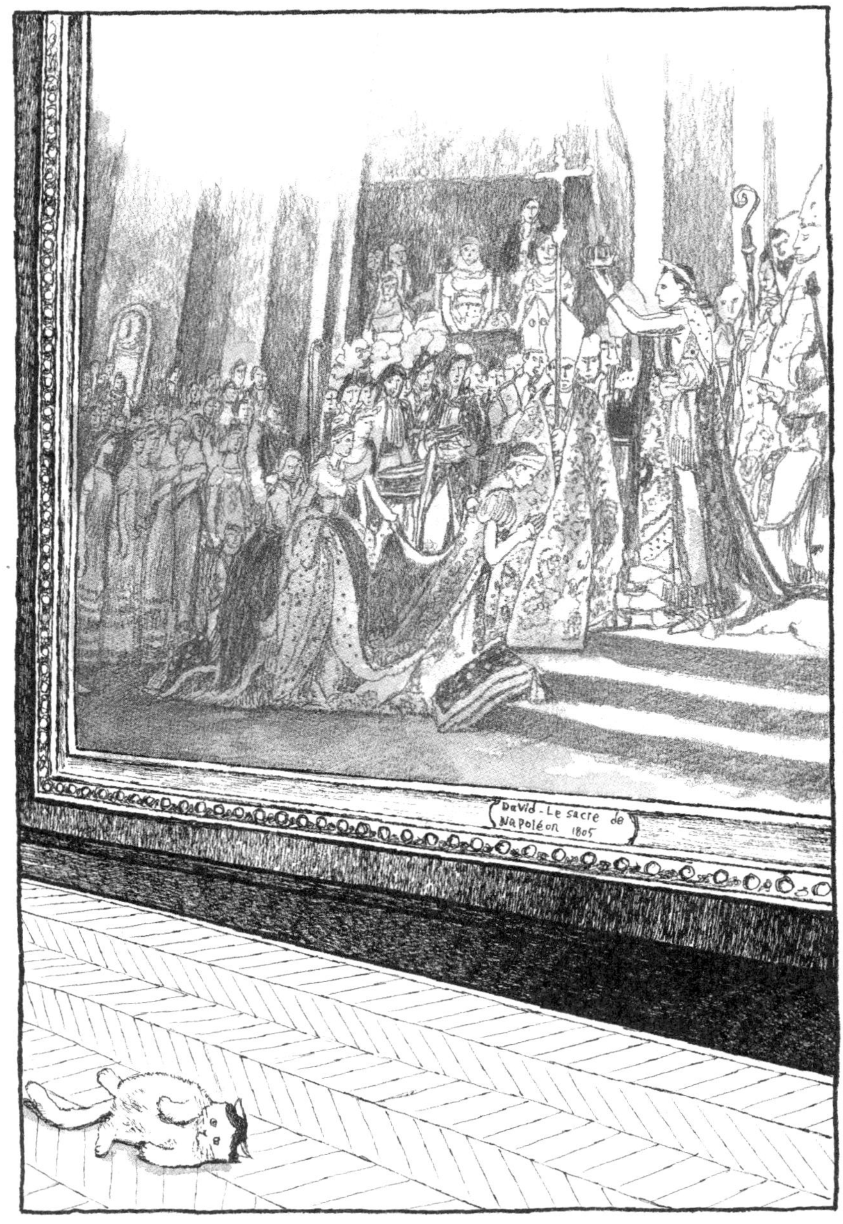

Salbung Napoleons I. und Krönung der Kaiserin Josephine 1805, Jacques-Louis David

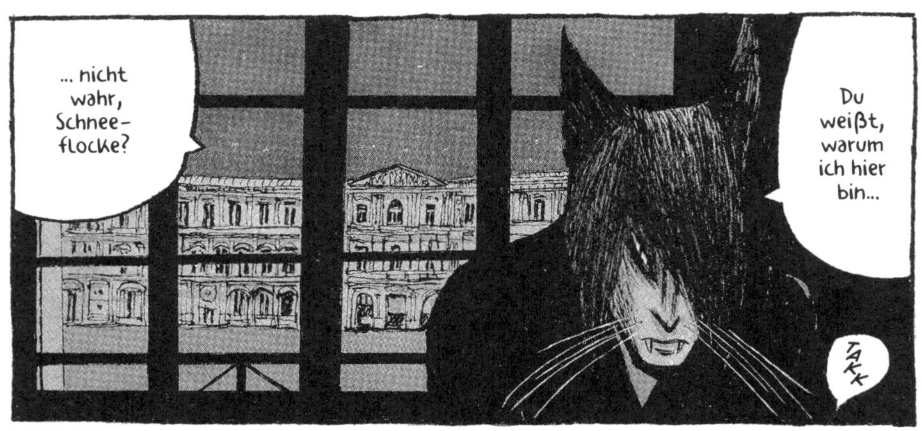

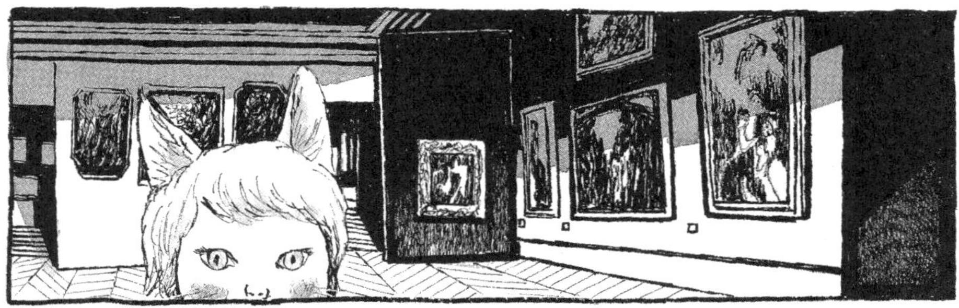

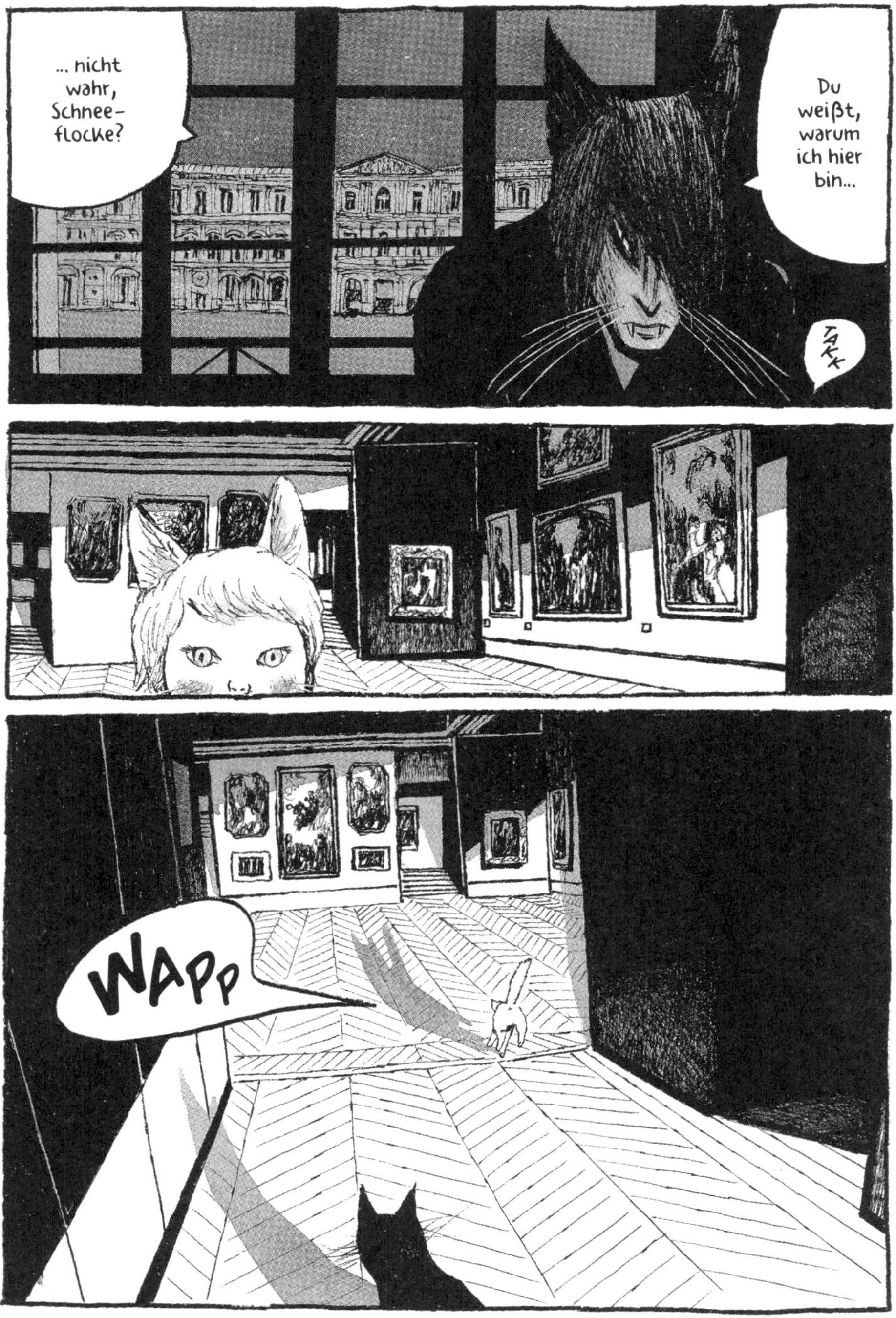

WAPP

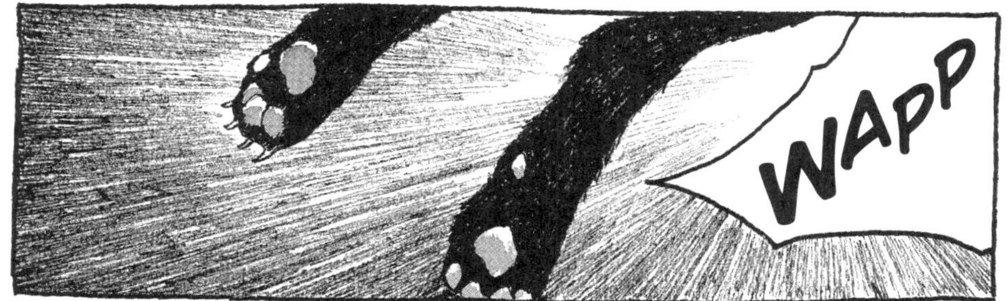

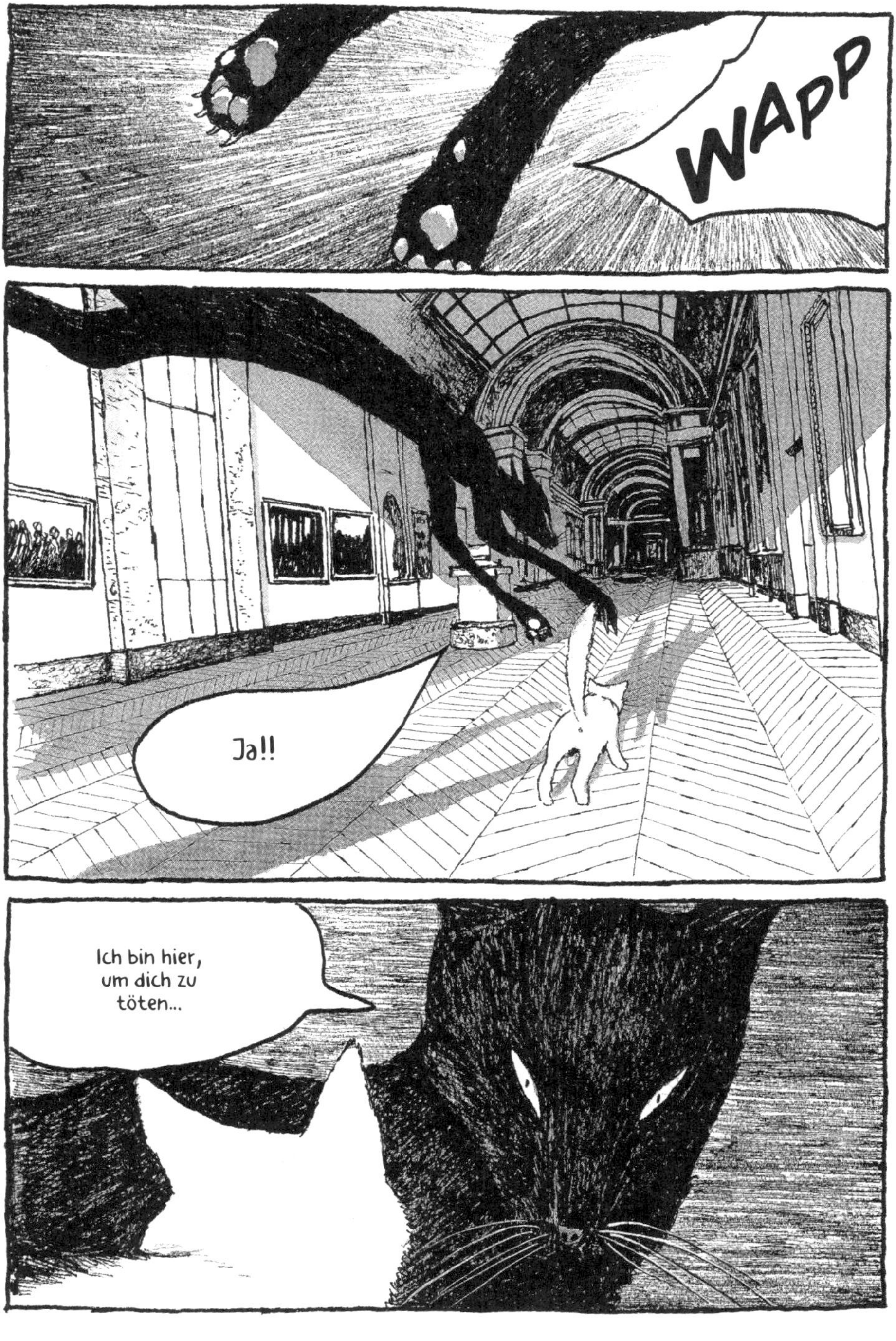

Ja!!

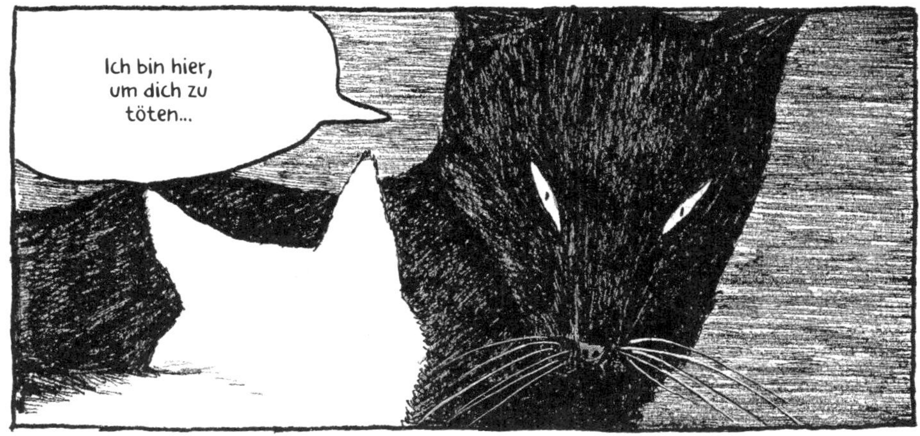

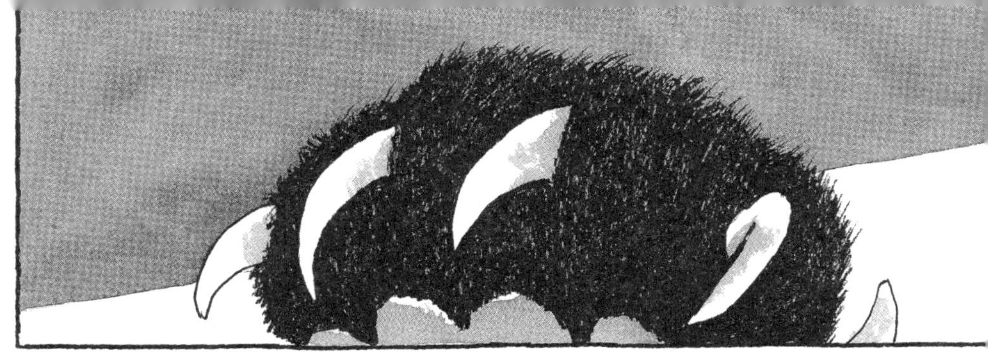

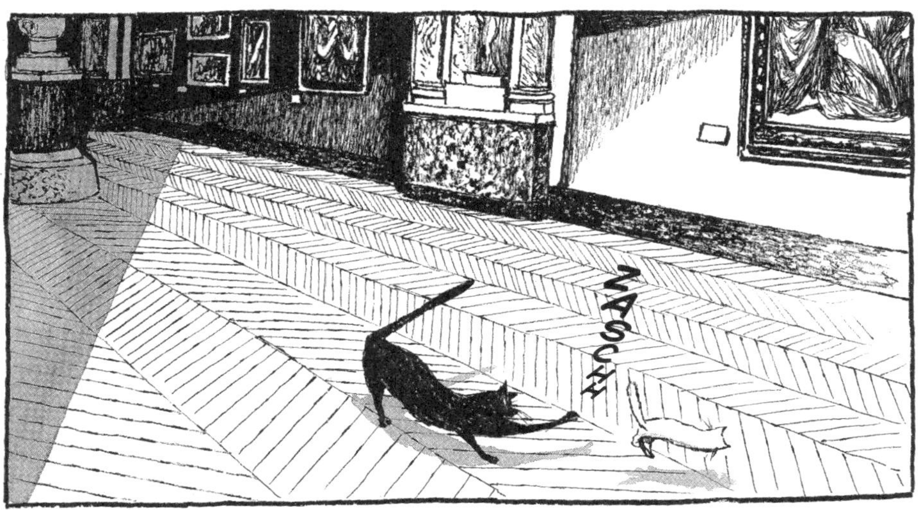
ZASCH

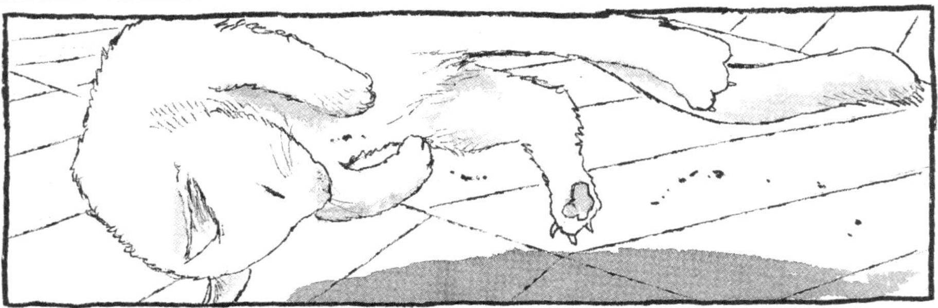

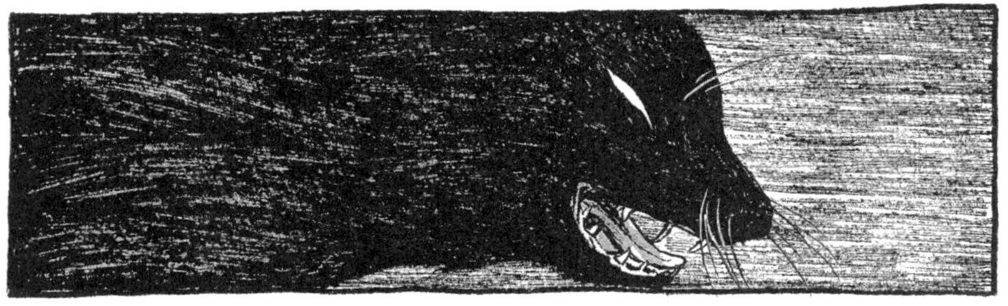

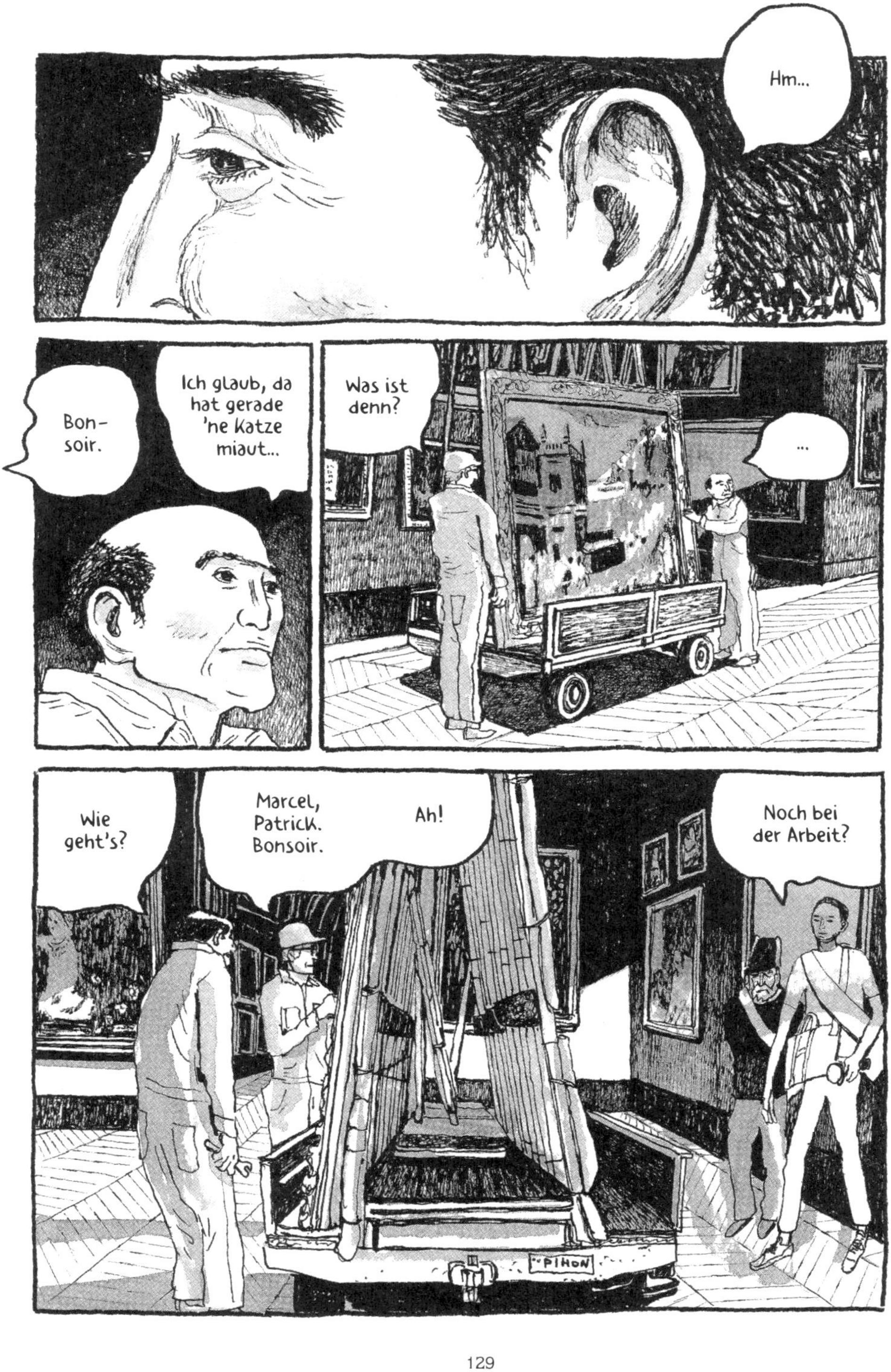

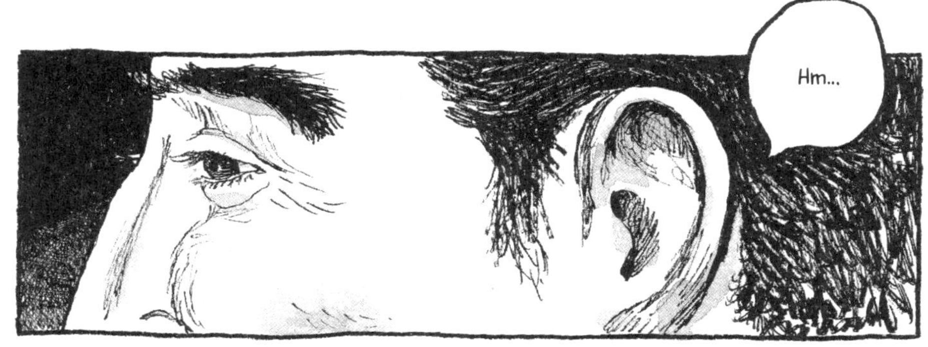

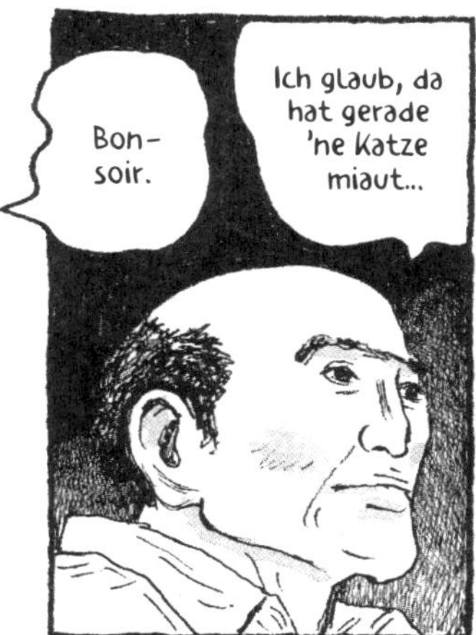

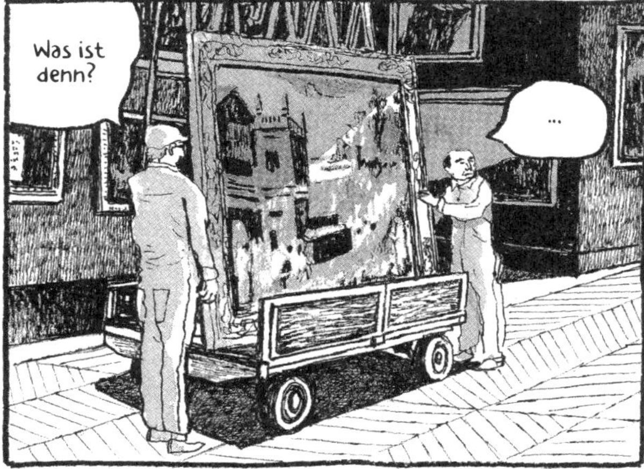

Wie geht's?

Marcel, Patrick. Bonsoir.

Ah!

Noch bei der Arbeit?

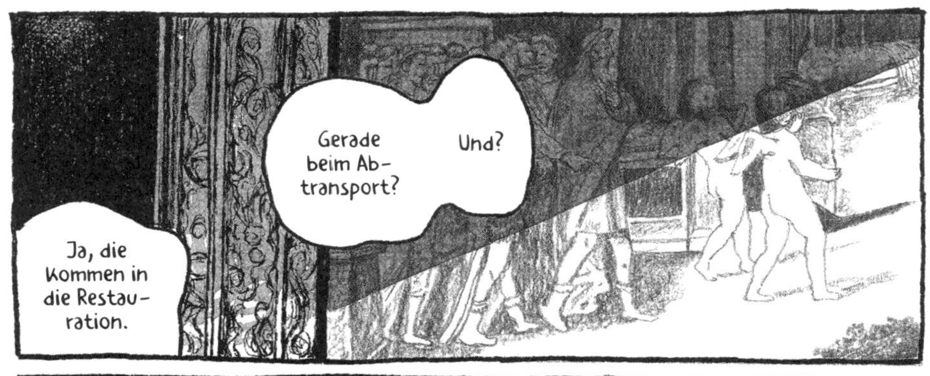
Gerade beim Abtransport?
Und?
Ja, die kommen in die Restauration.

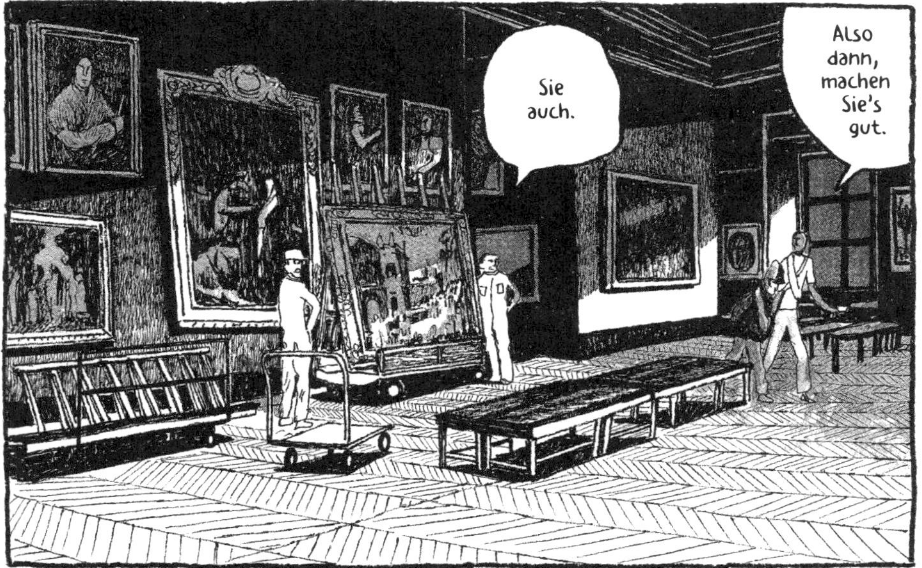
Also dann, machen Sie's gut.
Sie auch.

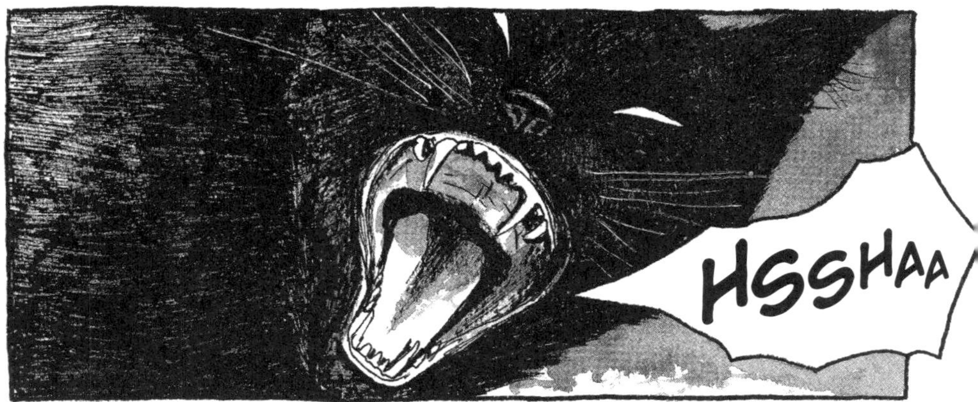
HSSHAA

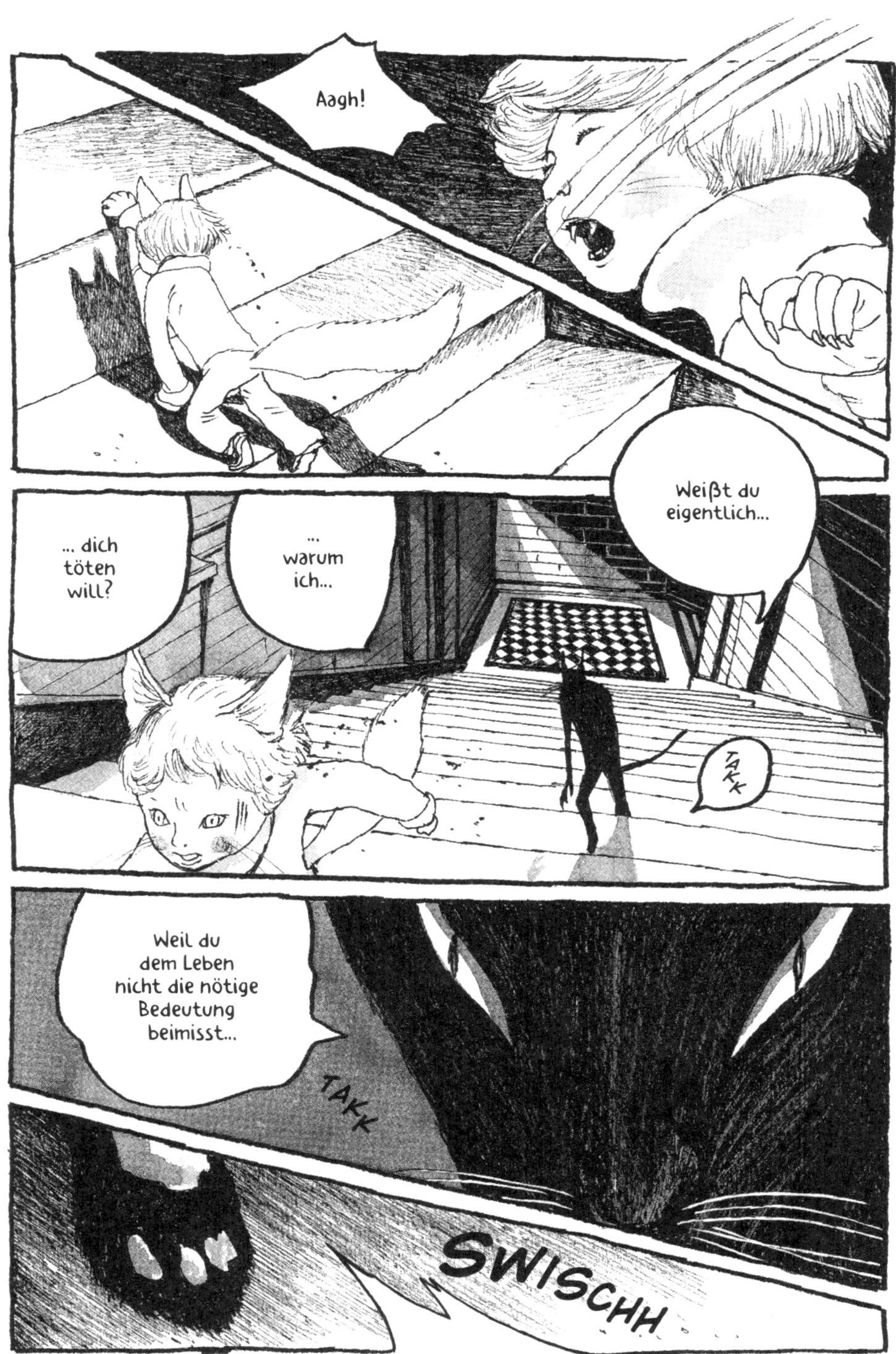
Aagh!
Weißt du eigentlich...
... warum ich...
... dich töten will?
TAKK
Weil du dem Leben nicht die nötige Bedeutung beimisst...
TAKK
SWISCHH

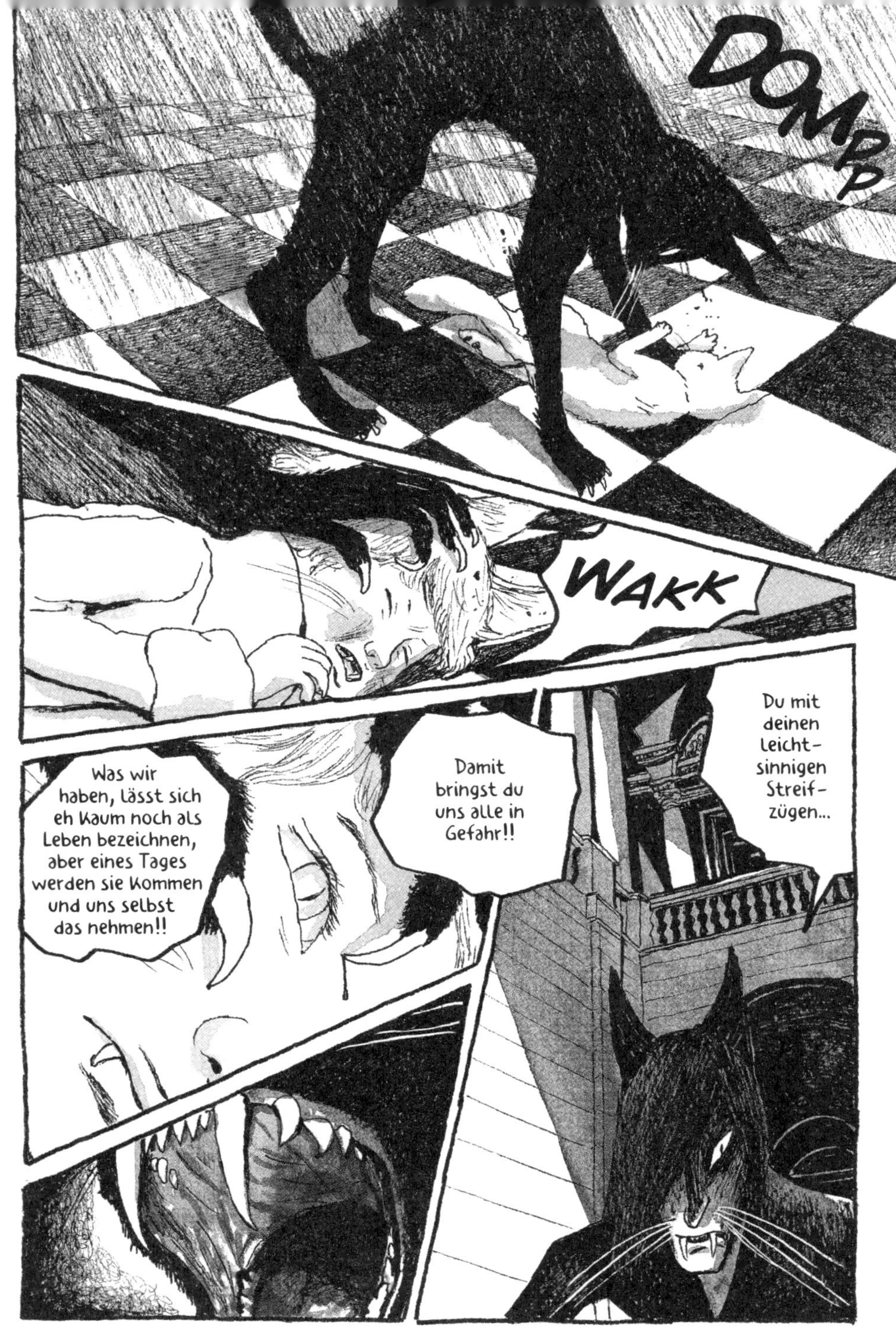
DOMPP
WAKK
Du mit deinen leicht-sinnigen Streif-zügen...
Damit bringst du uns alle in Gefahr!!
Was wir haben, lässt sich eh kaum noch als Leben bezeichnen, aber eines Tages werden sie kommen und uns selbst das nehmen!!

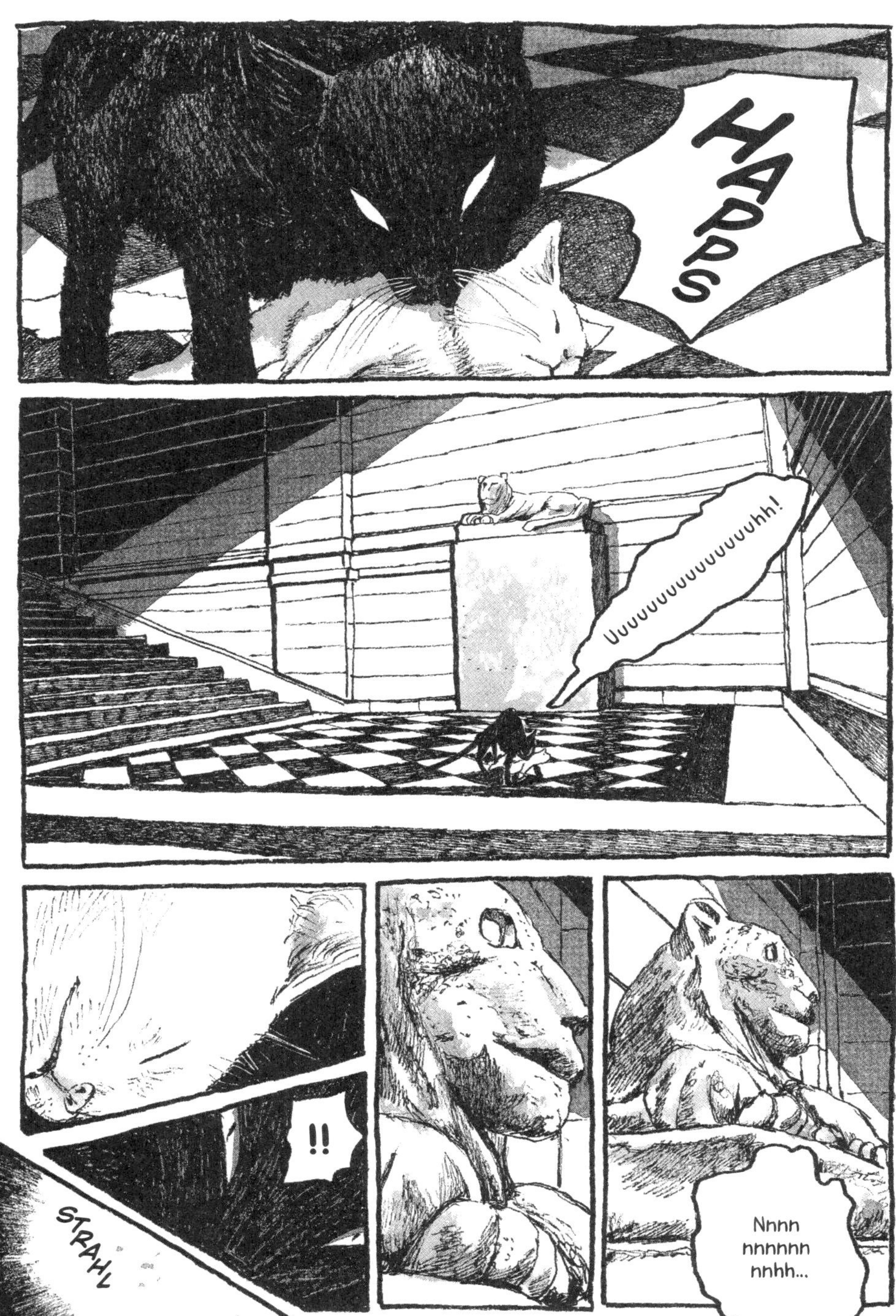
HAPPS
Uuuuuuuuuuuuuuuhh!
!!
STRAHL
Nnnn
nnnnnn
nnhh...

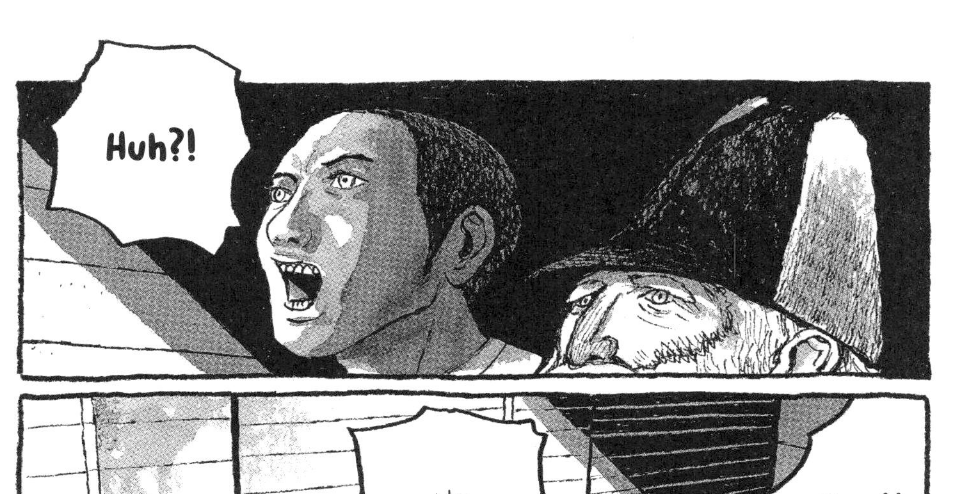
Huh?!

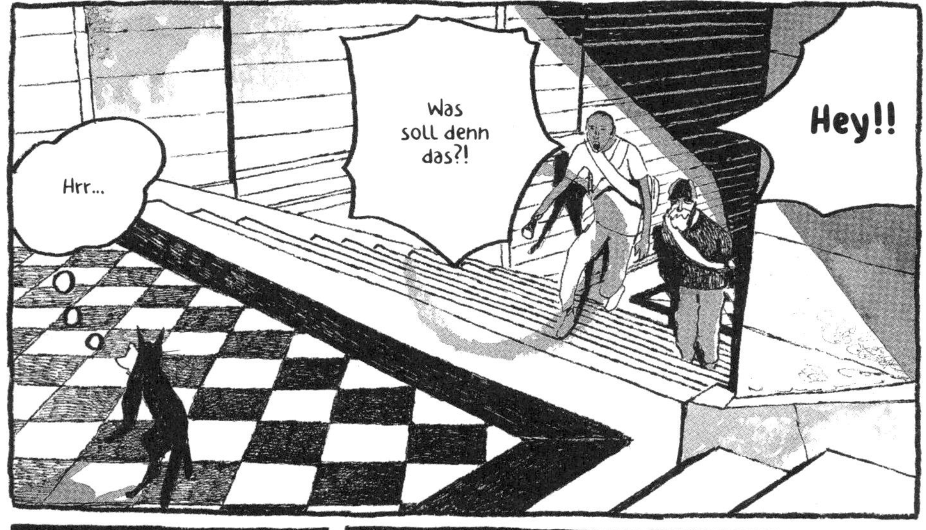
Hey!!
Was soll denn das?!
Hrr...

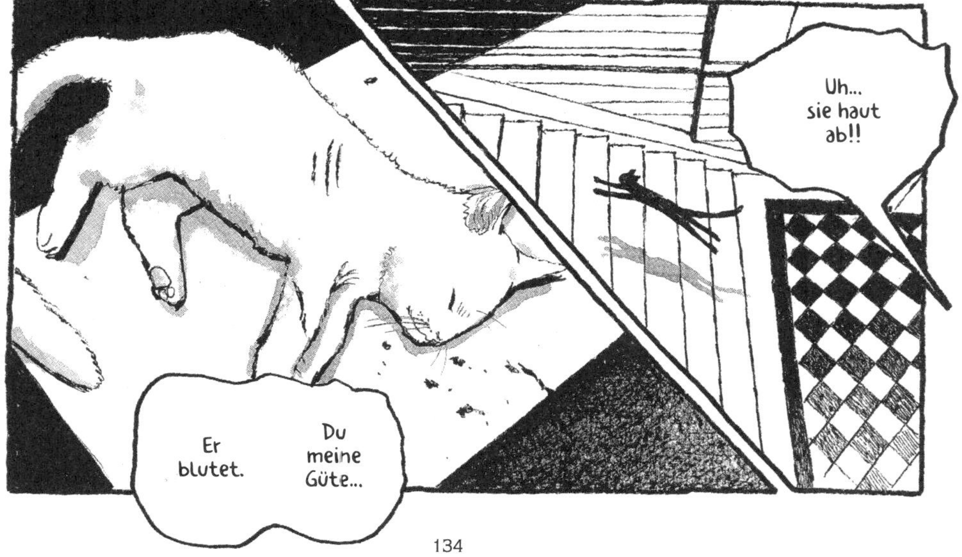
Uh... sie haut ab!!
Du meine Güte...
Er blutet.

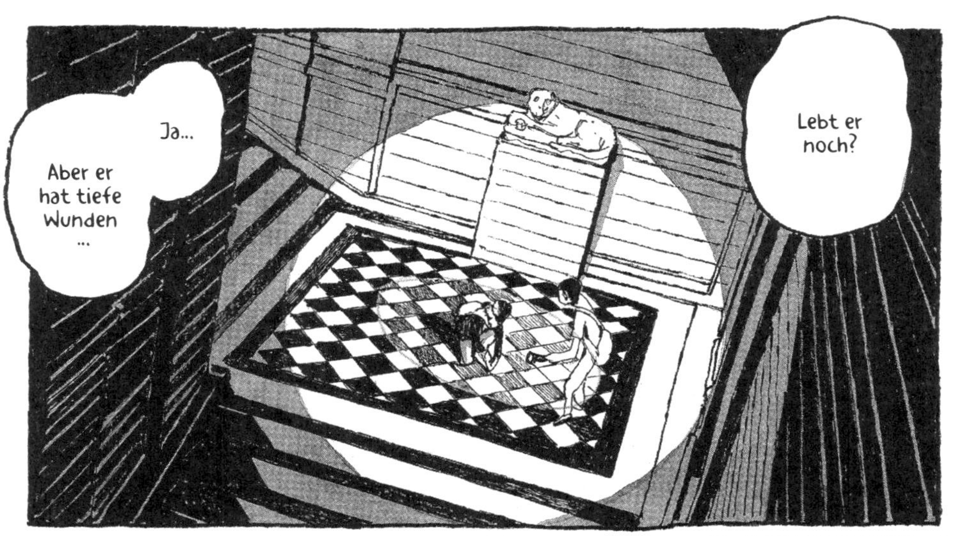
Lebt er noch?
Ja...
Aber er hat tiefe Wunden ...

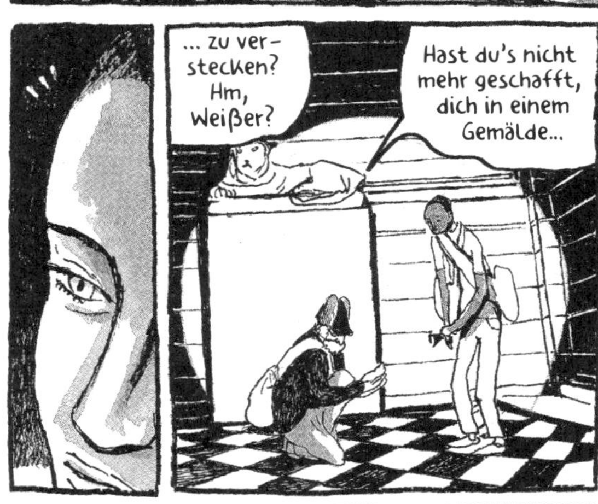
Hast du's nicht mehr geschafft, dich in einem Gemälde...
... zu verstecken? Hm, Weißer?

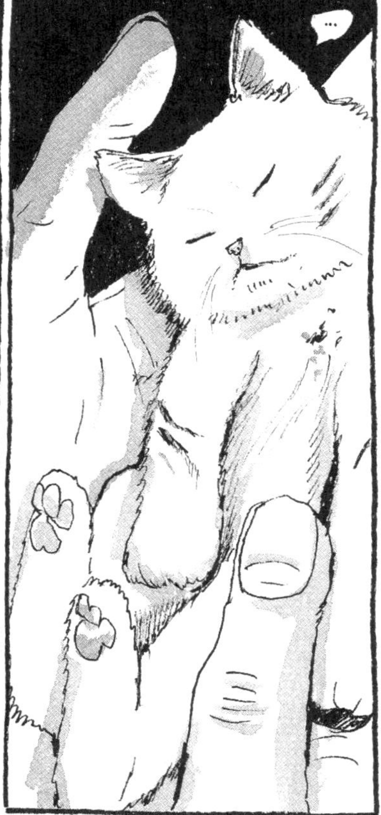
...

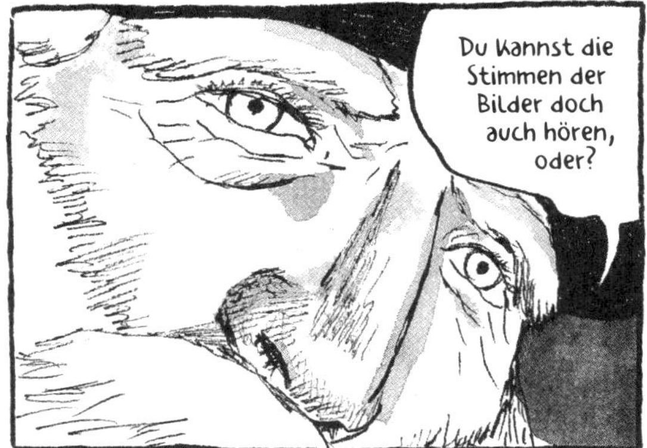
Du kannst die Stimmen der Bilder doch auch hören, oder?

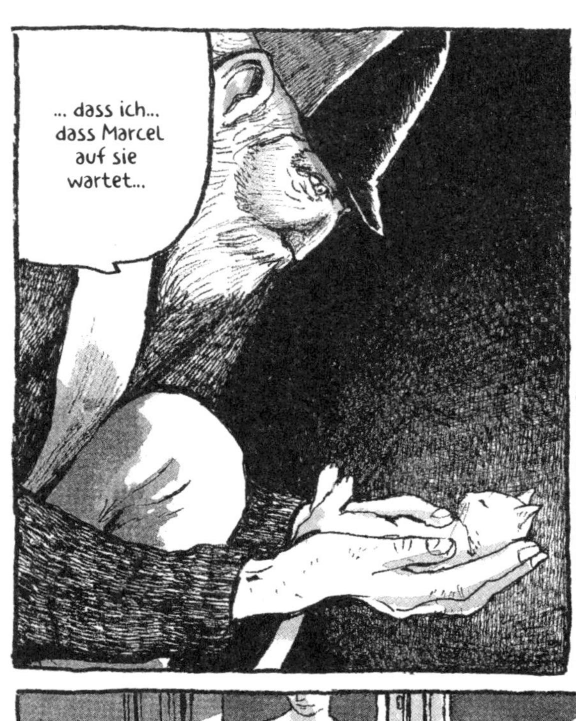
… dass ich… dass Marcel auf sie wartet…

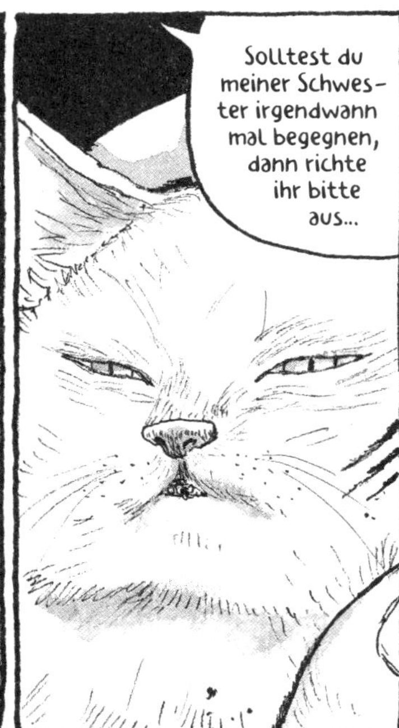
Solltest du meiner Schwester irgendwann mal begegnen, dann richte ihr bitte aus…

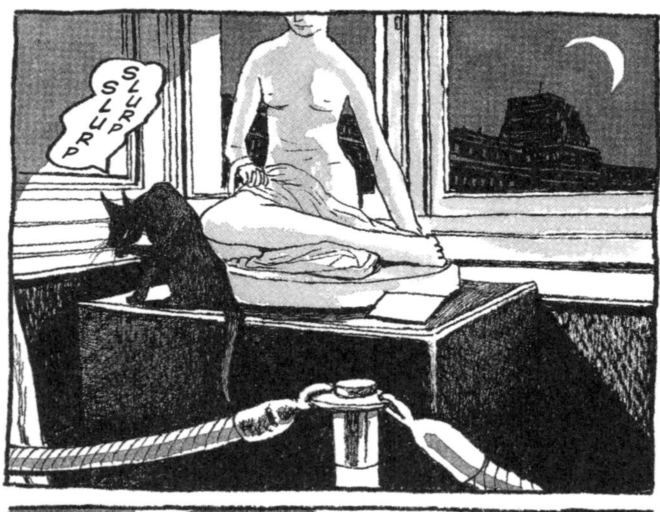
SLURP SLURP

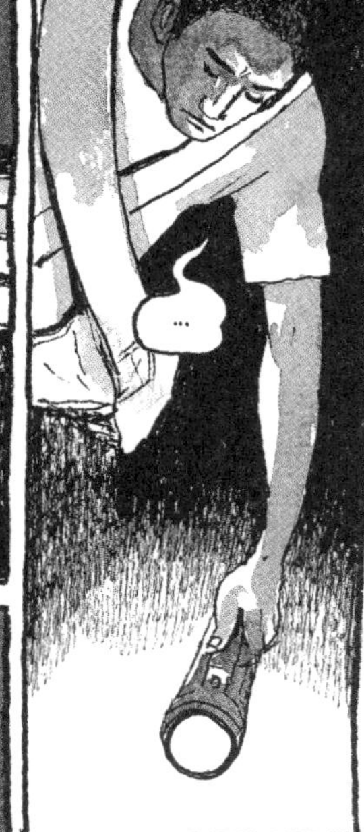
…

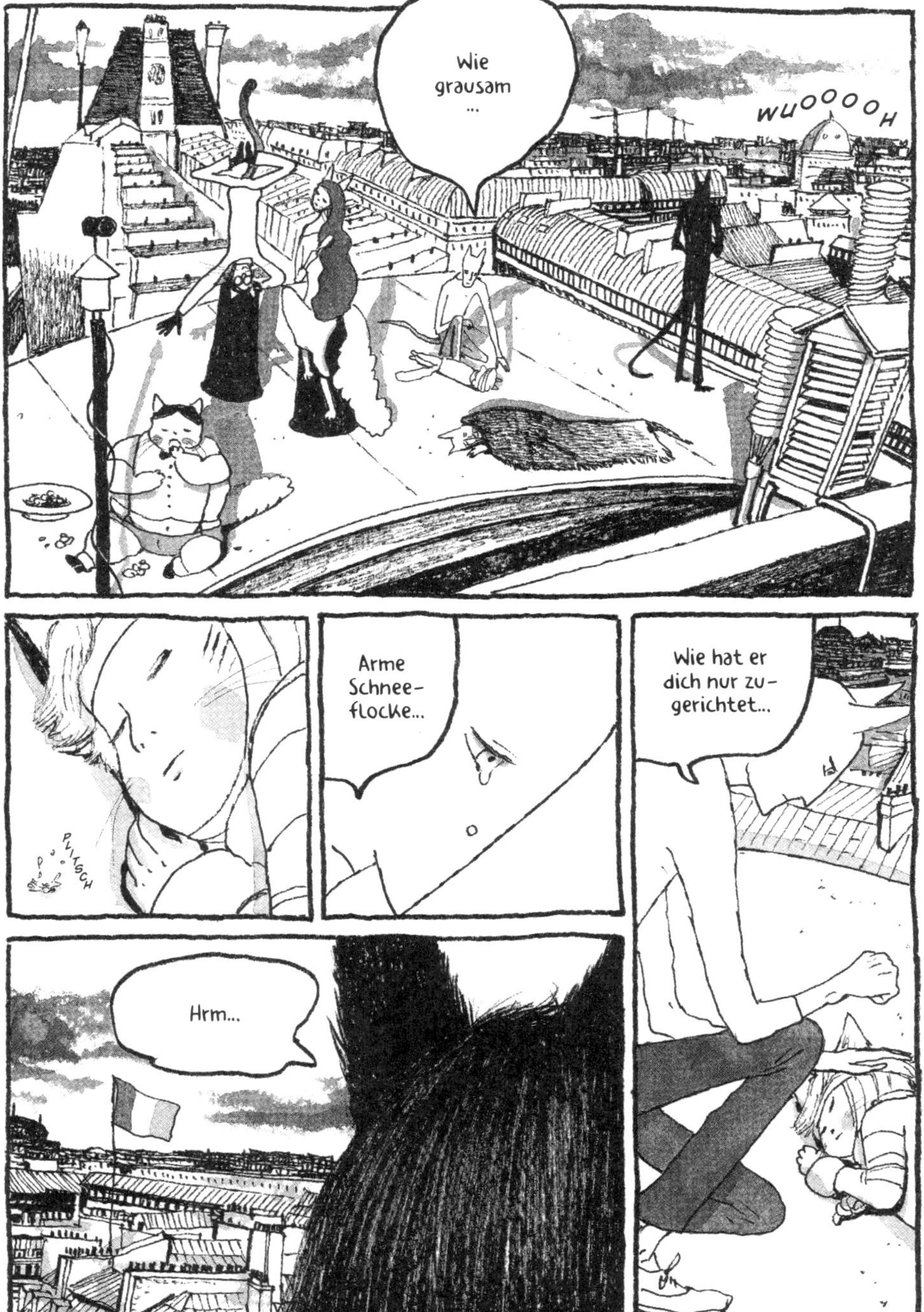

Wie grausam ...

WUOOOOOH

Arme Schneeflocke...

PLITSCH

Wie hat er dich nur zugerichtet...

Hrm...

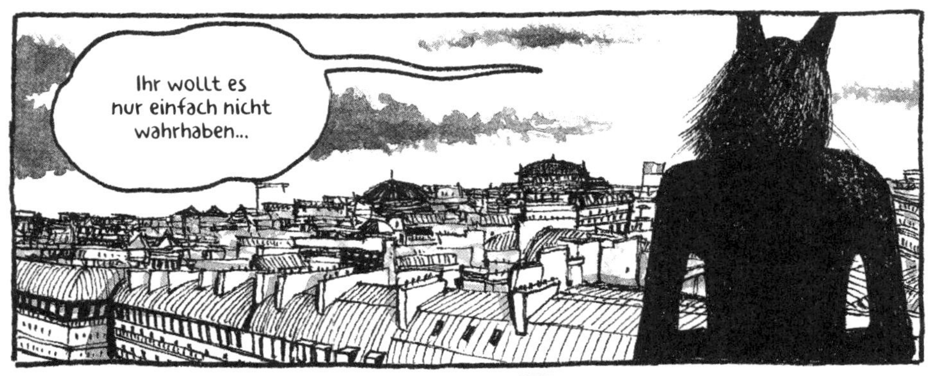
Ihr wollt es nur einfach nicht wahrhaben...

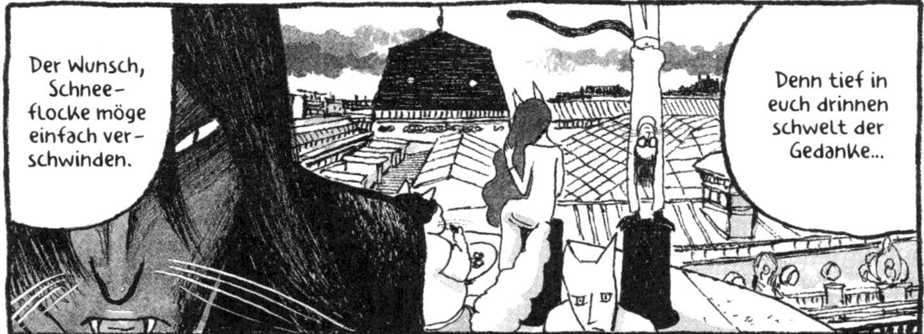
Denn tief in euch drinnen schwelt der Gedanke...
Der Wunsch, Schnee-flocke möge einfach ver-schwinden.

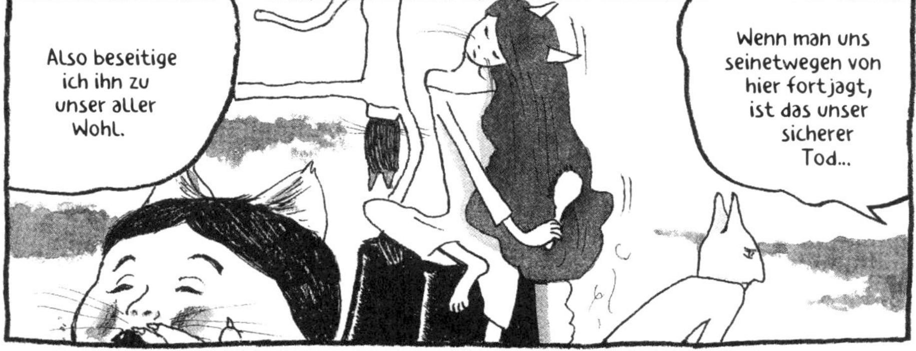
Wenn man uns seinetwegen von hier fortjagt, ist das unser sicherer Tod...
Also beseitige ich ihn zu unser aller Wohl.

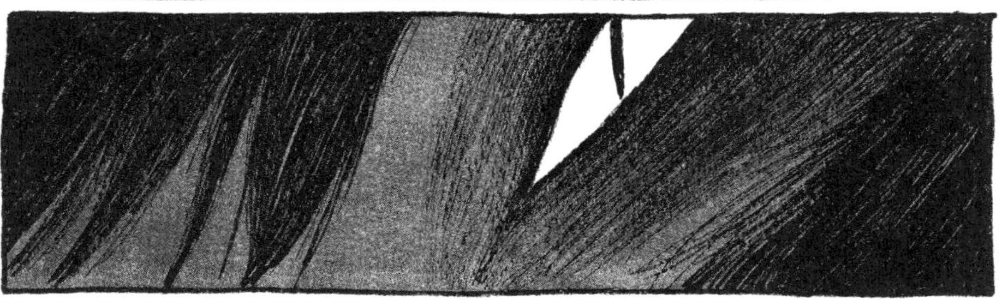

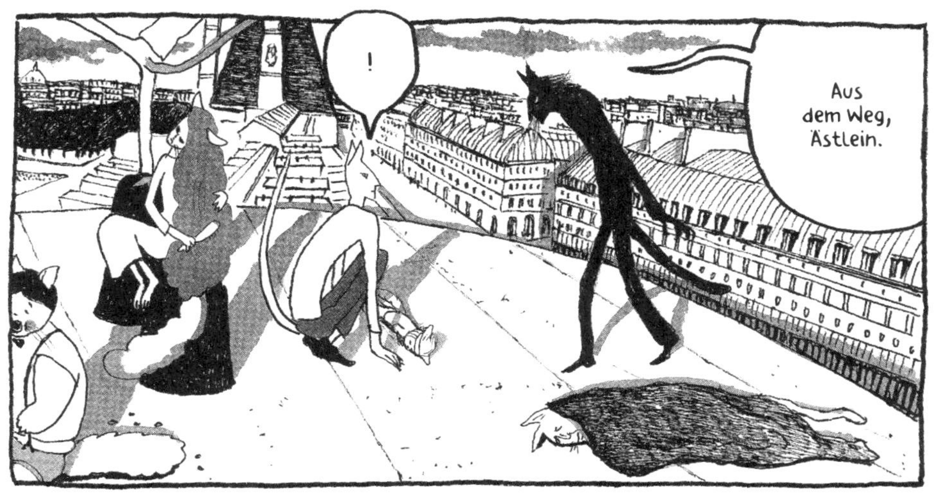
!
Aus dem Weg, Ästlein.

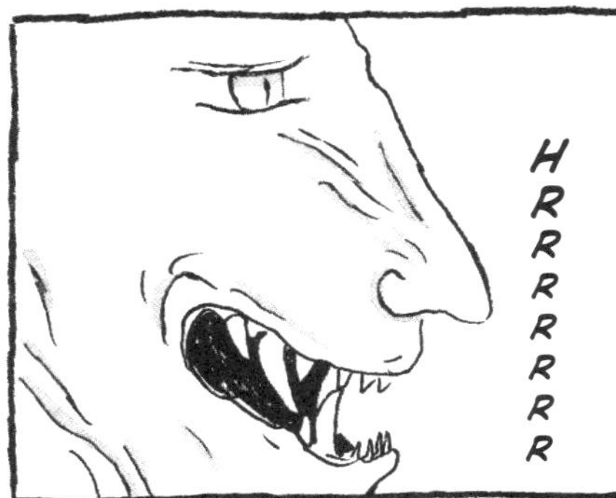
HRRRRRRRR

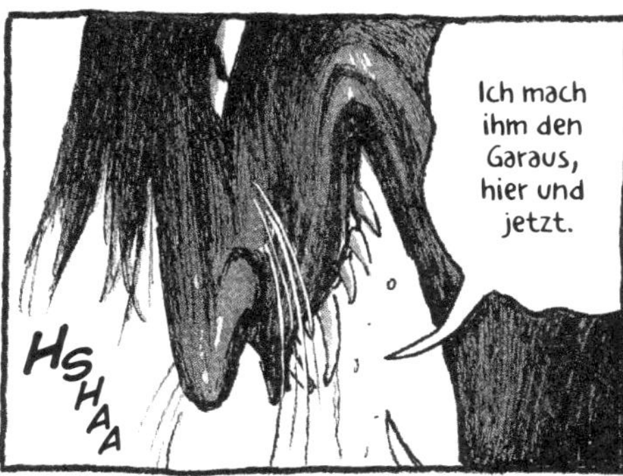
Ich mach ihm den Garaus, hier und jetzt.
HSHAA

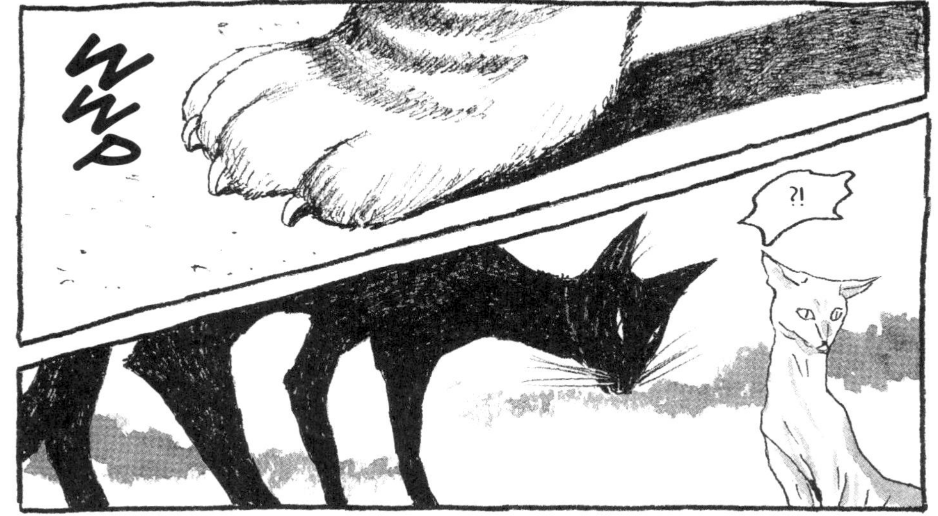
WWP
?!

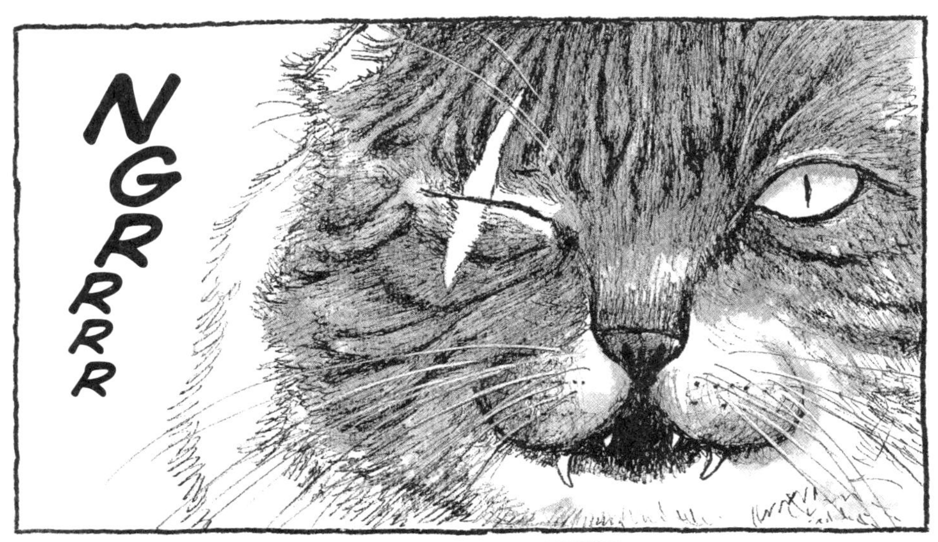

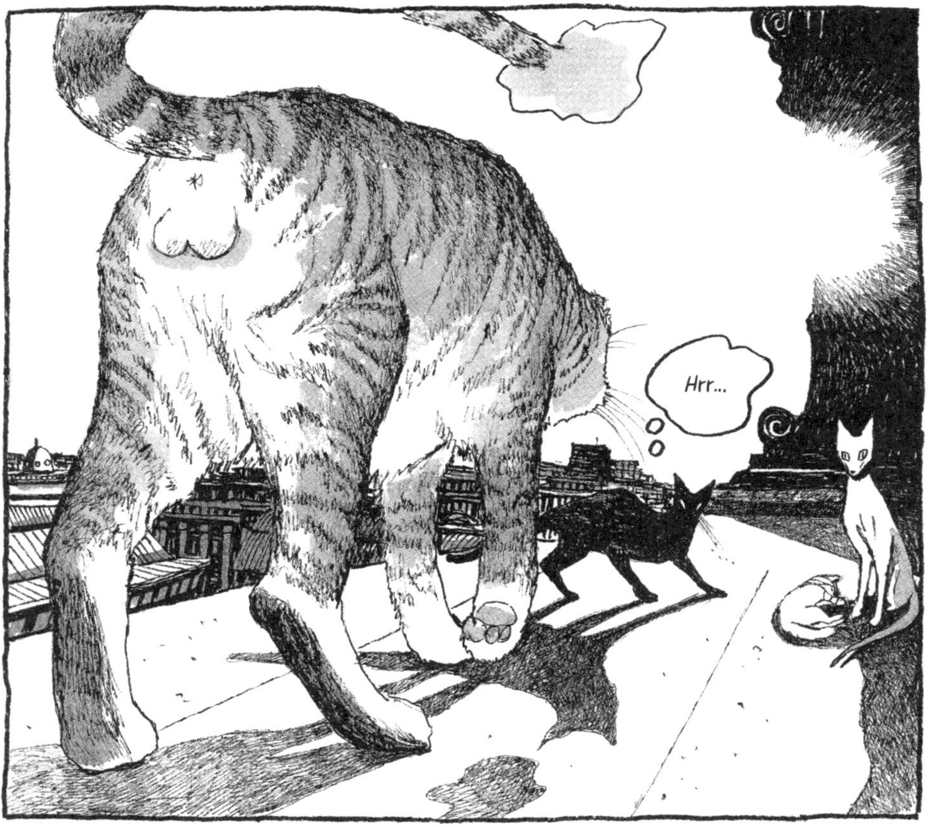

Hrr...

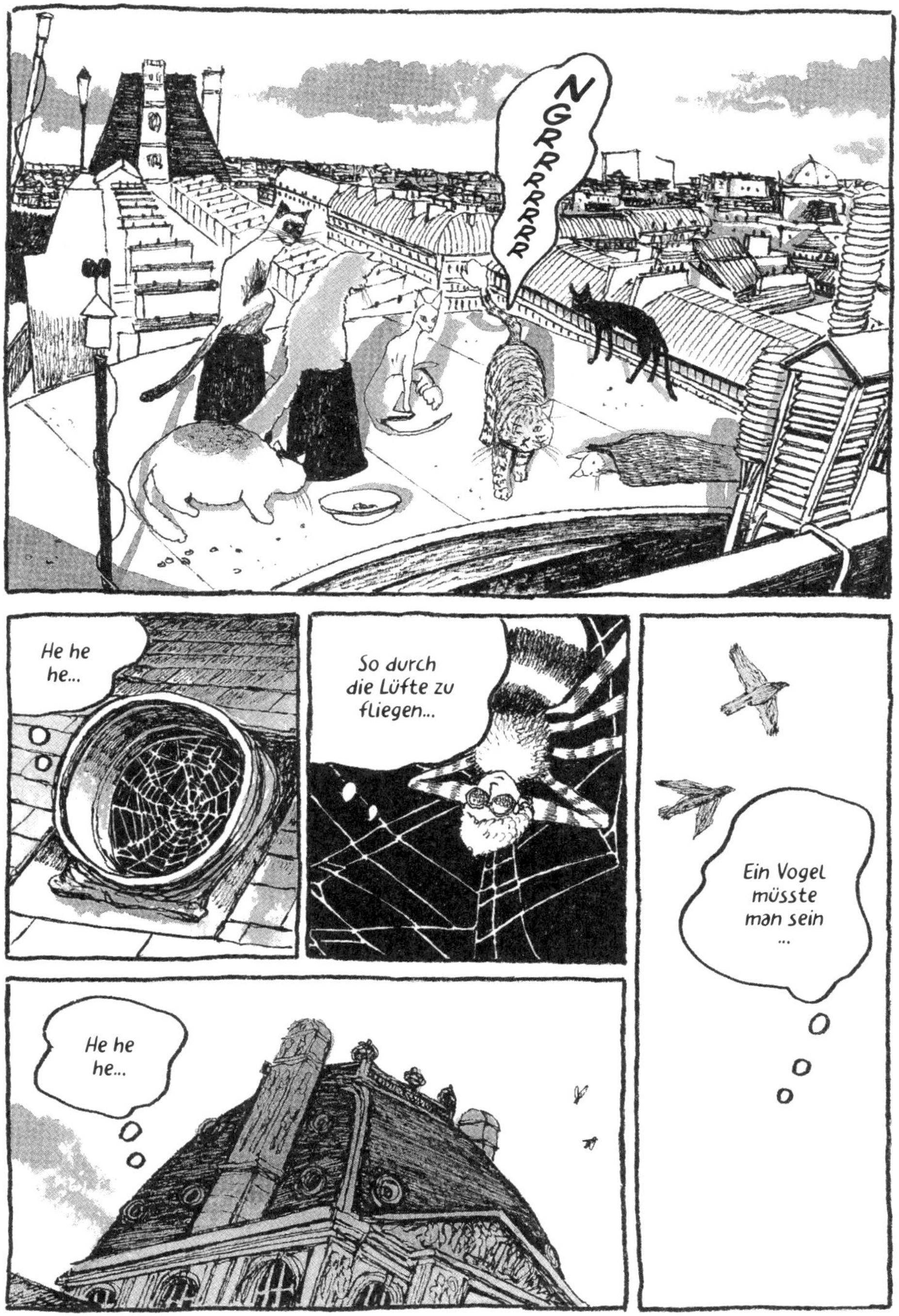

NGRRRRRRR

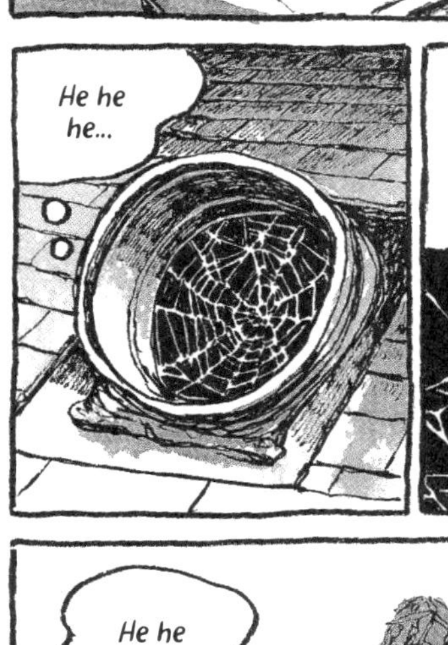
He he he...

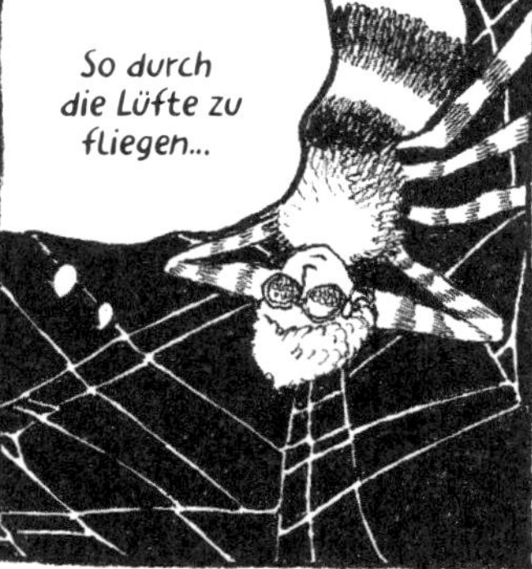
So durch die Lüfte zu fliegen...

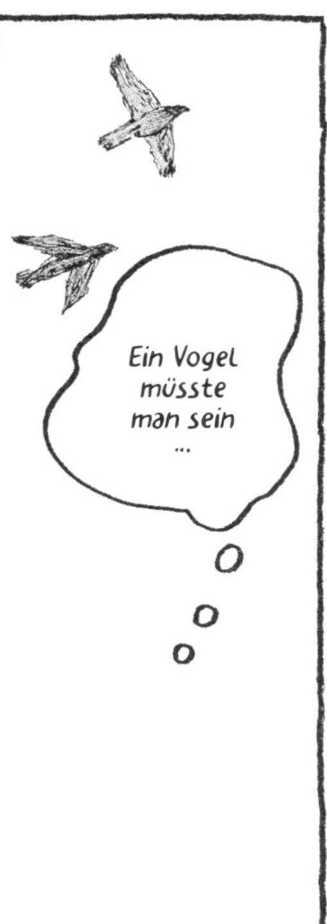
Ein Vogel müsste man sein ...

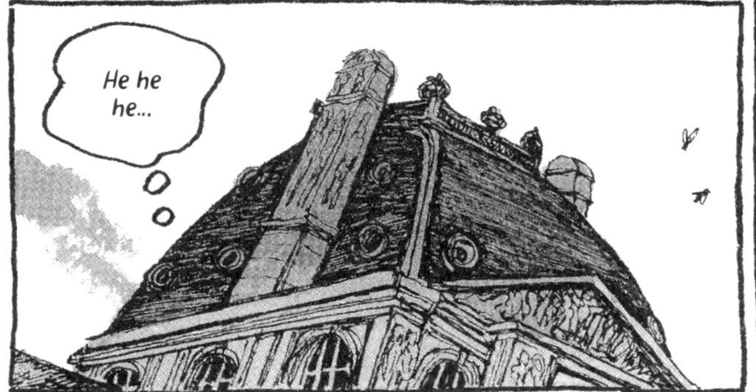
He he he...

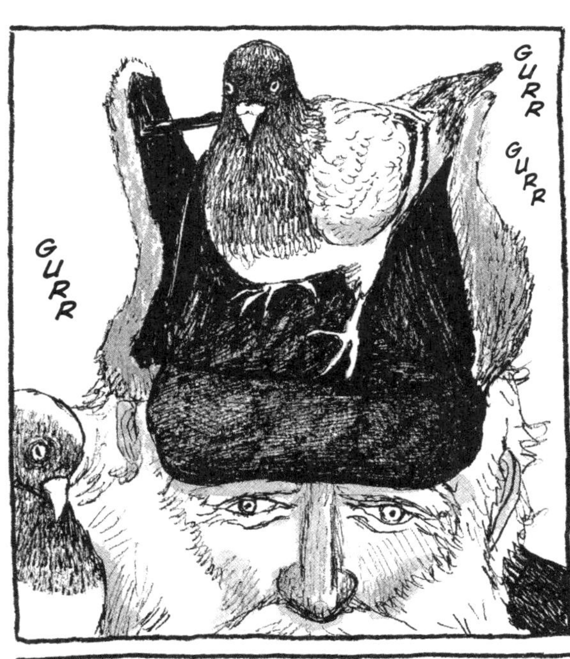

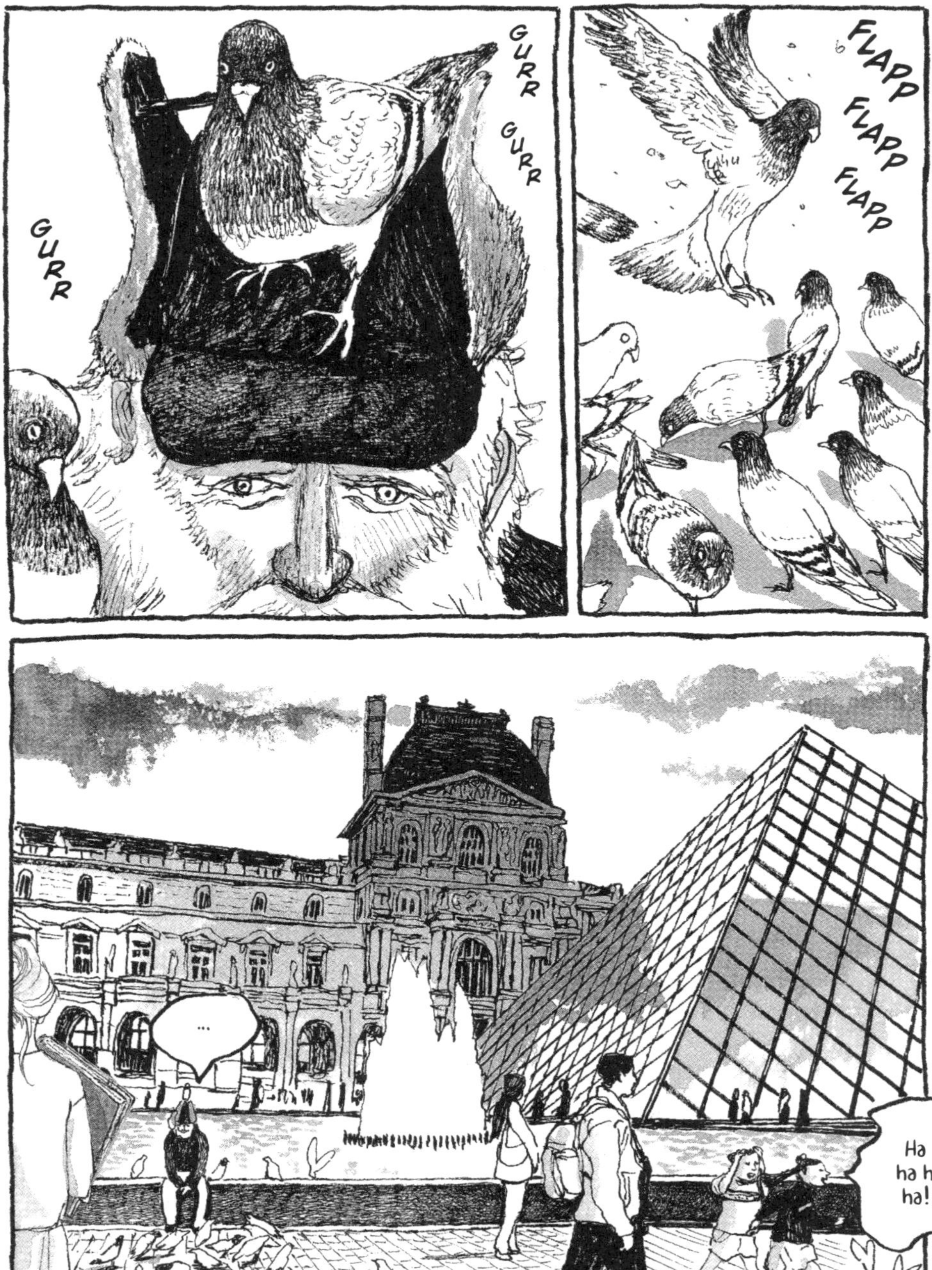

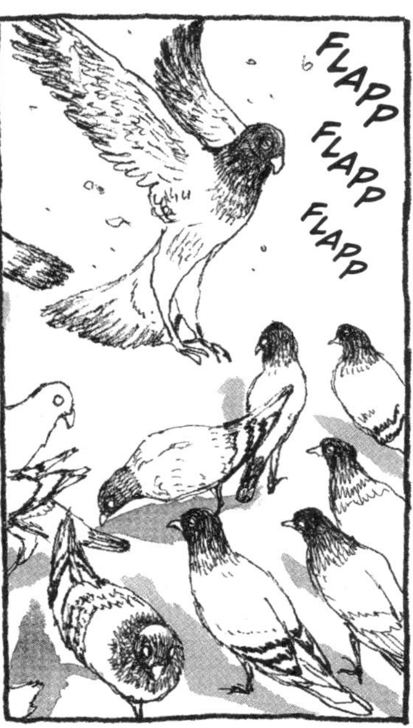

...

Ha ha ha ha ha!

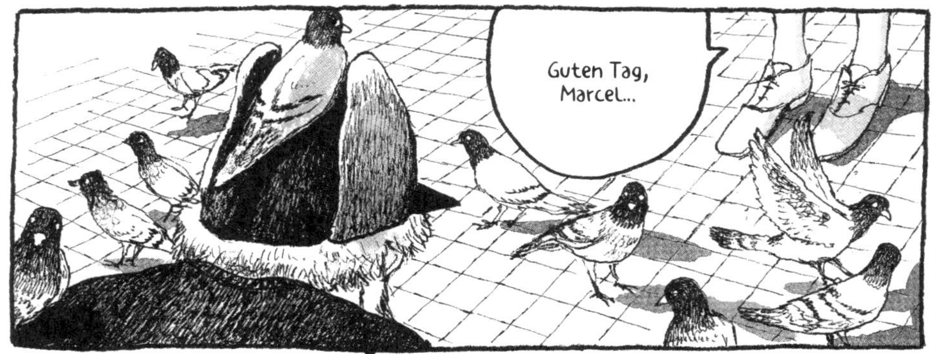
Guten Tag, Marcel...

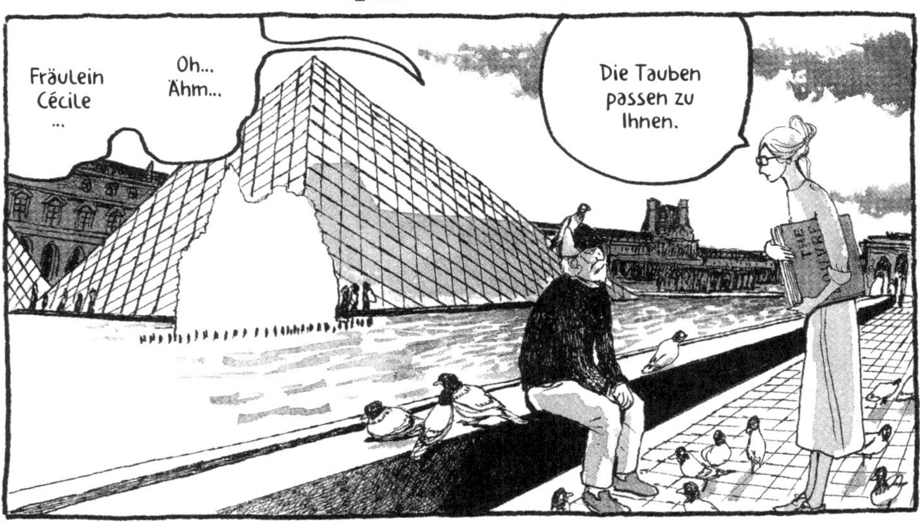
Fräulein Cécile ...
Oh... Ähm...
Die Tauben passen zu Ihnen.

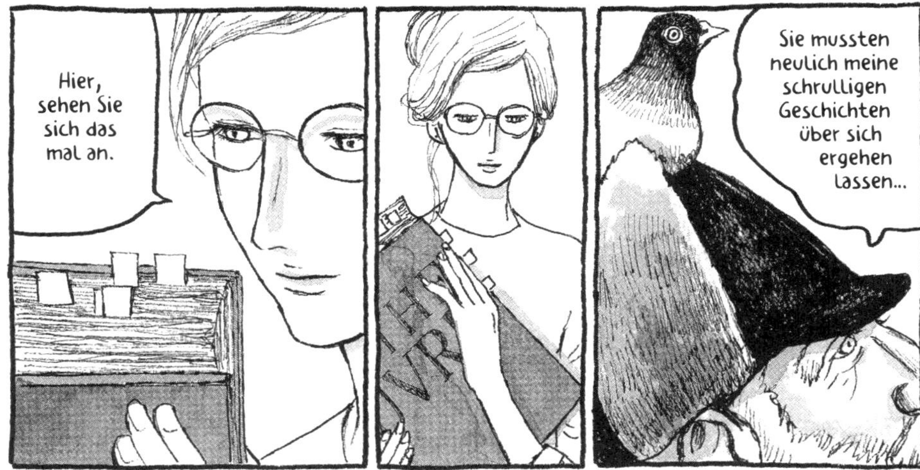
Hier, sehen Sie sich das mal an.
Sie mussten neulich meine schrulligen Geschichten über sich ergehen lassen...

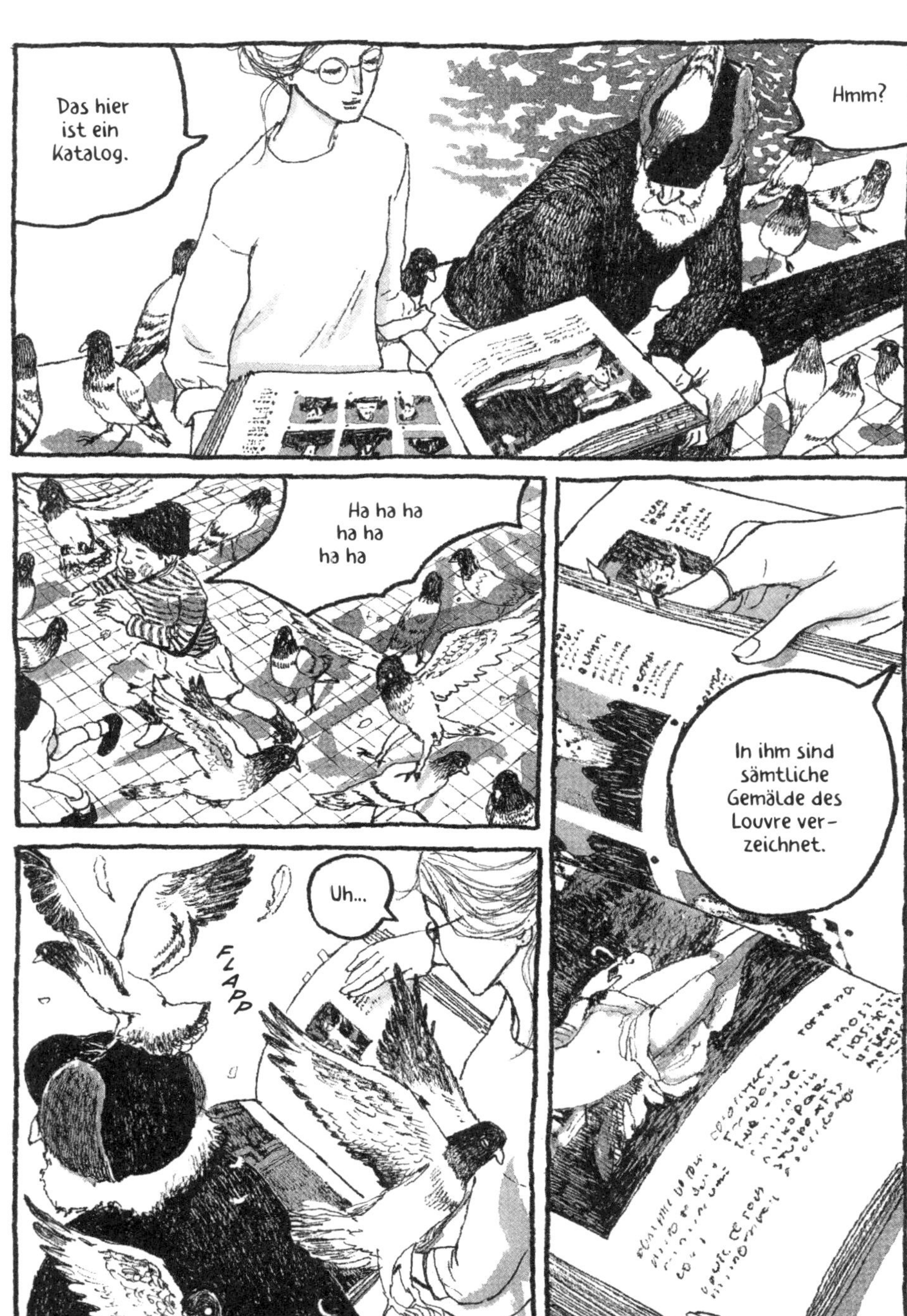
Das hier ist ein Katalog.
Hmm?
Ha ha ha ha ha ha ha
In ihm sind sämtliche Gemälde des Louvre verzeichnet.
Uh...
FLAPP

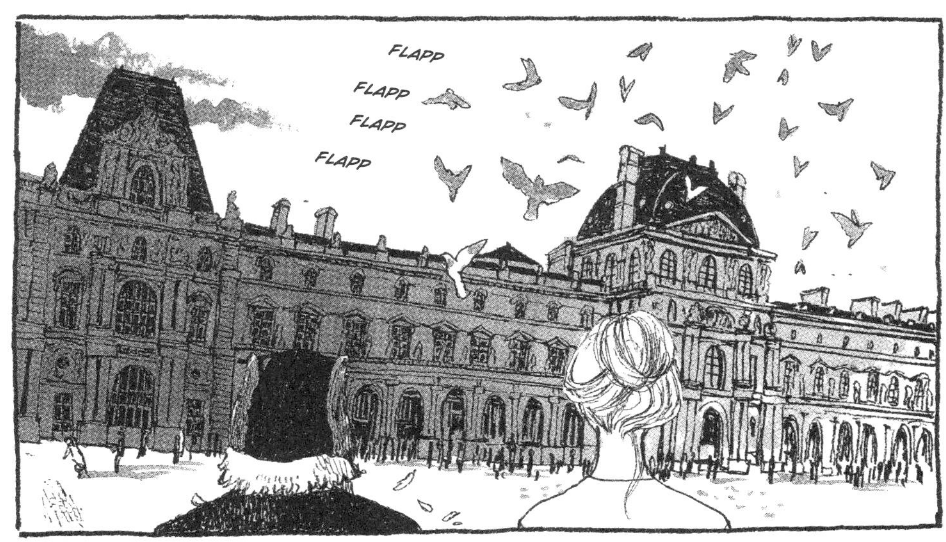
FLAPP
FLAPP
FLAPP
FLAPP

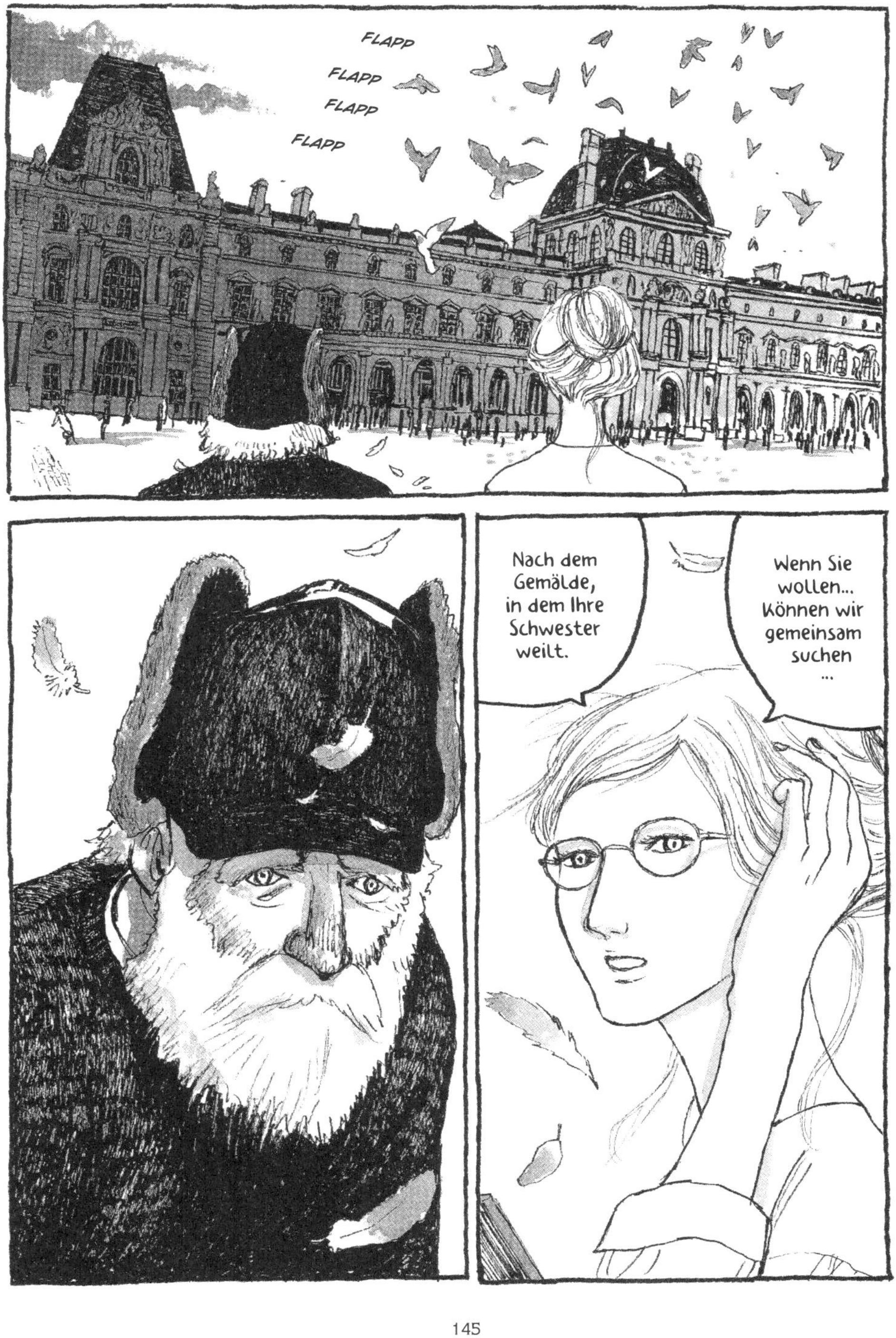

Nach dem Gemälde, in dem Ihre Schwester weilt.
Wenn Sie wollen... Können wir gemeinsam suchen ...

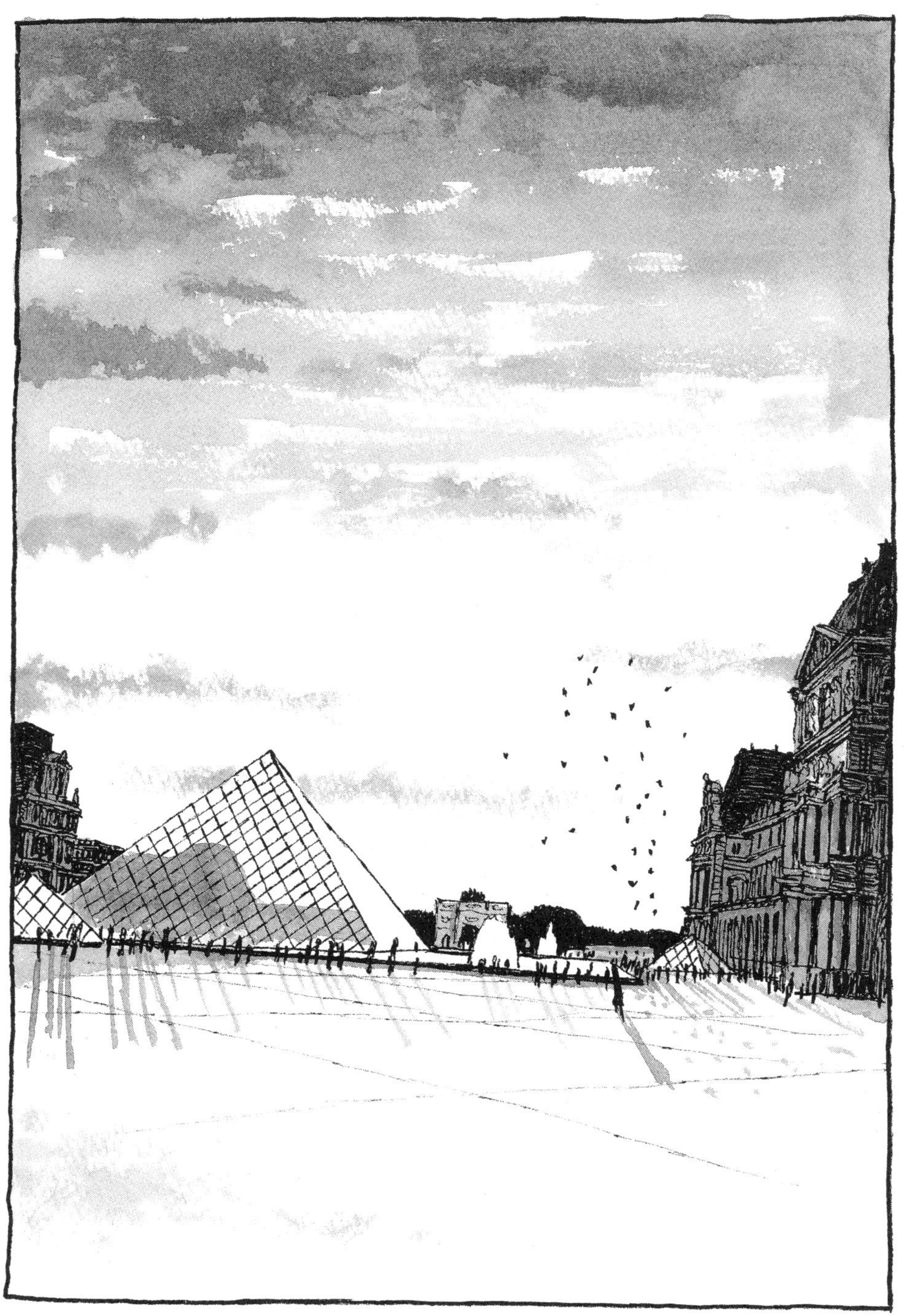

Kapitel 7

DAS GEHEIMNIS VON ÄSTLEIN

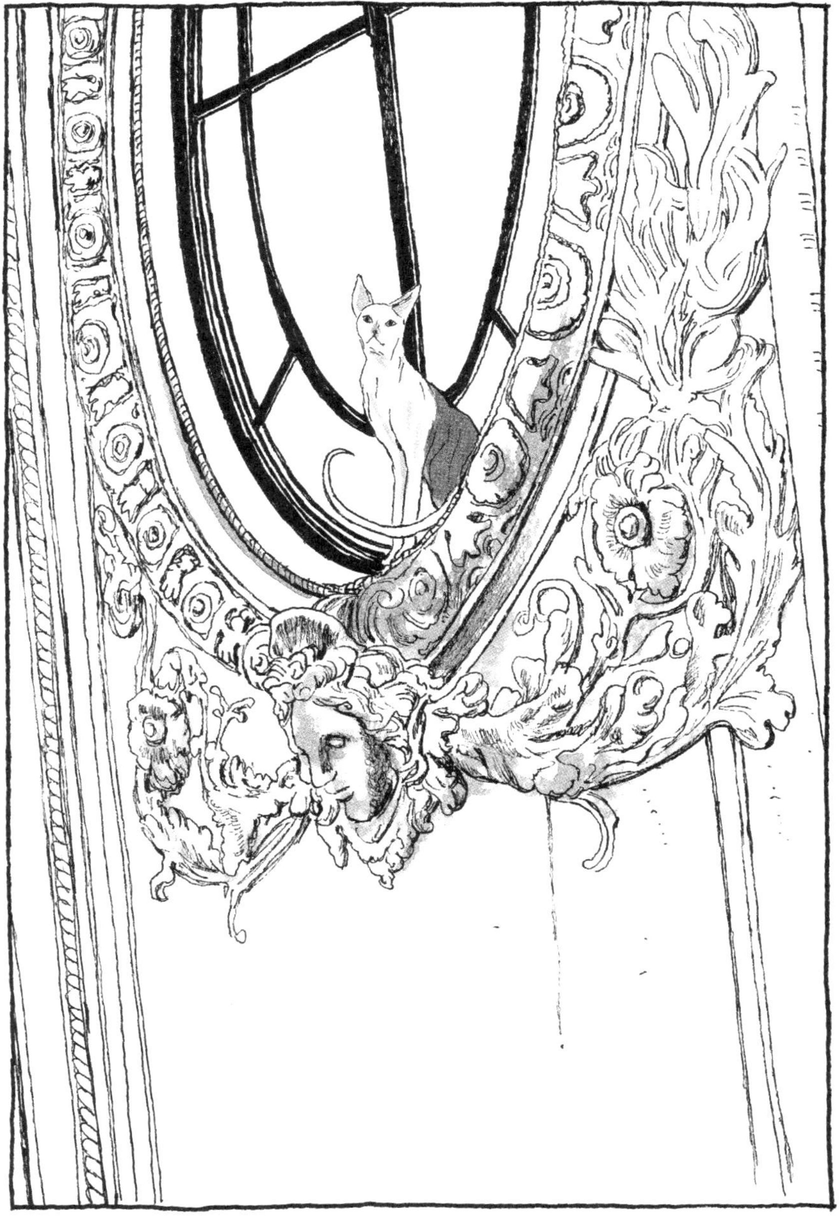

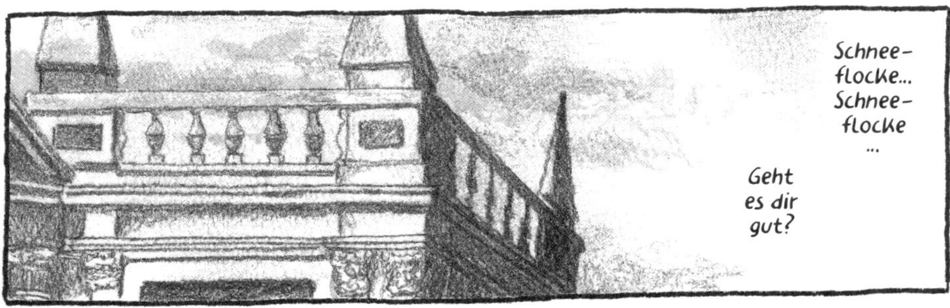
Schnee-
flocke...
Schnee-
flocke
...
Geht
es dir
gut?

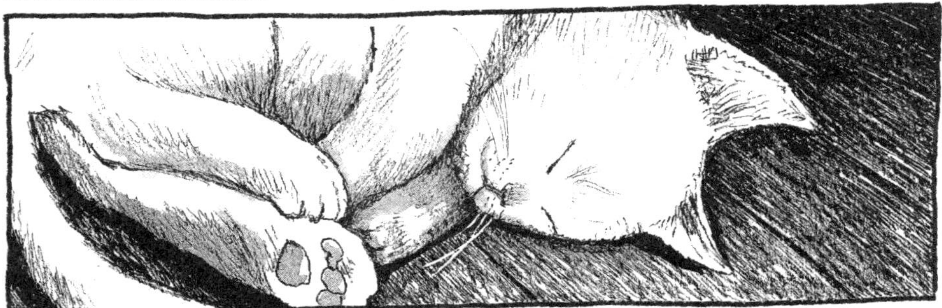

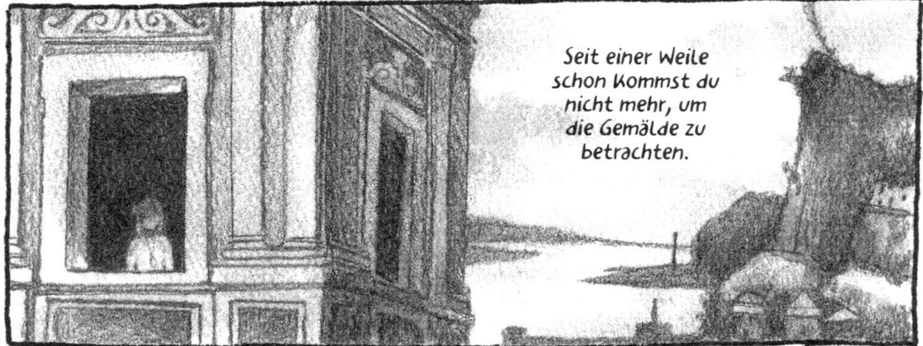
Seit einer Weile
schon kommst du
nicht mehr, um
die Gemälde zu
betrachten.

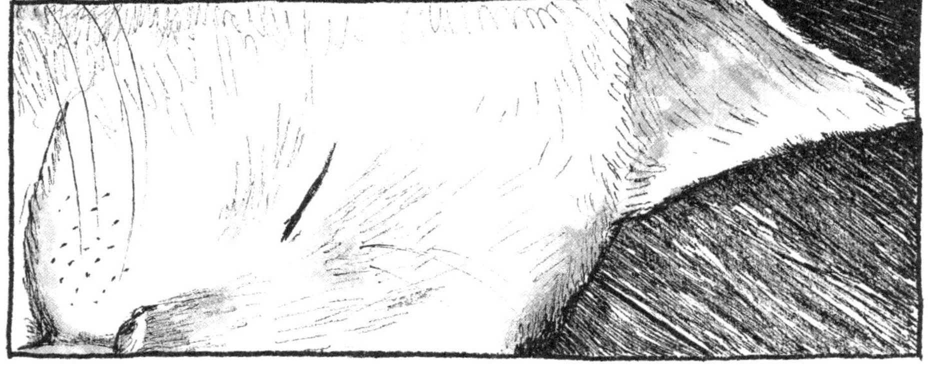

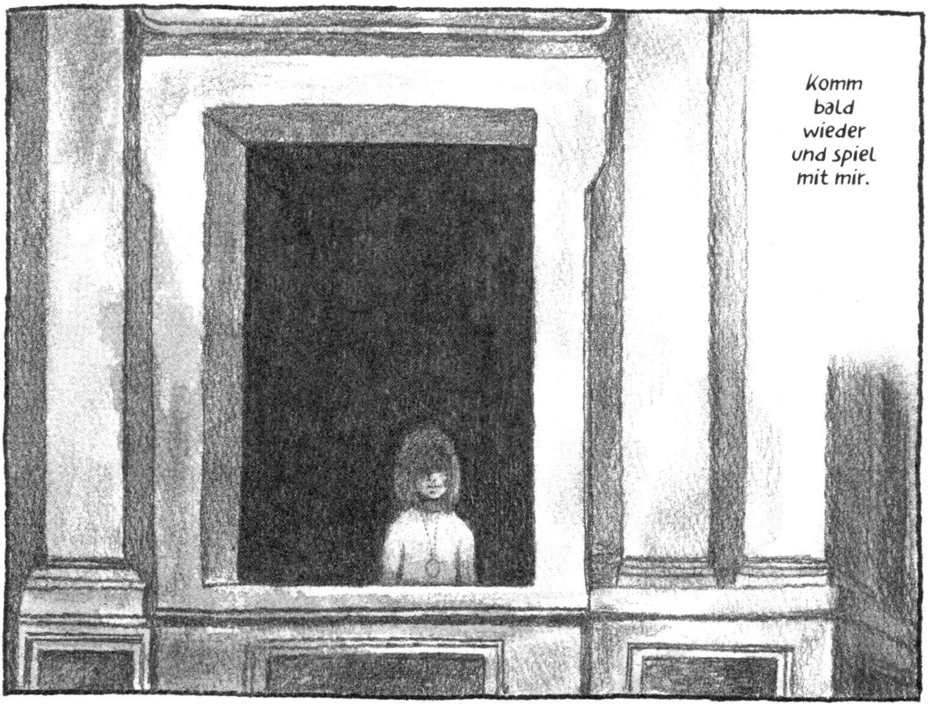

Komm
bald
wieder
und spiel
mit mir.

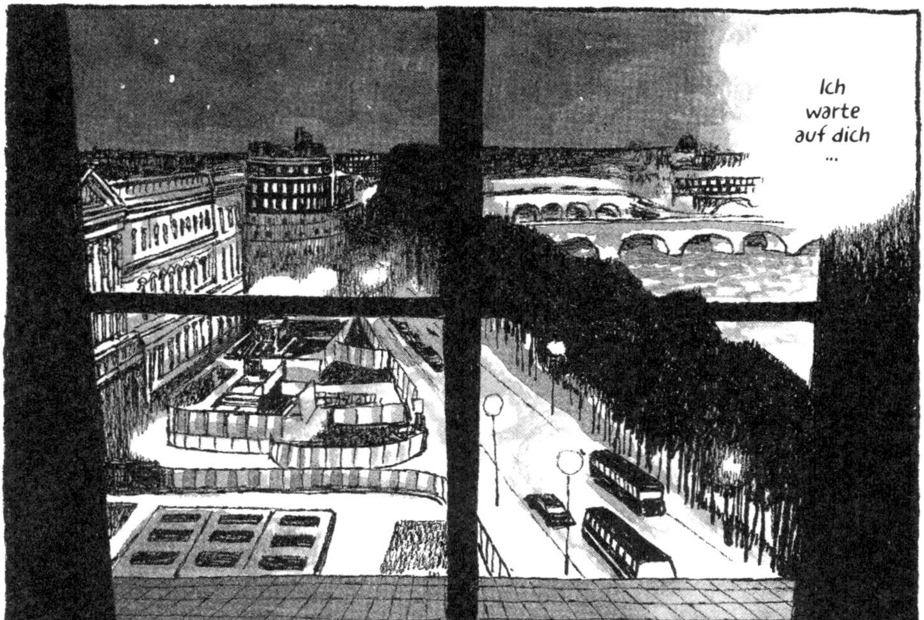

Ich
warte
auf dich
...

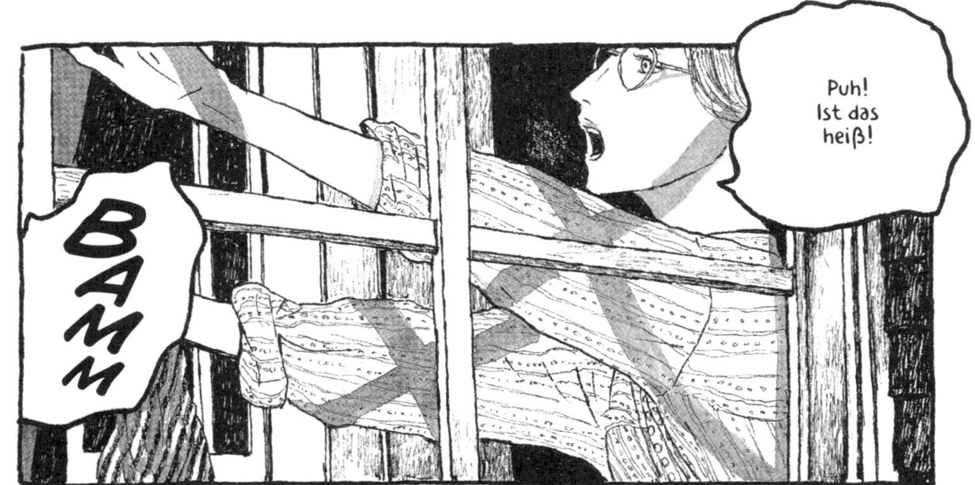

SOMMER

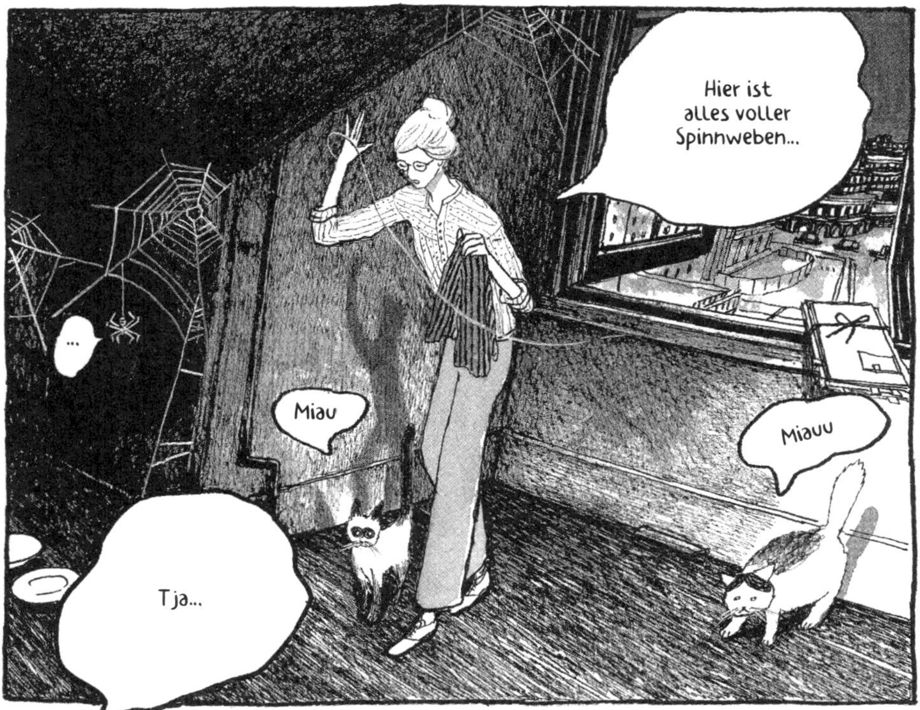

Hier ist alles voller Spinnweben...

...

Miau

Miauu

Tja...

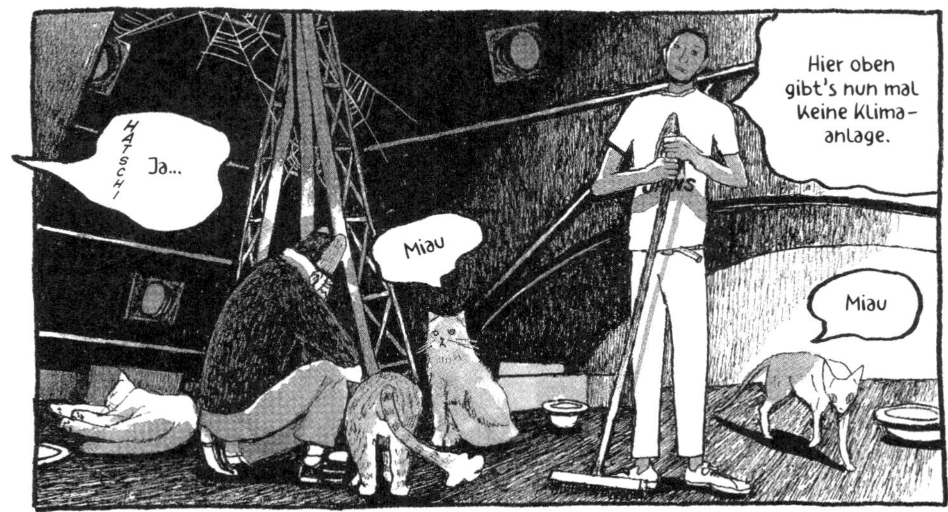
Hier oben gibt's nun mal keine Klima-anlage.
HATSCHI
Ja...
Miau
Miau

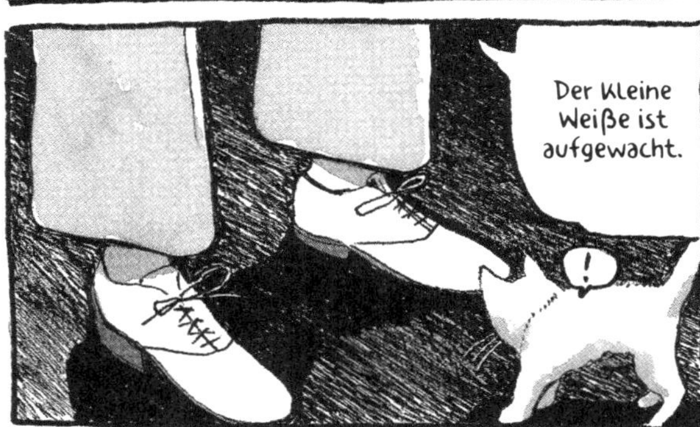
Der kleine Weiße ist aufgewacht.
!

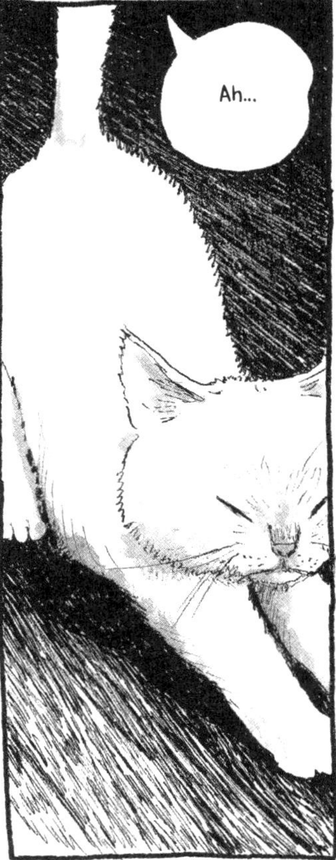
Ah...

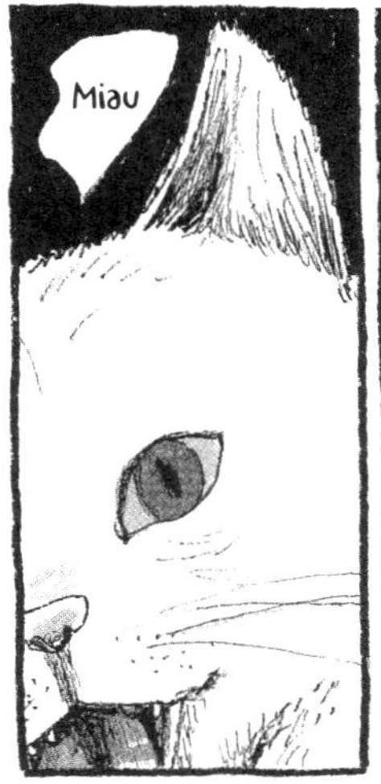
Miau

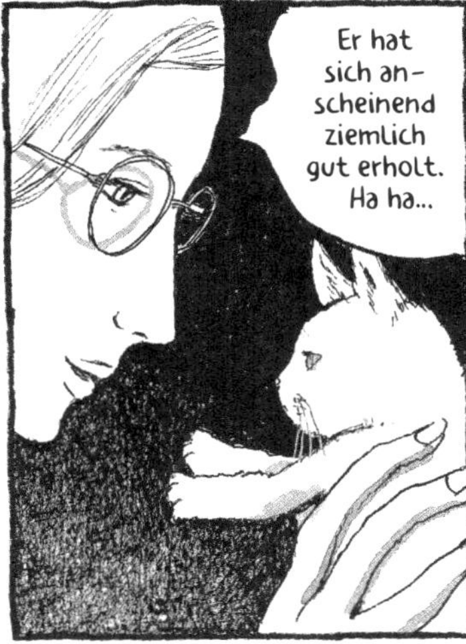
Er hat sich an-scheinend ziemlich gut erholt. Ha ha...

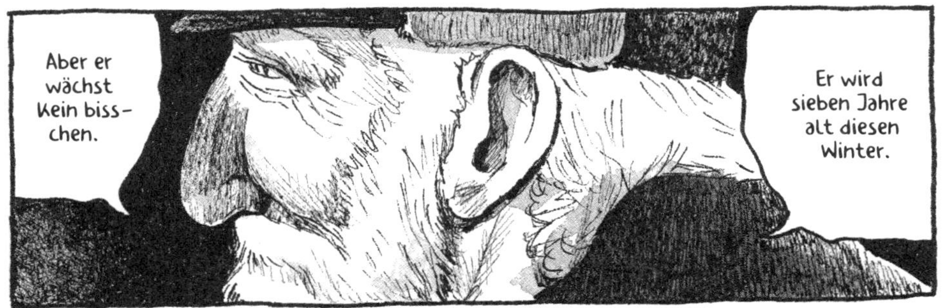
Aber er wächst kein biss-chen.
Er wird sieben Jahre alt diesen Winter.

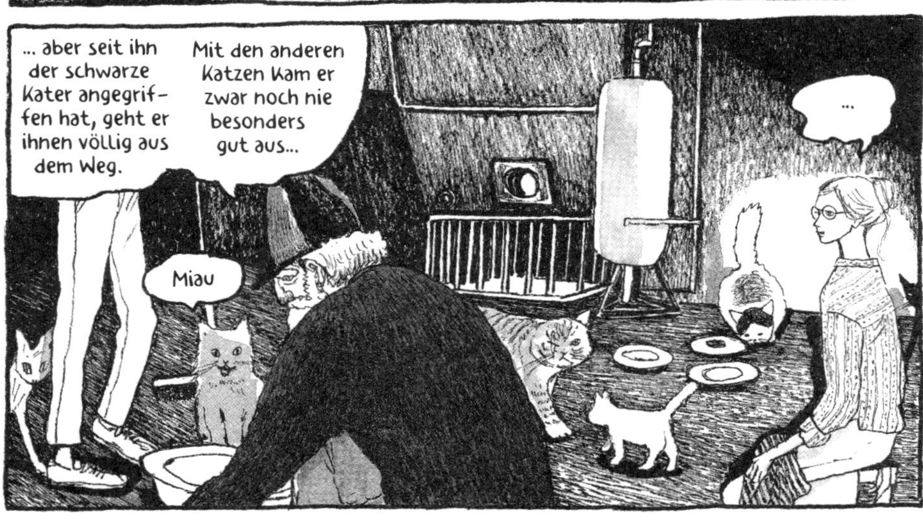
... aber seit ihn der schwarze Kater angegrif-fen hat, geht er ihnen völlig aus dem Weg.
Mit den anderen Katzen kam er zwar noch nie besonders gut aus...
...
Miau

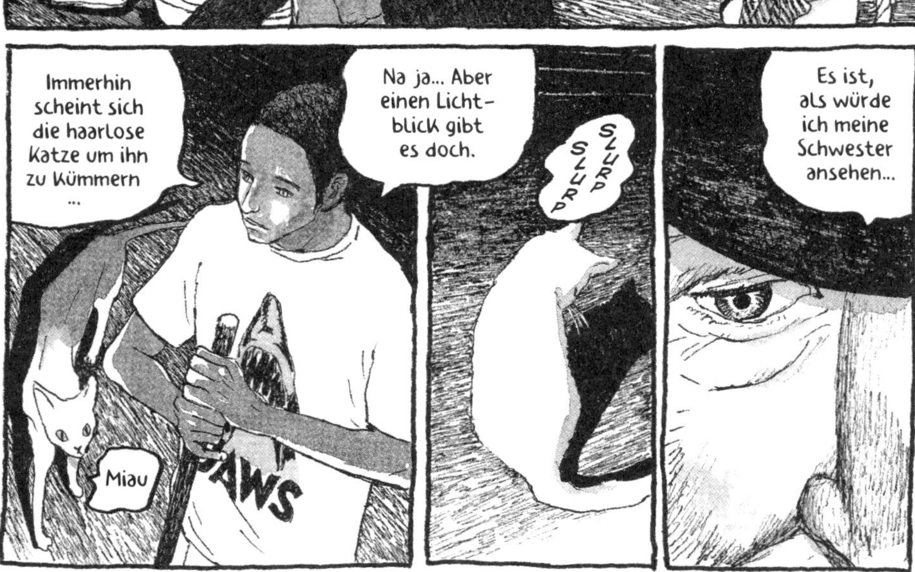
Immerhin scheint sich die haarlose Katze um ihn zu kümmern ...
Na ja... Aber einen Licht-blick gibt es doch.
Miau
SLURP SLURP
Es ist, als würde ich meine Schwester ansehen...

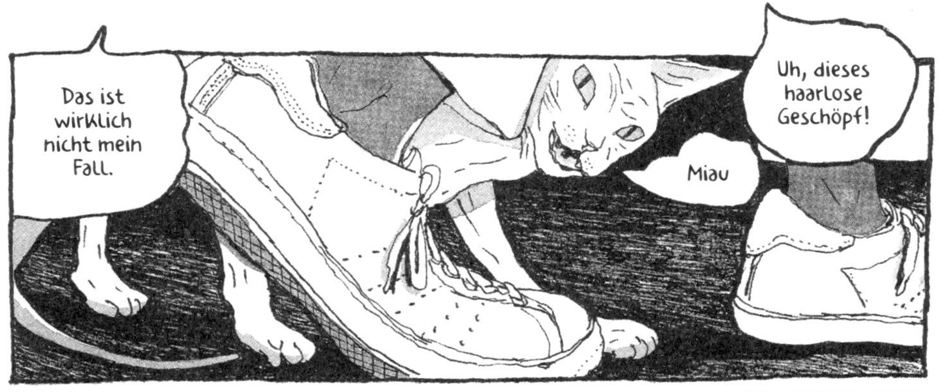
Das ist wirklich nicht mein Fall.
Uh, dieses haarlose Geschöpf!
Miau

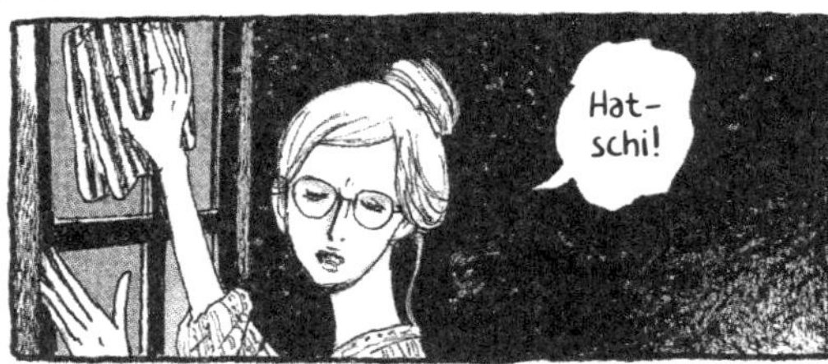
Hat-schi!

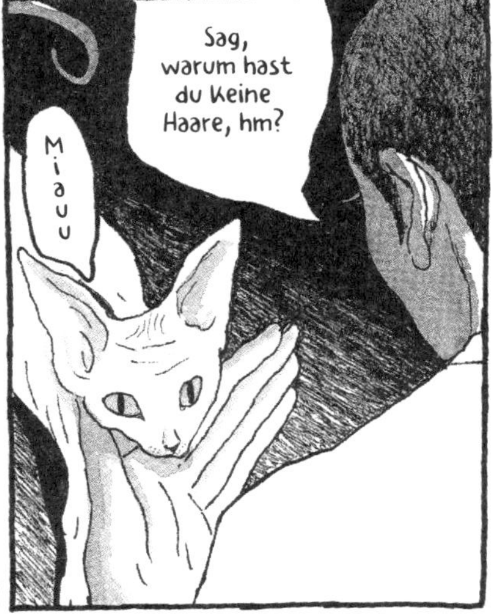
Sag, warum hast du keine Haare, hm?
Miauu

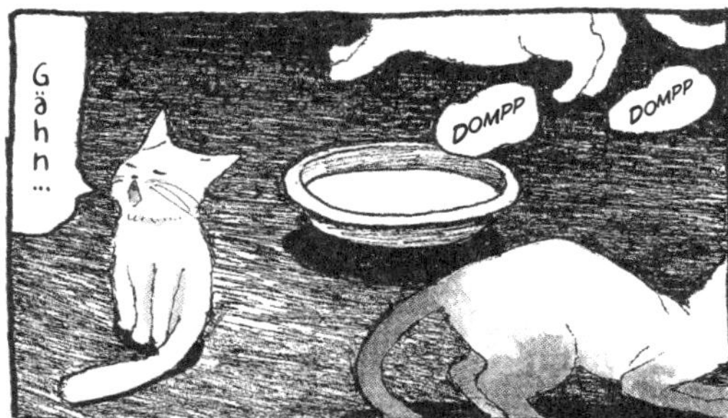
Gähhn...
DOMPP
DOMPP

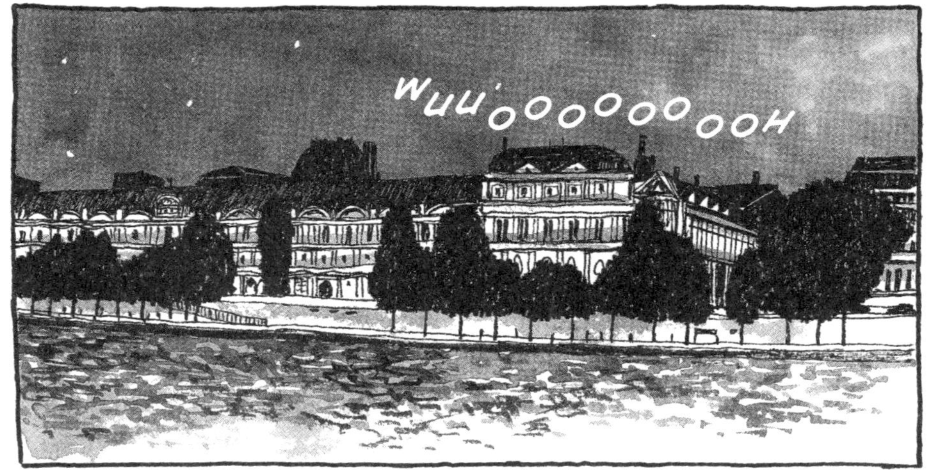
WUUOOOOOOOOH

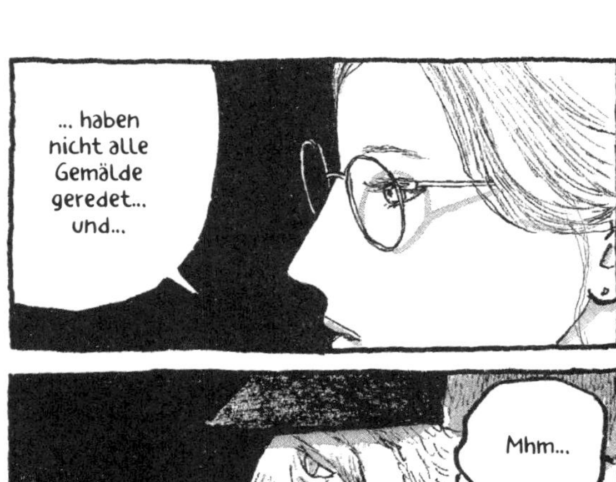
... haben nicht alle Gemälde geredet... und...

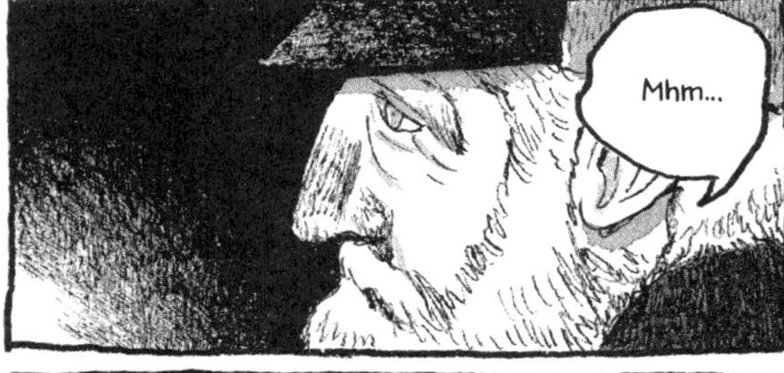
Mhm...

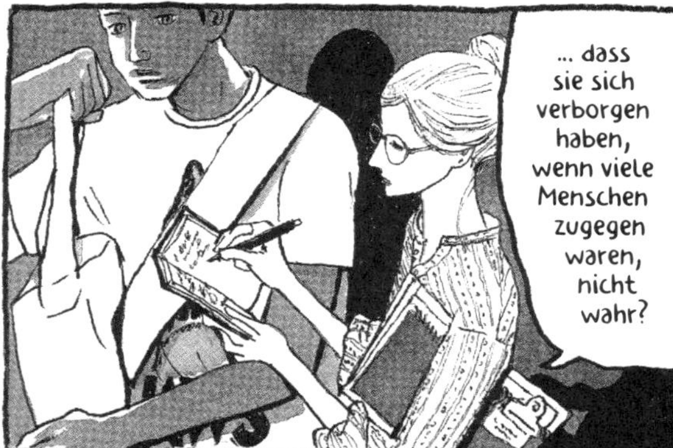
... dass sie sich verborgen haben, wenn viele Menschen zugegen waren, nicht wahr?

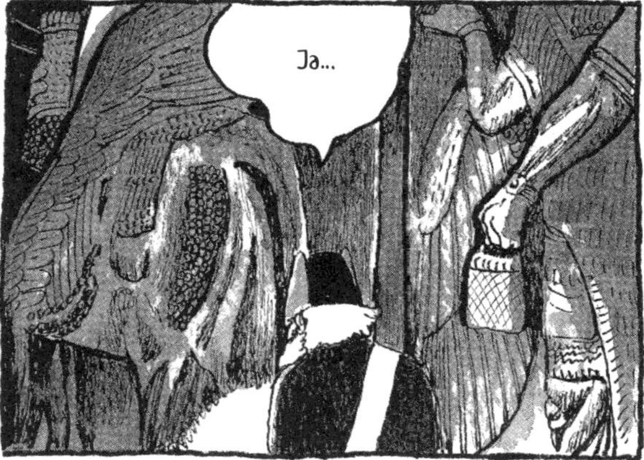
Ja...

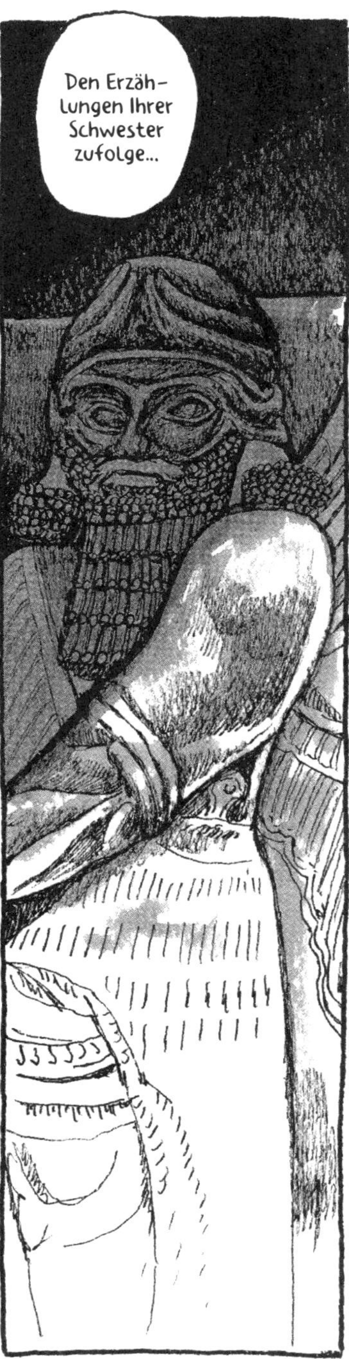
Den Erzählungen Ihrer Schwester zufolge...

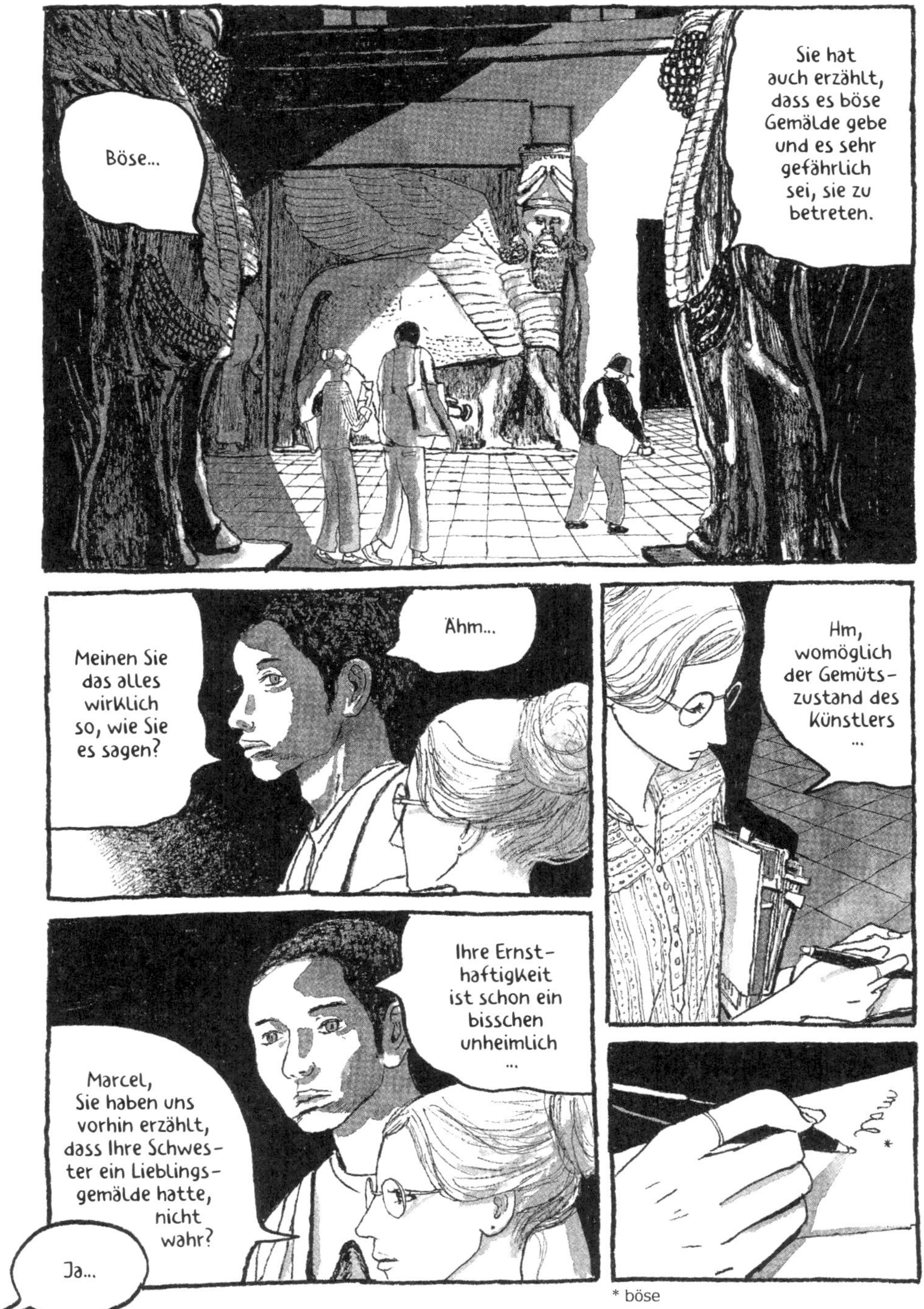

Böse...

Sie hat auch erzählt, dass es böse Gemälde gebe und es sehr gefährlich sei, sie zu betreten.

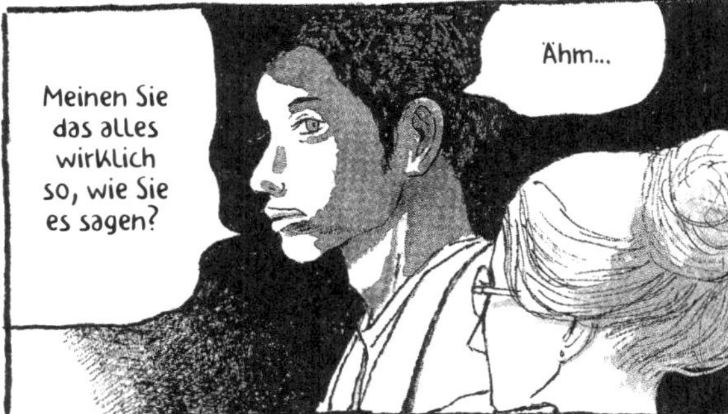

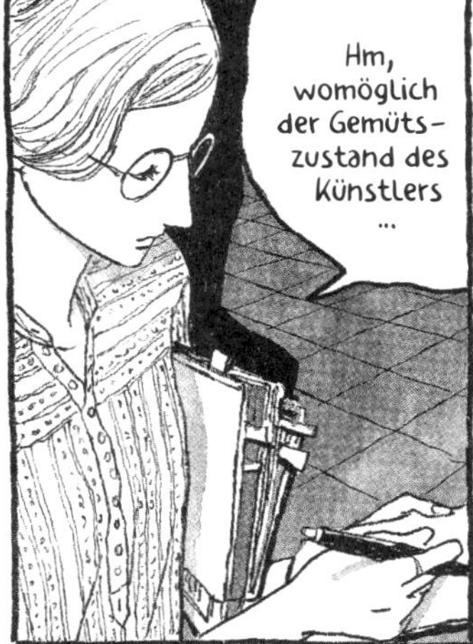

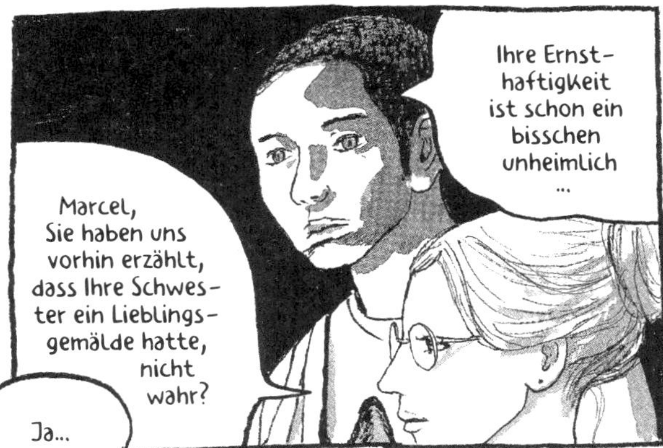

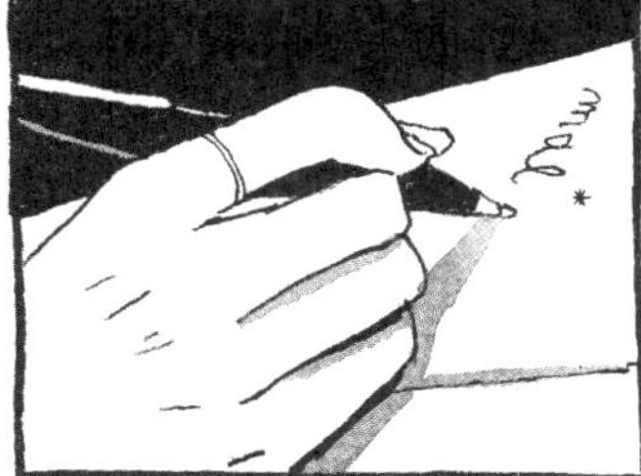

* böse

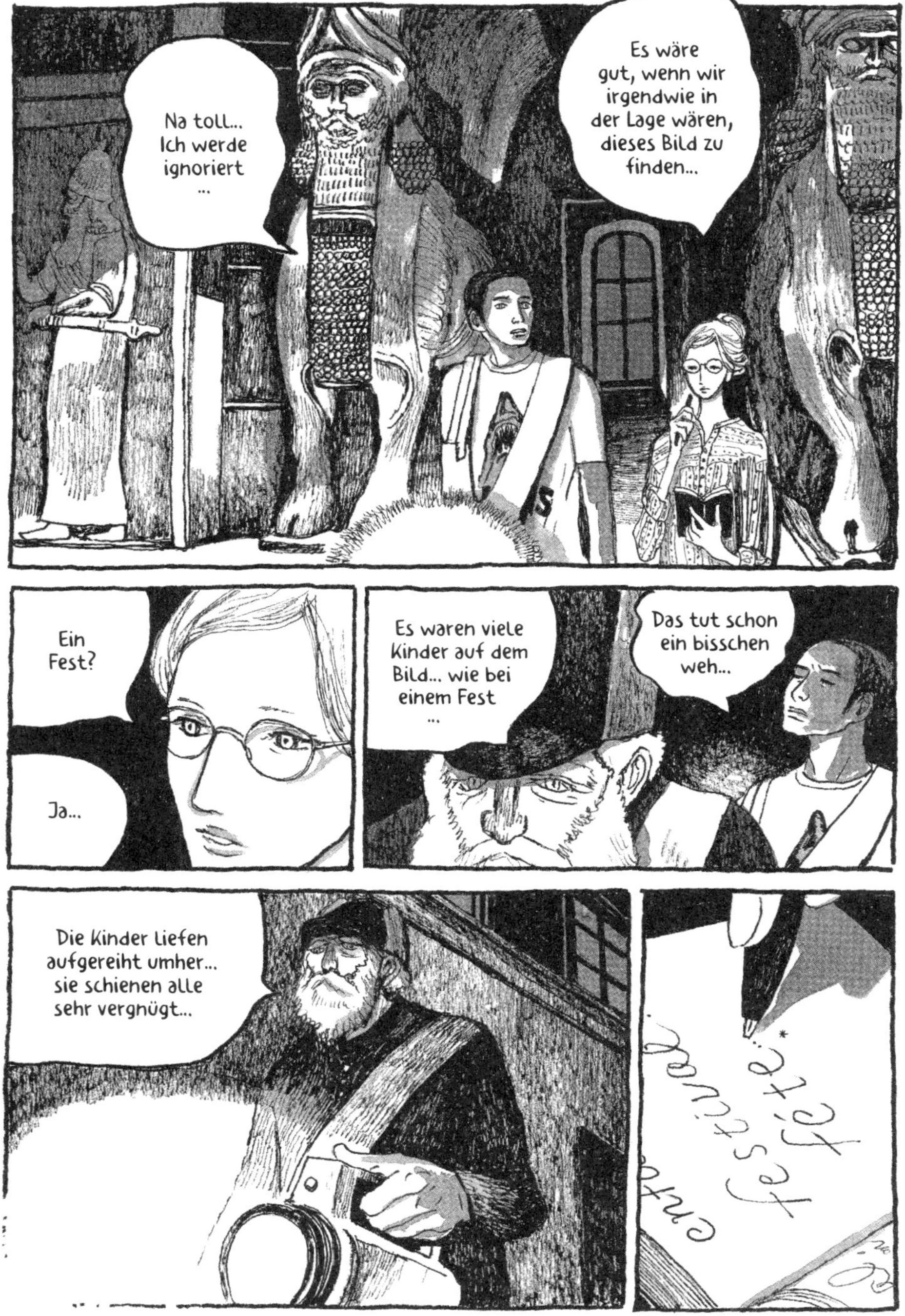

Na toll… Ich werde ignoriert …
Es wäre gut, wenn wir irgendwie in der Lage wären, dieses Bild zu finden…

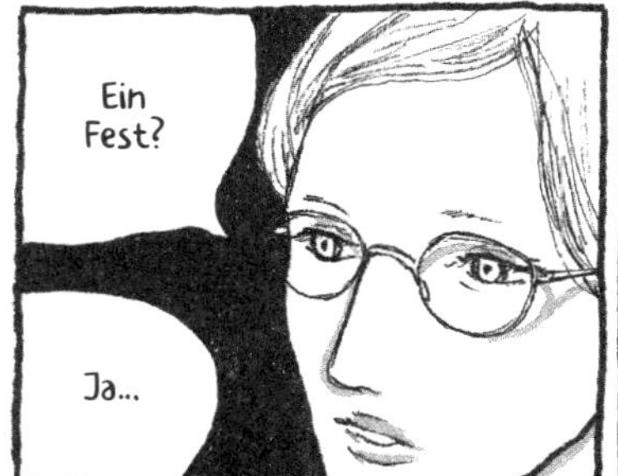

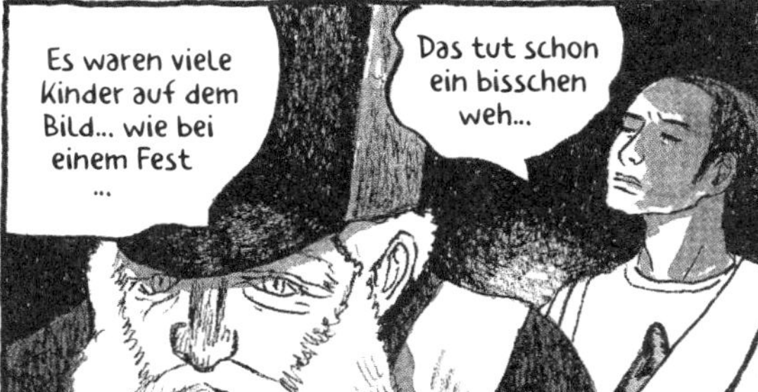

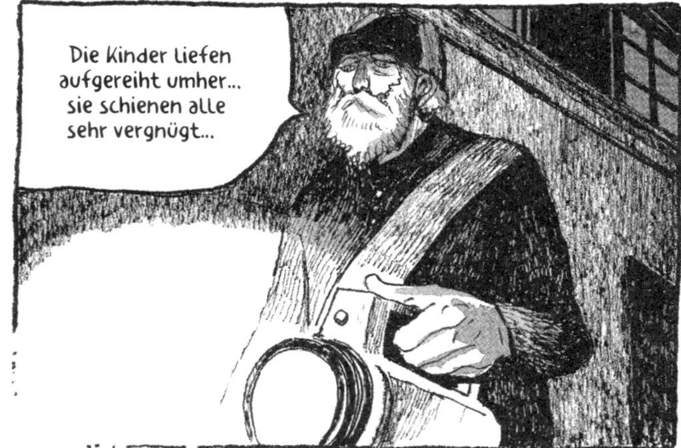

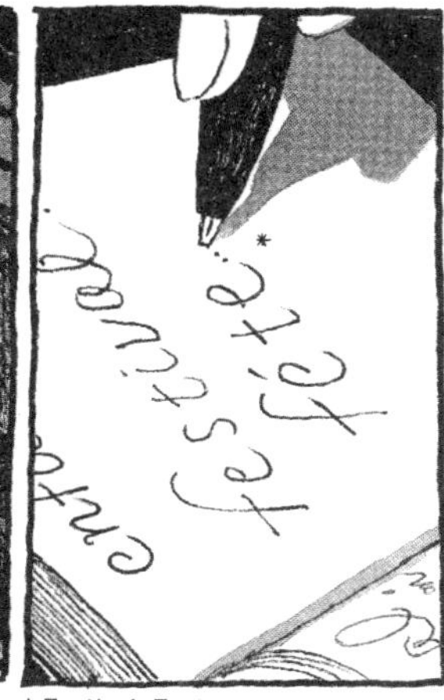

* Festival, Fest

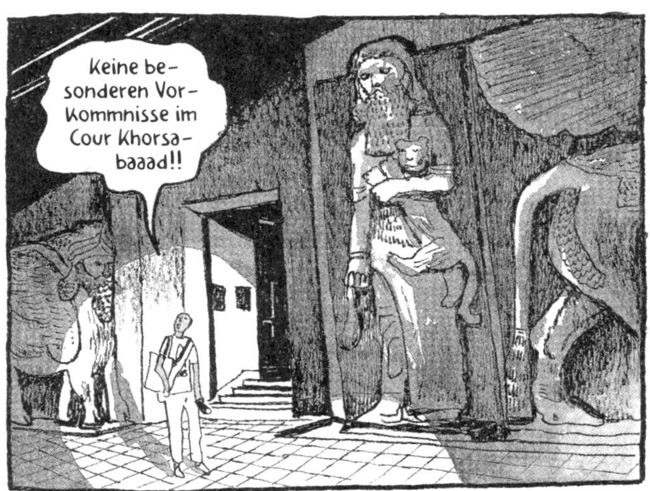

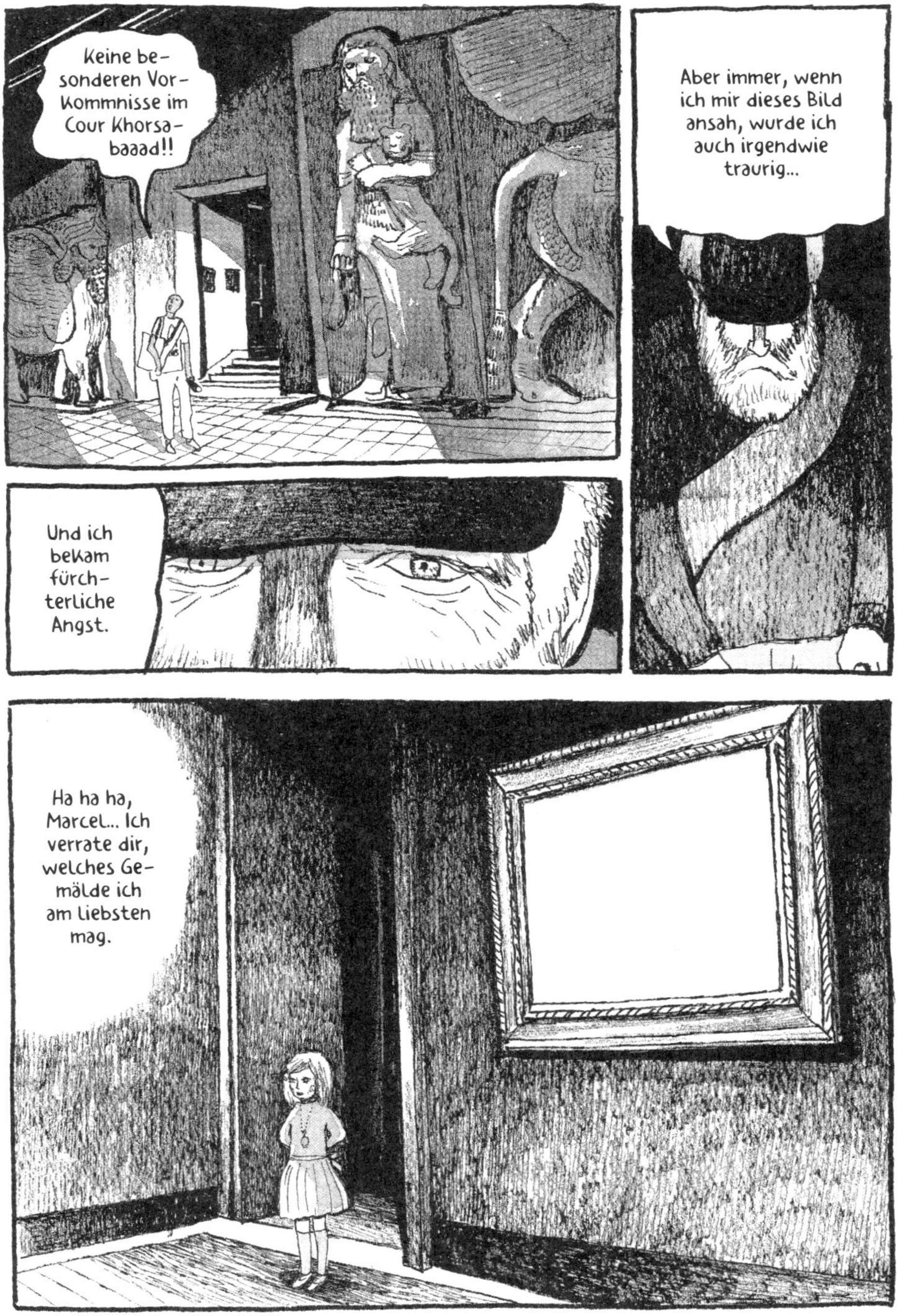

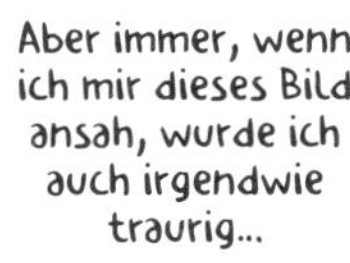

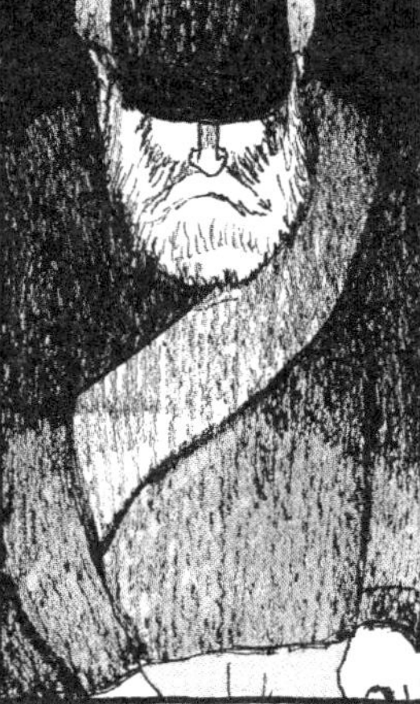

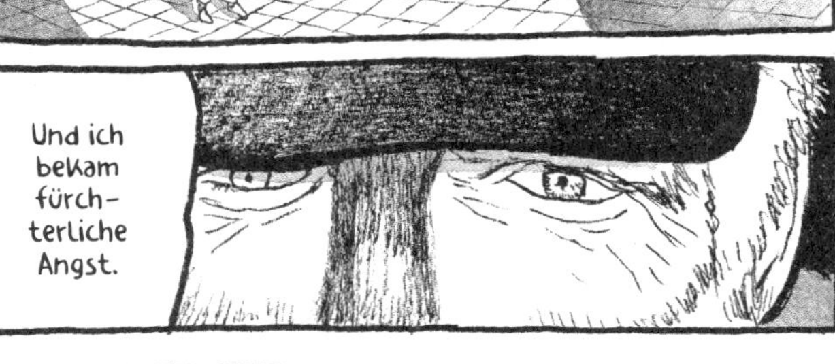

Ha ha ha, Marcel... Ich verrate dir, welches Gemälde ich am liebsten mag.

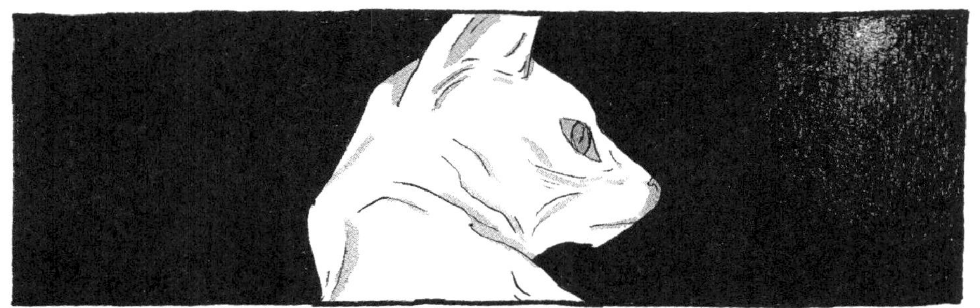

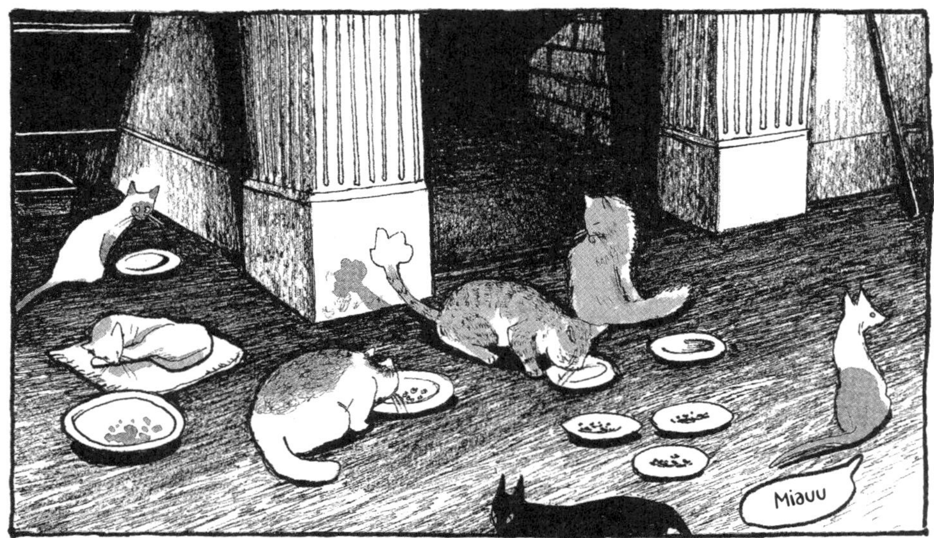
Miauu

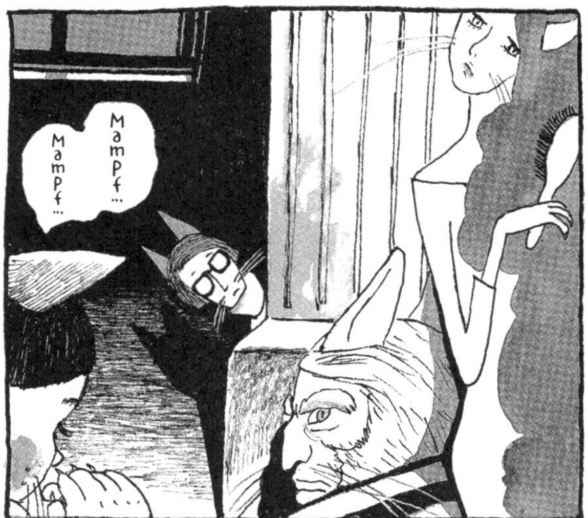
Mampf...
Mampf...

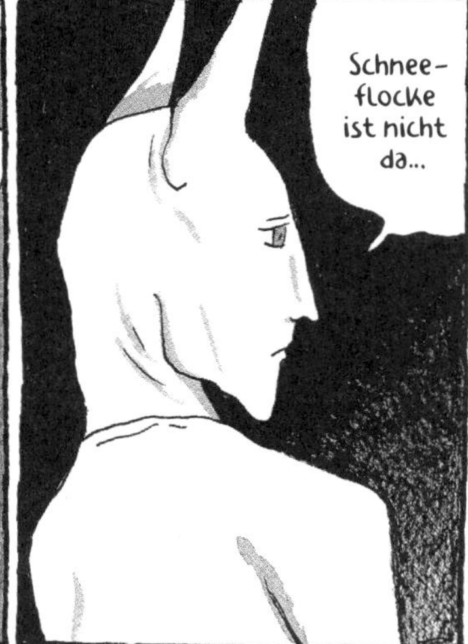
Schnee-flocke ist nicht da...

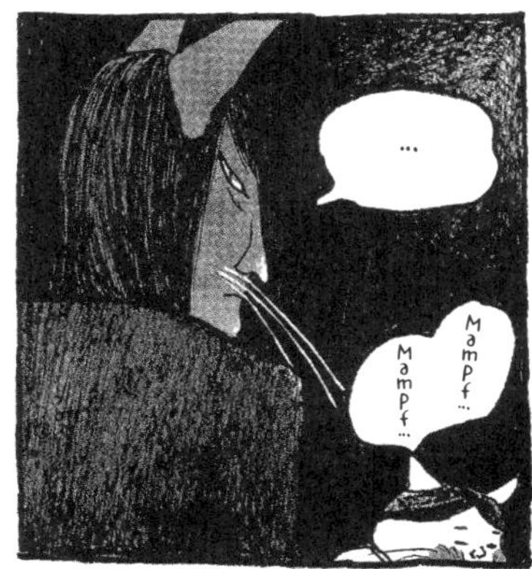
...
Mampf...
Mampf...
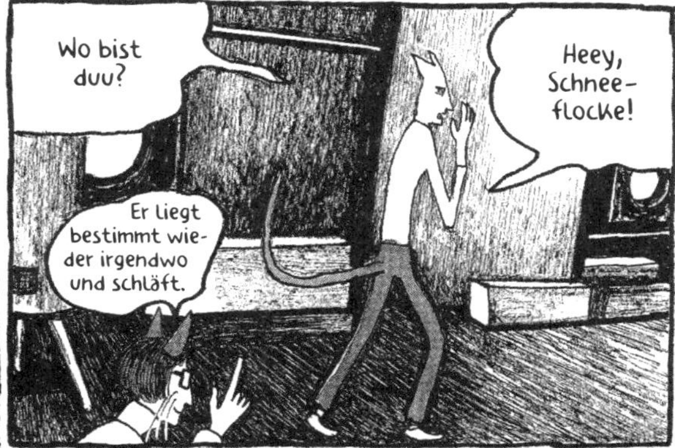
Wo bist duu?
Heey, Schnee-flocke!
Er liegt bestimmt wie-der irgendwo und schläft.
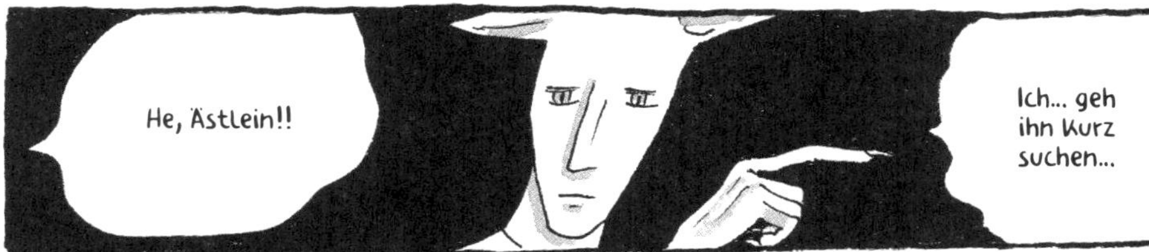
He, Ästlein!!
Ich... geh ihn kurz suchen...
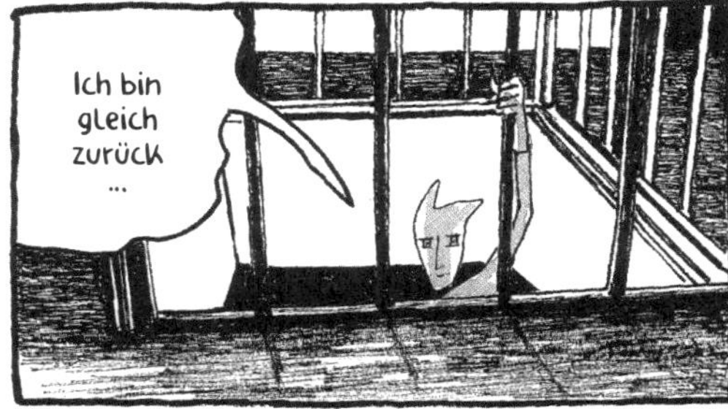
Ich bin gleich zurück ...
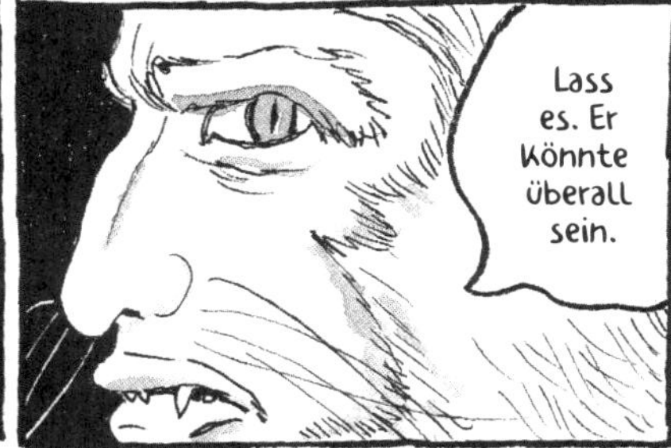
Lass es. Er könnte überall sein.
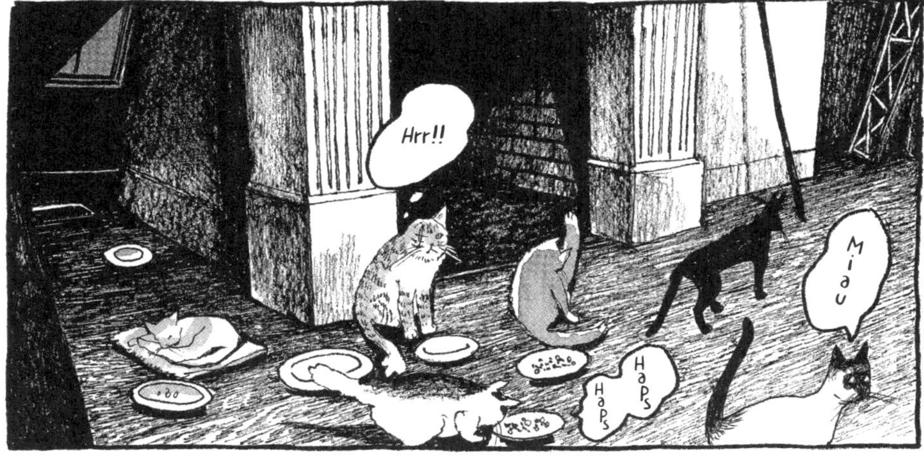
Hrr!!
Miau
Haps
Haps

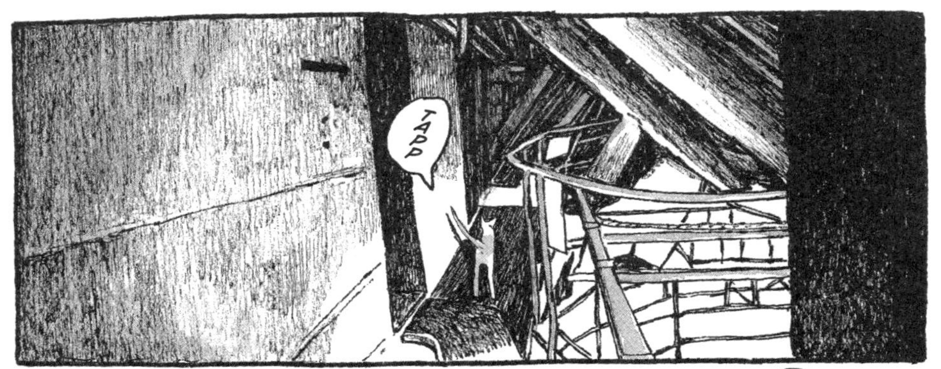
TAPP

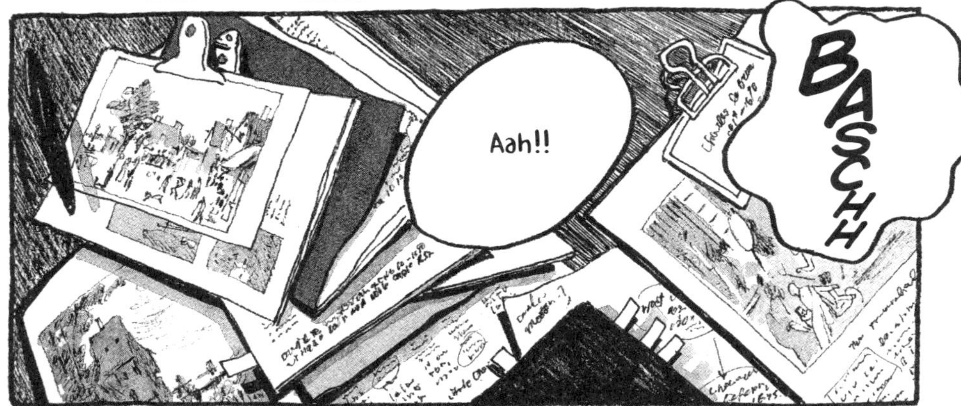
Aah!!
BASCHH

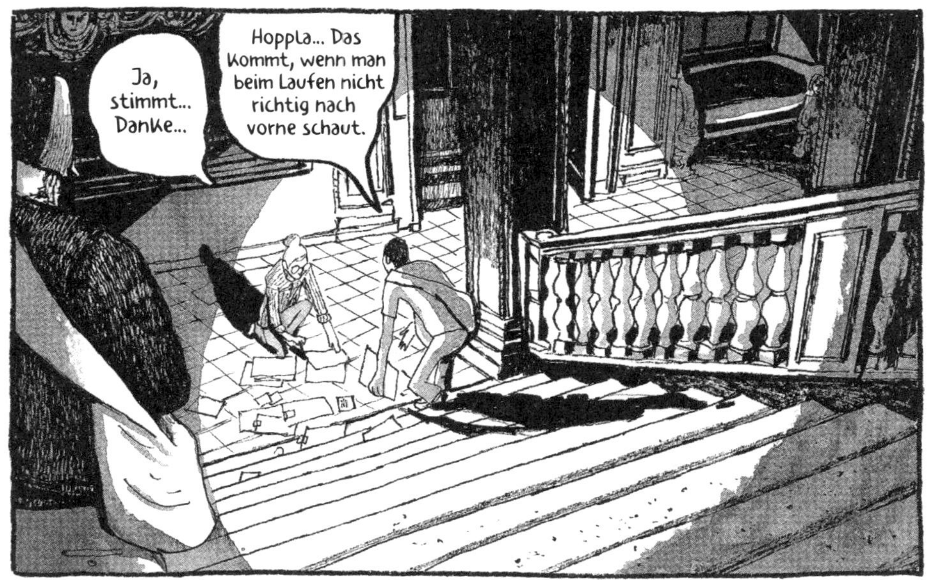
Hoppla... Das kommt, wenn man beim Laufen nicht richtig nach vorne schaut.
Ja, stimmt... Danke...

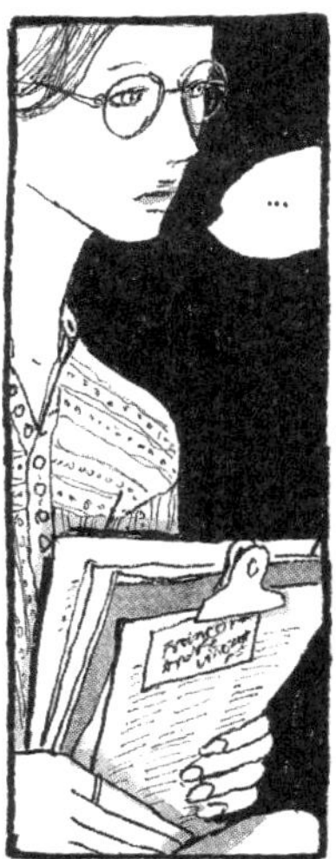
...
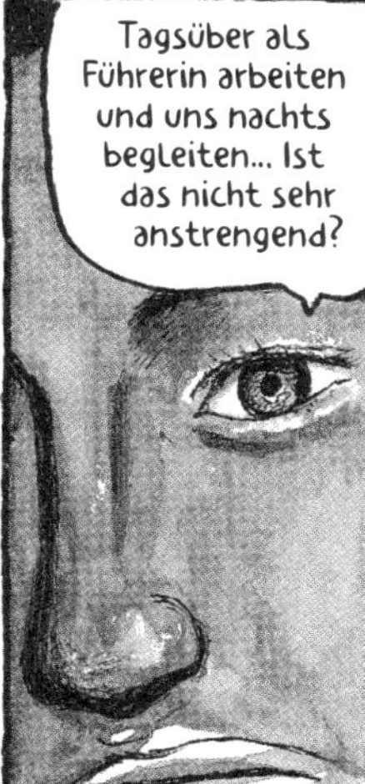
Tagsüber als Führerin arbeiten und uns nachts begleiten... Ist das nicht sehr anstrengend?
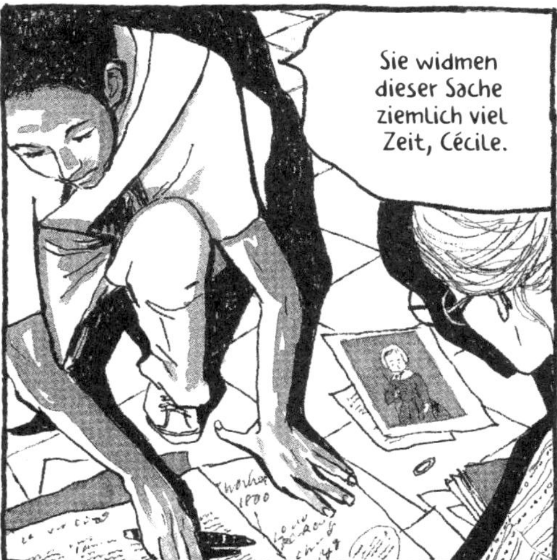
Sie widmen dieser Sache ziemlich viel Zeit, Cécile.
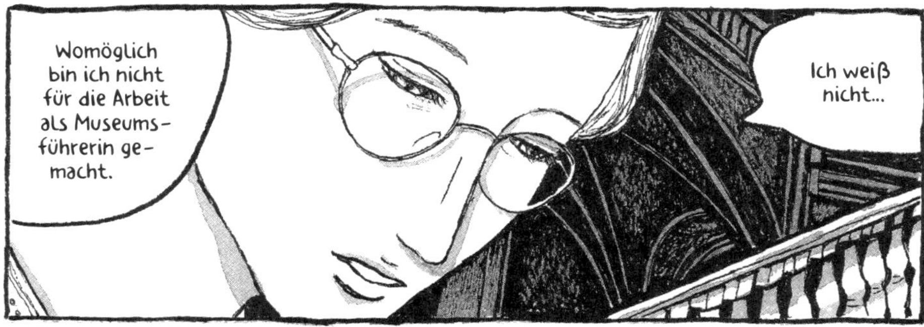
Ich weiß nicht...
Womöglich bin ich nicht für die Arbeit als Museums-führerin ge-macht.
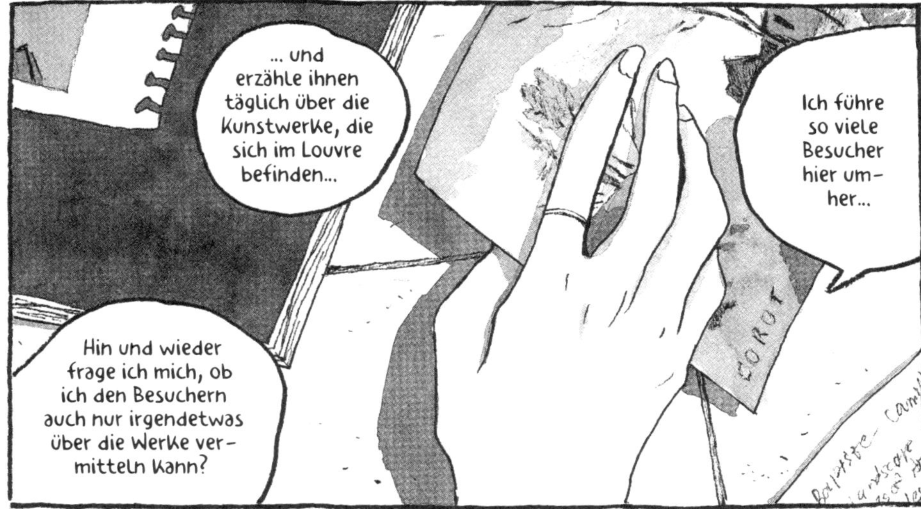
Ich führe so viele Besucher hier um-her...
... und erzähle ihnen täglich über die Kunstwerke, die sich im Louvre befinden...
Hin und wieder frage ich mich, ob ich den Besuchern auch nur irgendetwas über die Werke ver-mitteln kann?
COROT

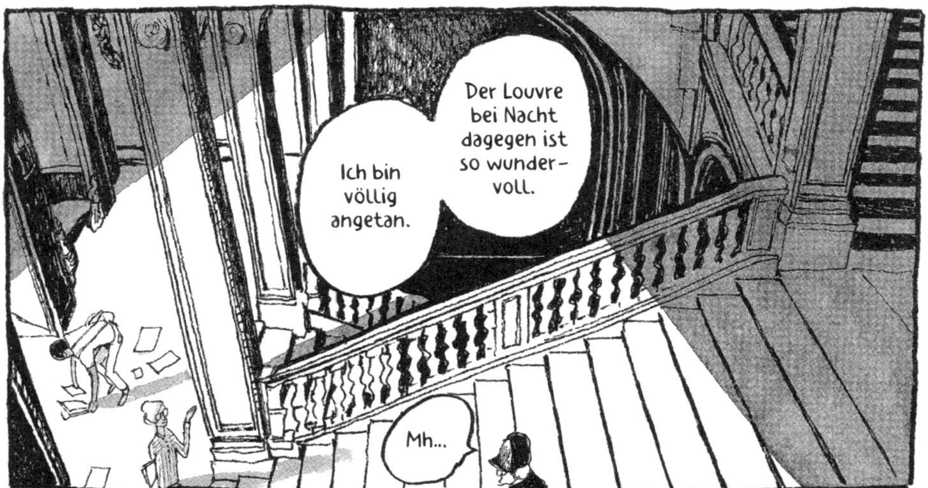
Der Louvre bei Nacht dagegen ist so wunder-voll.
Ich bin völlig angetan.
Mh...

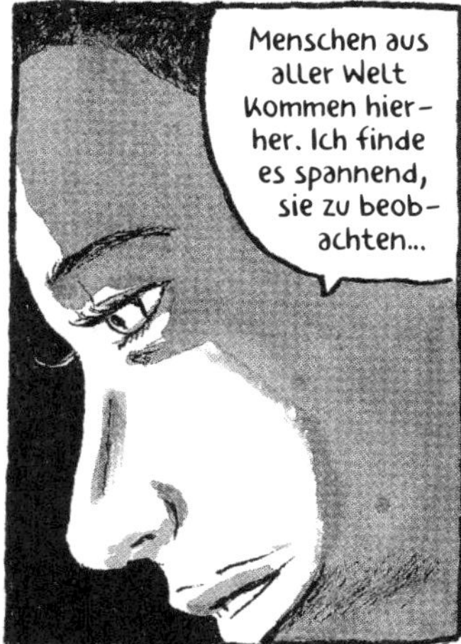
Menschen aus aller Welt kommen hier-her. Ich finde es spannend, sie zu beob-achten...

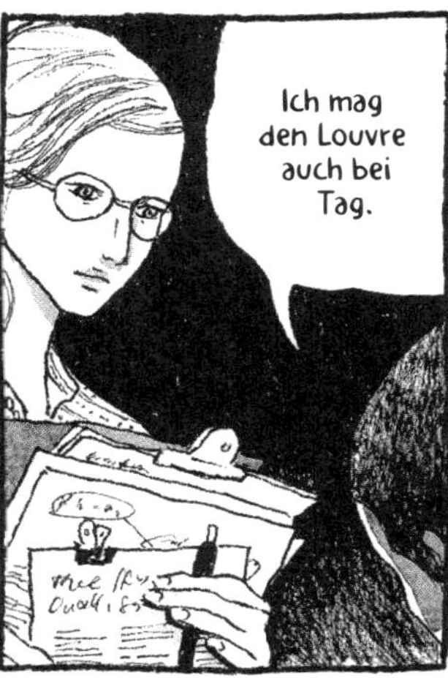
Ich mag den Louvre auch bei Tag.

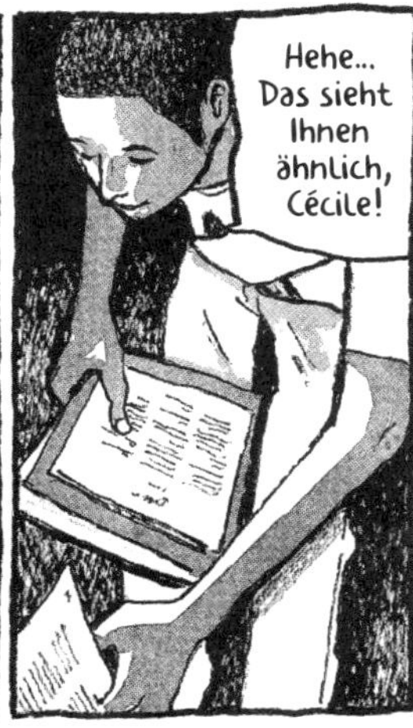
Hehe... Das sieht Ihnen ähnlich, Cécile!

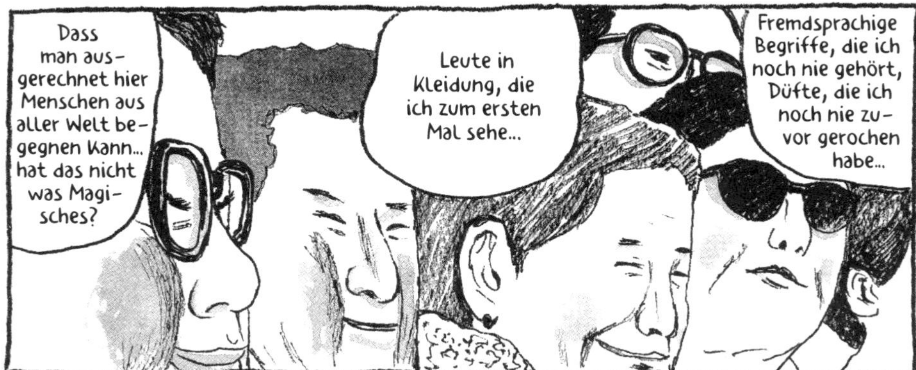
Dass man aus-gerechnet hier Menschen aus aller Welt be-gegnen kann... hat das nicht was Magi-sches?
Leute in Kleidung, die ich zum ersten Mal sehe...
Fremdsprachige Begriffe, die ich noch nie gehört, Düfte, die ich noch nie zu-vor gerochen habe...

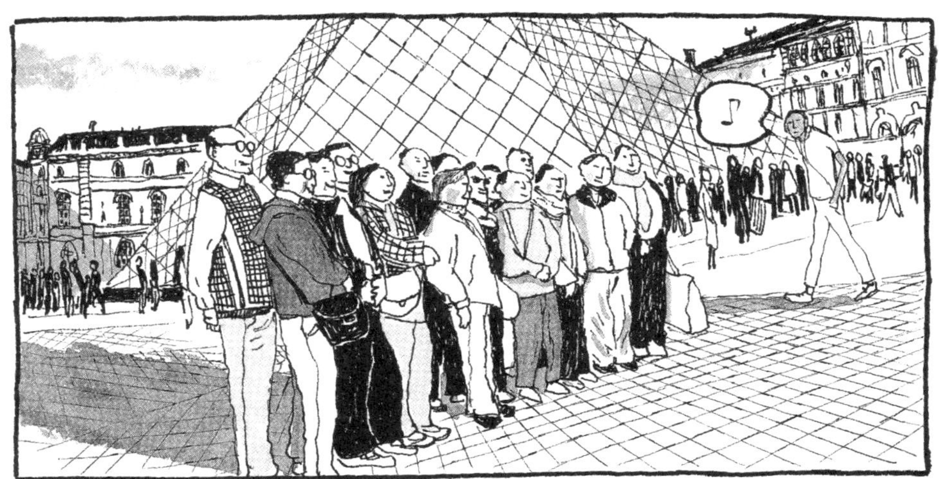
♪

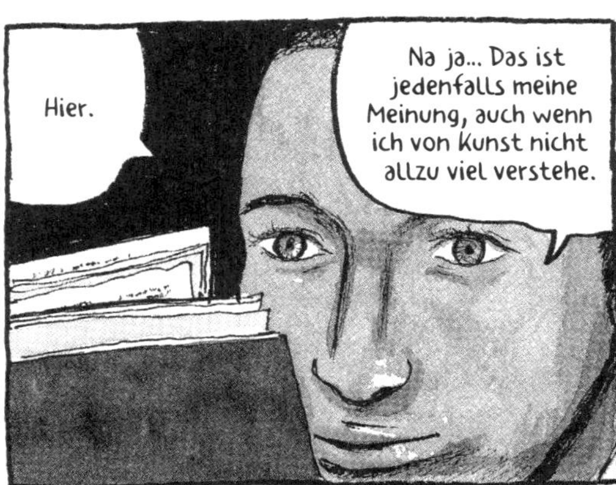
Hier.
Na ja... Das ist jedenfalls meine Meinung, auch wenn ich von Kunst nicht allzu viel verstehe.

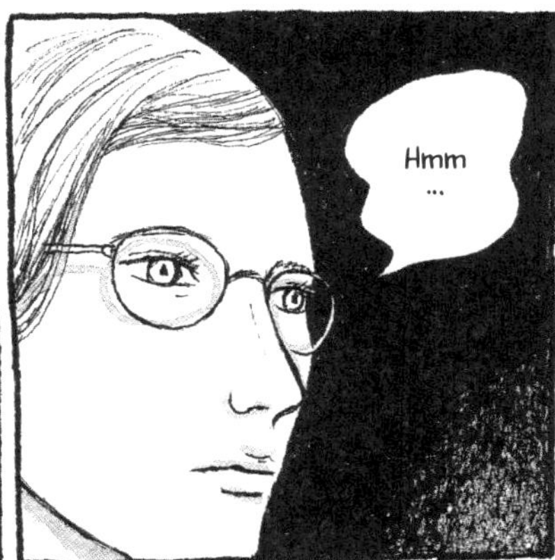
Hmm ...

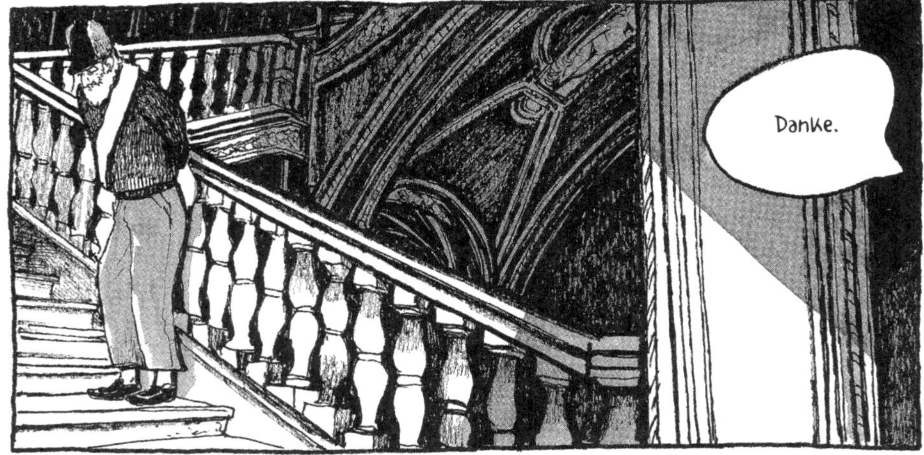
Danke.

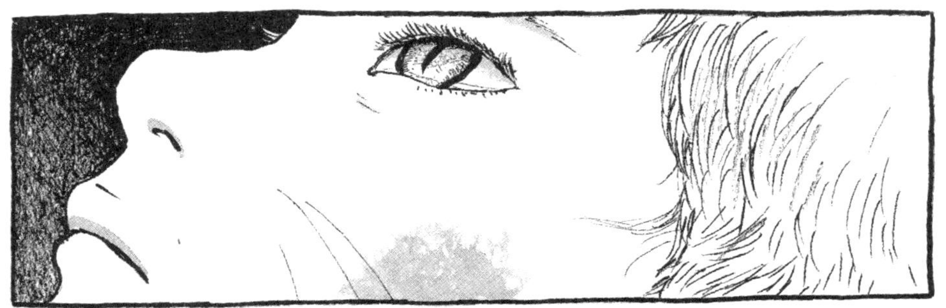

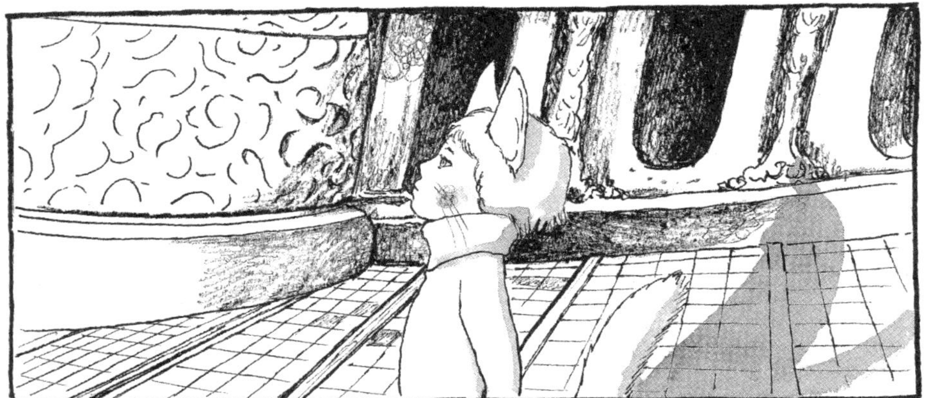

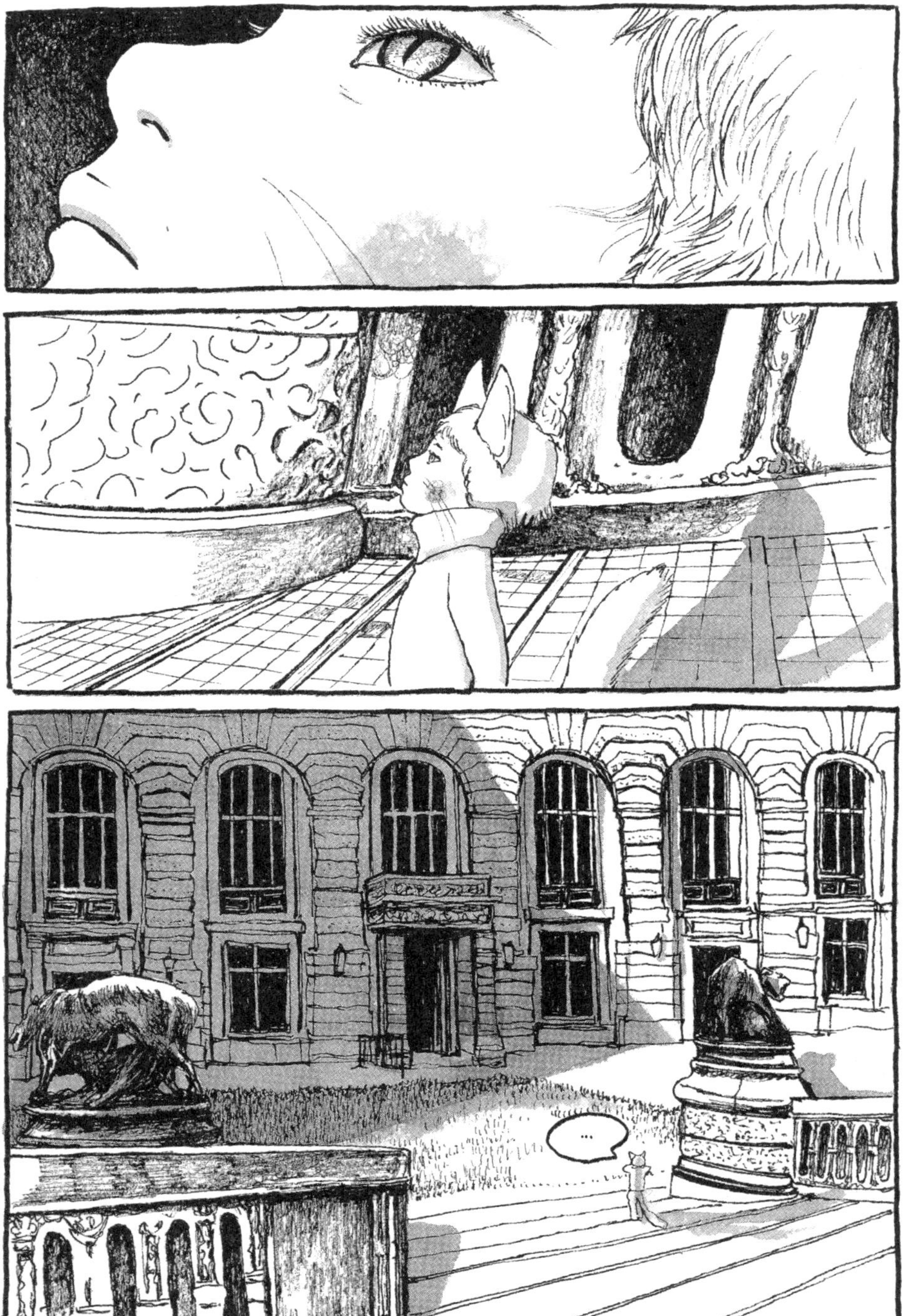

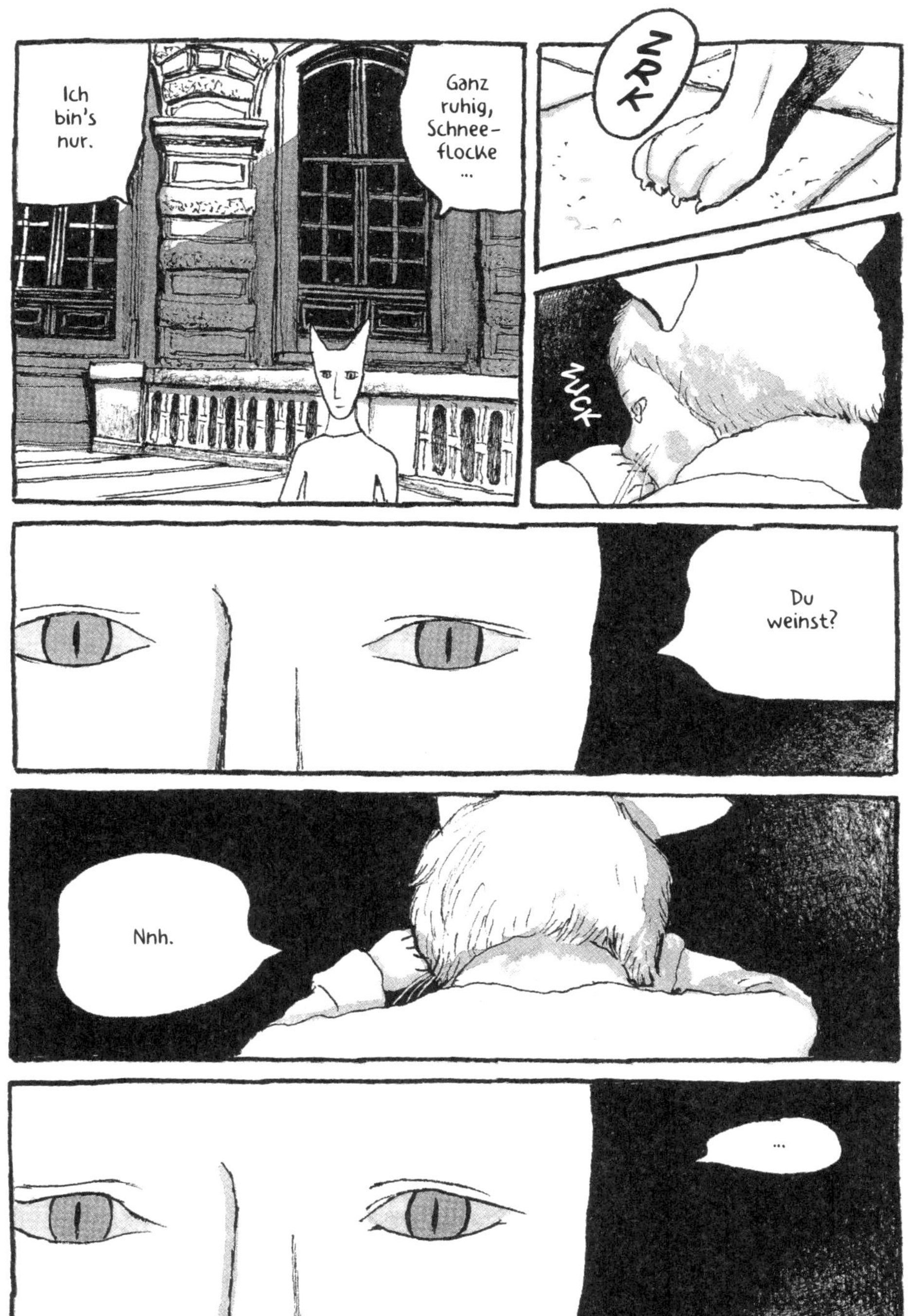
Ich bin's nur.
Ganz ruhig, Schnee-flocke ...
ZRK
ZUCK
Du weinst?
Nnh.
...

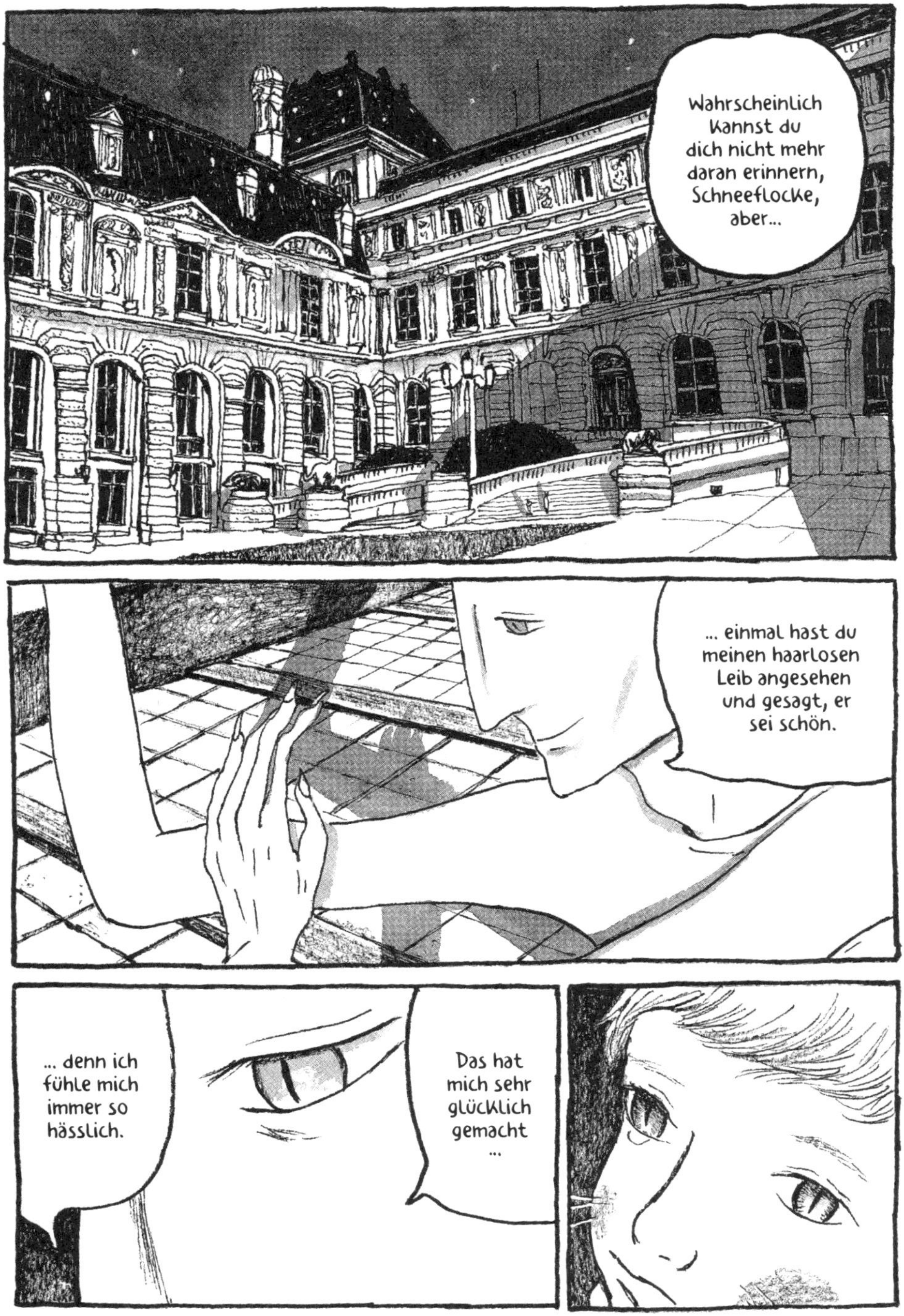

Wahrscheinlich kannst du dich nicht mehr daran erinnern, Schneeflocke, aber...

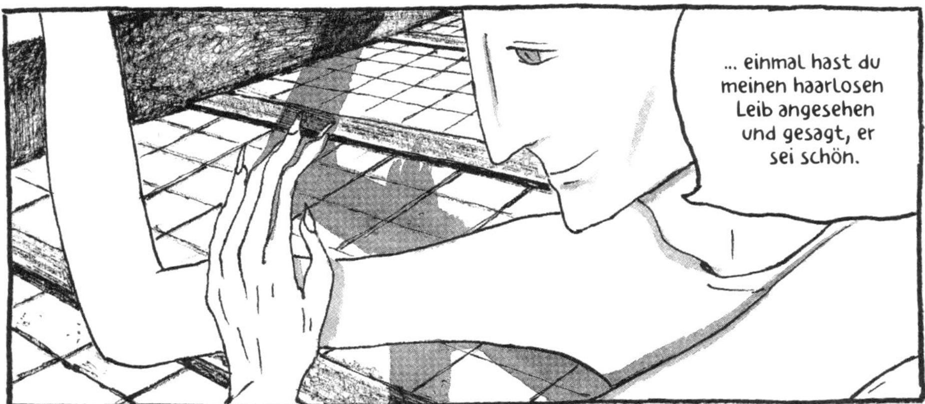

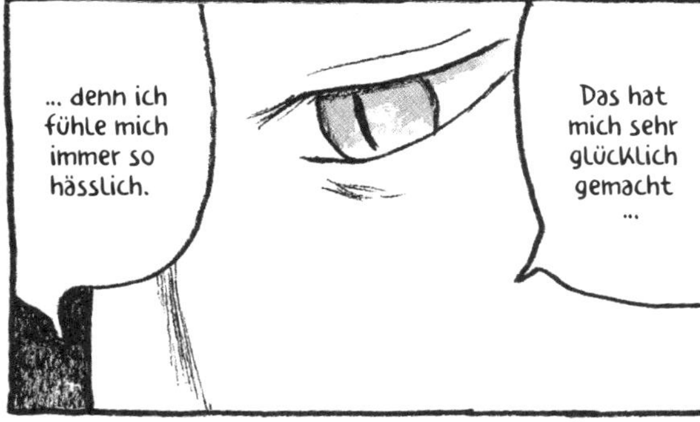

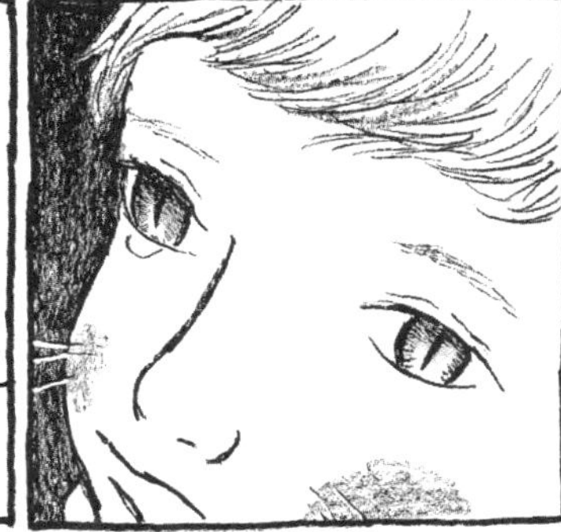

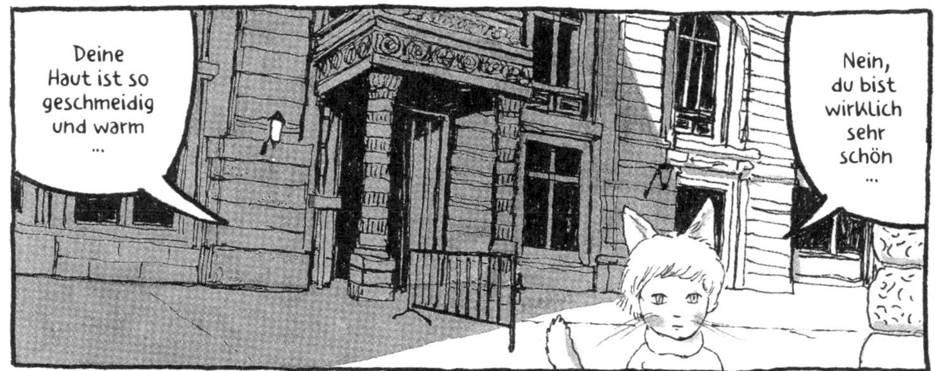
Deine Haut ist so geschmeidig und warm ...
Nein, du bist wirklich sehr schön ...

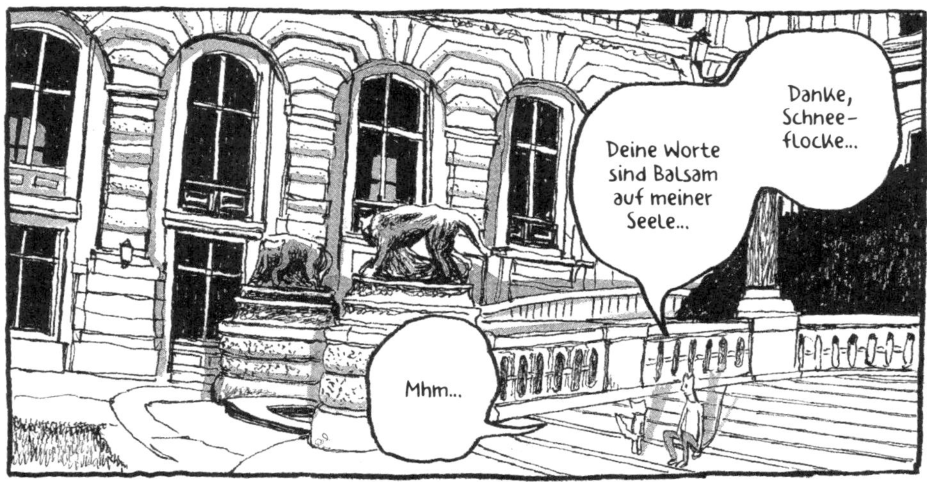
Danke, Schnee-flocke...
Deine Worte sind Balsam auf meiner Seele...
Mhm...

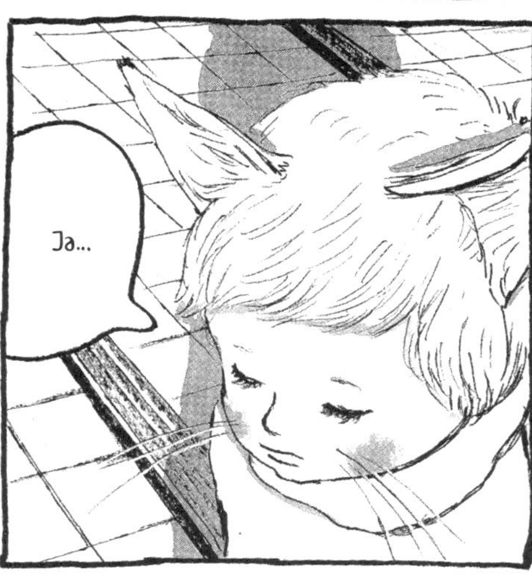
Ja...

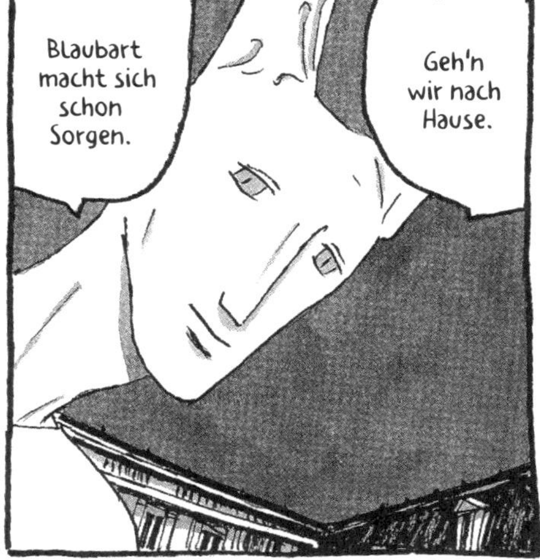
Geh'n wir nach Hause.
Blaubart macht sich schon Sorgen.

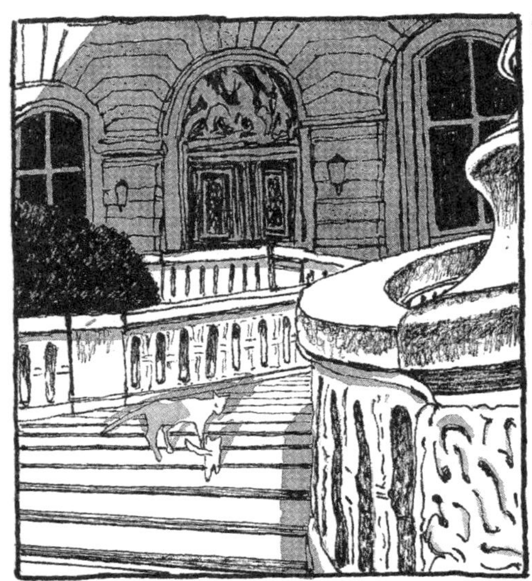

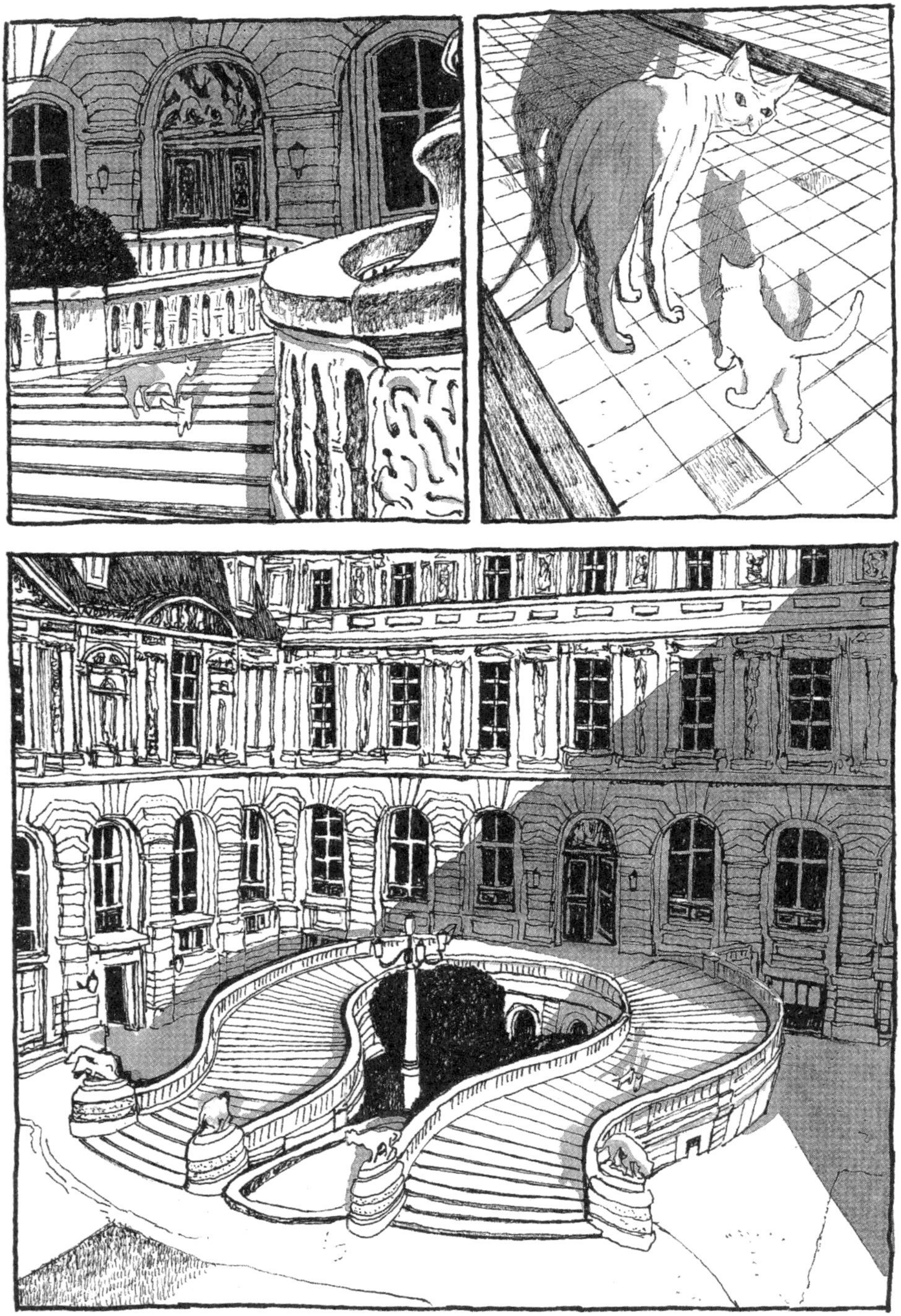

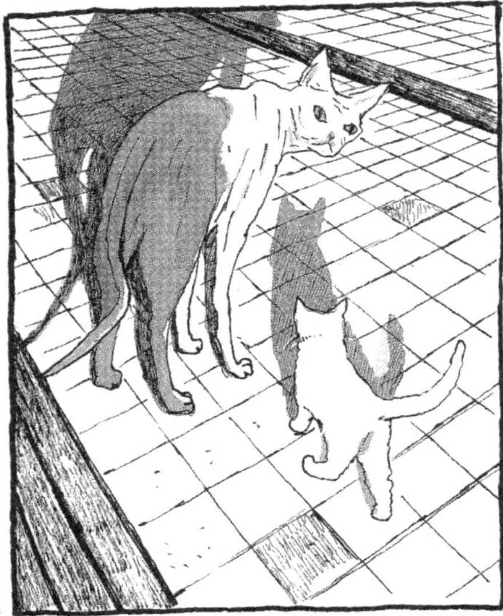

Kapitel 8

DAS GEHEIMNIS DER KLEINEN SPINNE

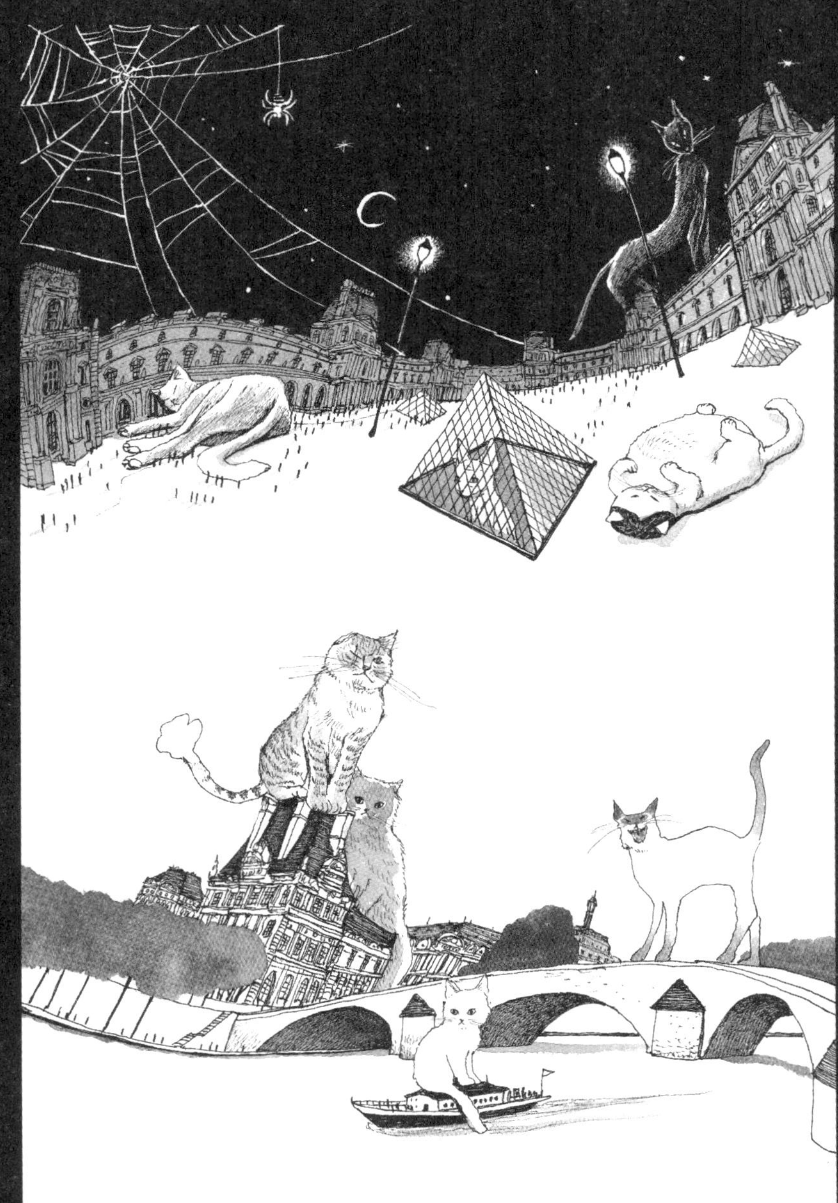

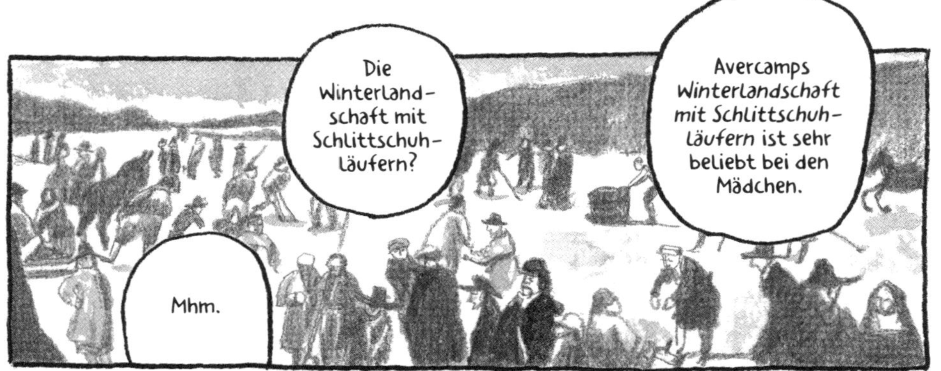
Die Winterland-schaft mit Schlittschuh-läufern?
Avercamps Winterlandschaft mit Schlittschuh-läufern ist sehr beliebt bei den Mädchen.
Mhm.

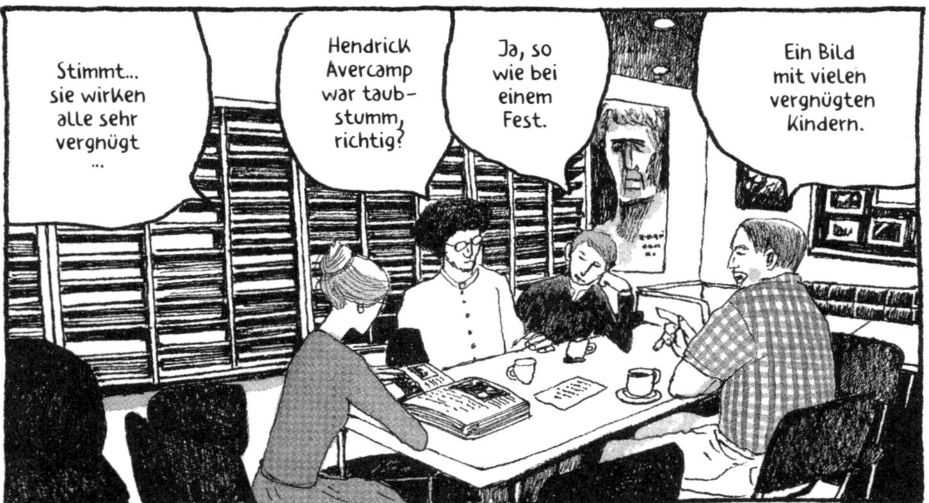
Ein Bild mit vielen vergnügten Kindern.
Ja, so wie bei einem Fest.
Hendrick Avercamp war taub-stumm, richtig?
Stimmt... sie wirken alle sehr vergnügt ...

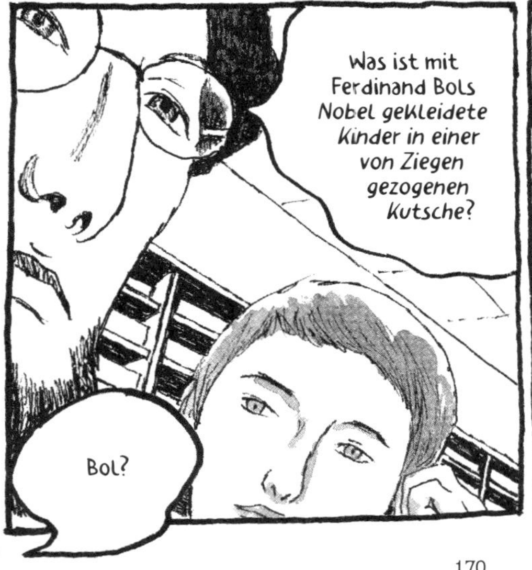
Was ist mit Ferdinand Bols Nobel gekleidete Kinder in einer von Ziegen gezogenen Kutsche?
Bol?

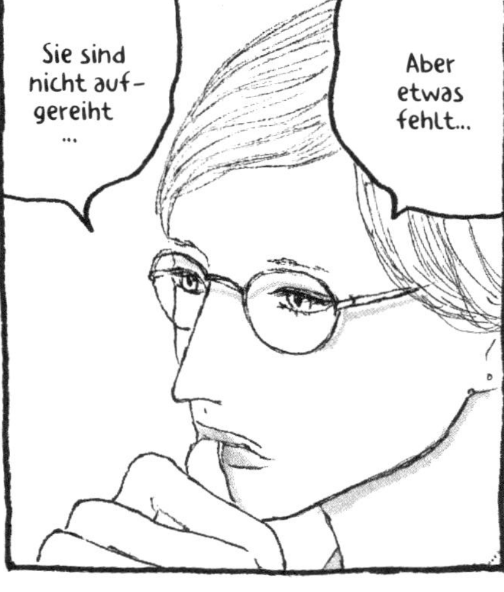
Aber etwas fehlt...
Sie sind nicht auf-gereiht ...

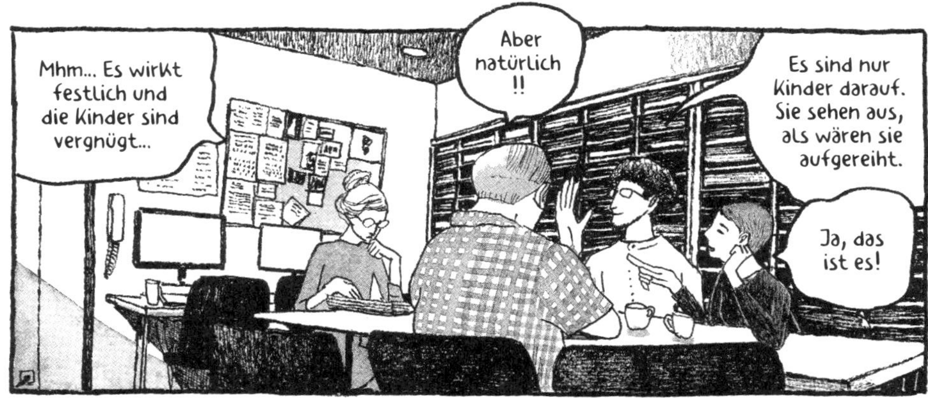

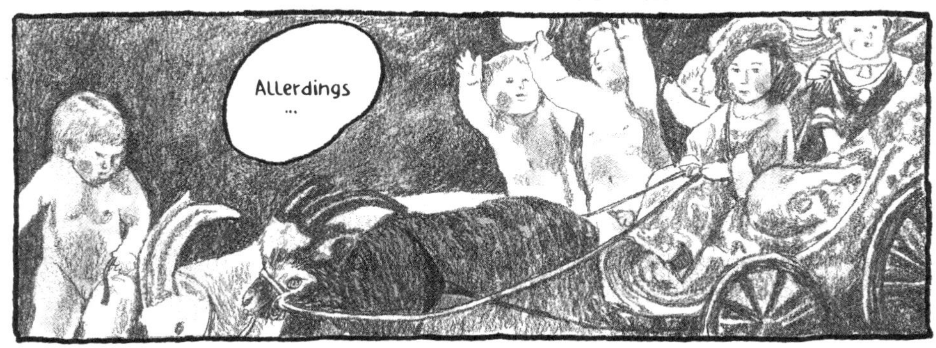

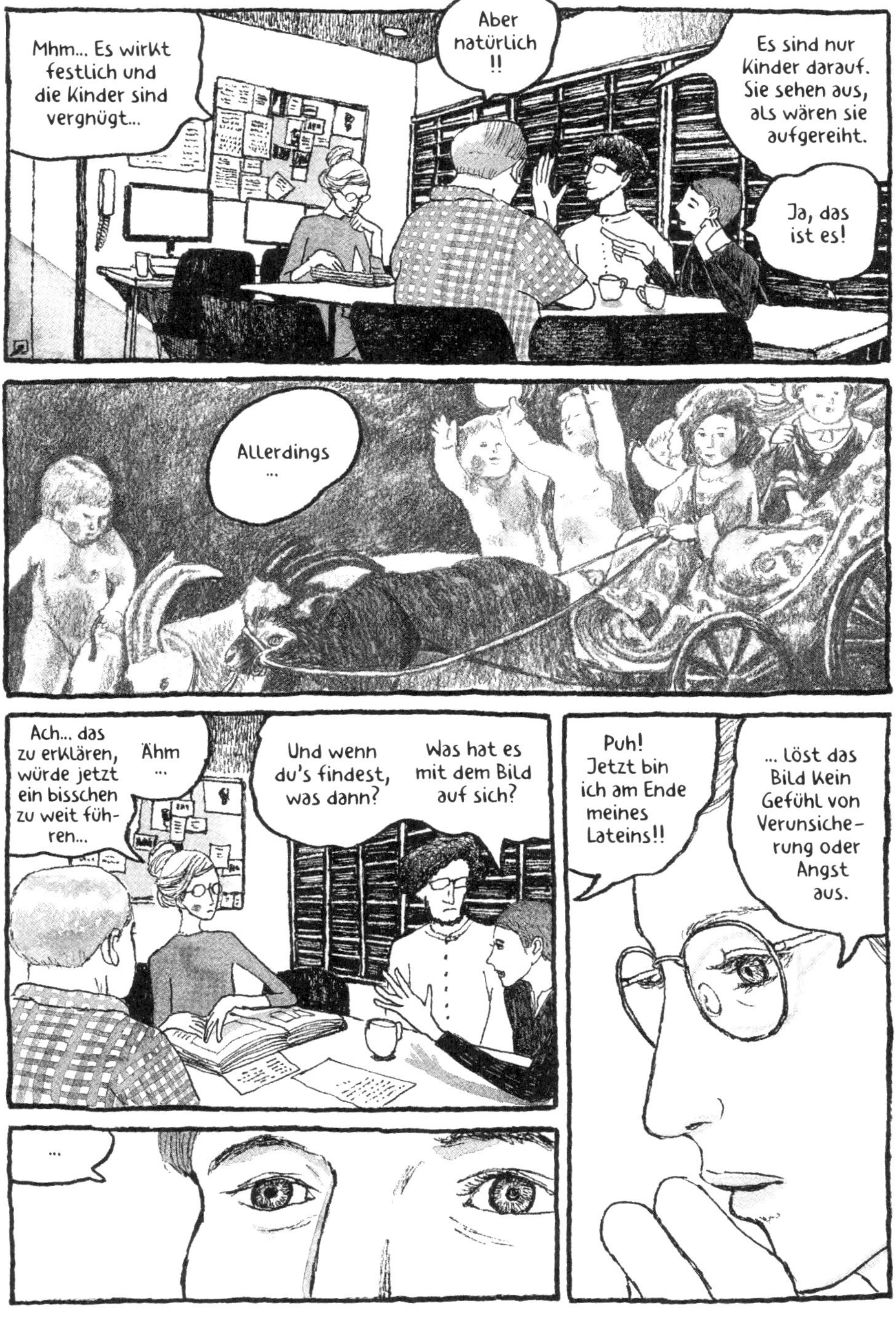

Ach... das zu erklären, würde jetzt ein bisschen zu weit führen...
Ähm ...
Und wenn du's findest, was dann?
Was hat es mit dem Bild auf sich?
Puh! Jetzt bin ich am Ende meines Lateins!!
... löst das Bild kein Gefühl von Verunsicherung oder Angst aus.
...

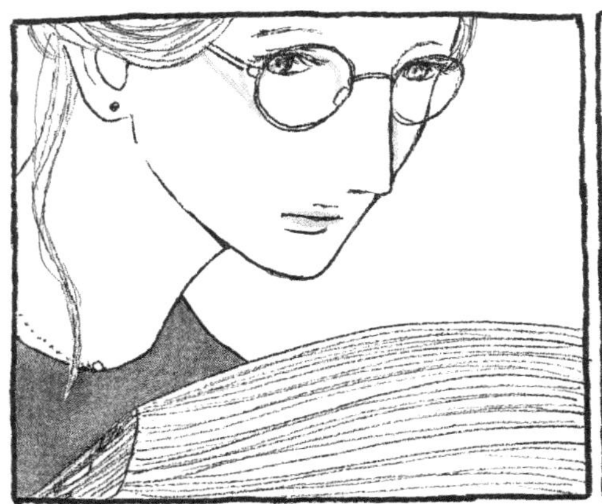

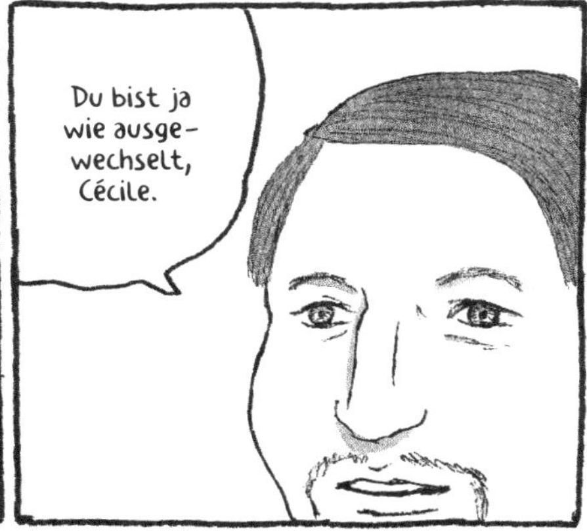
Du bist ja
wie ausge-
wechselt,
Cécile.

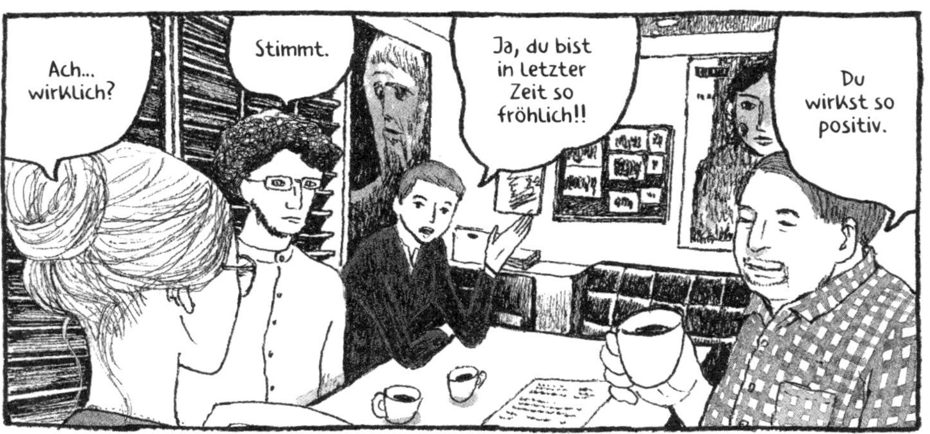
Ach...
wirklich?
Stimmt.
Ja, du bist
in letzter
Zeit so
fröhlich!!
Du
wirkst so
positiv.

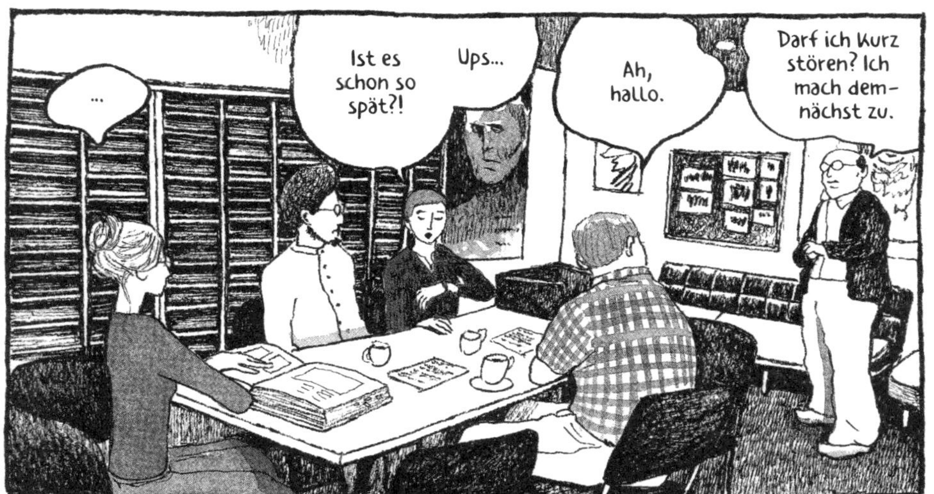
...
Ist es
schon so
spät?!
Ups...
Ah,
hallo.
Darf ich kurz
stören? Ich
mach dem-
nächst zu.

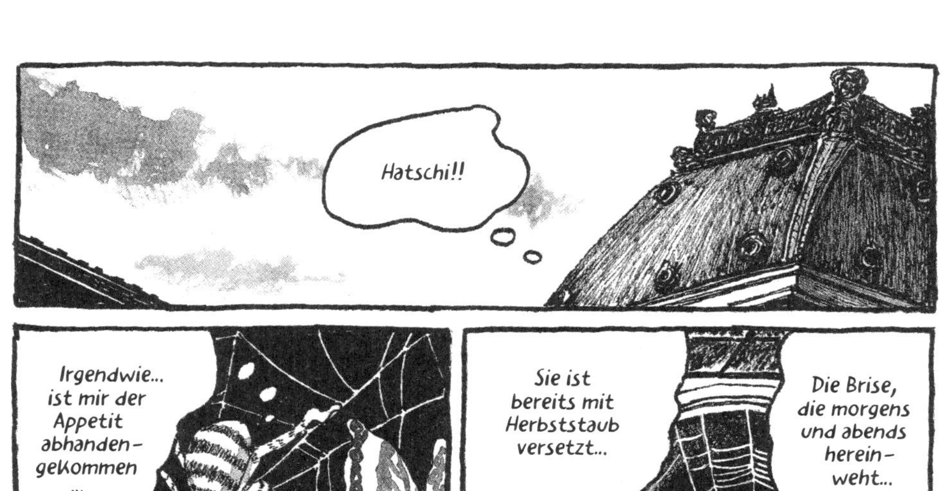
Hatschi!!

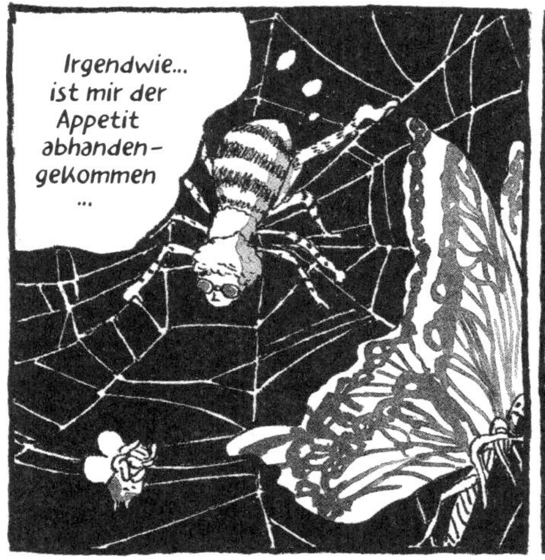
Irgendwie... ist mir der Appetit abhanden-gekommen ...

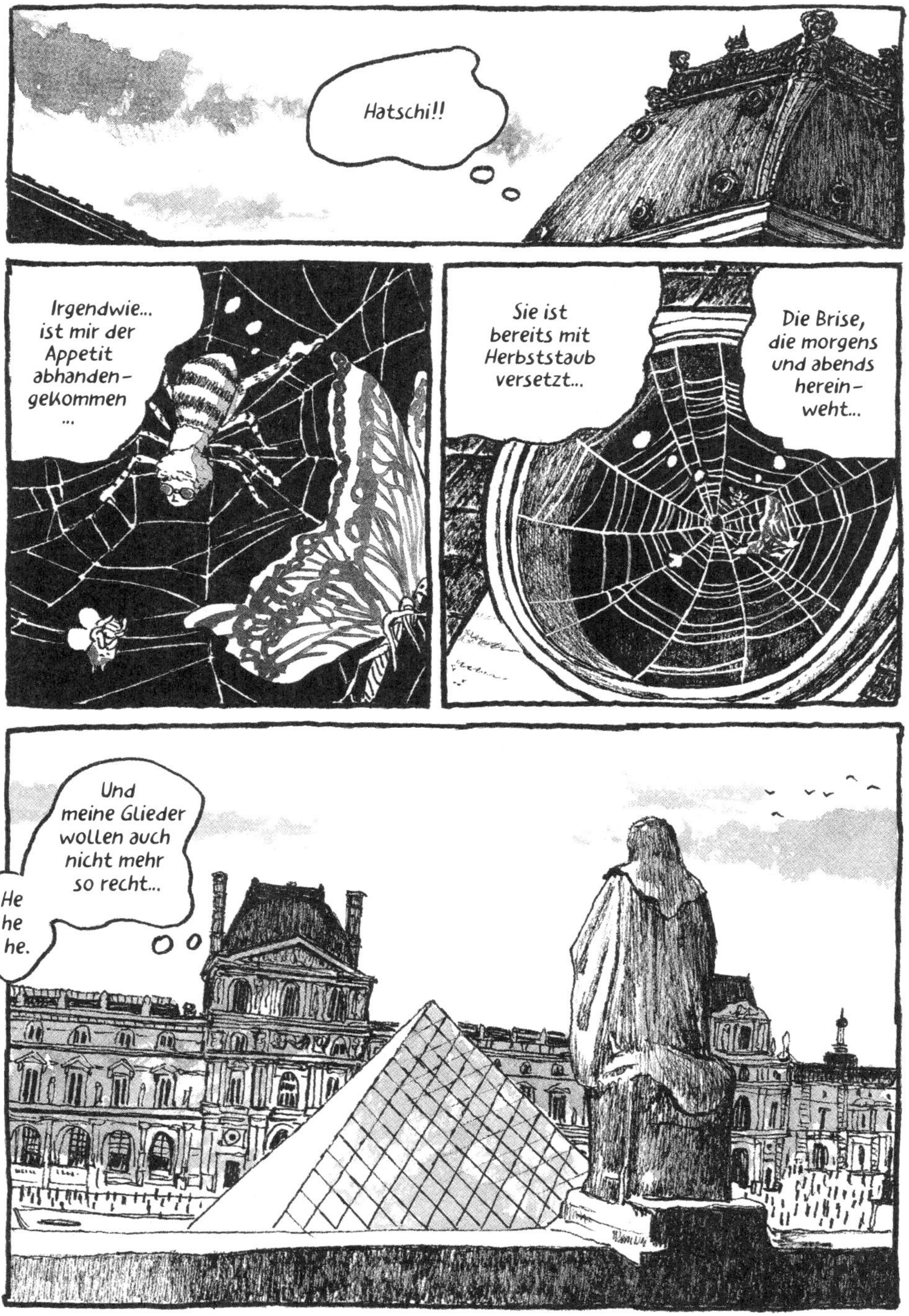

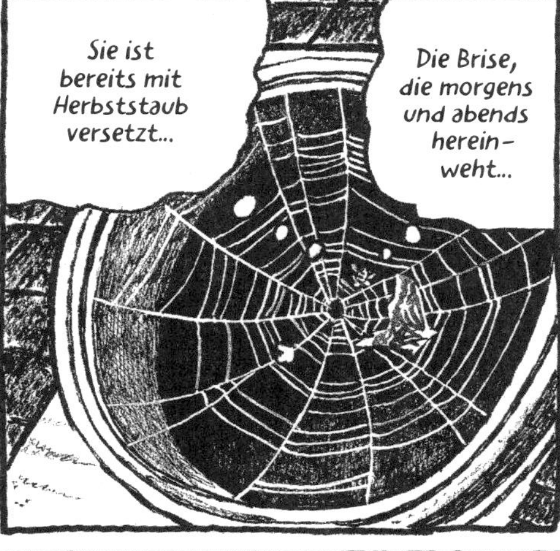
Die Brise, die morgens und abends herein-weht...
Sie ist bereits mit Herbststaub versetzt...

Und meine Glieder wollen auch nicht mehr so recht...
He he he.

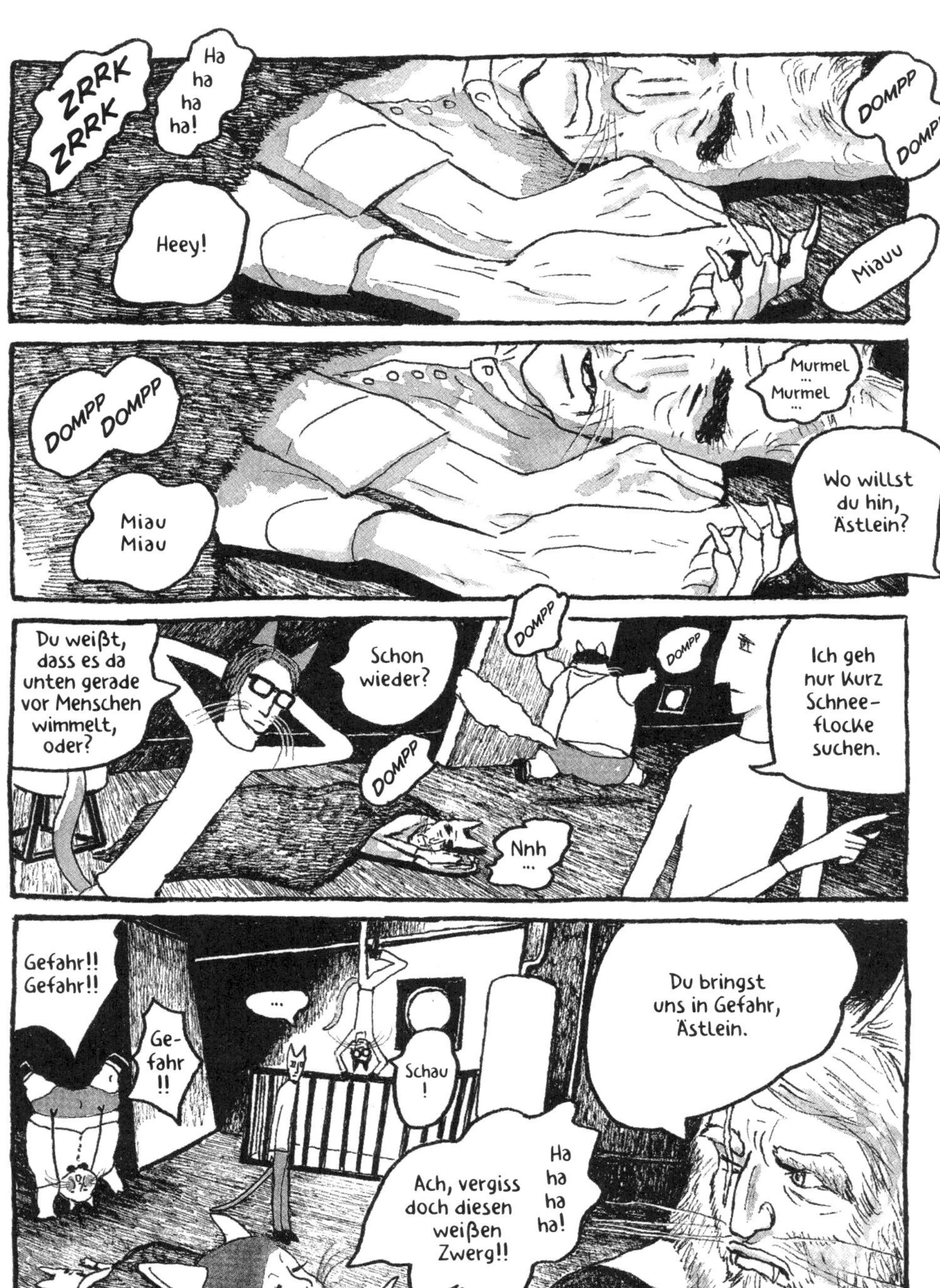
ZRRK
ZRRK
Ha ha ha ha!
DOMPP
DOMPP
Heey!
Miauu
DOMPP DOMPP
Murmel … Murmel …
Miau Miau
Wo willst du hin, Ästlein?
Du weißt, dass es da unten gerade vor Menschen wimmelt, oder?
Schon wieder?
DOMPP
DOMPP
Ich geh nur kurz Schneeflocke suchen.
DOMPP
Nnh …
Gefahr!! Gefahr!!
…
Gefahr!!
Du bringst uns in Gefahr, Ästlein.
Schau!
Ha ha ha ha!
Ach, vergiss doch diesen weißen Zwerg!!

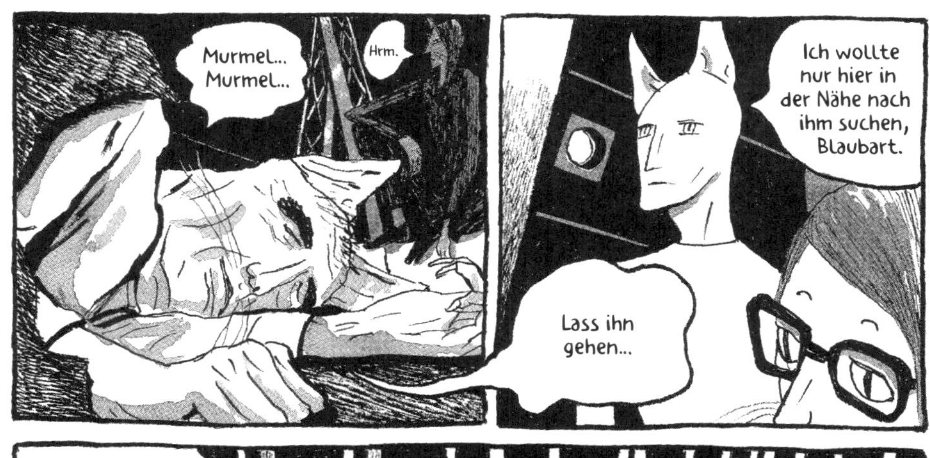

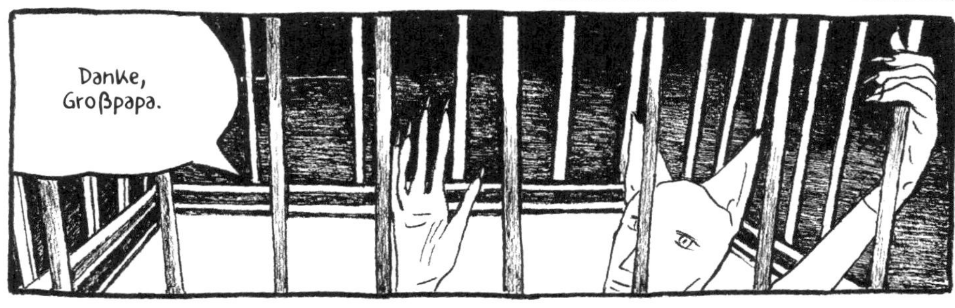

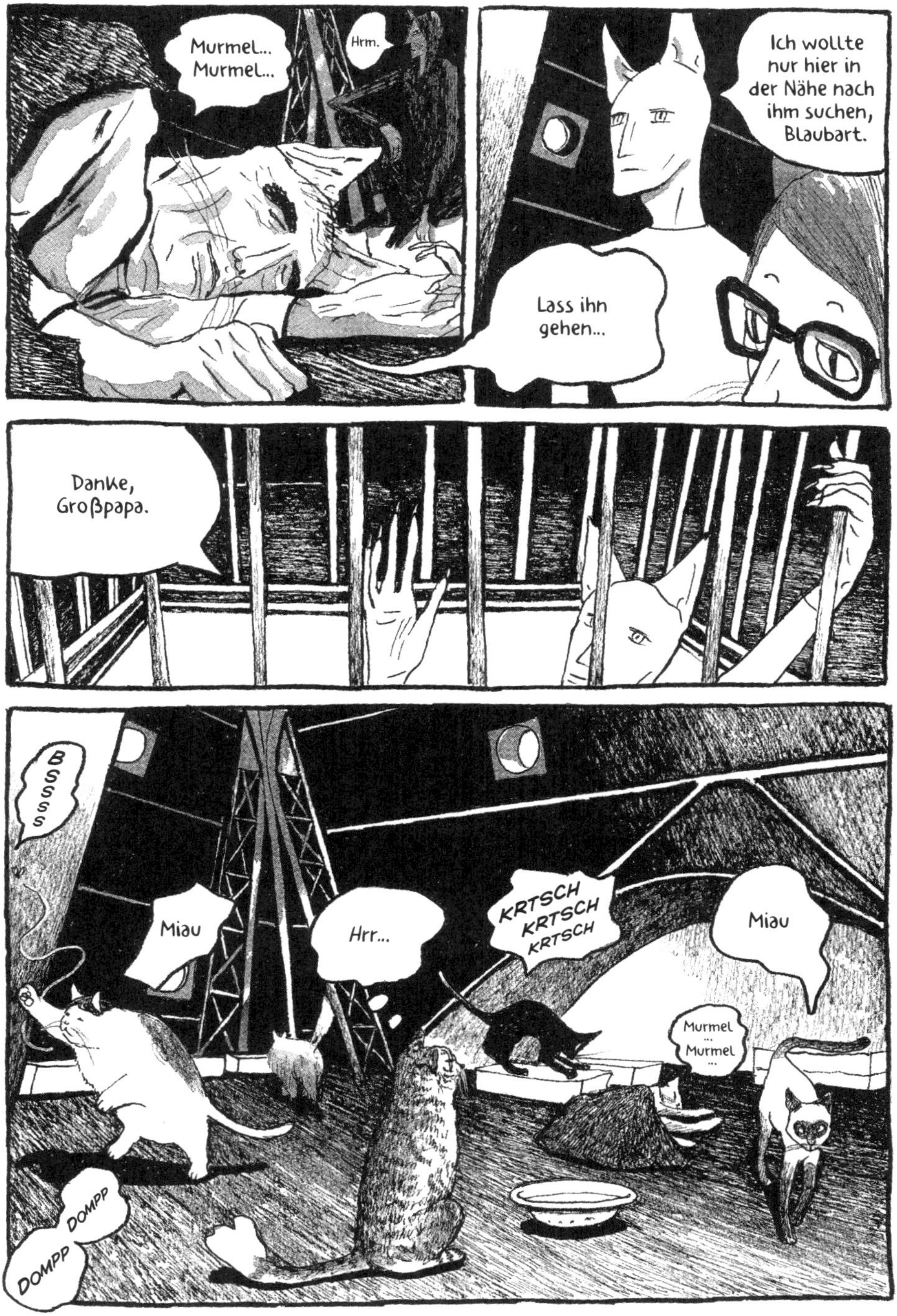

BSSSS
Miau
Hrr...
KRTSCH KRTSCH KRTSCH
Miau
Murmel ... Murmel ...
DOMPP DOMPP

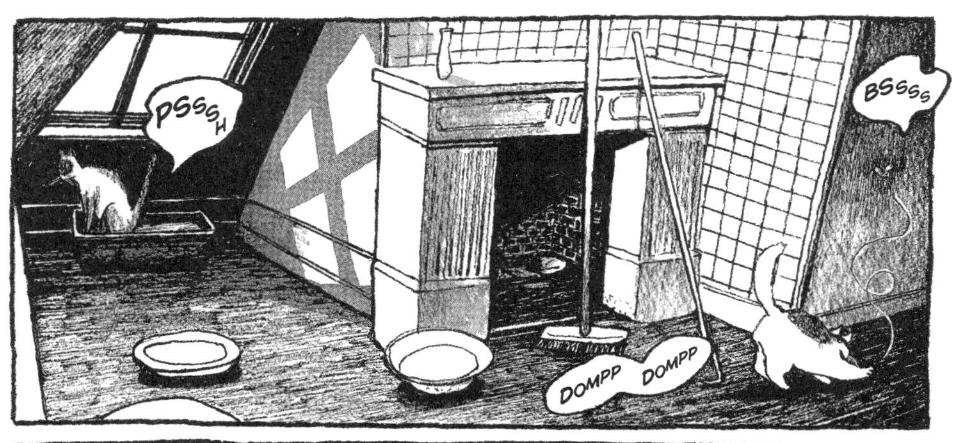

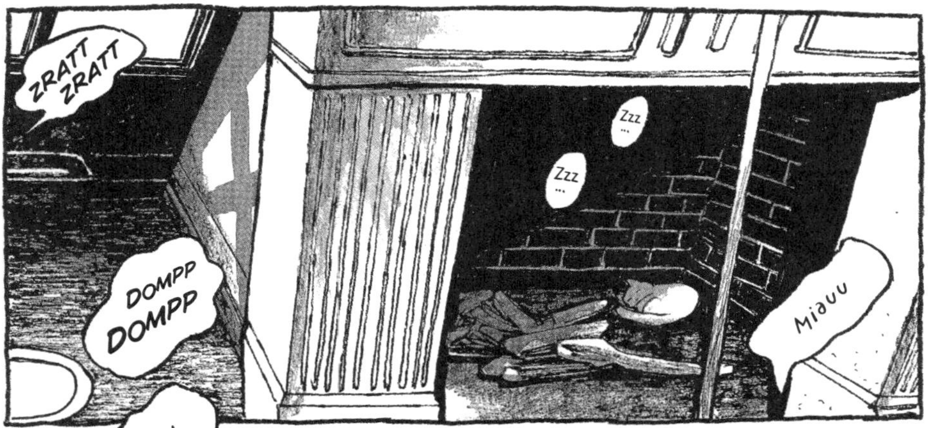

ZRATT ZRATT
Zzz ...
Zzz ...
DOMPP DOMPP
Miauu

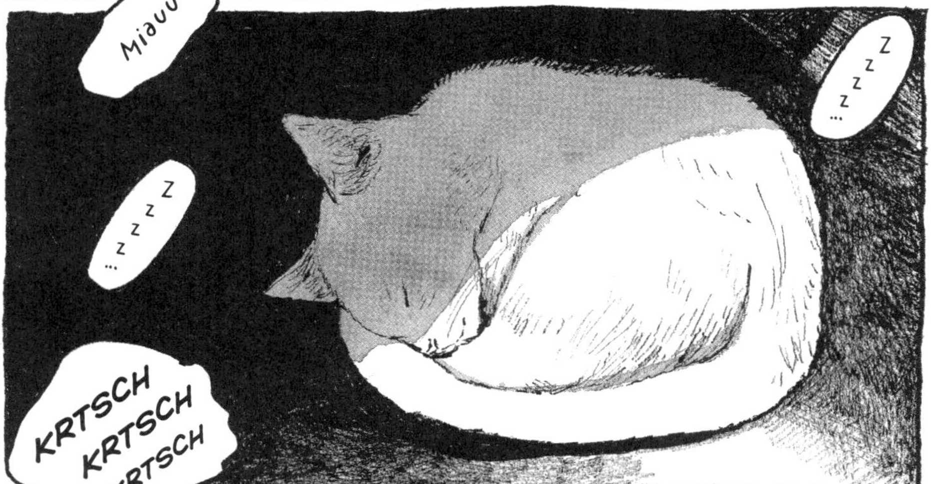

Miauu
ZZZZ ...
ZZZZ ...
KRTSCH KRTSCH KRTSCH

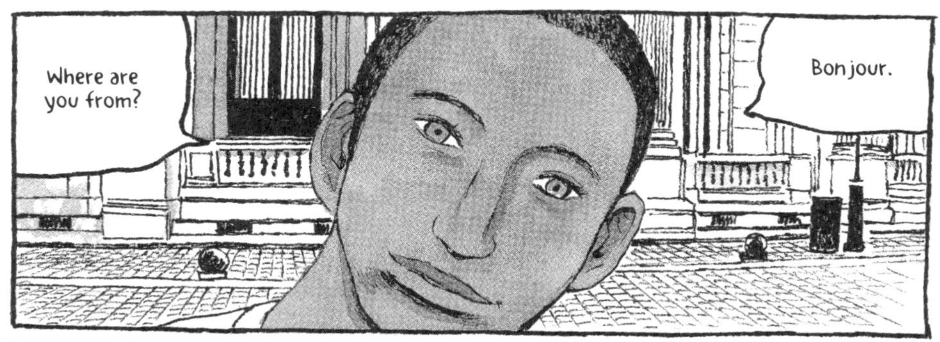
Where are you from?
Bonjour.

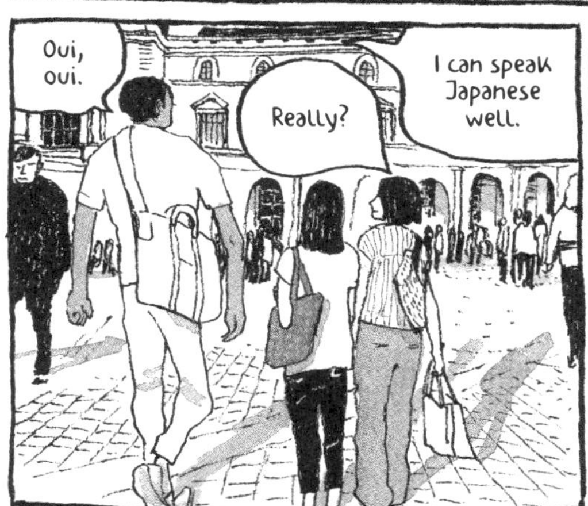
Oui, oui.
Really?
I can speak Japanese well.

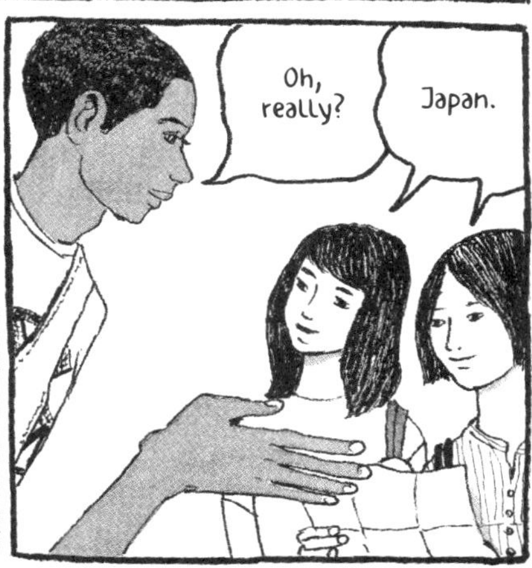
Oh, really?
Japan.

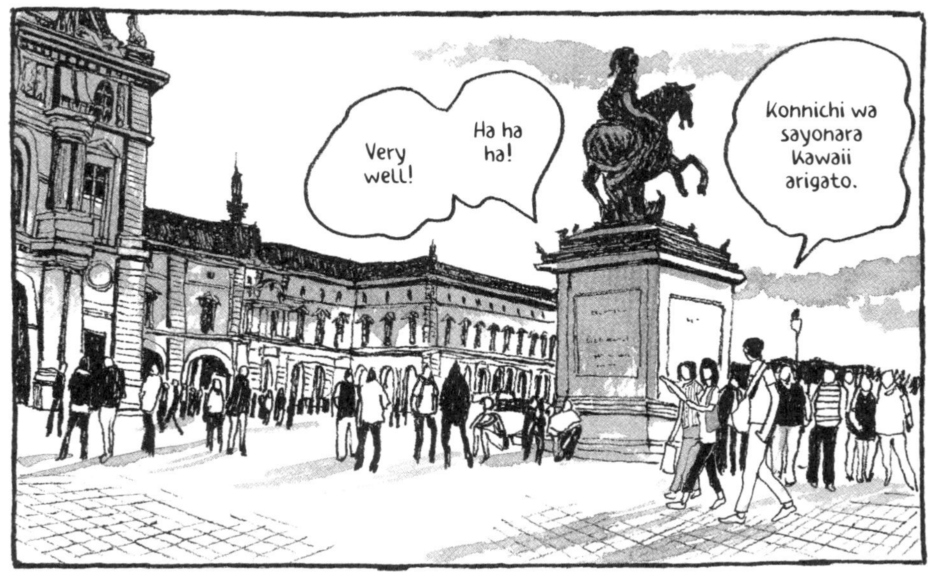
Very well!
Ha ha ha!
Konnichi wa sayonara kawaii arigato.

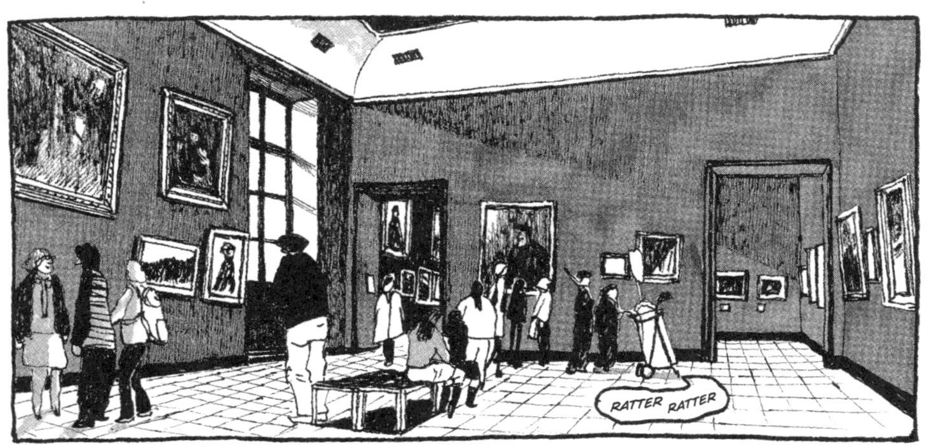
RATTER RATTER

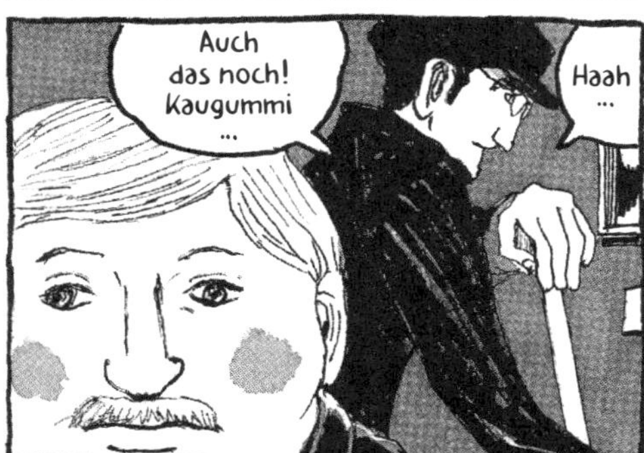
Auch das noch! Kaugummi ...
Haah ...

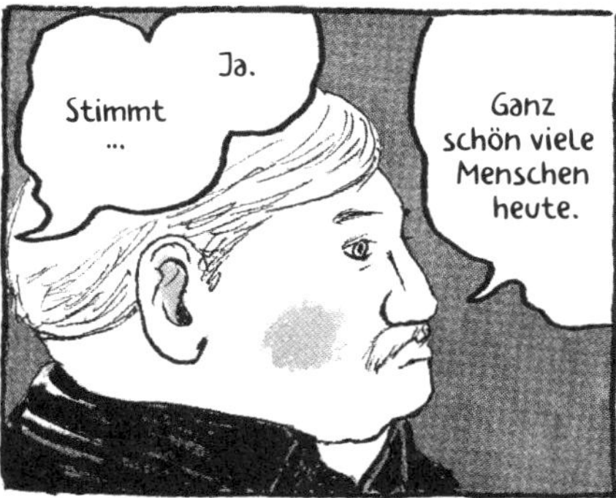
Ganz schön viele Menschen heute.
Stimmt ...
Ja.

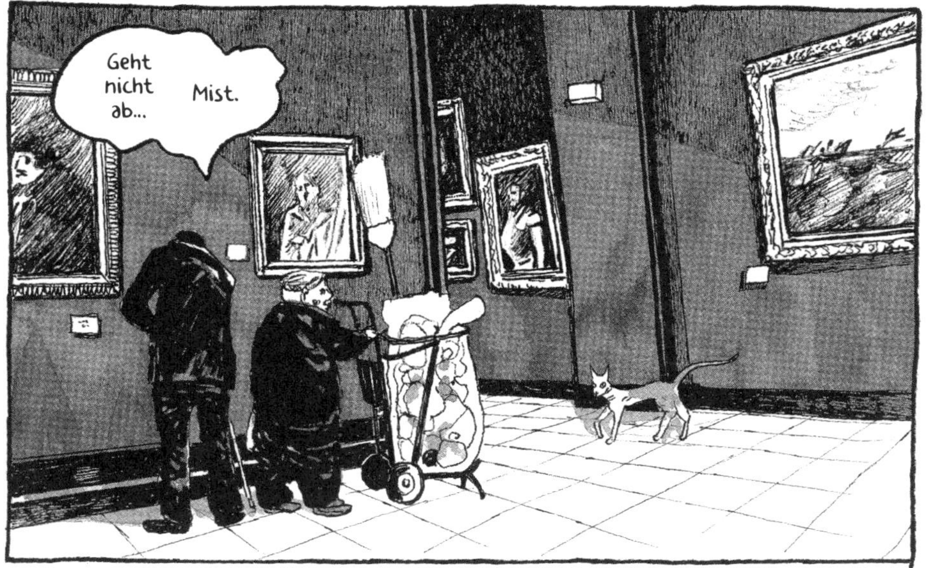
Geht nicht ab...
Mist.

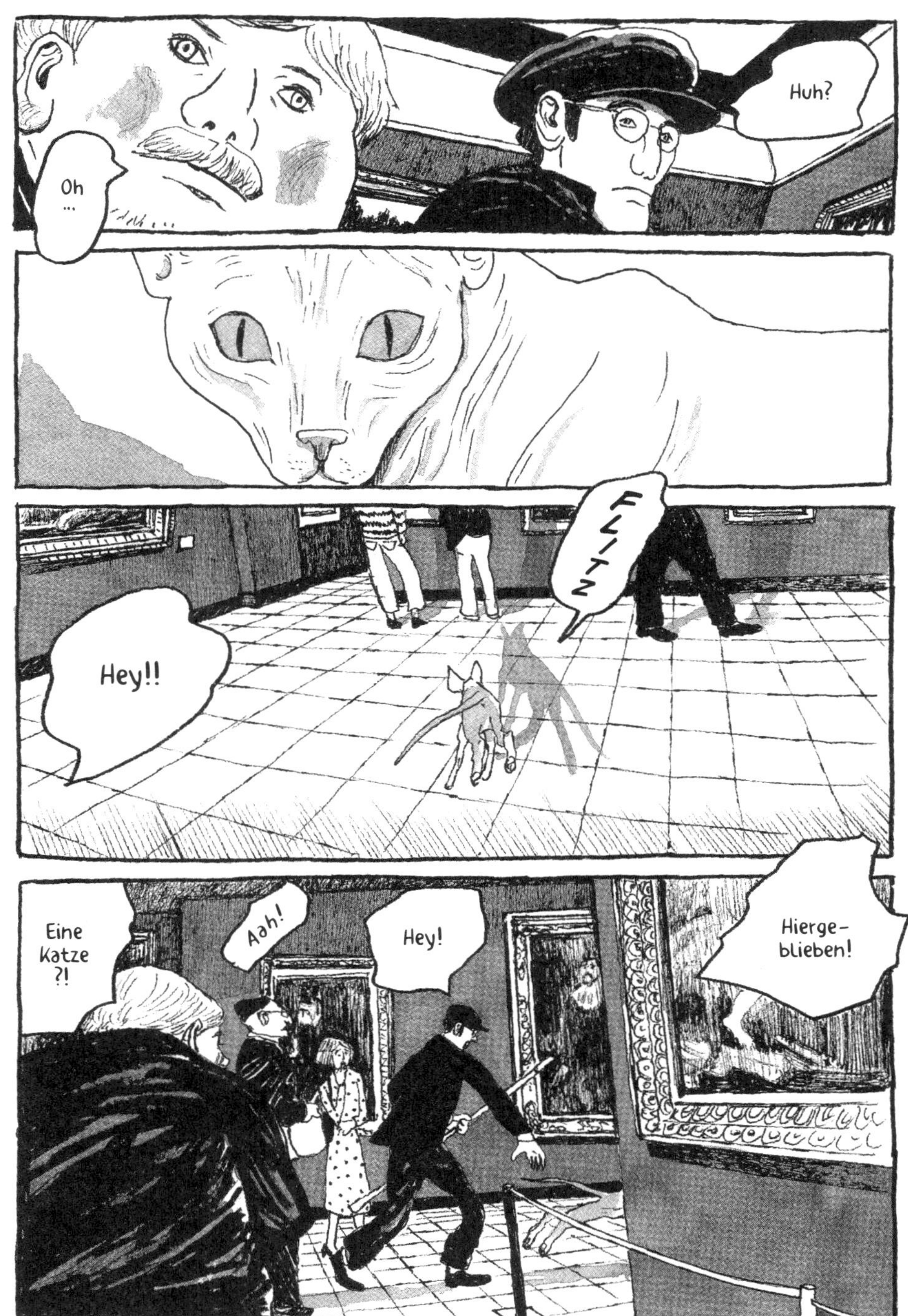
Huh?
Oh …
FLITZ
Hey!!
Eine Katze ?!
Aah!
Hey!
Hierge-
blieben!

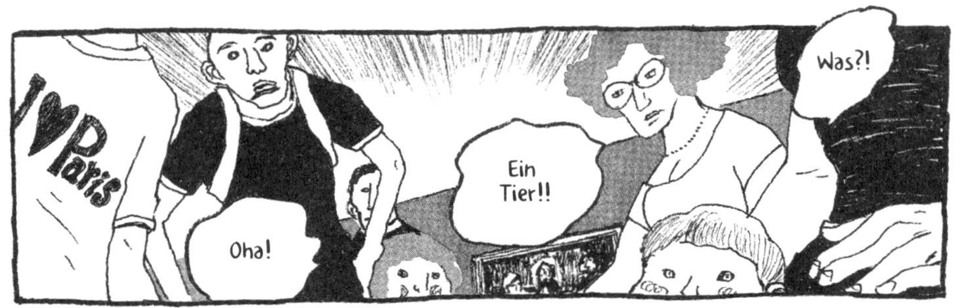
Paris
Oha!
Ein Tier!!
Was?!

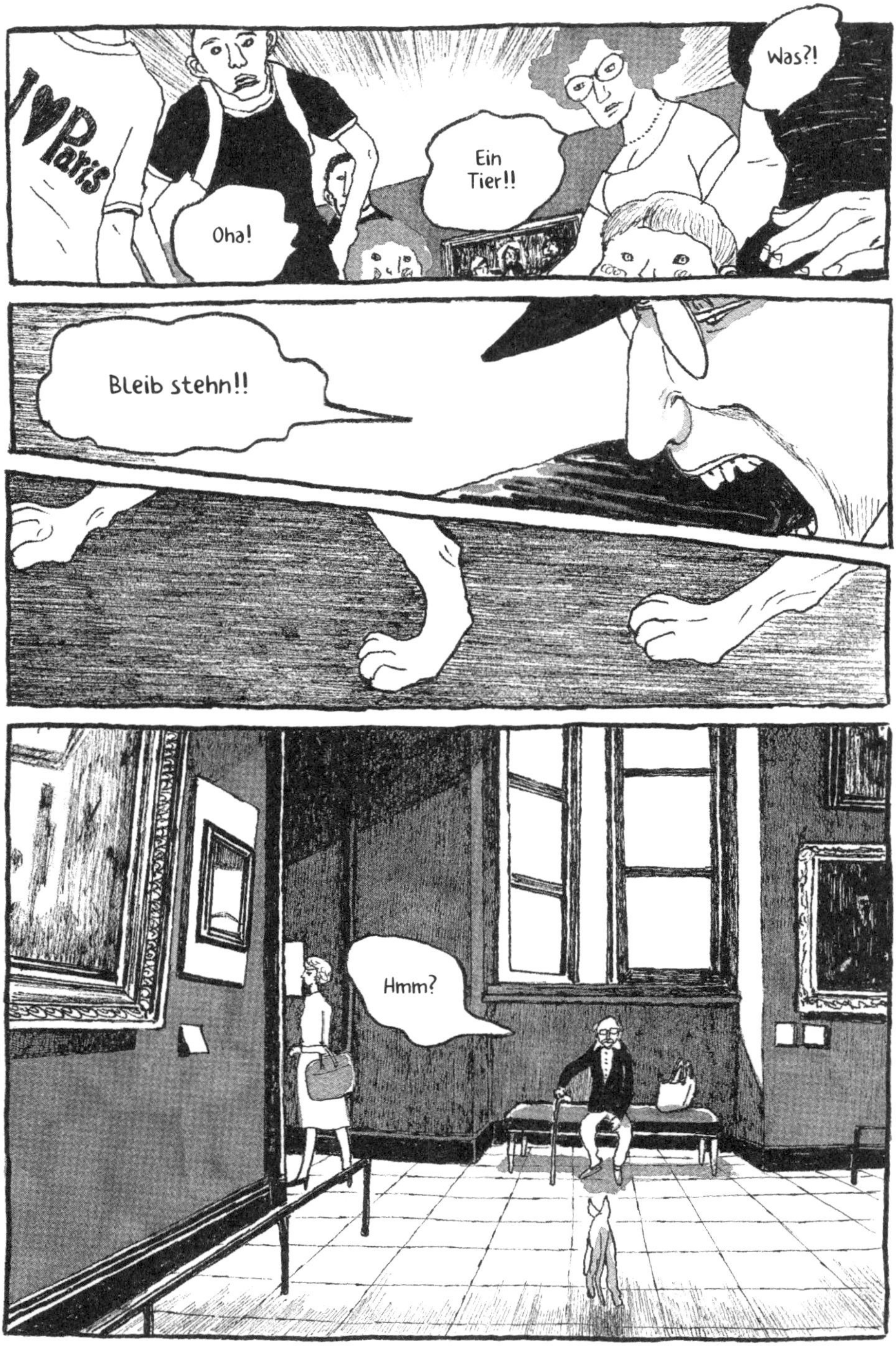

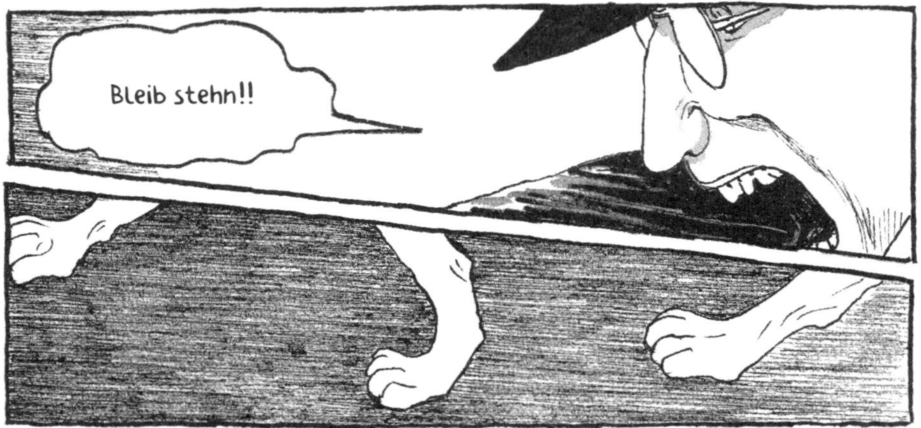
Bleib stehn!!

Hmm?

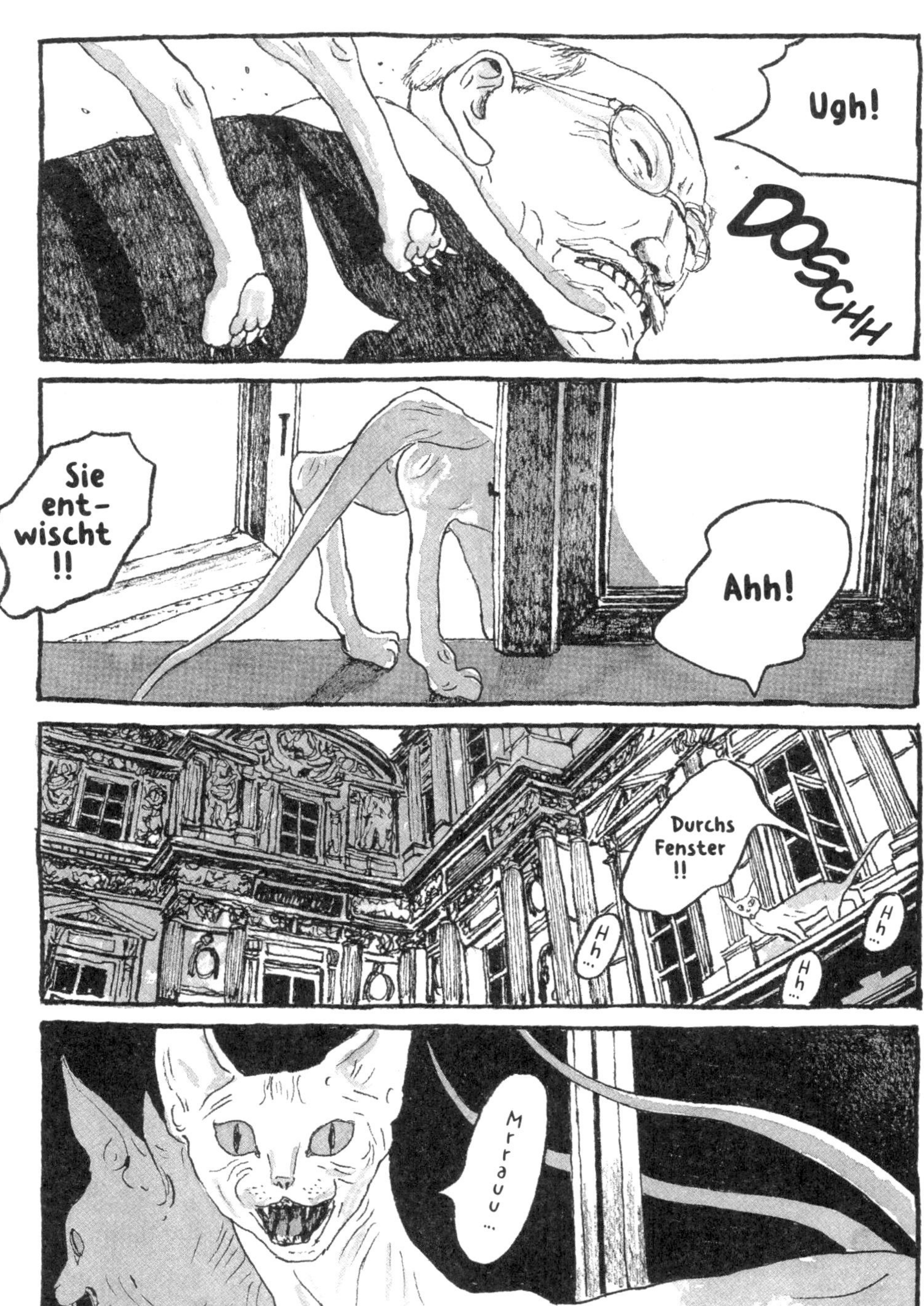
Ugh!
DOSCHH
Sie entwischt !!
Ahh!
Durchs Fenster !!
Hh…
Hh…
Hh…
Hh…
Mrrauu…

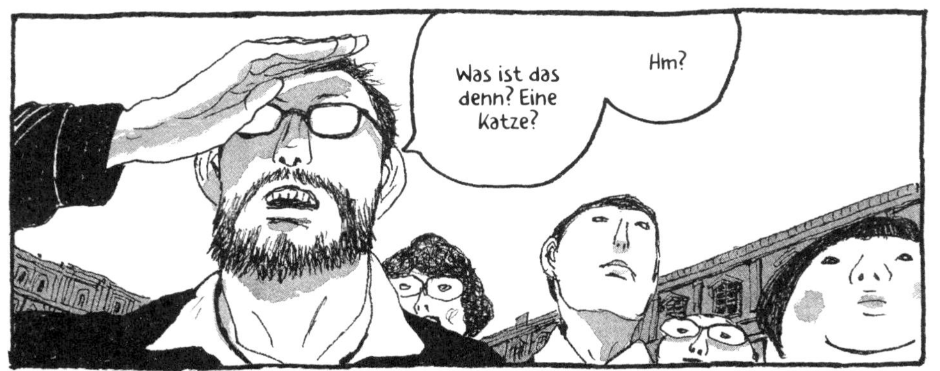

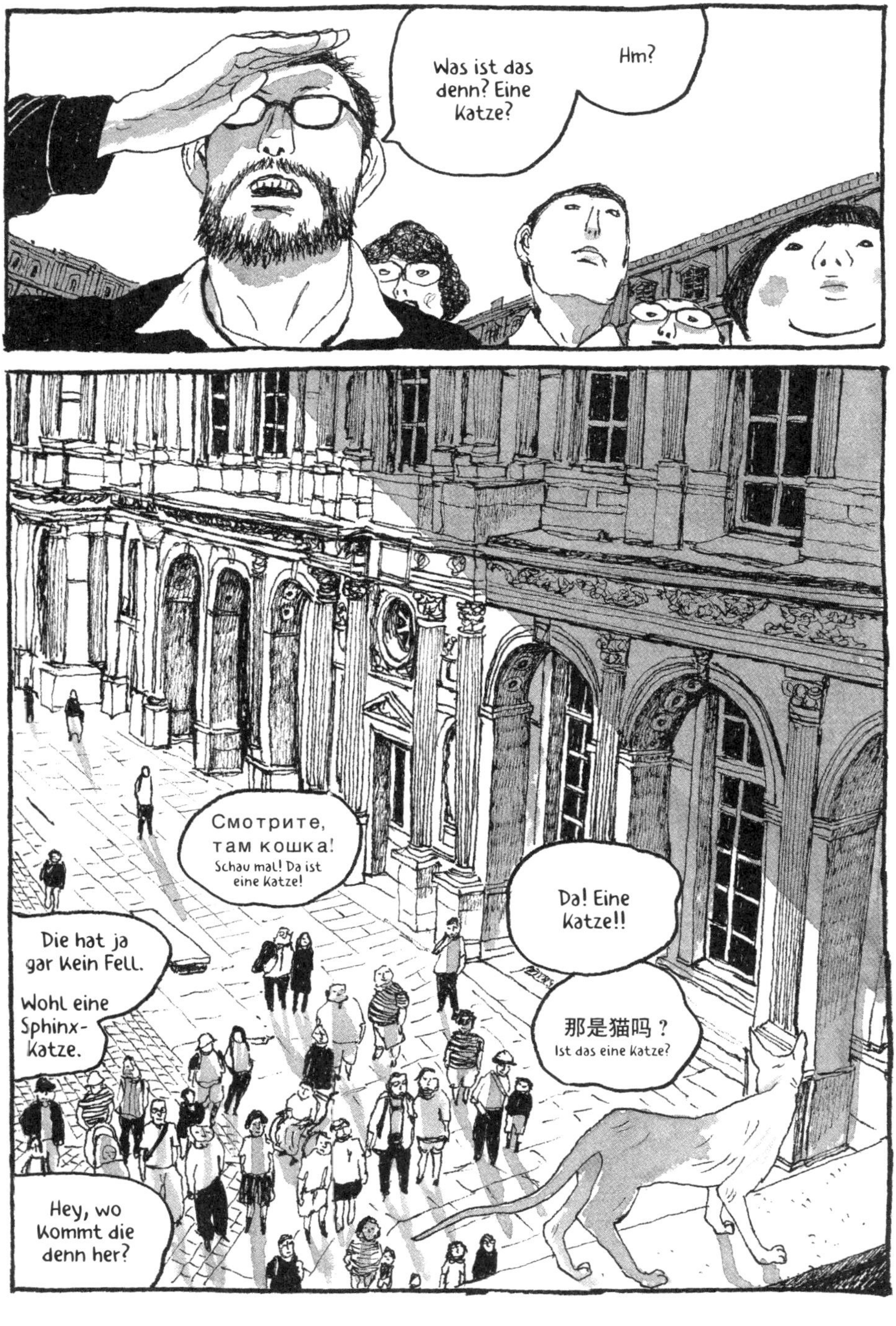

Смотрите, там кошка!
Schau mal! Da ist eine Katze!

Da! Eine Katze!!

Die hat ja gar kein Fell.

Wohl eine Sphinx-Katze.

那是猫吗？
Ist das eine Katze?

Hey, wo kommt die denn her?

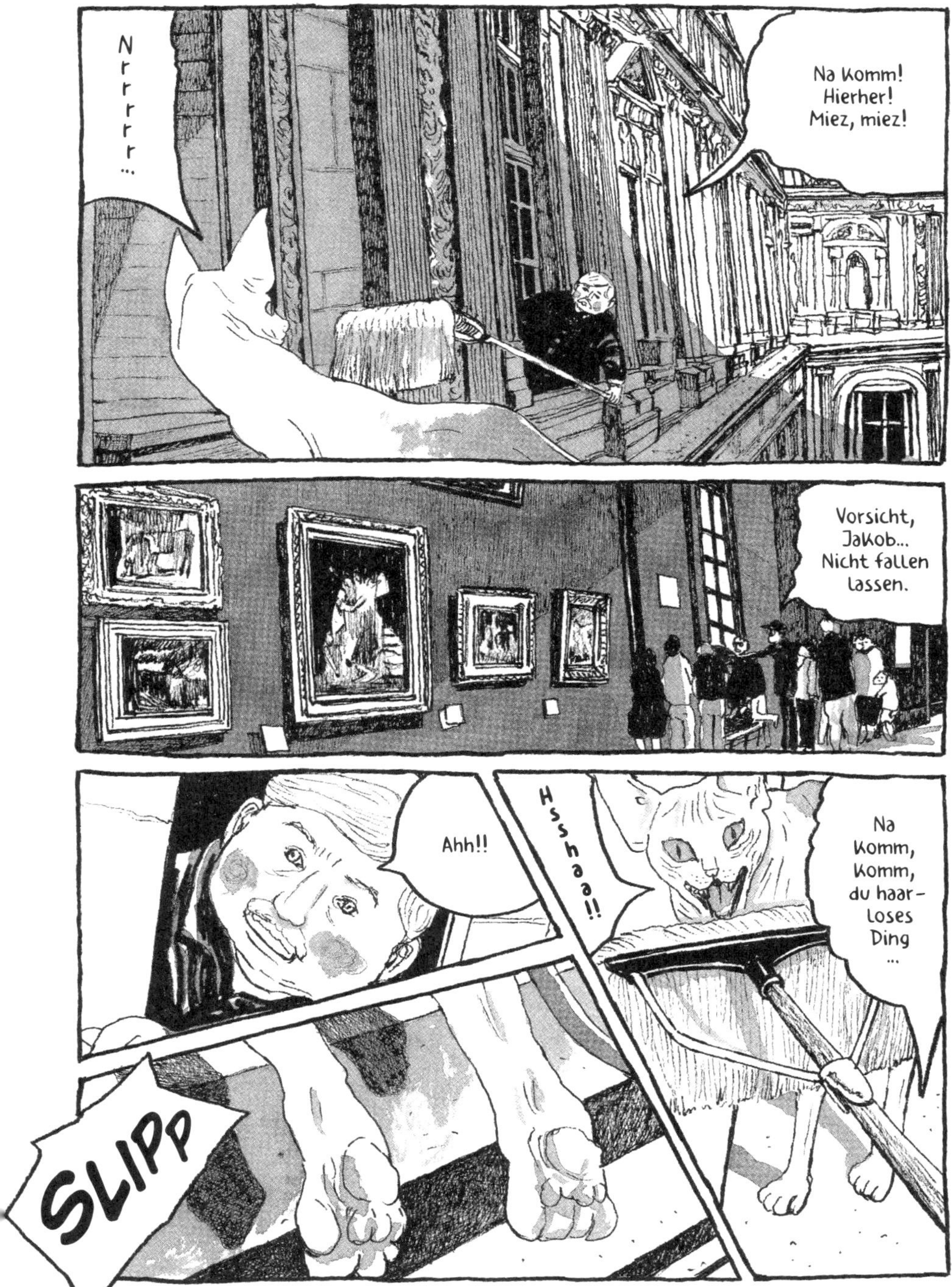

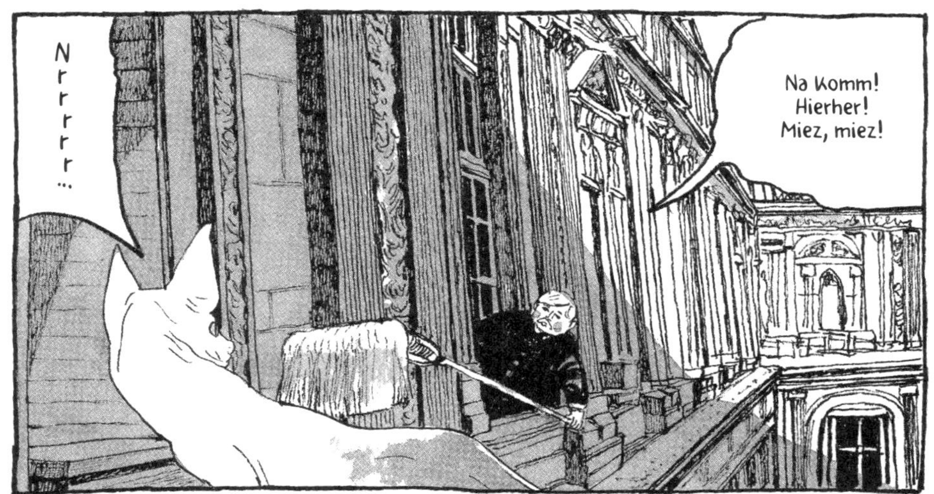

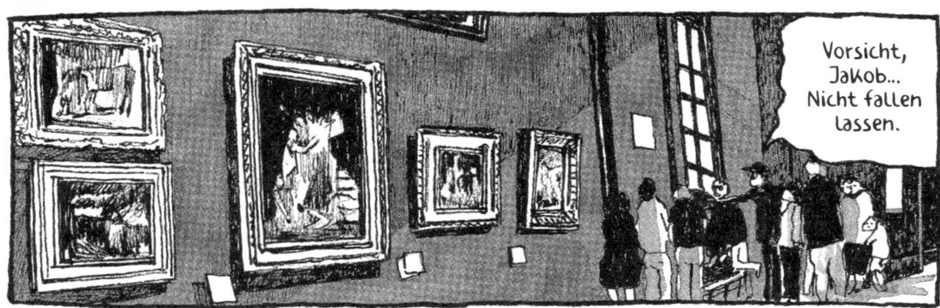

Ahh!!

Hsshaa!!

Na komm, komm, du haar-loses Ding ...

SLIPP

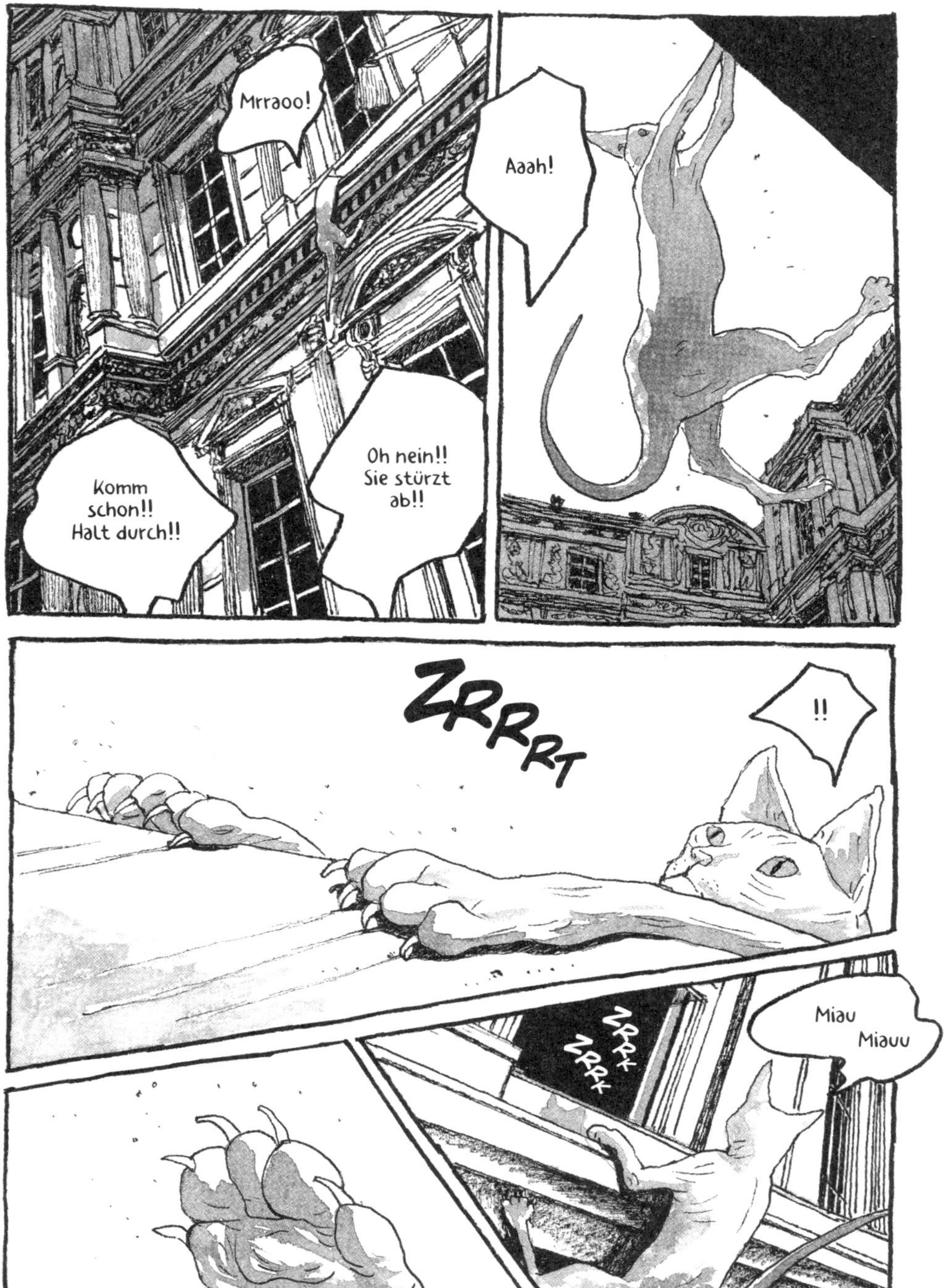

Mrraoo!
Komm schon!! Halt durch!!
Oh nein!! Sie stürzt ab!!
Aaah!
ZRRRT
!!
ZRRK
ZRRK
Miau Miauu

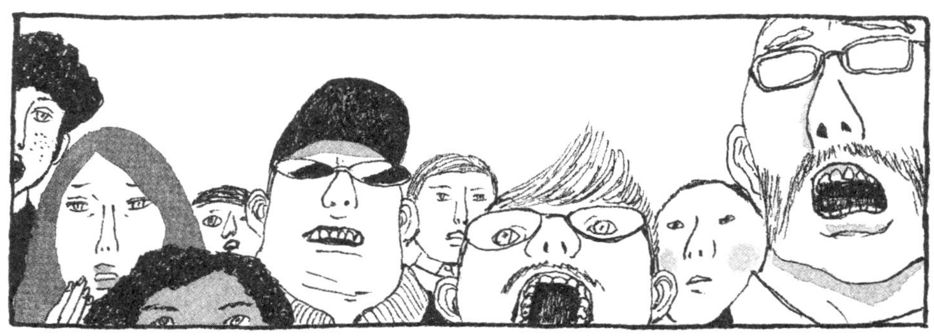

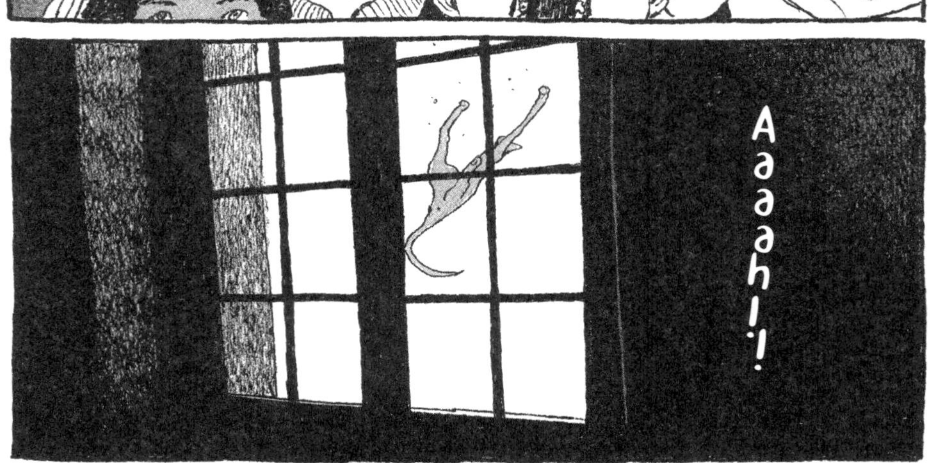
Aaaah!!

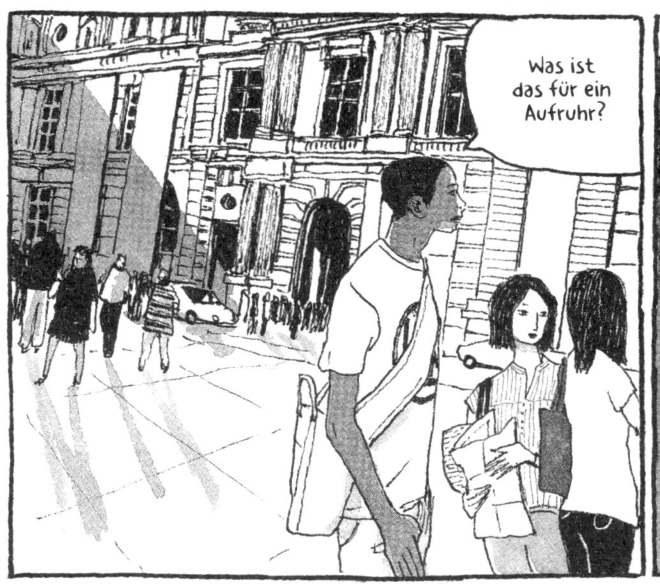
Was ist das für ein Aufruhr?

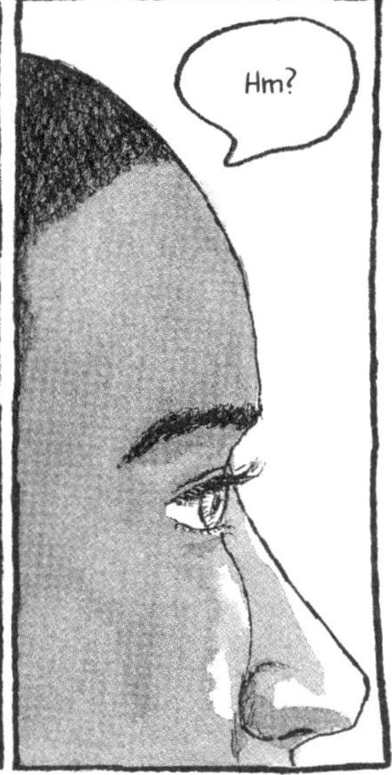
Hm?

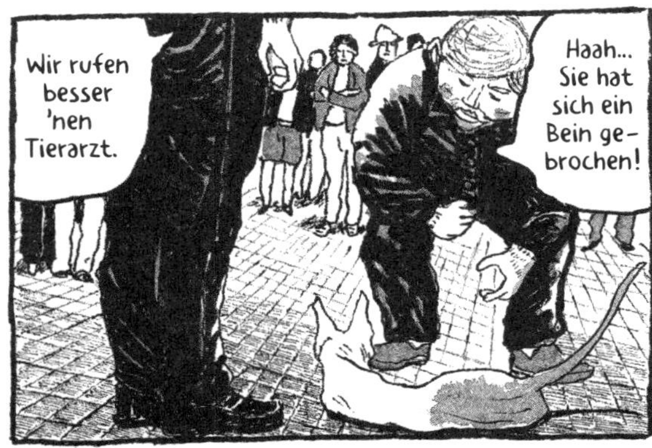
Wir rufen besser 'nen Tierarzt.
Haah... Sie hat sich ein Bein gebrochen!

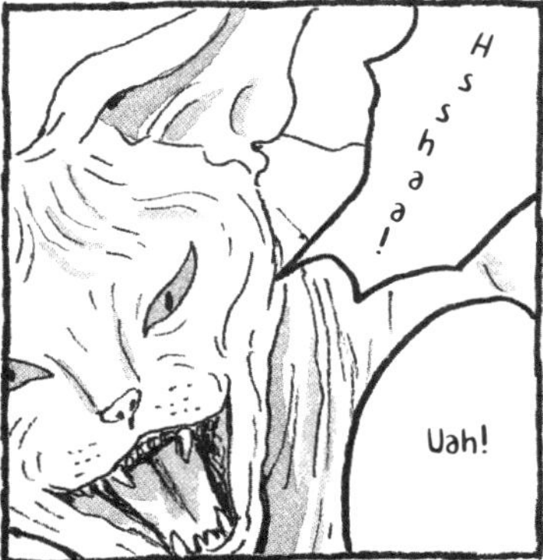
Hsshaa!
Uah!

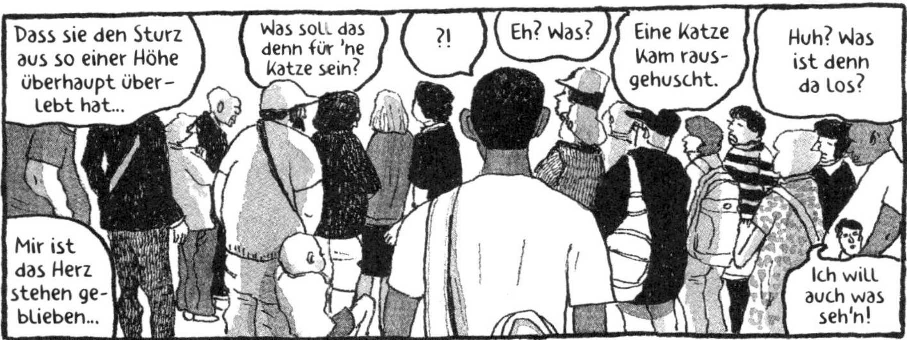
Huh? Was ist denn da los?
Eine Katze kam rausgehuscht.
Eh? Was?
?!
Was soll das denn für 'ne Katze sein?
Dass sie den Sturz aus so einer Höhe überhaupt überlebt hat...
Mir ist das Herz stehen geblieben...
Ich will auch was seh'n!

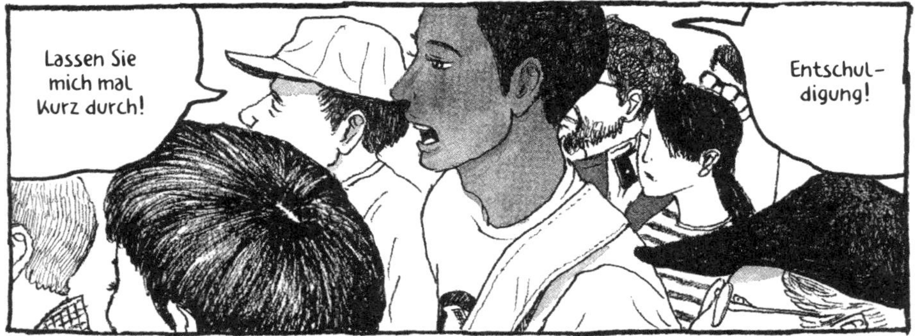
Entschuldigung!
Lassen Sie mich mal kurz durch!

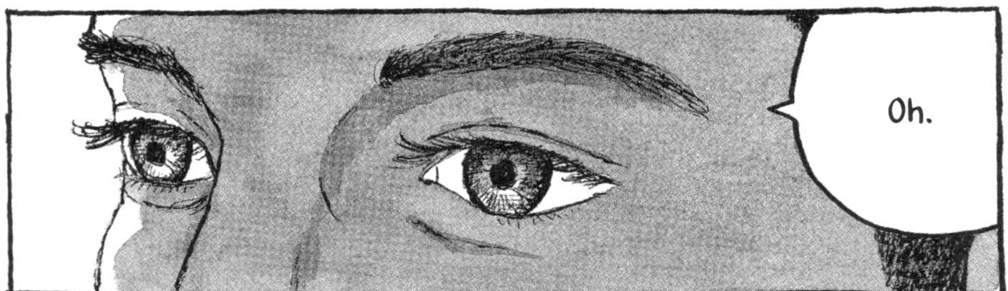
Oh.

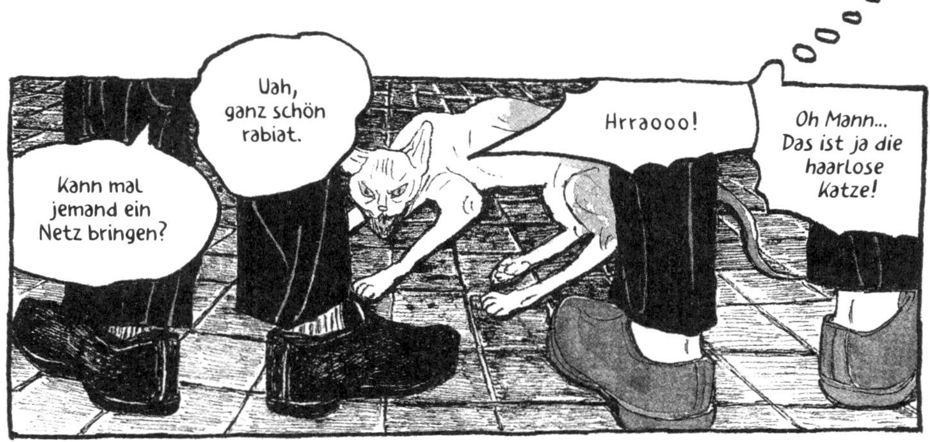

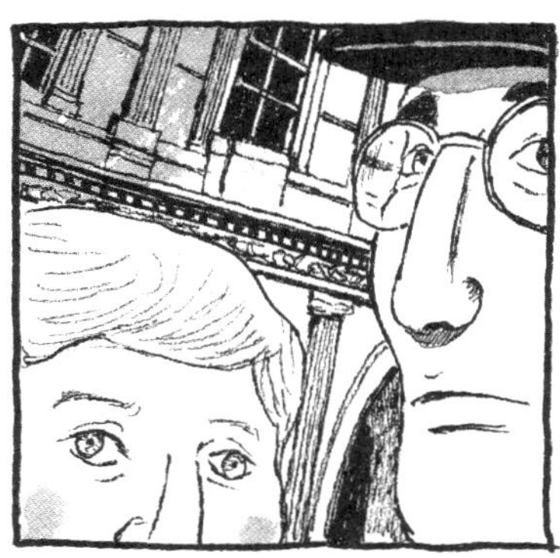

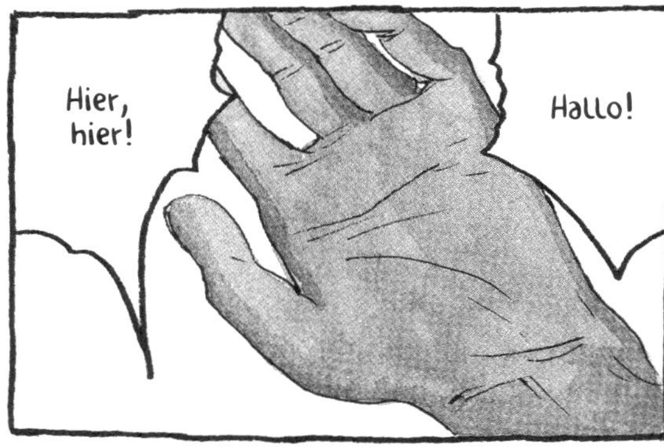

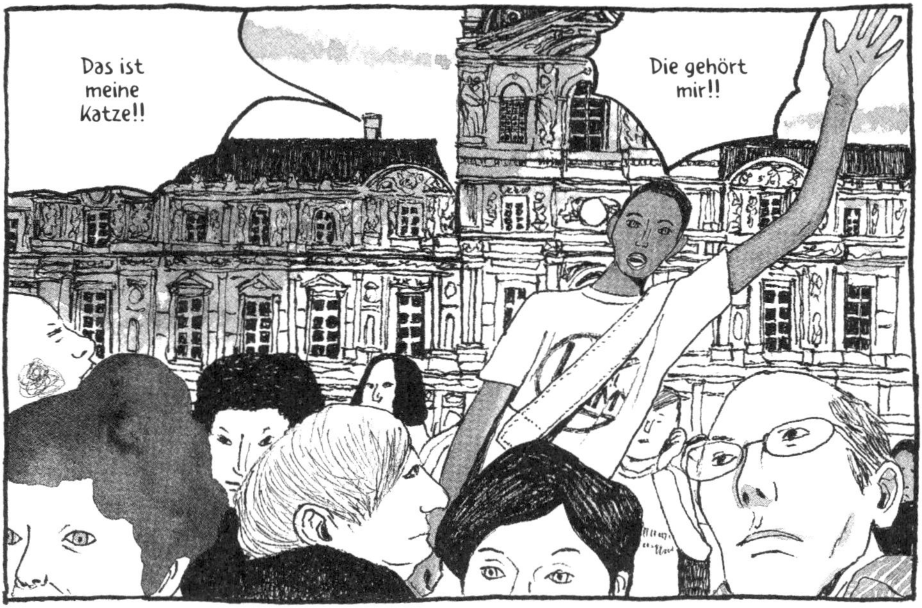

Das ist meine Katze!!

Die gehört mir!!

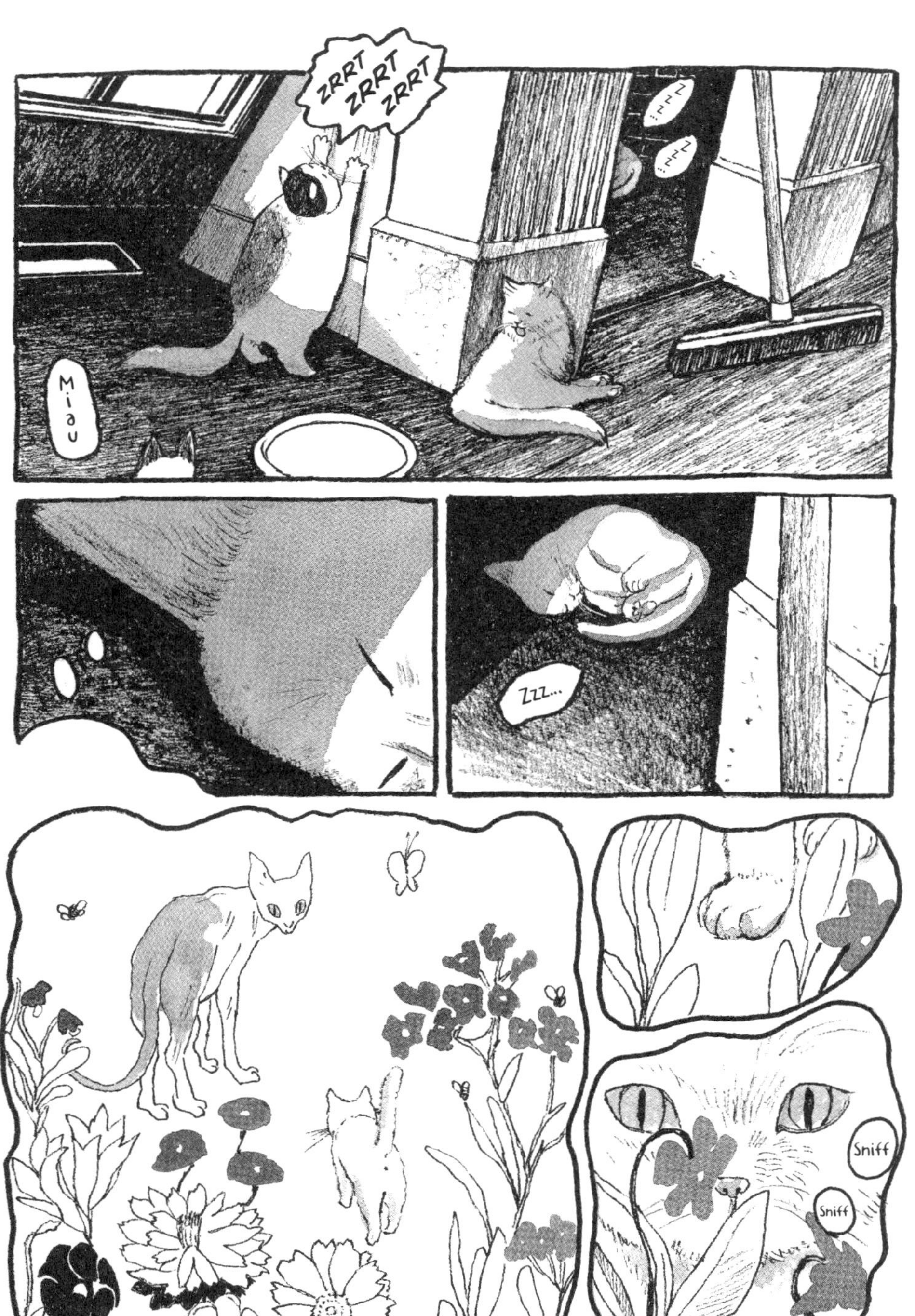
ZRRT
ZRRT
ZRRT
Miau
Zzz...
Sniff
Sniff

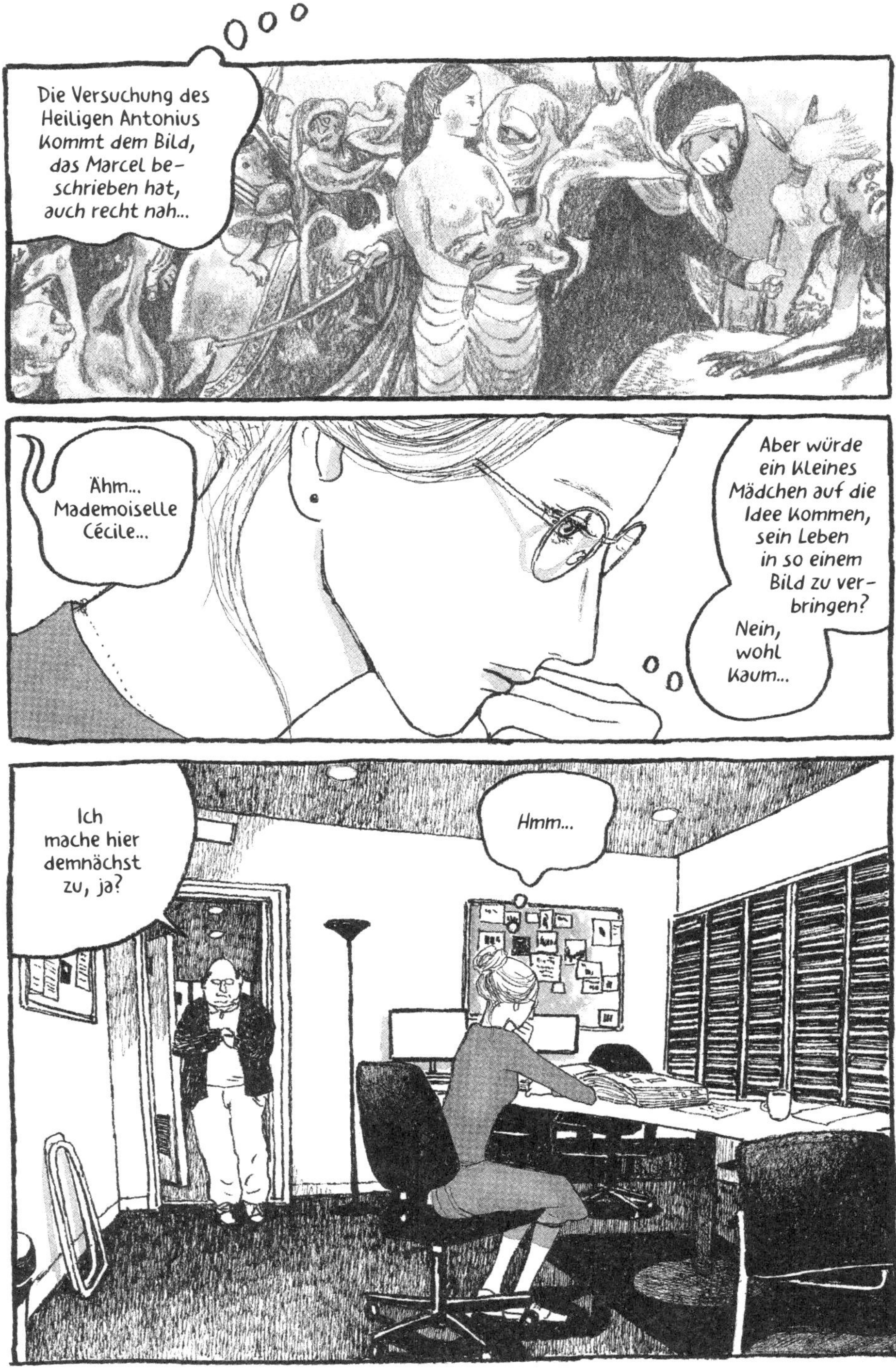

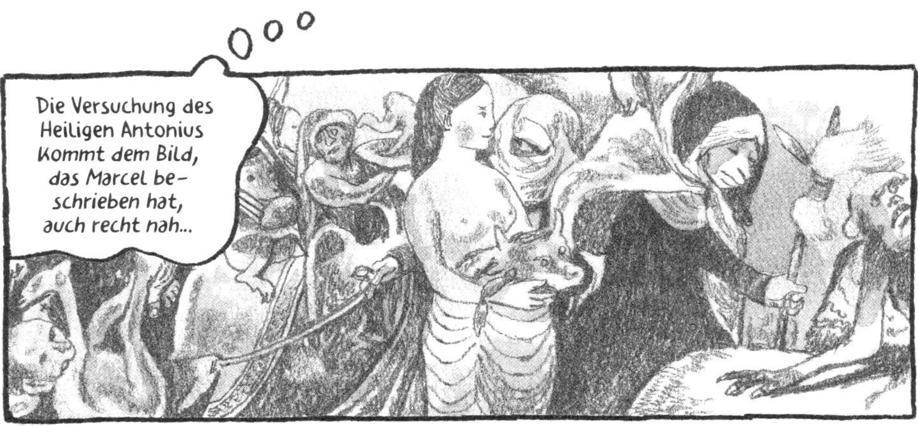

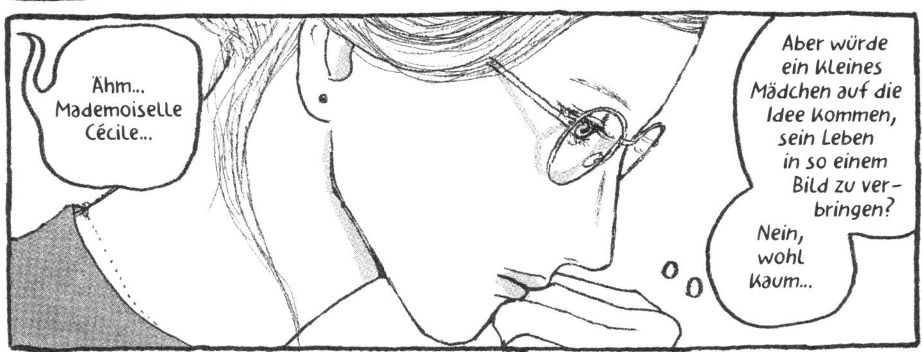

Ich mache hier demnächst zu, ja?

Hmm...

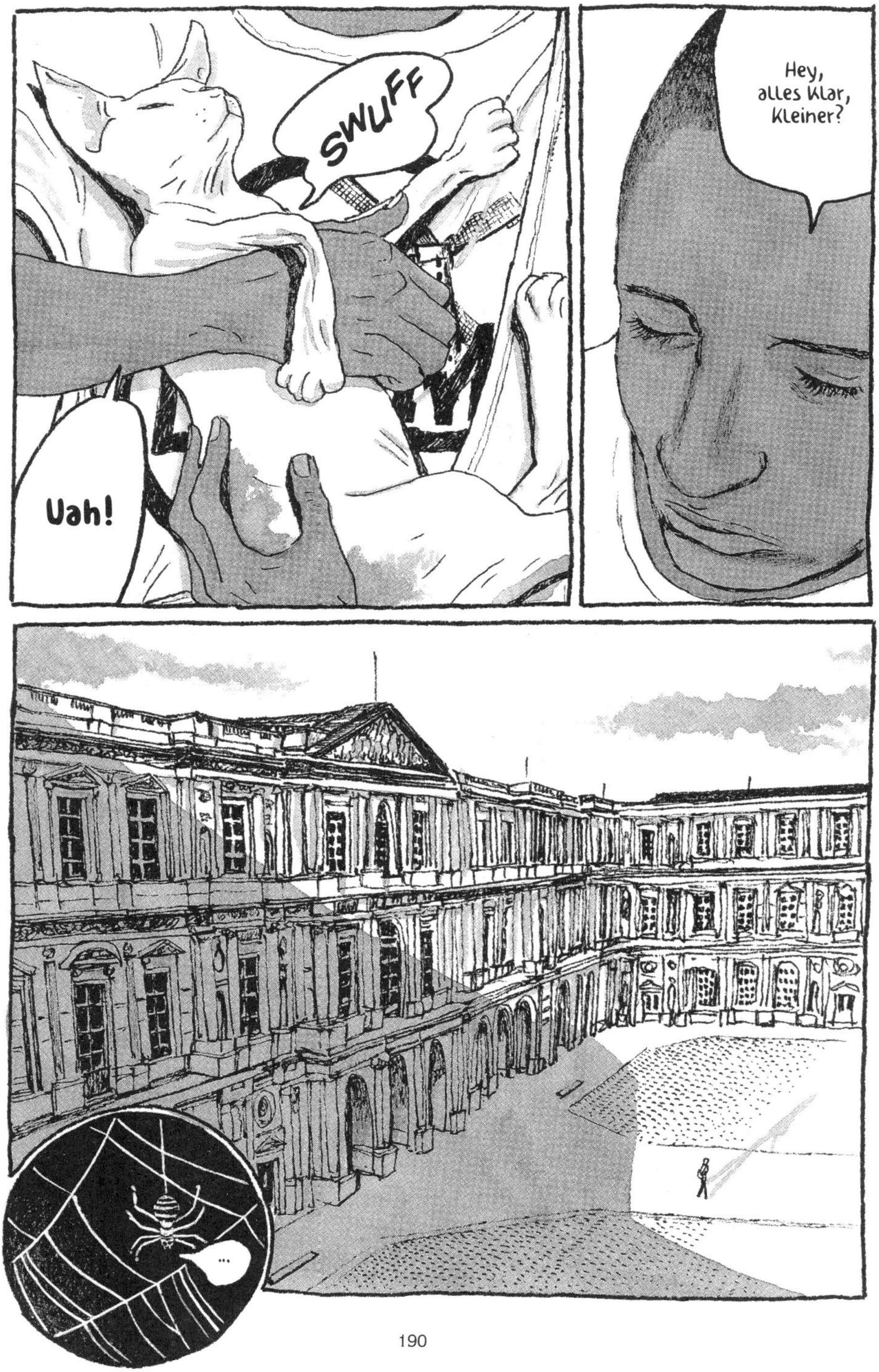

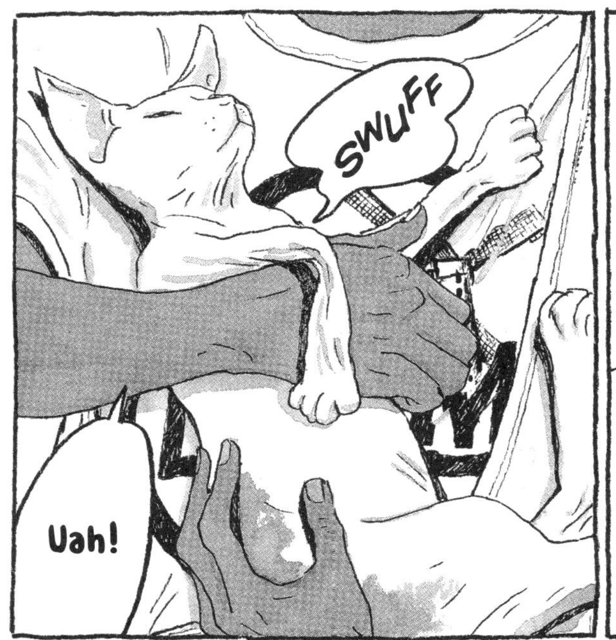
SWUFF
Uah!

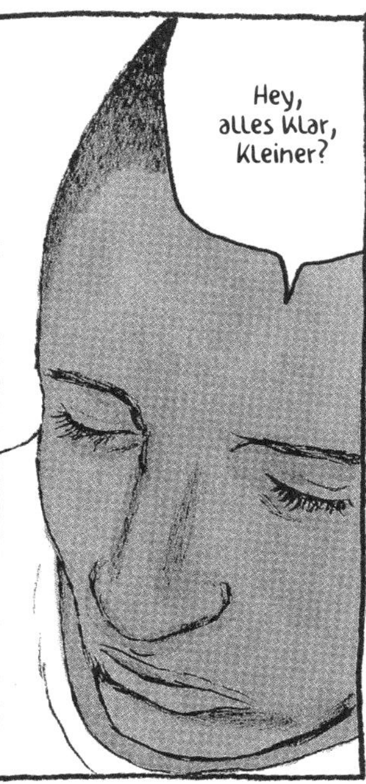
Hey, alles klar, Kleiner?

...

Kapitel 9

DAS GEHEIMNIS AUF DEM DACH

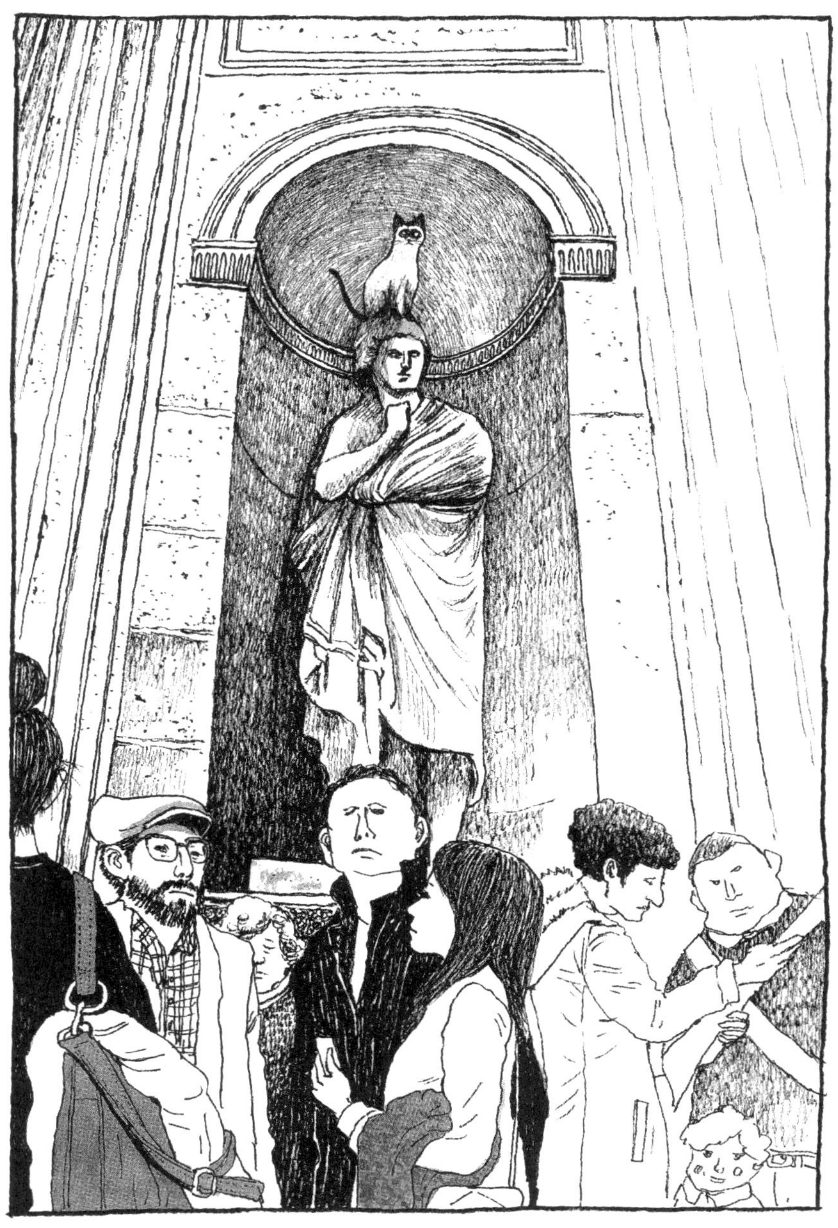

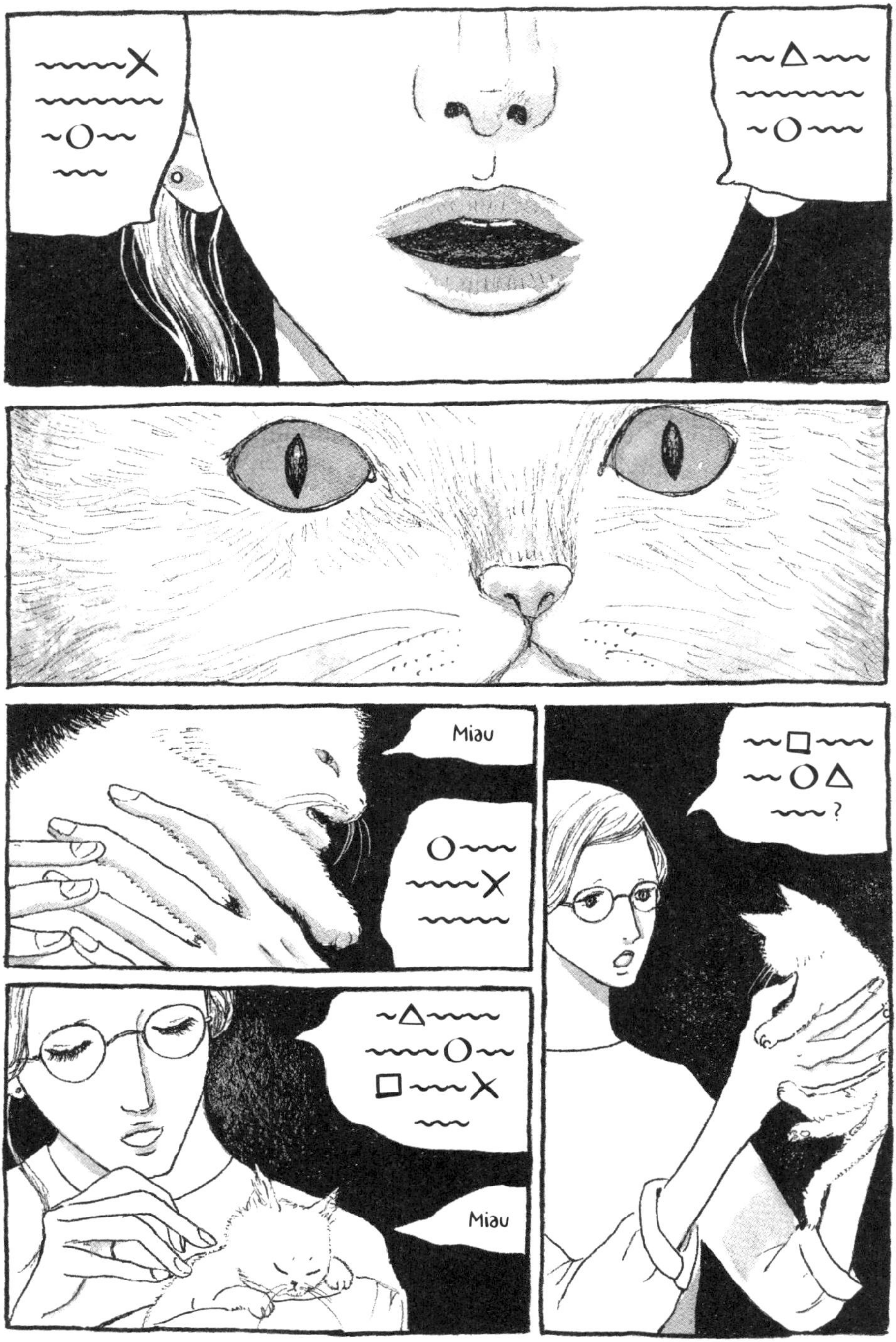

Miau

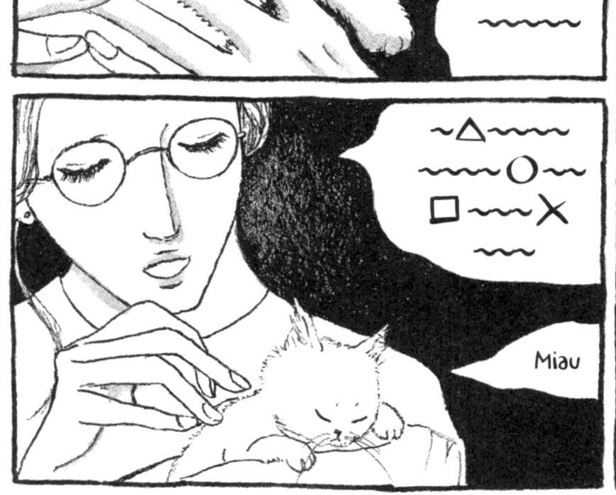

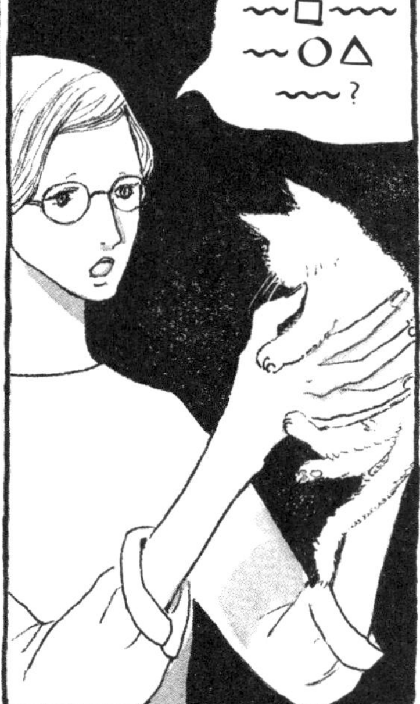

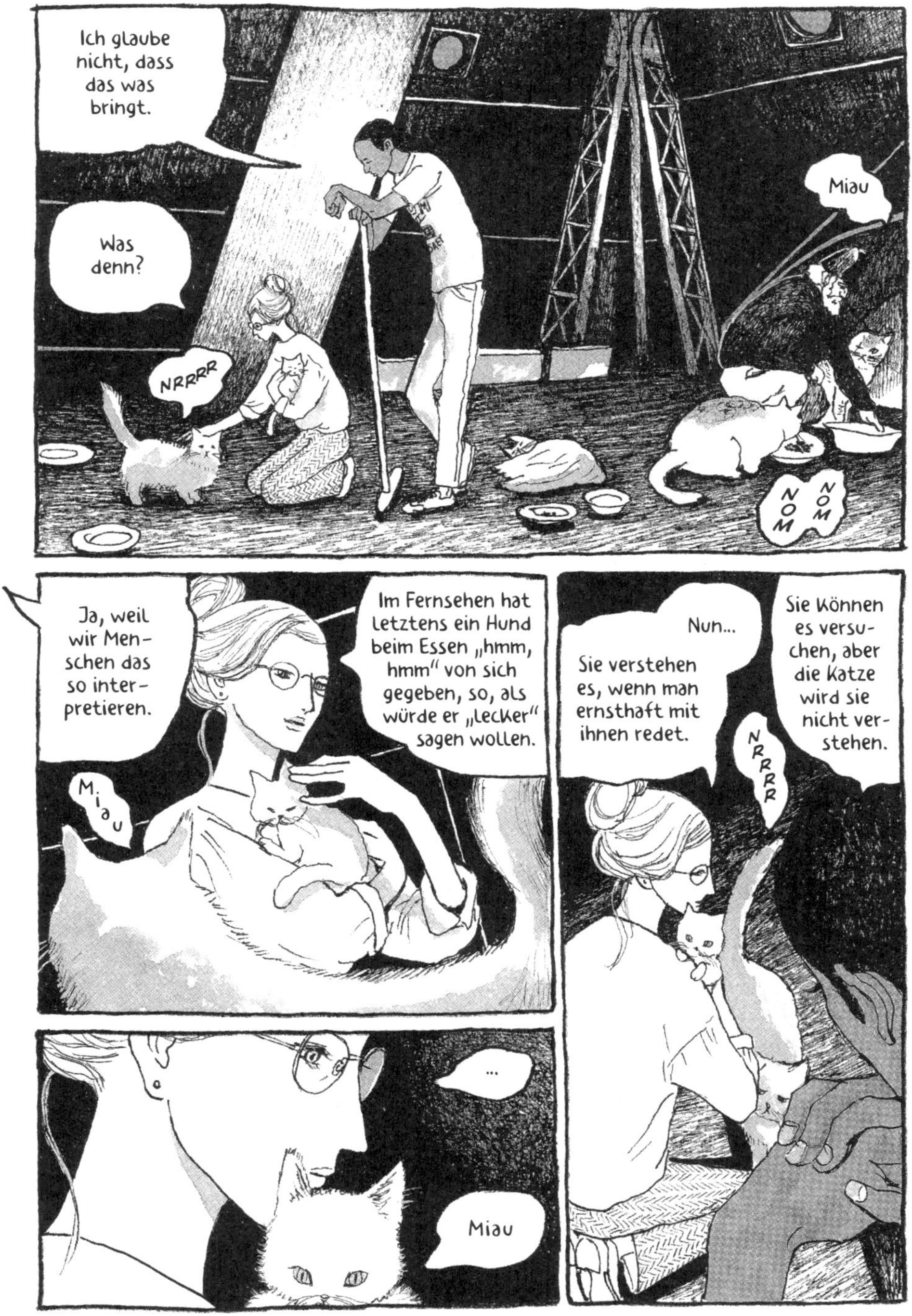

Ich glaube nicht, dass das was bringt.

Was denn?

Miau

NRRRR

NOM NOM

Ja, weil wir Menschen das so interpretieren.

Im Fernsehen hat letztens ein Hund beim Essen „hmm, hmm" von sich gegeben, so, als würde er „lecker" sagen wollen.

Miau

Nun...

Sie verstehen es, wenn man ernsthaft mit ihnen redet.

Sie können es versuchen, aber die Katze wird sie nicht verstehen.

NRRRR

...

Miau

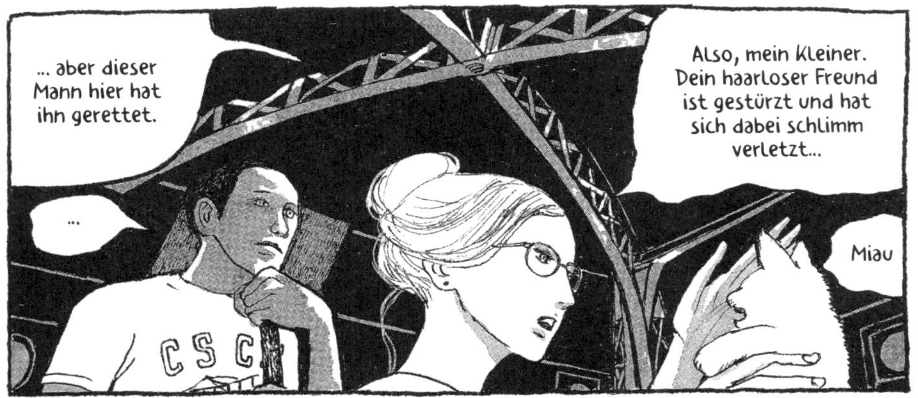
... aber dieser Mann hier hat ihn gerettet.
Also, mein Kleiner. Dein haarloser Freund ist gestürzt und hat sich dabei schlimm verletzt...
...
Miau

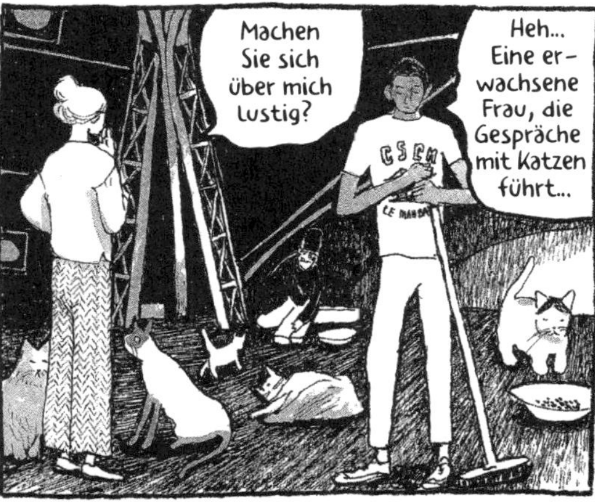
Machen Sie sich über mich lustig?
Heh... Eine erwachsene Frau, die Gespräche mit Katzen führt...

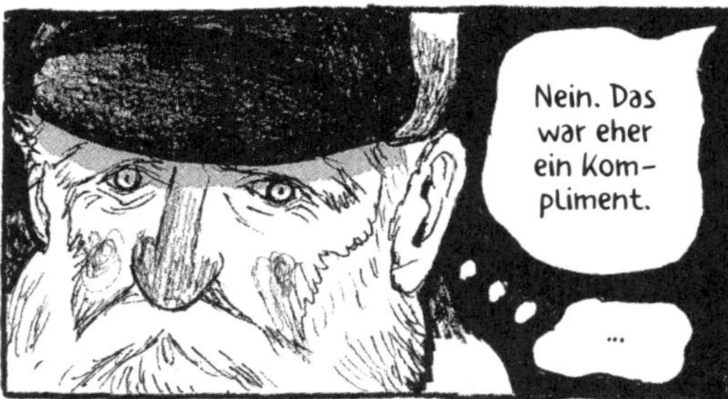
Nein. Das war eher ein Kompliment.
...

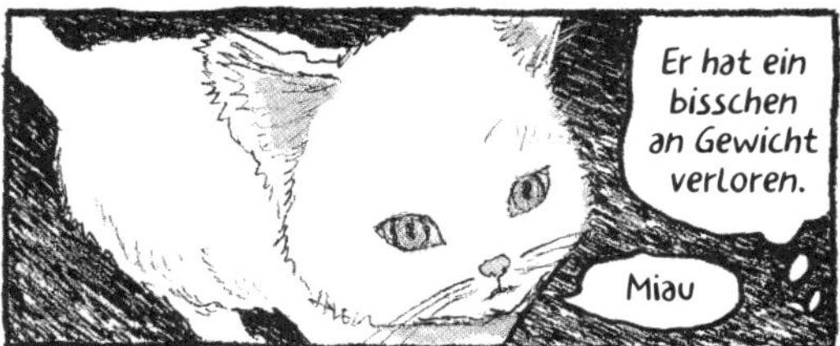
Er hat ein bisschen an Gewicht verloren.
Miau

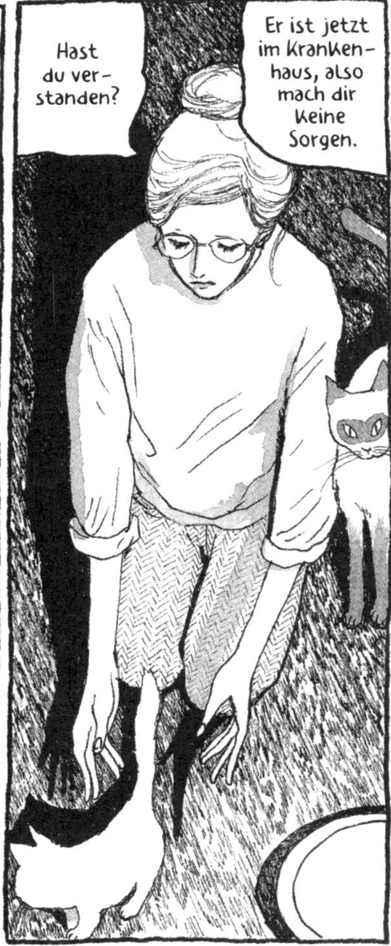
Er ist jetzt im Krankenhaus, also mach dir keine Sorgen.
Hast du verstanden?

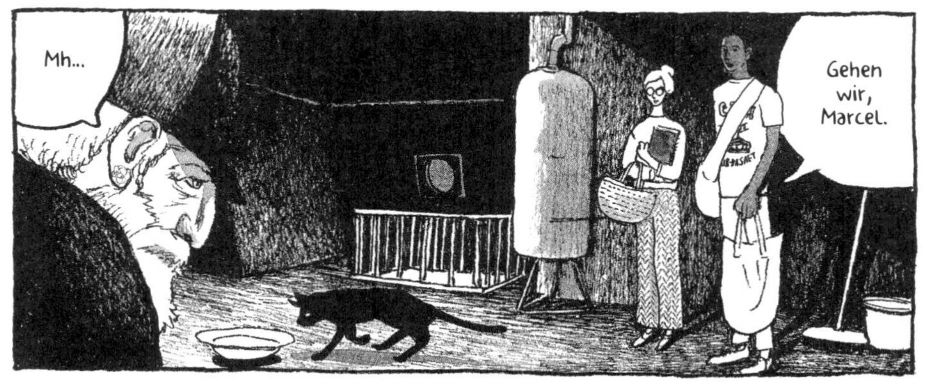
Mh...
Gehen wir, Marcel.

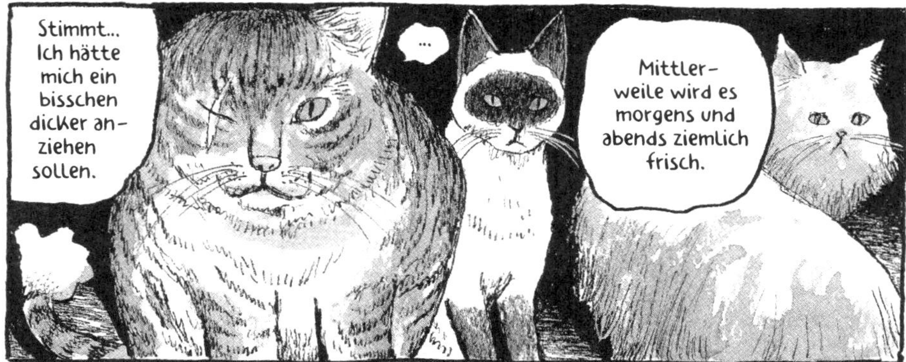
Stimmt... Ich hätte mich ein bisschen dicker an- ziehen sollen.
...
Mittler- weile wird es morgens und abends ziemlich frisch.

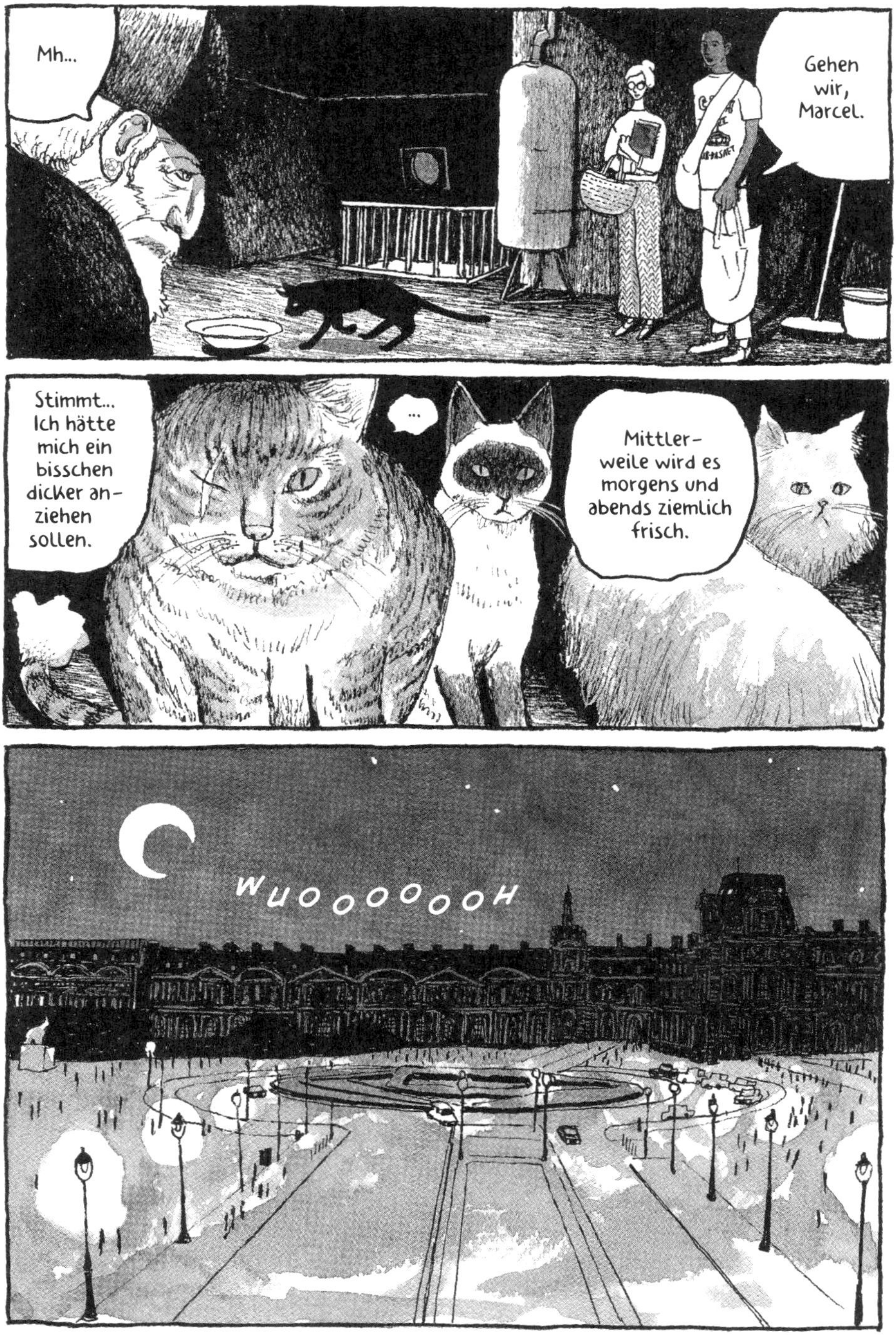

WUOOOOOOH

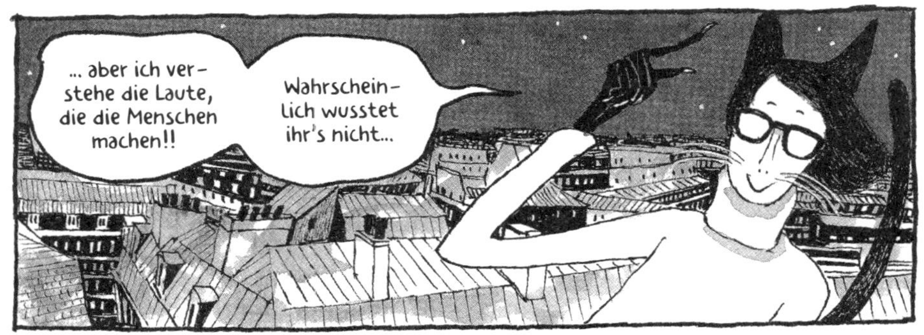
Wahrschein-
lich wusstet
ihr's nicht...
... aber ich ver-
stehe die Laute,
die die Menschen
machen!!

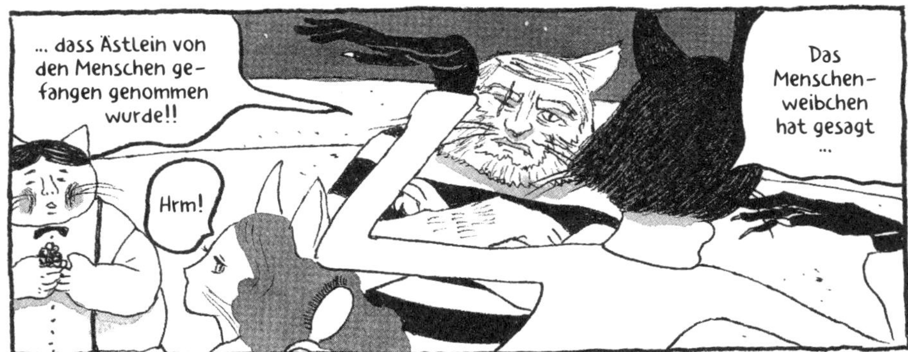
Das
Menschen-
weibchen
hat gesagt
...
... dass Ästlein von
den Menschen ge-
fangen genommen
wurde!!
Hrm!

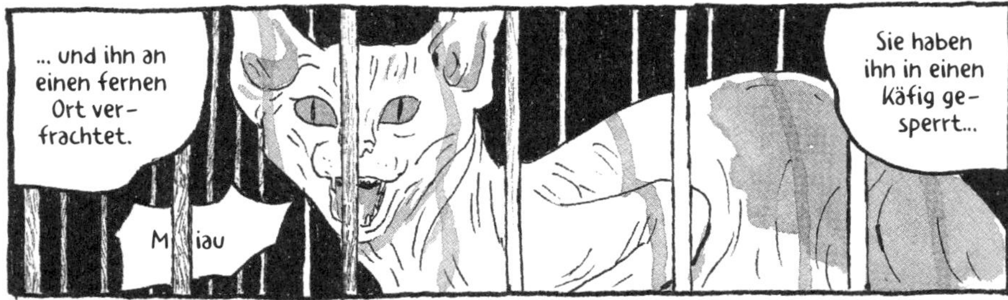
Sie haben
ihn in einen
Käfig ge-
sperrt...
... und ihn an
einen fernen
Ort ver-
frachtet.
Miau

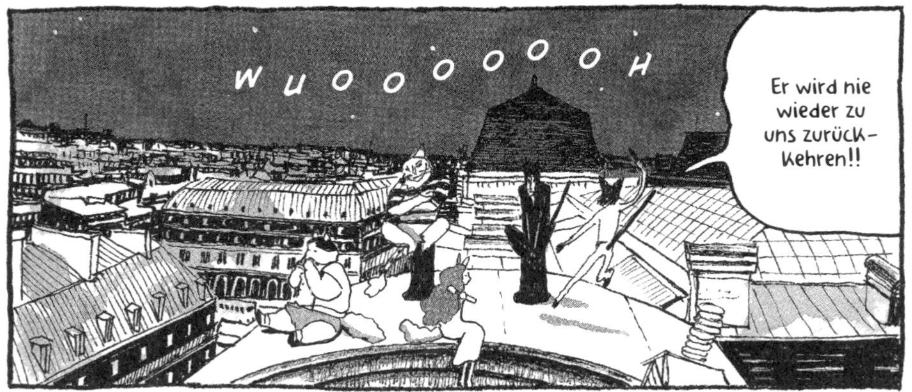
Er wird nie
wieder zu
uns zurück-
kehren!!
WUOOOOOOOH

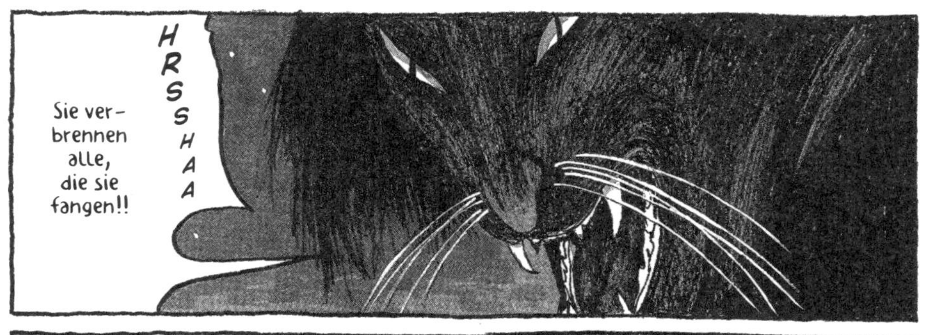
Sie verbrennen alle, die sie fangen!!
HRSSHAA

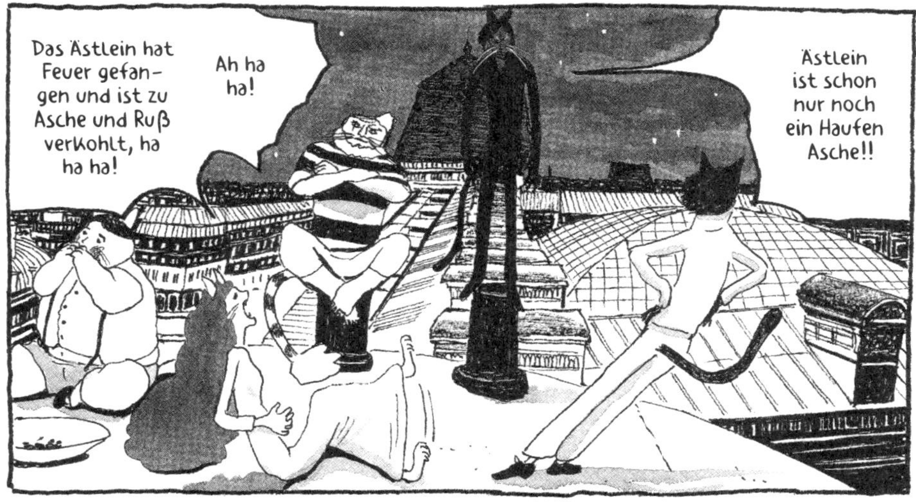
Das Ästlein hat Feuer gefangen und ist zu Asche und Ruß verkohlt, ha ha ha!
Ah ha ha!
Ästlein ist schon nur noch ein Haufen Asche!!

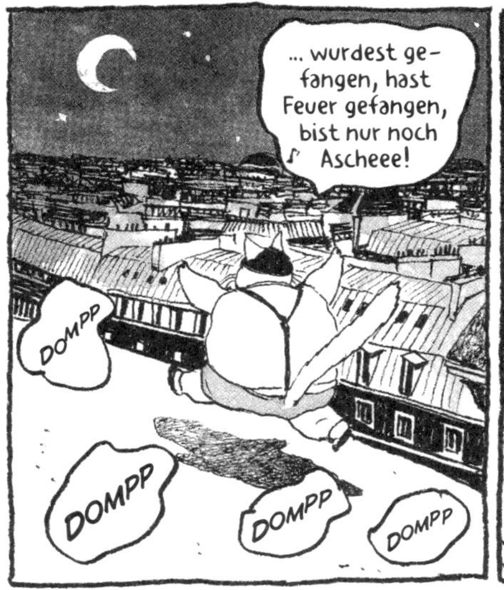
... wurdest gefangen, hast Feuer gefangen, bist nur noch Ascheee!
DOMPP
DOMPP
DOMPP
DOMPP

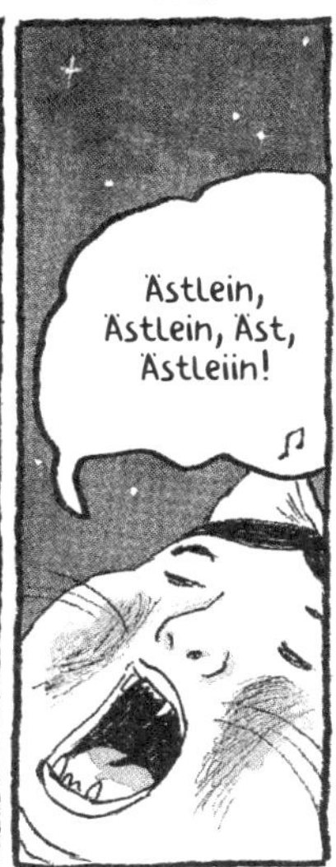
Ästlein, Ästlein, Äst, Ästleiin!

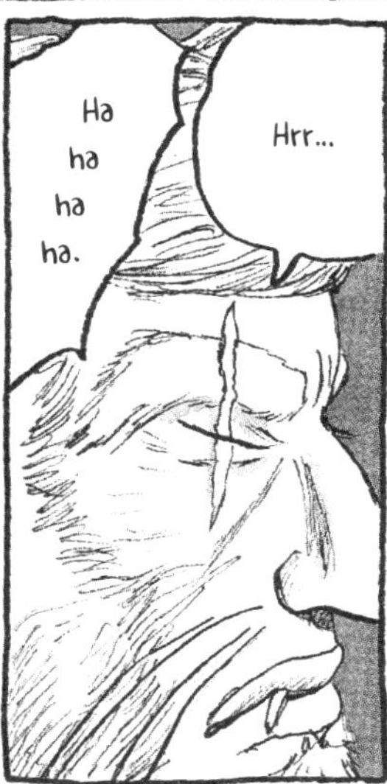
Ha ha ha ha.
Hrr...

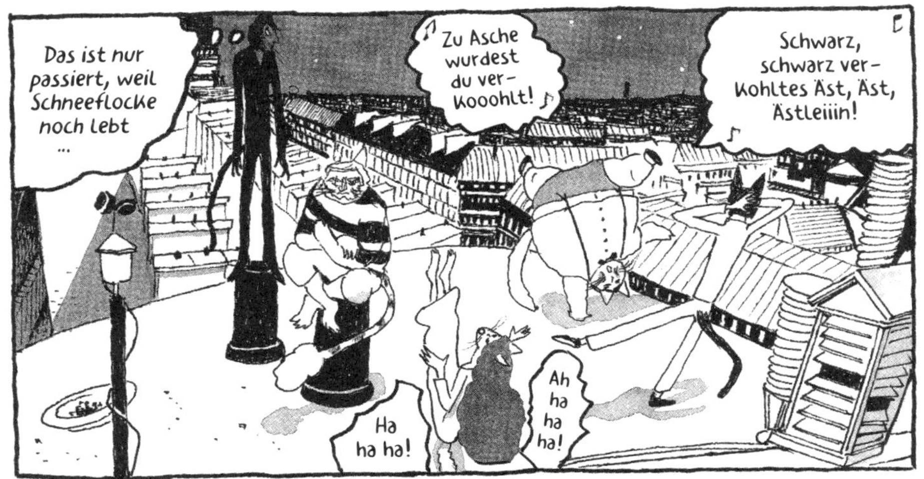
Das ist nur passiert, weil Schneeflocke noch lebt ...
Zu Asche wurdest du ver-Kooohlt!
Schwarz, schwarz ver-kohltes Äst, Äst, Ästleiiin!
Ha ha ha!
Ah ha ha ha!
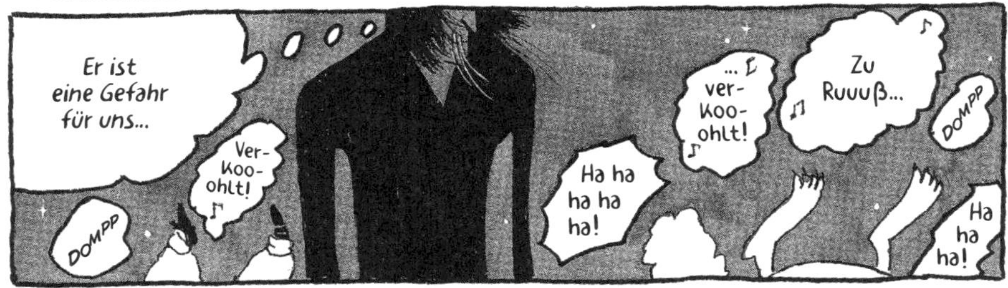
Er ist eine Gefahr für uns...
Ver-koo-ohlt!
DOMPP
Ha ha ha ha ha!
... ver-koo-ohlt!
Zu Ruuuß...
DOMPP
Ha ha ha!
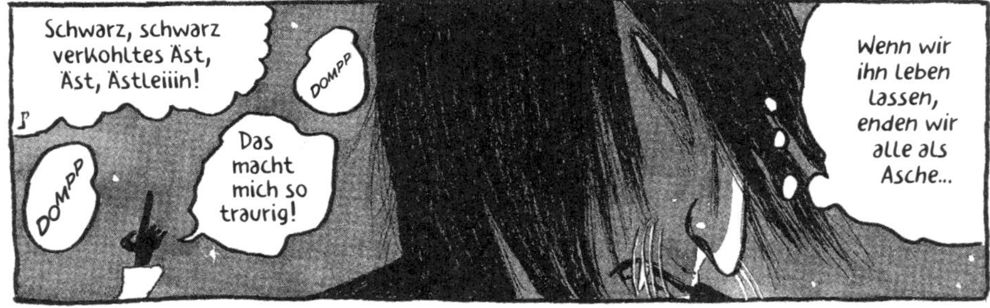
Schwarz, schwarz verkohltes Äst, Äst, Ästleiiin!
DOMPP
DOMPP
Das macht mich so traurig!
Wenn wir ihn leben lassen, enden wir alle als Asche...
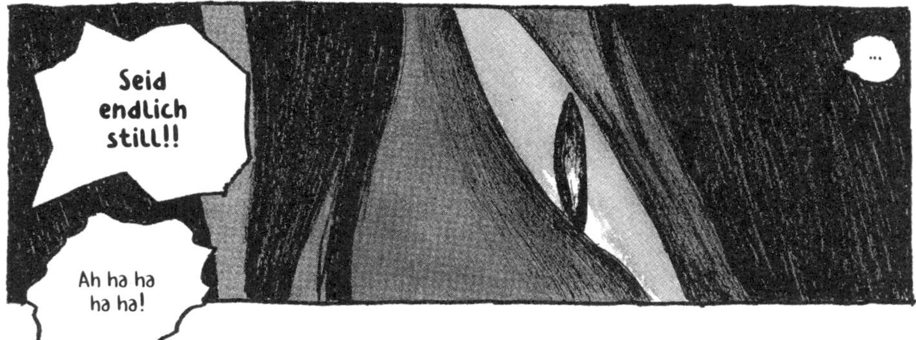
Seid endlich still!!
...
Ah ha ha ha ha!

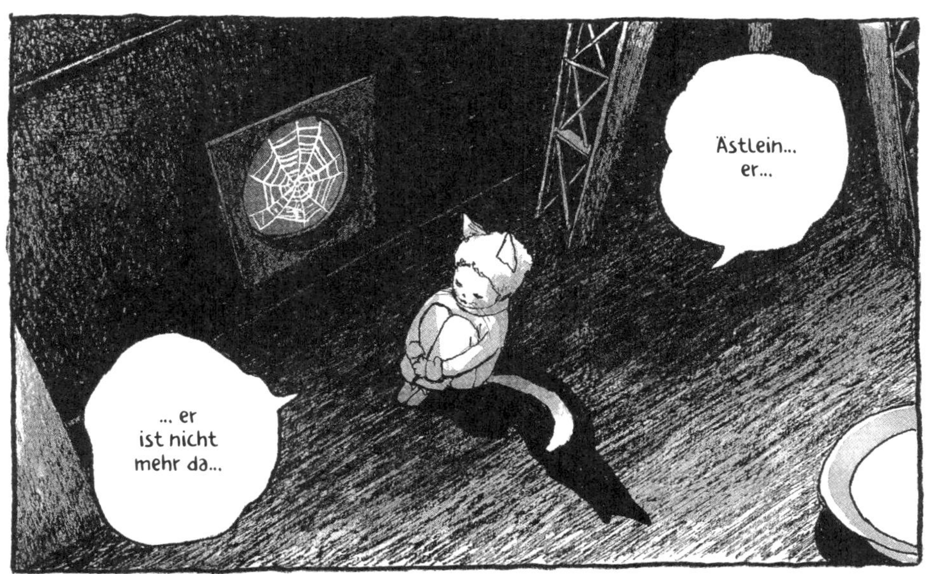
Ästlein...
er...
... er
ist nicht
mehr da...

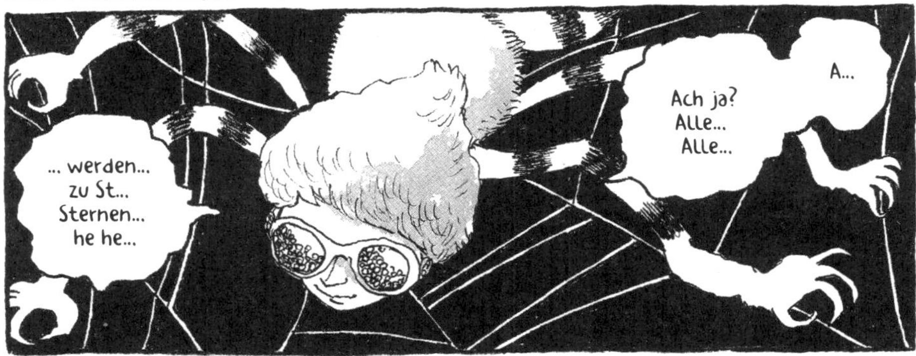
A...
Ach ja?
Alle...
Alle...
... werden...
zu St...
Sternen...
he he...

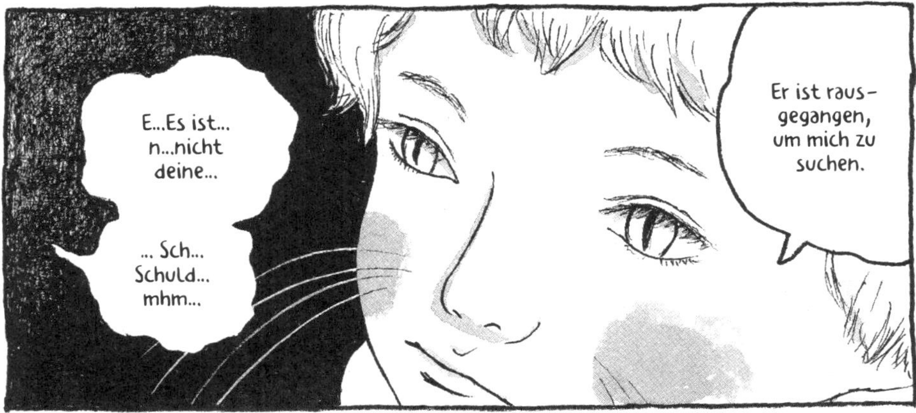
Er ist raus-
gegangen,
um mich zu
suchen.
E...Es ist...
n...nicht
deine...
... Sch...
Schuld...
mhm...

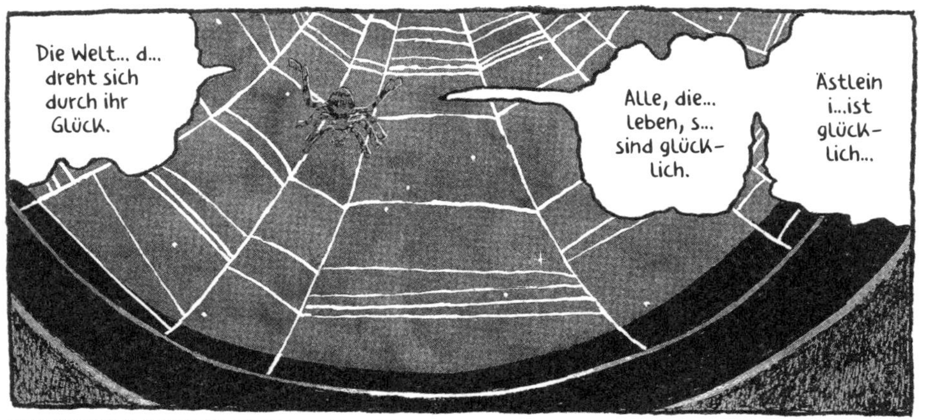

Die Welt... d... dreht sich durch ihr Glück.
Alle, die... leben, s... sind glück-lich.
Ästlein i...ist glück-lich...

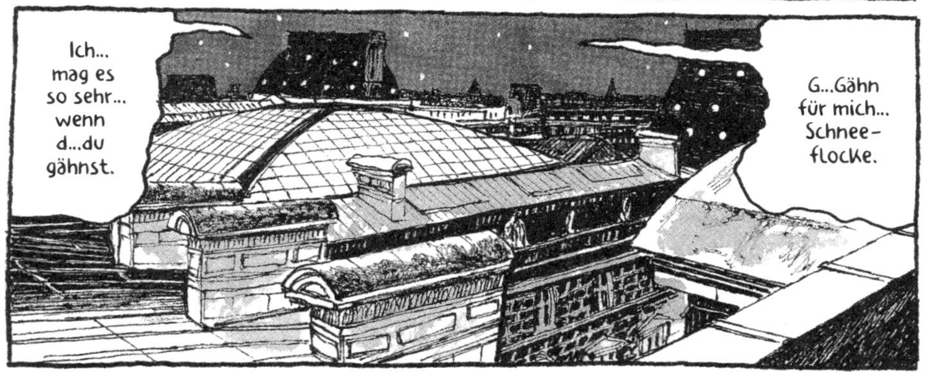

Ich... mag es so sehr... wenn d...du gähnst.
G...Gähn für mich... Schnee-flocke.

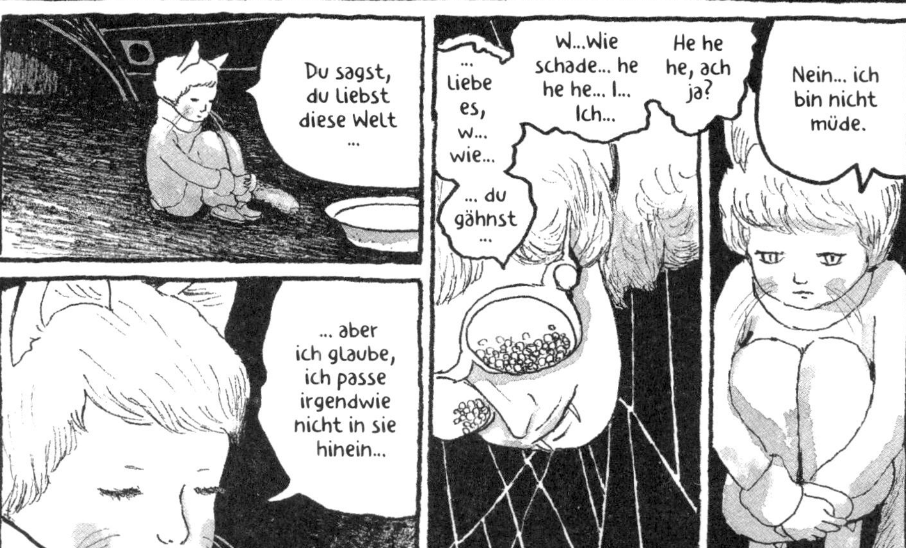

Du sagst, du liebst diese Welt ...
... aber ich glaube, ich passe irgendwie nicht in sie hinein...
... liebe es, w... wie...
... du gähnst ...
W...Wie schade... he he he... I... Ich...
He he he, ach ja?
Nein... ich bin nicht müde.

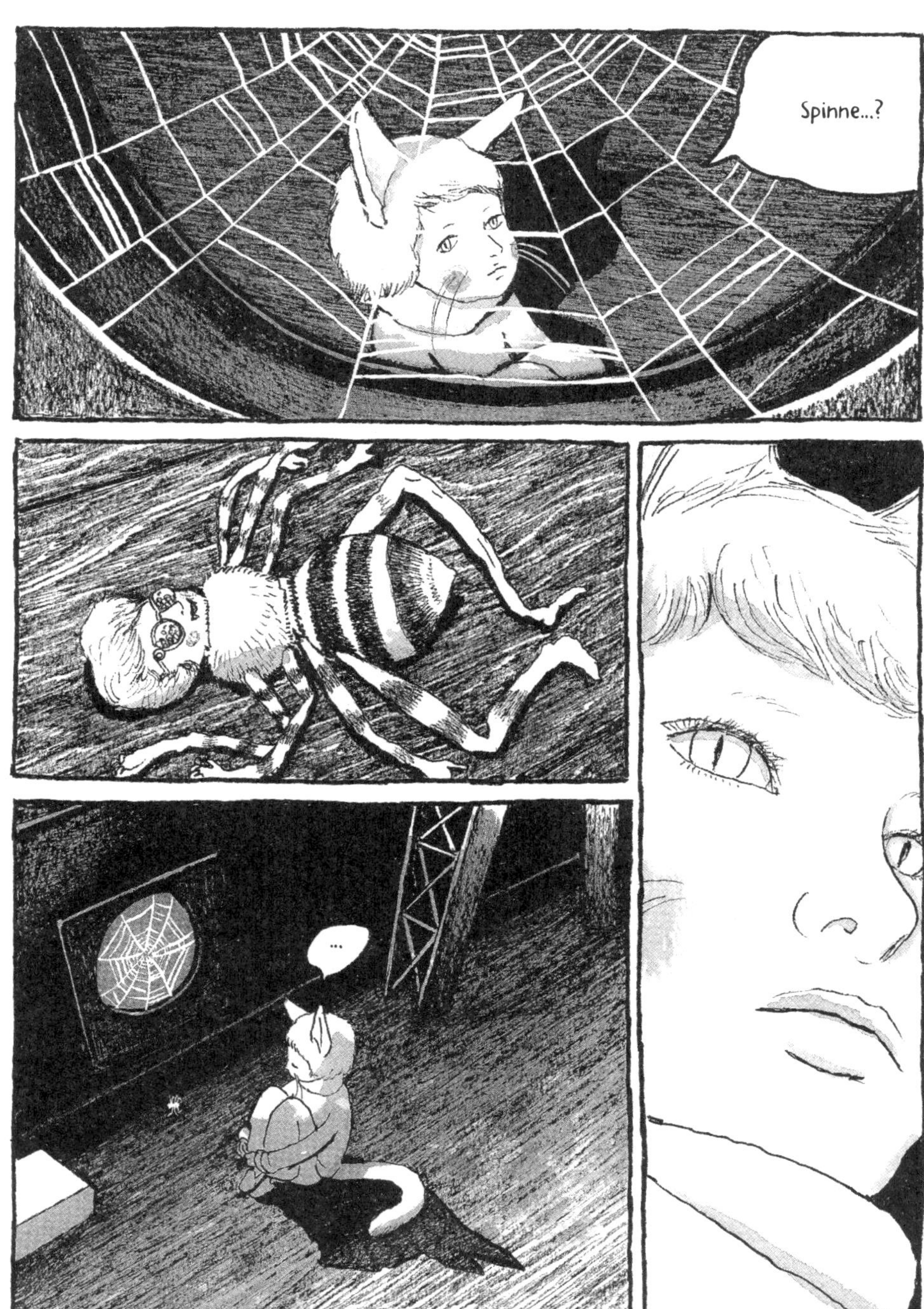
Spinne...?
...

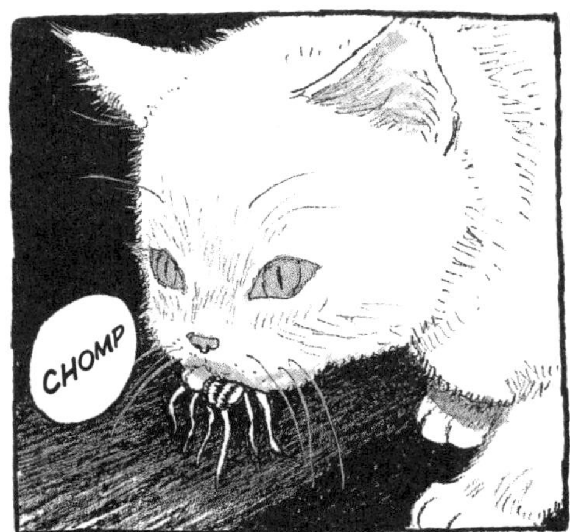
CHOMP

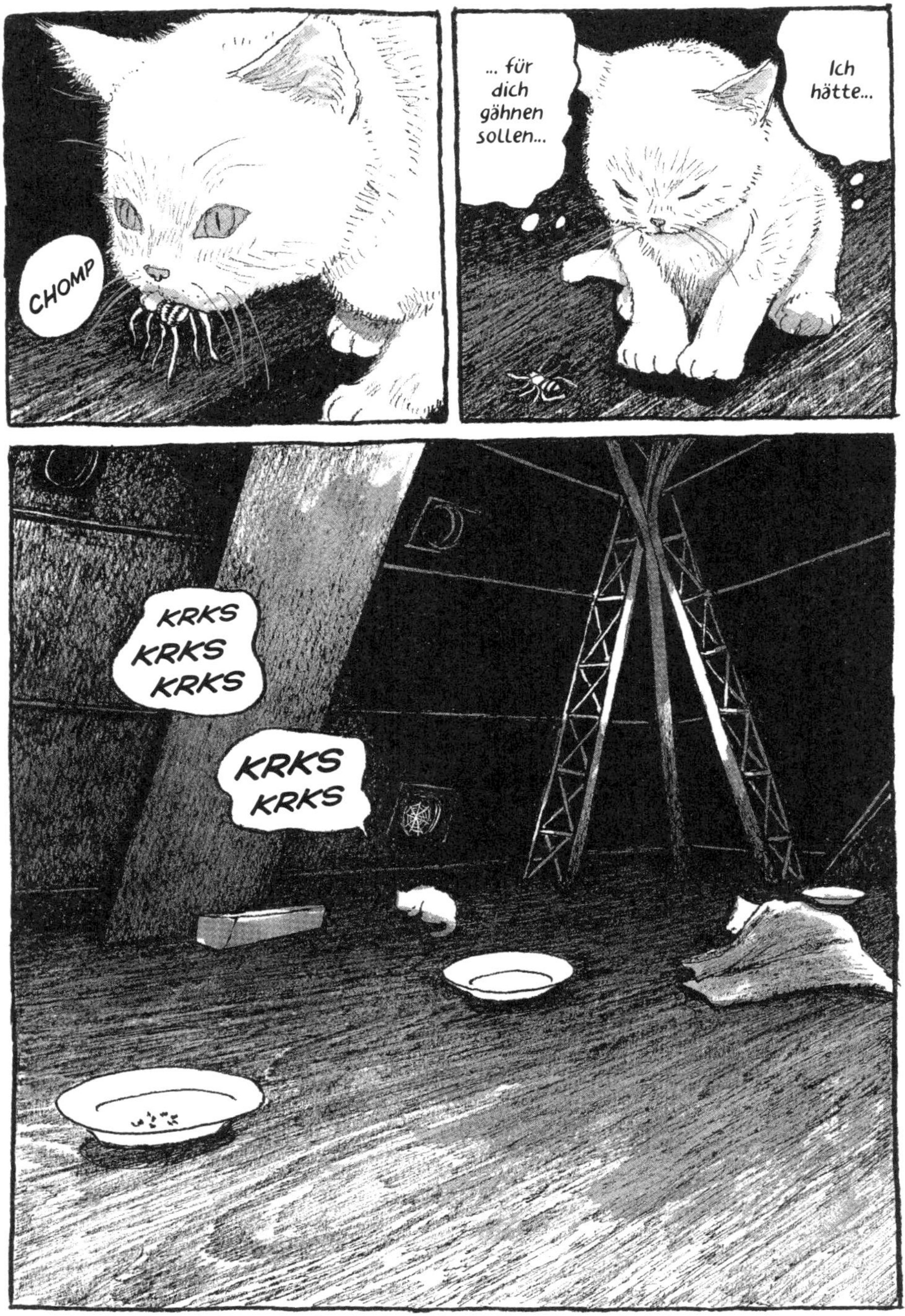

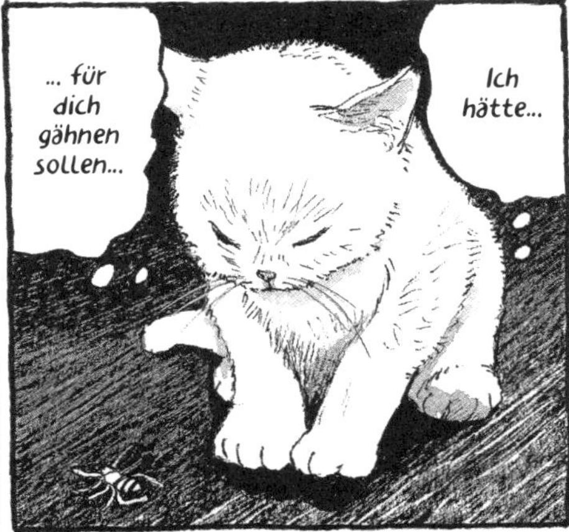
Ich hätte...
... für dich gähnen sollen...

KRKS KRKS KRKS
KRKS KRKS

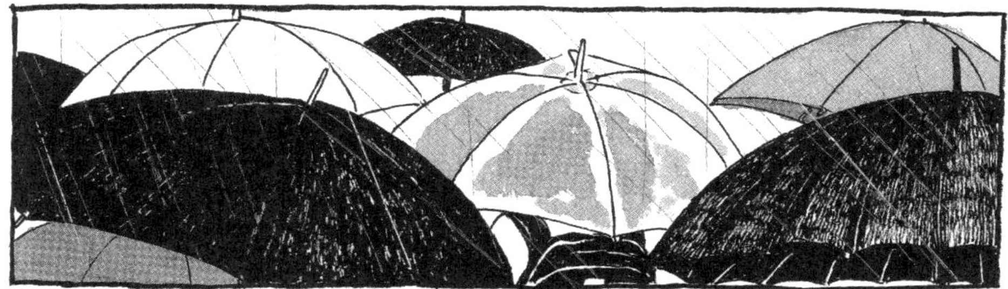

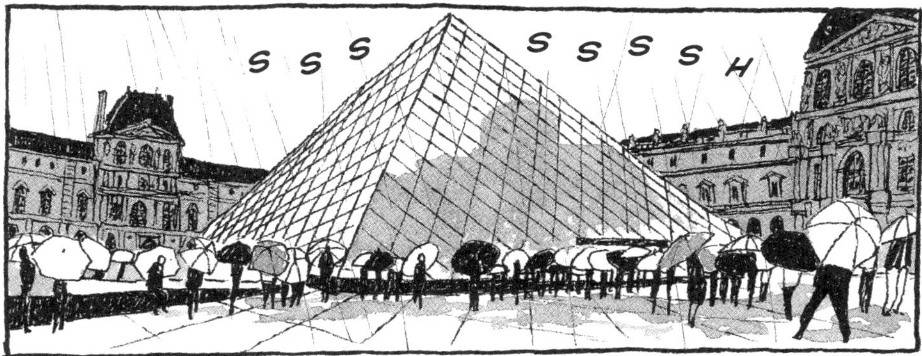
SSS SSSSH

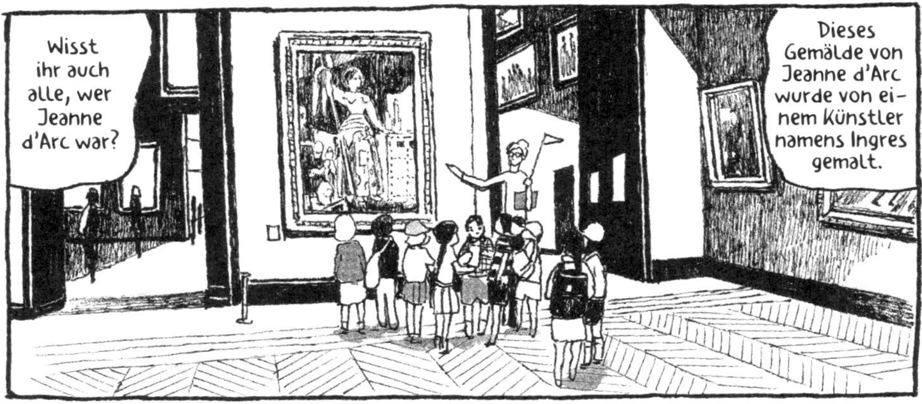
Wisst ihr auch alle, wer Jeanne d'Arc war?
Dieses Gemälde von Jeanne d'Arc wurde von einem Künstler namens Ingres gemalt.

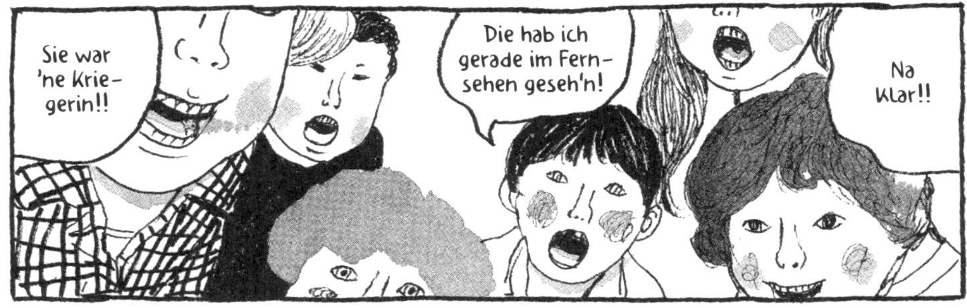
Sie war 'ne Kriegerin!!
Die hab ich gerade im Fernsehen geseh'n!
Na klar!!

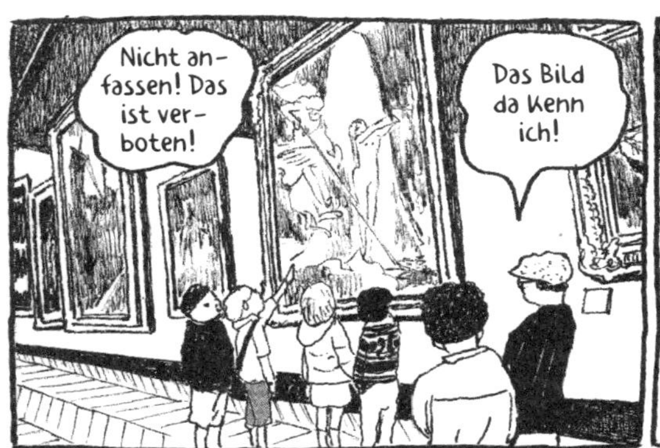
Nicht anfassen! Das ist verboten!
Das Bild da kenn ich!

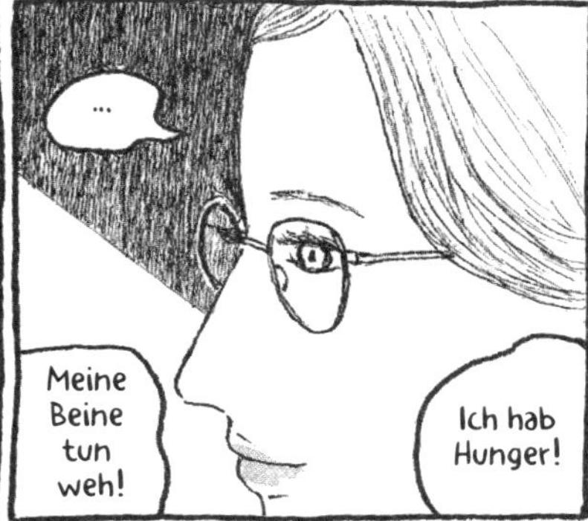
...
Meine Beine tun weh!
Ich hab Hunger!

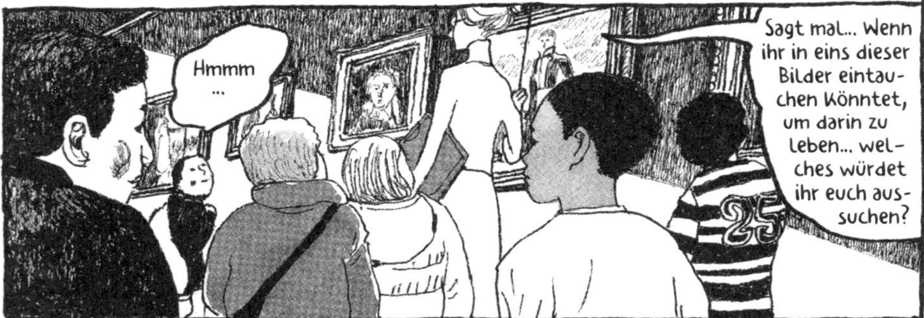
Hmmm ...
Sagt mal... Wenn ihr in eins dieser Bilder eintauchen könntet, um darin zu leben... welches würdet ihr euch aussuchen?
25

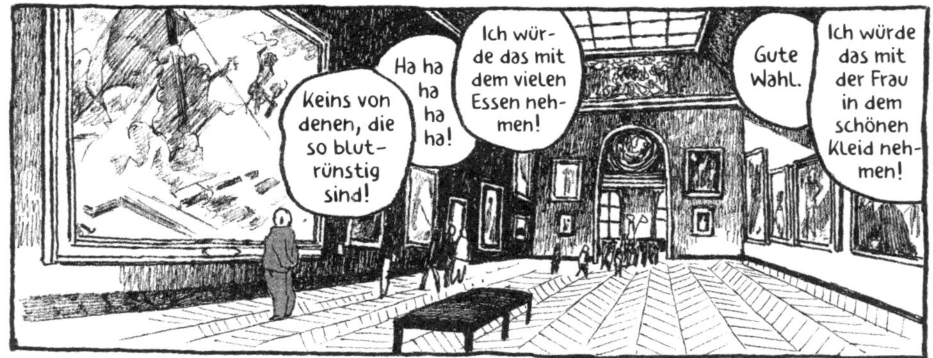
Keins von denen, die so blutrünstig sind!
Ha ha ha ha ha!
Ich würde das mit dem vielen Essen nehmen!
Gute Wahl.
Ich würde das mit der Frau in dem schönen Kleid nehmen!

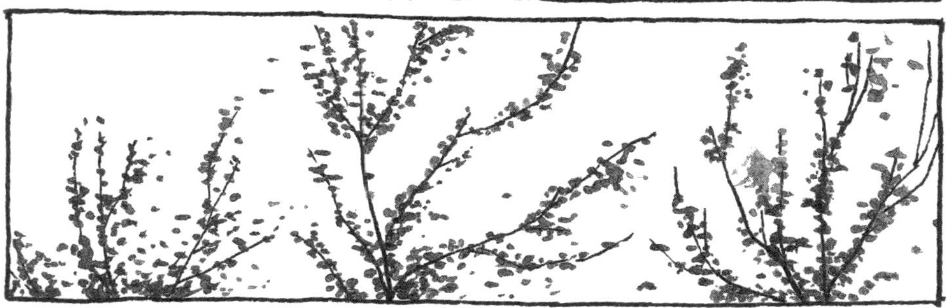

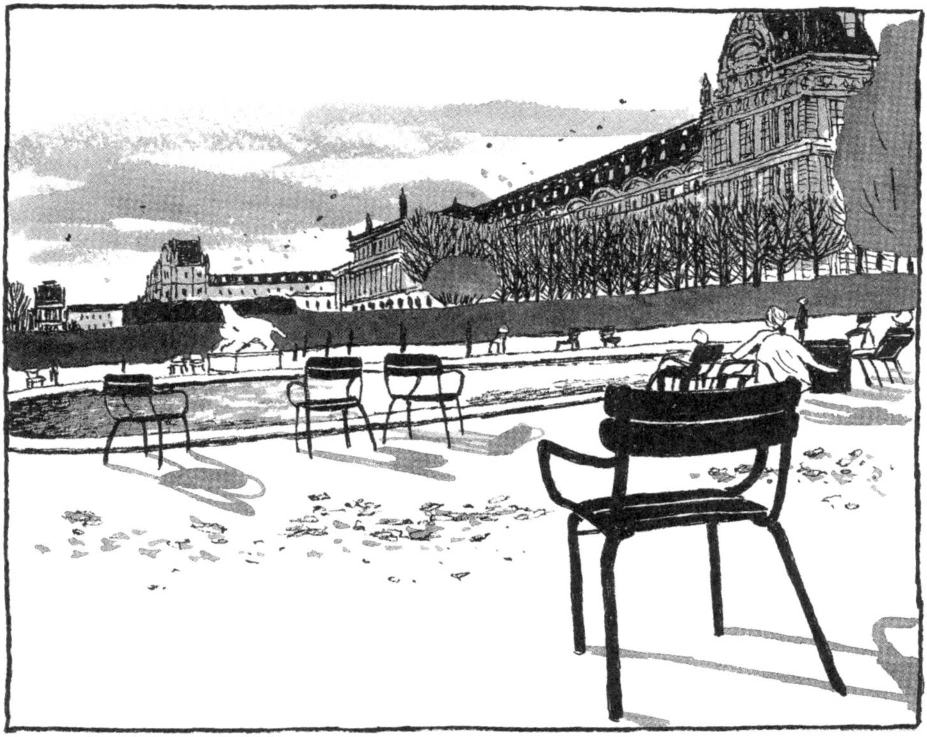

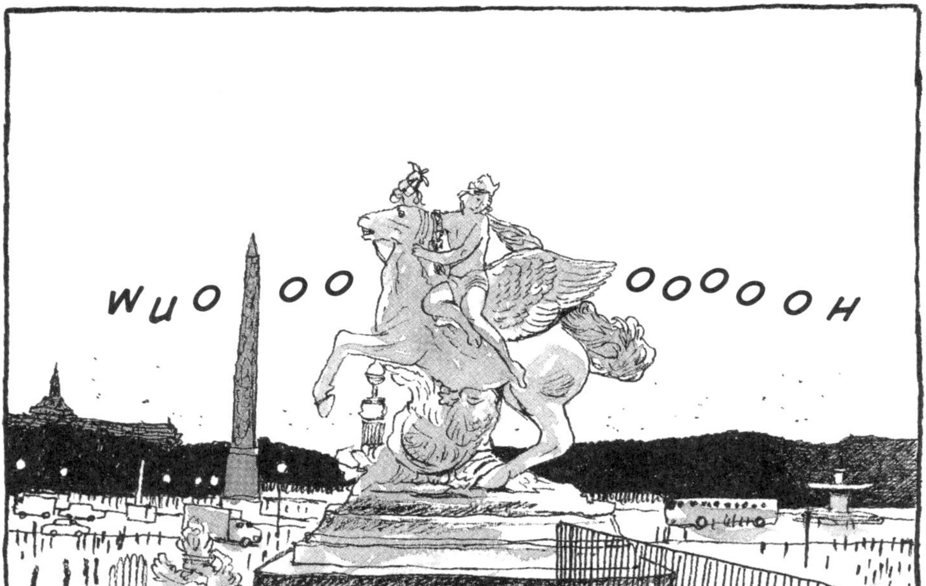

WUO OO OOOOOOH

HERBST

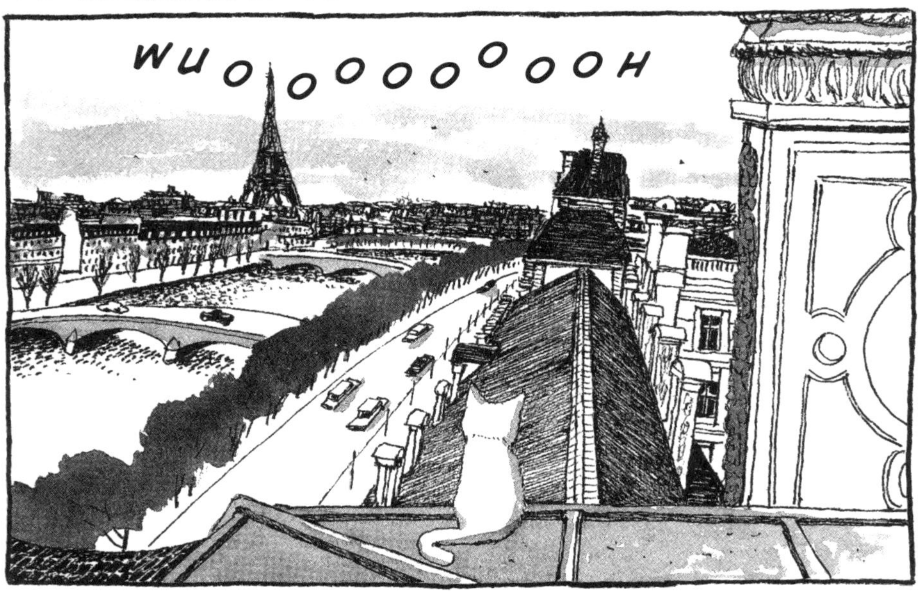

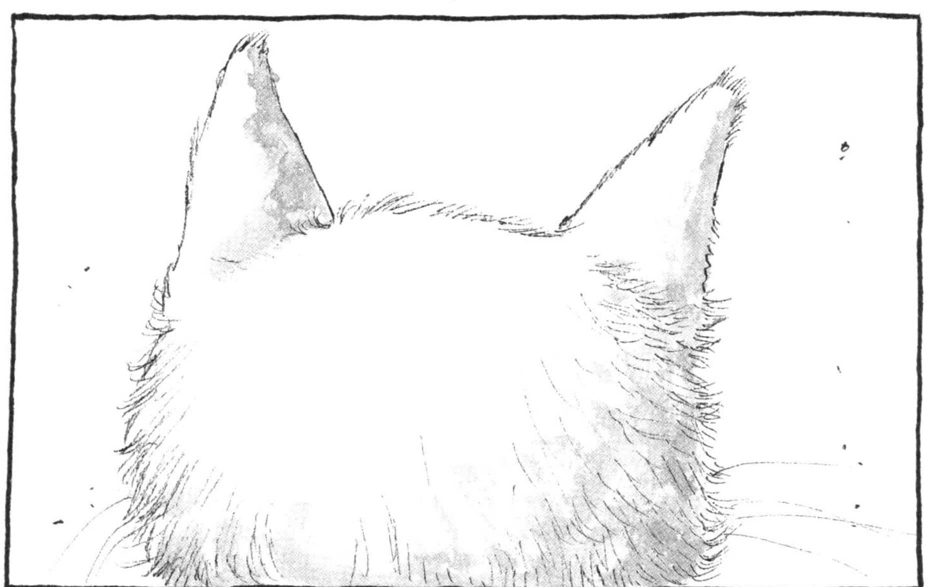

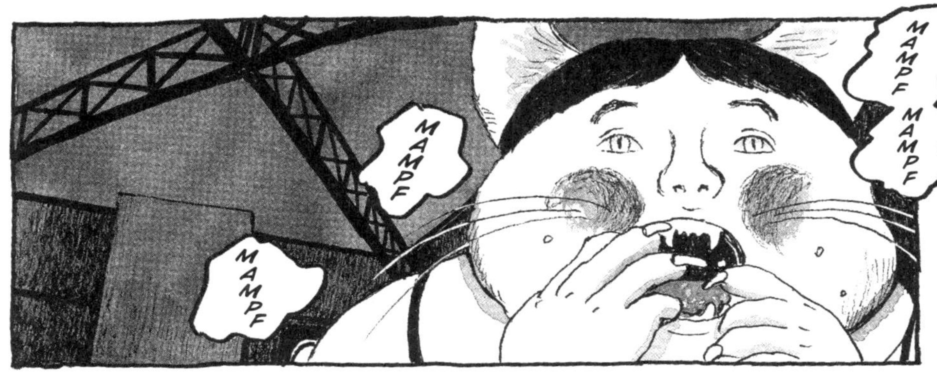
MAMPF
MAMPF
MAMPF MAMPF

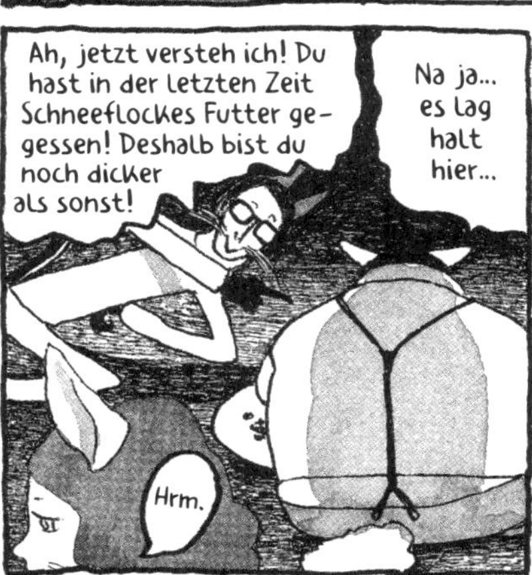
Ah, jetzt versteh ich! Du hast in der letzten Zeit Schneeflockes Futter gegessen! Deshalb bist du noch dicker als sonst!
Na ja... es lag halt hier...
Hrm.

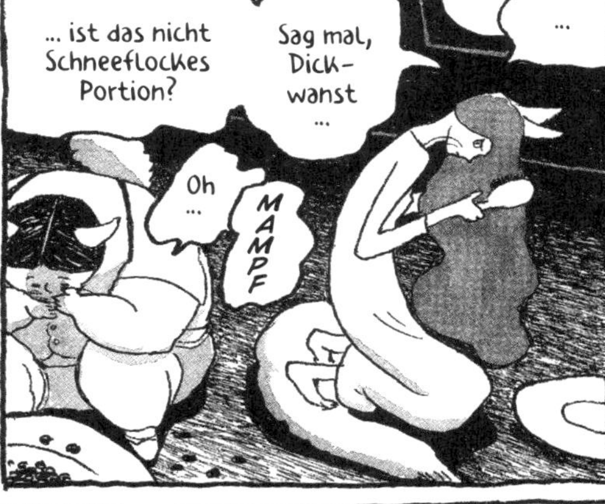
...
Sag mal, Dickwanst ...
... ist das nicht Schneeflockes Portion?
Oh ...
MAMPF

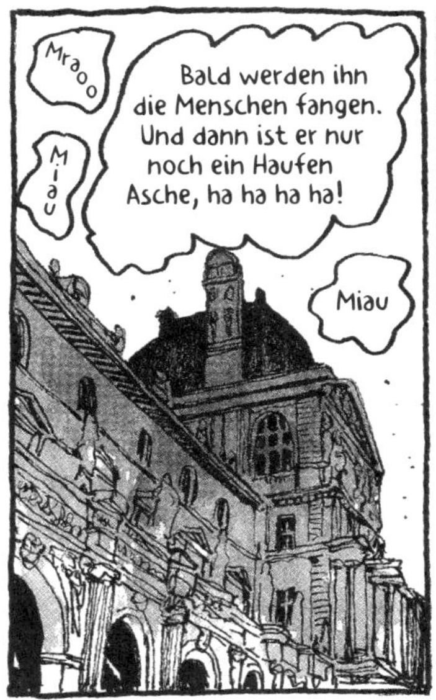
Mraoo
Bald werden ihn die Menschen fangen. Und dann ist er nur noch ein Haufen Asche, ha ha ha ha!
Miau
Miau

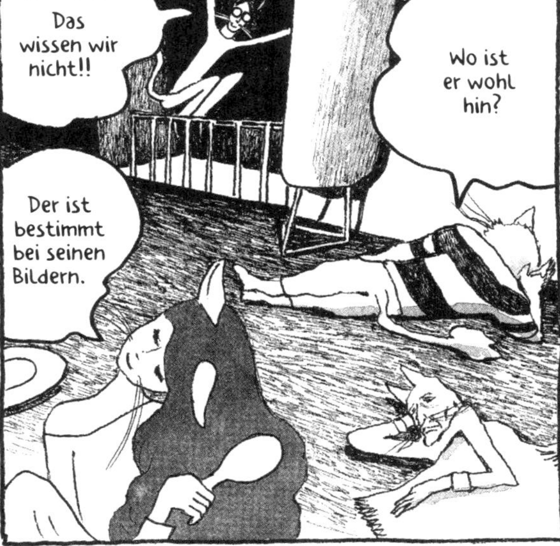
Wo ist er wohl hin?
Das wissen wir nicht!!
Der ist bestimmt bei seinen Bildern.

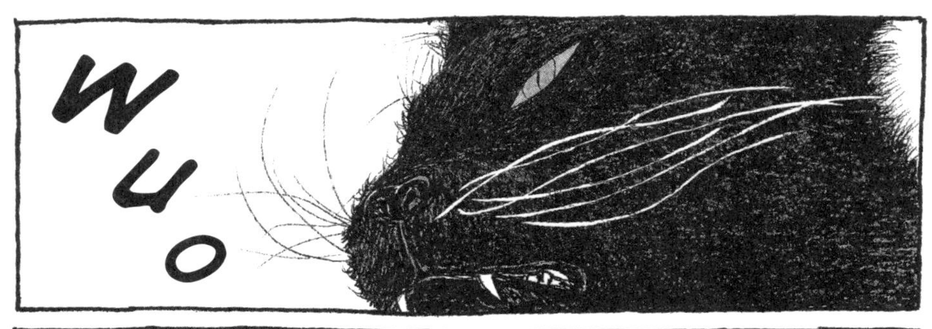
WUO

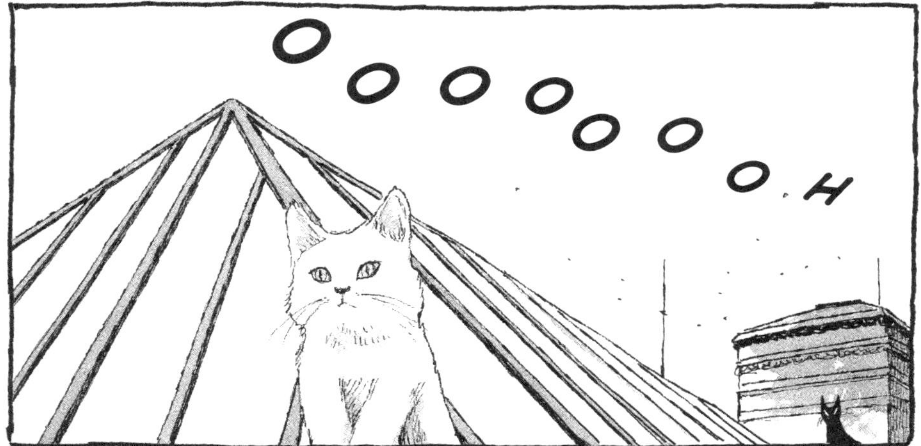
OOOOOOOH

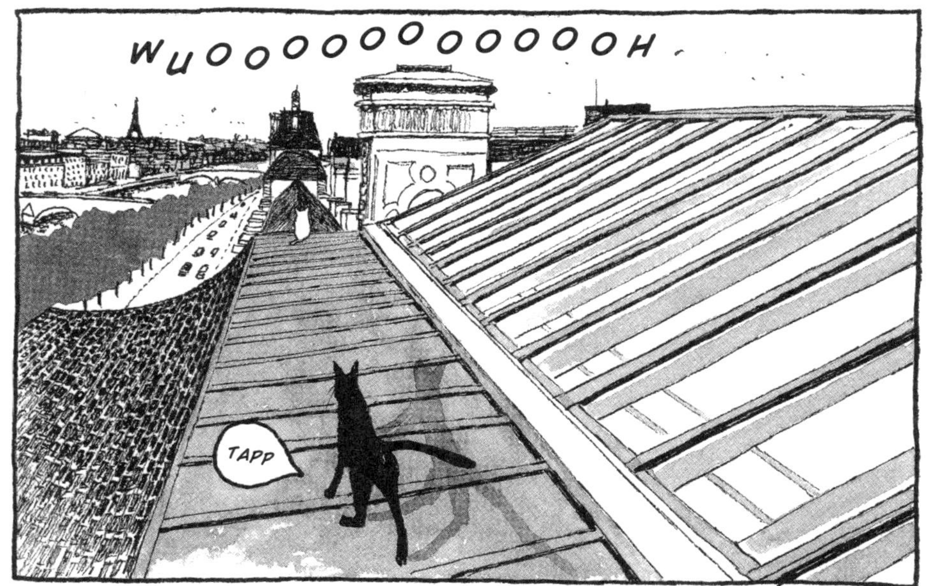
WUOOOOOOOOOOOOH
TAPP

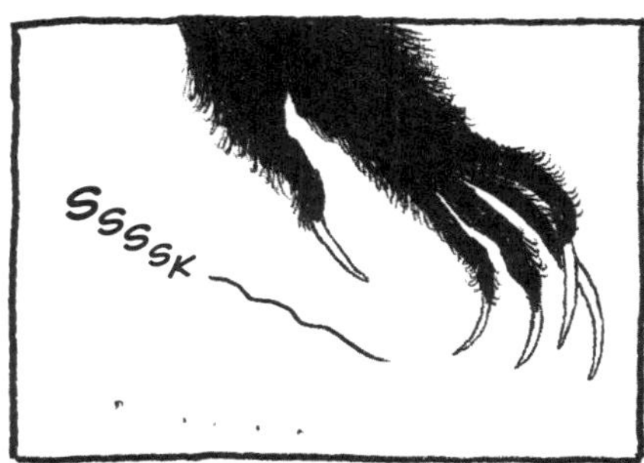
SSSSK

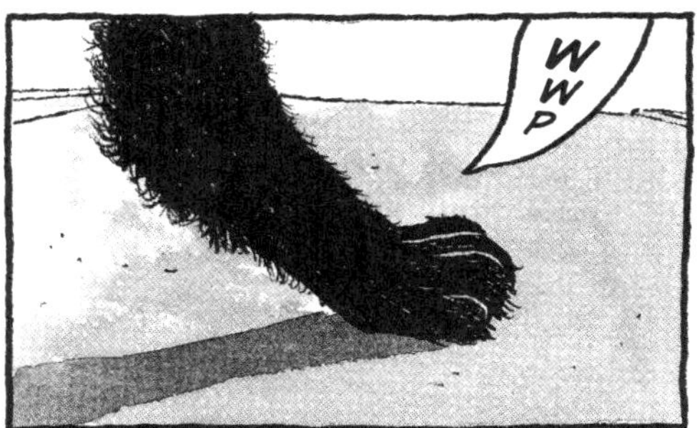
WWP

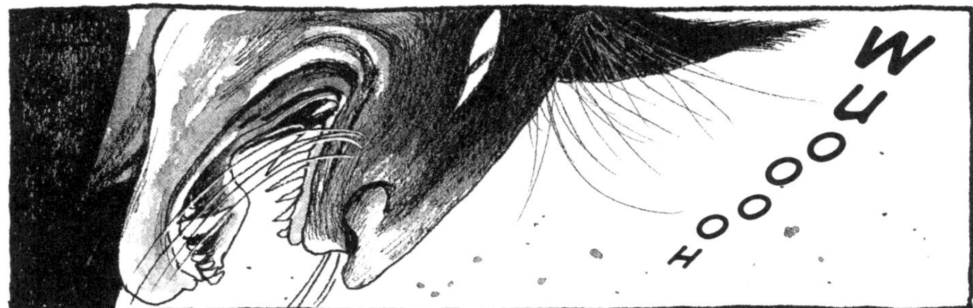
WUOOOOOH

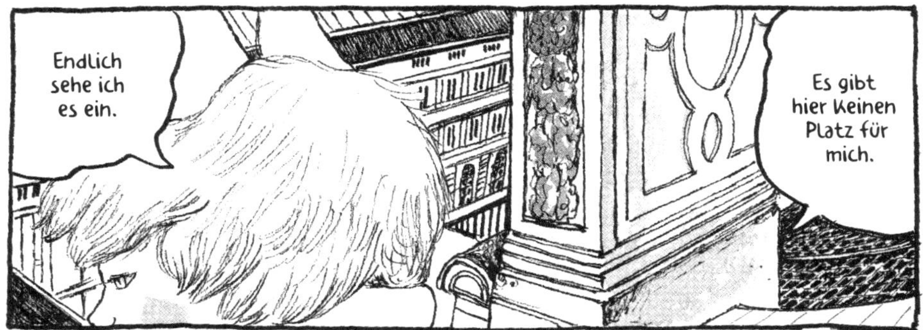
Endlich sehe ich es ein.
Es gibt hier keinen Platz für mich.

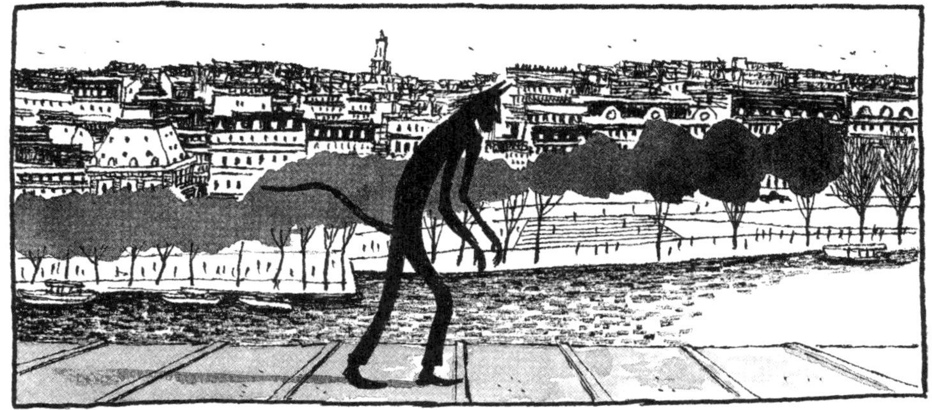

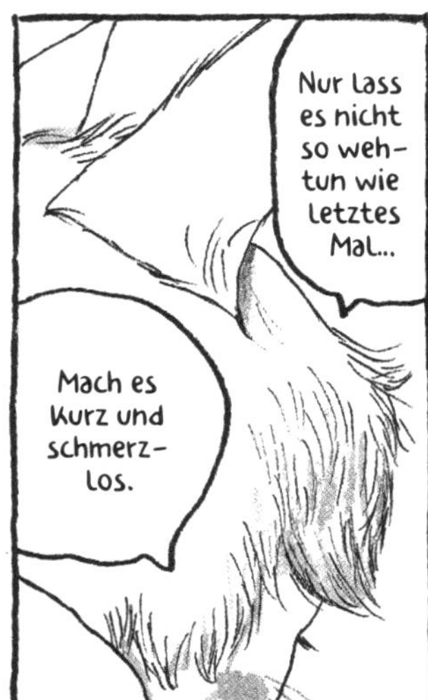
Nur lass es nicht so weh-tun wie letztes Mal...
Mach es kurz und schmerz-los.

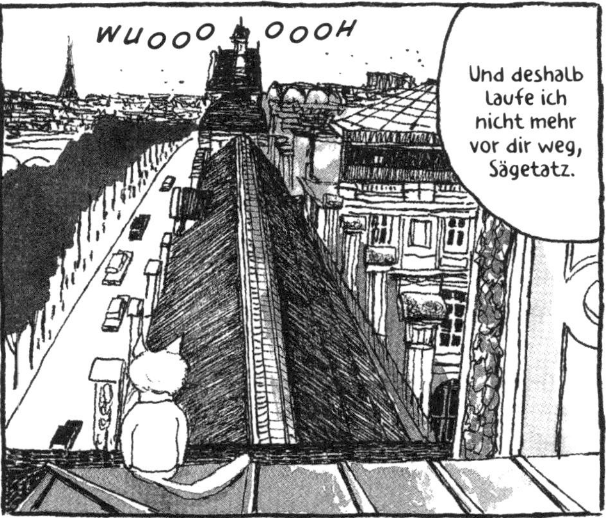
WUOOO OOOH
Und deshalb laufe ich nicht mehr vor dir weg, Sägetatz.

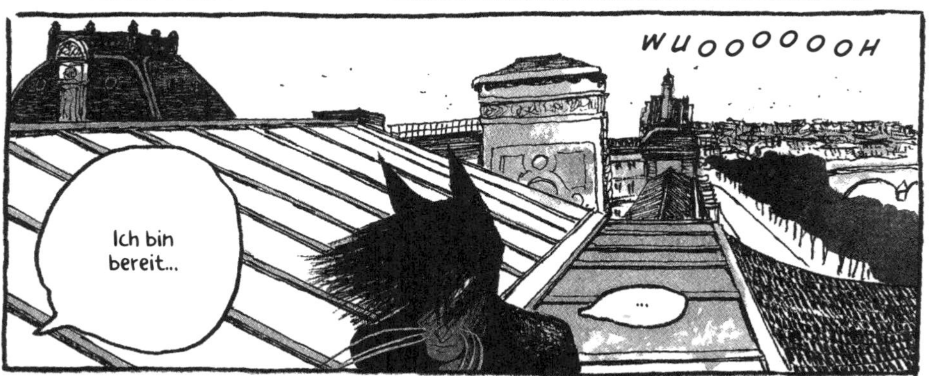
WUOOOOOOOH
Ich bin bereit...
...

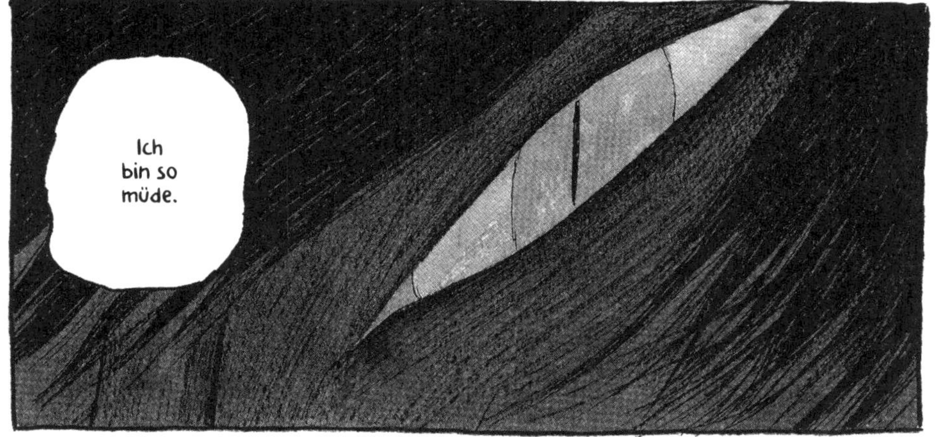
Ich bin so müde.

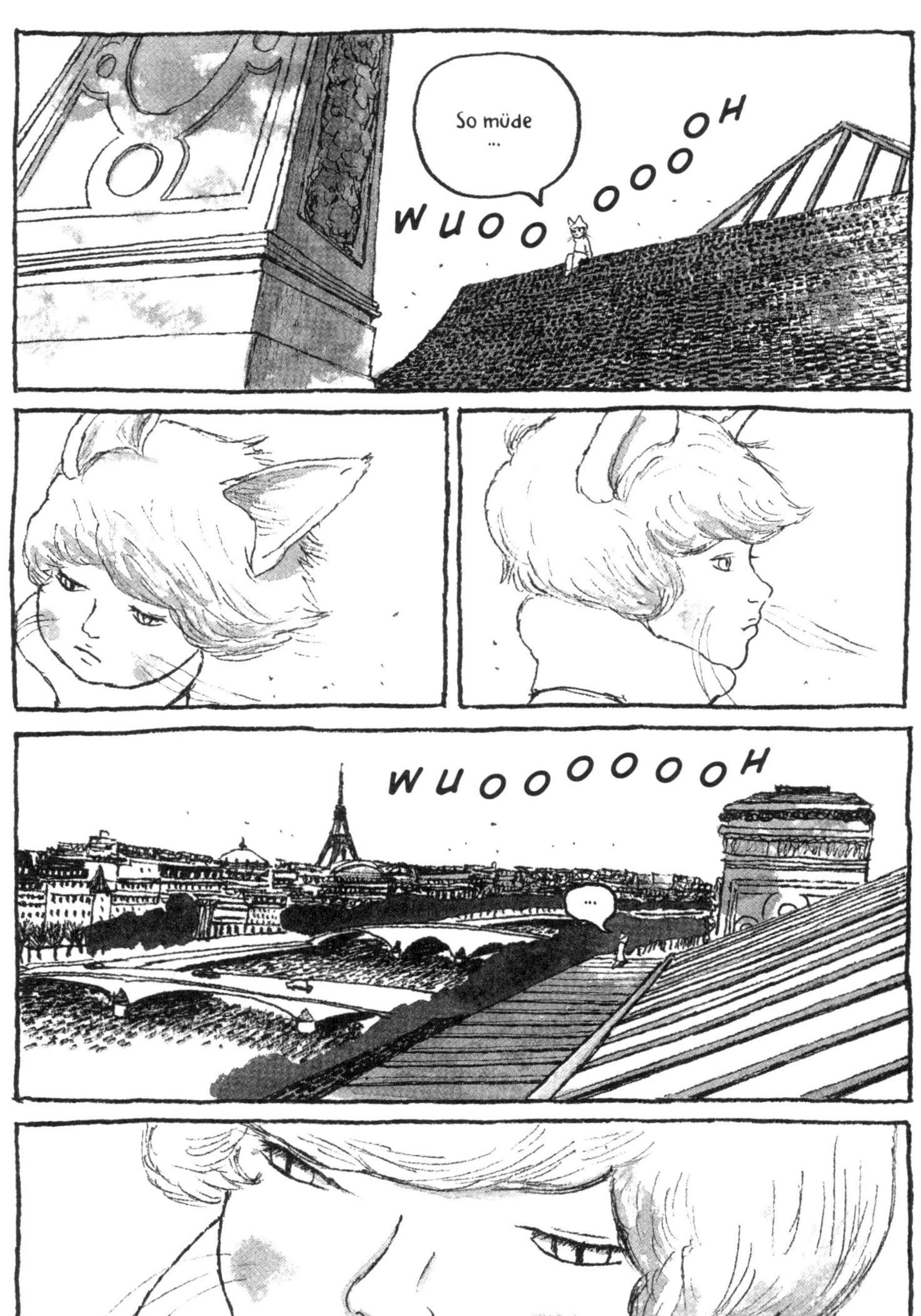
So müde
...
WUOOOOOOOH
WUOOOOOOOOH
...

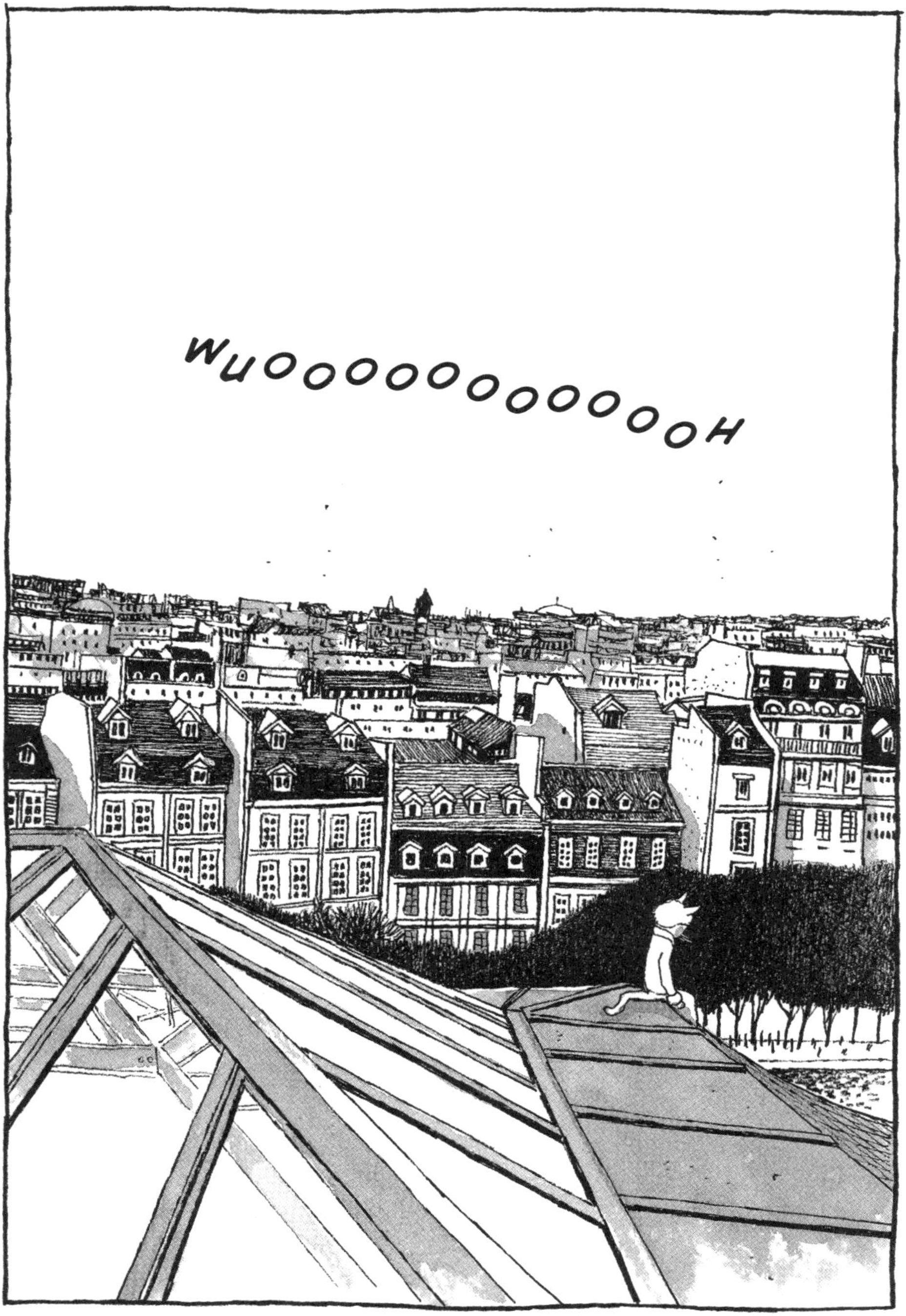

WUOOOOOOOOOOOH

Kapitel 10

DAS GEHEIMNIS DES KAFFEES DES NACHTWÄCHTERS

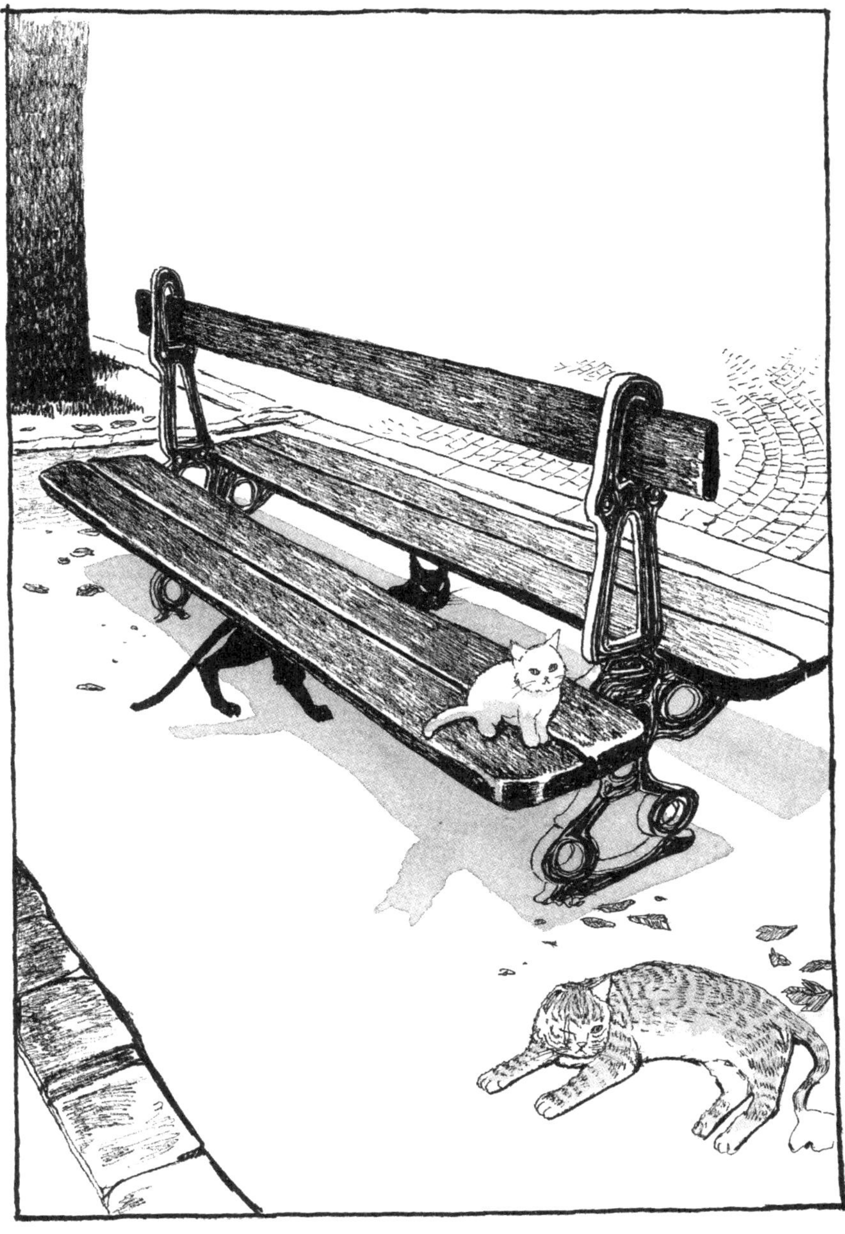

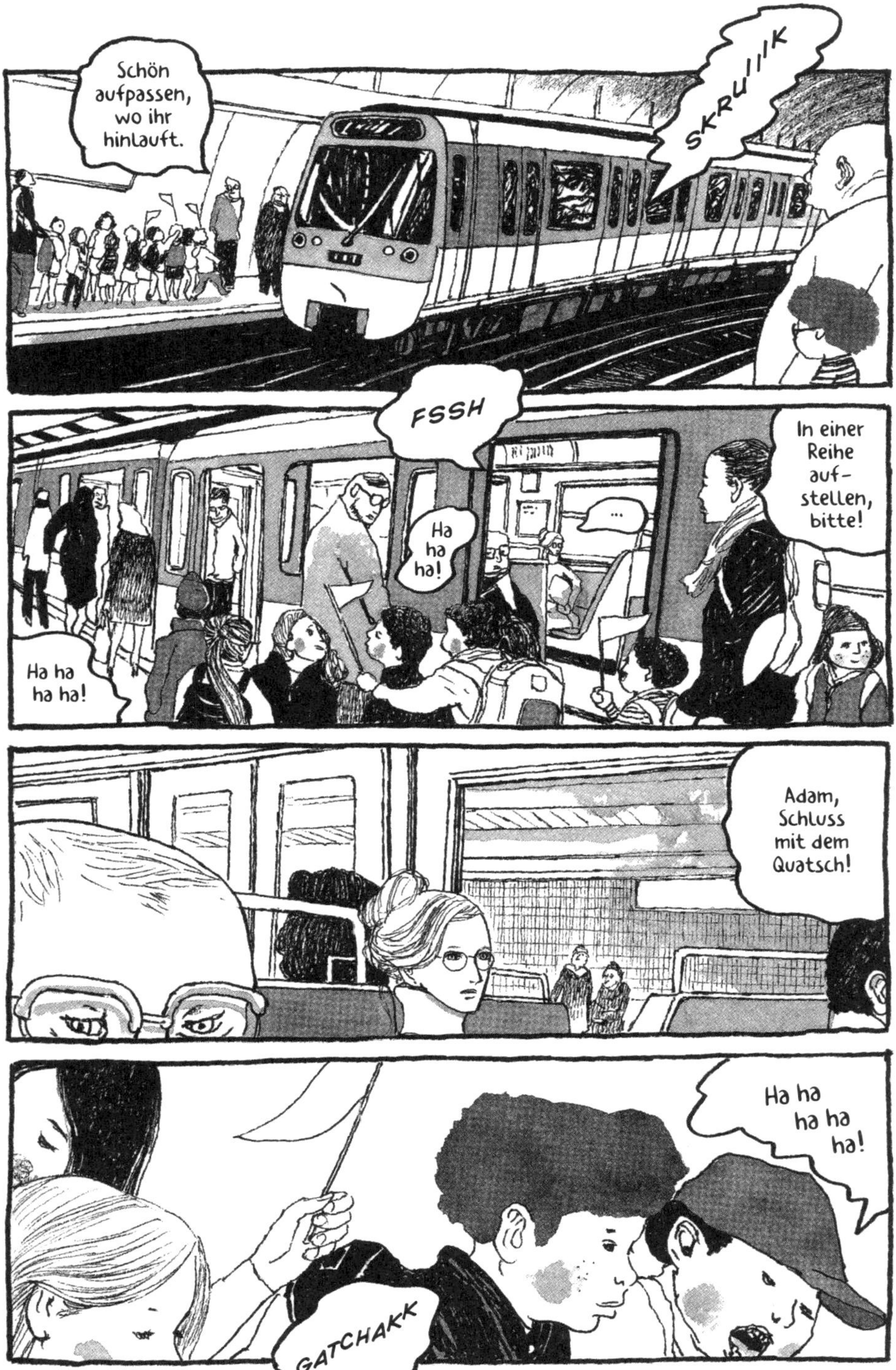

Schön aufpassen, wo ihr hinlauft.
SKRUIIIK
FSSH
In einer Reihe auf-stellen, bitte!
Ha ha ha!
...
Ha ha ha ha!

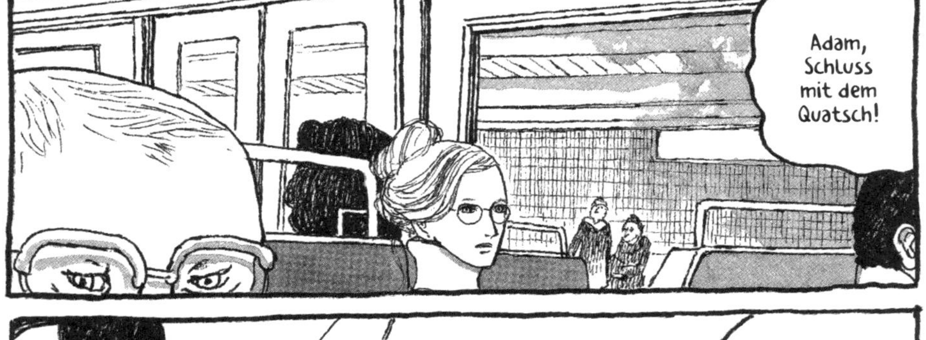

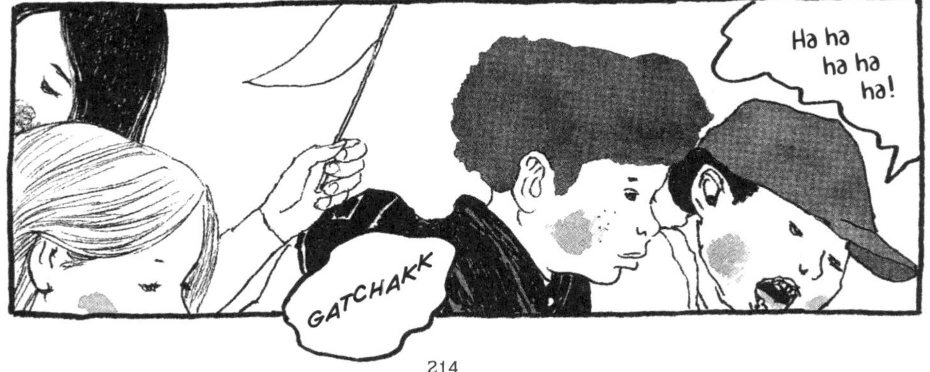

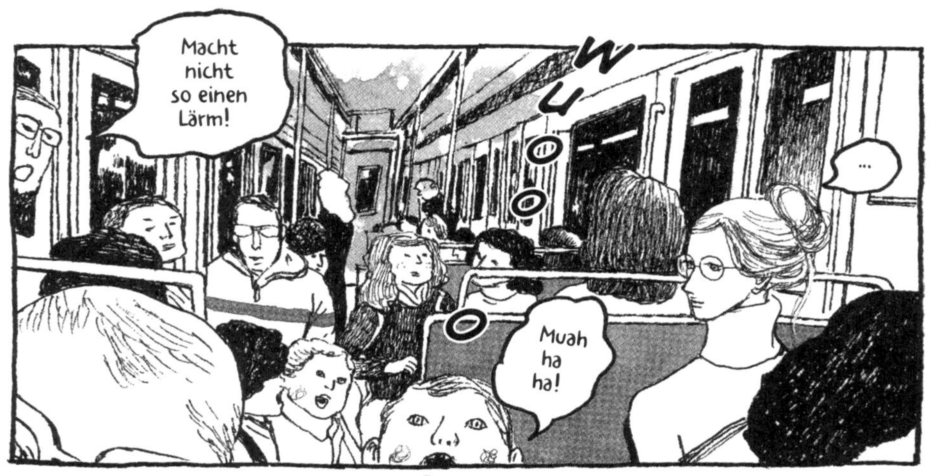
Macht nicht so einen Lärm!
WUOOO
...
Muah ha ha!

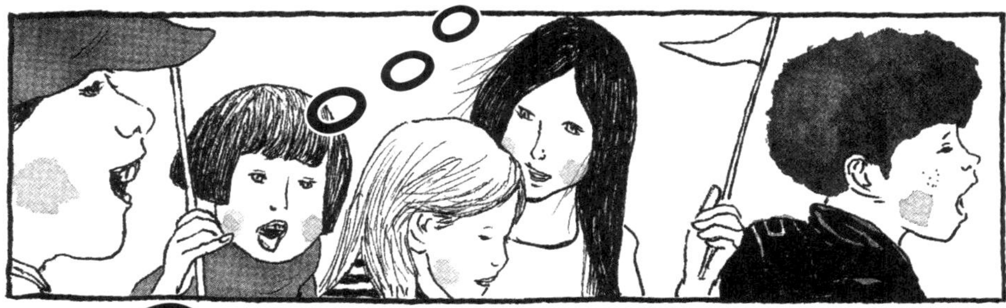
OOO

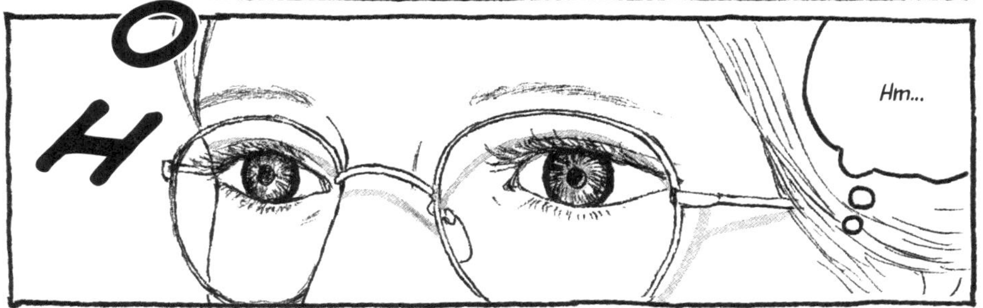
OH
Hm...

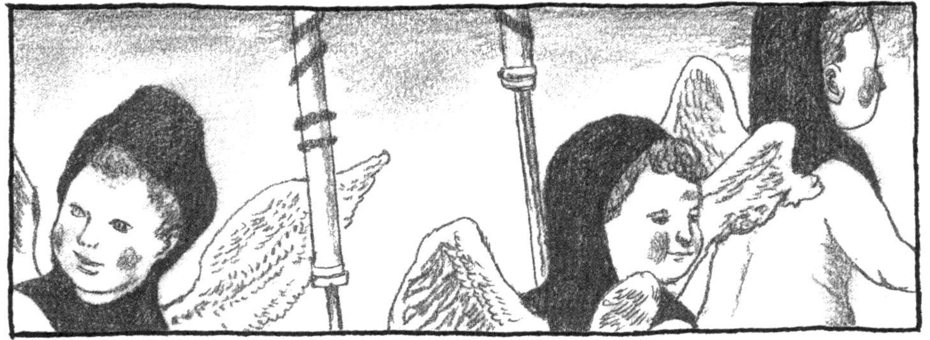

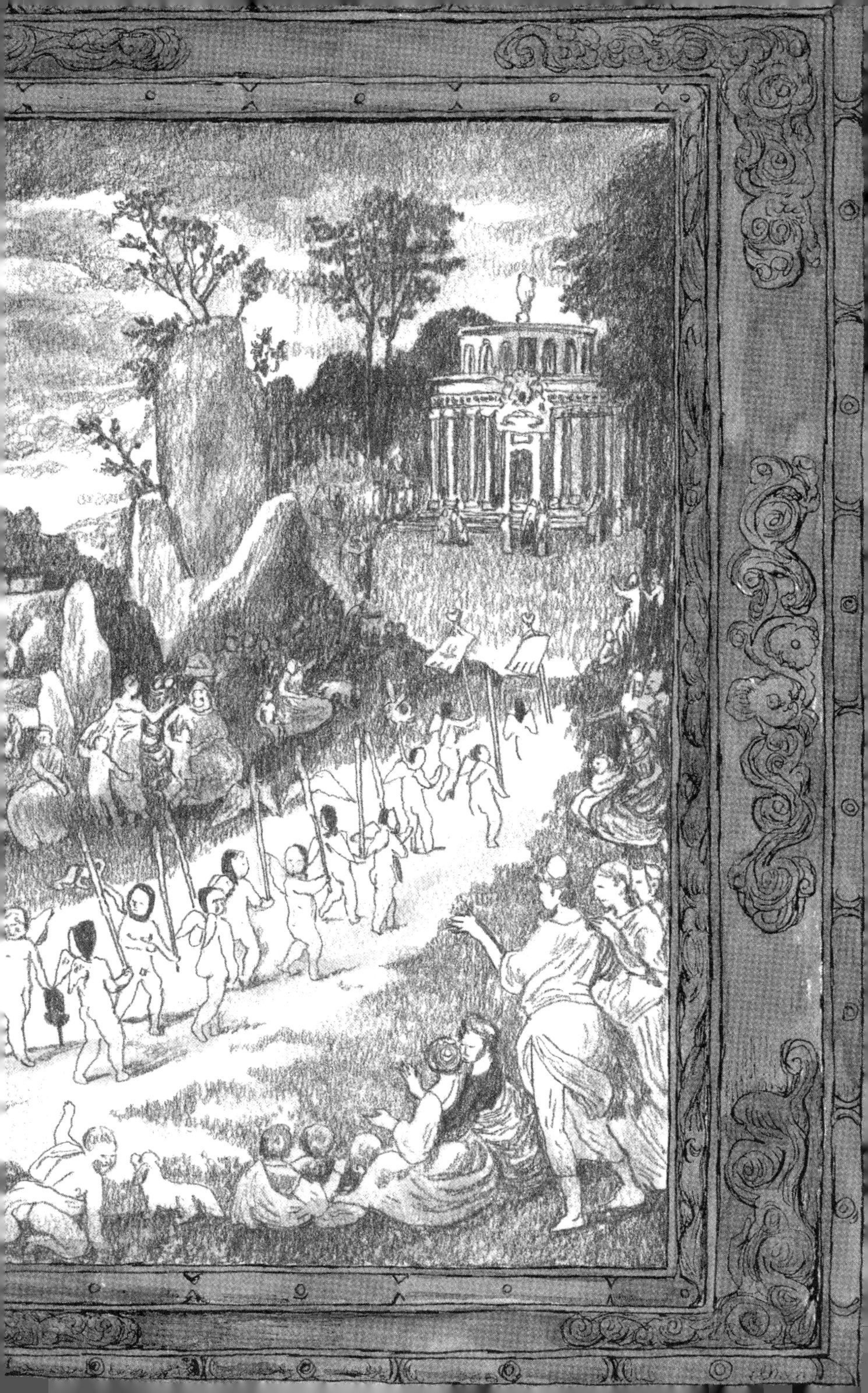

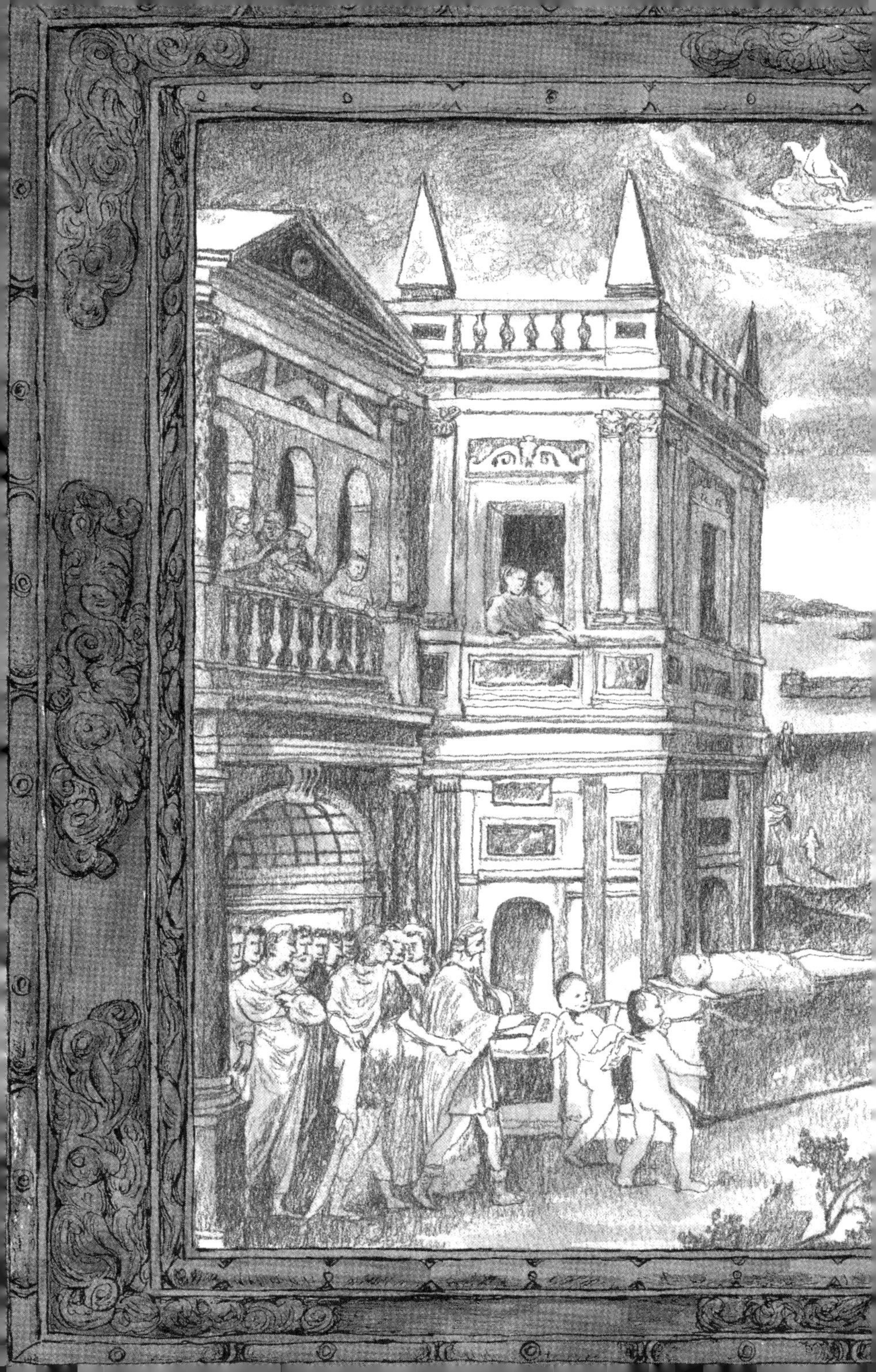

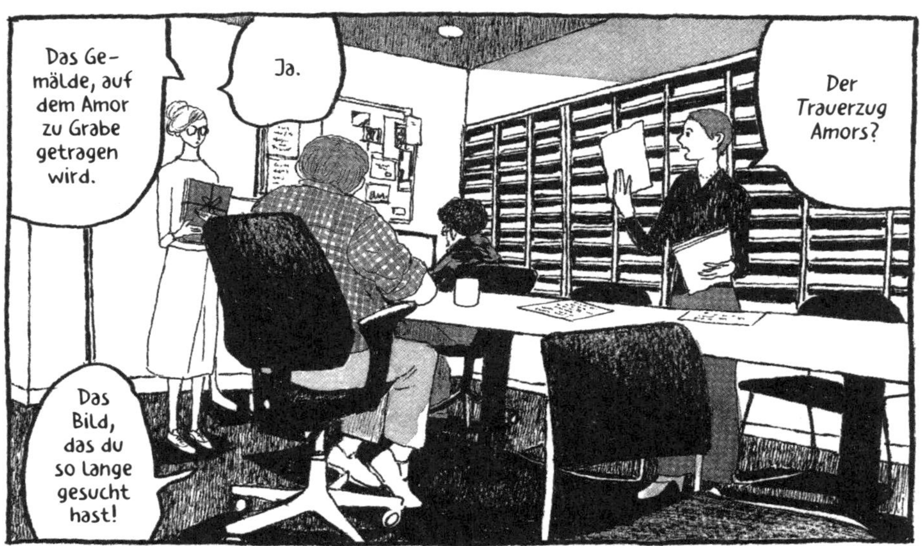
Das Gemälde, auf dem Amor zu Grabe getragen wird.
Ja.
Der Trauerzug Amors?
Das Bild, das du so lange gesucht hast!

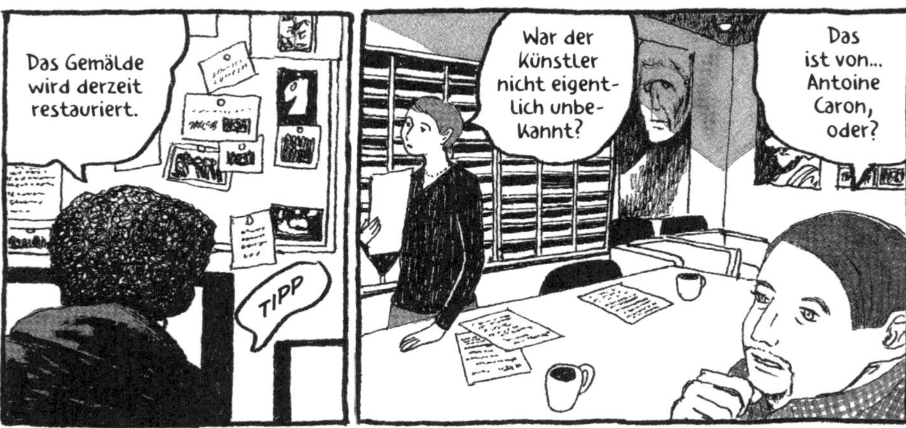
Das Gemälde wird derzeit restauriert.
TIPP
War der Künstler nicht eigentlich unbekannt?
Das ist von... Antoine Caron, oder?

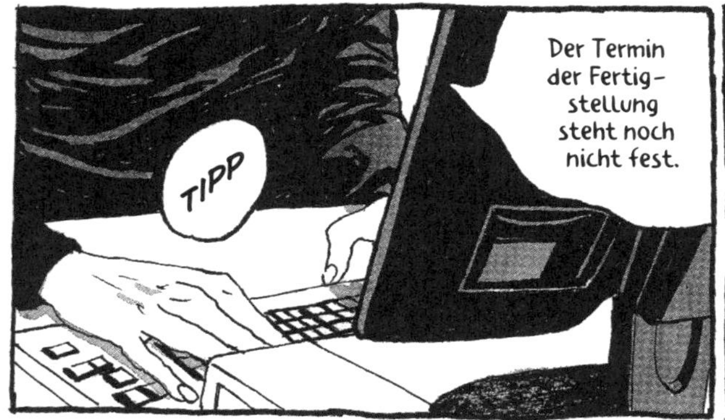
TIPP
Der Termin der Fertigstellung steht noch nicht fest.

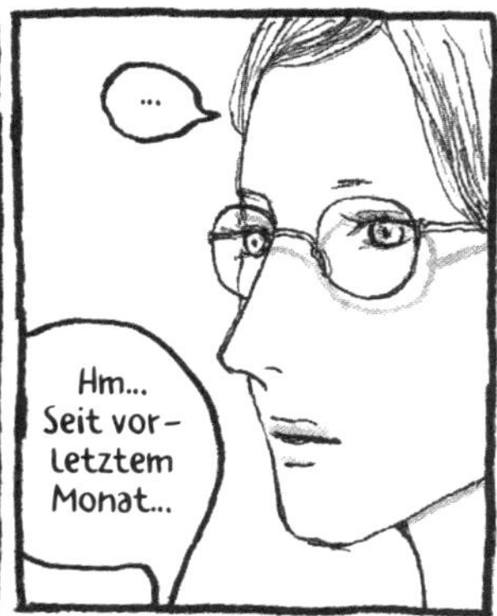
...
Hm... Seit vorletztem Monat...

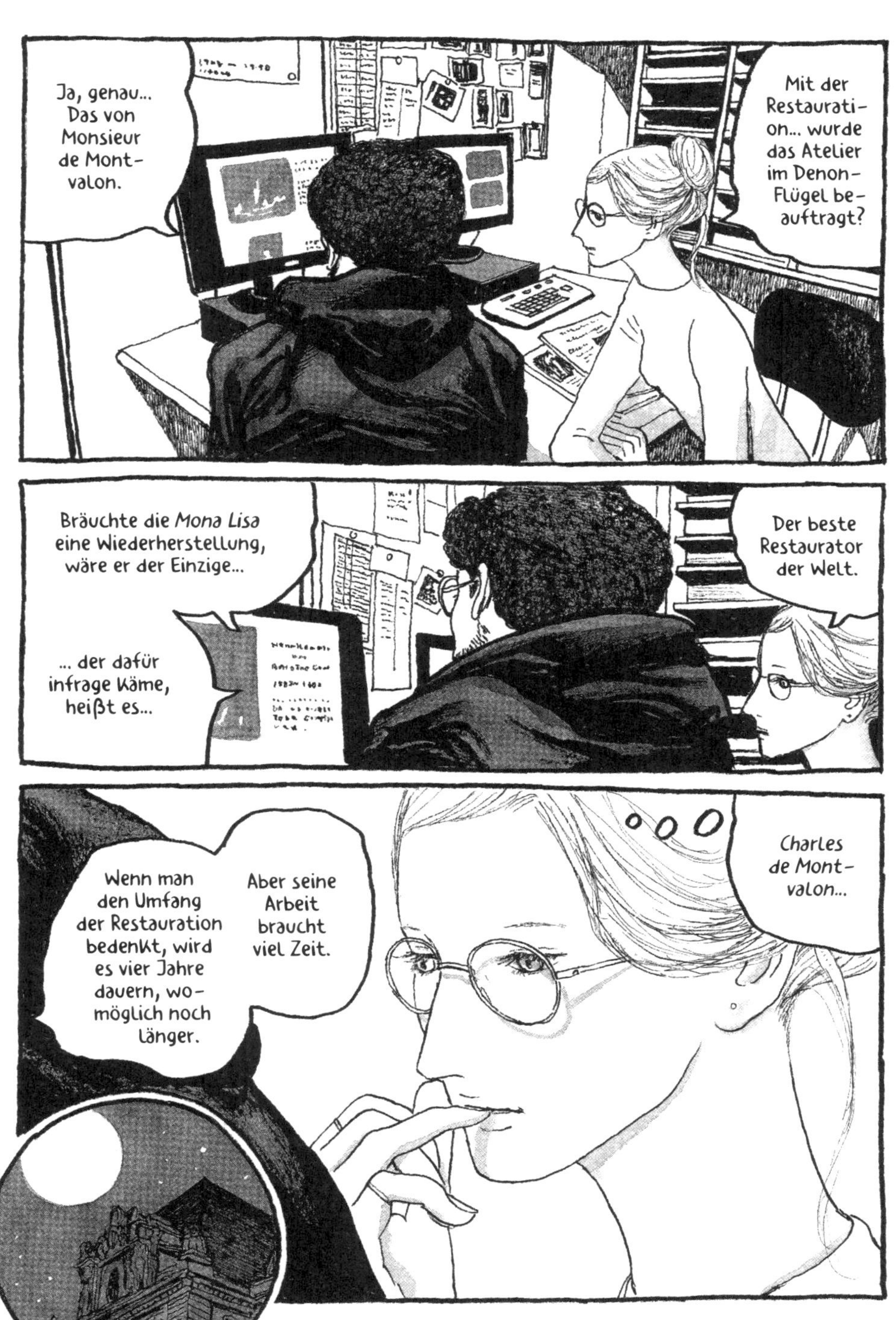
Ja, genau... Das von Monsieur de Mont-valon.
Mit der Restaurati-on... wurde das Atelier im Denon-Flügel be-auftragt?
Bräuchte die *Mona Lisa* eine Wiederherstellung, wäre er der Einzige...
... der dafür infrage käme, heißt es...
Der beste Restaurator der Welt.
Wenn man den Umfang der Restauration bedenkt, wird es vier Jahre dauern, wo-möglich noch länger.
Aber seine Arbeit braucht viel Zeit.
Charles de Mont-valon...

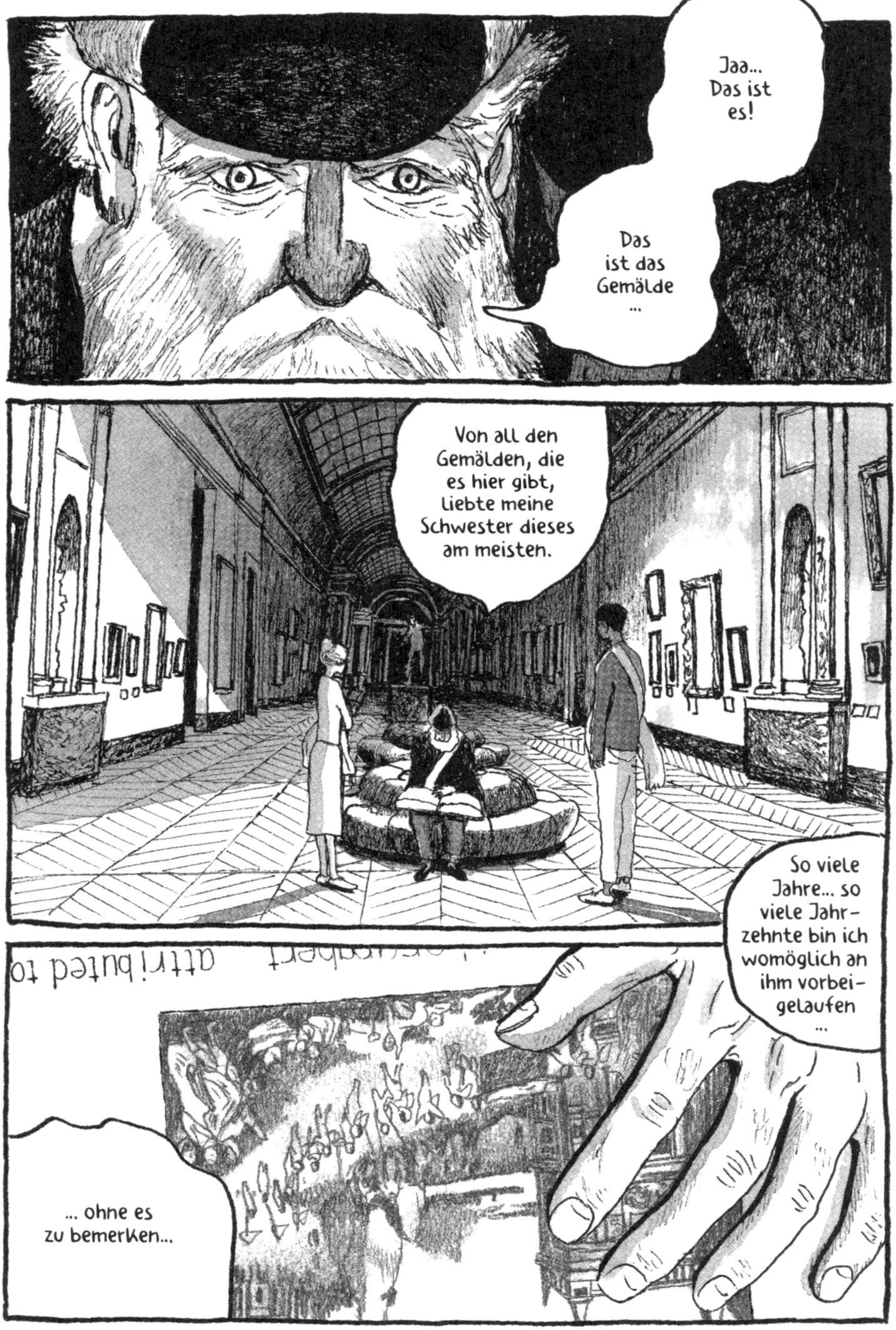

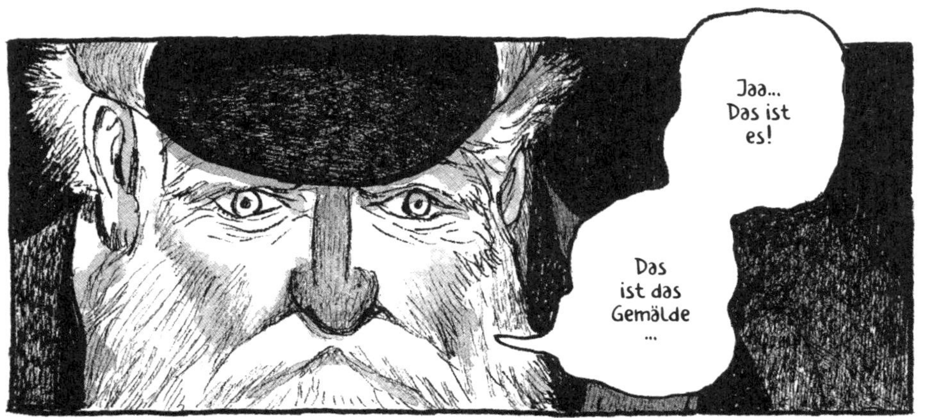

Von all den Gemälden, die es hier gibt, liebte meine Schwester dieses am meisten.

So viele Jahre... so viele Jahrzehnte bin ich womöglich an ihm vorbeigelaufen ...

... ohne es zu bemerken...

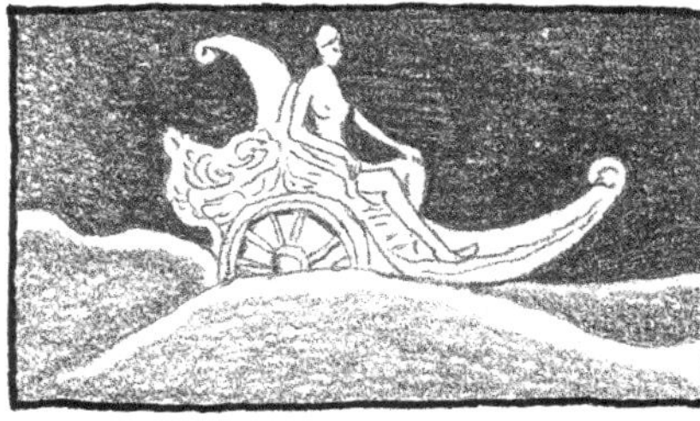

„Singend und tanzend mit den Engeln."

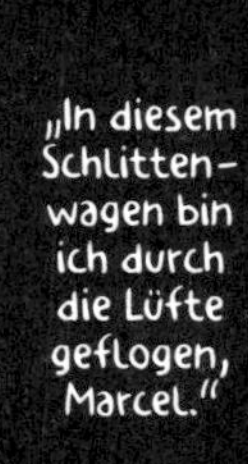

„In diesem Schlittenwagen bin ich durch die Lüfte geflogen, Marcel."

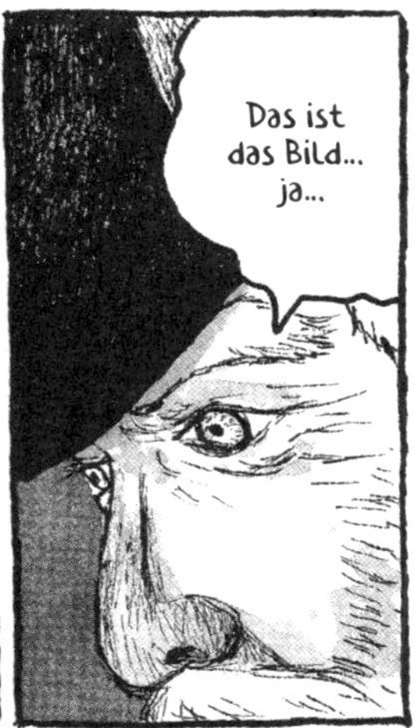

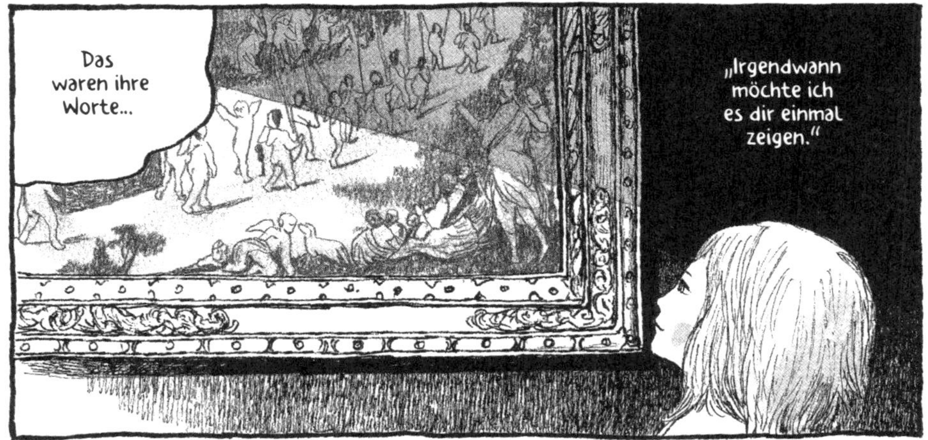

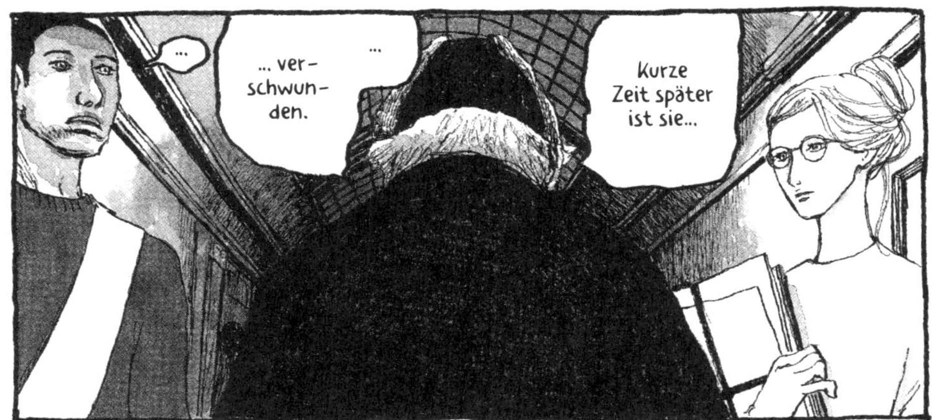

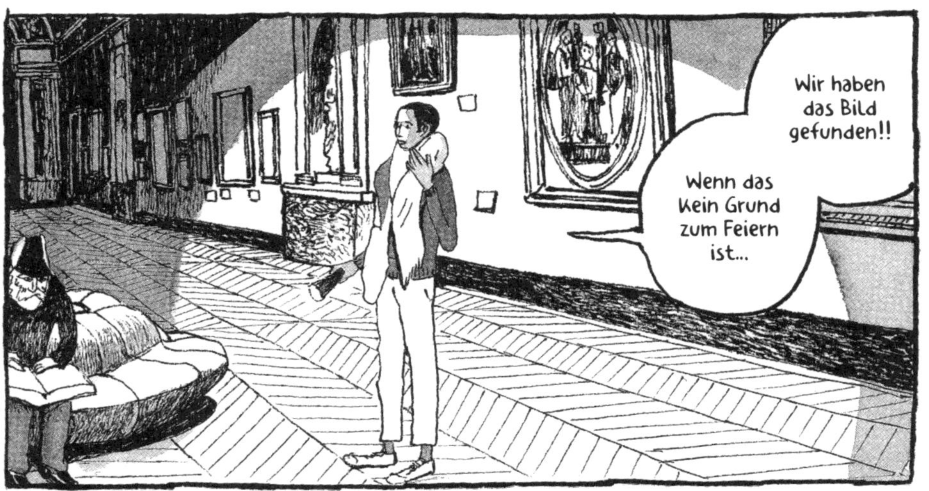
Wir haben das Bild gefunden!!
Wenn das kein Grund zum Feiern ist...

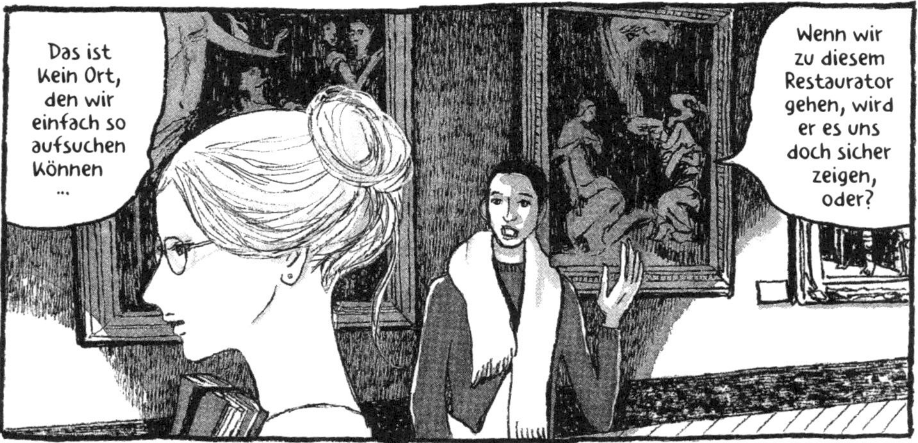
Wenn wir zu diesem Restaurator gehen, wird er es uns doch sicher zeigen, oder?
Das ist kein Ort, den wir einfach so aufsuchen können ...

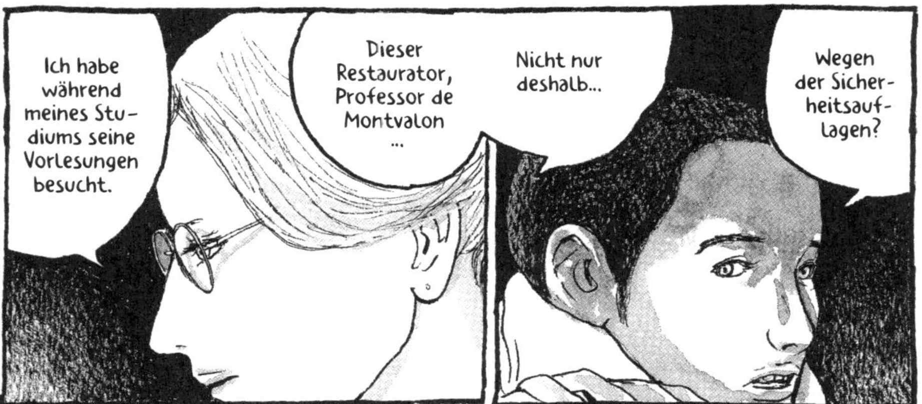
Wegen der Sicherheitsauflagen?
Nicht nur deshalb...
Dieser Restaurator, Professor de Montvalon ...
Ich habe während meines Studiums seine Vorlesungen besucht.

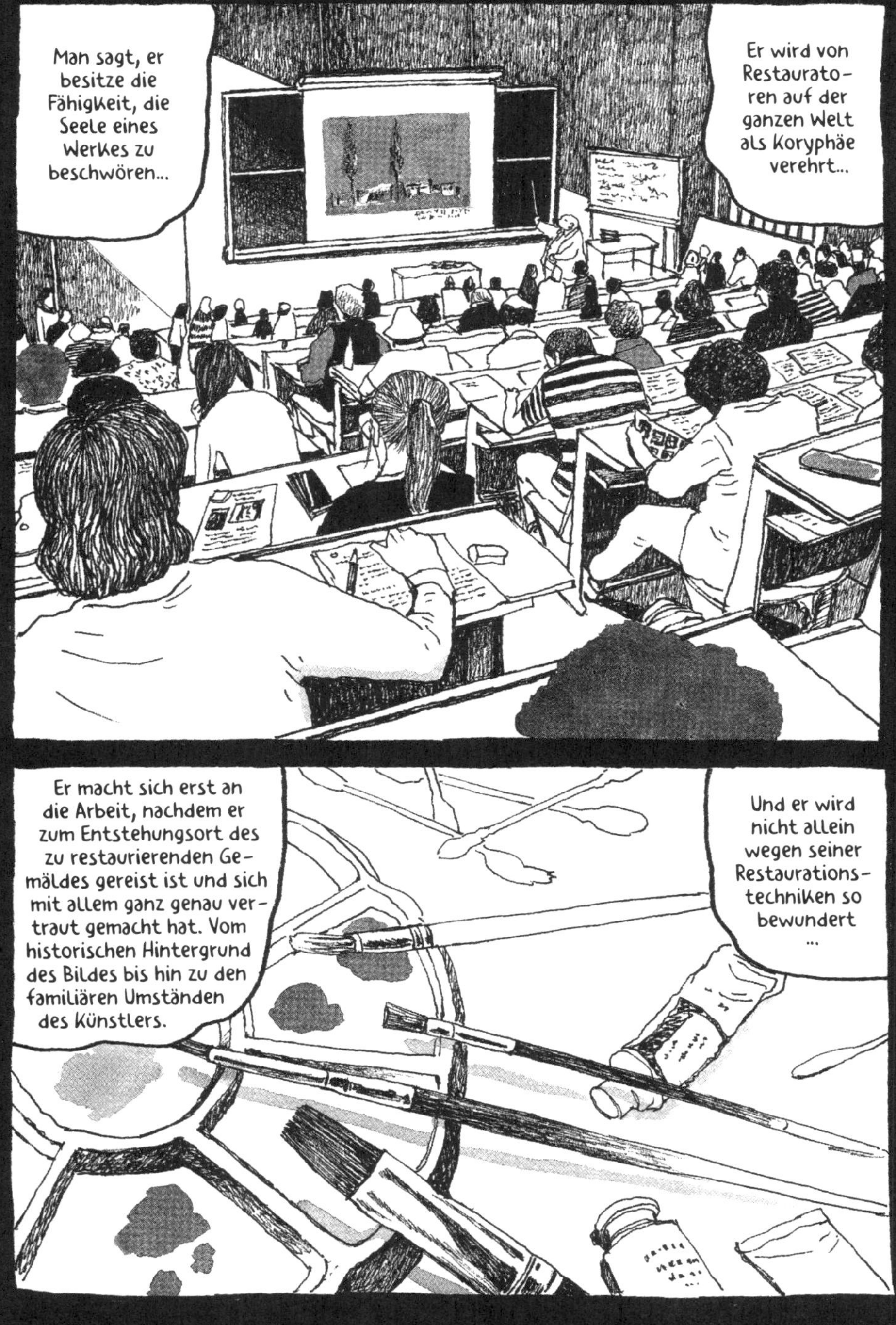
Man sagt, er besitze die Fähigkeit, die Seele eines Werkes zu beschwören...
Er wird von Restaurato- ren auf der ganzen Welt als Koryphäe verehrt...
Er macht sich erst an die Arbeit, nachdem er zum Entstehungsort des zu restaurierenden Ge- mäldes gereist ist und sich mit allem ganz genau ver- traut gemacht hat. Vom historischen Hintergrund des Bildes bis hin zu den familiären Umständen des Künstlers.
Und er wird nicht allein wegen seiner Restaurations- techniken so bewundert ...

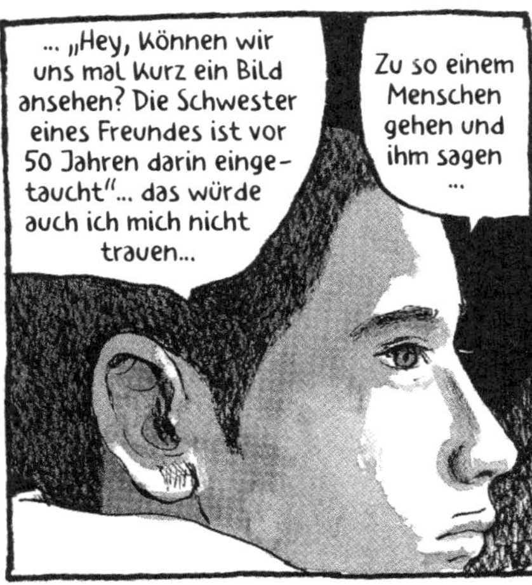
... „Hey, können wir uns mal kurz ein Bild ansehen? Die Schwester eines Freundes ist vor 50 Jahren darin eingetaucht"... das würde auch ich mich nicht trauen...
Zu so einem Menschen gehen und ihm sagen ...

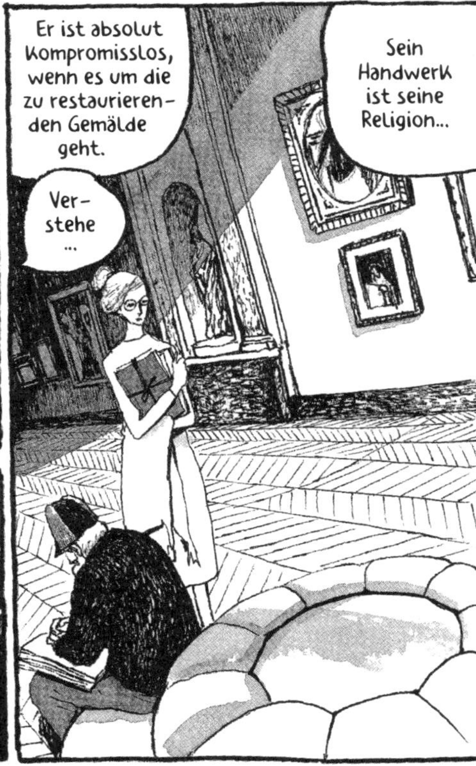
Er ist absolut kompromisslos, wenn es um die zu restaurierenden Gemälde geht.
Sein Handwerk ist seine Religion...
Verstehe ...

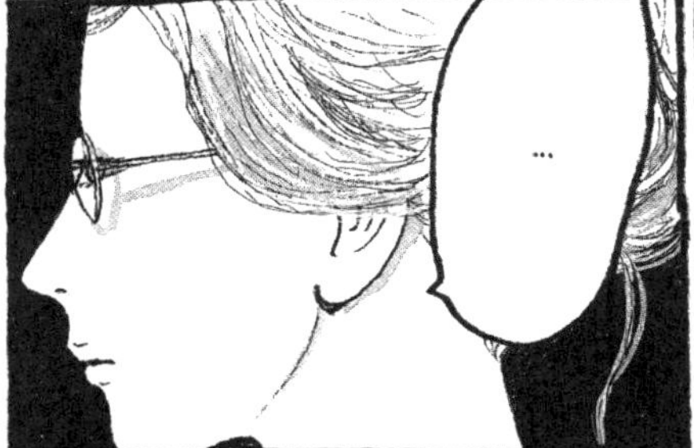
...

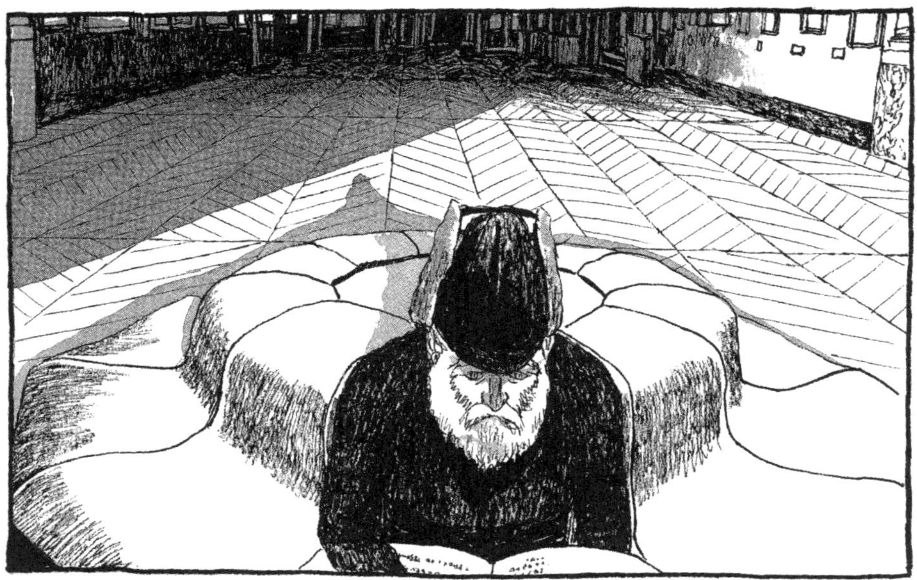

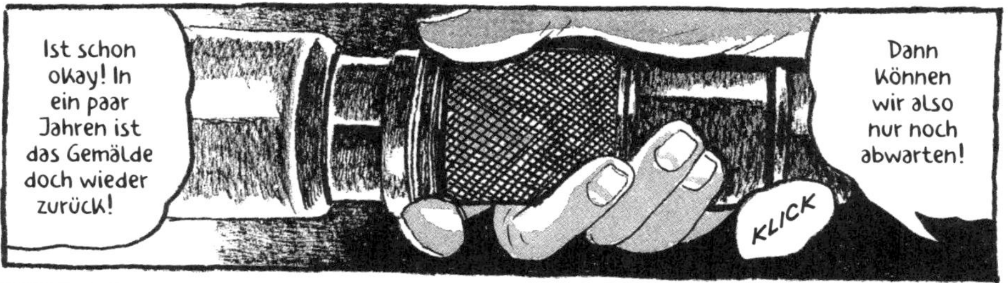
Ist schon okay! In ein paar Jahren ist das Gemälde doch wieder zurück!
Dann können wir also nur noch abwarten!
KLICK

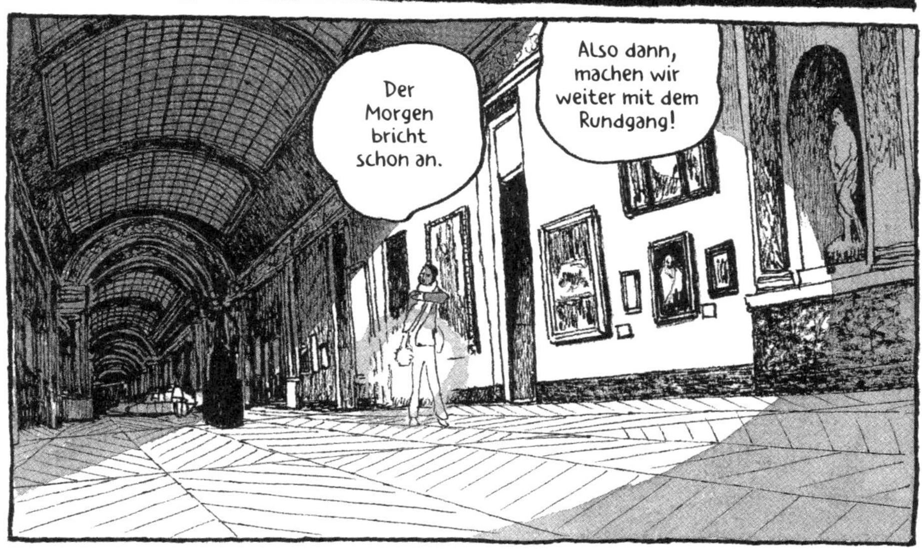
Der Morgen bricht schon an.
Also dann, machen wir weiter mit dem Rundgang!

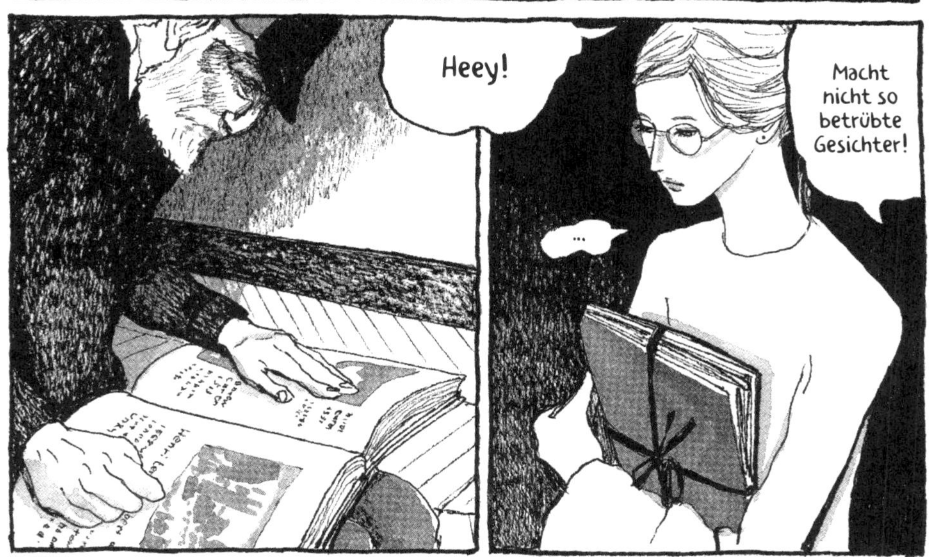
Heey!
Macht nicht so betrübte Gesichter!
...

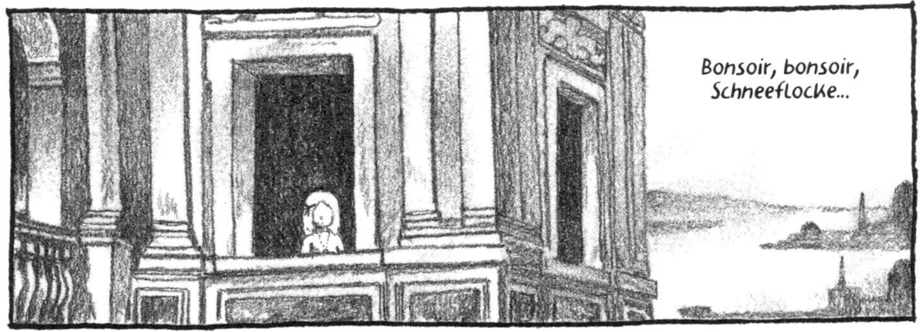
Bonsoir, bonsoir, Schneeflocke...

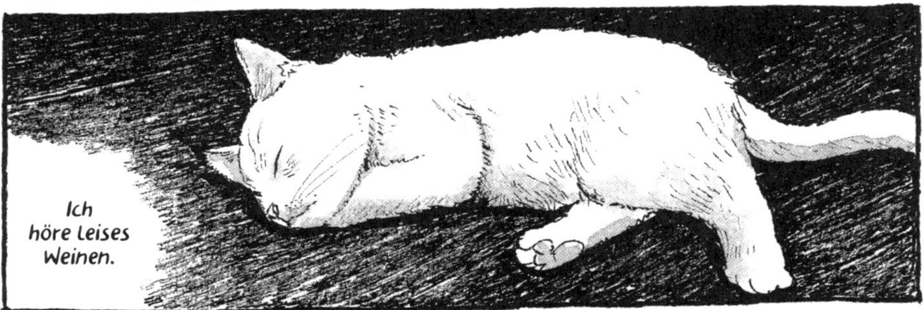
Ich höre leises Weinen.

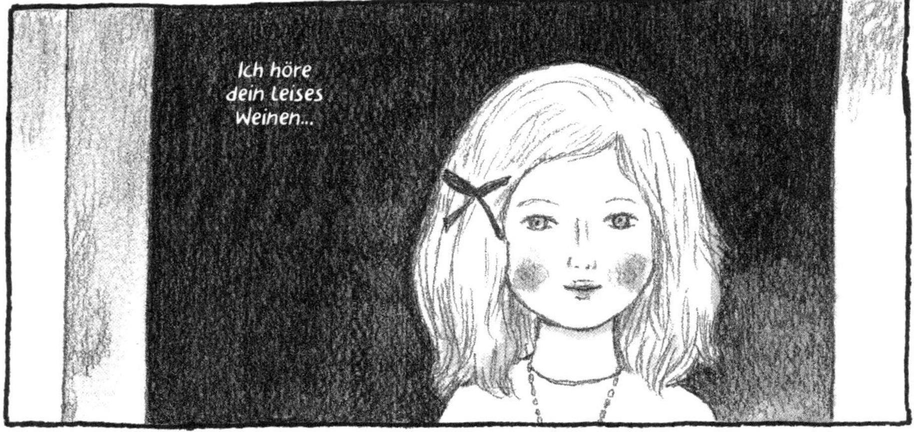
Ich höre dein leises Weinen...

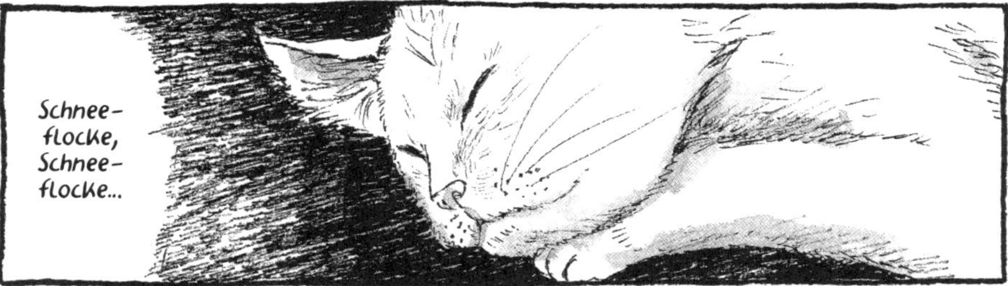
Schnee-flocke, Schnee-flocke...

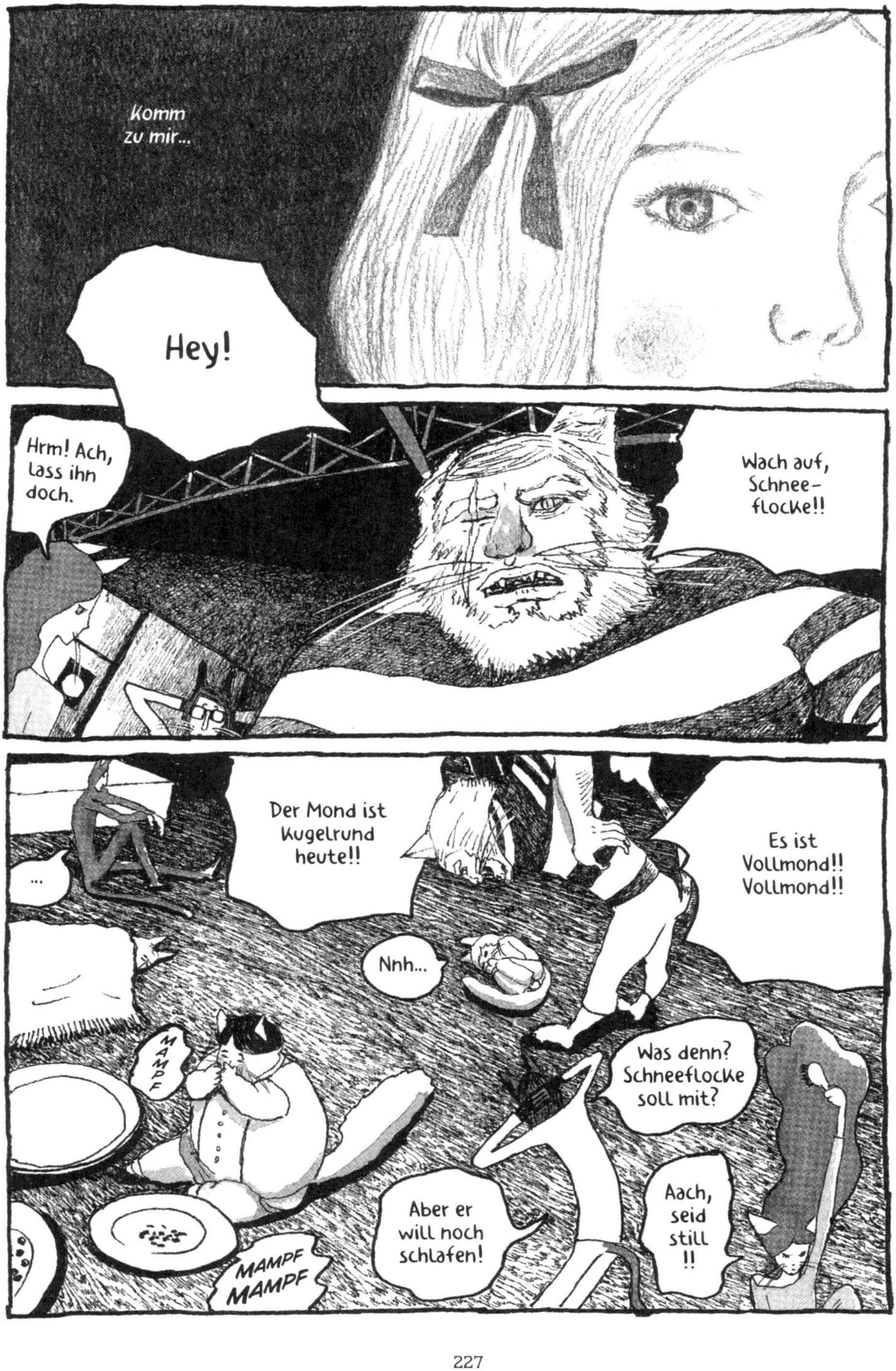

Komm zu mir...

Hey!

Hrm! Ach, lass ihn doch.

Wach auf, Schnee-flocke!!

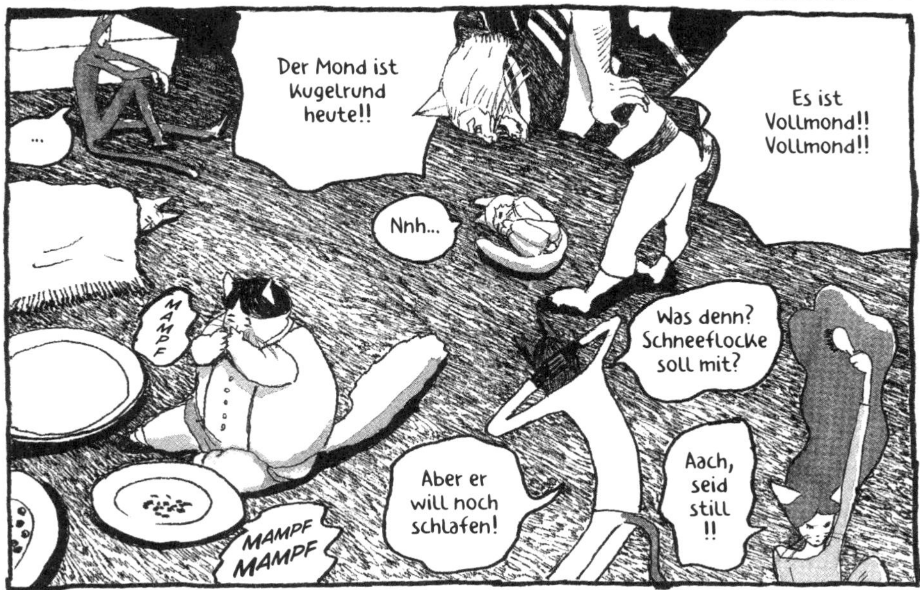

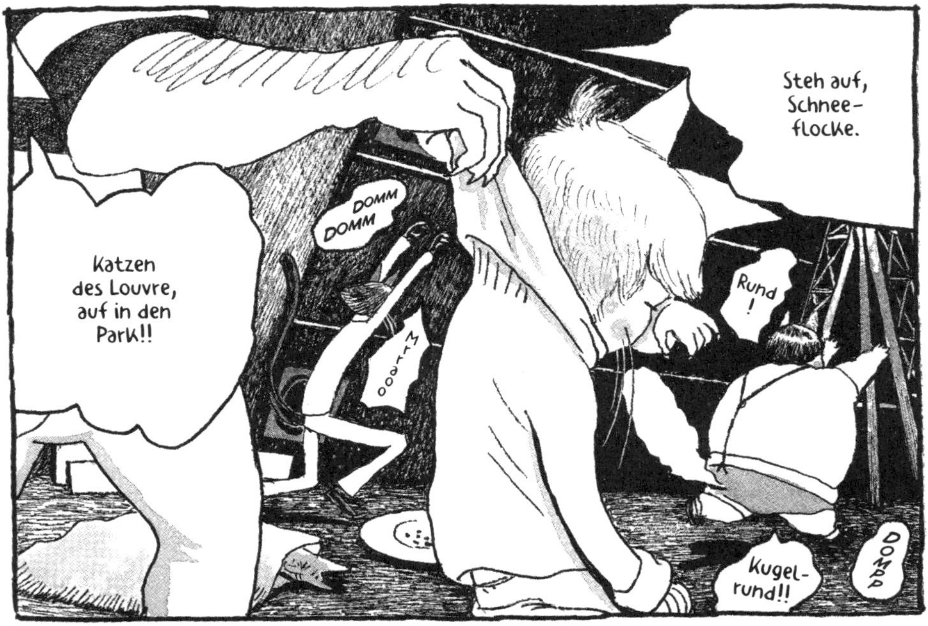

Katzen des Louvre, auf in den Park!!

DOMM DOMM

Mrraooo

Steh auf, Schneeflocke.

Rund!

Kugelrund!!

DOMPP

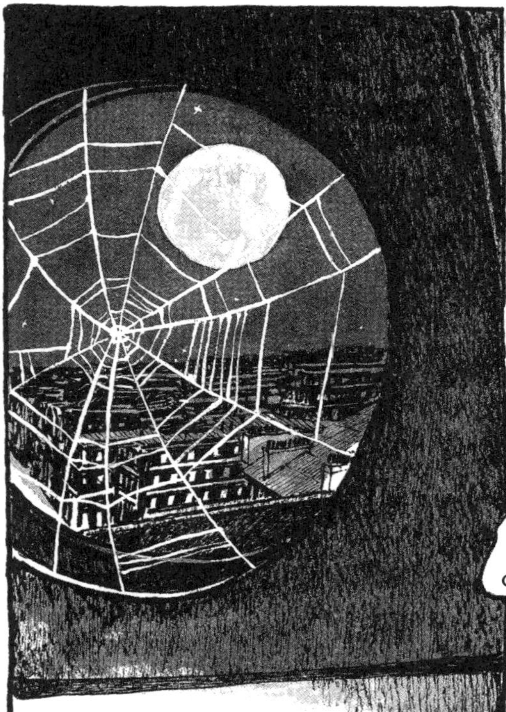

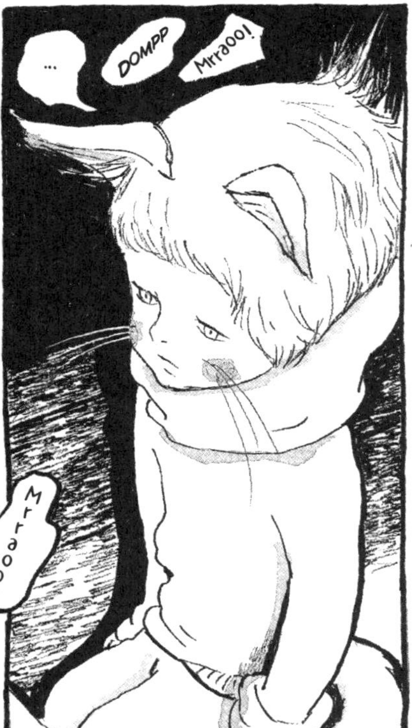

...

DOMPP

Mrraoo!

Mrraooo

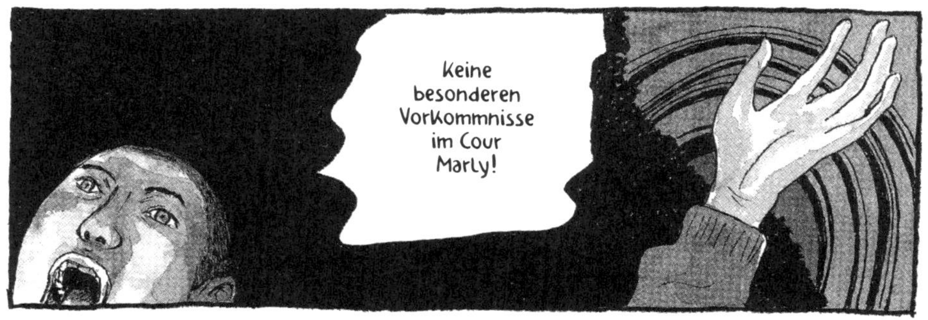
Keine besonderen Vorkommnisse im Cour Marly!

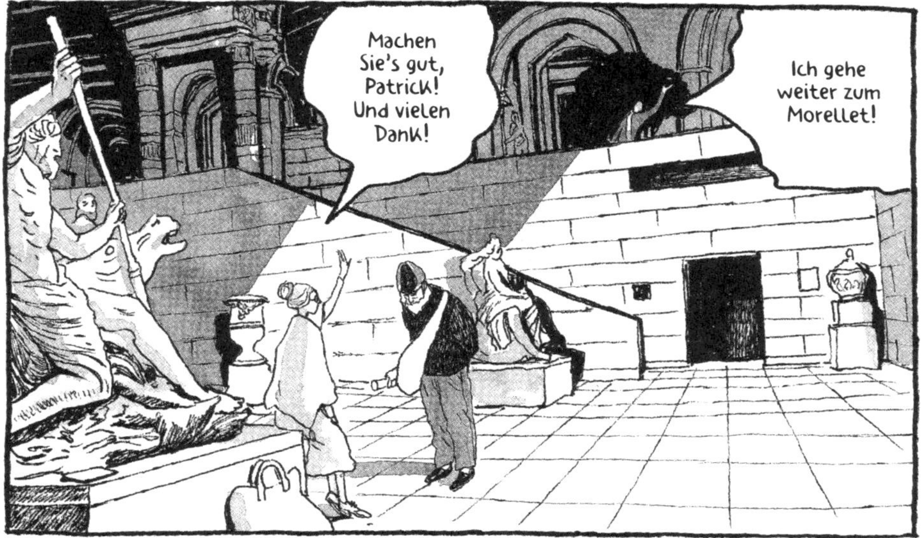
Machen Sie's gut, Patrick! Und vielen Dank!
Ich gehe weiter zum Morellet!

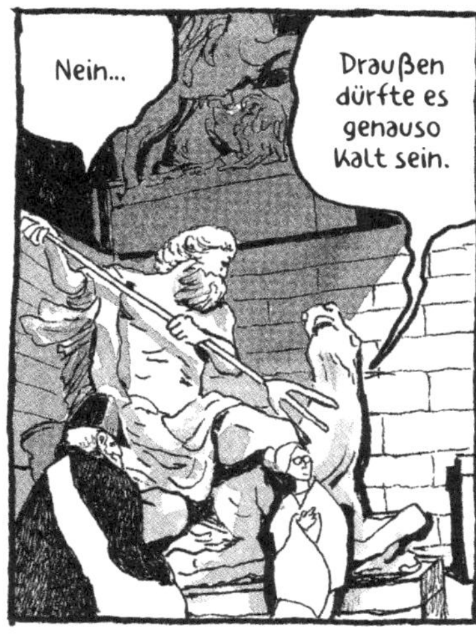
Nein...
Draußen dürfte es genauso kalt sein.

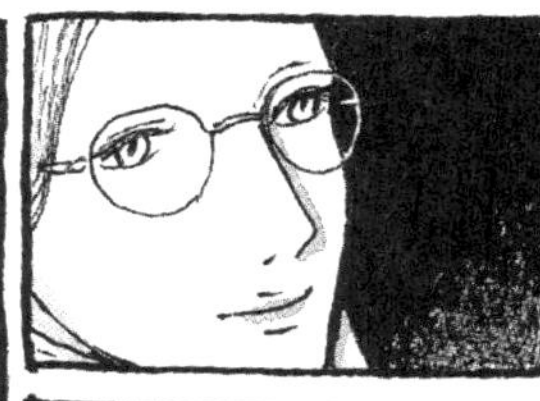

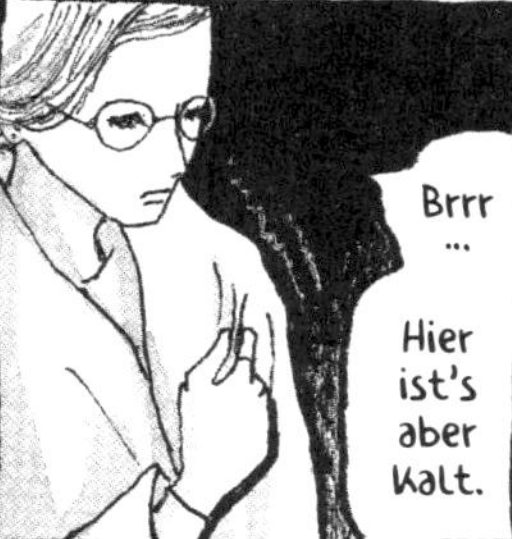
Brrr ...
Hier ist's aber kalt.

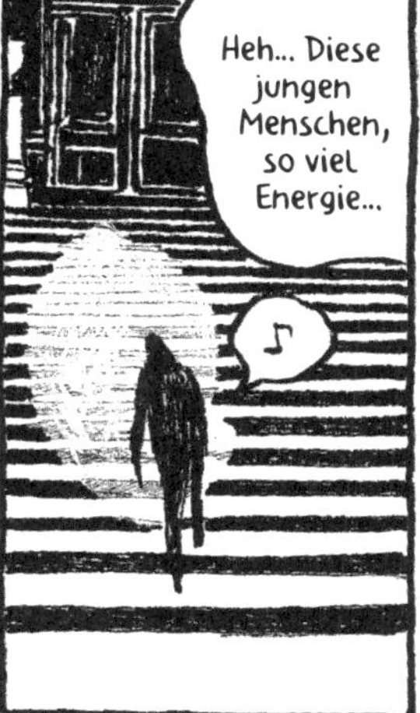
Heh... Diese jungen Menschen, so viel Energie...
♪

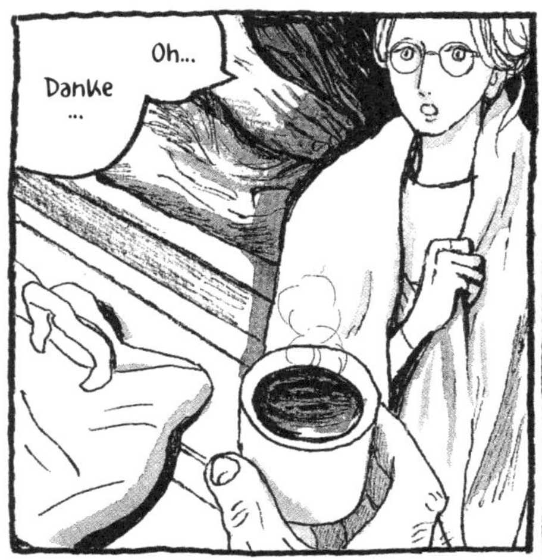
Danke
...
Oh...

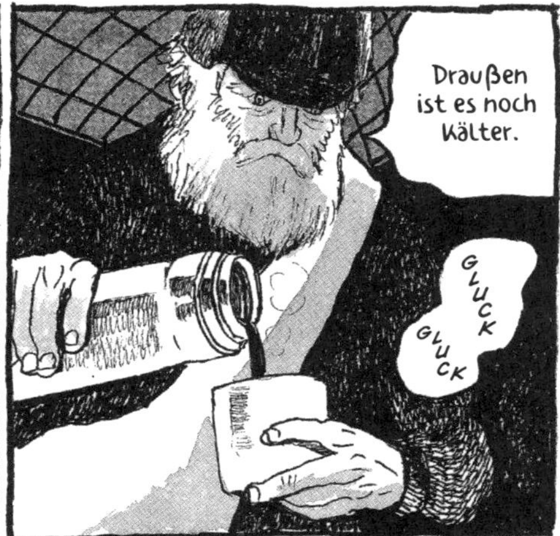
Draußen ist es noch kälter.
GLUCK
GLUCK

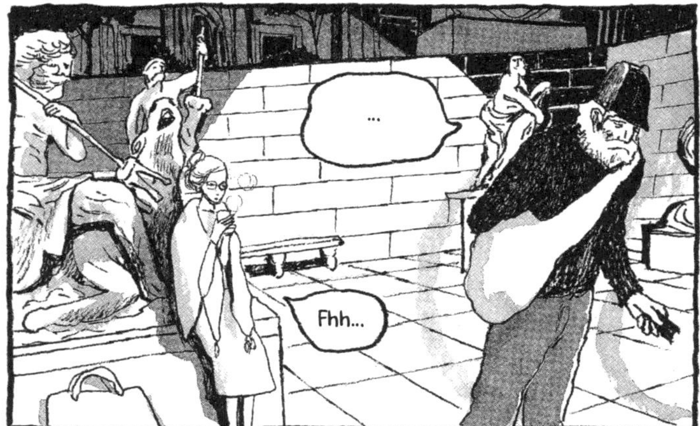
...
Fhh...

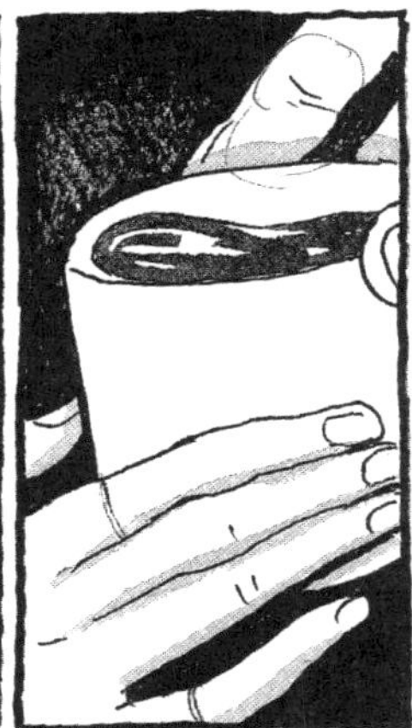

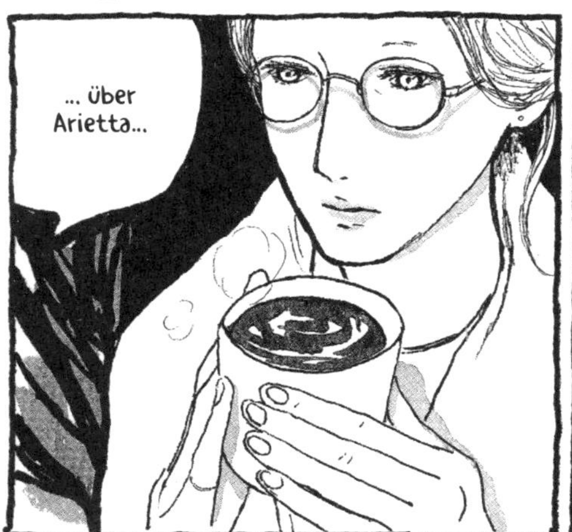
... über Arietta...

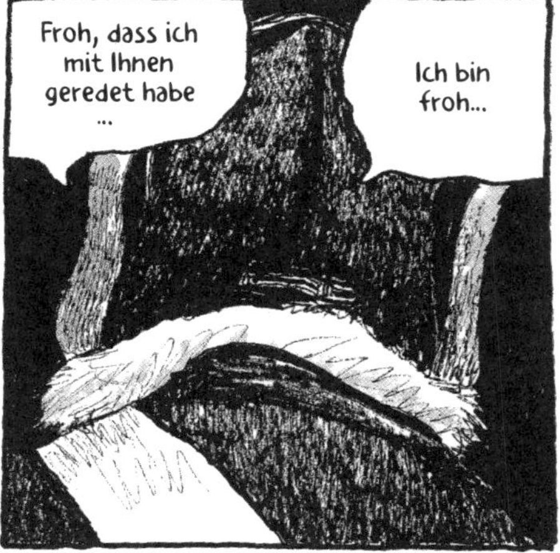
Ich bin froh...
Froh, dass ich mit Ihnen geredet habe
...

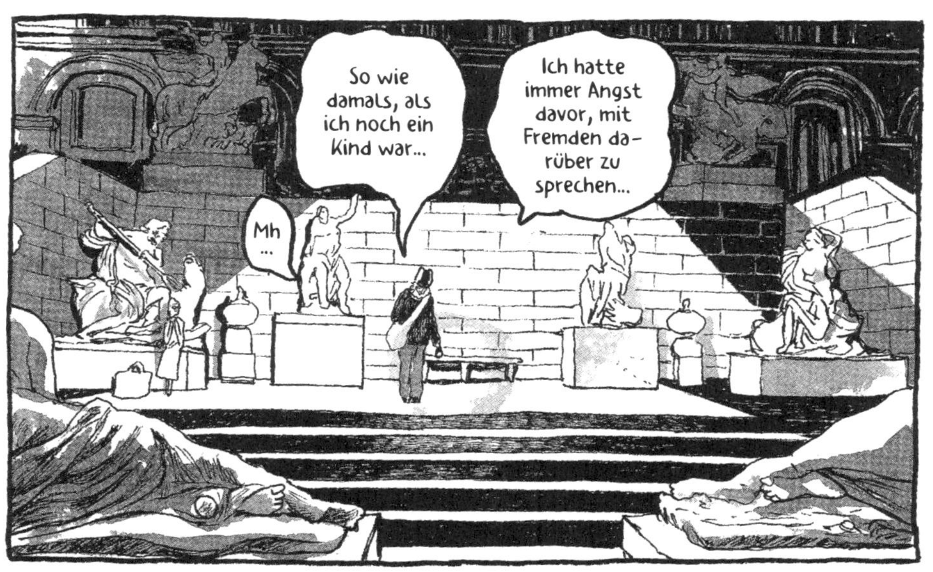
Mh …
So wie damals, als ich noch ein Kind war…
Ich hatte immer Angst davor, mit Fremden darüber zu sprechen…

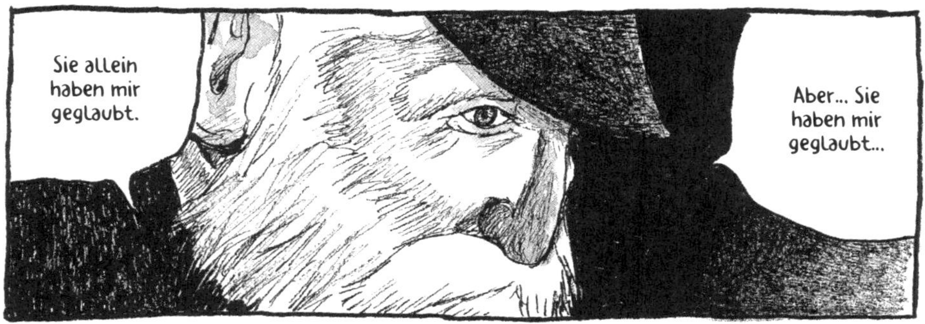
Sie allein haben mir geglaubt.
Aber… Sie haben mir geglaubt…

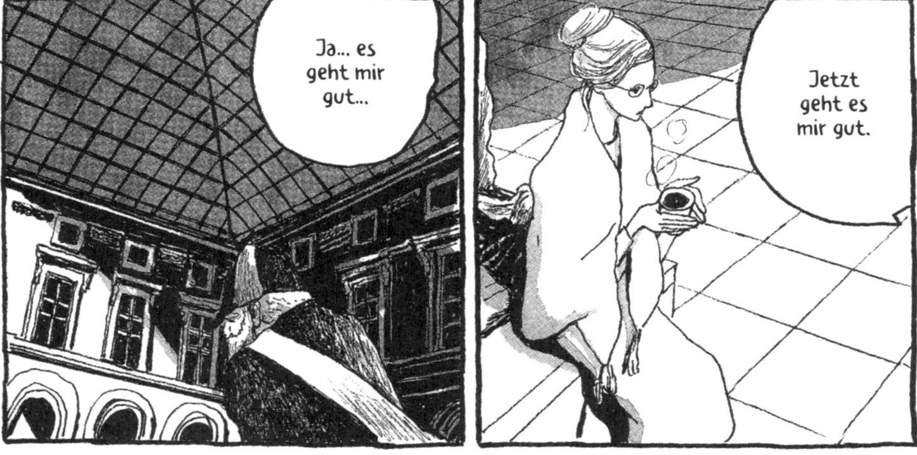
Ja… es geht mir gut…
Jetzt geht es mir gut.

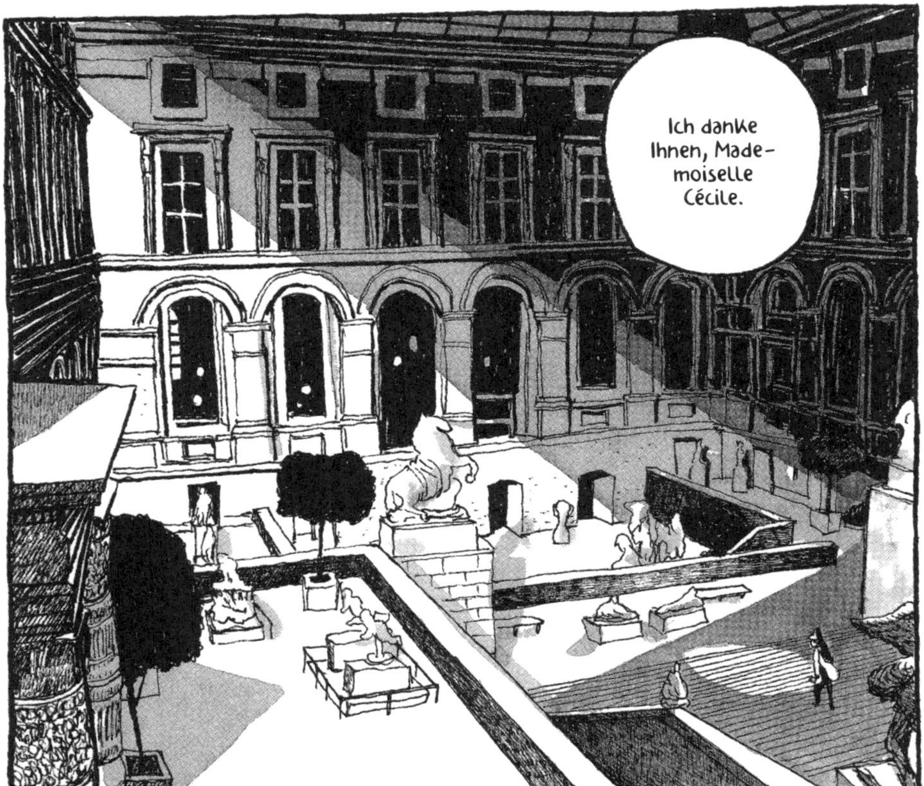

Ich danke Ihnen, Mademoiselle Cécile.

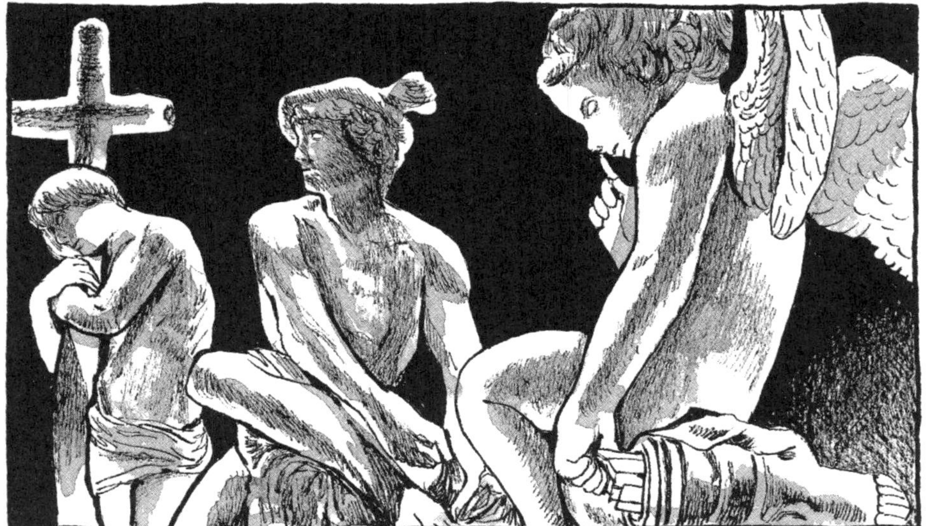

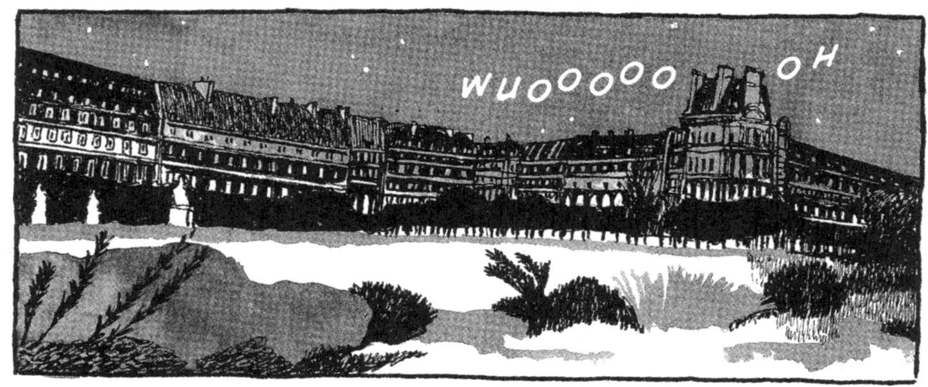
WUOOOOO OH

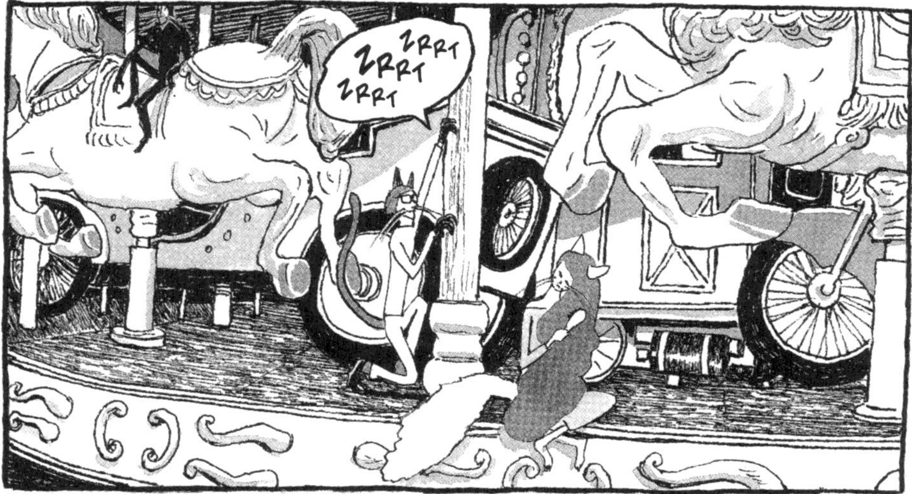
ZRRT ZRRT ZRRT

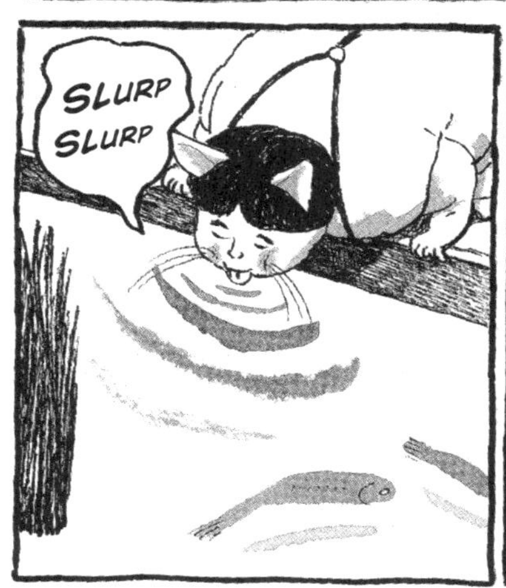
SLURP SLURP

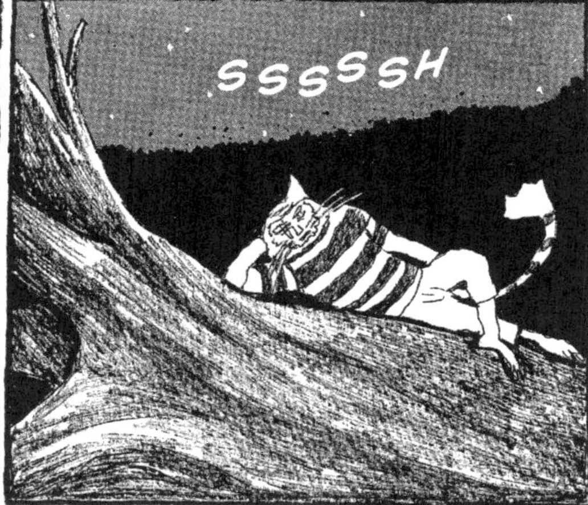
SSSSSH

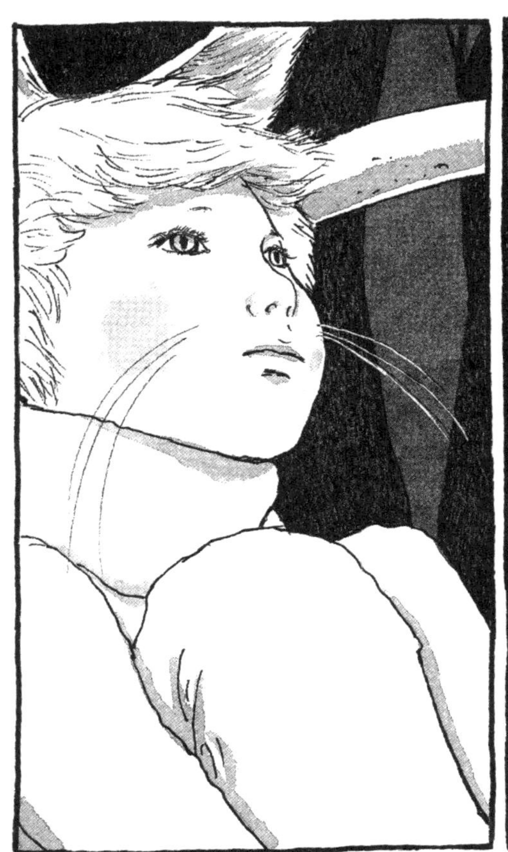
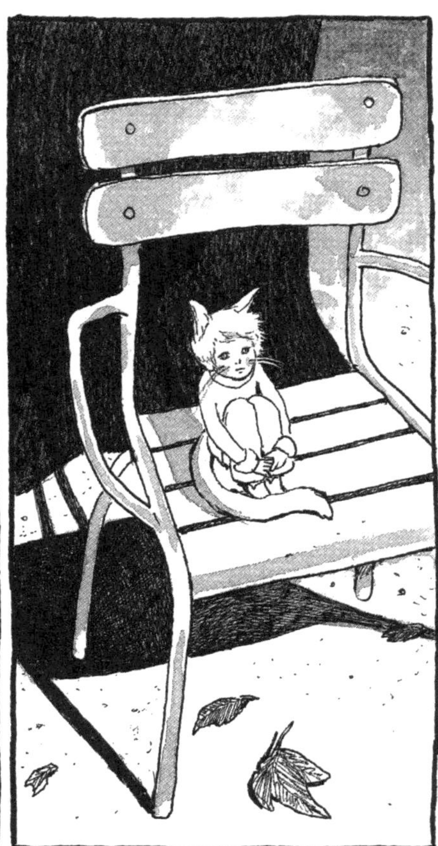
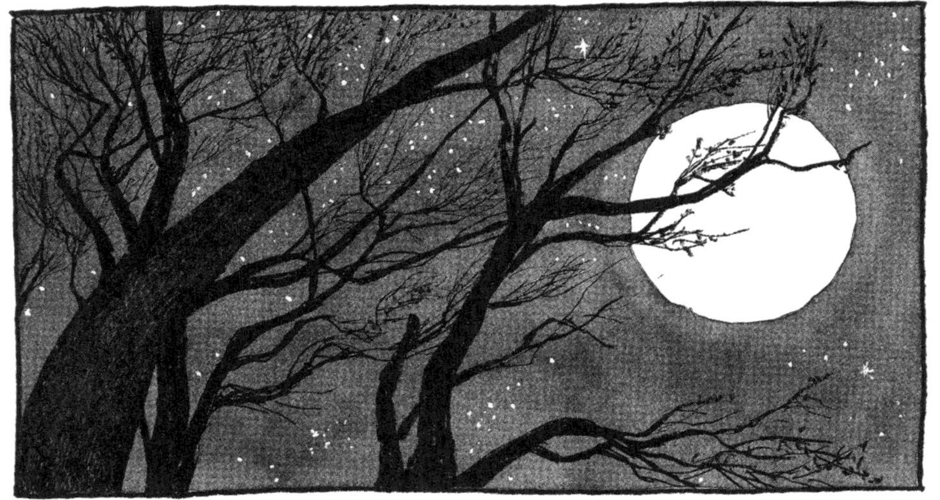

ERSTER
TEIL
- ENDE -

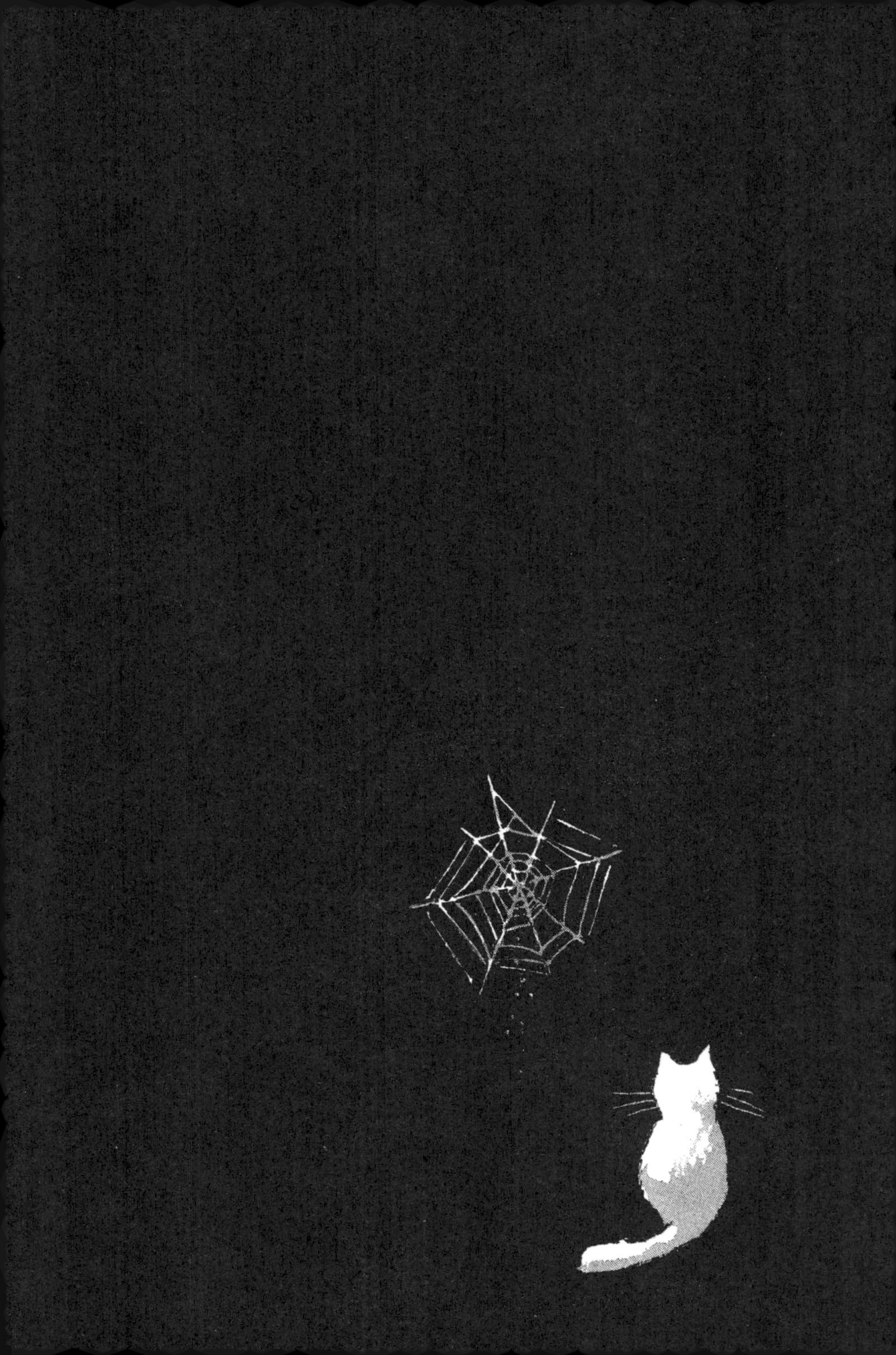

ZWEITER TEIL

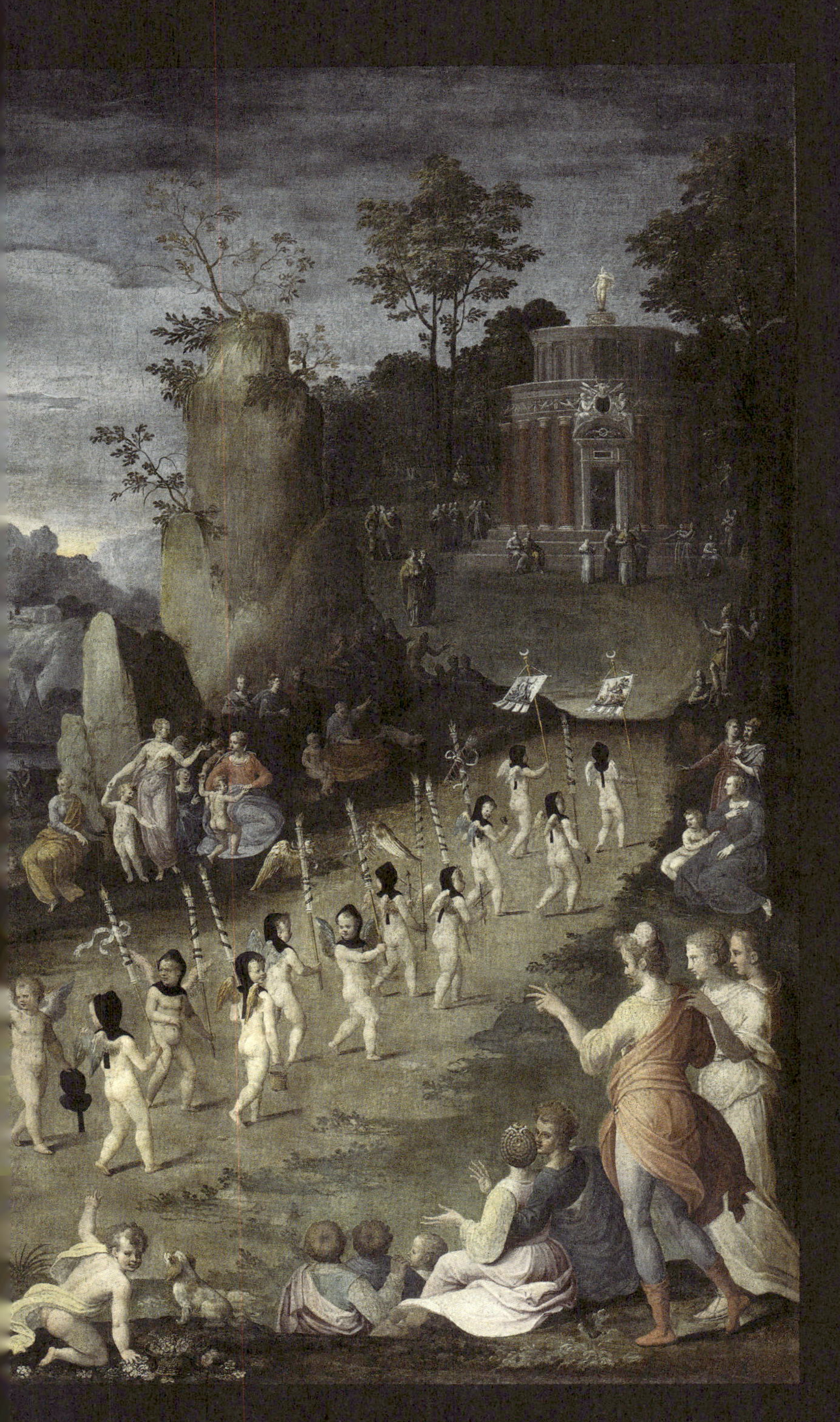

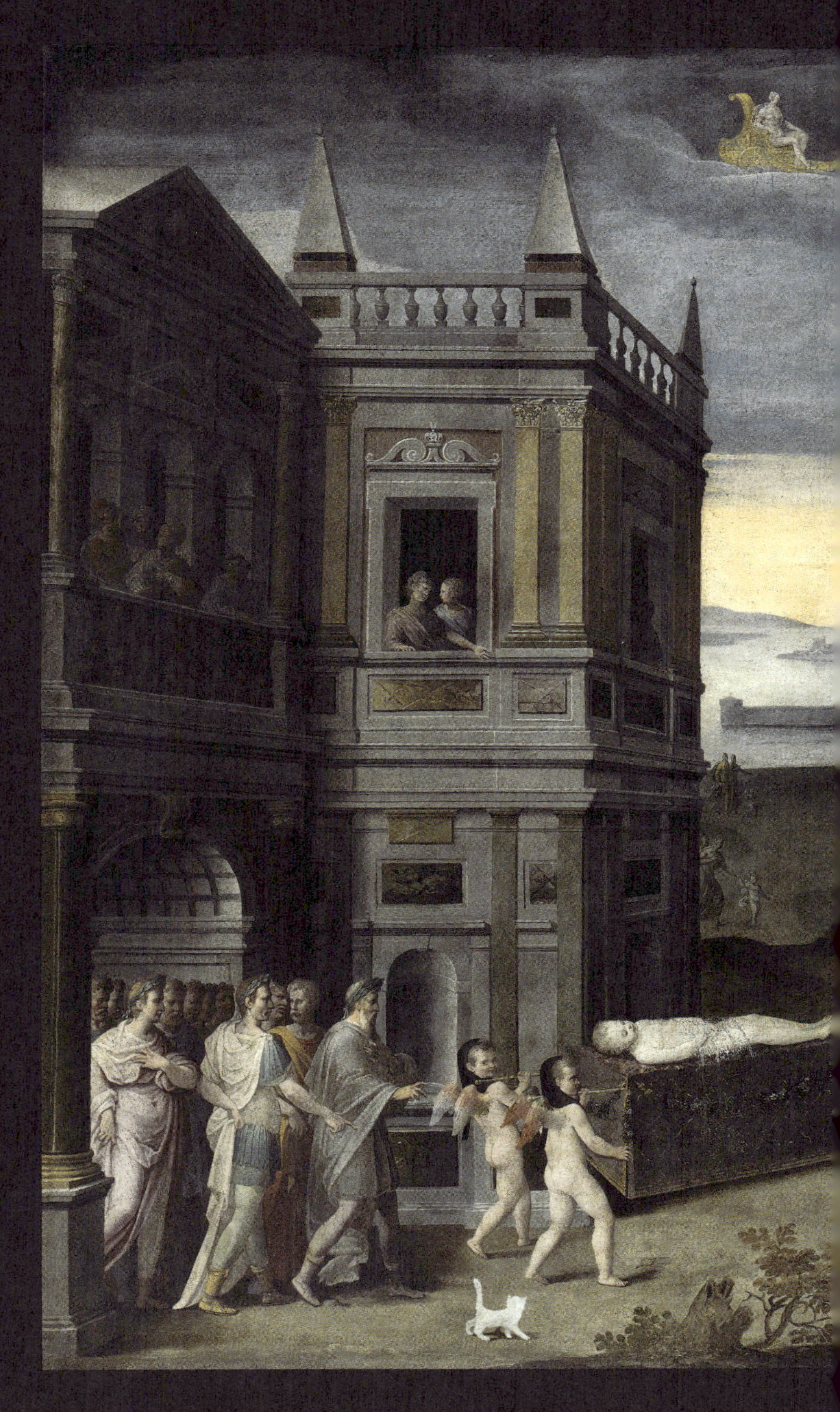

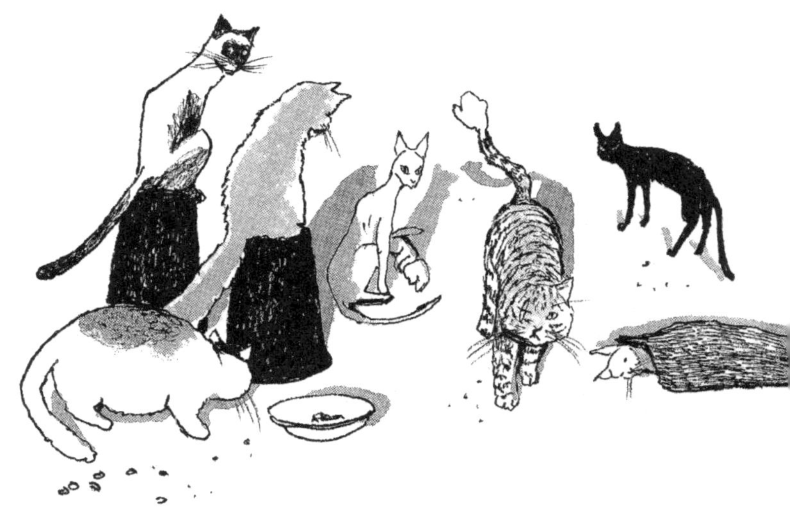

Kapitel 11

DAS GEHEIMNIS DES TUILERIENGARTENS

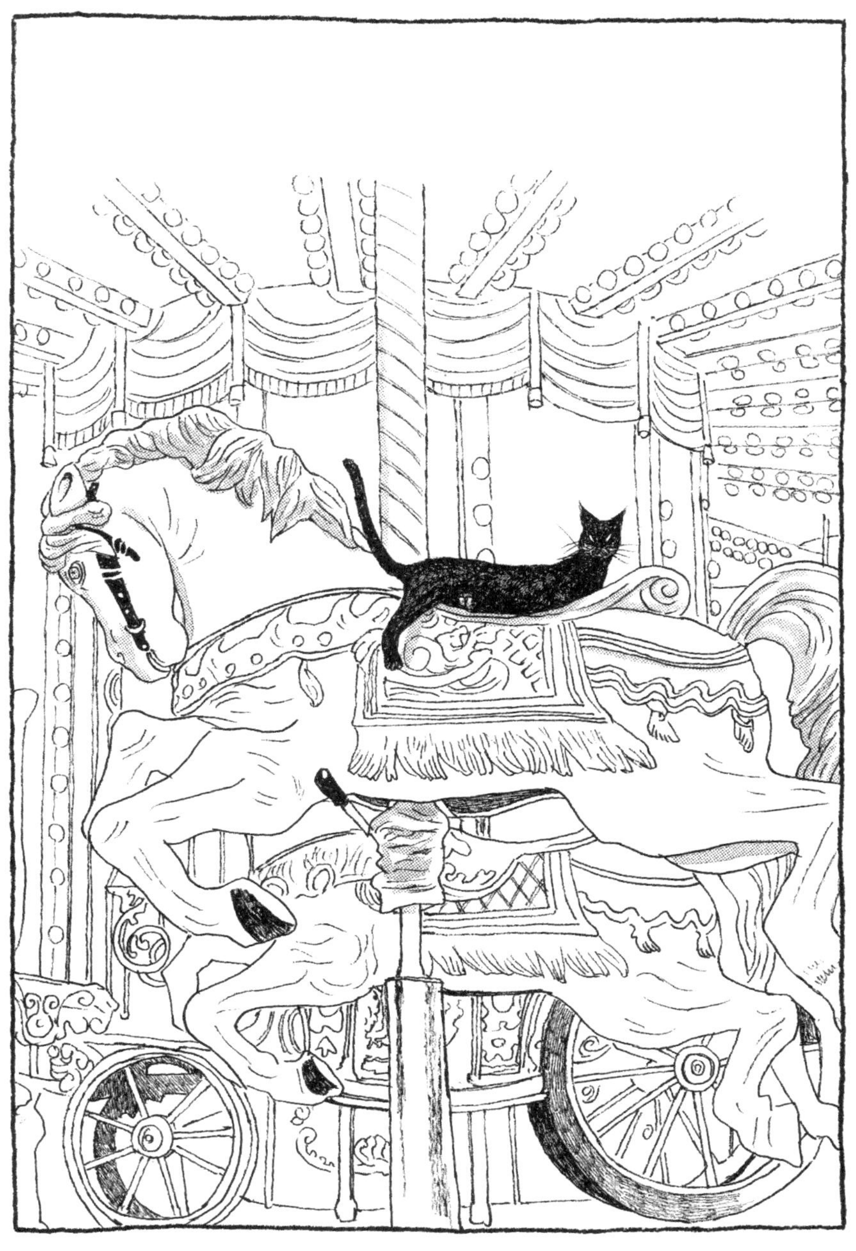

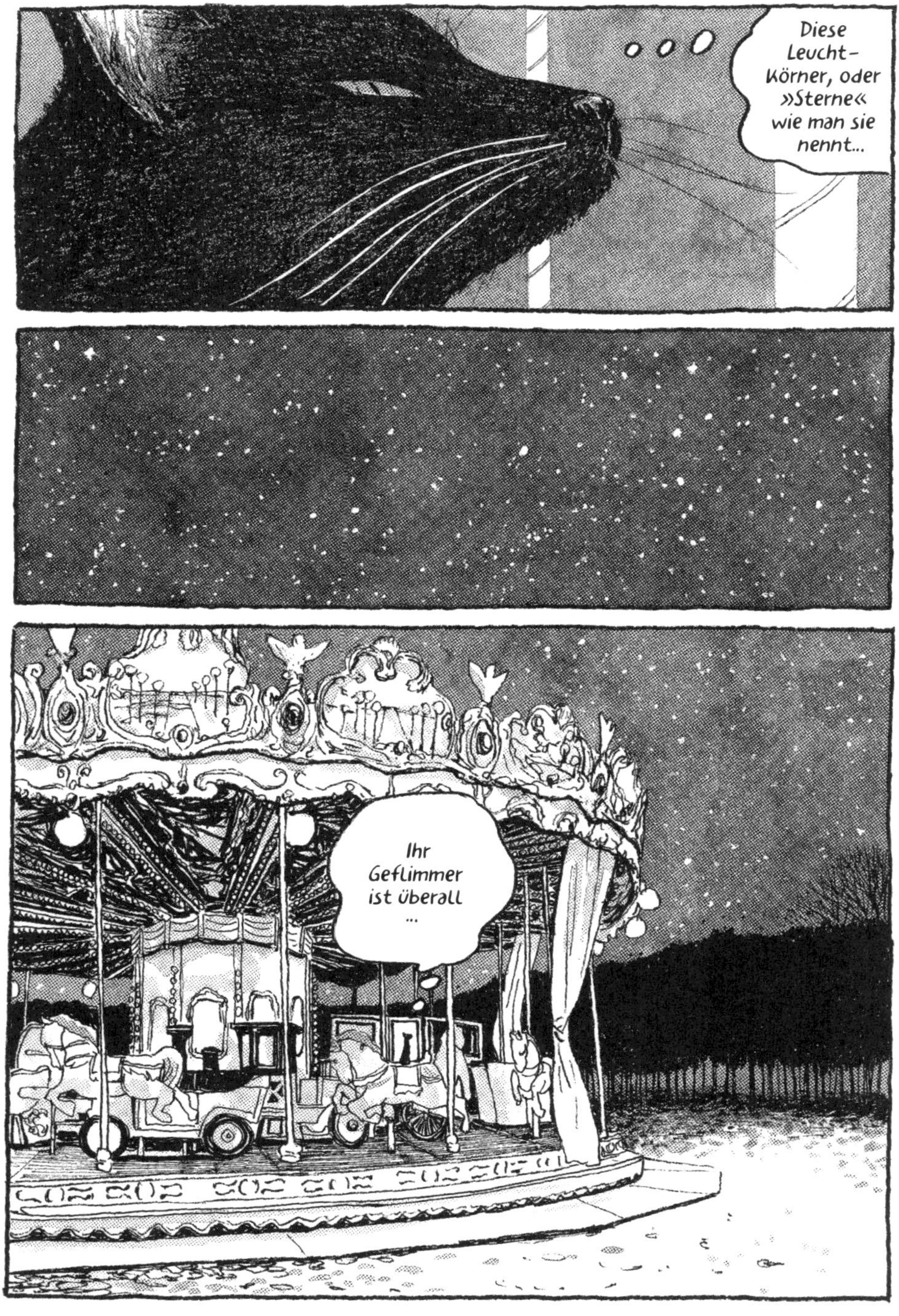

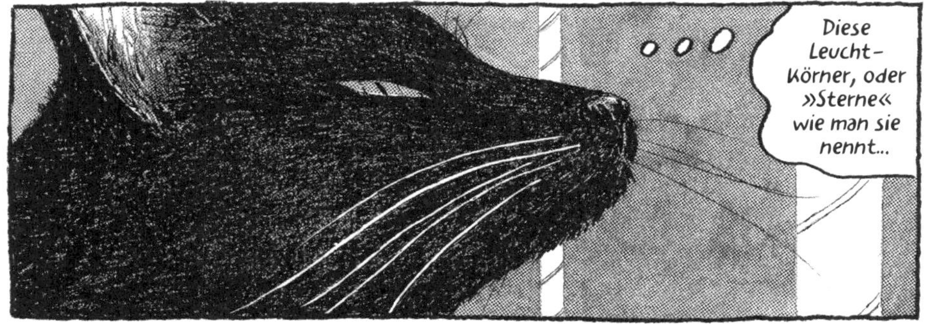

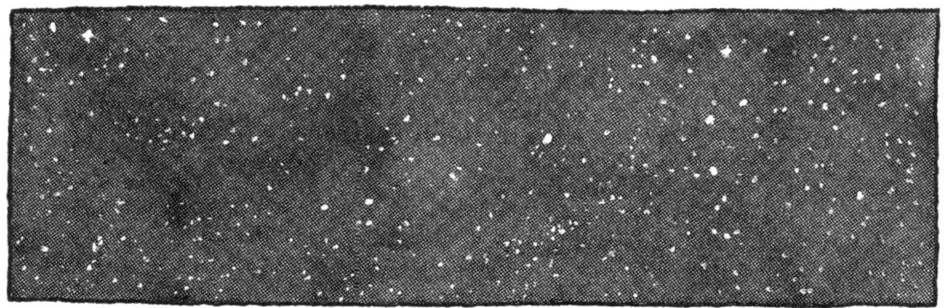

Ihr Geflimmer ist überall ...

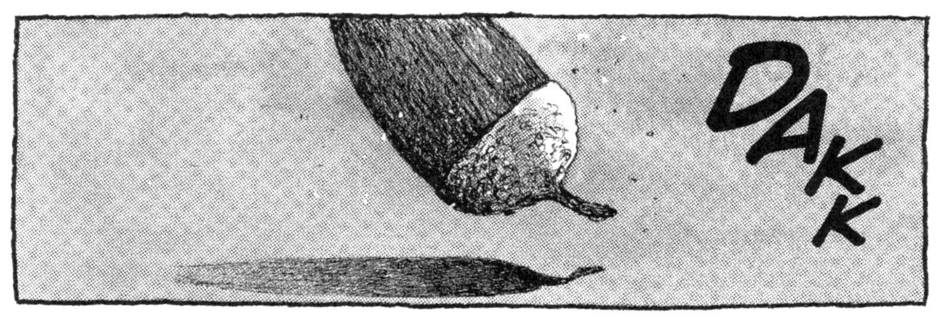

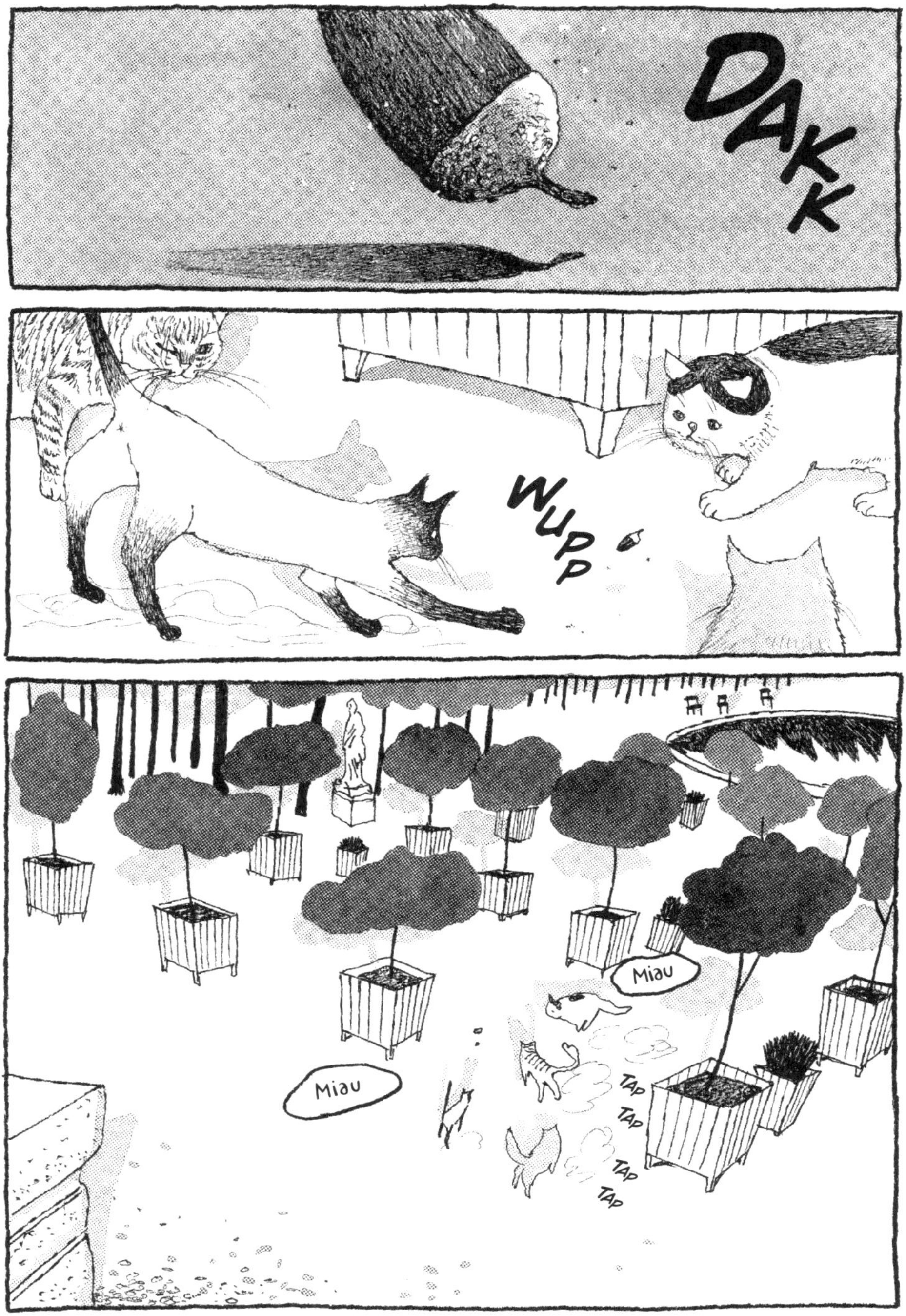

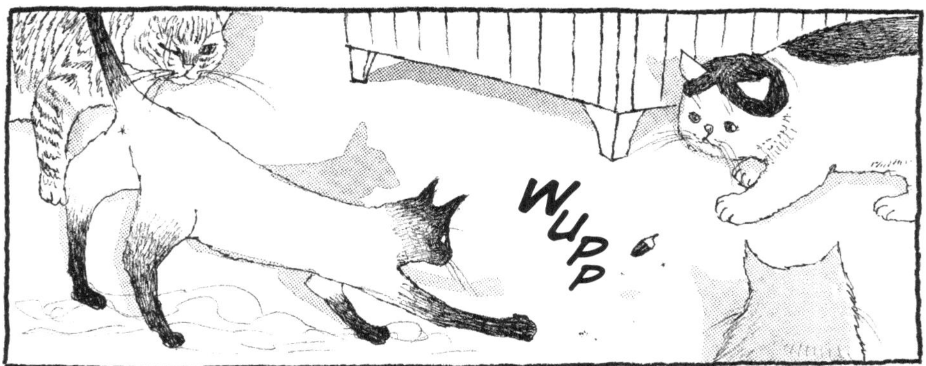

Miau

Miau

TAP
TAP
TAP
TAP

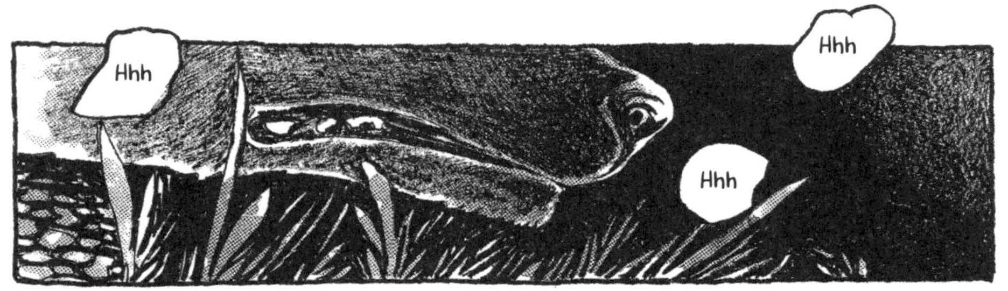
Hhh
Hhh
Hhh

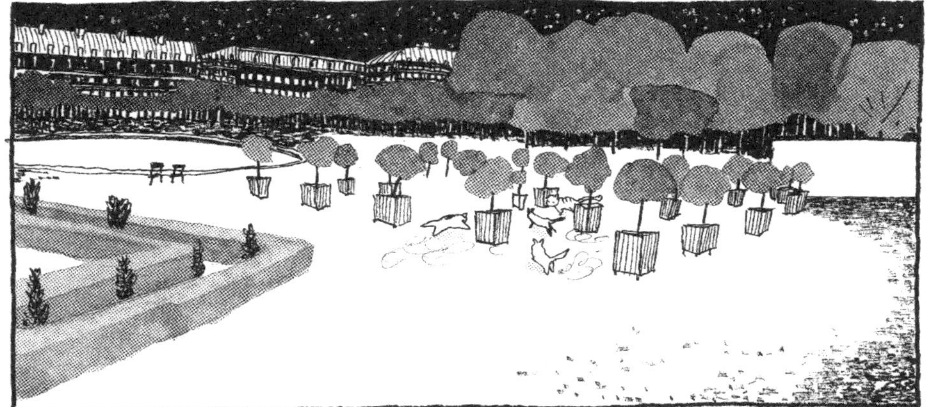

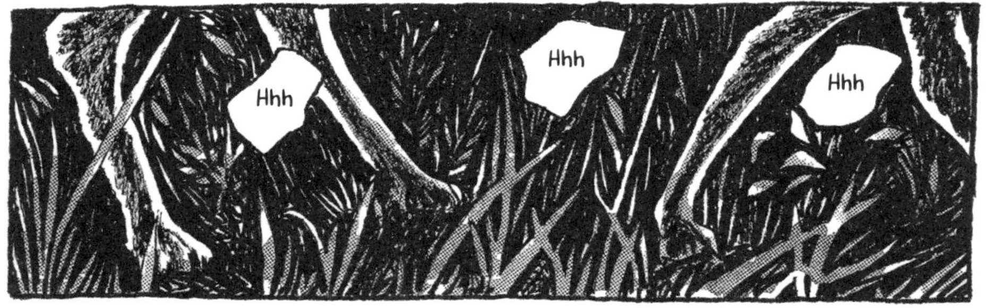
Hhh
Hhh
Hhh

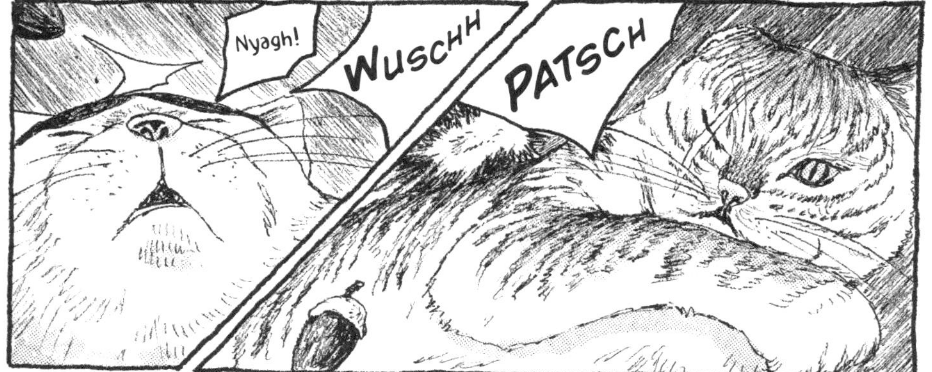
Nyagh!
WUSCHH
PATSCH

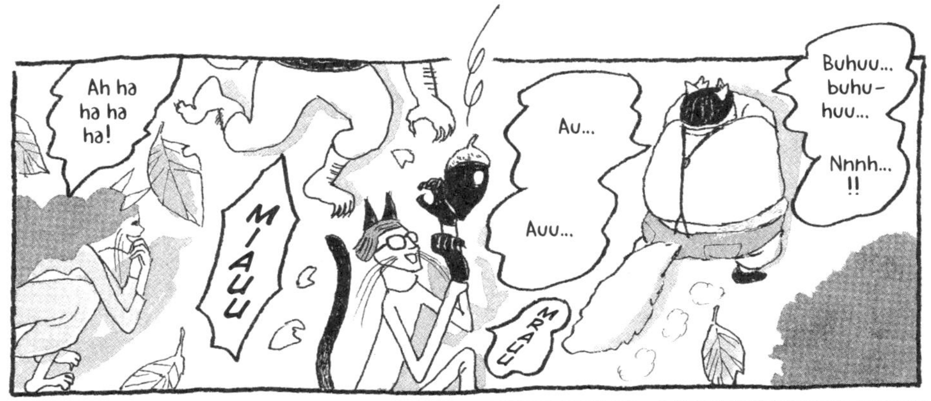
Ah ha
ha ha
ha!
MIAUU
Au...
Auu...
MRAUU
Buhuu...
buhu-
huu...
Nnnh...
!!

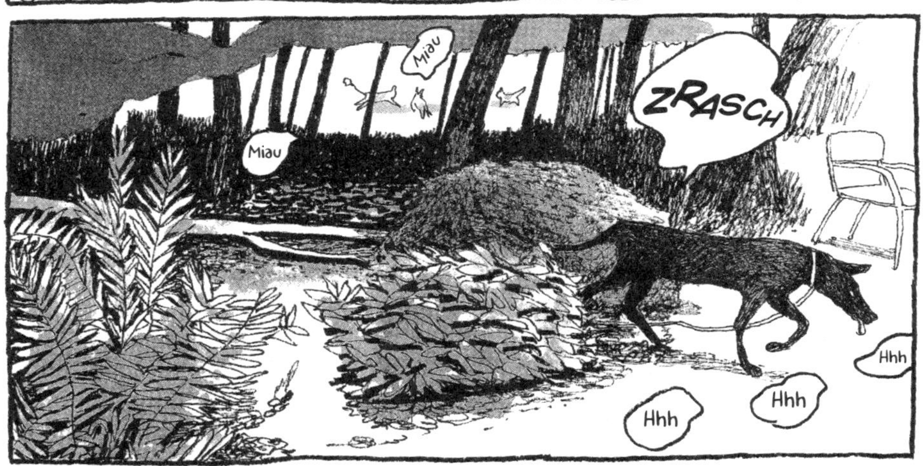
Miau
Miau
ZRASCH
Hhh
Hhh
Hhh

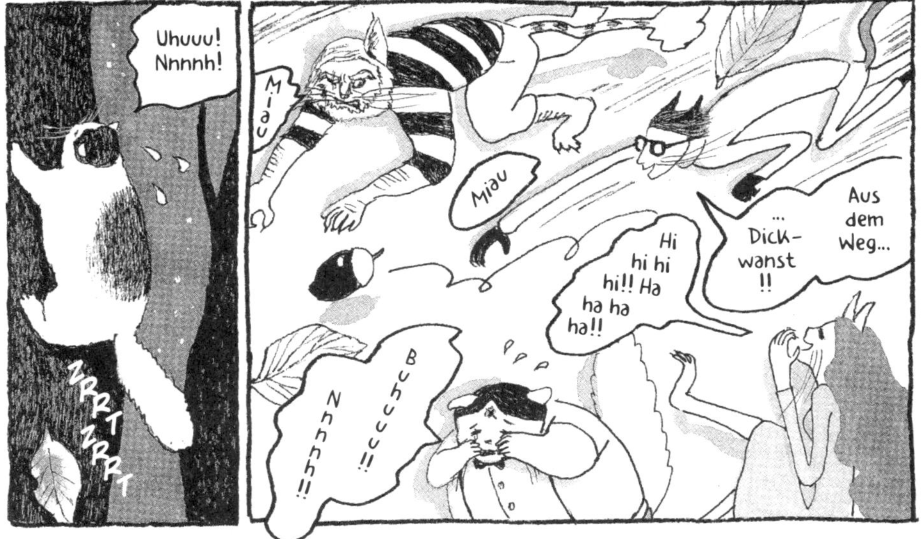
Uhuuu!
Nnnnh!
ZRRT
ZRRT
Miau
Miau
Aus
dem
Weg...
...
Dick-
wanst
!!
Hi
hi hi
hi!! Ha
ha ha
ha!!
Buuuuu!!
Nnnnn!!

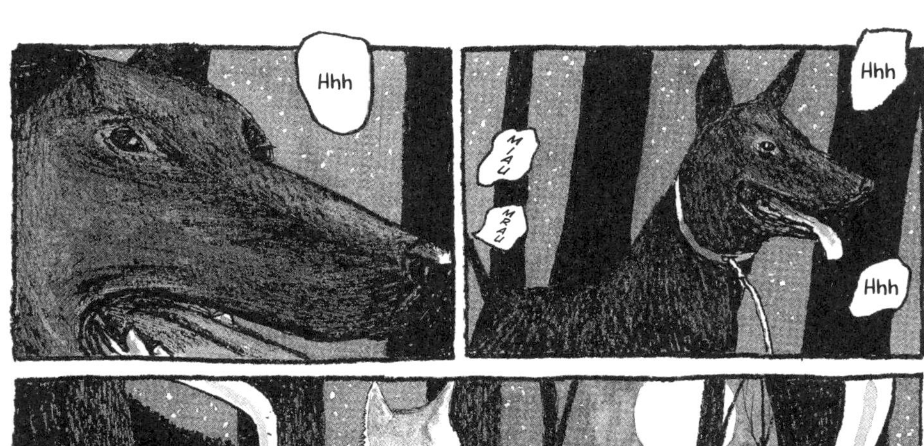
Hhh
Hhh
MIAU
MRAU
Hhh

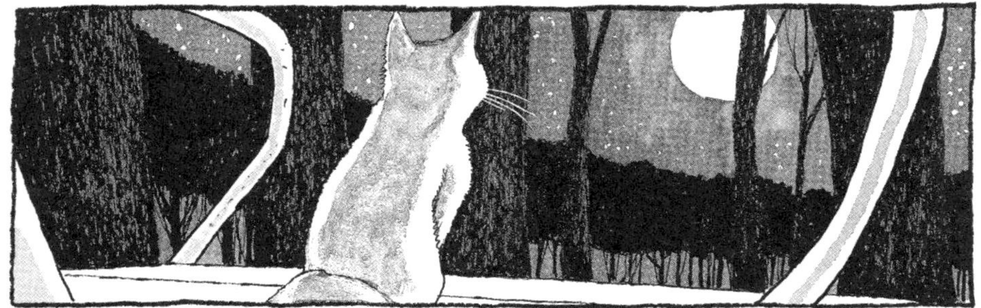

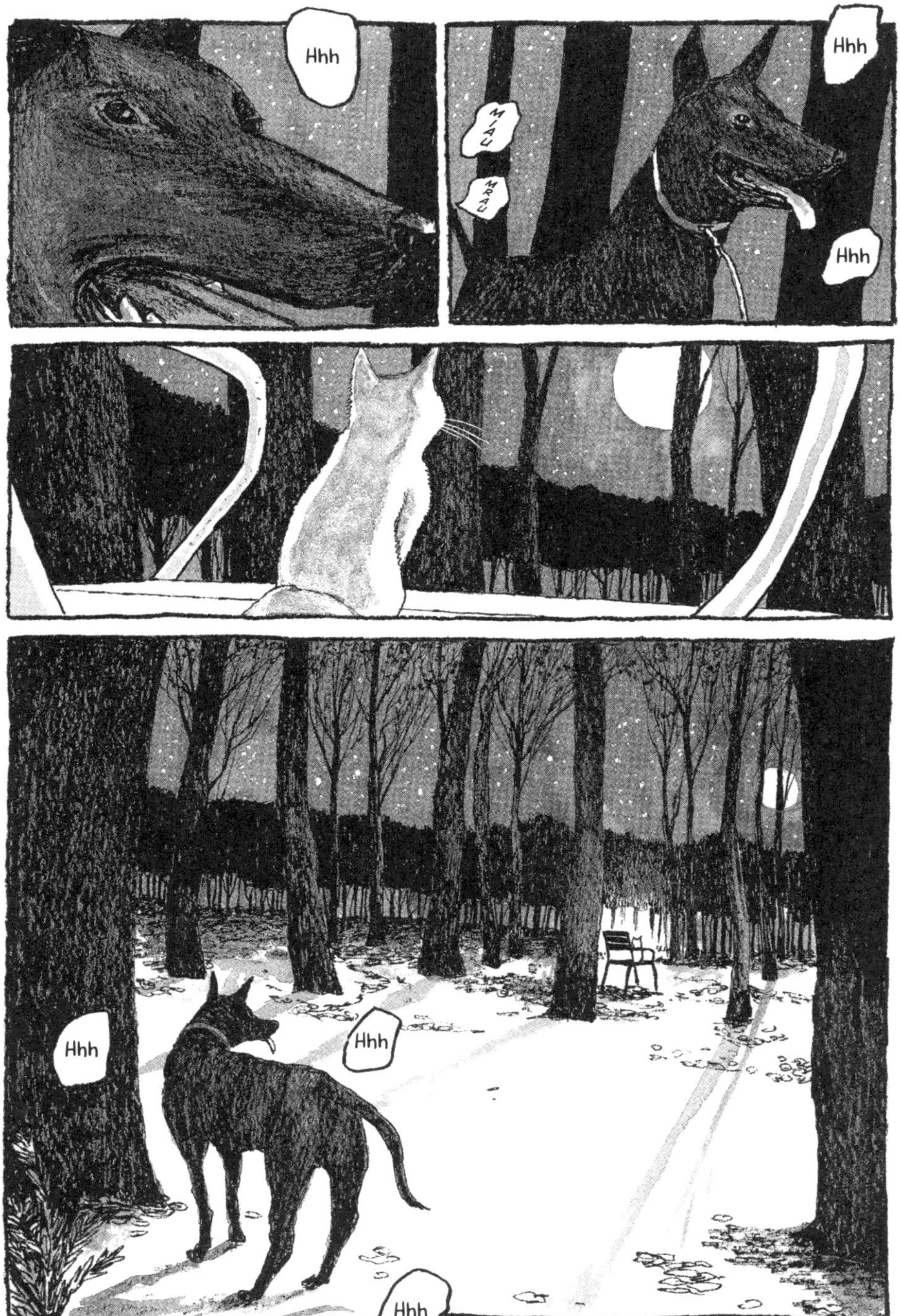

Hhh
Hhh
Hhh

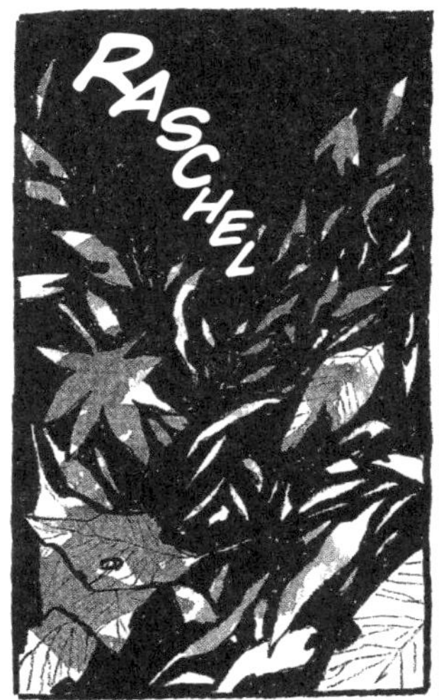

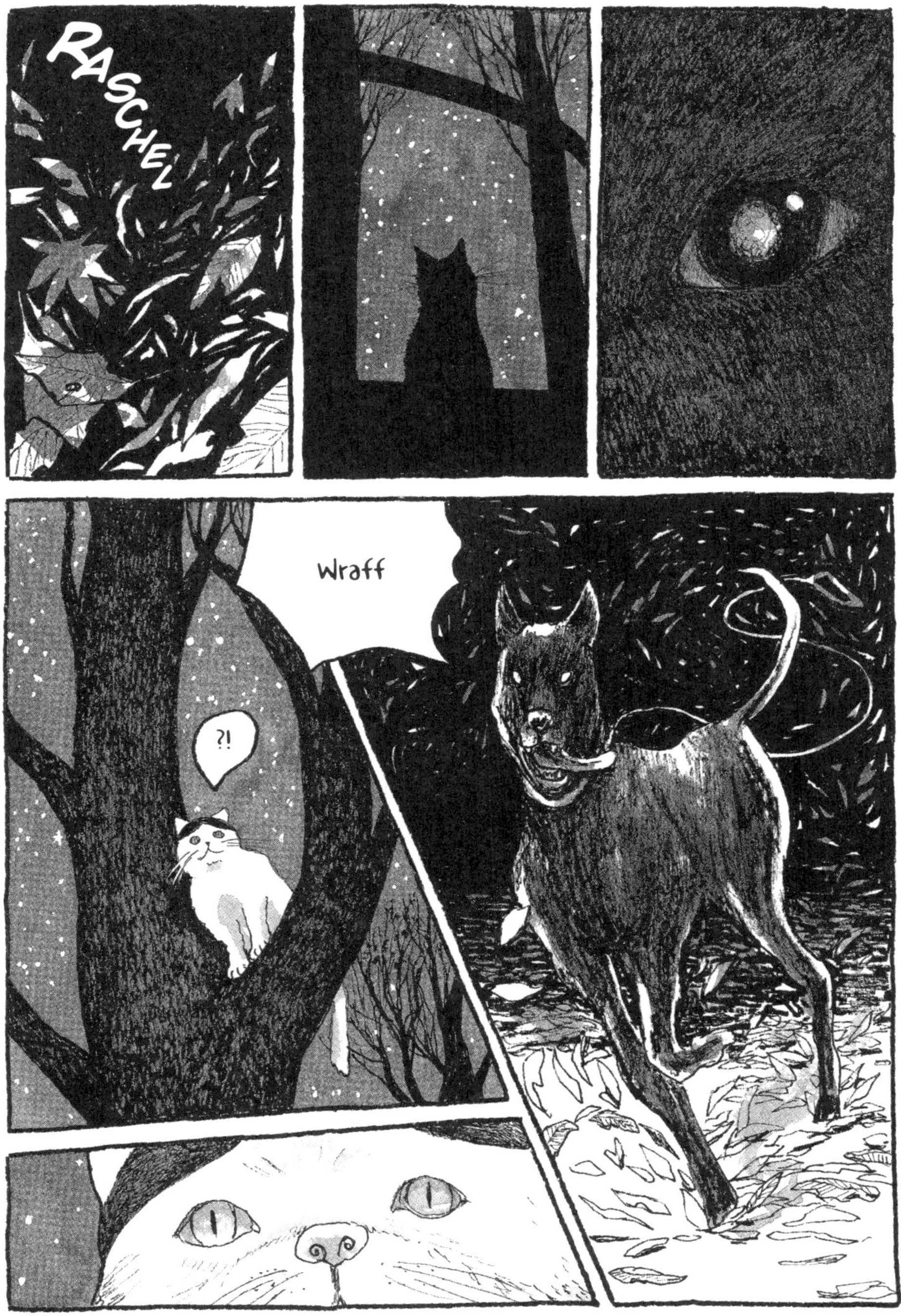

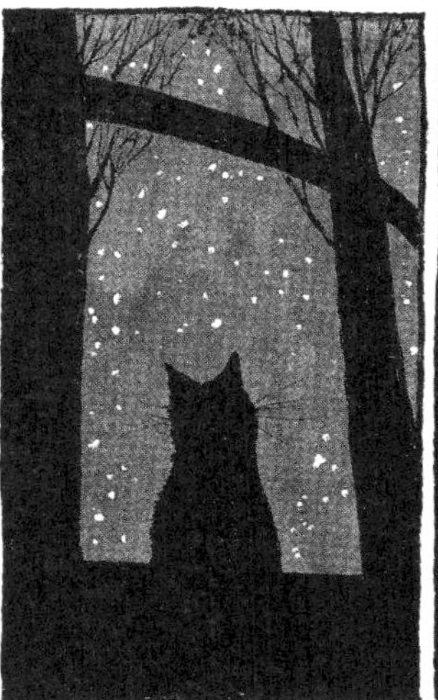

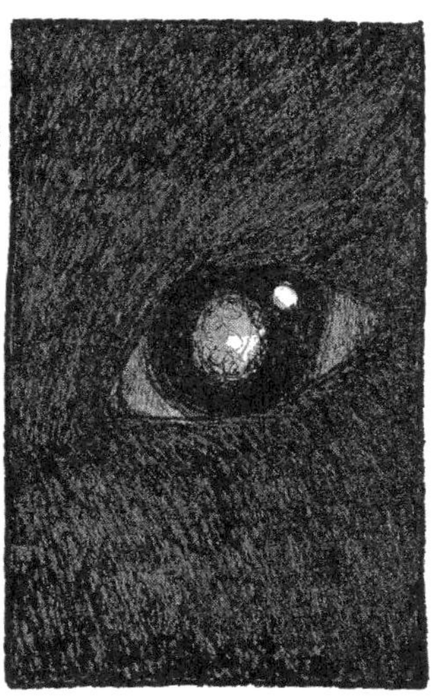

?!

Wraff

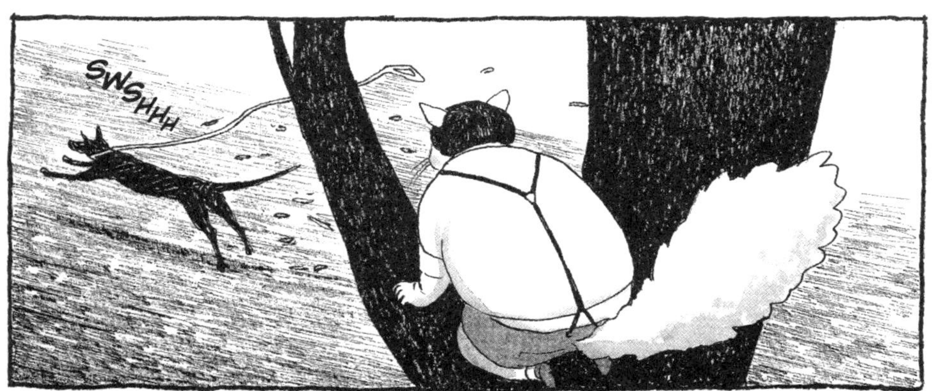

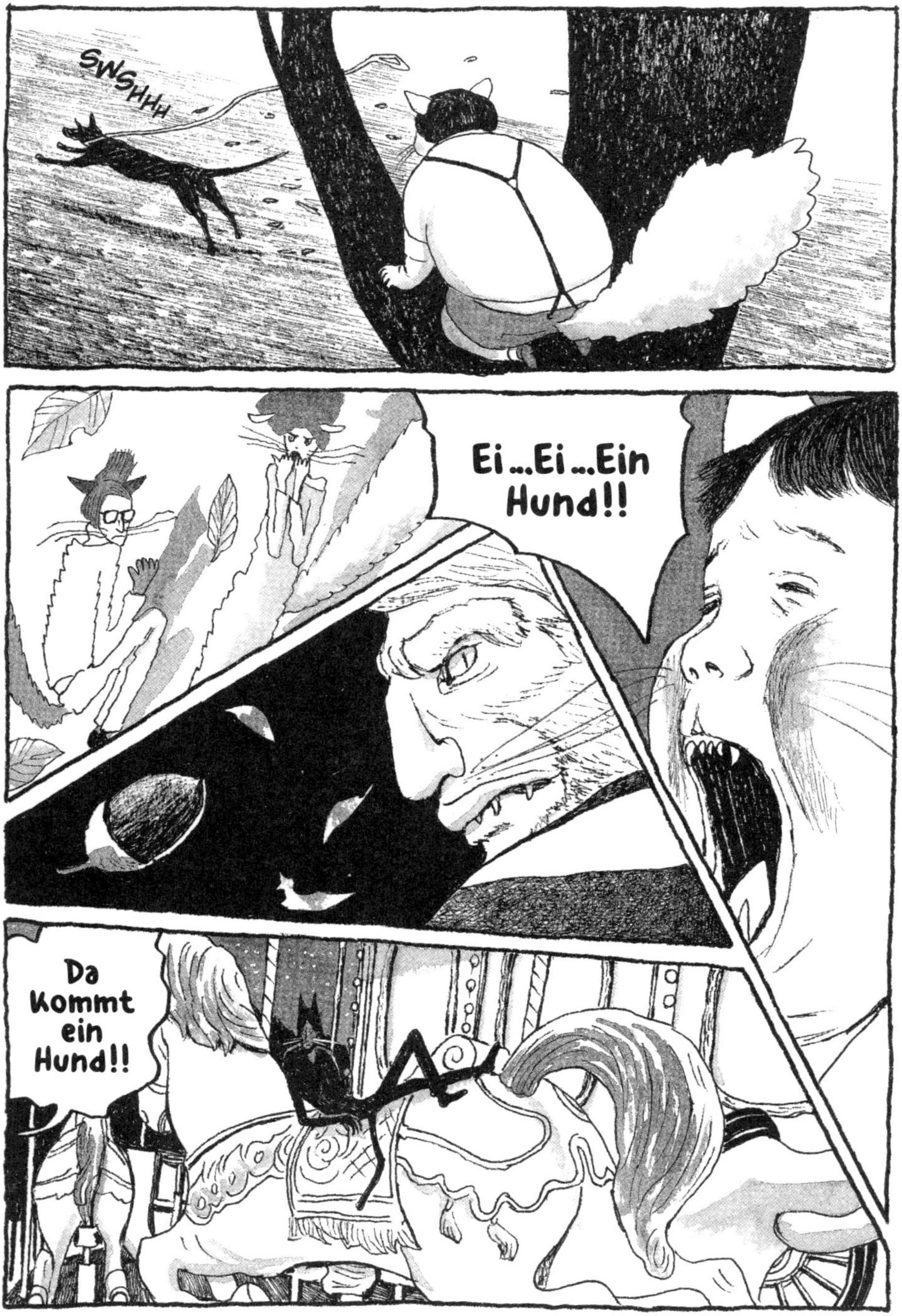

Ei...Ei...Ein Hund!!

Da kommt ein Hund!!

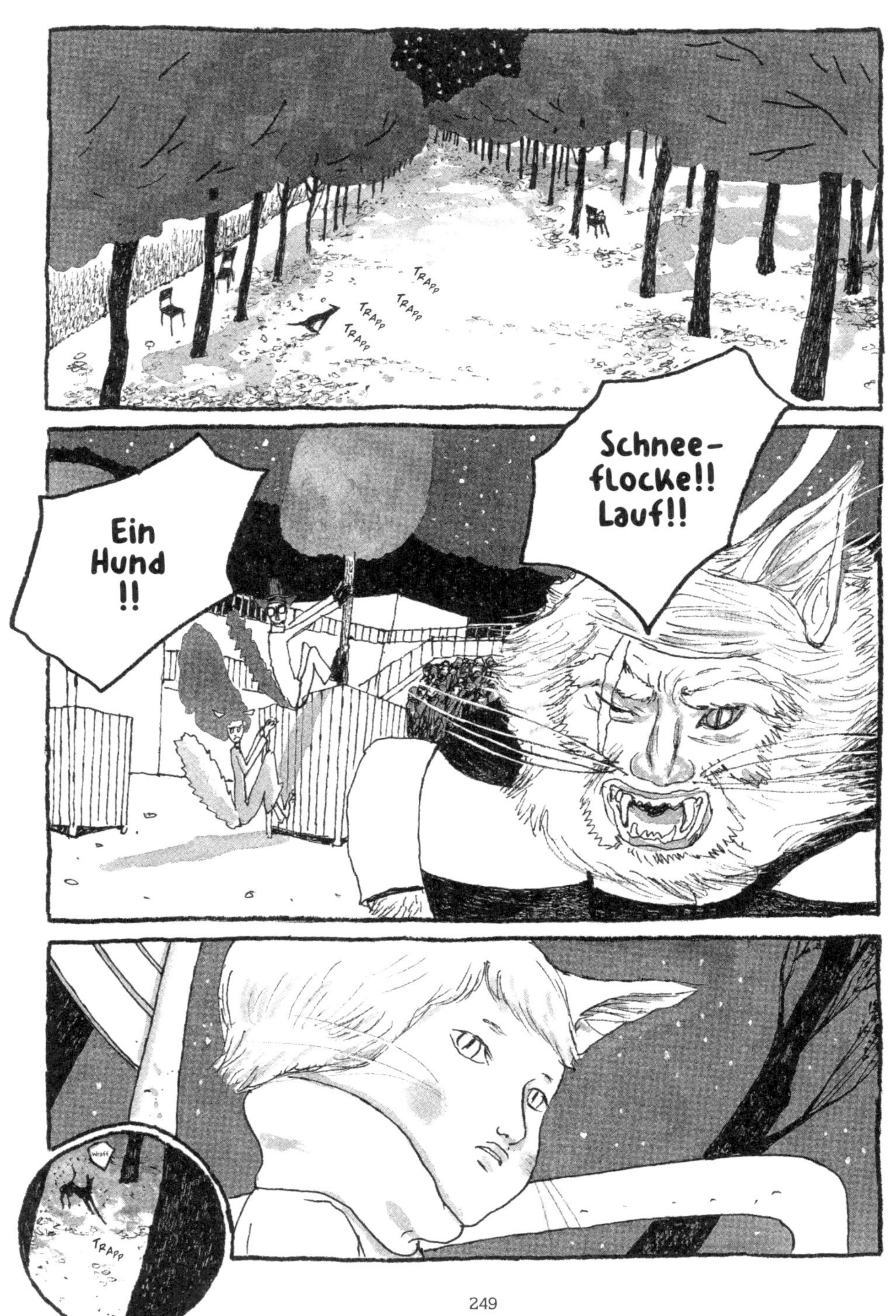
TRAPP
TRAPP
TRAPP
TRAPP
Schnee-flocke!! Lauf!!
Ein Hund !!
Wraff
TRAPP

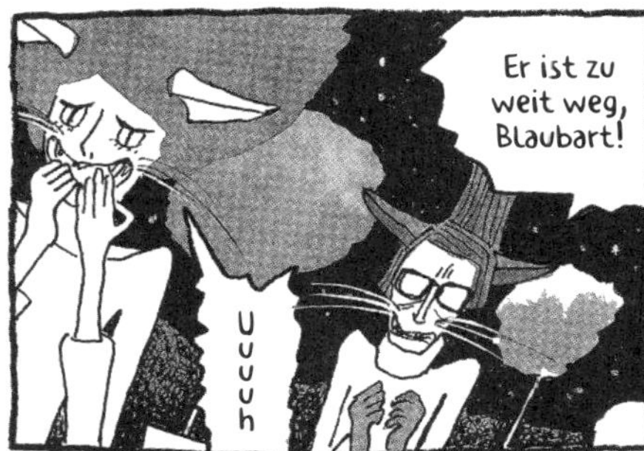
Er ist zu weit weg, Blaubart!
Uuuuh

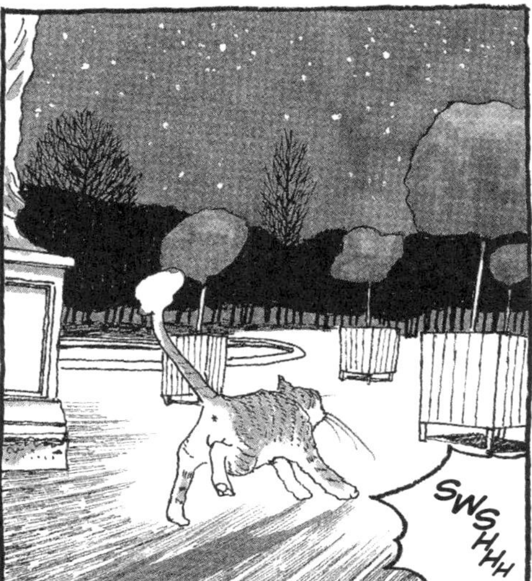
SWSHHH

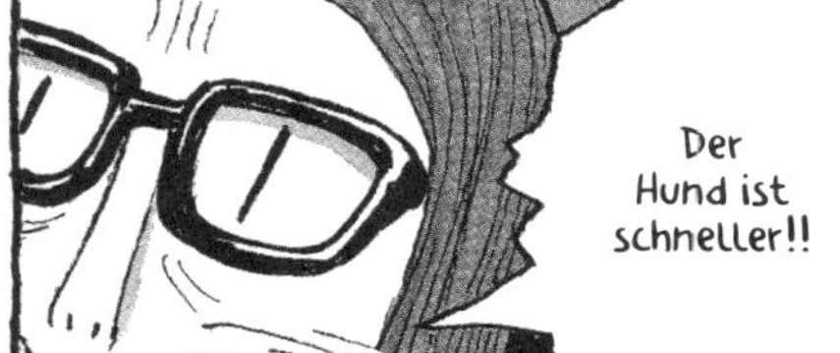
Der Hund ist schneller!!

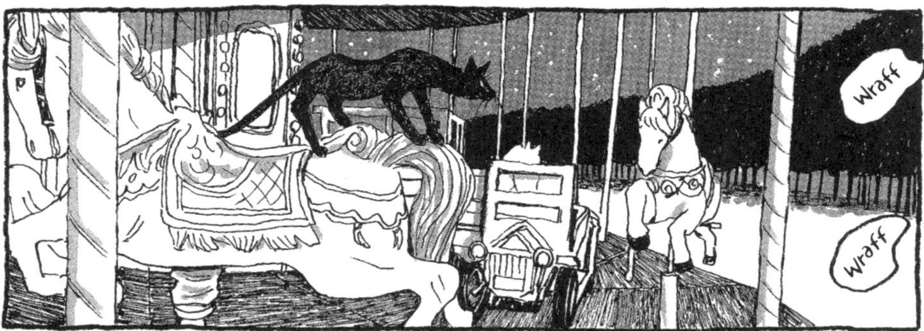
Wraff
Wraff

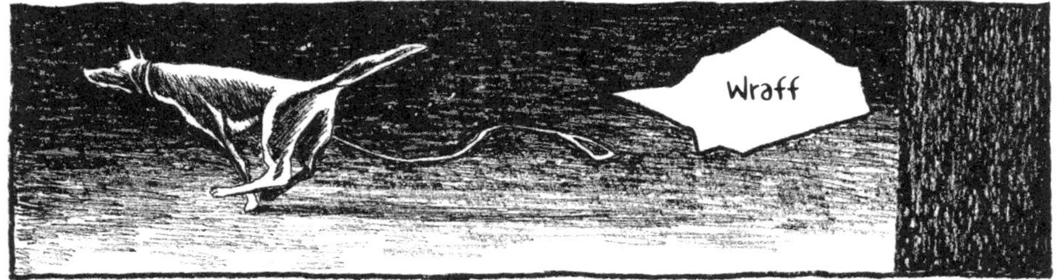
Wraff

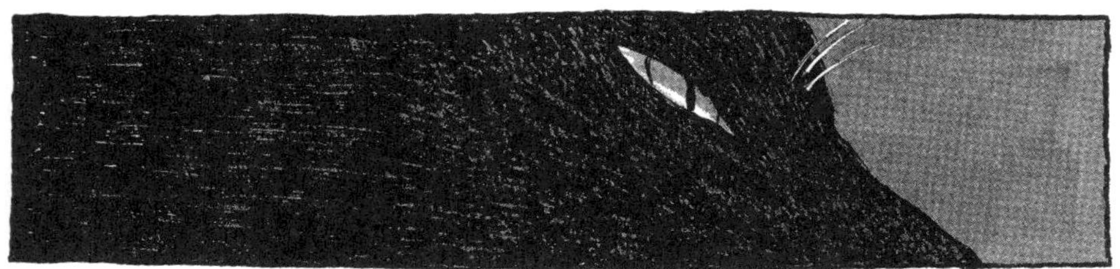

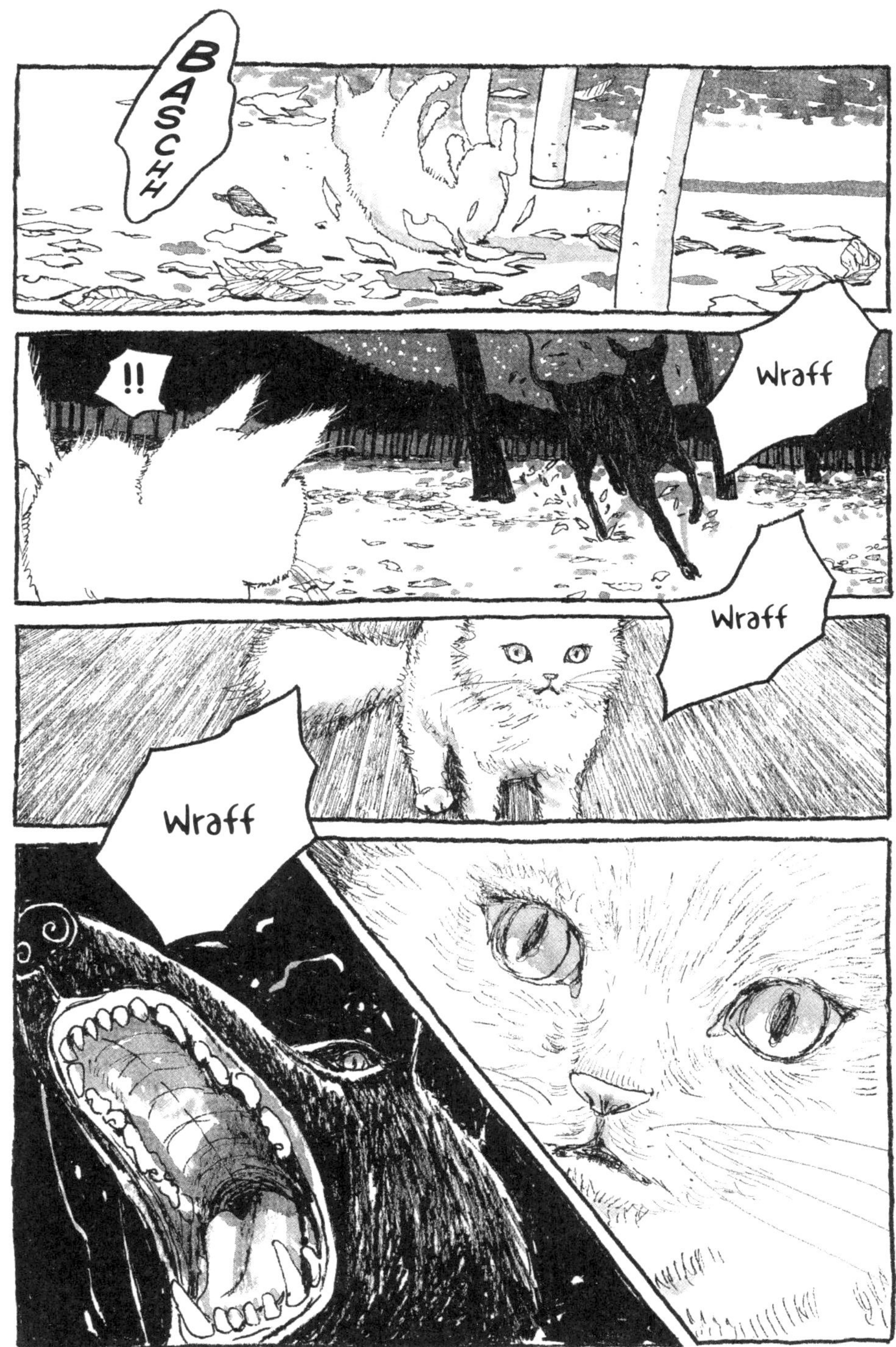
BASCHH
!!
Wraff
Wraff
Wraff

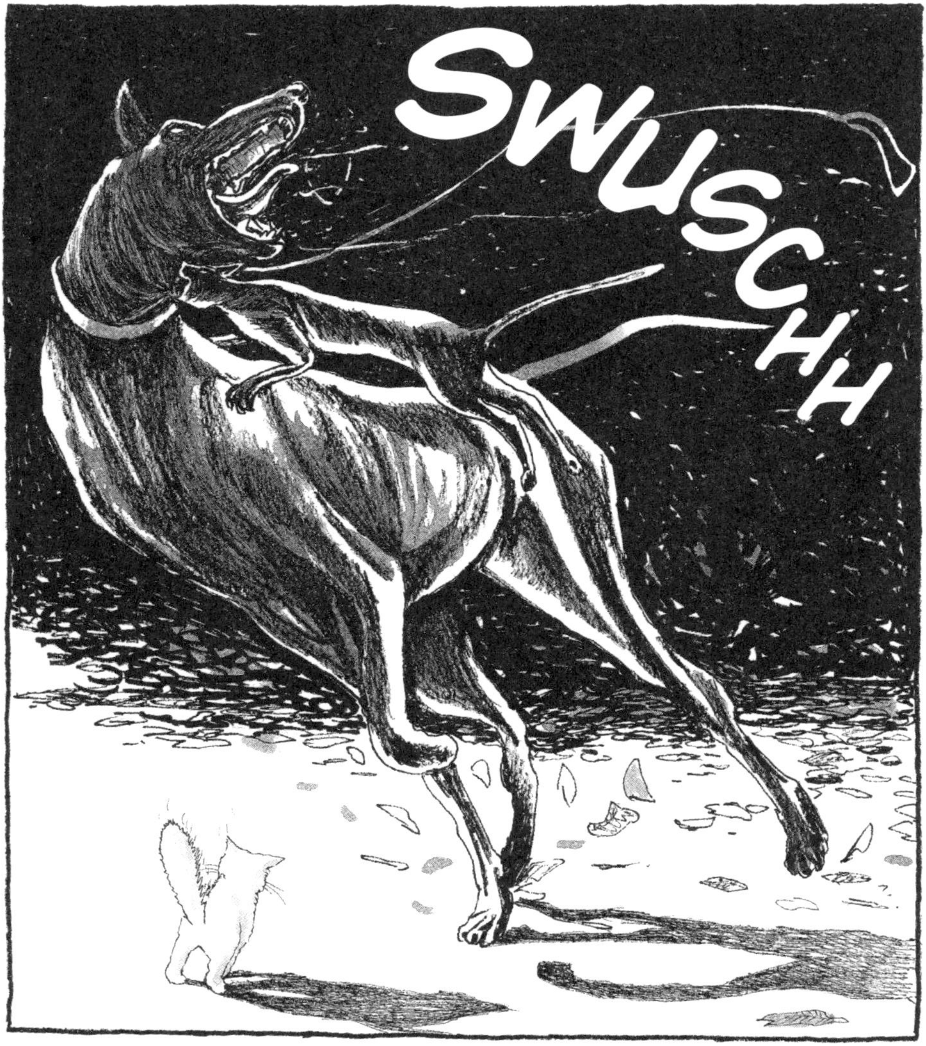

SWUSCHH

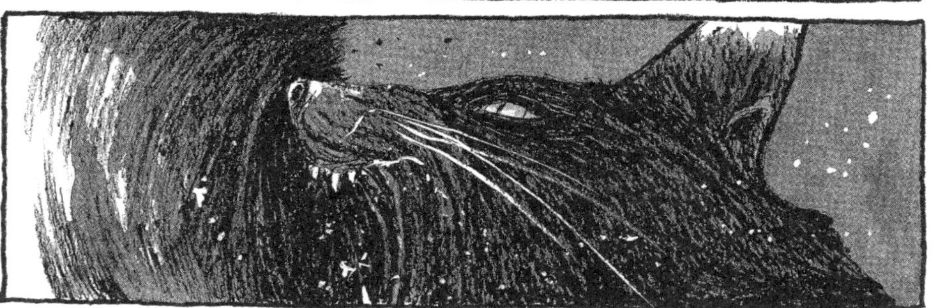

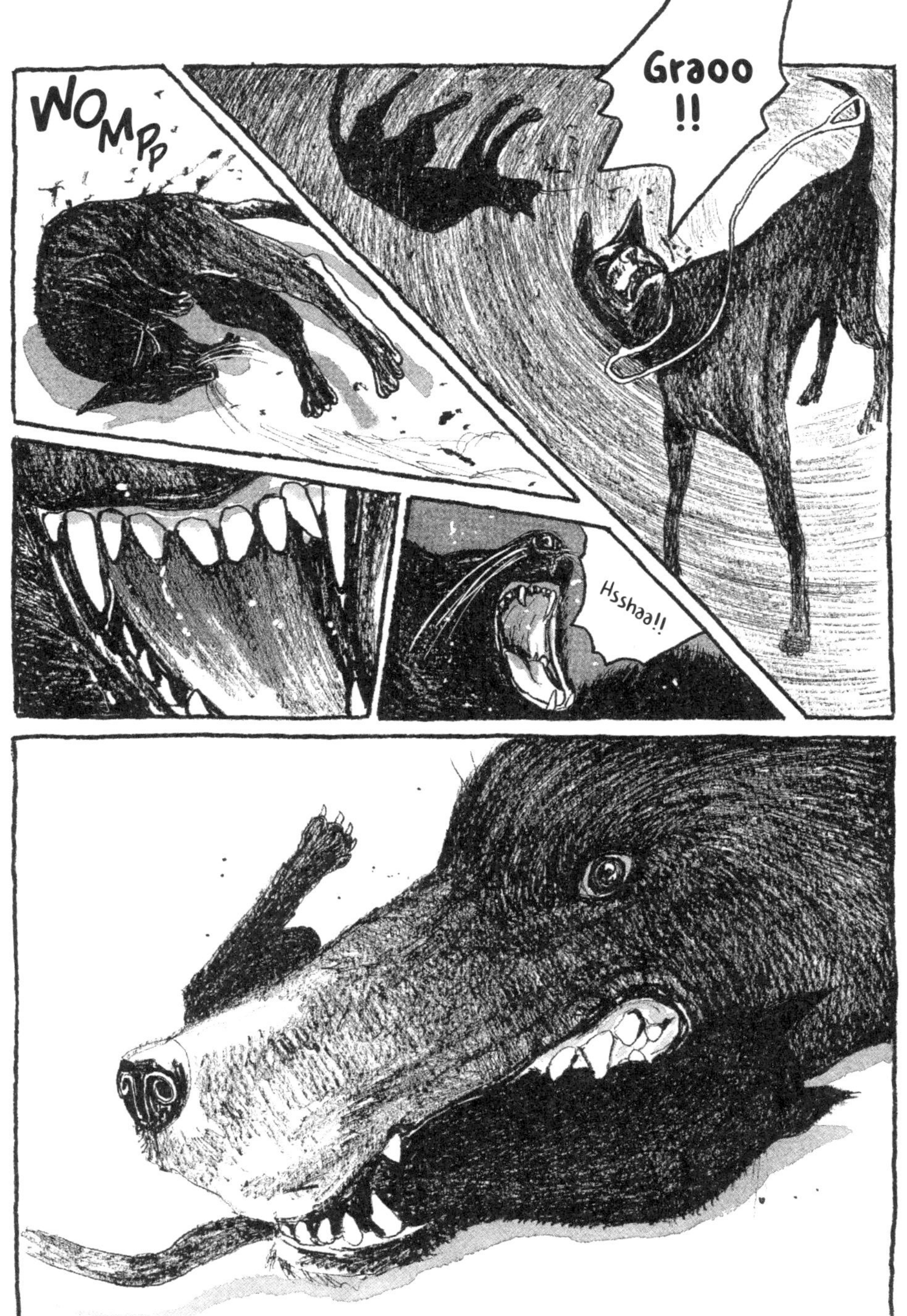
WOMPP
Graoo !!
Hsshaa!!

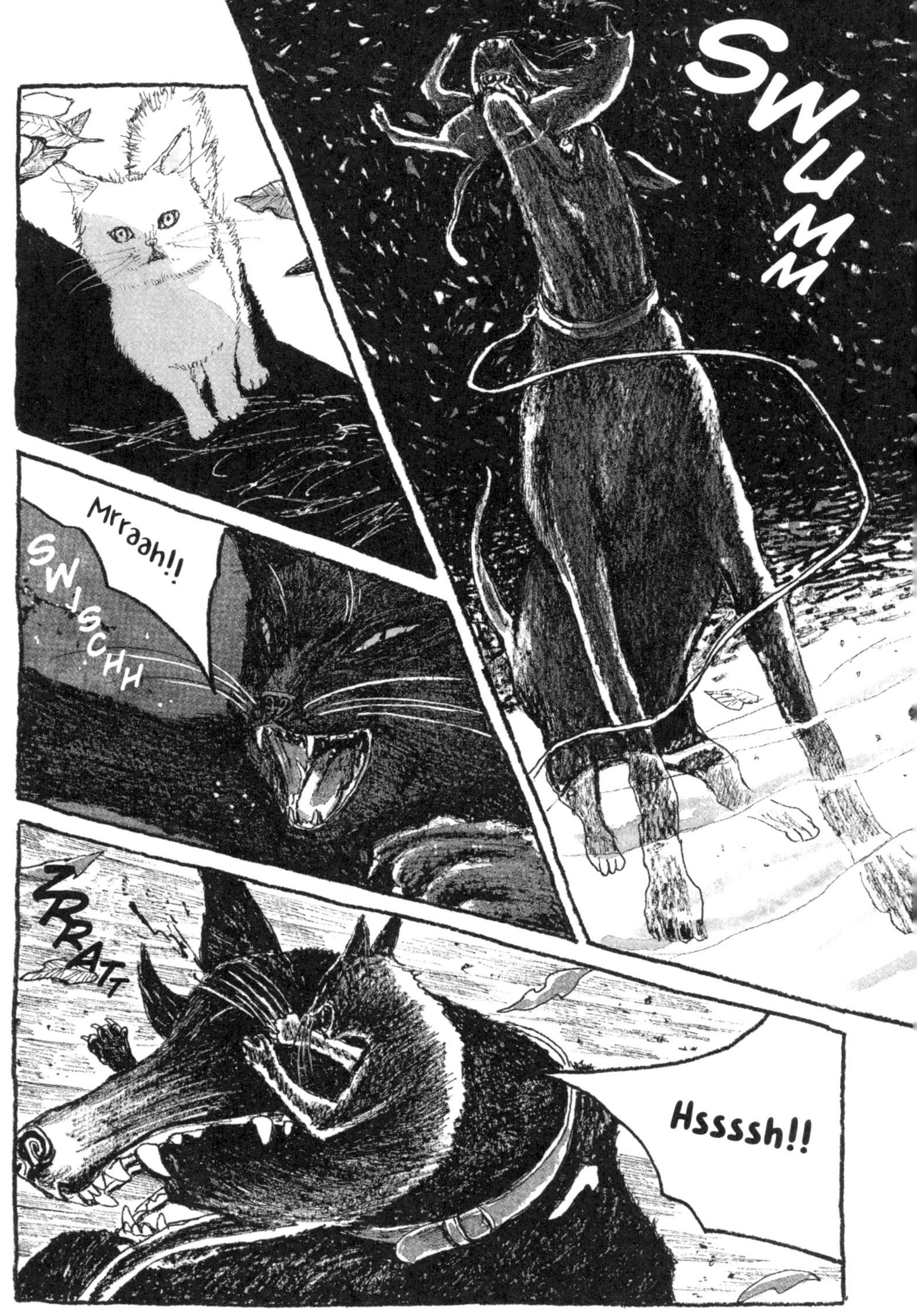
SWUMM
Mrraah!!
SWISCHH
ZRRATT
Hssssh!!

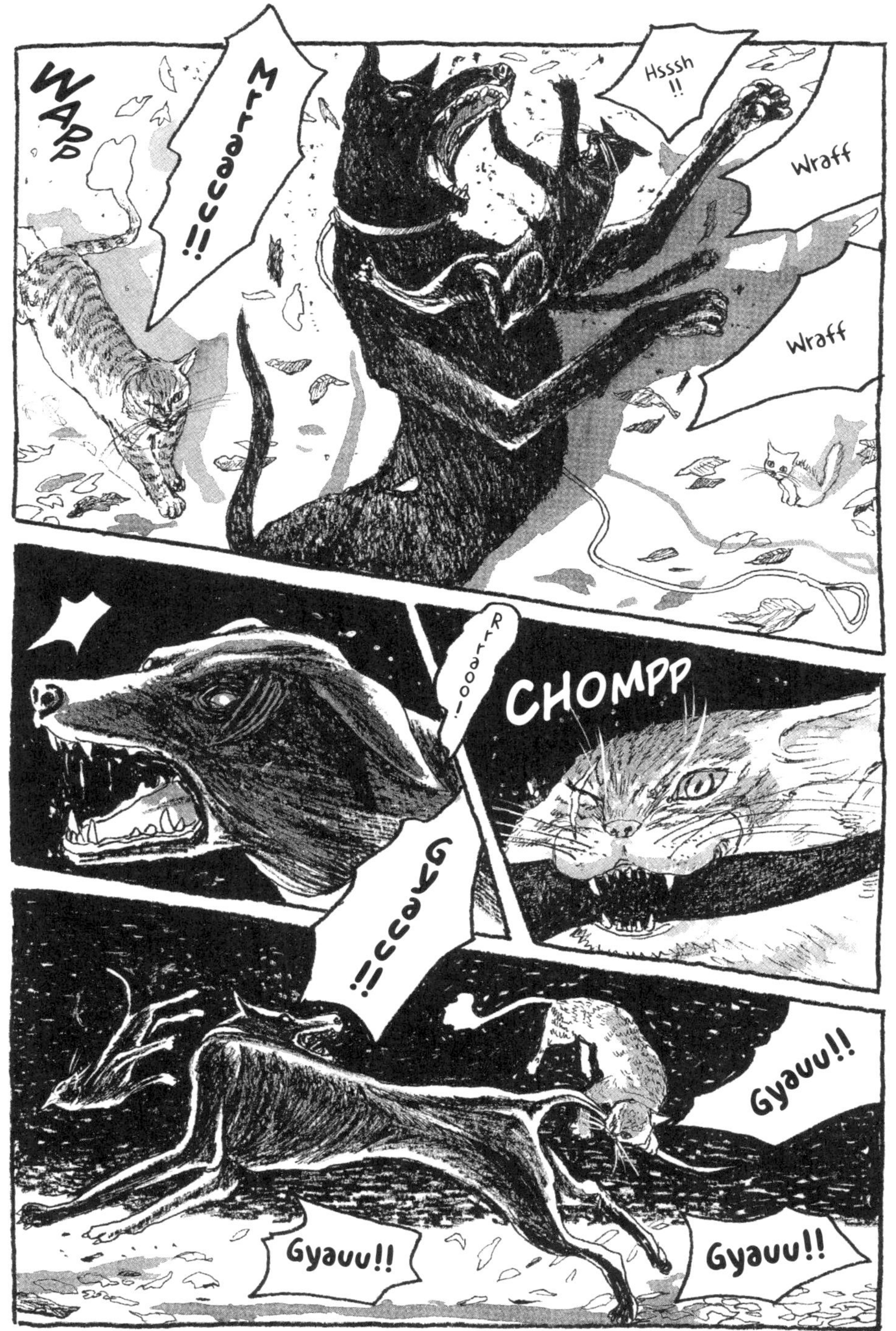
WAPP
Mrraoorru!!
Hsssh !!
Wraff
Wraff
Rrraoo!
CHOMPP
Gyaaaw!!
Gyauu!!
Gyauu!!
Gyauu!!

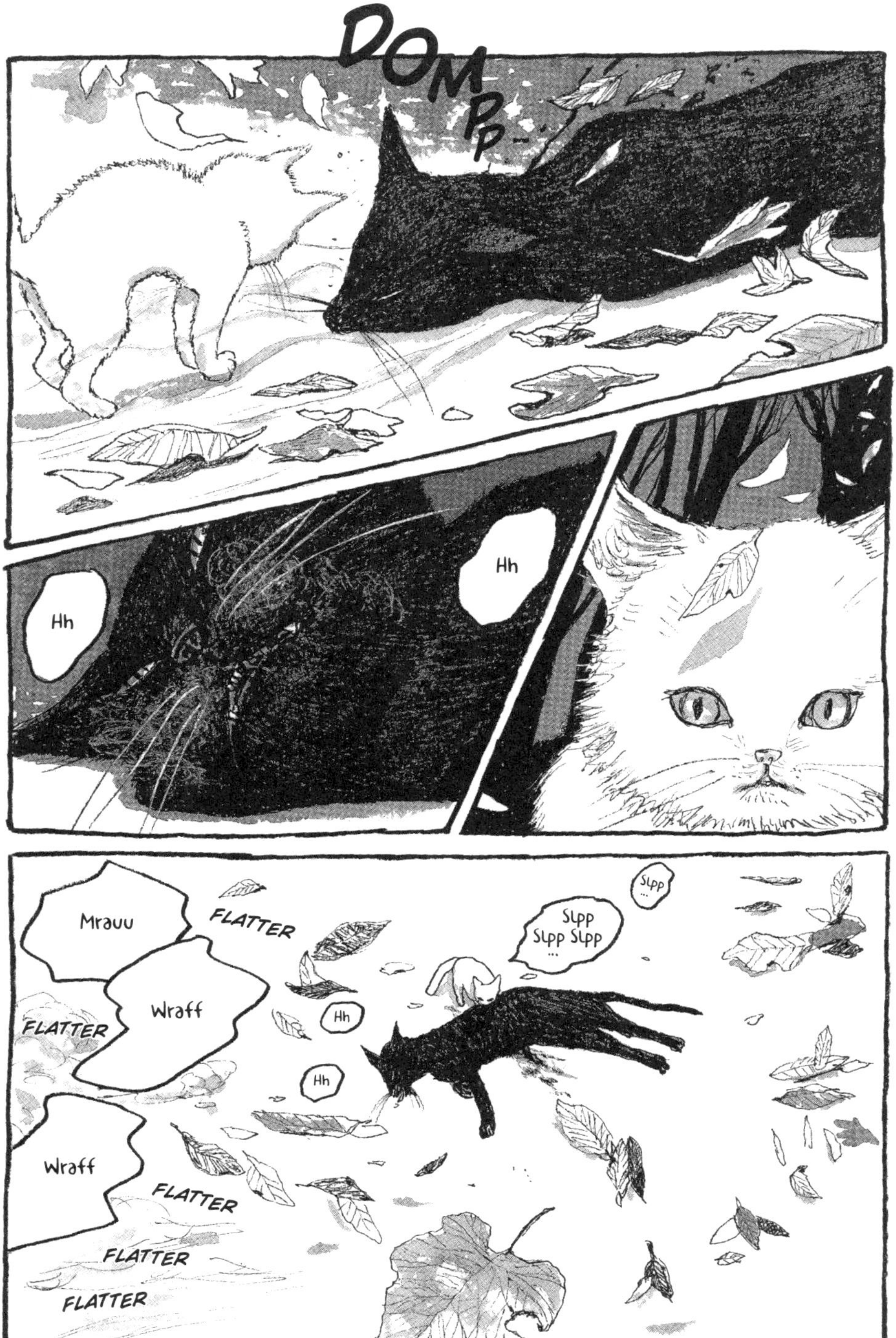

DOMPP--

Hh

Hh

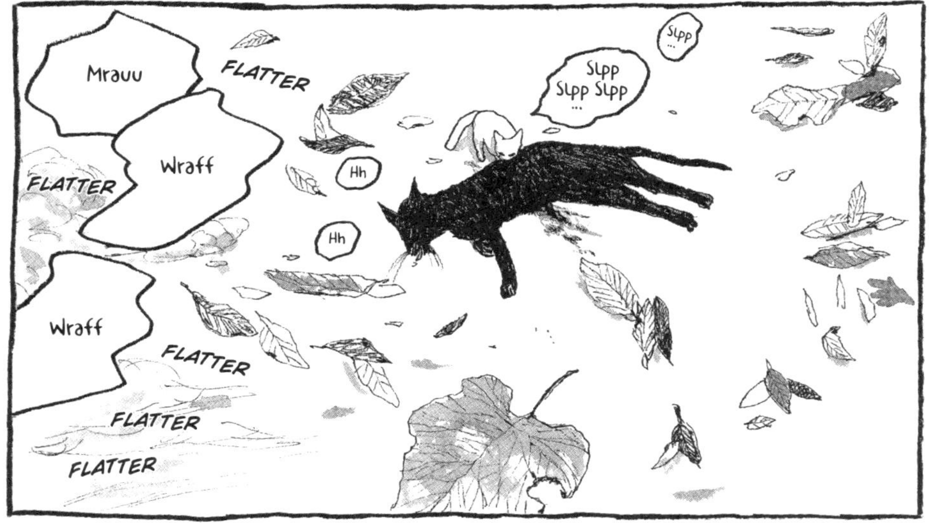

Mrauu
FLATTER
Wraff
FLATTER
Hh
Hh
Slpp Slpp Slpp ...
Slpp ...
Wraff
FLATTER
FLATTER
FLATTER

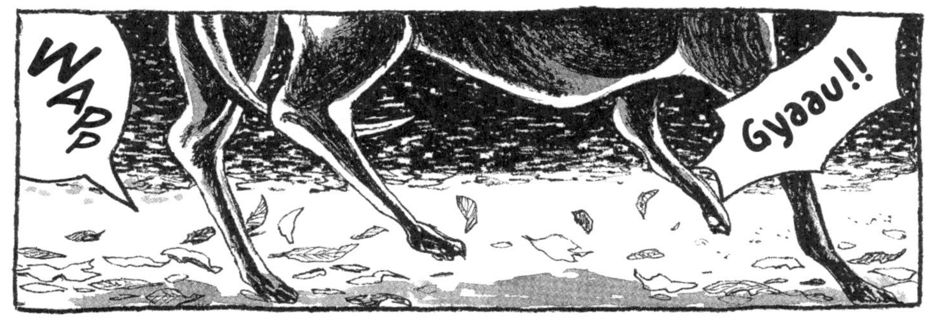
WAPP
Gyaau!!

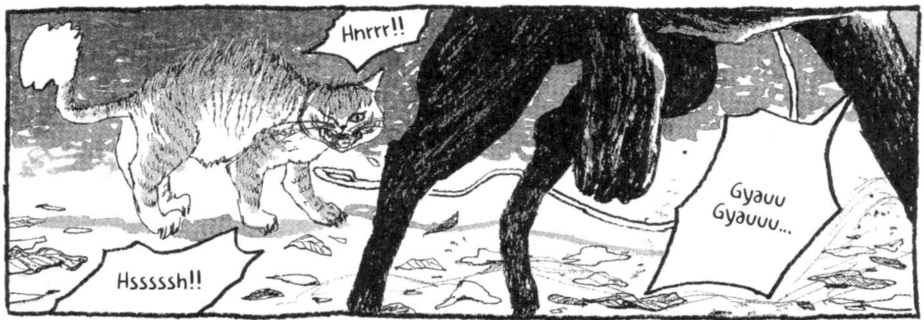
Hnrrr!!
Gyauu Gyauuu...
Hssssssh!!

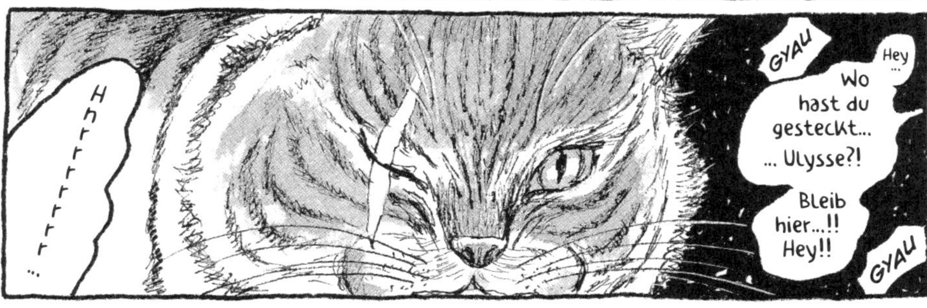
Hnrrrrrrrr...
GYAU
Hey...
Wo hast du gesteckt...
... Ulysse?!
Bleib hier...!! Hey!!
GYAU

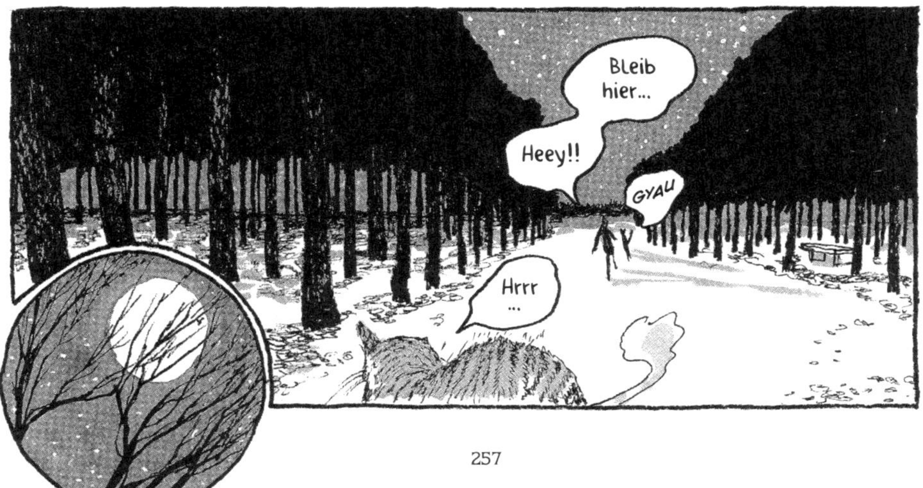
Bleib hier...
Heey!!
GYAU
Hrrr...

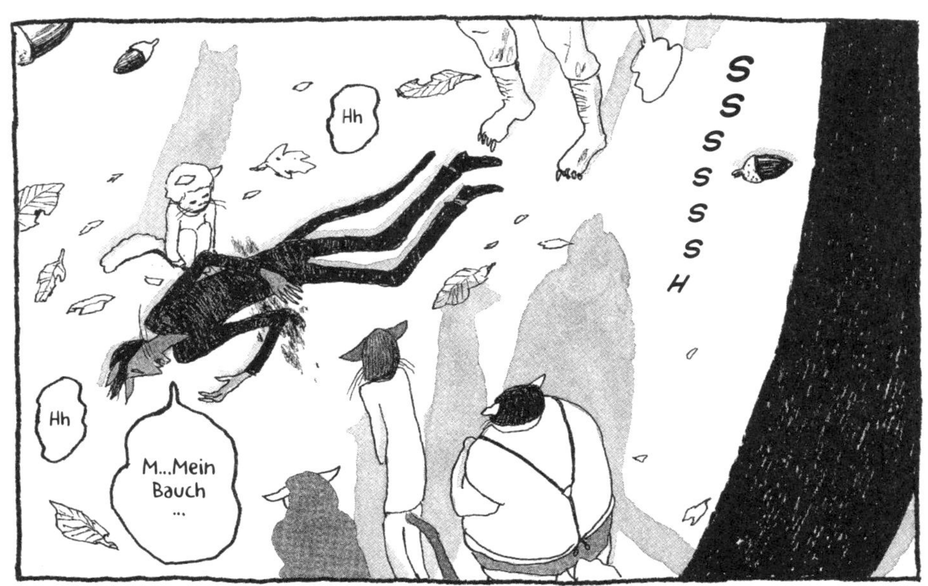
Hh
SSSSSSSH
Hh
M...Mein Bauch ...

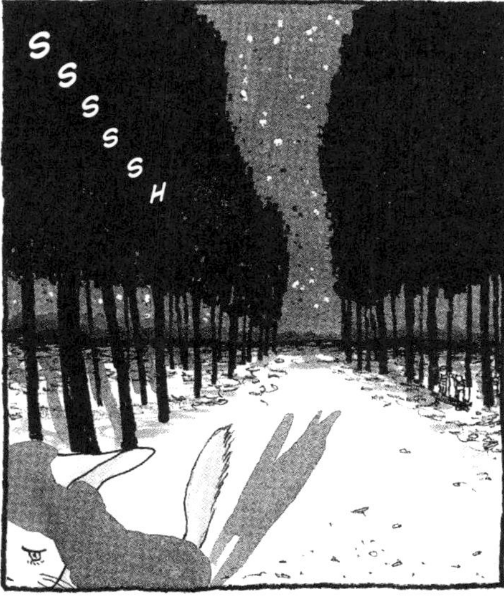
SSSSSSH

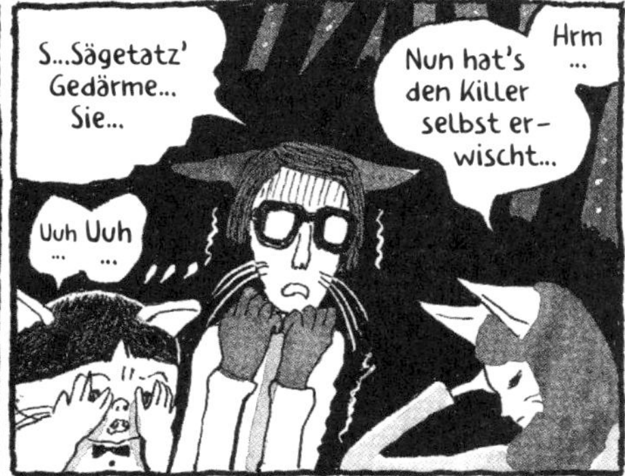
S...Sägetatz' Gedärme... Sie...
Hrm ...
Nun hat's den Killer selbst erwischt...
Uuh ... Uuh ...

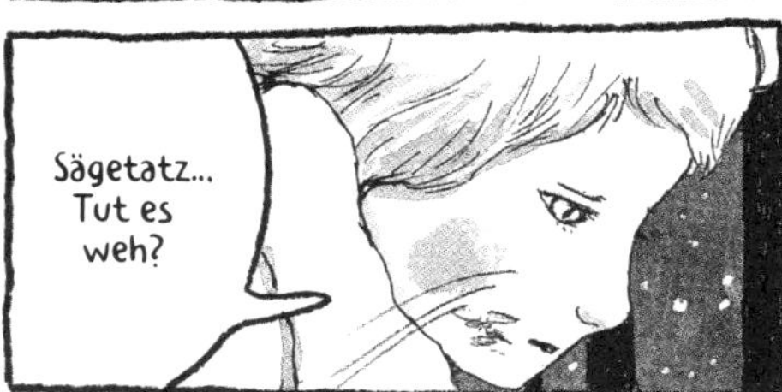
Sägetatz... Tut es weh?

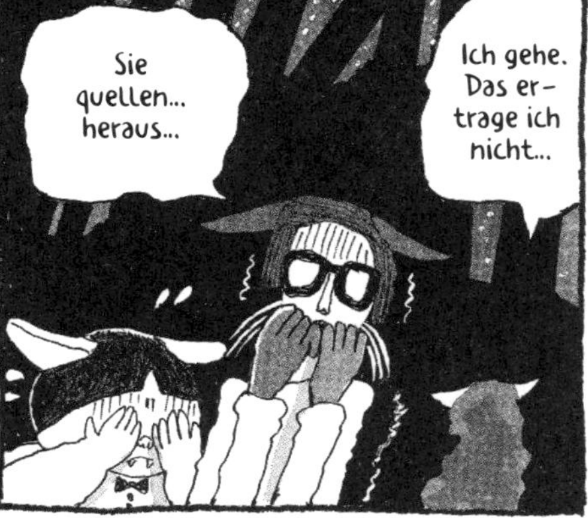
Sie quellen... heraus...
Ich gehe. Das ertrage ich nicht...

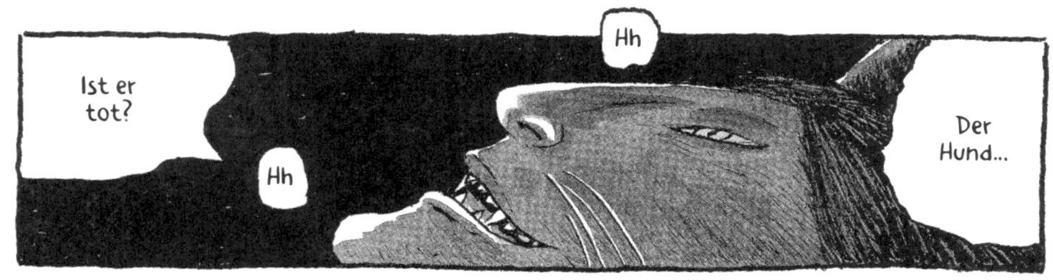
Ist er tot?
Hh
Hh
Der Hund...

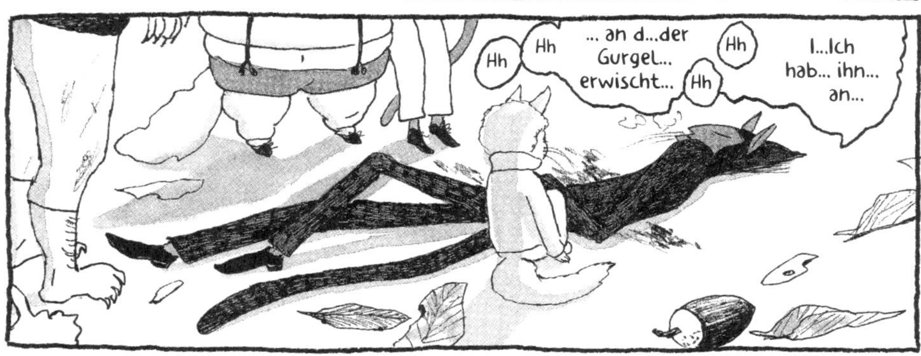
I...Ich hab... ihn... an...
Hh
... an d...der Gurgel... erwischt...
Hh
Hh
Hh

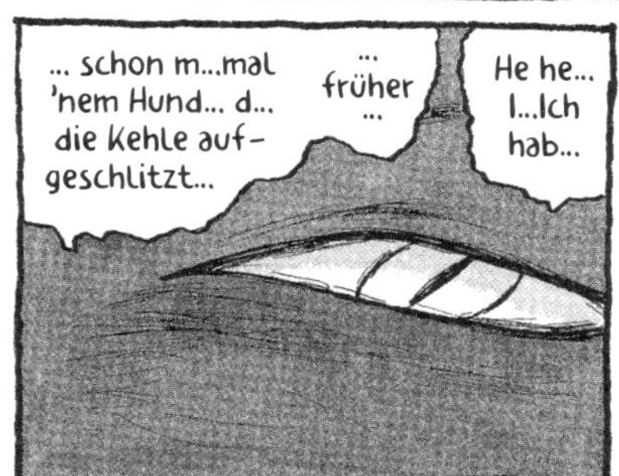
He he... I...Ich hab...
... früher ...
... schon m...mal 'nem Hund... d... die Kehle aufgeschlitzt...

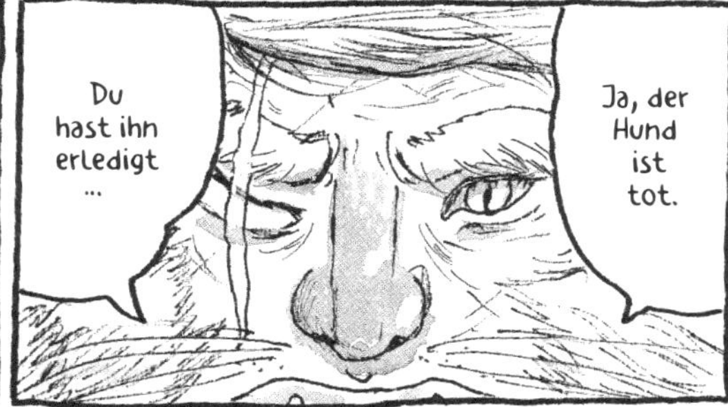
Du hast ihn erledigt ...
Ja, der Hund ist tot.

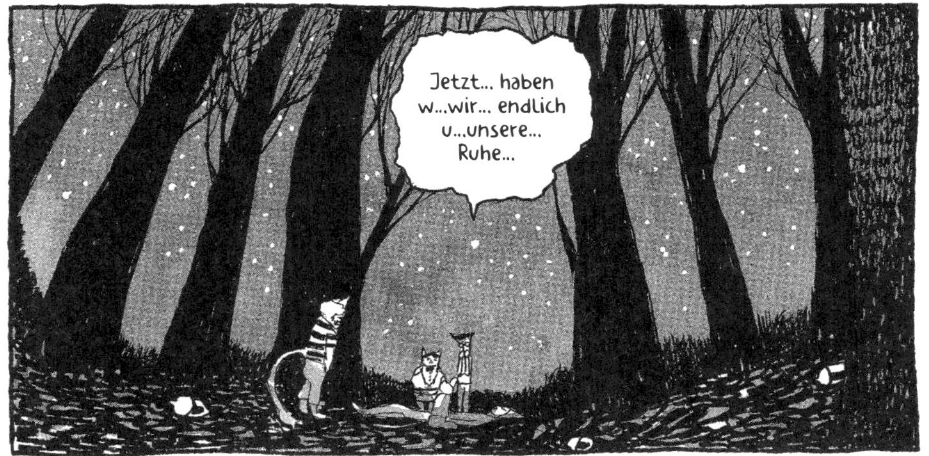
Jetzt... haben w...wir... endlich u...unsere... Ruhe...

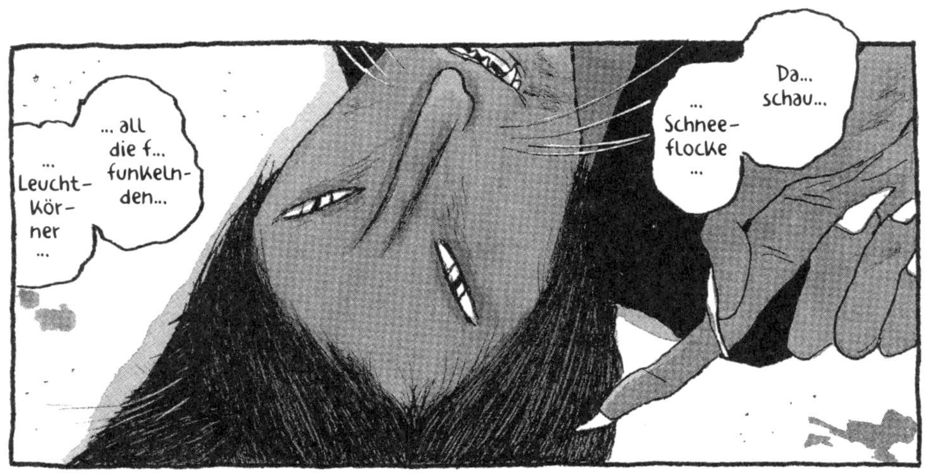
Da... schau...
... Schneeflocke ...
... all die f... funkelnden...
... Leuchtkörner ...

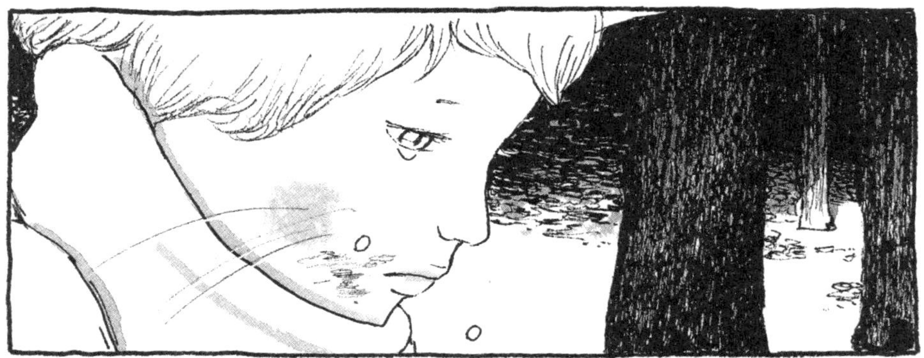

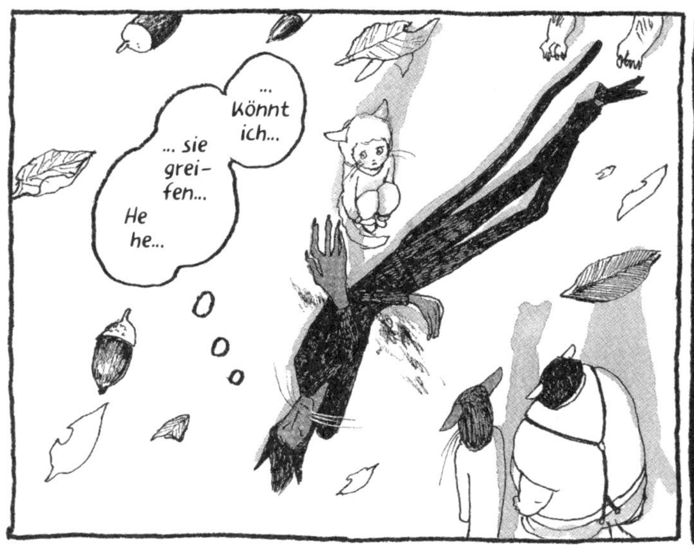
... könnt ich...
... sie greifen...
He he...

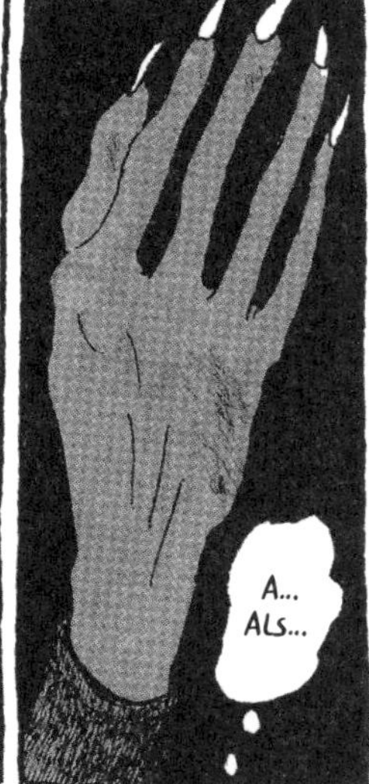
A... Als...

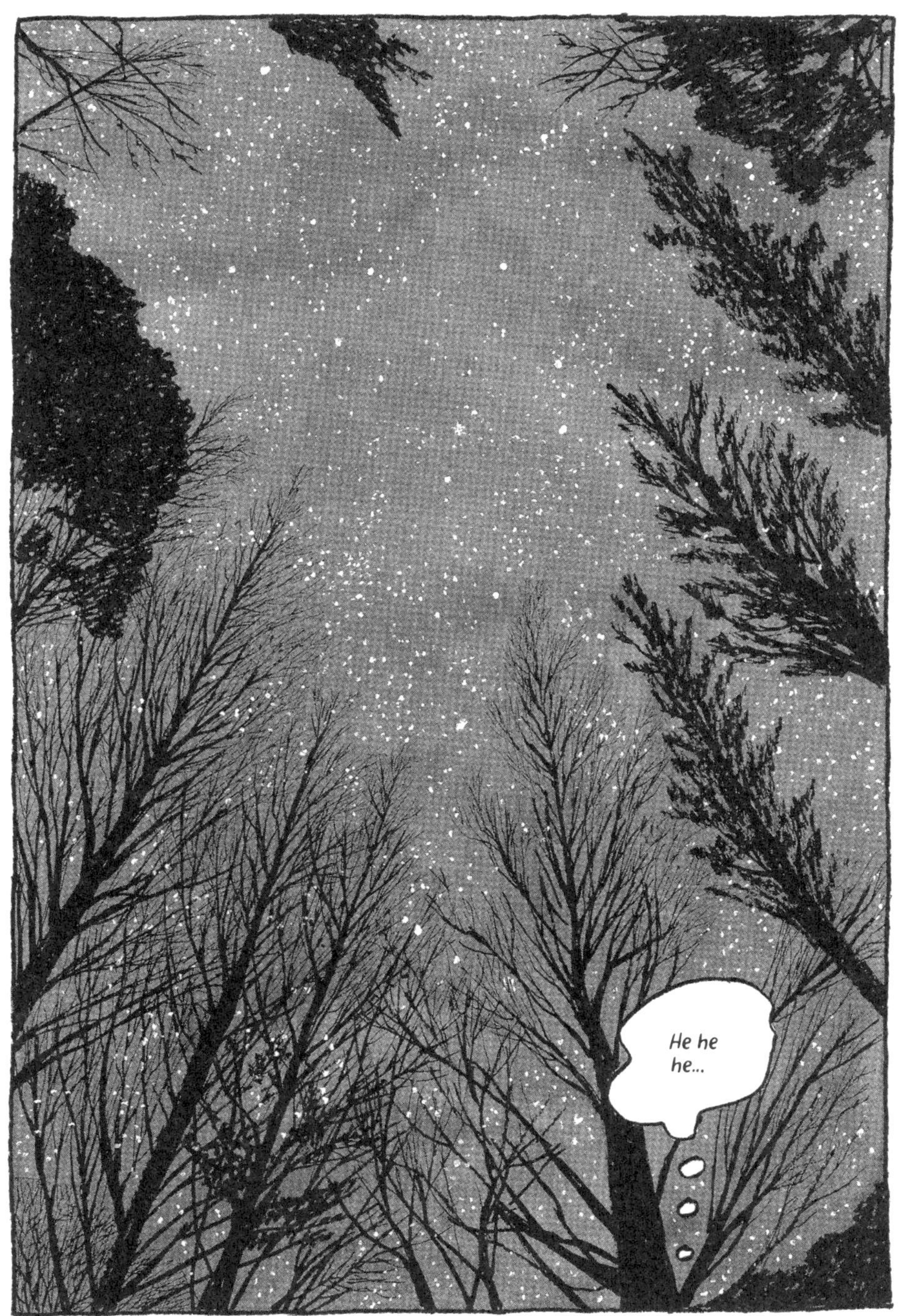
He he
he...

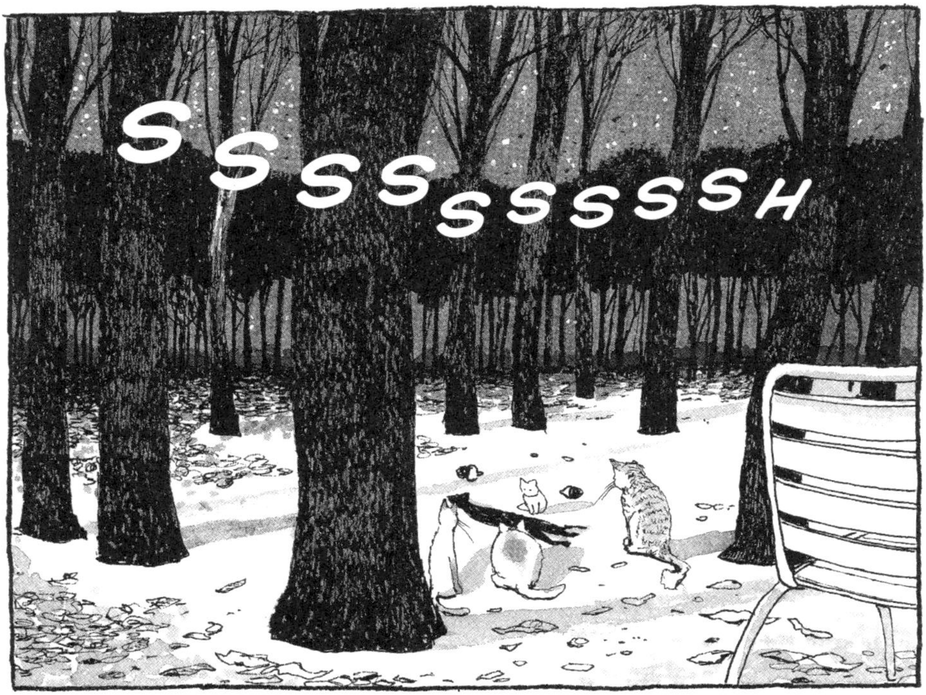

SSSSSSSSSH

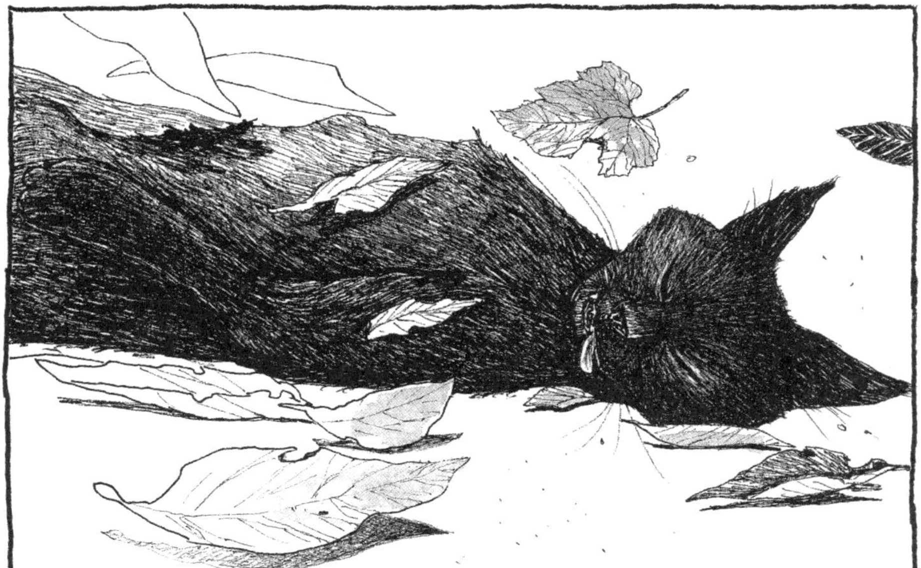

Kapitel 12

DAS GEHEIMNIS DES VERSCHNEITEN MORGENS

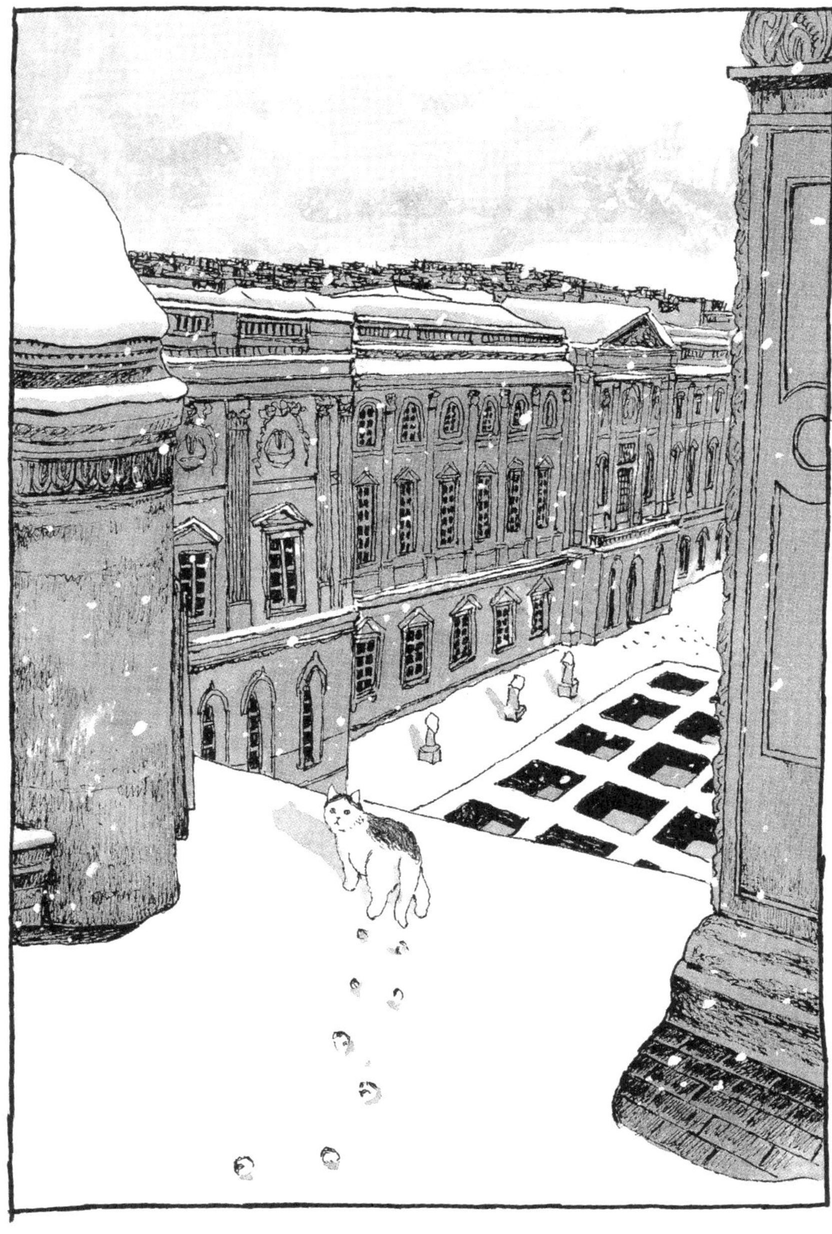

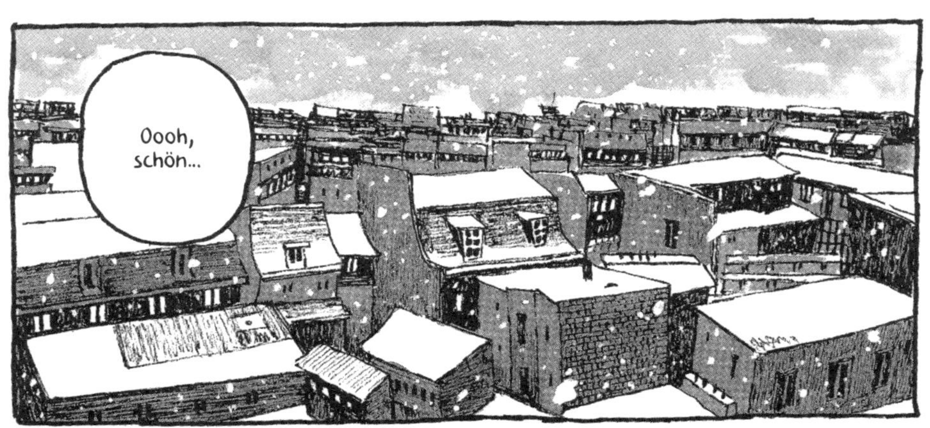
Oooh, schön...

WINTER

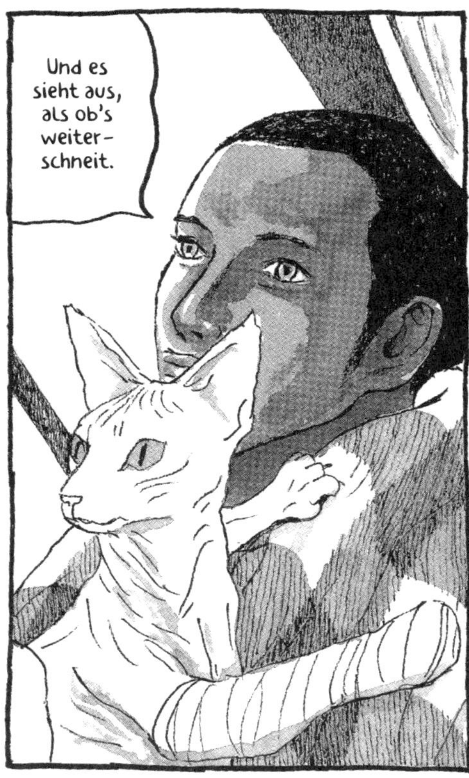
Und es sieht aus, als ob's weiter-schneit.

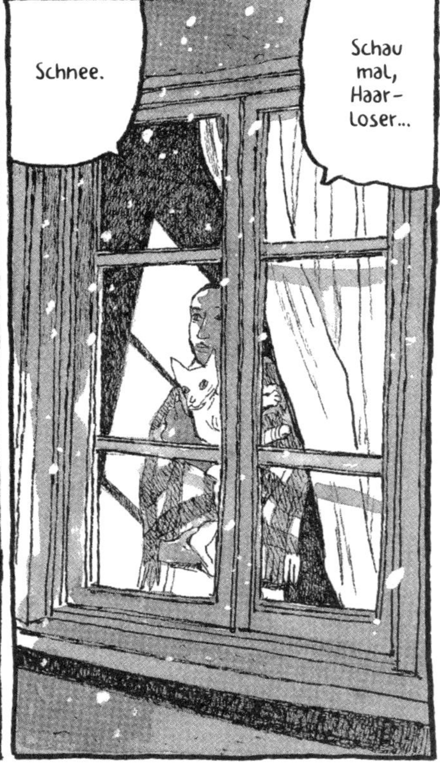
Schau mal, Haar-loser...
Schnee.

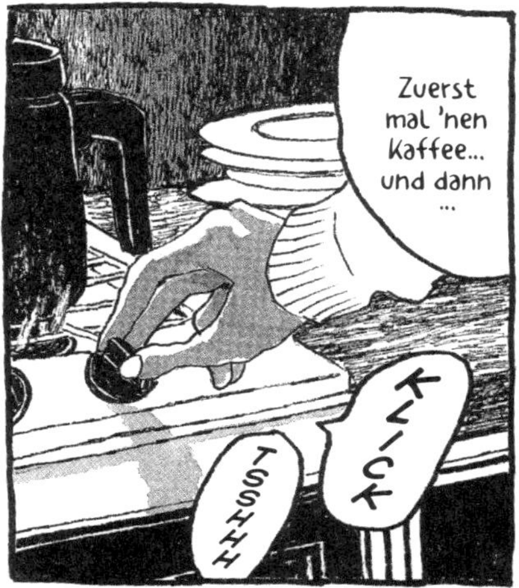
Zuerst mal 'nen Kaffee... und dann ...
KLICK
TSSHHH

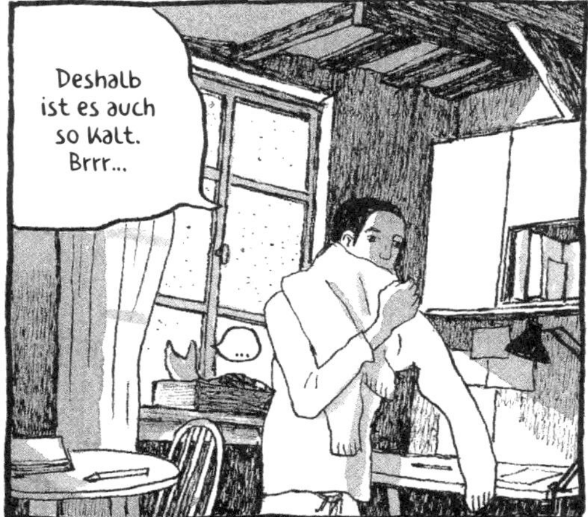
Deshalb ist es auch so Kalt. Brrr...
...

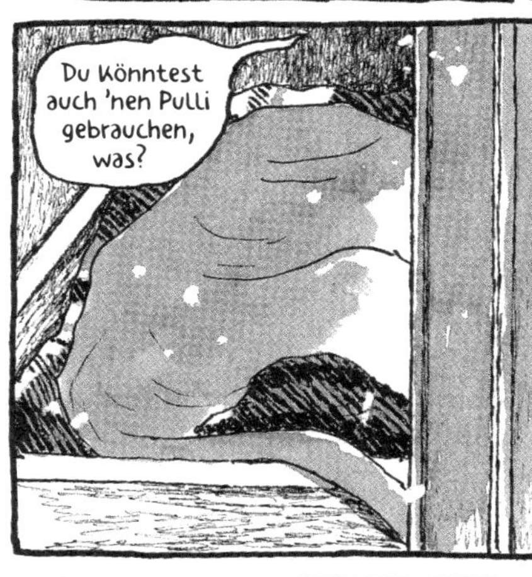
Du Könntest auch 'nen Pulli gebrauchen, was?

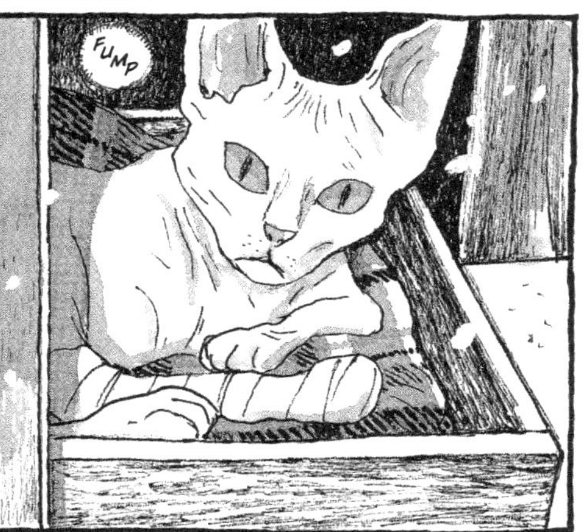
FUMP

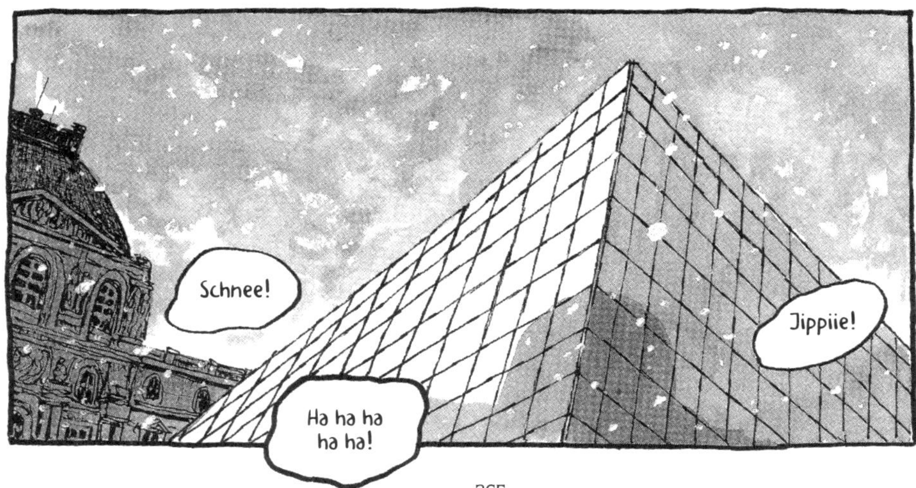
Schnee!
Jippiie!
Ha ha ha ha ha!

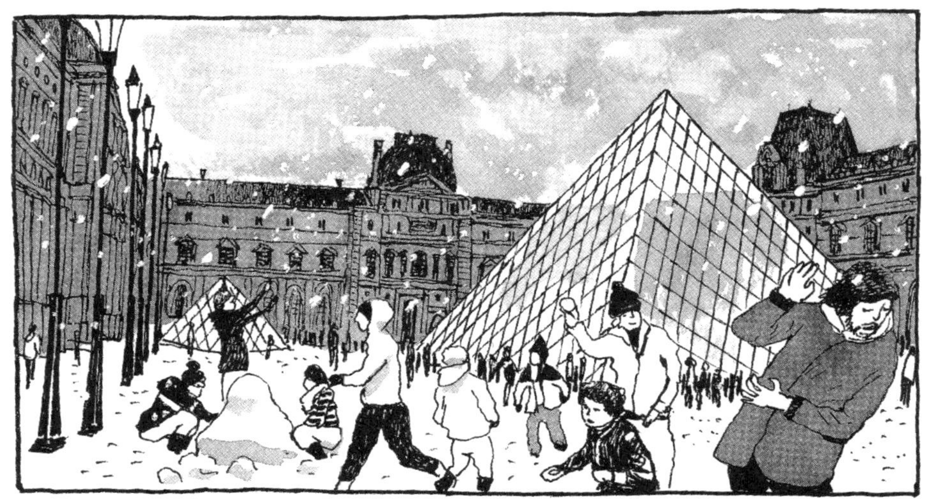

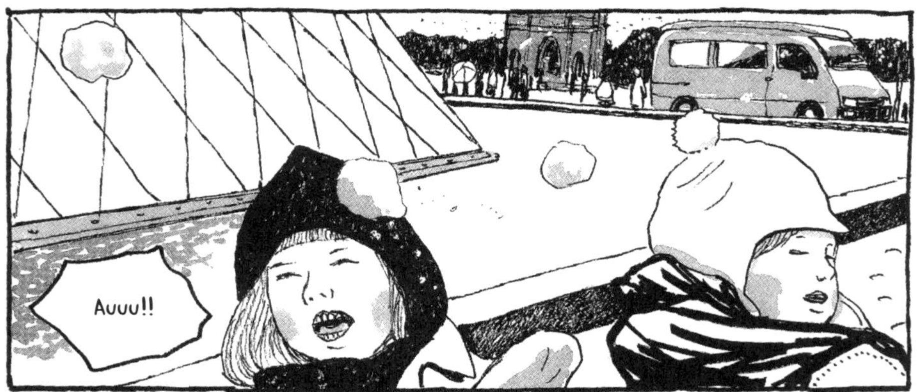
Auuu!!

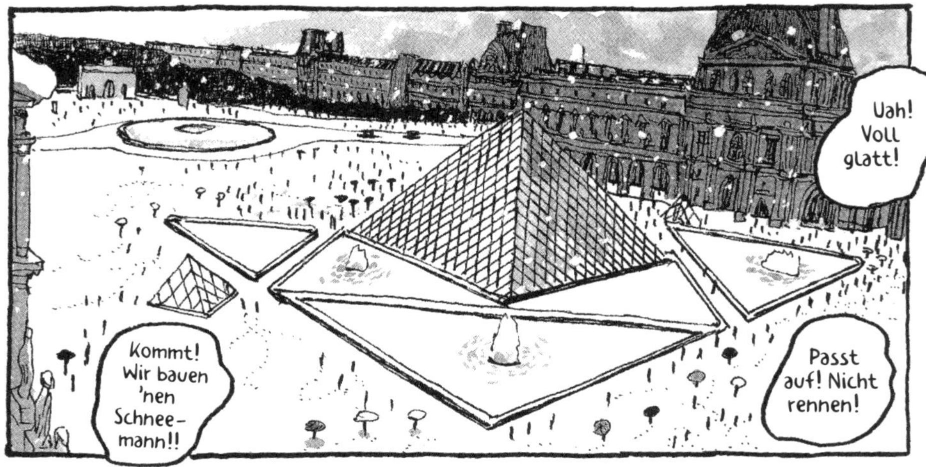
Uah! Voll glatt!
Kommt! Wir bauen 'nen Schnee-mann!!
Passt auf! Nicht rennen!

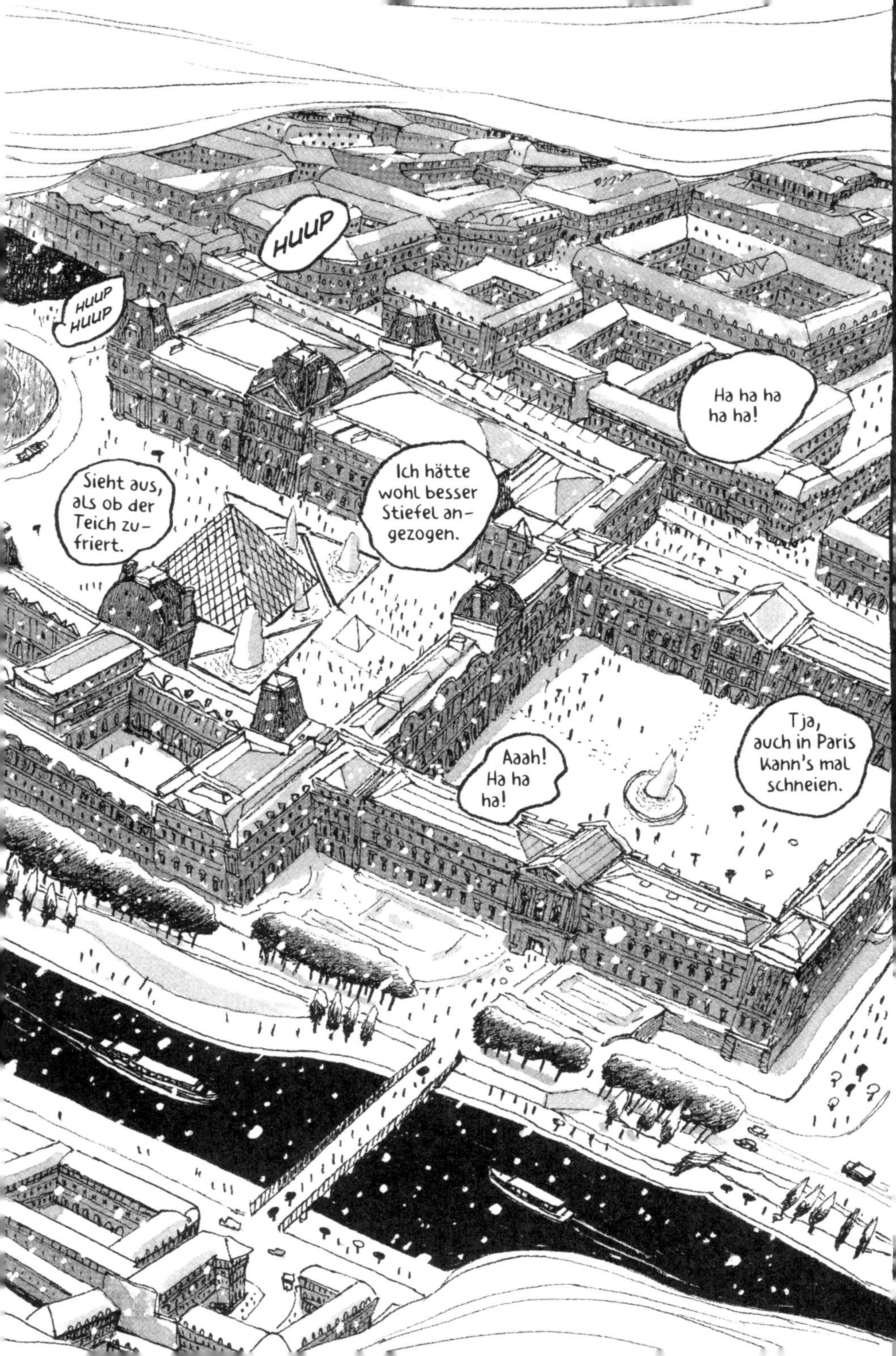
HUUP HUUP
HUUP
Ha ha ha ha ha!
Sieht aus, als ob der Teich zu- friert.
Ich hätte wohl besser Stiefel an- gezogen.
Aaah! Ha ha ha!
Tja, auch in Paris kann's mal schneien.

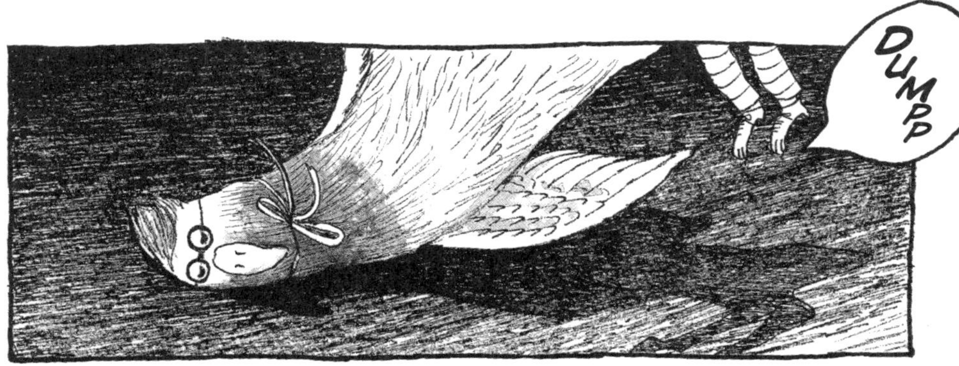
DUMPP

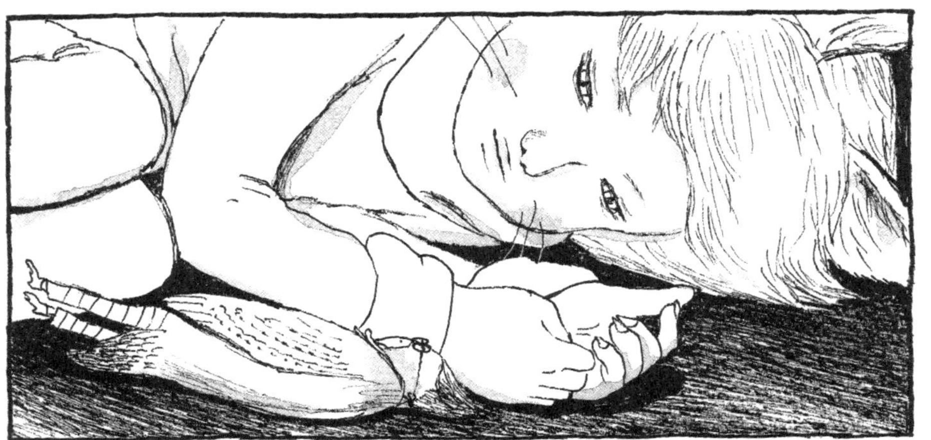

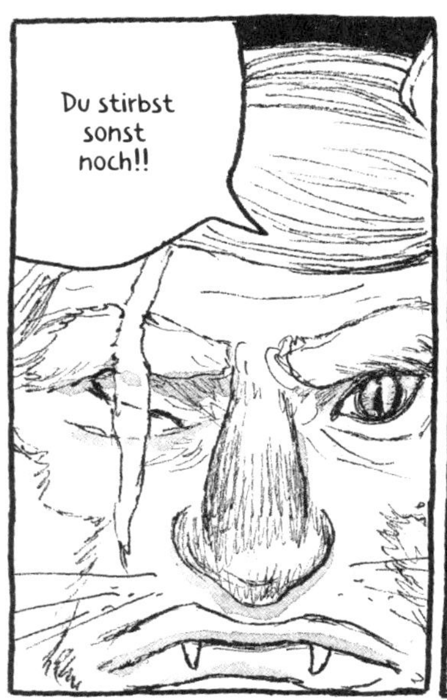
Du stirbst sonst noch!!

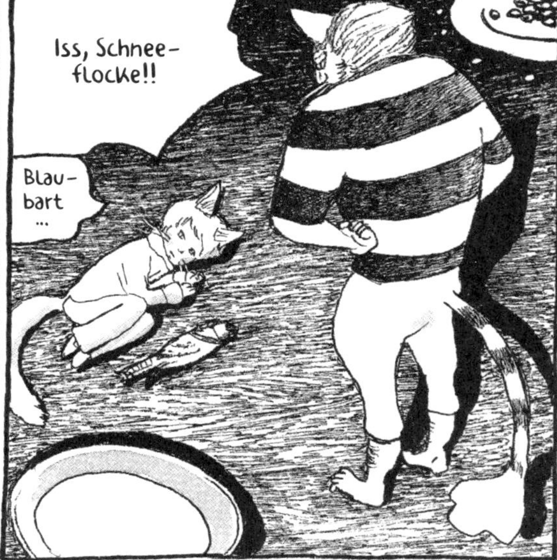
Iss, Schnee-flocke!!
Blau-bart ...

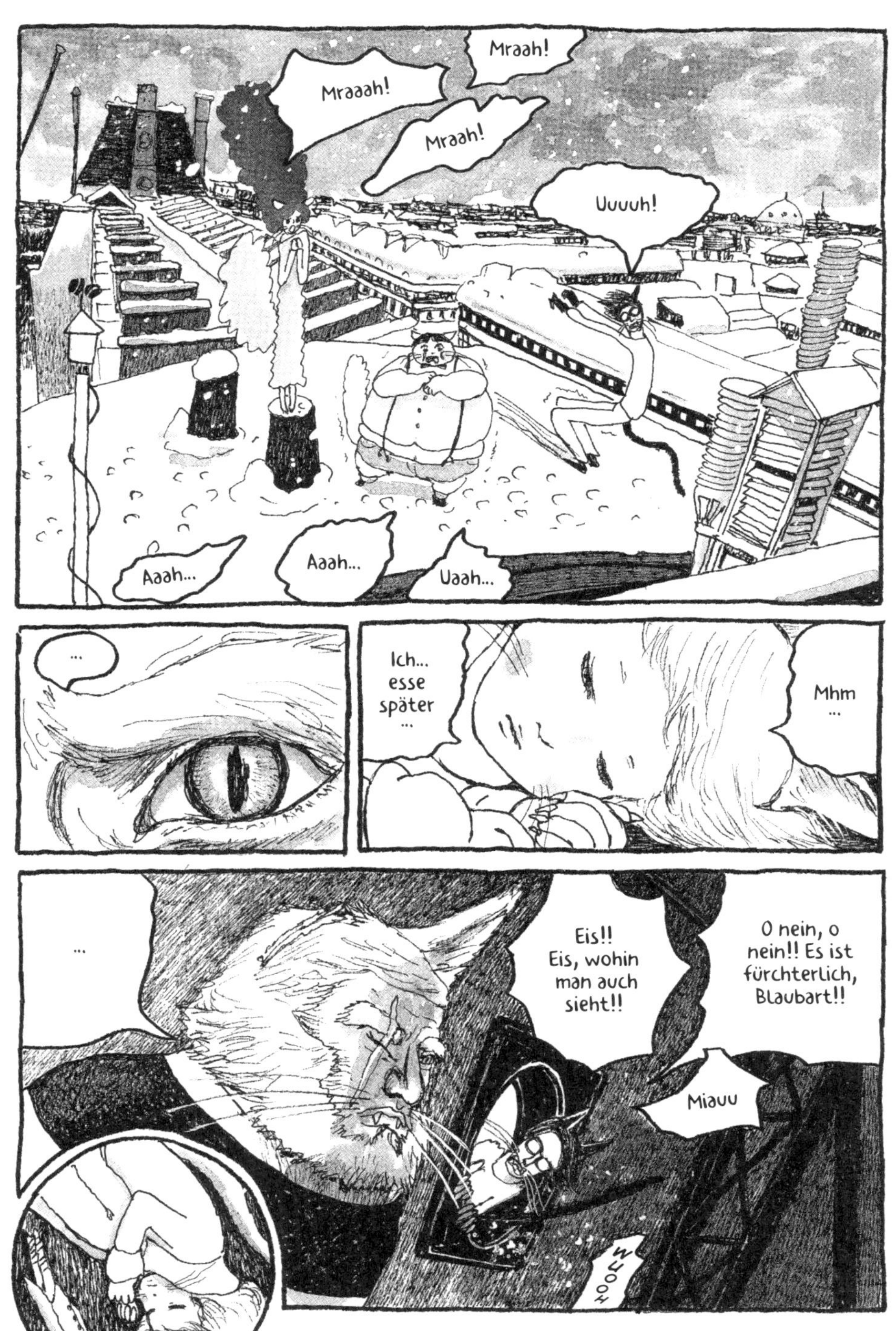

Mraaah!
Mraah!
Mraah!
Uuuuh!
Aaah...
Aaah...
Uaah...
...
Ich... esse später ...
Mhm ...
...
Eis!! Eis, wohin man auch sieht!!
O nein, o nein!! Es ist fürchterlich, Blaubart!!
Miauu
WUOOH

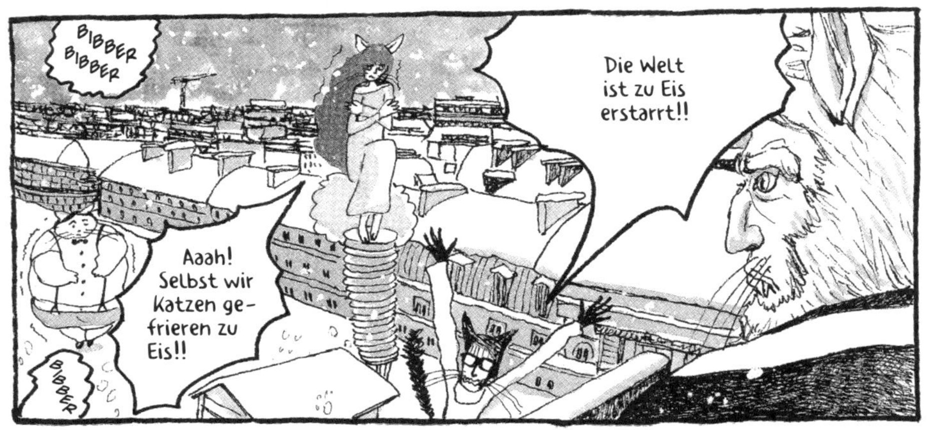
Die Welt ist zu Eis erstarrt!!
BIBBER BIBBER
Aaah! Selbst wir Katzen gefrieren zu Eis!!
BIBBER

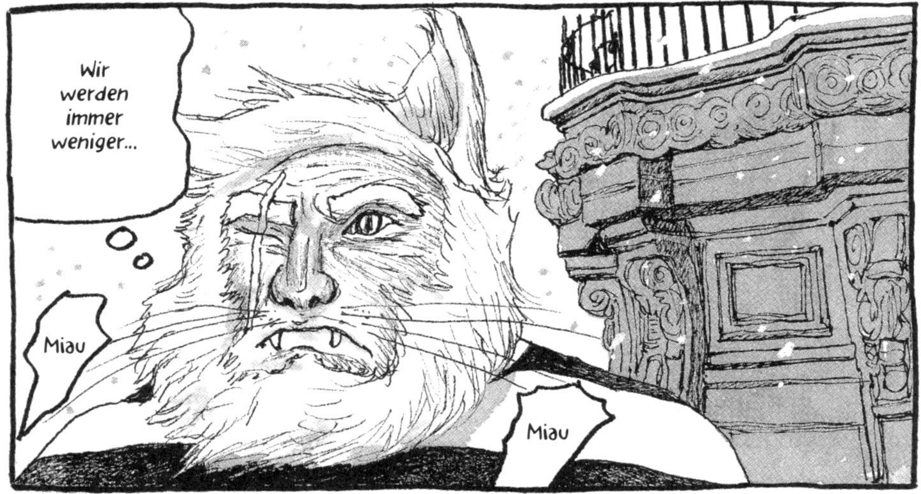
Wir werden immer weniger...
Miau
Miau

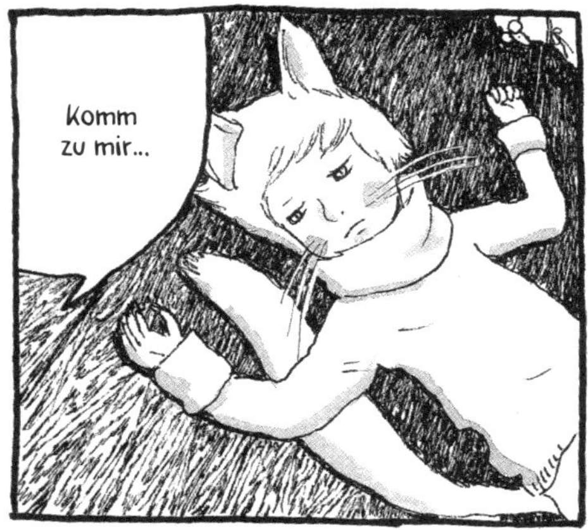
Komm zu mir...

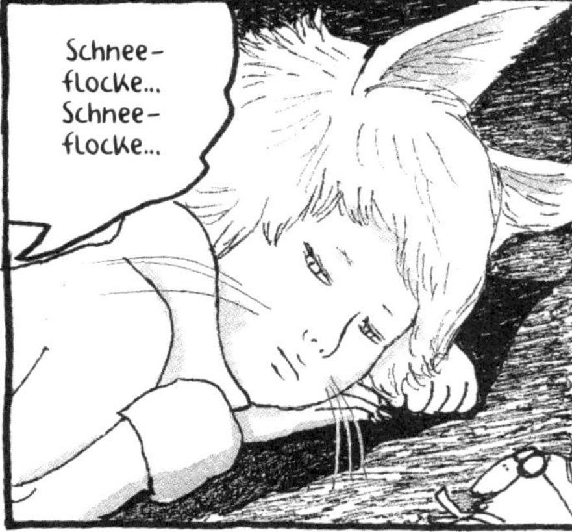
Schneeflocke... Schneeflocke...

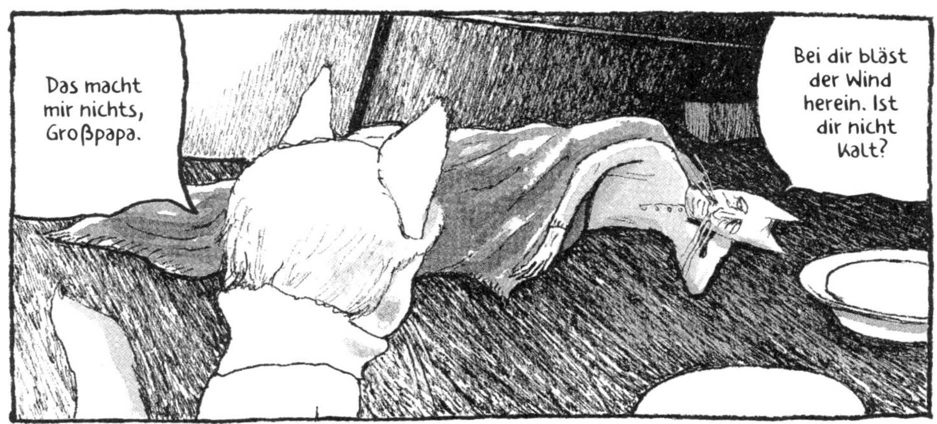
Bei dir bläst der Wind herein. Ist dir nicht kalt?
Das macht mir nichts, Großpapa.

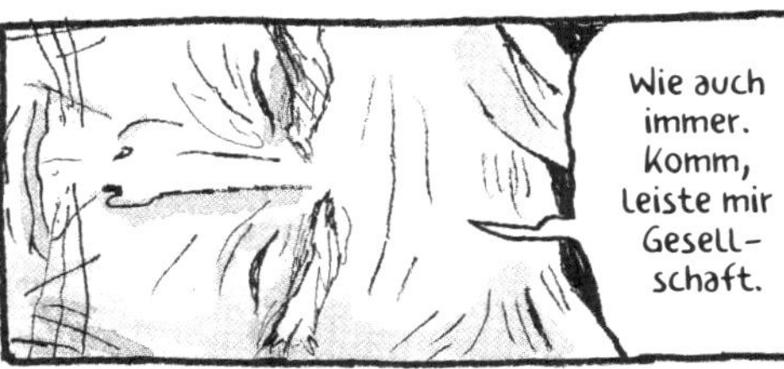
Wie auch immer. Komm, leiste mir Gesell-schaft.

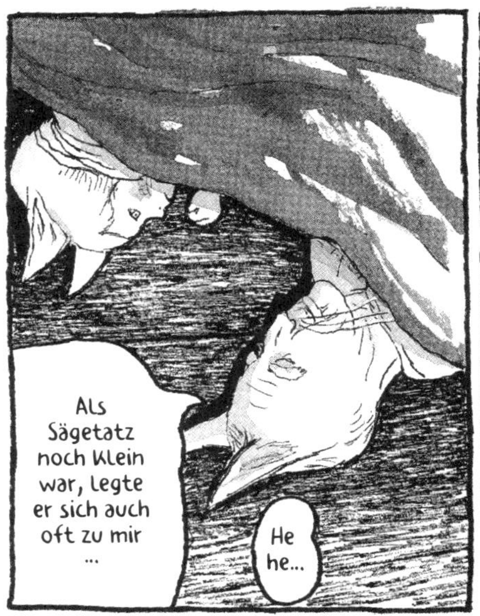
Als Sägetatz noch klein war, legte er sich auch oft zu mir ...
He he...

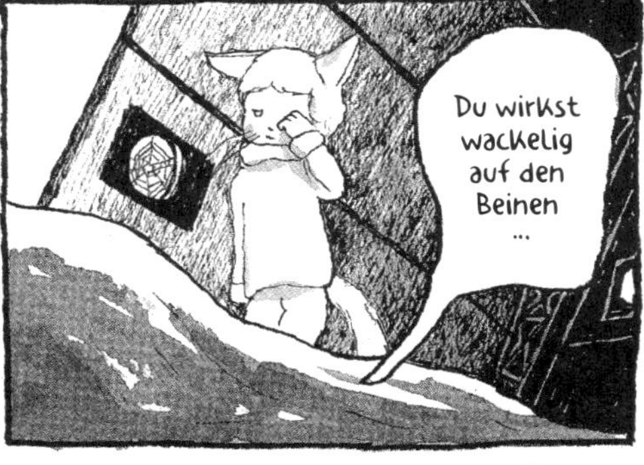
Du wirkst wackelig auf den Beinen ...

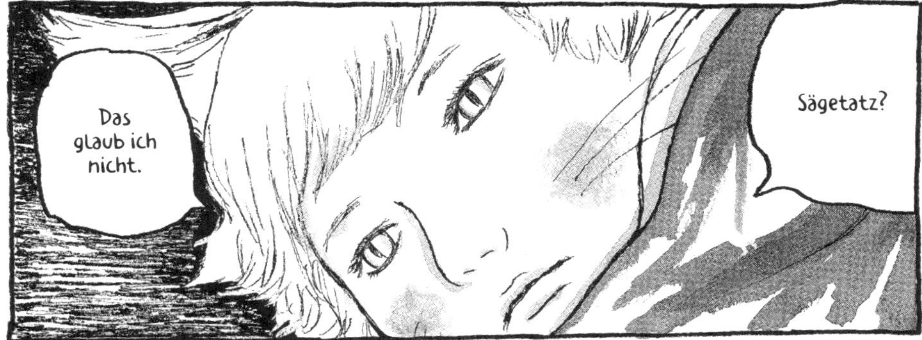
Sägetatz?
Das glaub ich nicht.

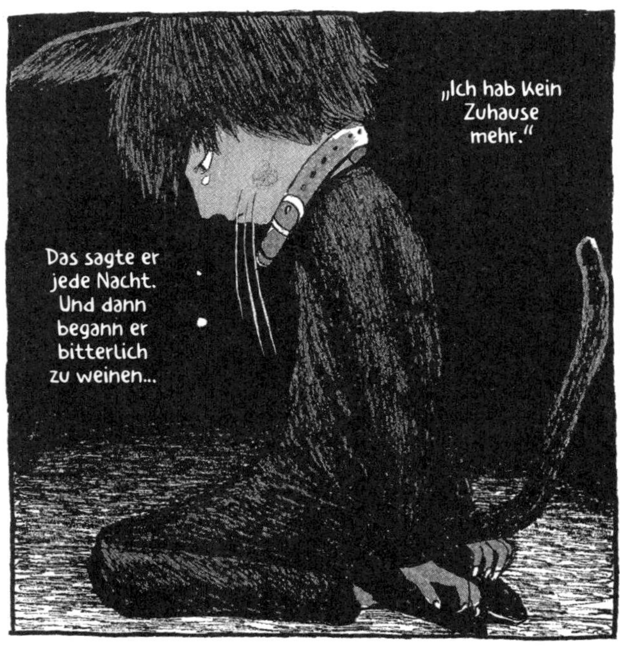
„Ich hab kein Zuhause mehr."
Das sagte er jede Nacht. Und dann begann er bitterlich zu weinen...

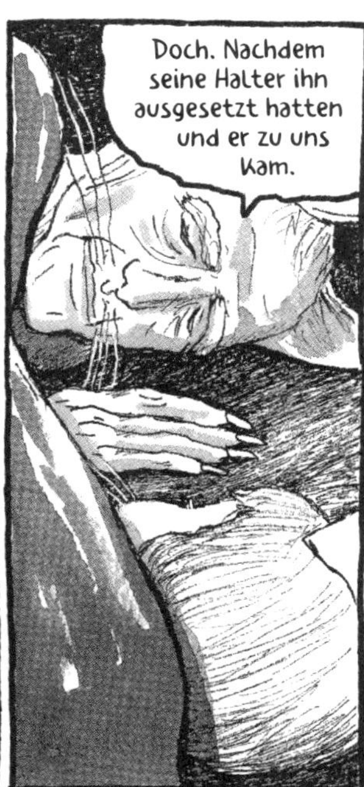
Doch. Nachdem seine Halter ihn ausgesetzt hatten und er zu uns kam.

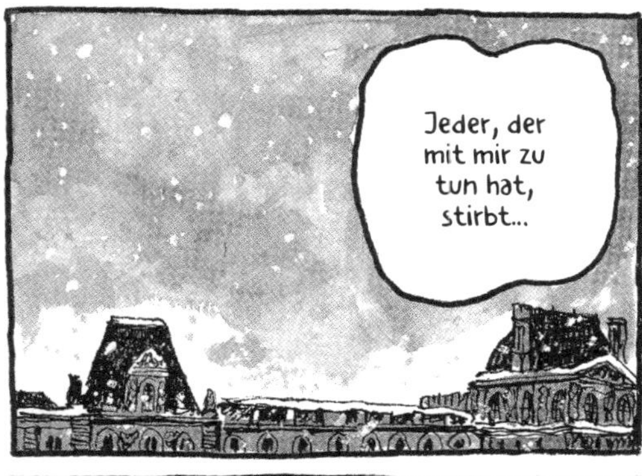
Jeder, der mit mir zu tun hat, stirbt...

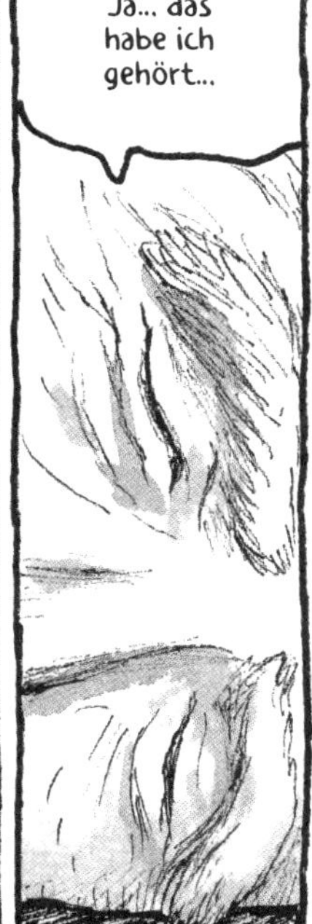
Ja... das habe ich gehört...

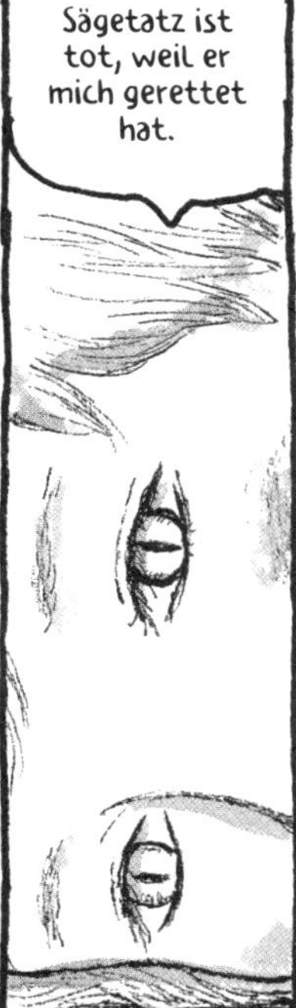
Sägetatz ist tot, weil er mich gerettet hat.

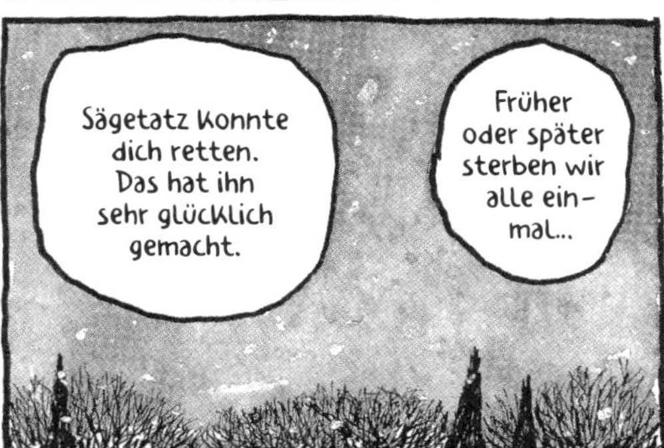
Sägetatz konnte dich retten. Das hat ihn sehr glücklich gemacht.
Früher oder später sterben wir alle ein-mal...

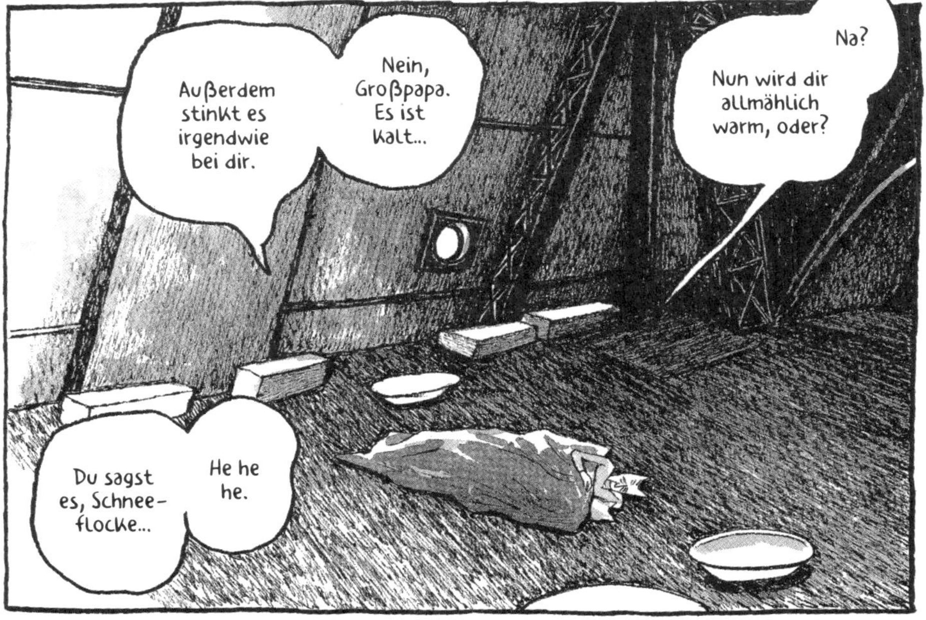

Na?

Nun wird dir allmählich warm, oder?

Nein, Großpapa. Es ist kalt...

Außerdem stinkt es irgendwie bei dir.

Du sagst es, Schneeflocke...

He he he.

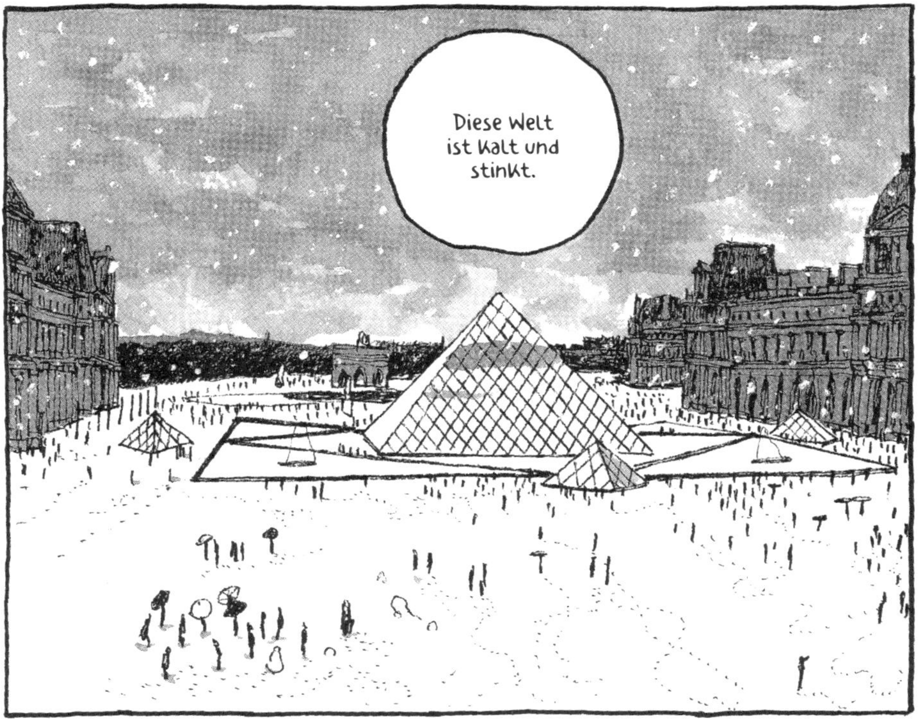

Diese Welt ist kalt und stinkt.

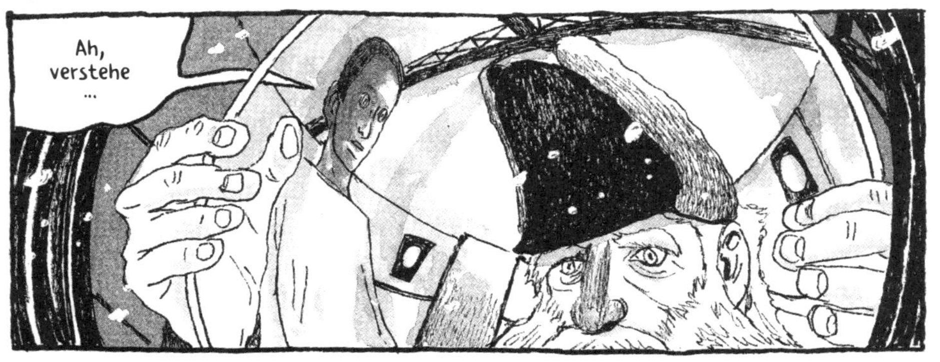
Ah, verstehe ...

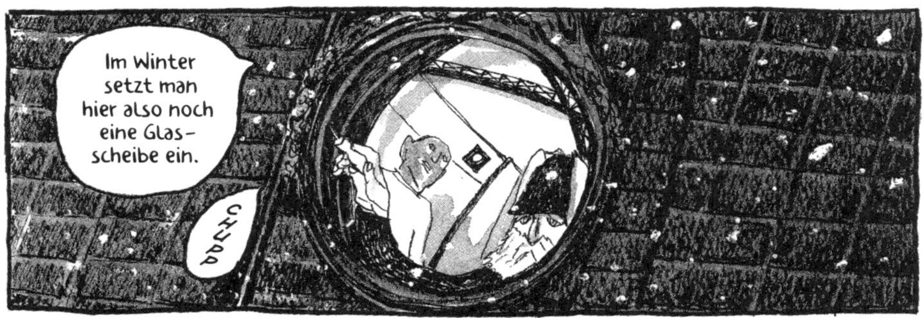
Im Winter setzt man hier also noch eine Glas-scheibe ein.
CHUPP

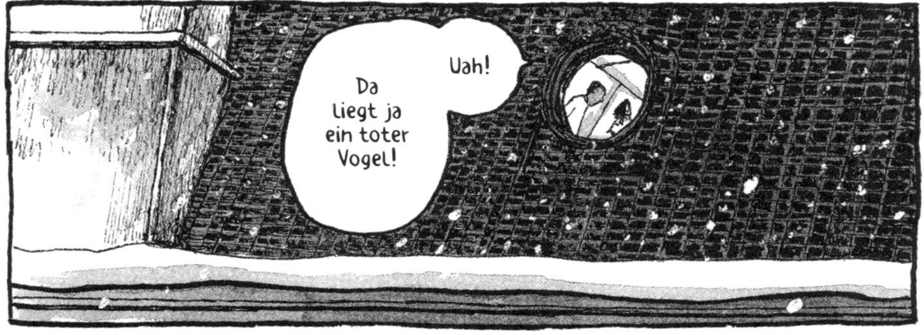
Uah!
Da liegt ja ein toter Vogel!

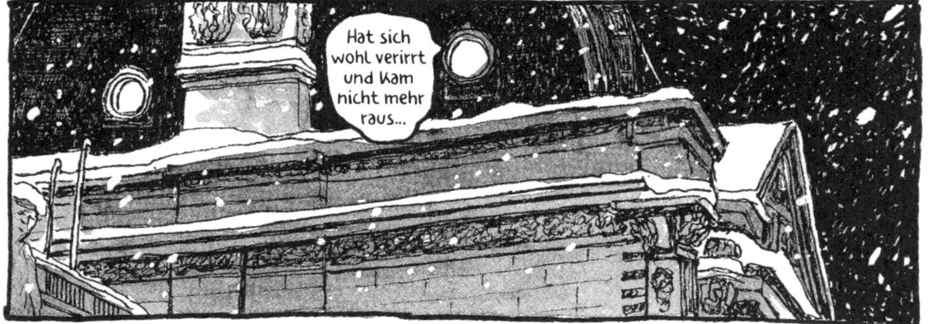
Hat sich wohl verirrt und kam nicht mehr raus...

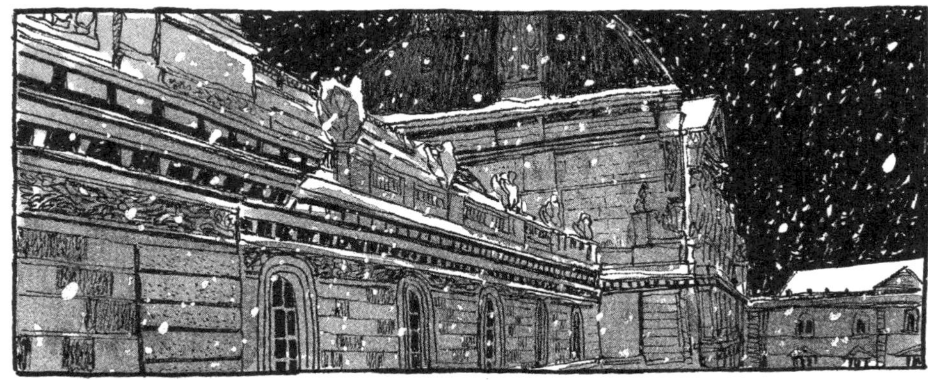
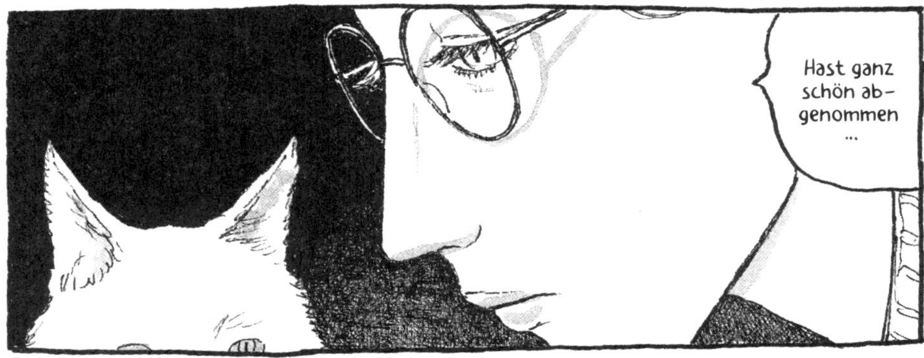
Hast ganz schön ab-genommen ...
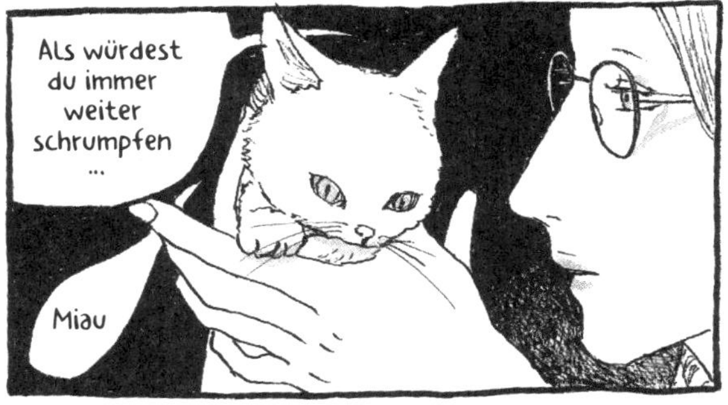
Als würdest du immer weiter schrumpfen ...
Miau
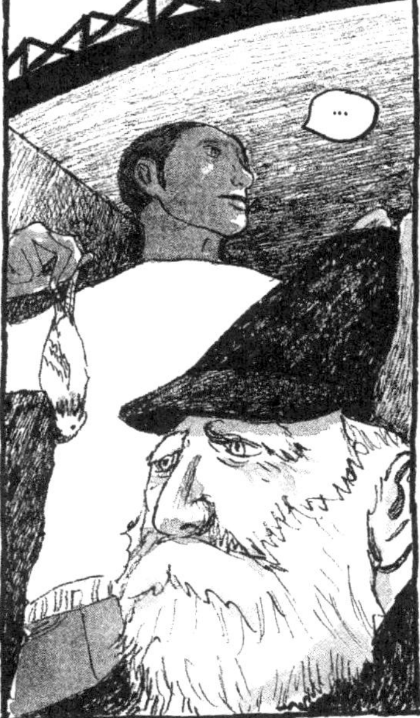
...
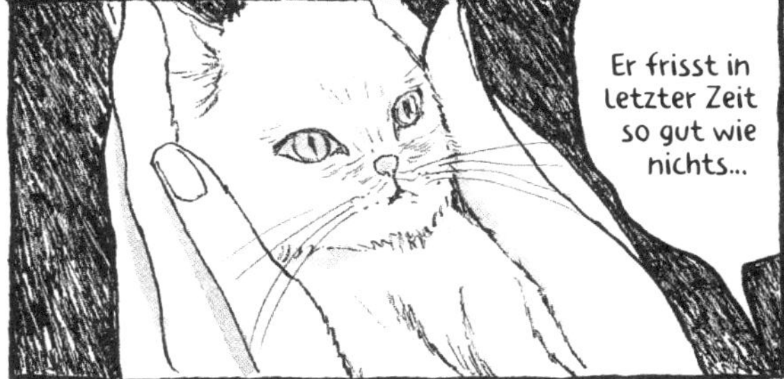
Er frisst in letzter Zeit so gut wie nichts...

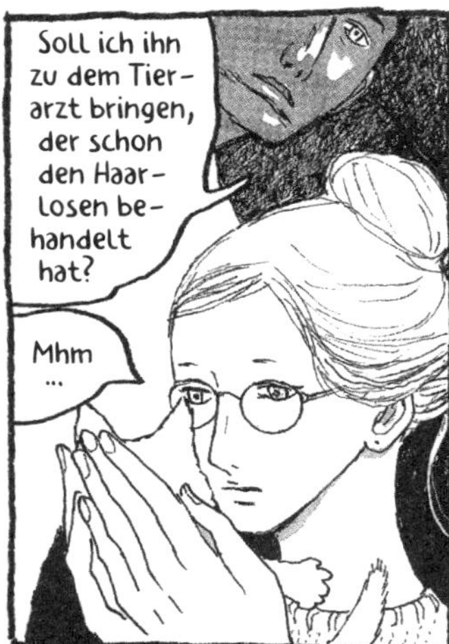
Soll ich ihn zu dem Tierarzt bringen, der schon den Haarlosen behandelt hat?
Mhm ...

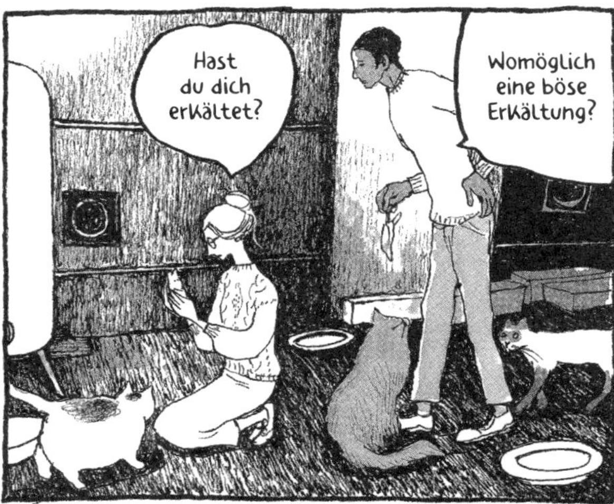
Hast du dich erkältet?
Womöglich eine böse Erkältung?

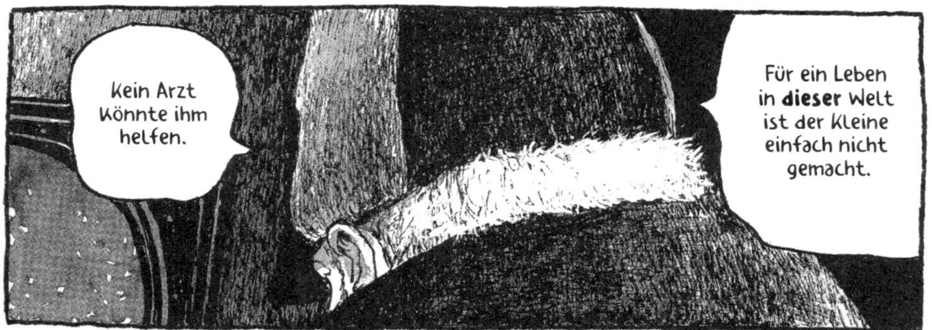
Kein Arzt könnte ihm helfen.
Für ein Leben in **dieser** Welt ist der Kleine einfach nicht gemacht.

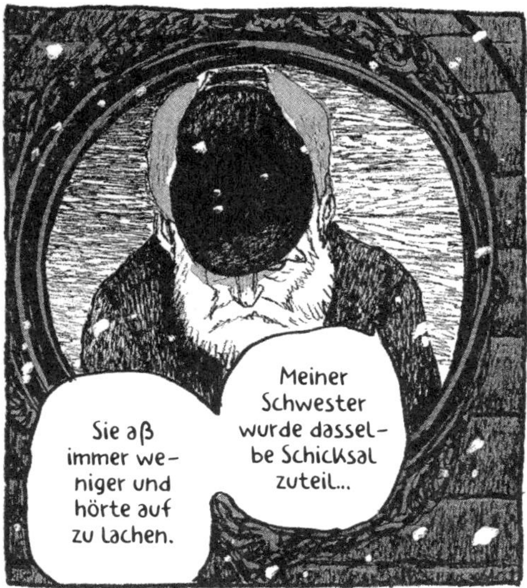
Meiner Schwester wurde dasselbe Schicksal zuteil...
Sie aß immer weniger und hörte auf zu lachen.

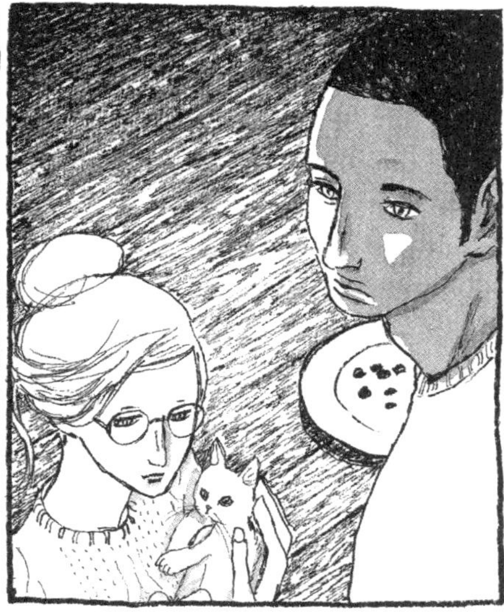

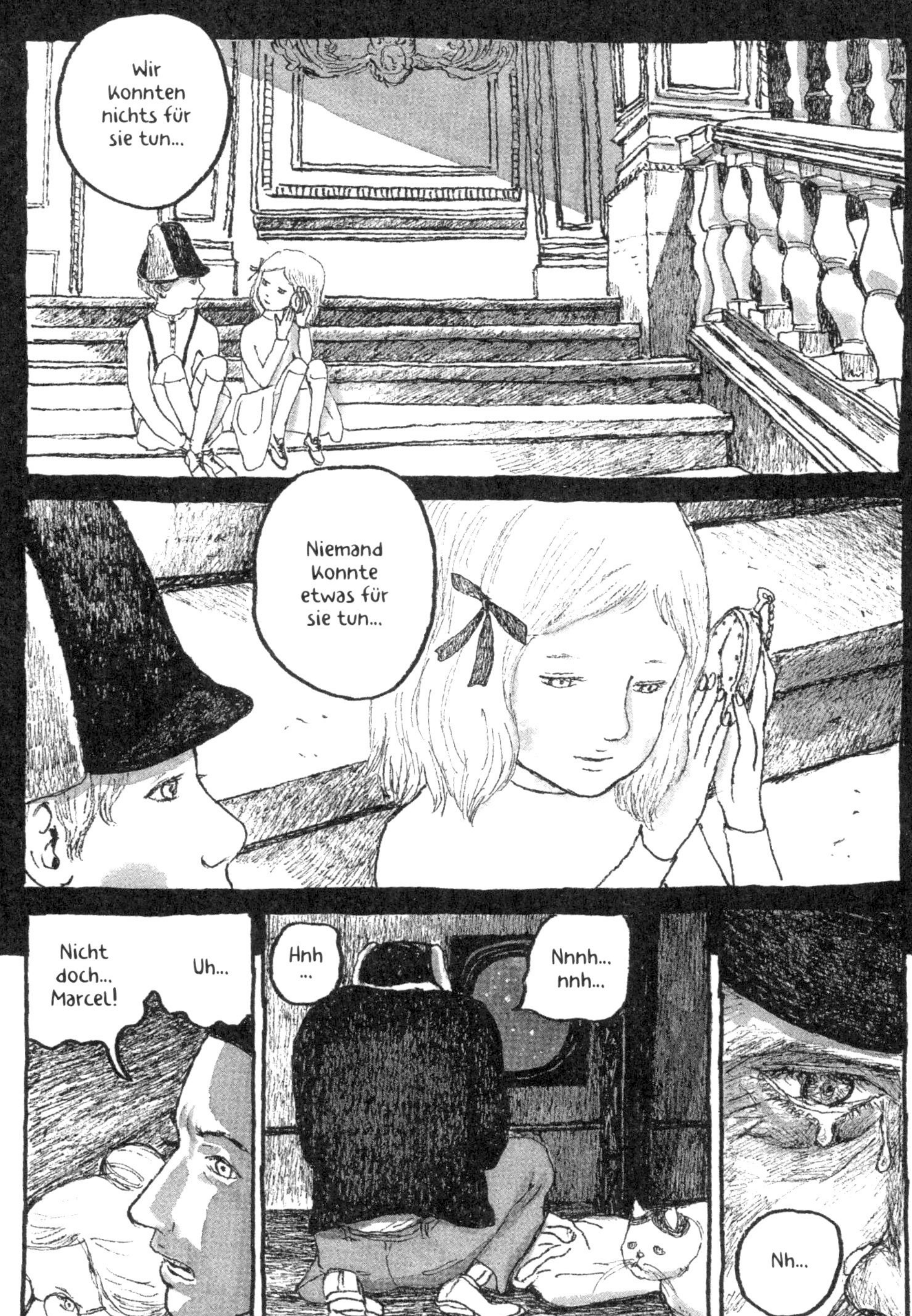
Wir konnten nichts für sie tun...
Niemand konnte etwas für sie tun...
Nicht doch... Marcel!
Uh...
Hnh ...
Nnnh... nnh...
Nh...

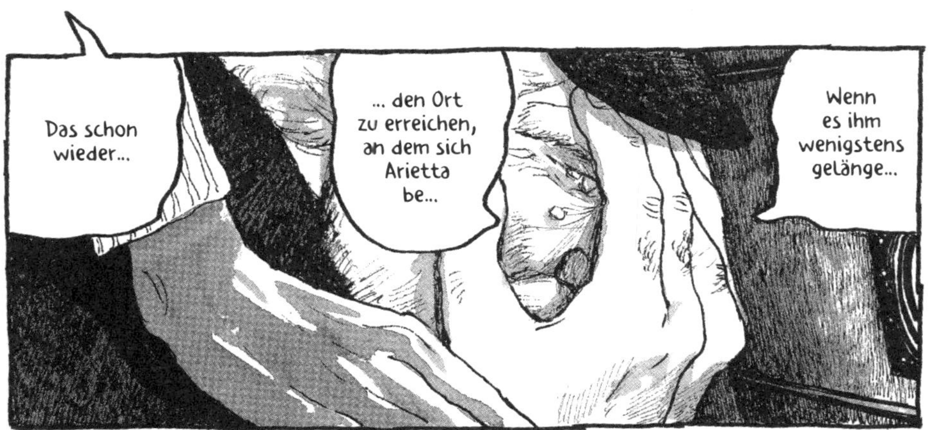
Das schon wieder...
... den Ort zu erreichen, an dem sich Arietta be...
Wenn es ihm wenigstens gelänge...

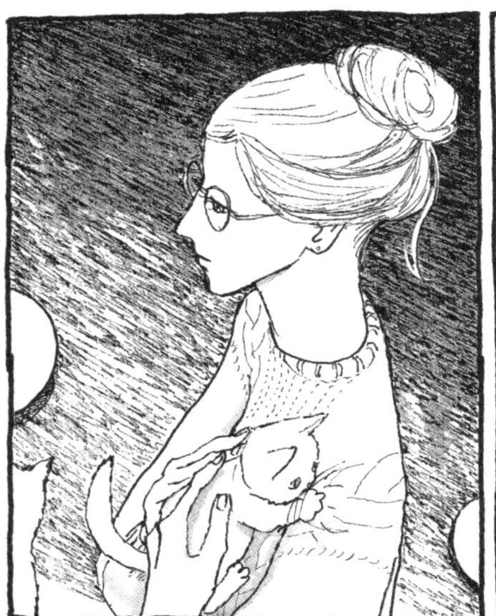

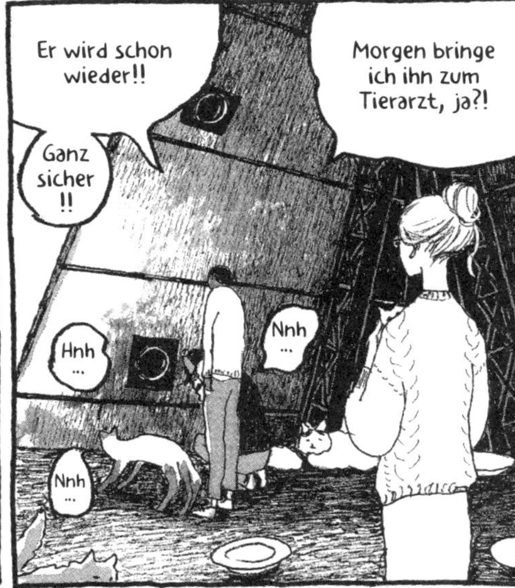
Morgen bringe ich ihn zum Tierarzt, ja?!
Er wird schon wieder!!
Ganz sicher !!
Nnh ...
Hnh ...
Nnh ...

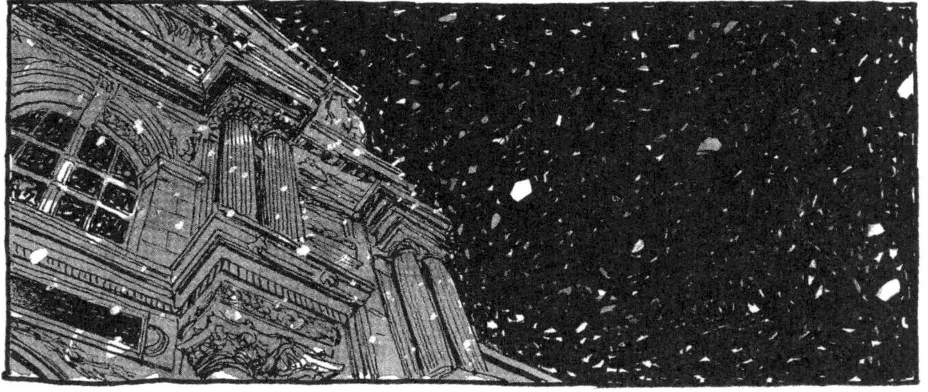

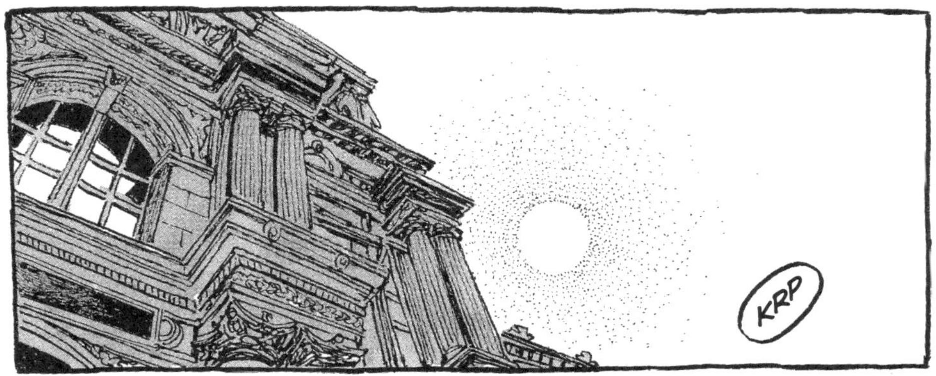
KRP

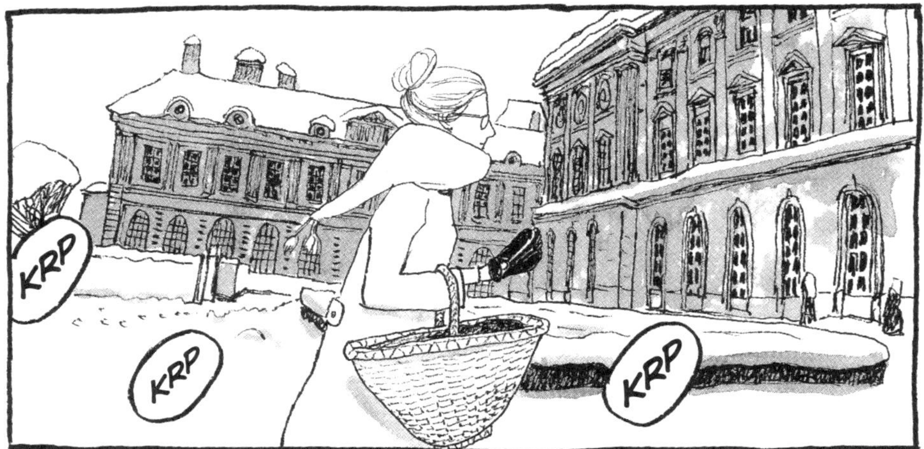
KRP
KRP
KRP

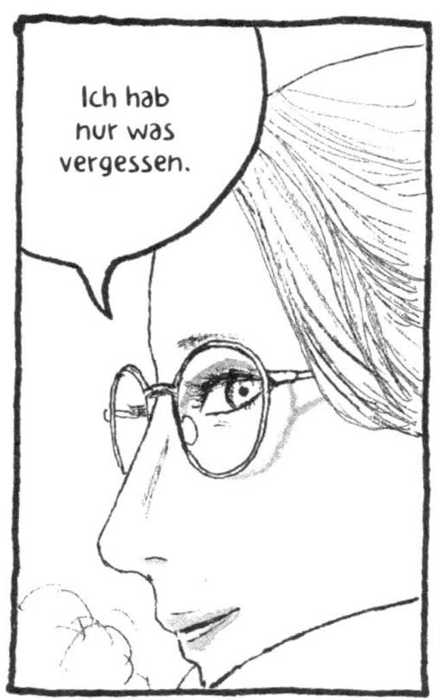
Ich hab nur was vergessen.

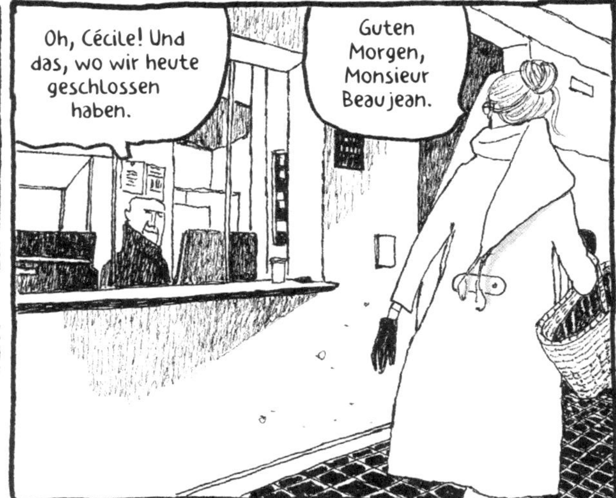
Guten Morgen, Monsieur Beaujean.
Oh, Cécile! Und das, wo wir heute geschlossen haben.

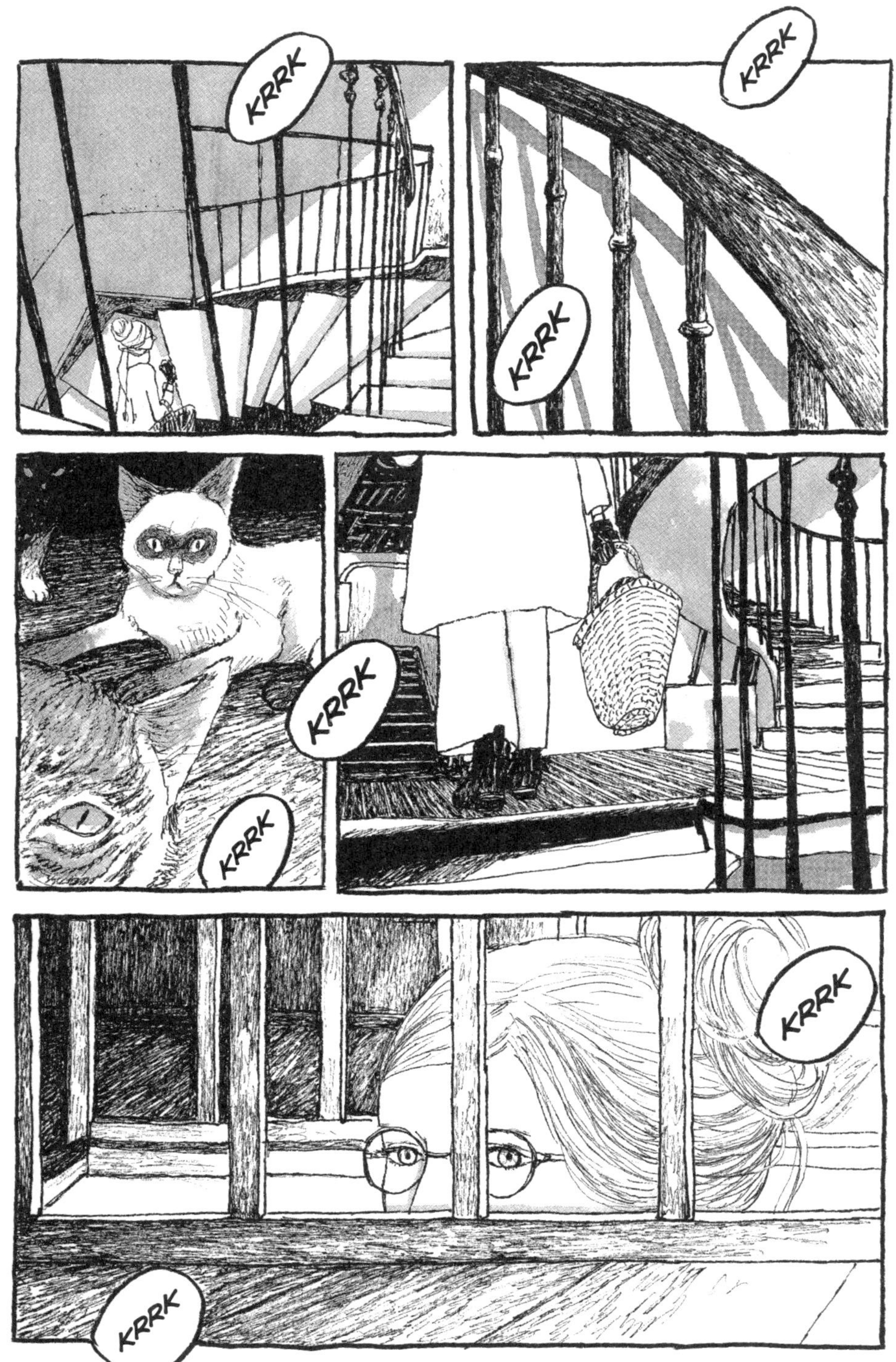
KRRK
KRRK
KRRK
KRRK
KRRK
KRRK
KRRK

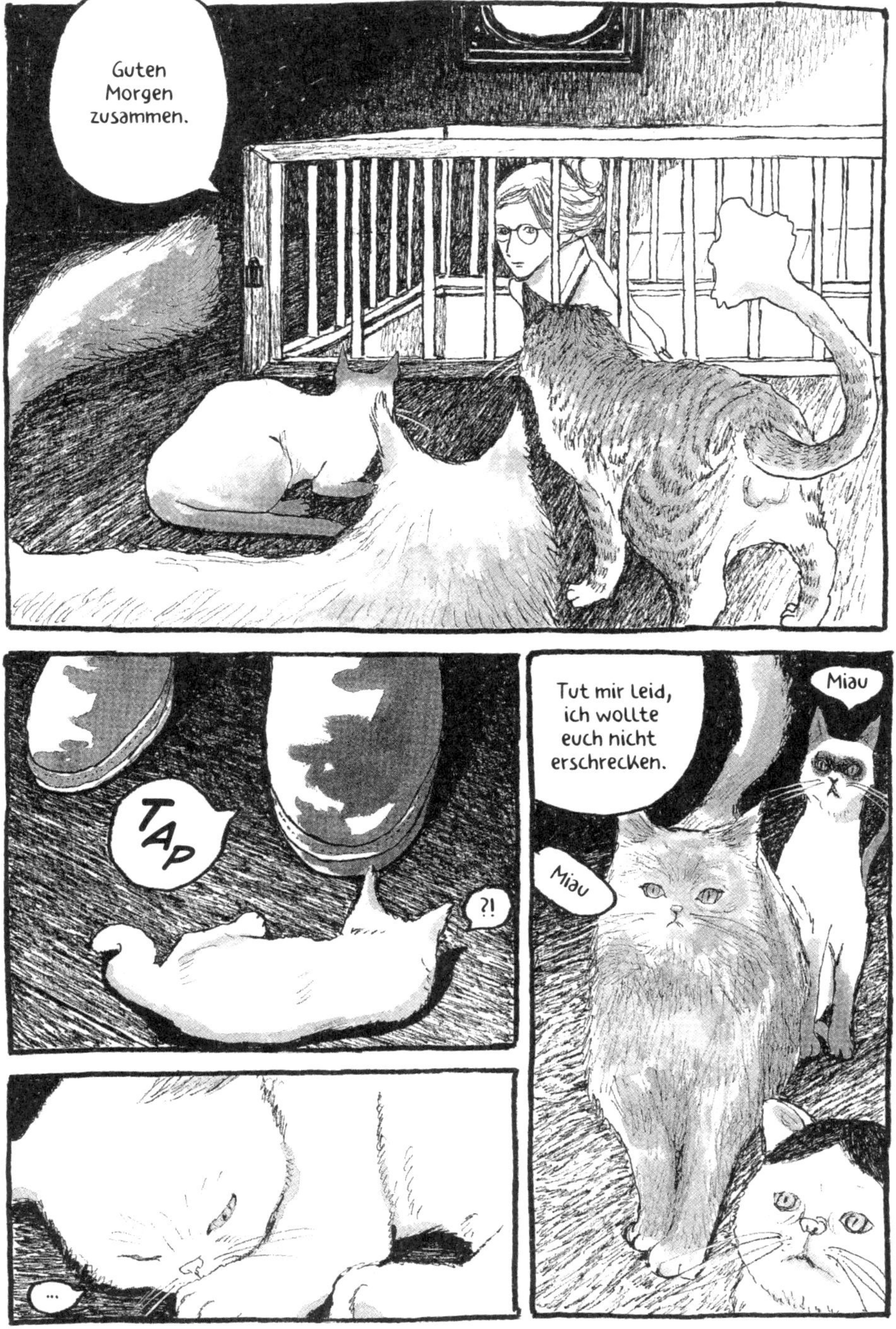

Guten
Morgen
zusammen.

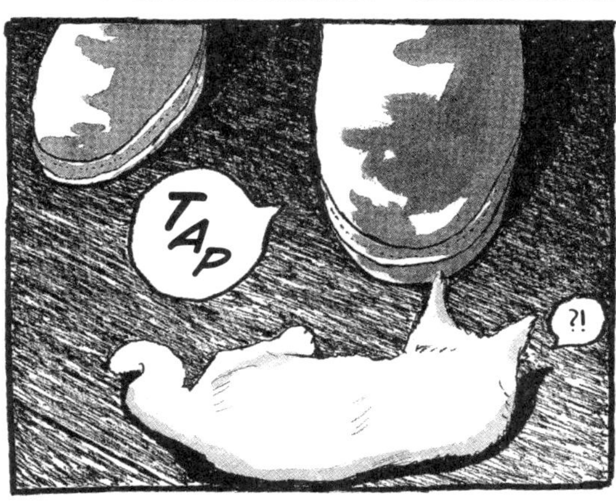

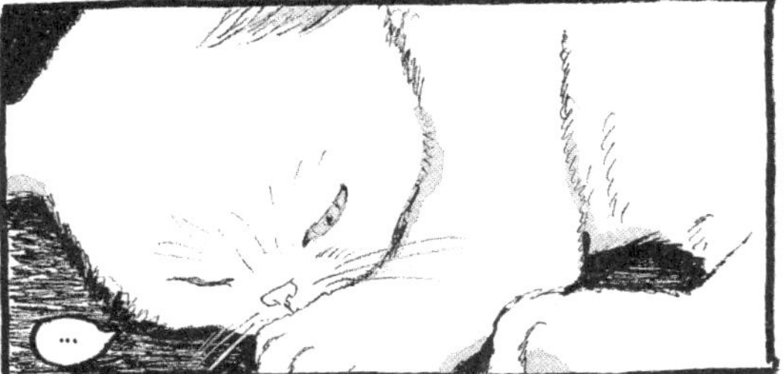

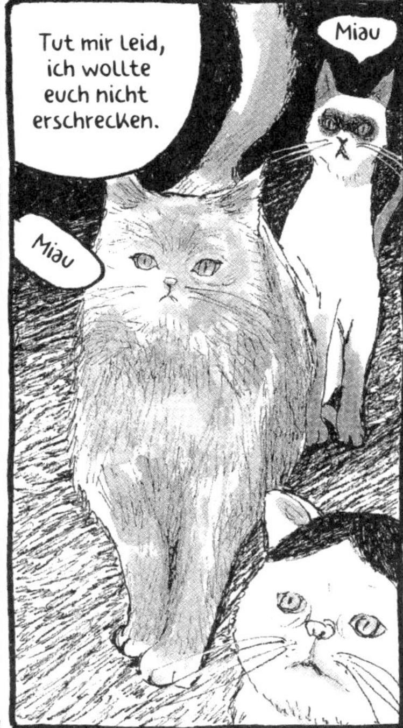

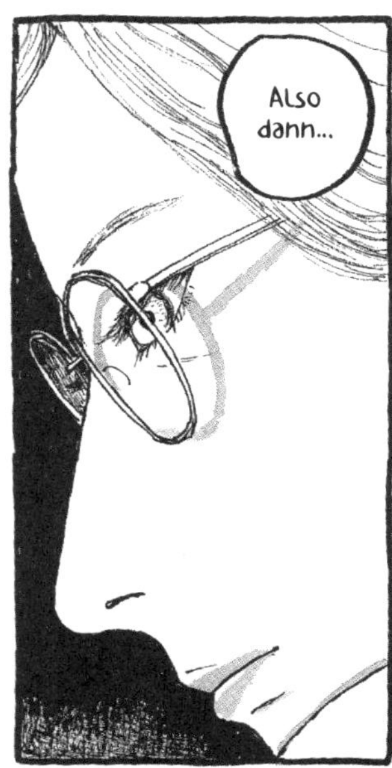
Also dann…

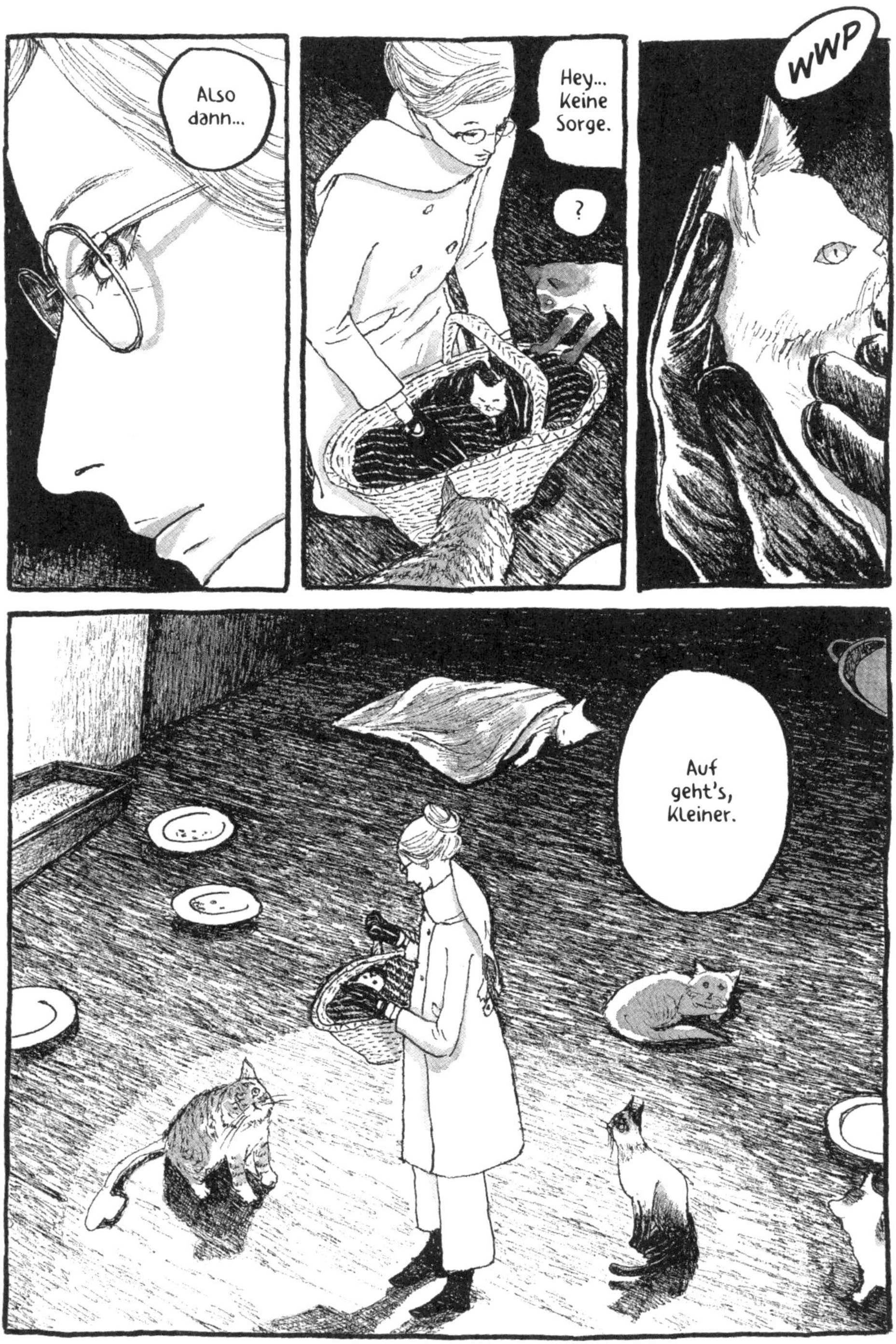

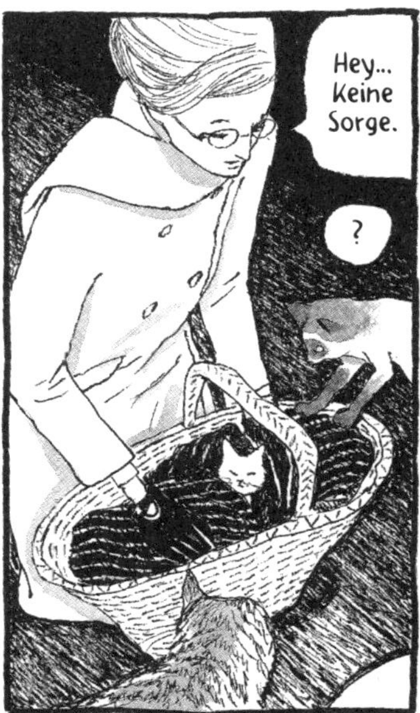
Hey… Keine Sorge.
?

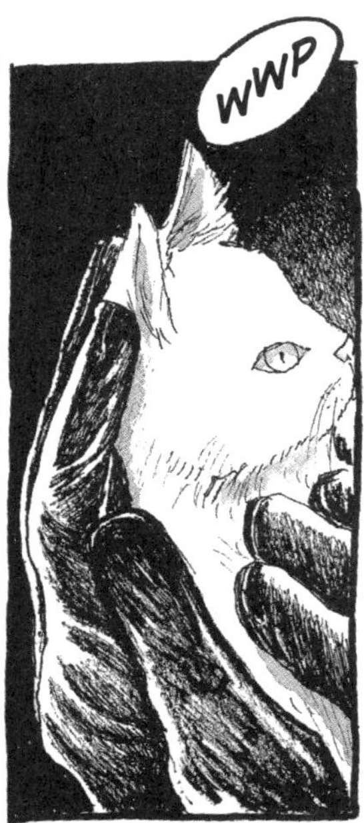
WWP

Auf geht's, Kleiner.

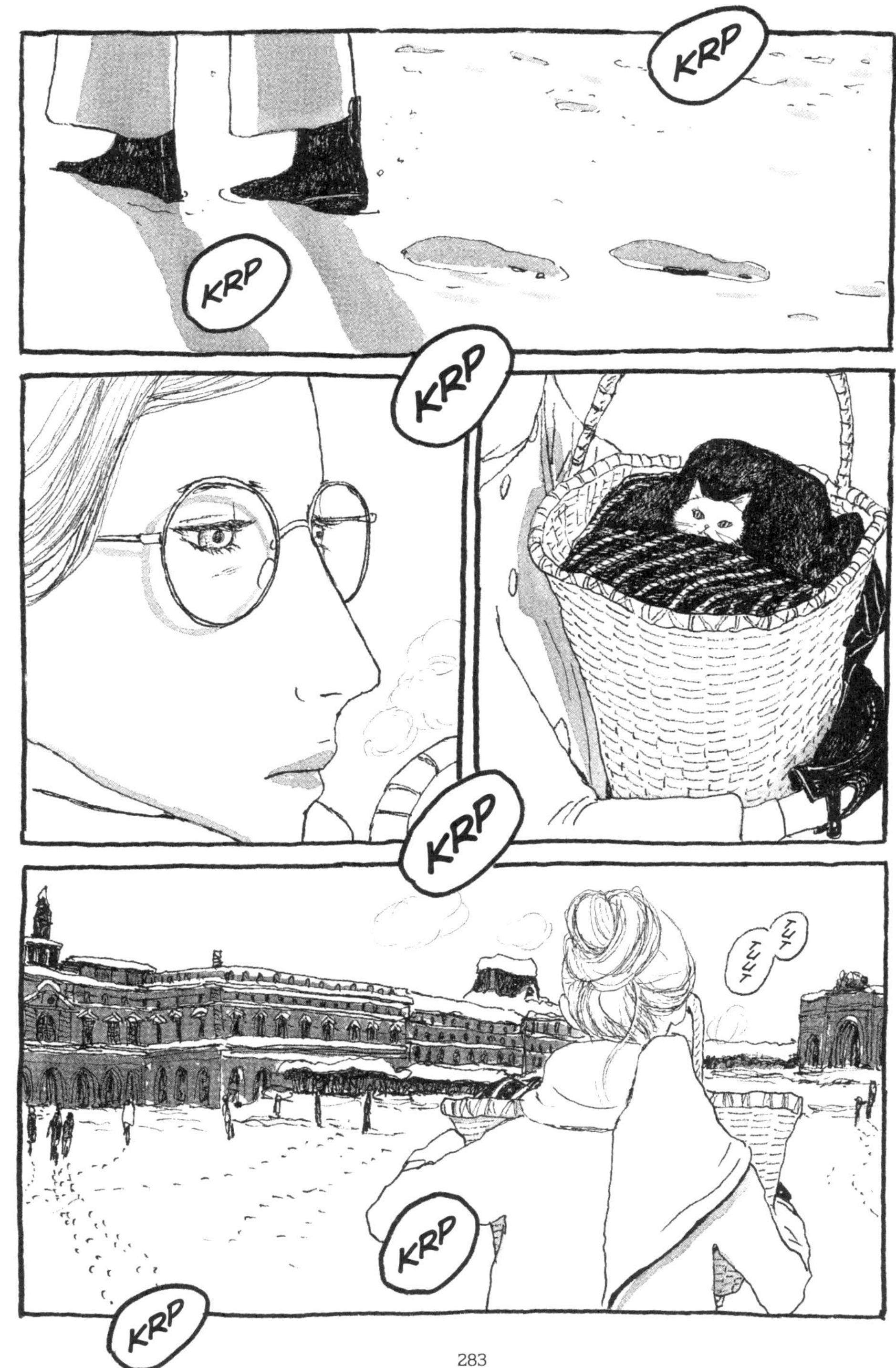
KRP
KRP
KRP
KRP
KRP
TUUT
TUUT
KRP
KRP

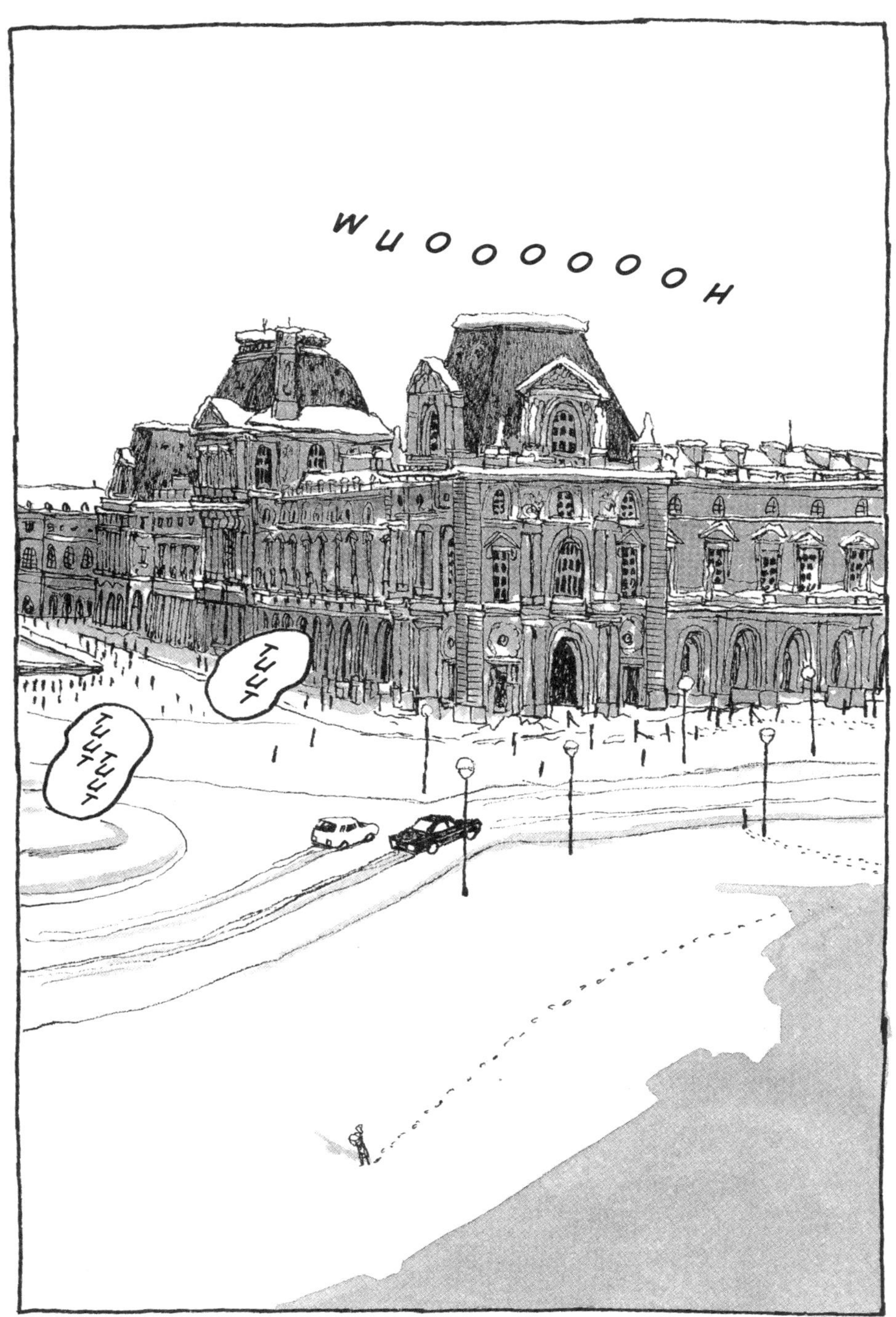
WUOOOOOOH
TUUT
TUUT
TUUT
TUT

Kapitel 13

DAS GEHEIMNIS DES RESTAURATORS

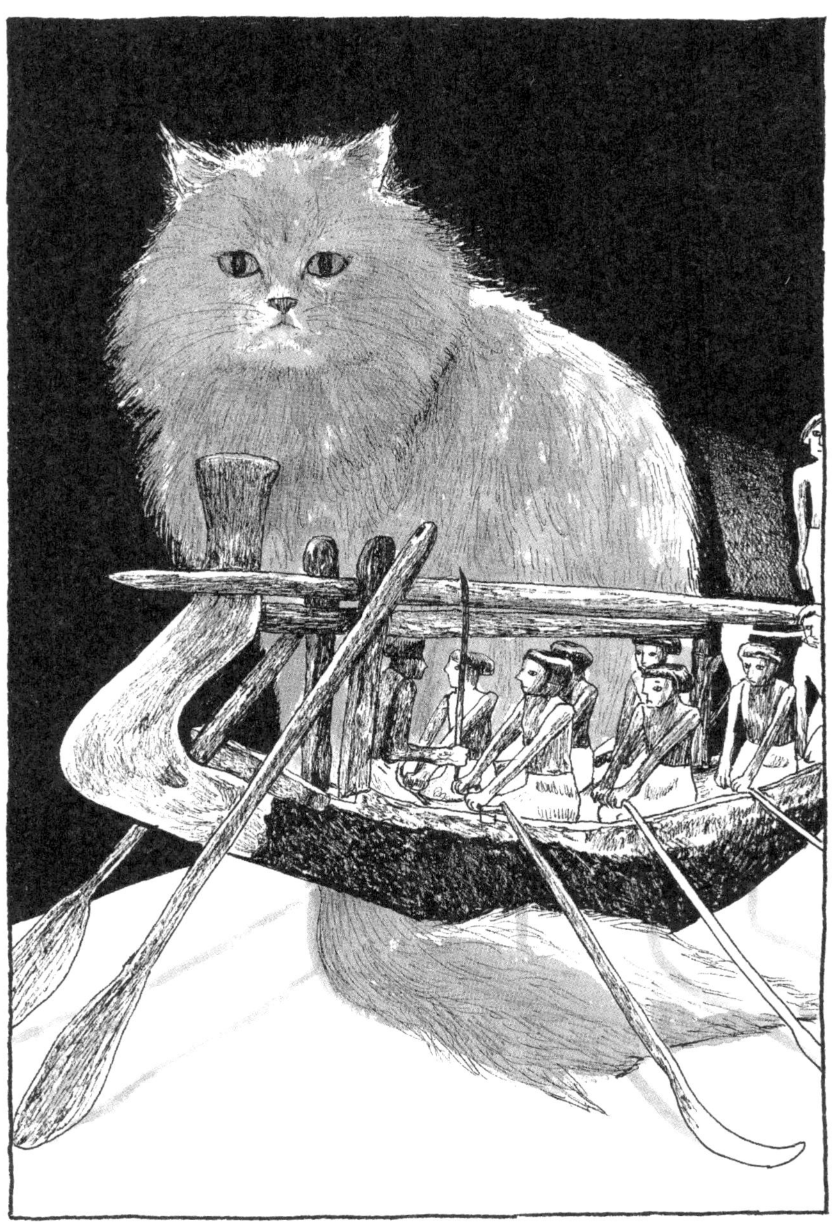

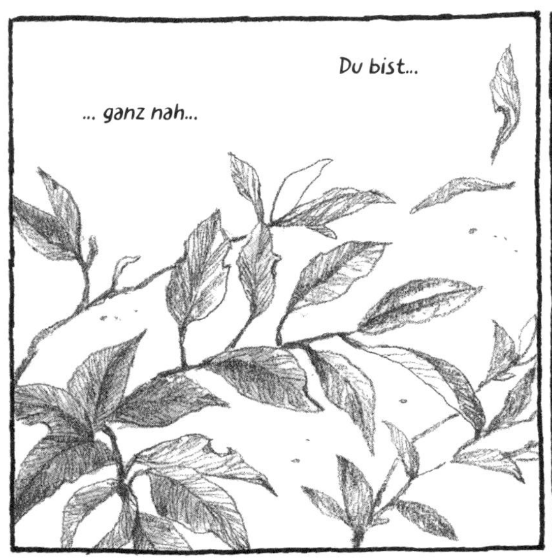

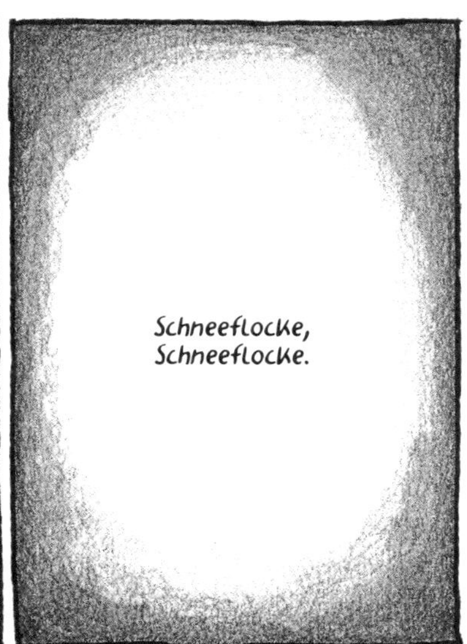

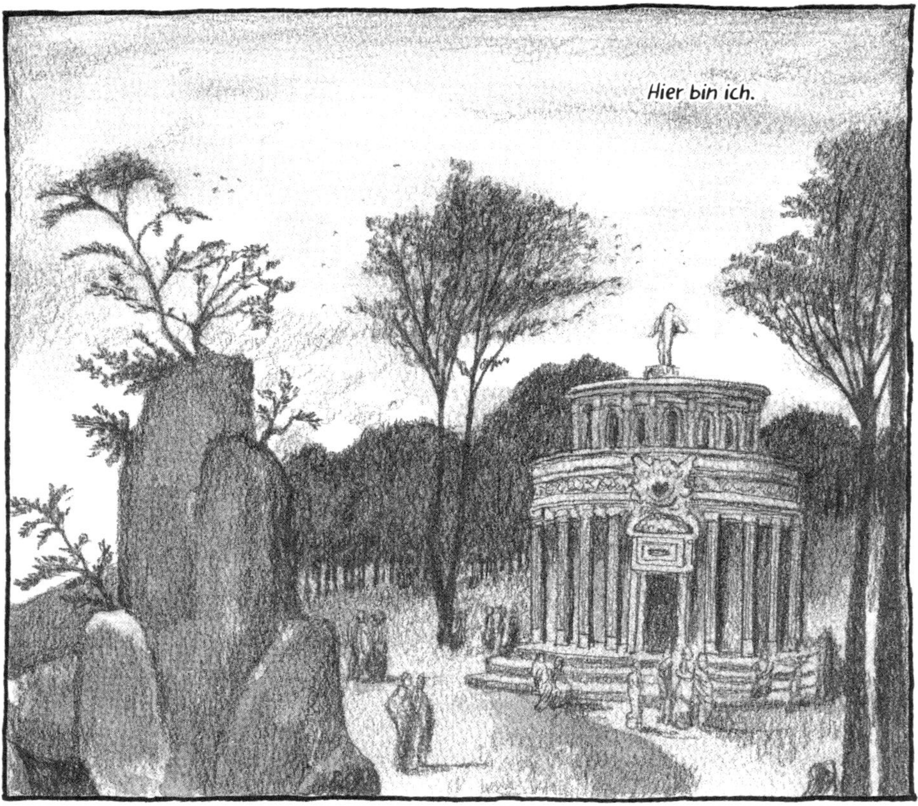

Hier bin ich.

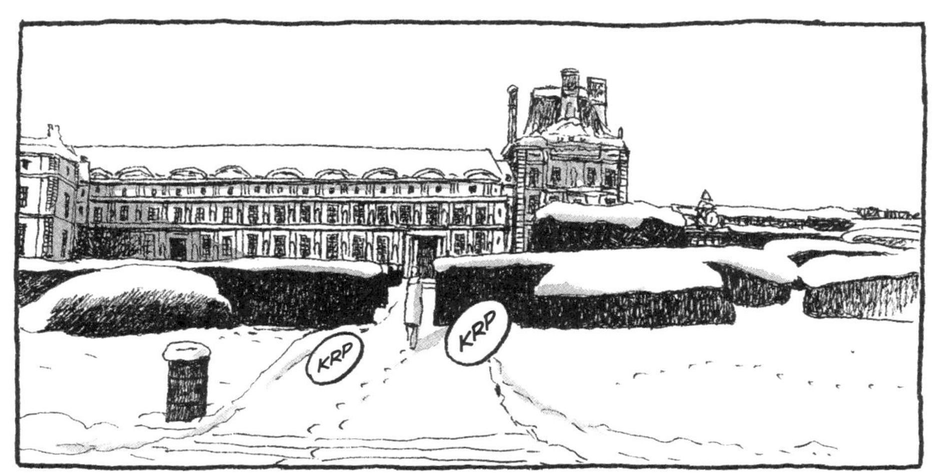
KRP
KRP

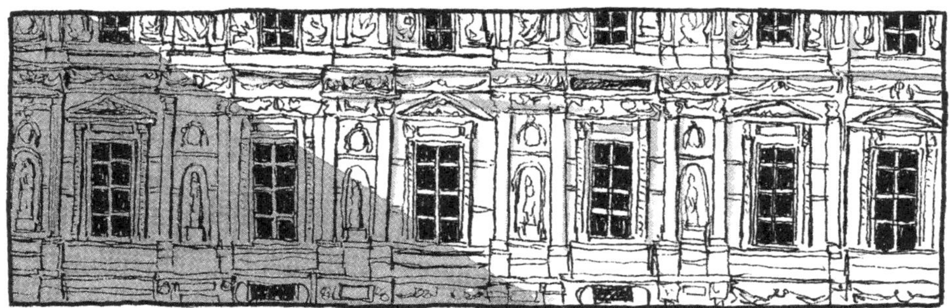

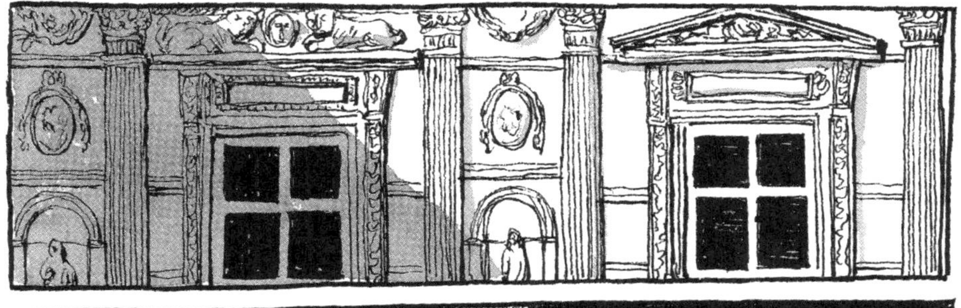

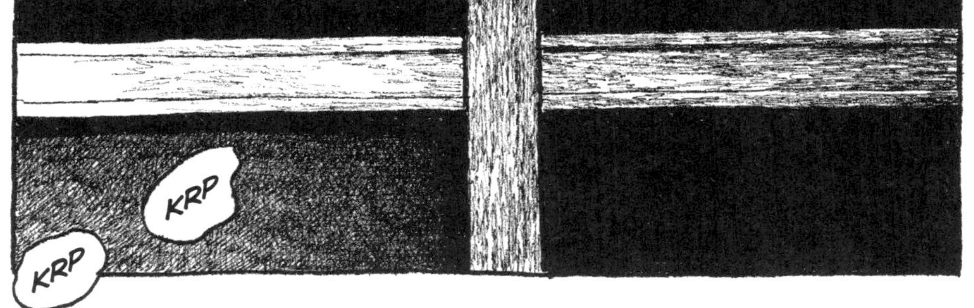
KRP
KRP

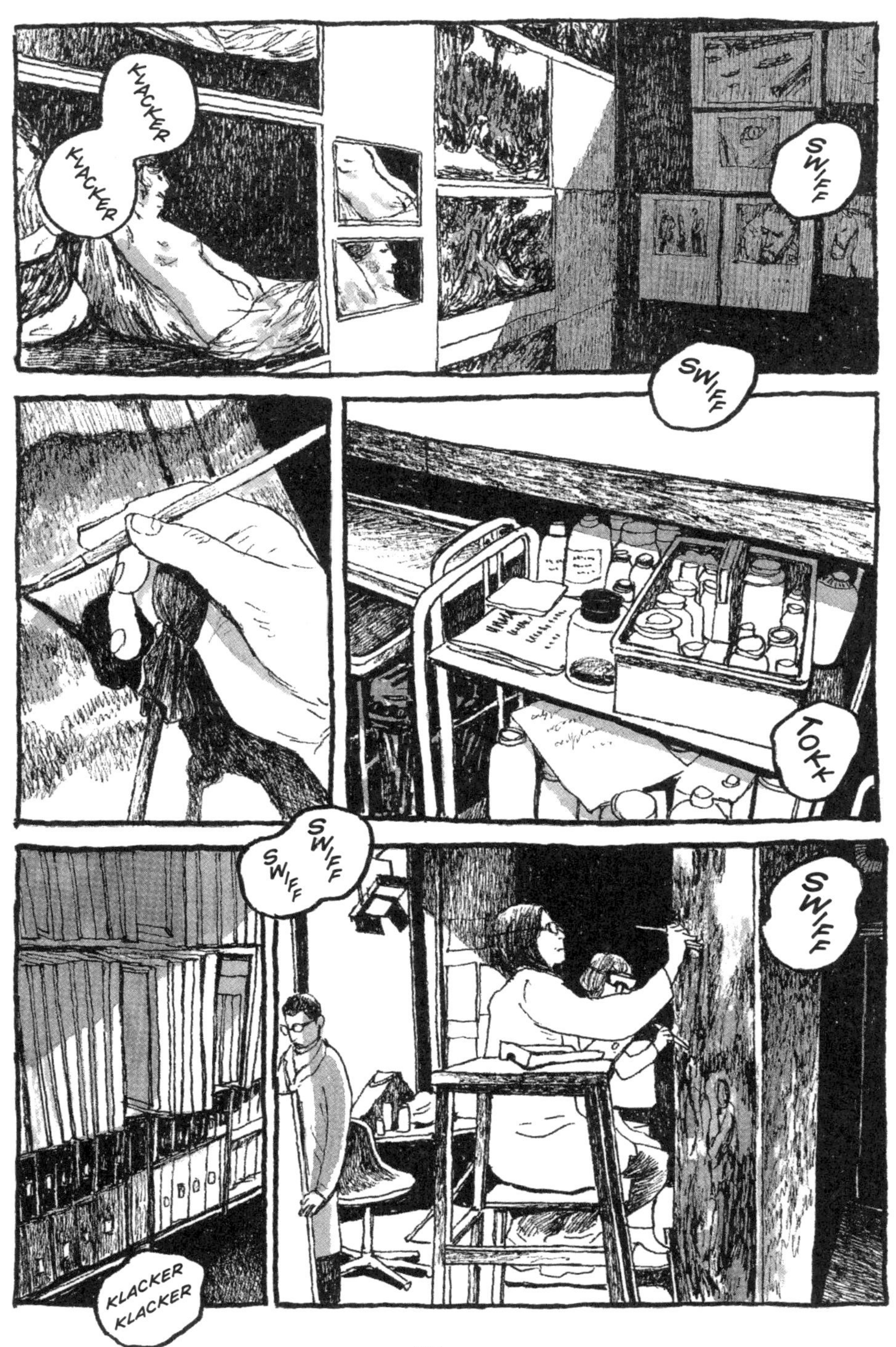
KLACKER
KLACKER
SWIFF
SWIFF
TOKK
SWIFF
SWIFF
SWIFF
KLACKER
KLACKER

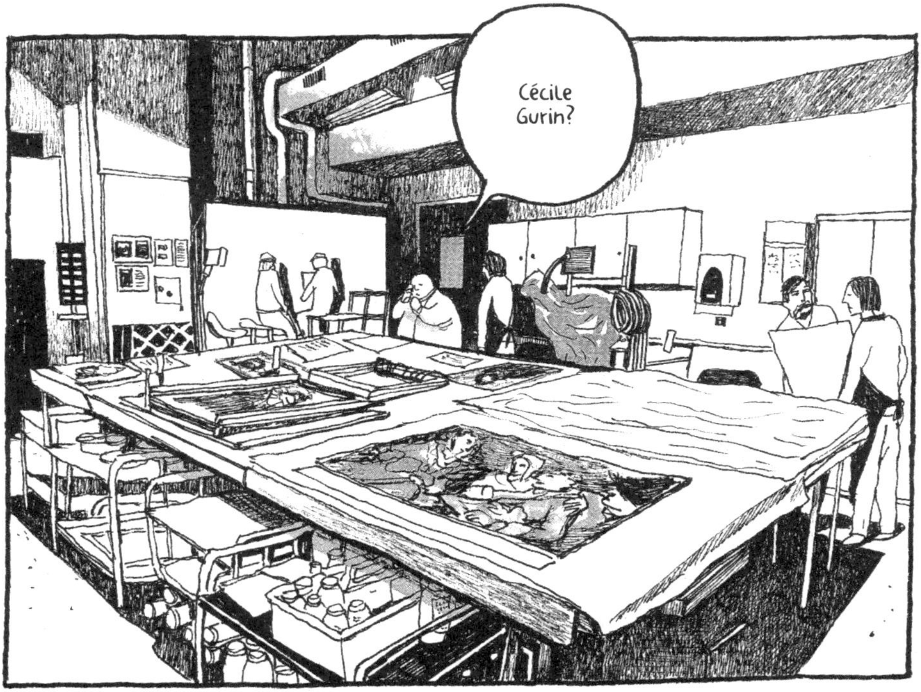

Cécile
Gurin?
Für mich?

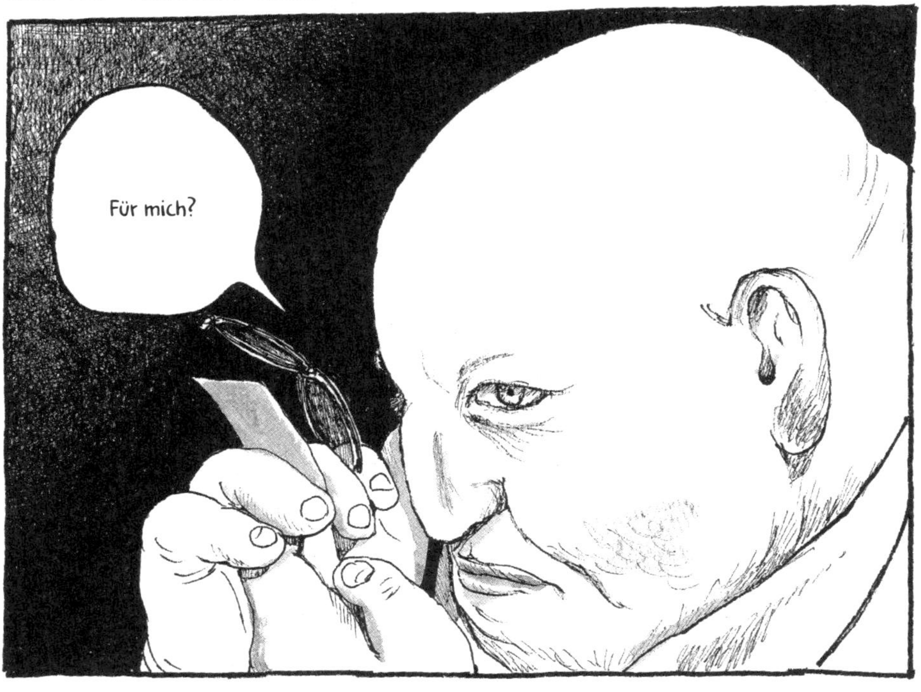

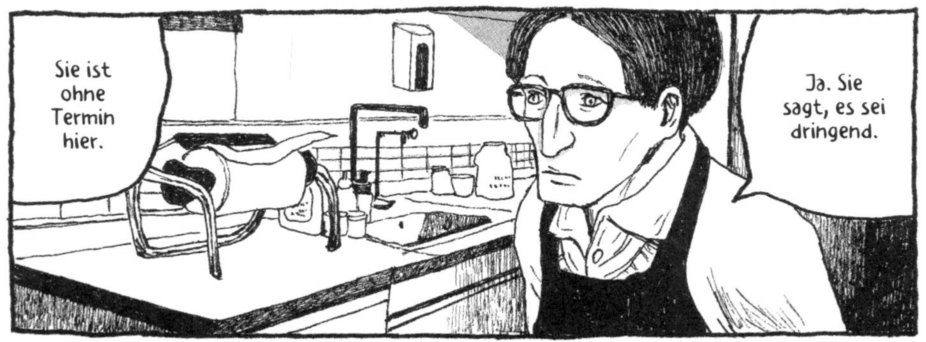
Sie ist ohne Termin hier.
Ja. Sie sagt, es sei dringend.

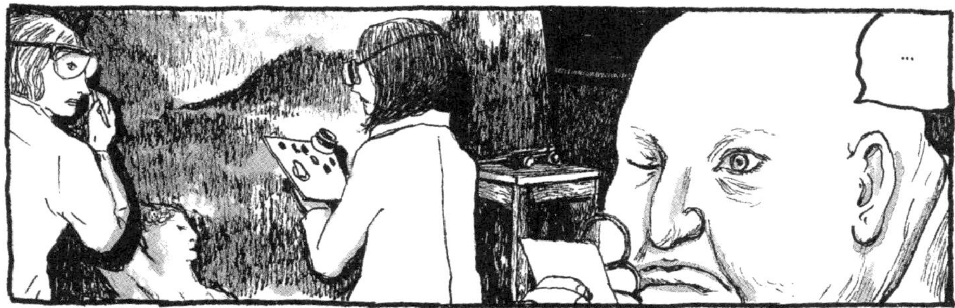
...

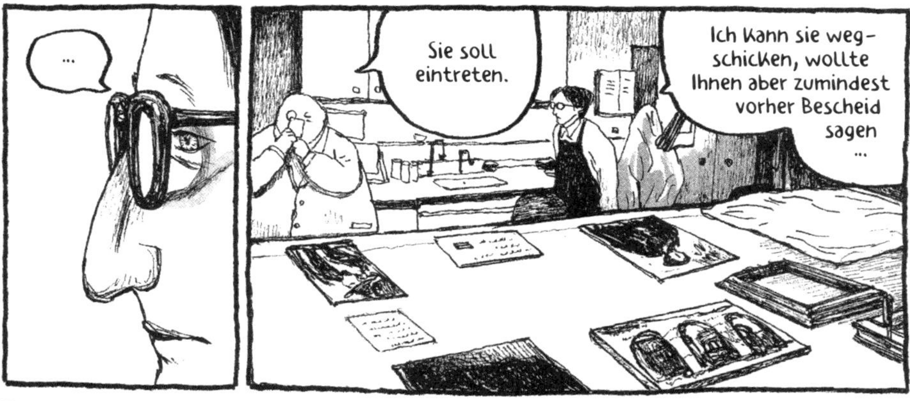
...
Ich kann sie weg-schicken, wollte Ihnen aber zumindest vorher Bescheid sagen ...
Sie soll eintreten.

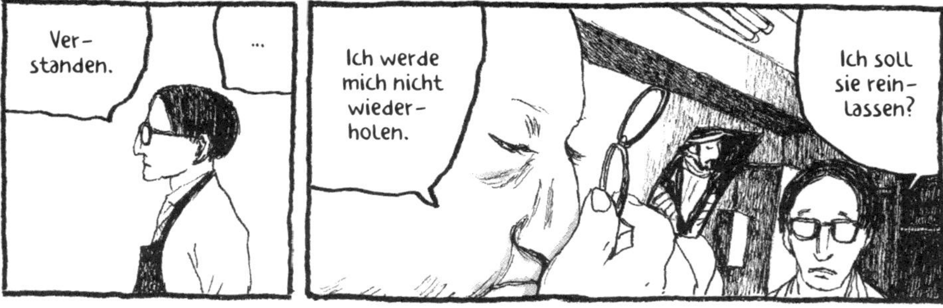
...
Ver-standen.
Ich soll sie rein-lassen?
Ich werde mich nicht wieder-holen.

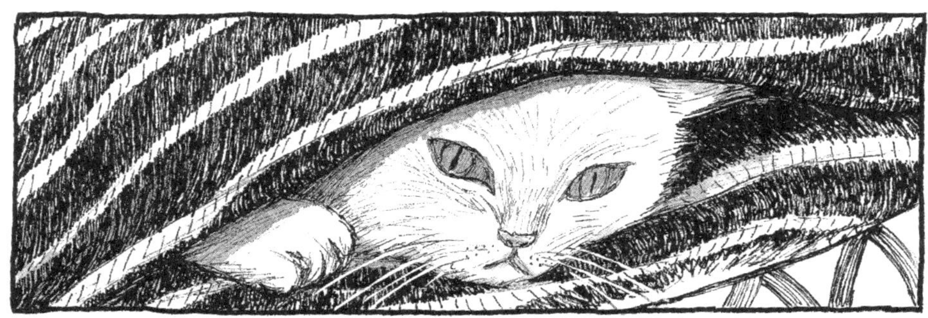

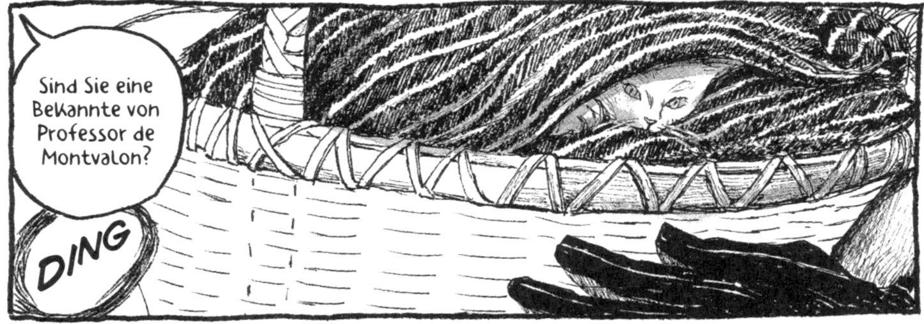

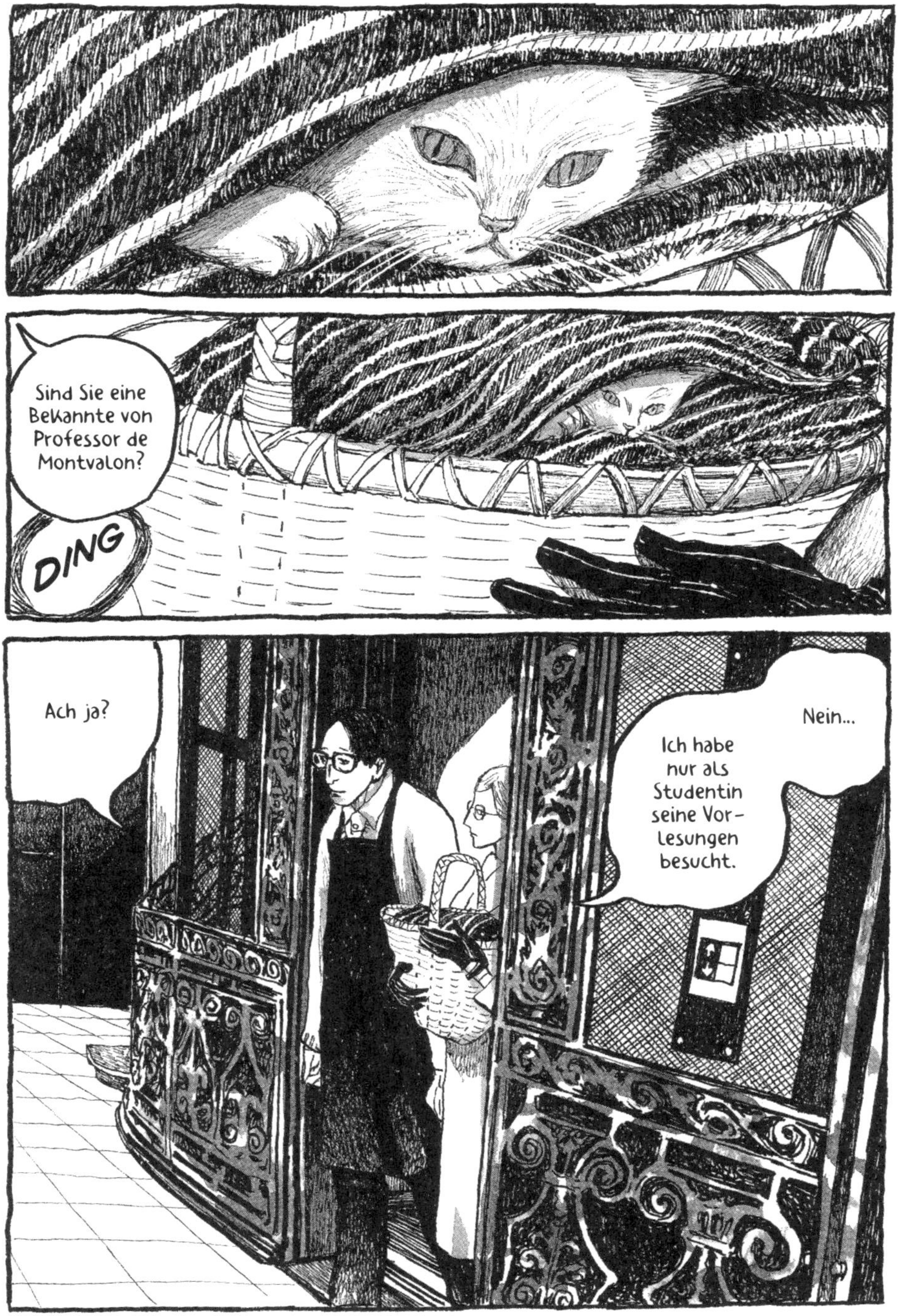

Nein... Ich habe nur als Studentin seine Vorlesungen besucht.

Ach ja?

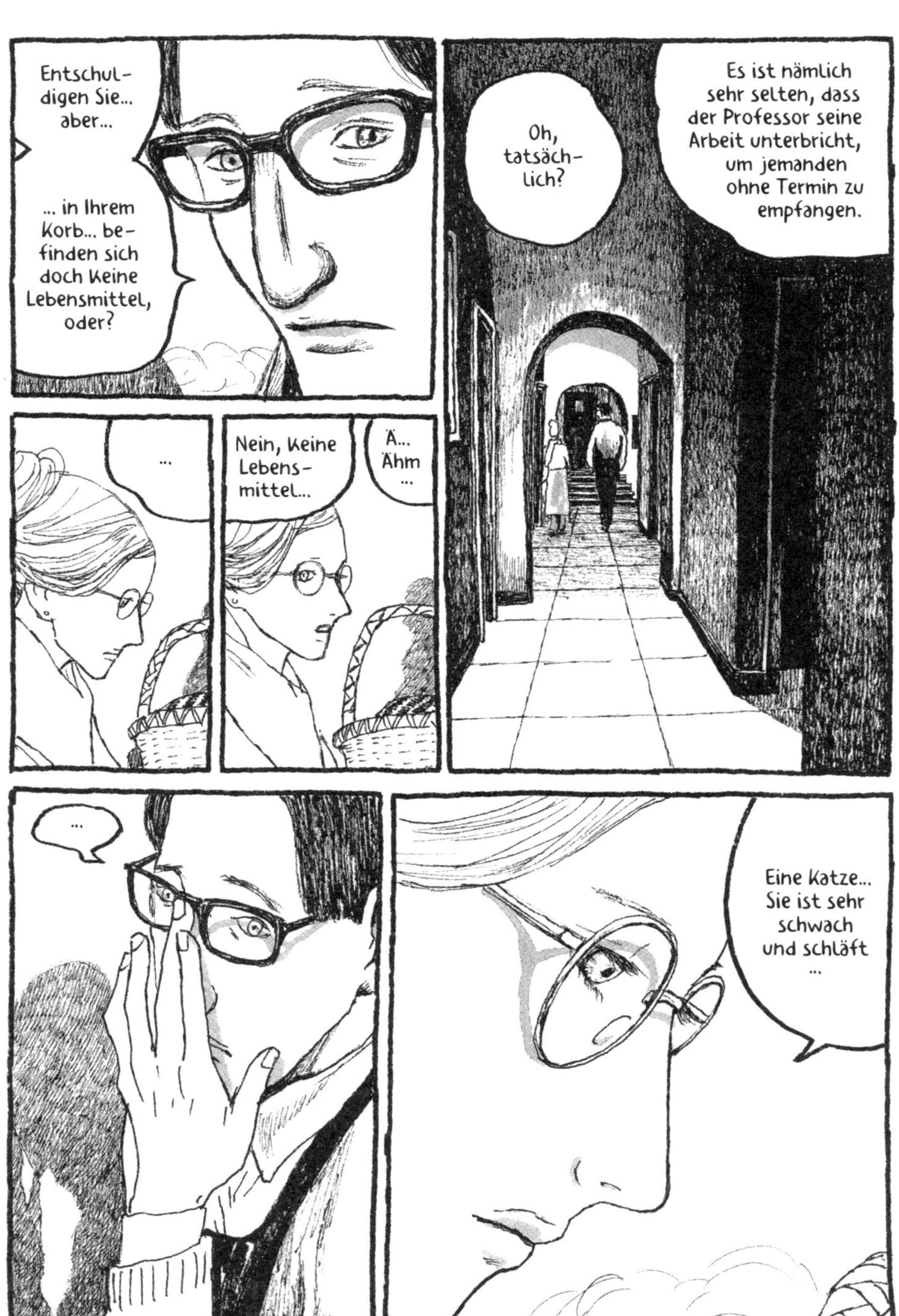
Entschuldigen Sie... aber...
... in Ihrem Korb... befinden sich doch keine Lebensmittel, oder?
Oh, tatsächlich?
Es ist nämlich sehr selten, dass der Professor seine Arbeit unterbricht, um jemanden ohne Termin zu empfangen.
...
Nein, keine Lebensmittel...
Ä... Ähm ...
...
Eine Katze... Sie ist sehr schwach und schläft ...

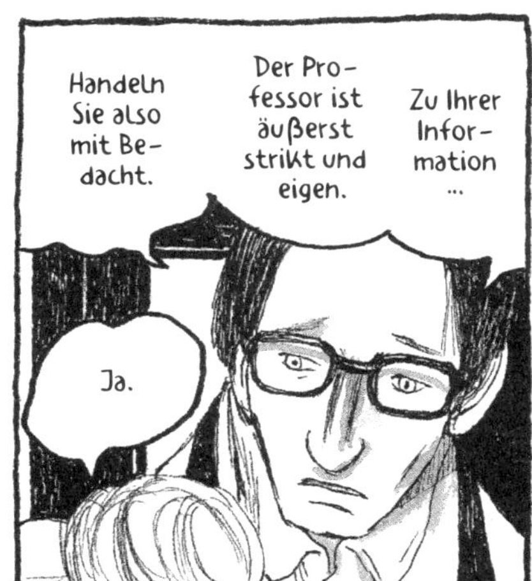
Handeln Sie also mit Bedacht.
Der Professor ist äußerst strikt und eigen.
Zu Ihrer Information …
Ja.

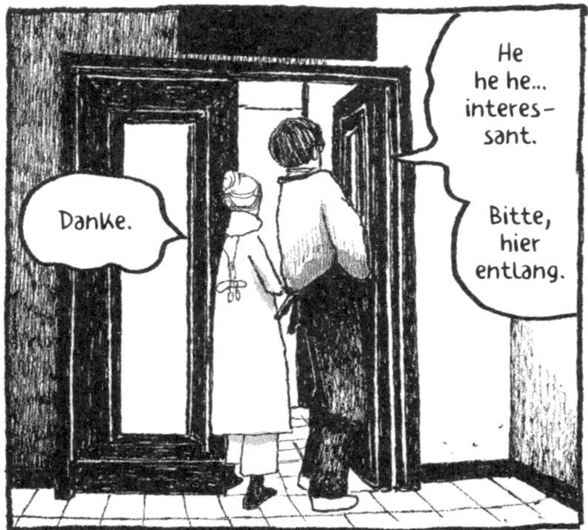
He he he... interessant.
Bitte, hier entlang.
Danke.

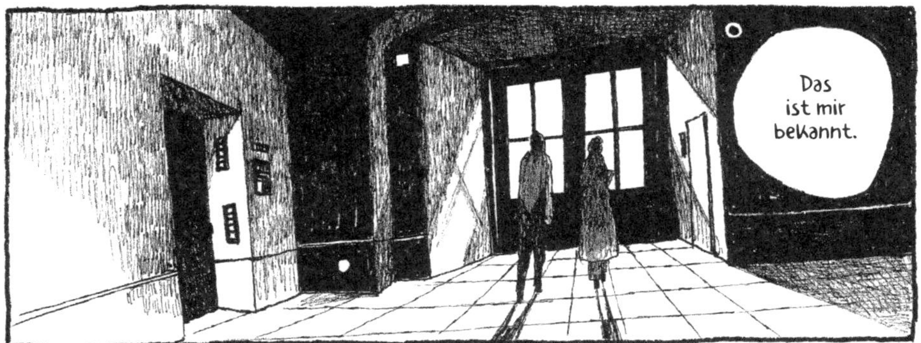
Das ist mir bekannt.

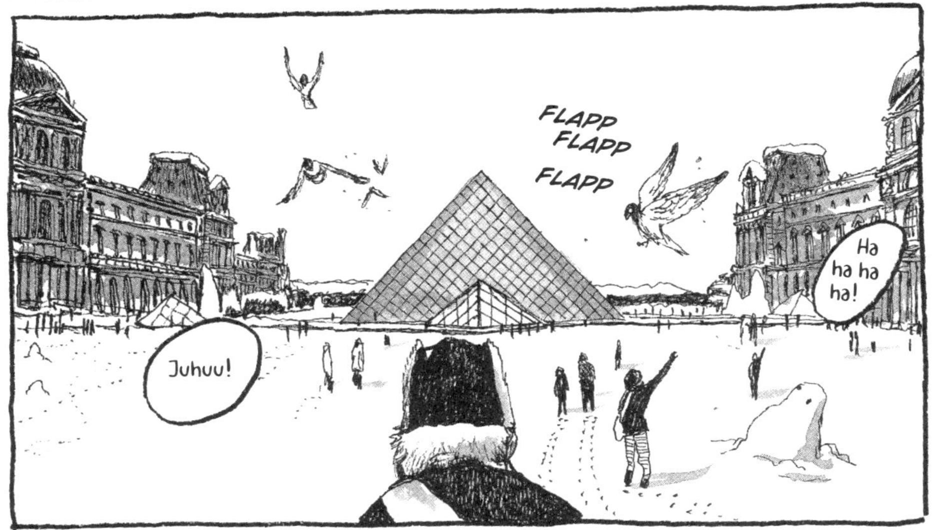
FLAPP FLAPP FLAPP
Ha ha ha ha!
Juhuu!

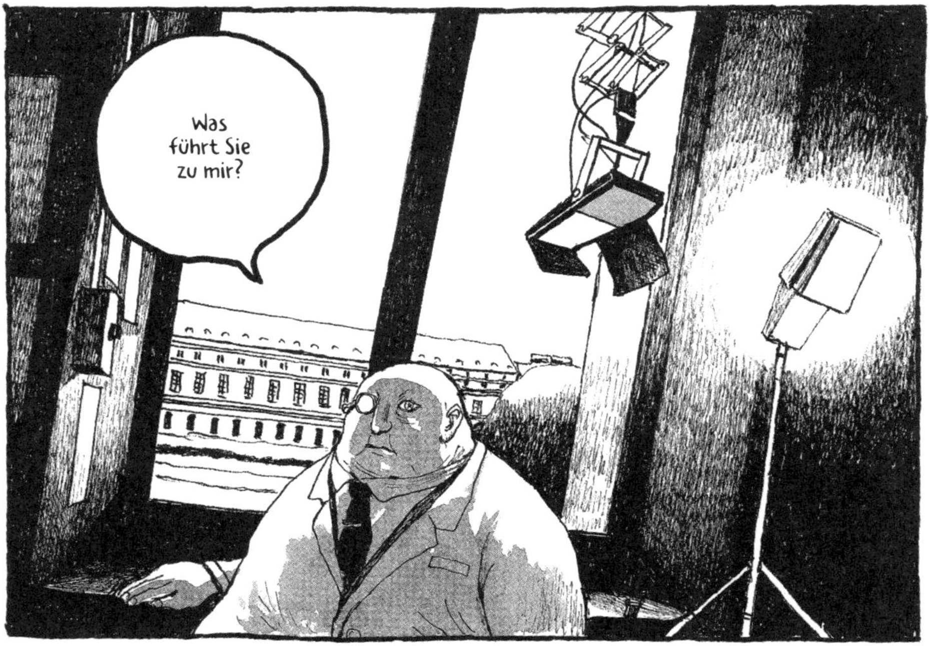

Was führt Sie zu mir?

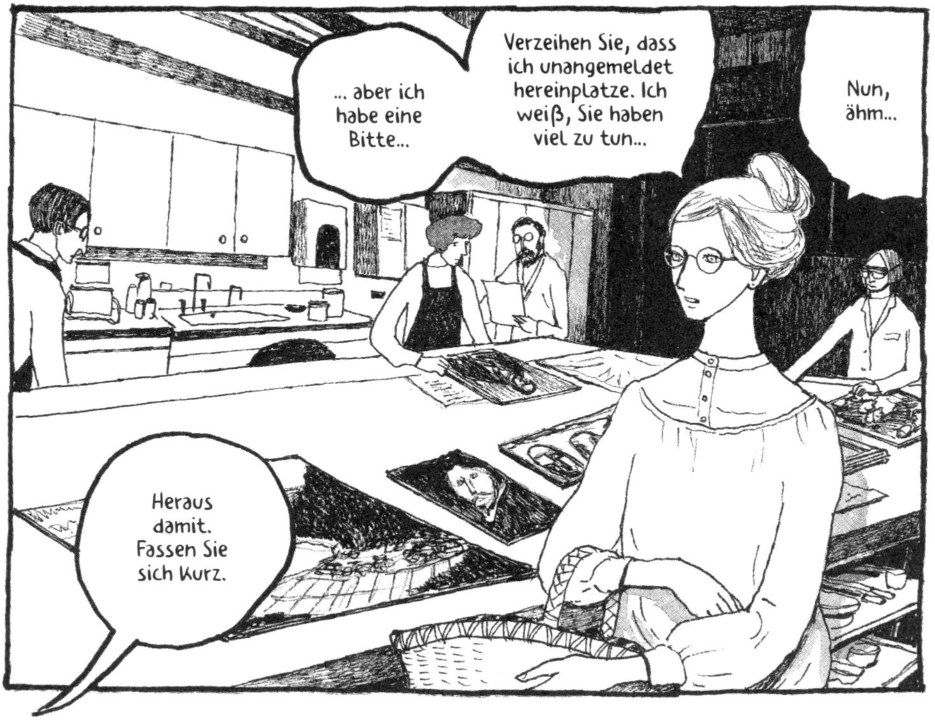

Nun, ähm...

Verzeihen Sie, dass ich unangemeldet hereinplatze. Ich weiß, Sie haben viel zu tun...

... aber ich habe eine Bitte...

Heraus damit. Fassen Sie sich kurz.

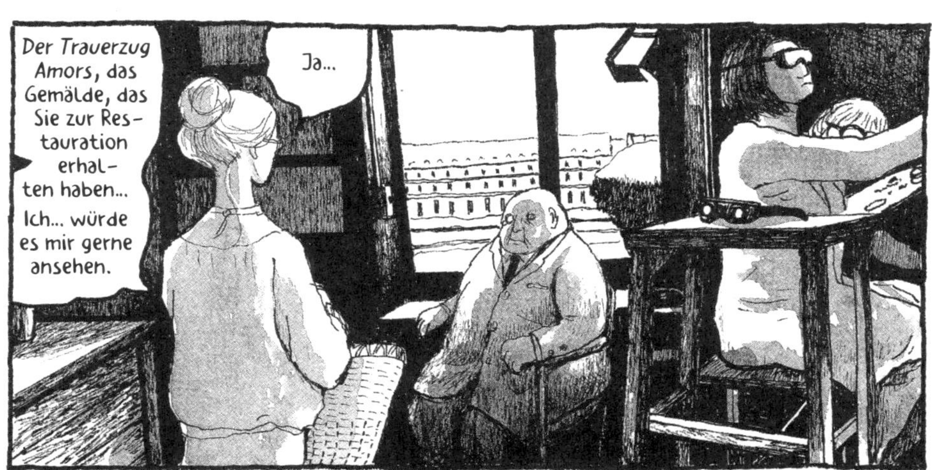
Der Trauerzug Amors, das Gemälde, das Sie zur Restauration erhalten haben...
Ich... würde es mir gerne ansehen.
Ja...

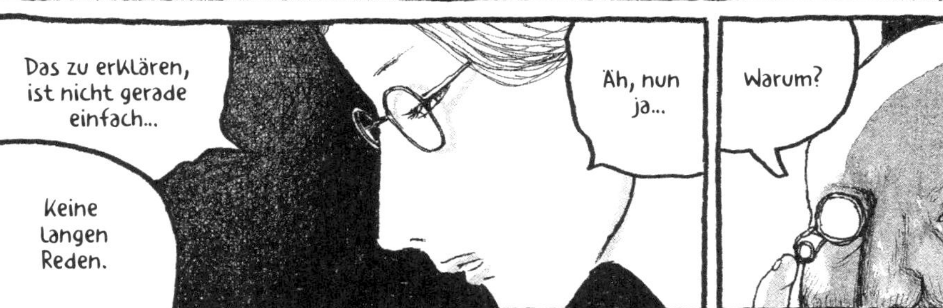
Das zu erklären, ist nicht gerade einfach...
Äh, nun ja...
Keine langen Reden.
Warum?

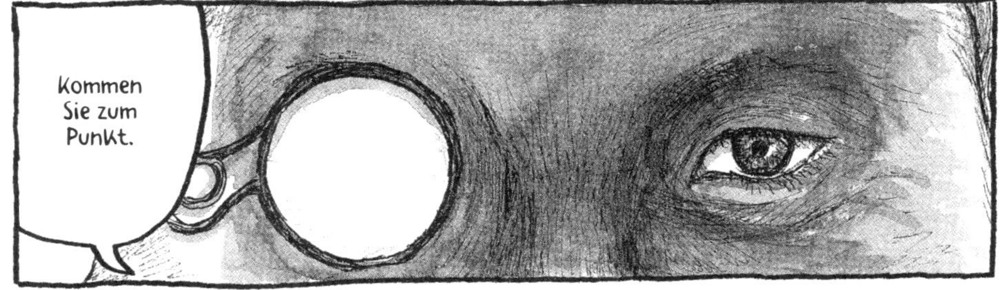
Kommen Sie zum Punkt.

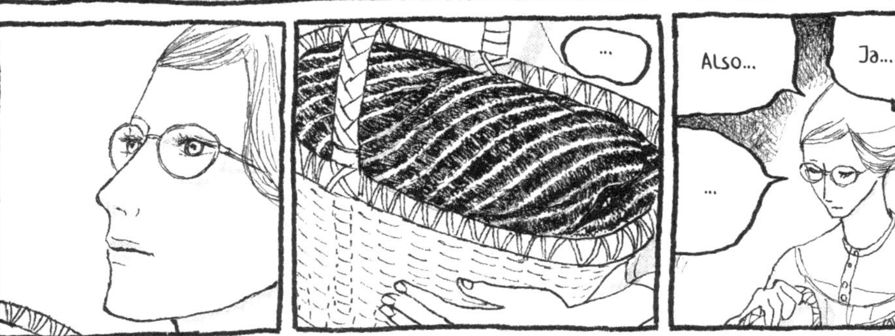
...
Also...
Ja...
...

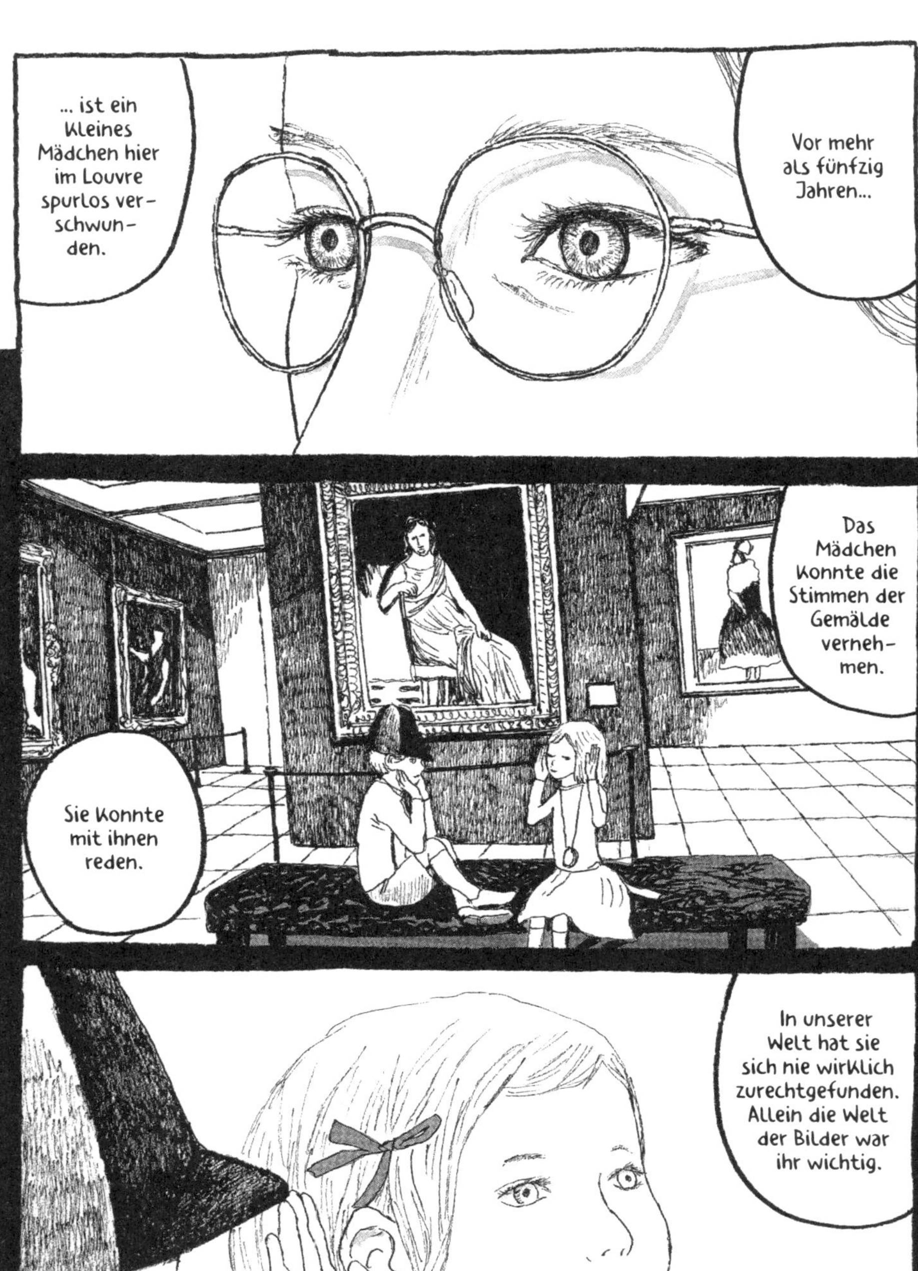
Vor mehr als fünfzig Jahren...
... ist ein kleines Mädchen hier im Louvre spurlos verschwunden.
Das Mädchen konnte die Stimmen der Gemälde vernehmen.
Sie konnte mit ihnen reden.
In unserer Welt hat sie sich nie wirklich zurechtgefunden. Allein die Welt der Bilder war ihr wichtig.

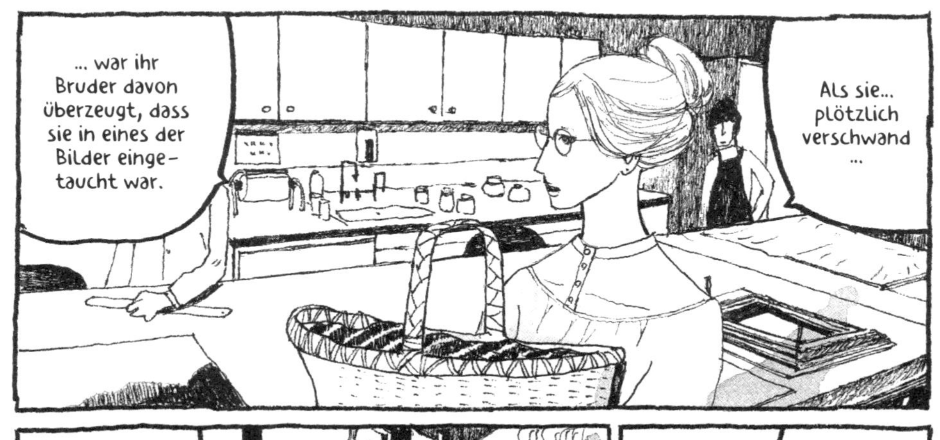
Als sie...
plötzlich
verschwand
...
... war ihr
Bruder davon
überzeugt, dass
sie in eines der
Bilder einge-
taucht war.

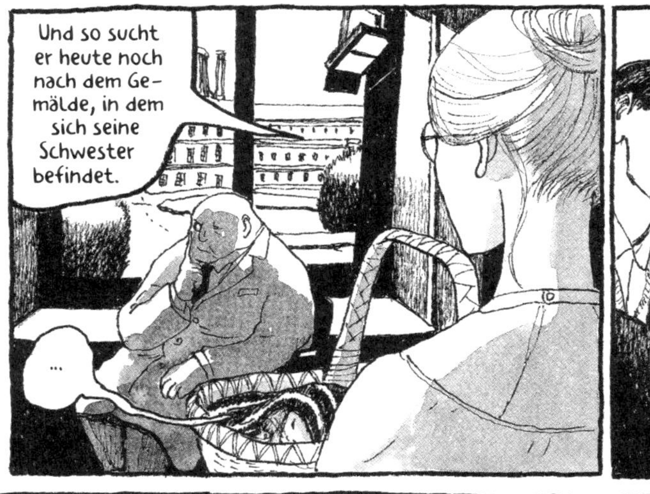
Und so sucht
er heute noch
nach dem Ge-
mälde, in dem
sich seine
Schwester
befindet.
...

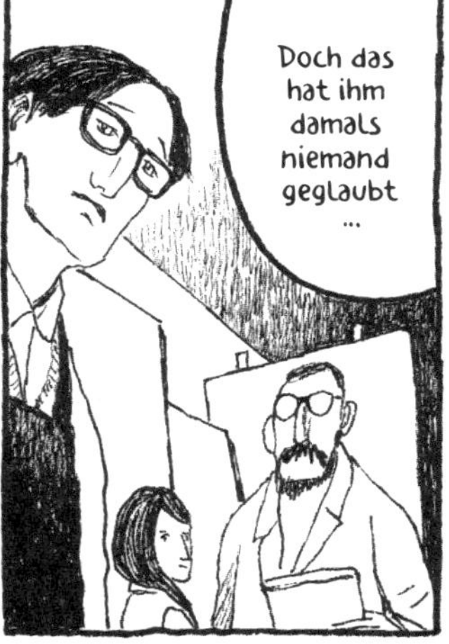
Doch das
hat ihm
damals
niemand
geglaubt
...

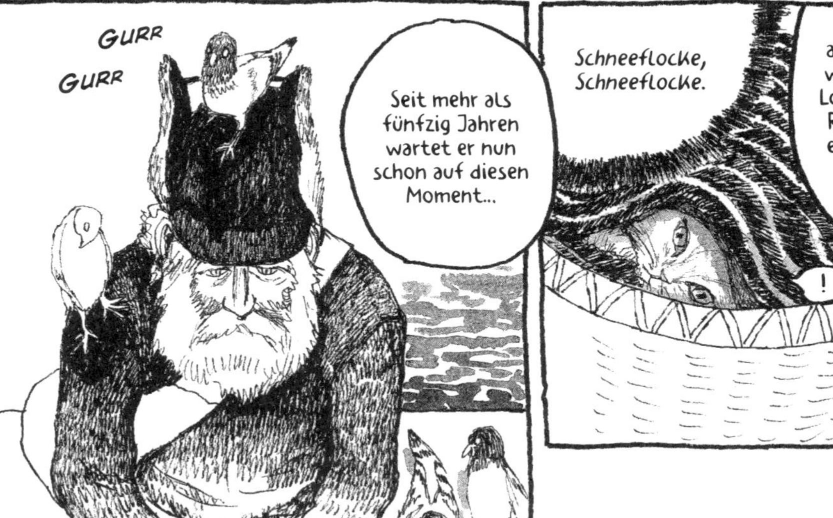
Er zieht
als Nacht-
wächter im
Louvre seine
Runden, in
ewiger Er-
wartung
ihrer Rück-
kehr...
Schneeflocke,
Schneeflocke.
!
Seit mehr als
fünfzig Jahren
wartet er nun
schon auf diesen
Moment...
GURR
GURR

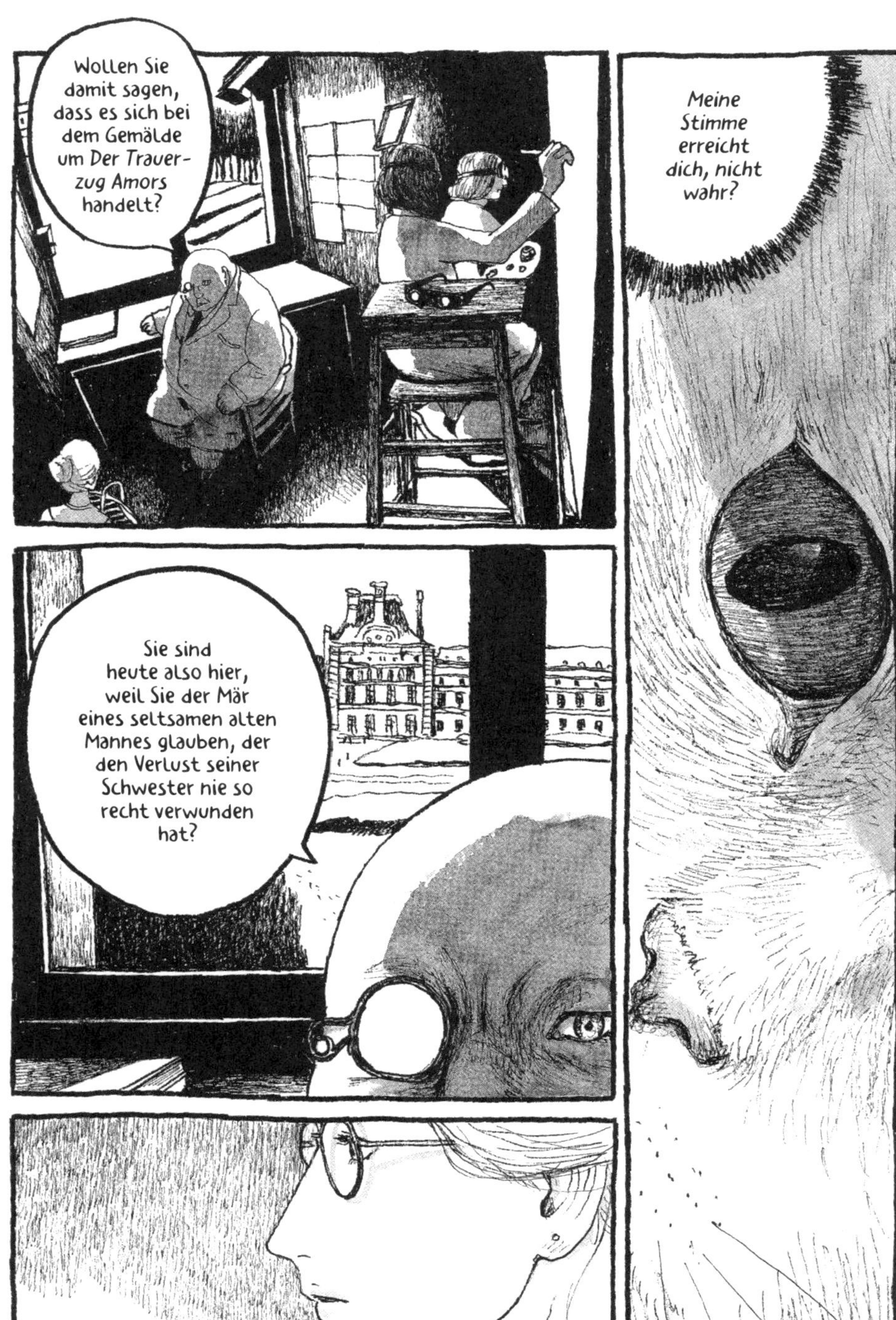
Wollen Sie damit sagen, dass es sich bei dem Gemälde um *Der Trauerzug Amors* handelt?
Meine Stimme erreicht dich, nicht wahr?
Sie sind heute also hier, weil Sie der Mär eines seltsamen alten Mannes glauben, der den Verlust seiner Schwester nie so recht verwunden hat?

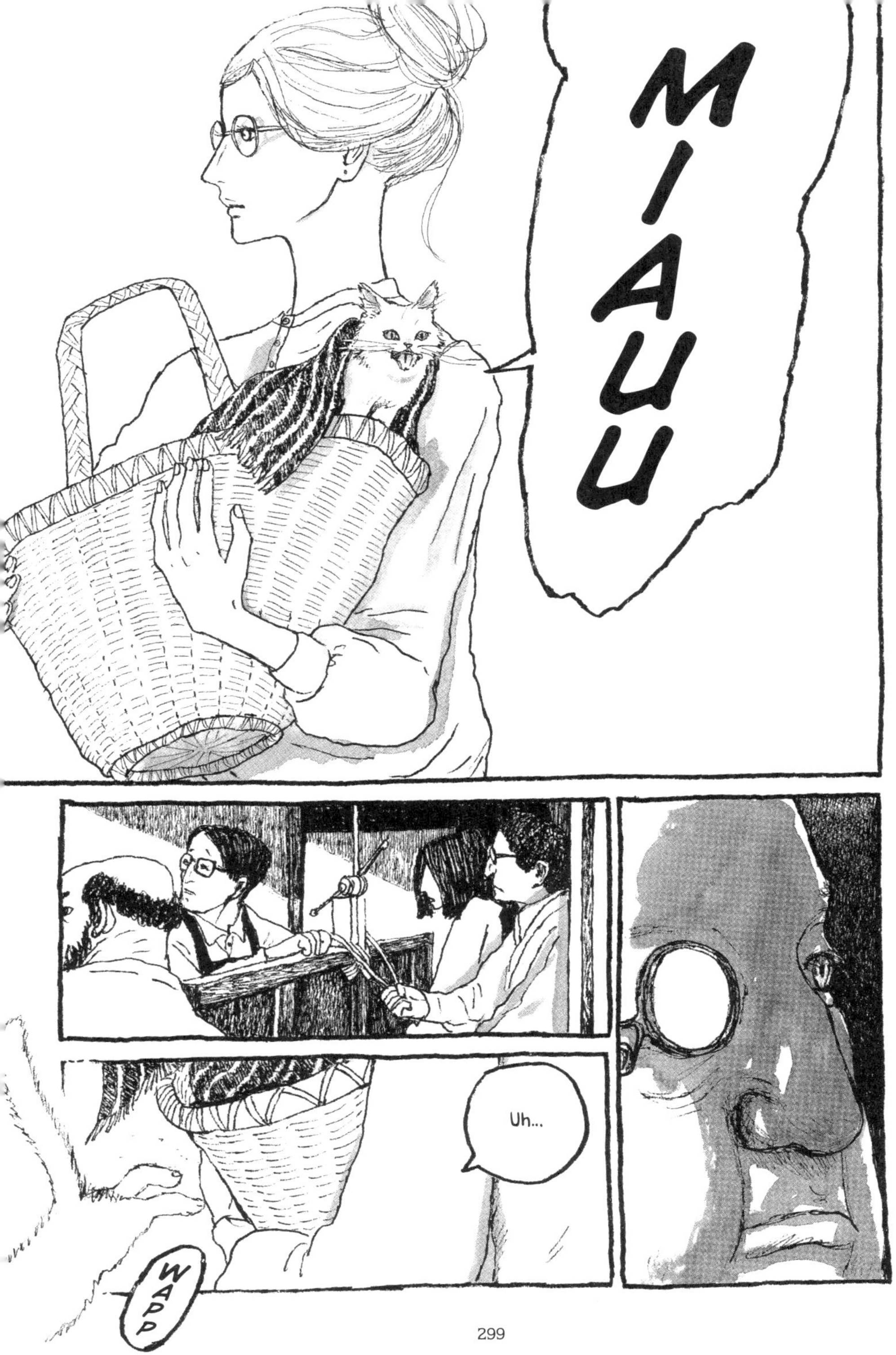

MIAUU
Uh...
WAPP

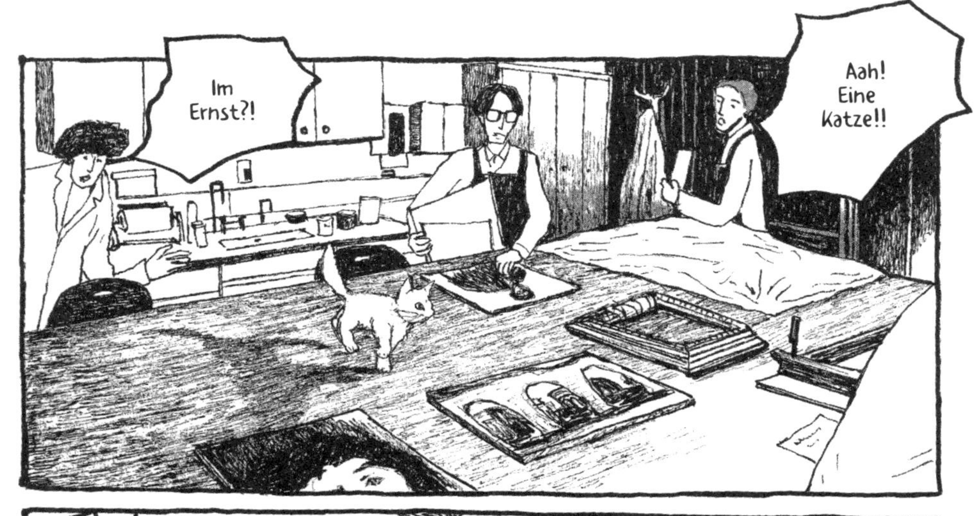
Im Ernst?!
Aah! Eine Katze!!

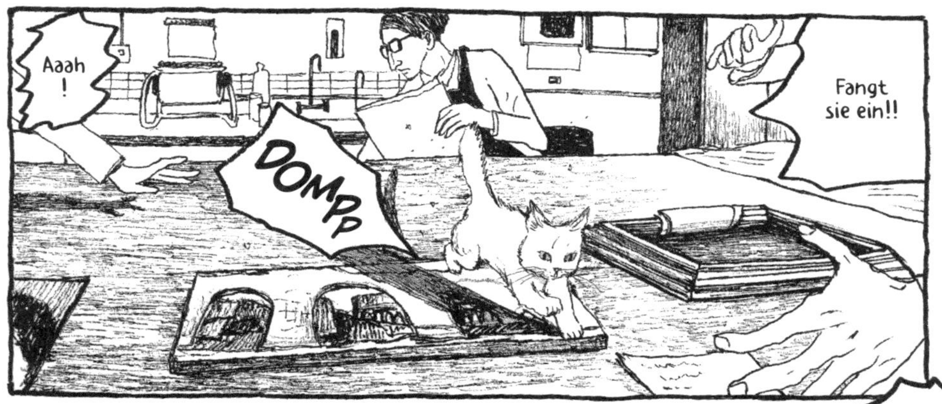
Aaah !
Fangt sie ein!!
DOMPP

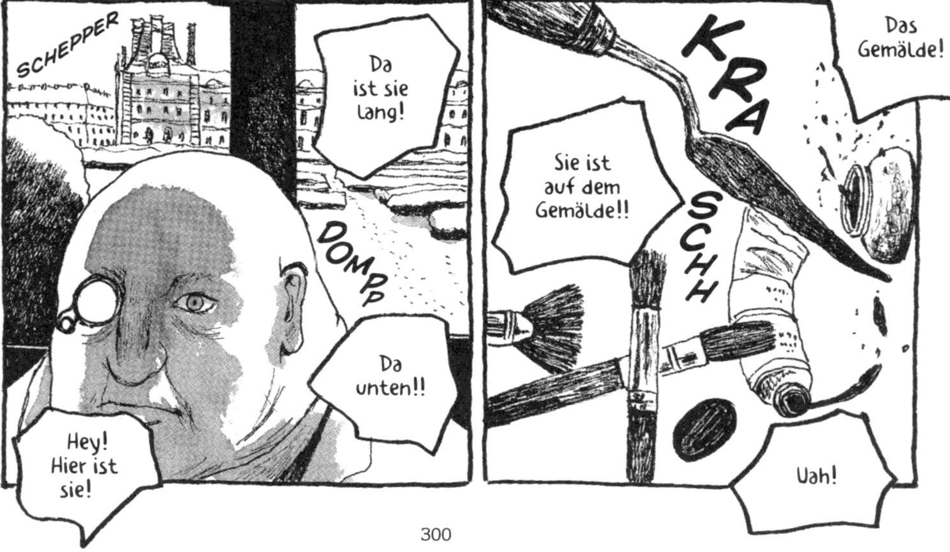
SCHEPPER
Da ist sie lang!
DOMPP
Da unten!!
Hey! Hier ist sie!
KRA
SCHH
Das Gemälde!
Sie ist auf dem Gemälde!!
Uah!

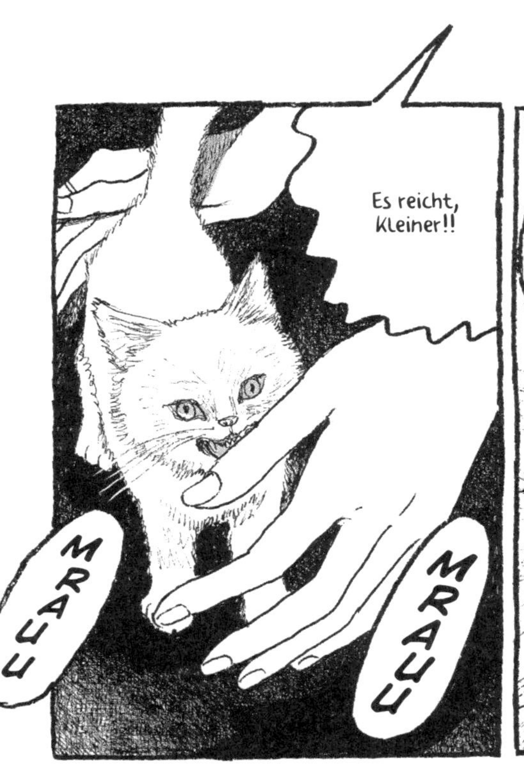
Es reicht, Kleiner!!
MRAUU
MRAUU

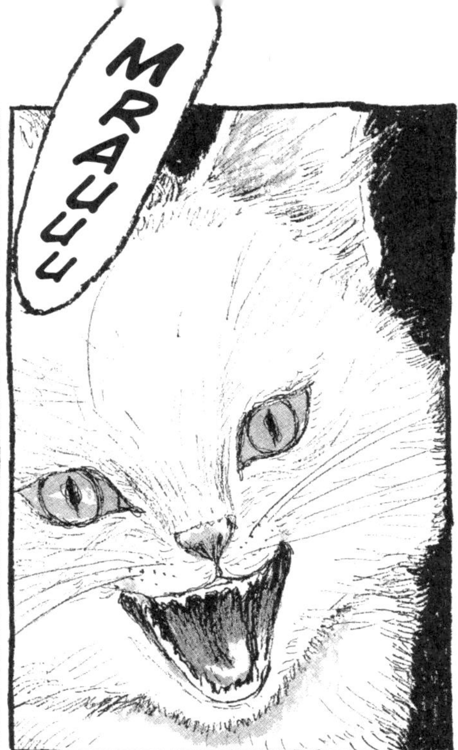
MRAUUU

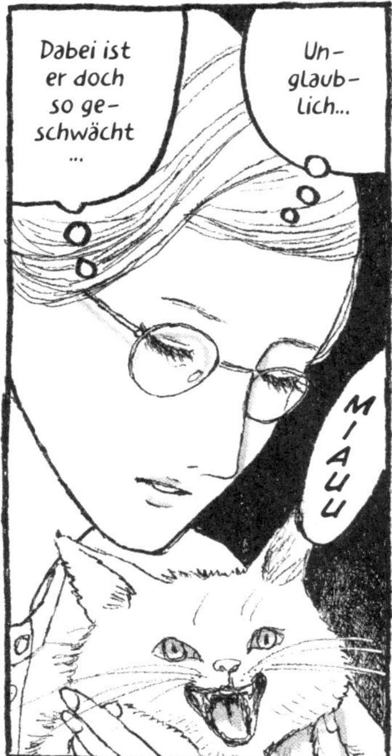
Un-glaub-lich...
Dabei ist er doch so ge-schwächt ...
MIAUU

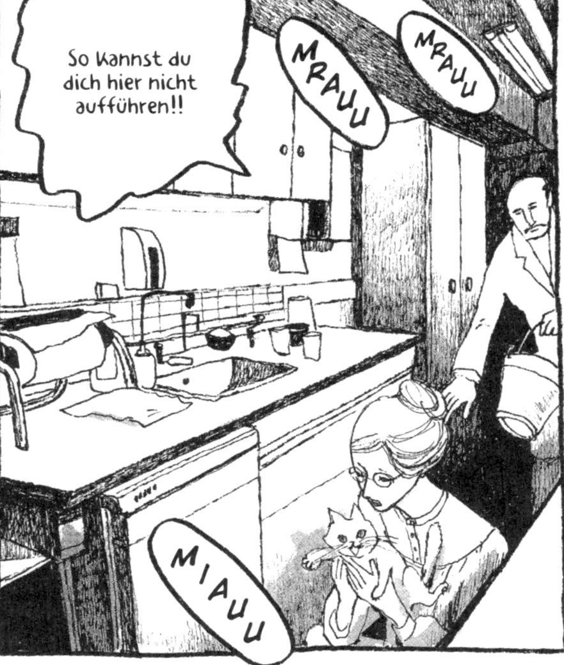
MRAUU
MRAUU
So kannst du dich hier nicht aufführen!!
MIAUU

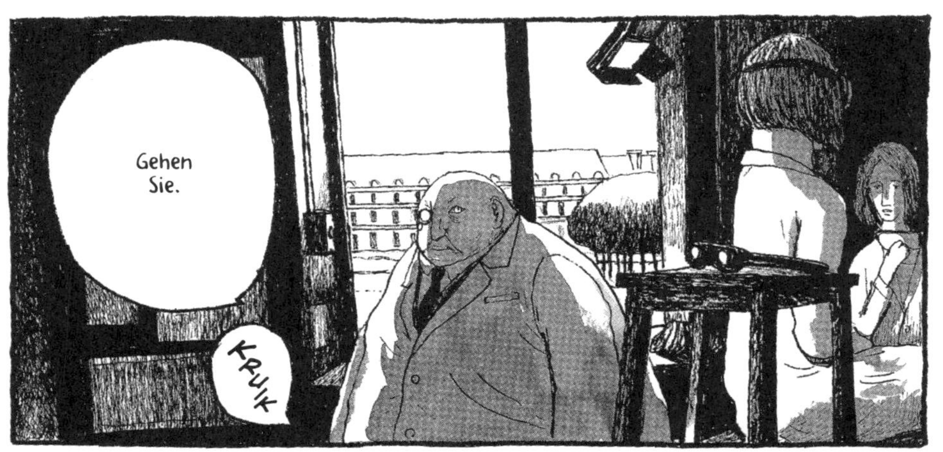
Gehen Sie.
KRUIK

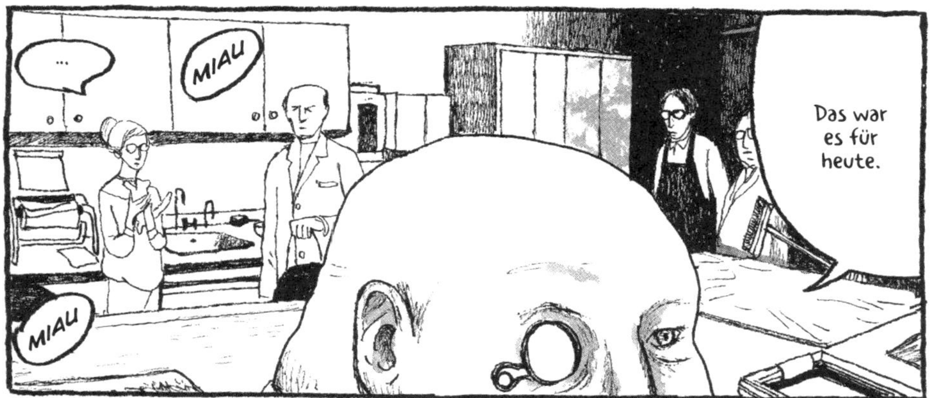
...
MIAU
Das war es für heute.
MIAU

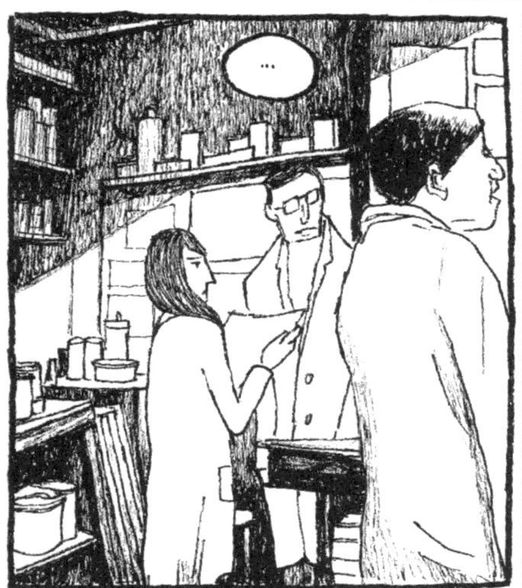
...

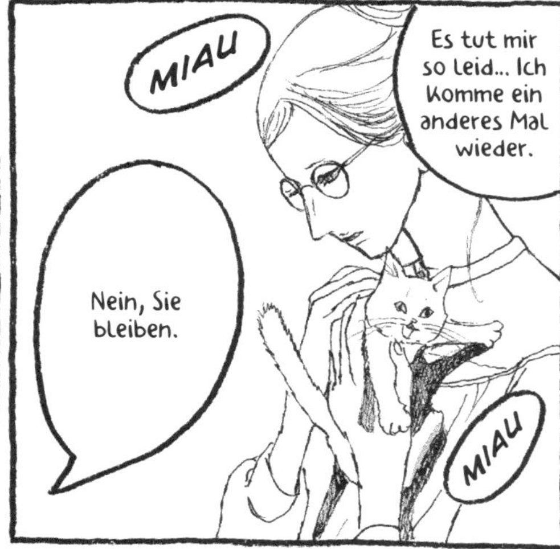
MIAU
Es tut mir so leid... Ich komme ein anderes Mal wieder.
Nein, Sie bleiben.
MIAU

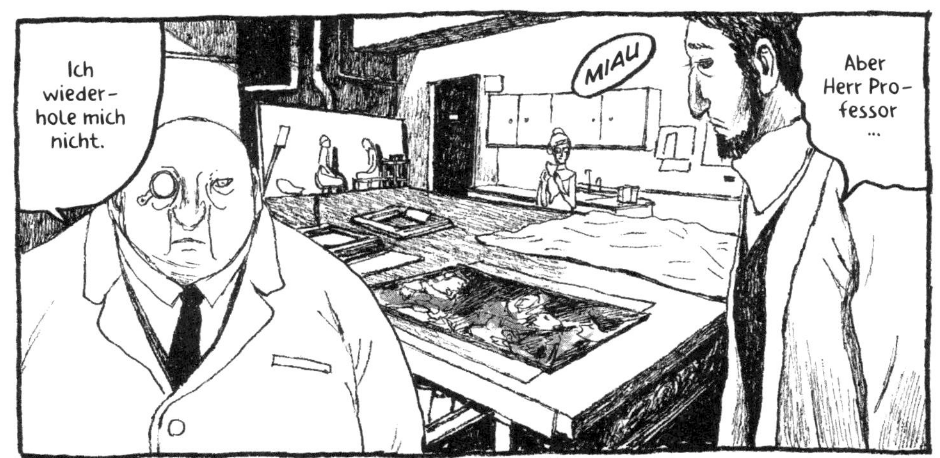
Ich wieder-hole mich nicht.
MIAU
Aber Herr Pro-fessor ...

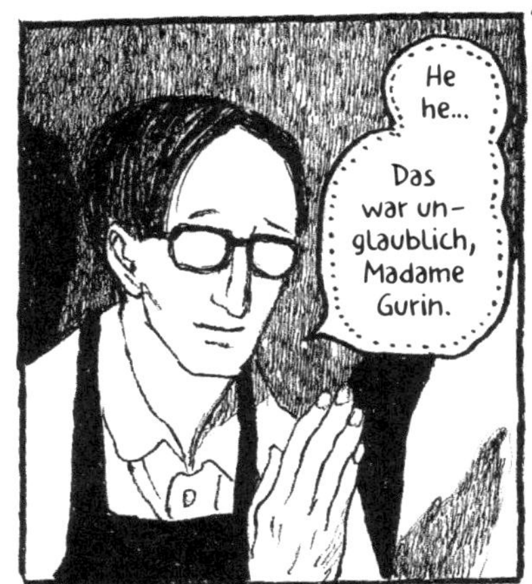
He he...
Das war un-glaublich, Madame Gurin.

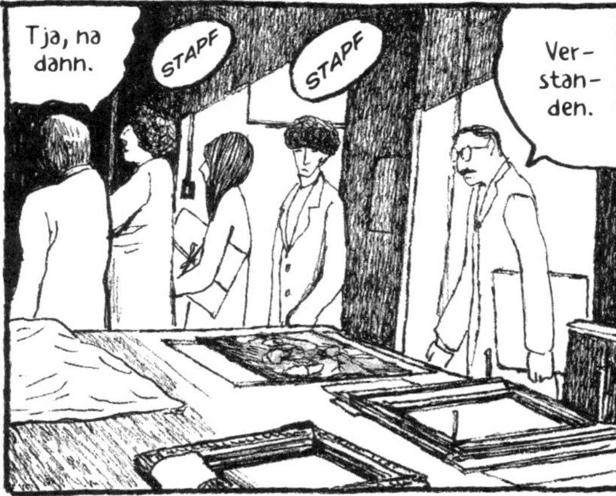
Tja, na dann.
STAPF
STAPF
Ver-stan-den.

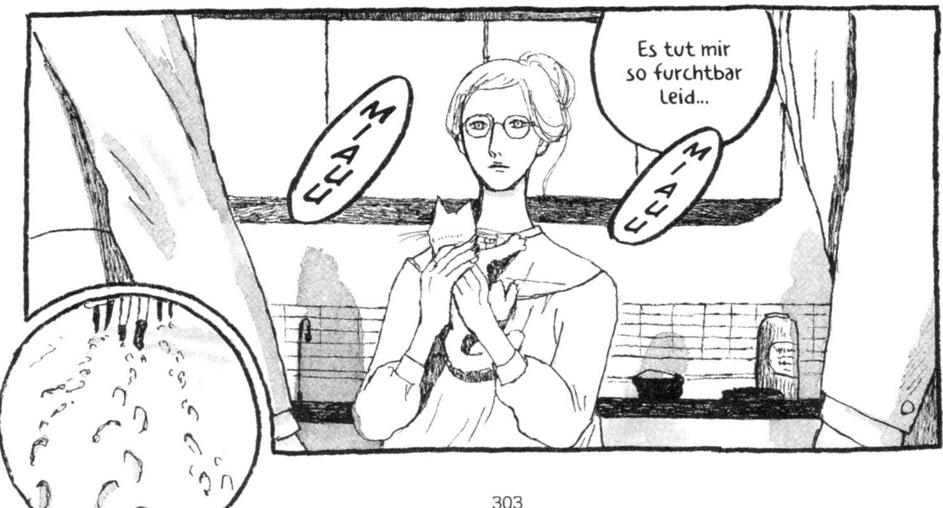
MIAU
Es tut mir so furchtbar leid...
MIAU

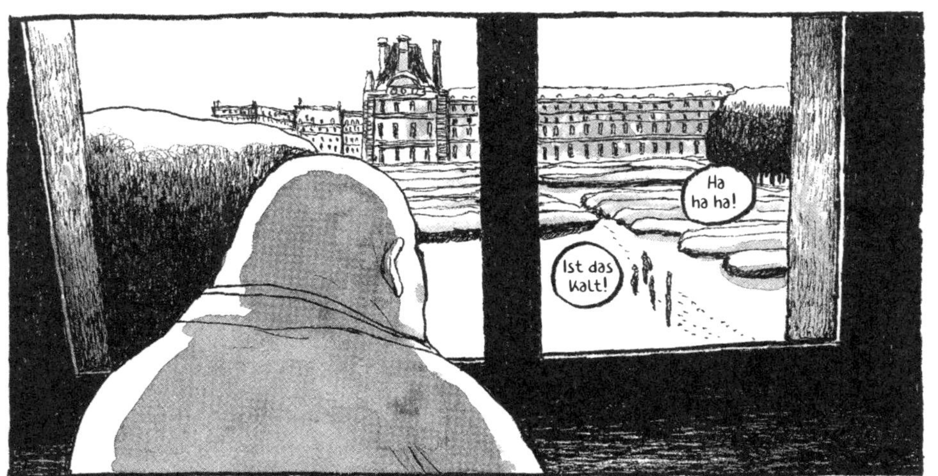

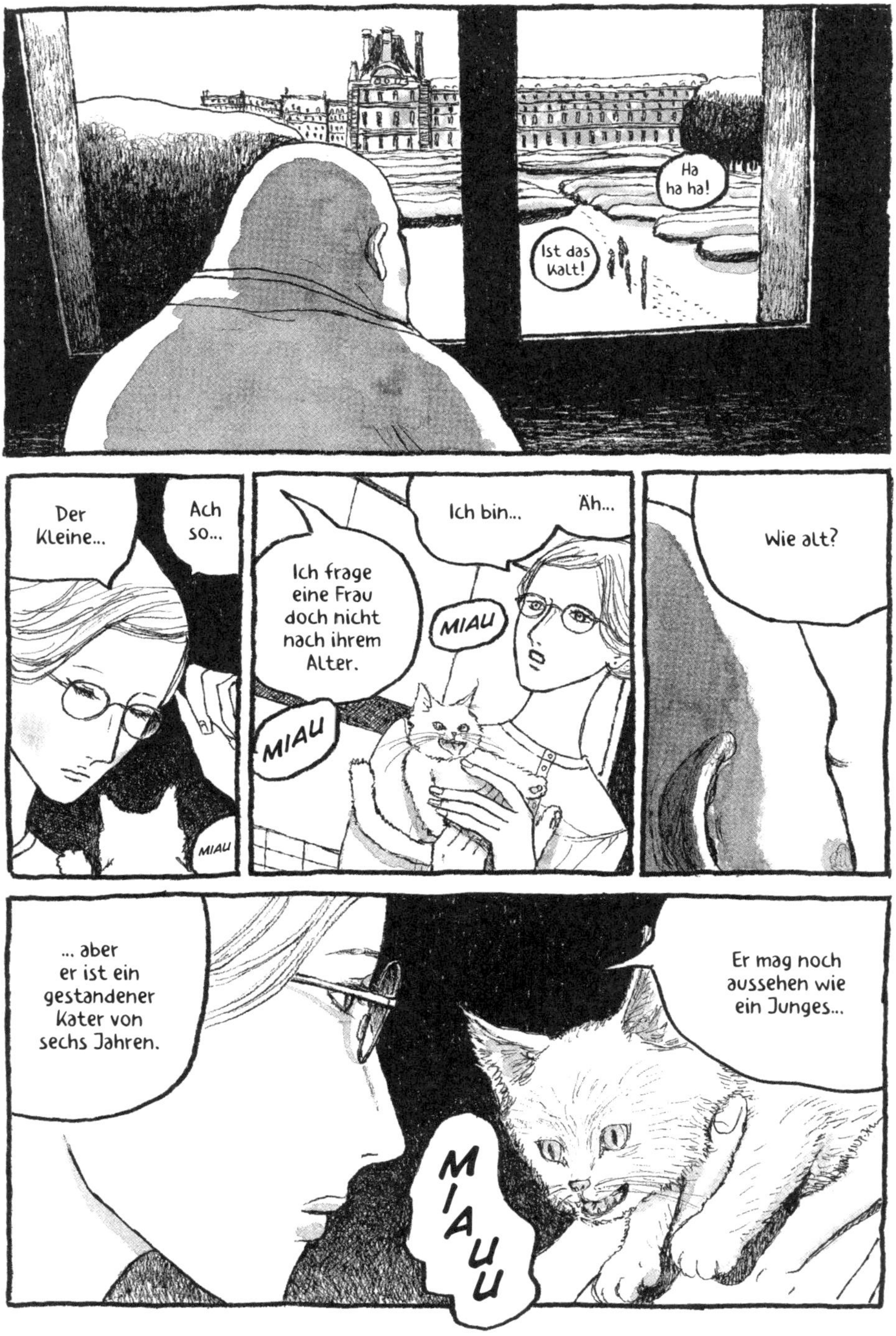

Der Kleine…

Ach so…

MIAU

Ich bin…

Äh…

Ich frage eine Frau doch nicht nach ihrem Alter.

MIAU

MIAU

Wie alt?

Er mag noch aussehen wie ein Junges…

… aber er ist ein gestandener Kater von sechs Jahren.

MIAUU

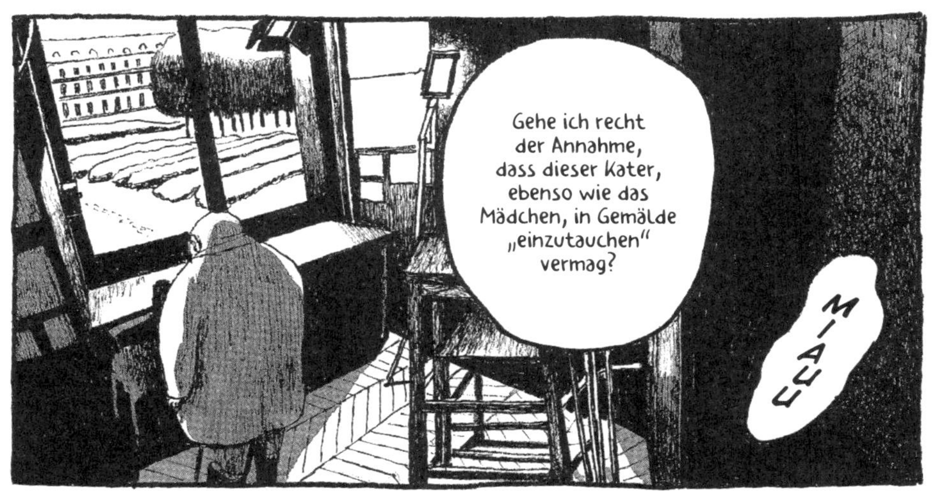
Gehe ich recht der Annahme, dass dieser Kater, ebenso wie das Mädchen, in Gemälde „einzutauchen“ vermag?
MIAUU

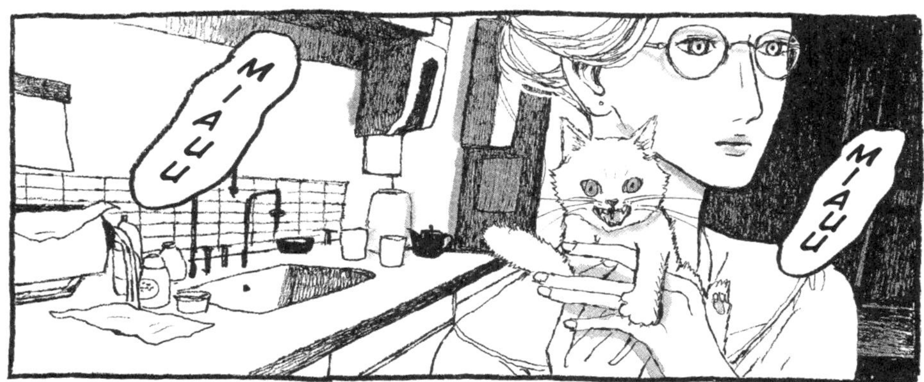
MIAUU
MIAUU

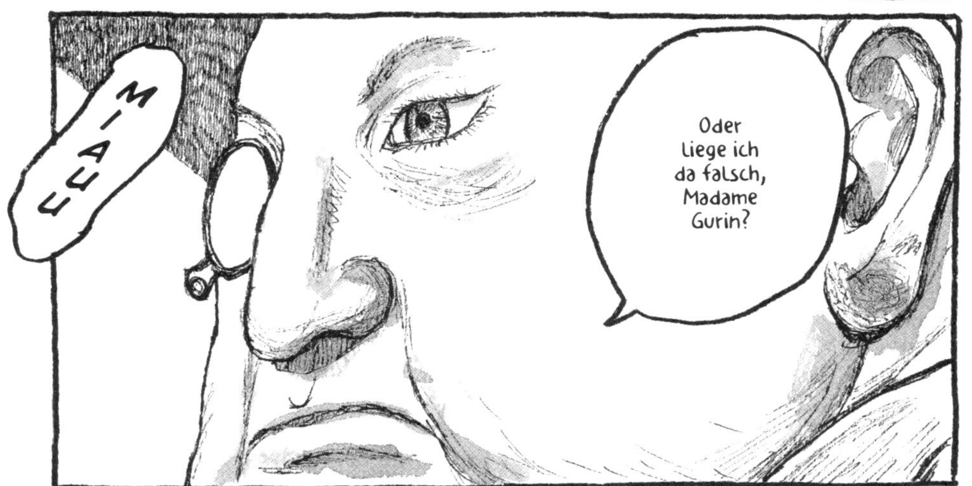
MIAUU
Oder liege ich da falsch, Madame Gurin?

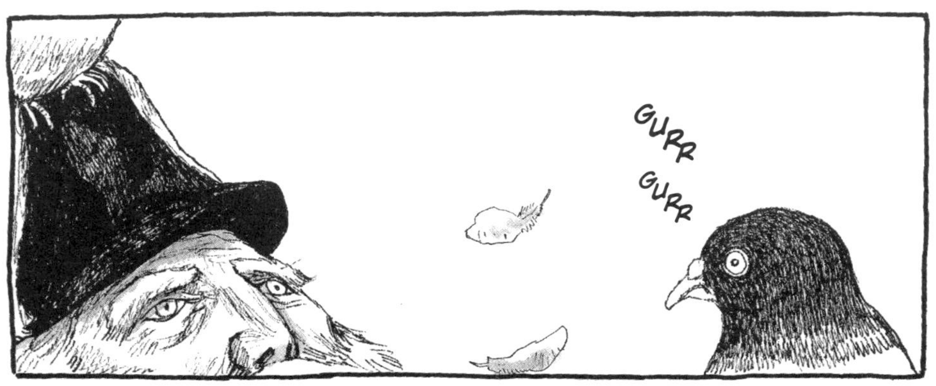
GURR
GURR

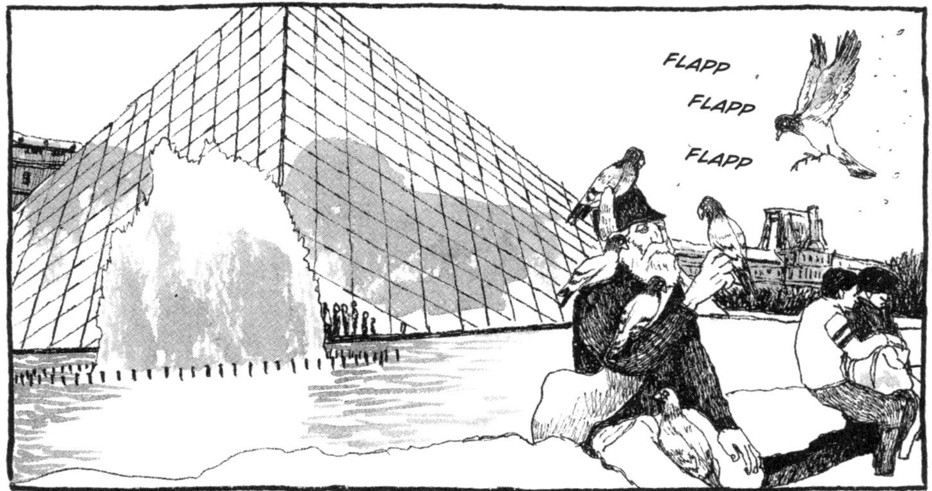
FLAPP
FLAPP
FLAPP

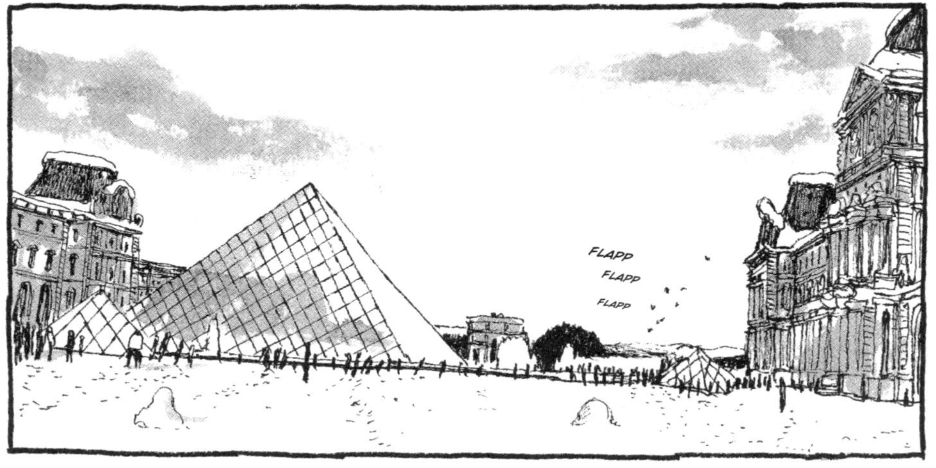
FLAPP
FLAPP
FLAPP

Kapitel 14

DAS GEHEIMNIS VON CÉCILE

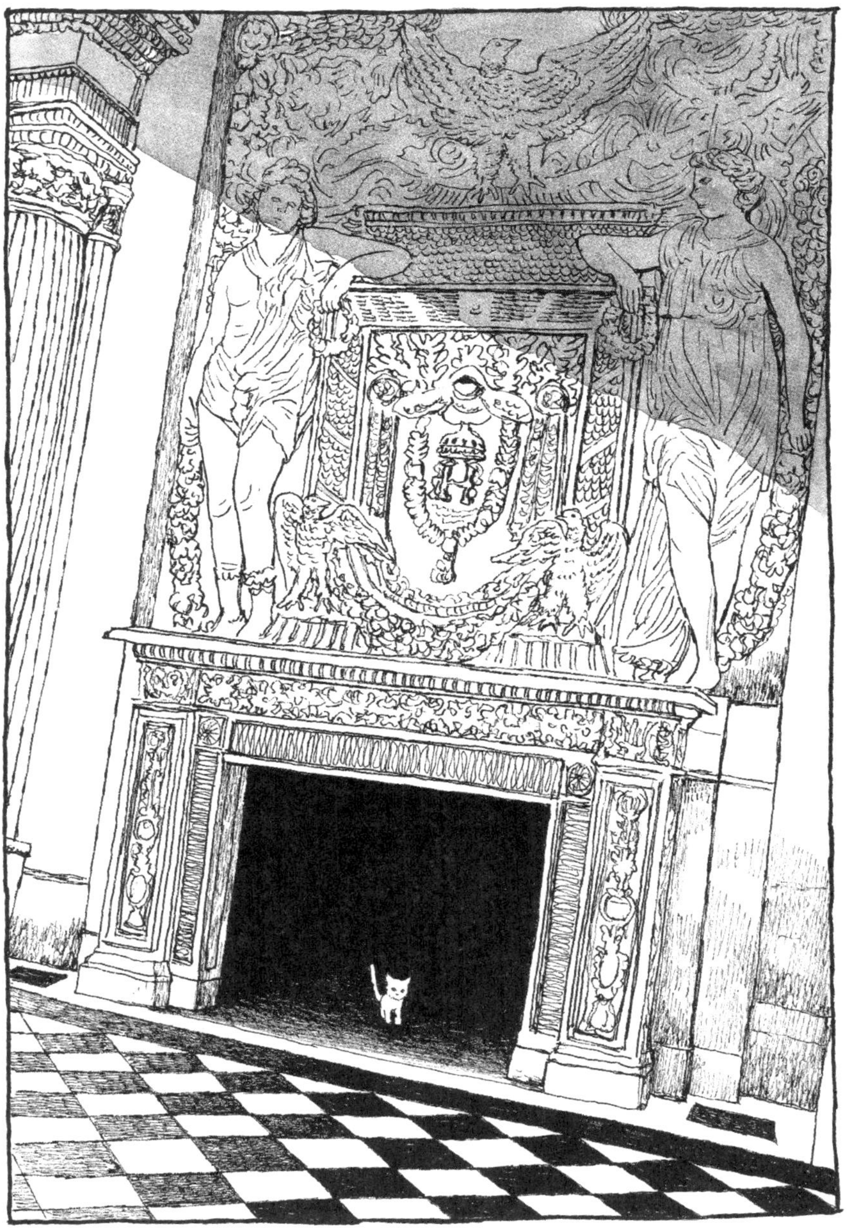

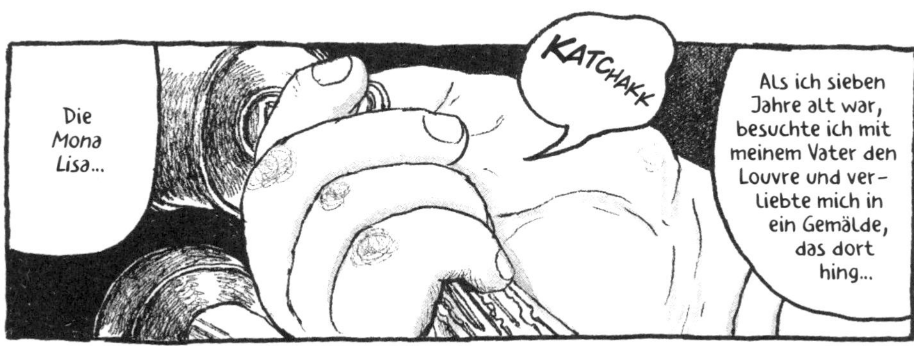
Die Mona Lisa...
KATCHAKK
Als ich sieben Jahre alt war, besuchte ich mit meinem Vater den Louvre und verliebte mich in ein Gemälde, das dort hing...

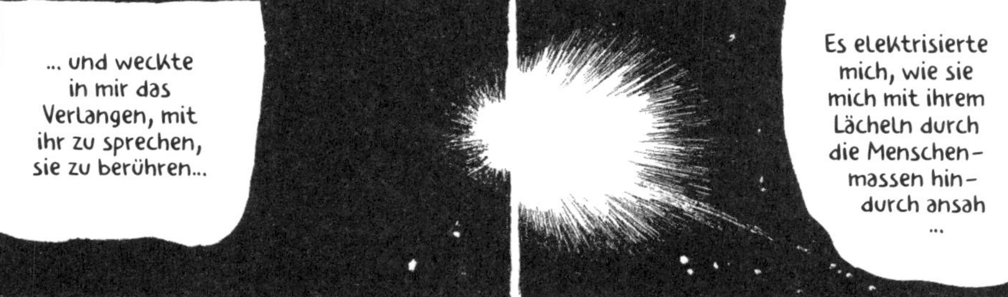
... und weckte in mir das Verlangen, mit ihr zu sprechen, sie zu berühren...
Es elektrisierte mich, wie sie mich mit ihrem Lächeln durch die Menschenmassen hindurch ansah ...

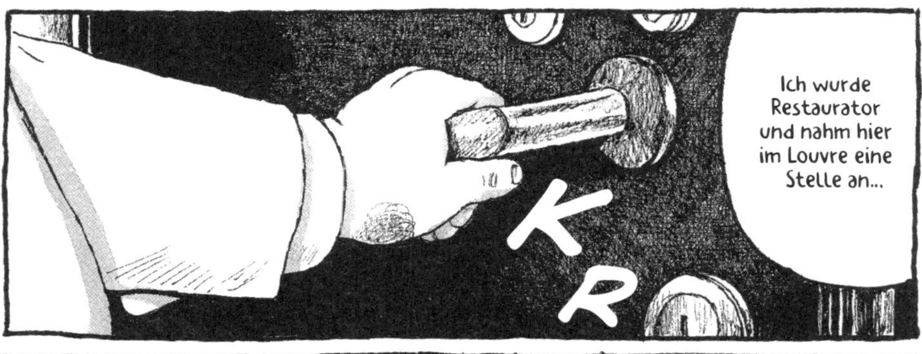
Ich wurde Restaurator und nahm hier im Louvre eine Stelle an...
KR

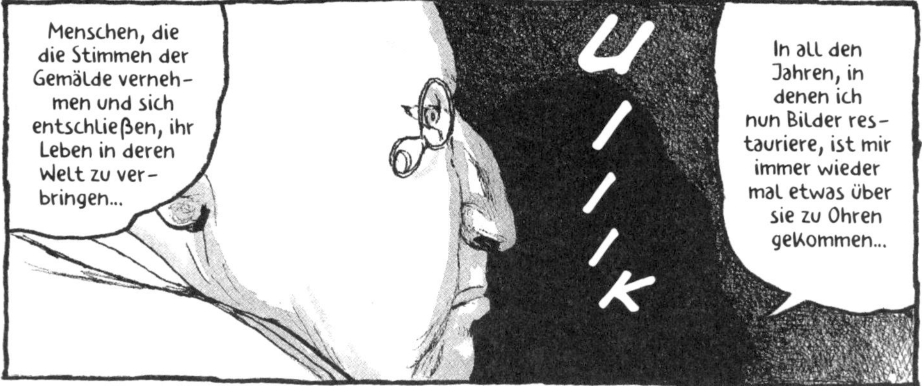
Menschen, die die Stimmen der Gemälde vernehmen und sich entschließen, ihr Leben in deren Welt zu verbringen...
UIIIK
In all den Jahren, in denen ich nun Bilder restauriere, ist mir immer wieder mal etwas über sie zu Ohren gekommen...

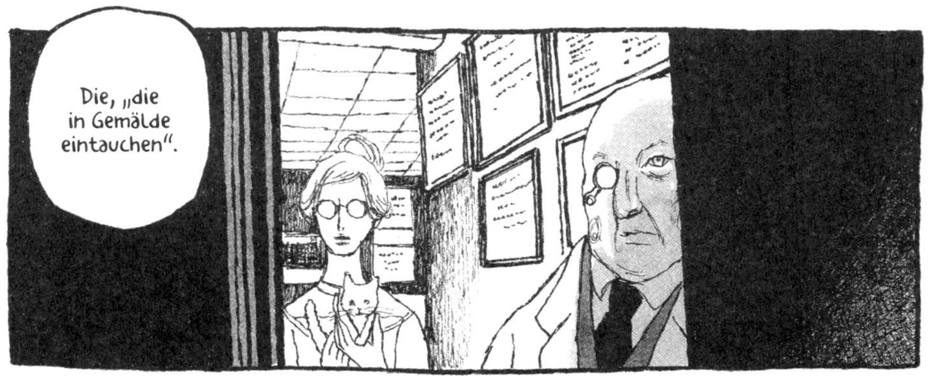
Die, „die in Gemälde eintauchen".

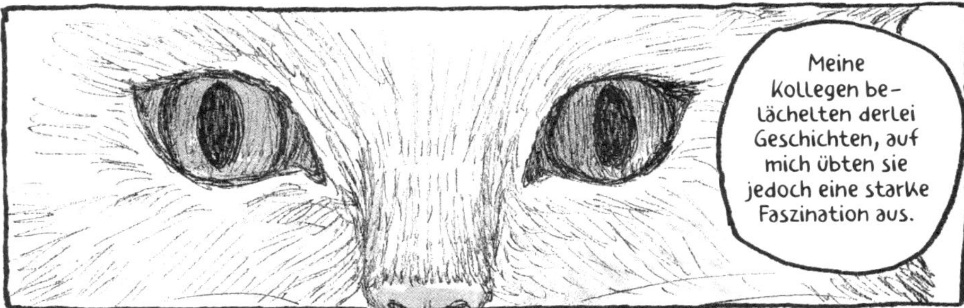
Meine Kollegen belächelten derlei Geschichten, auf mich übten sie jedoch eine starke Faszination aus.

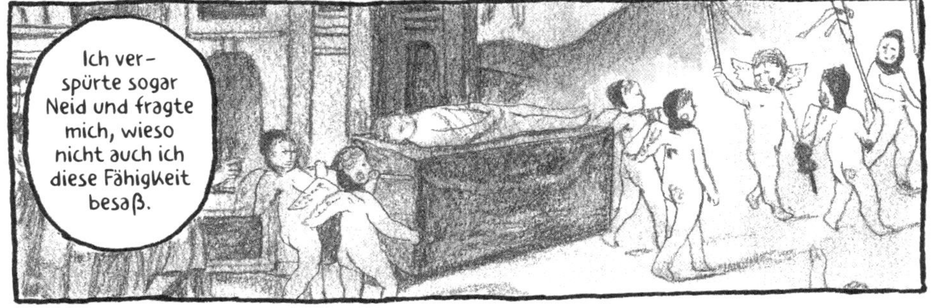
Ich verspürte sogar Neid und fragte mich, wieso nicht auch ich diese Fähigkeit besaß.

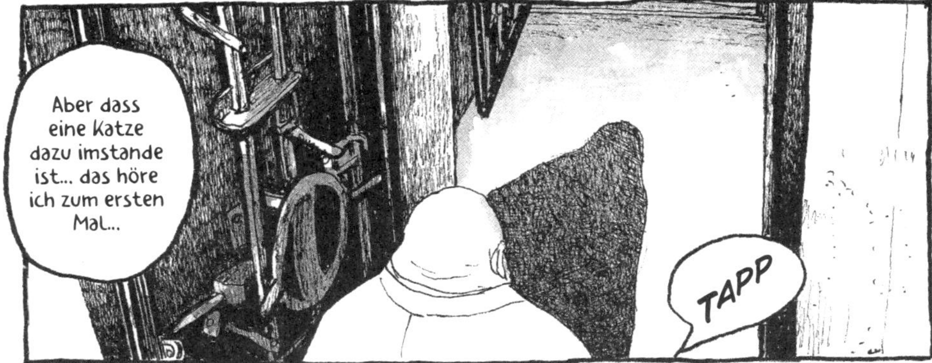
Aber dass eine Katze dazu imstande ist... das höre ich zum ersten Mal...
TAPP

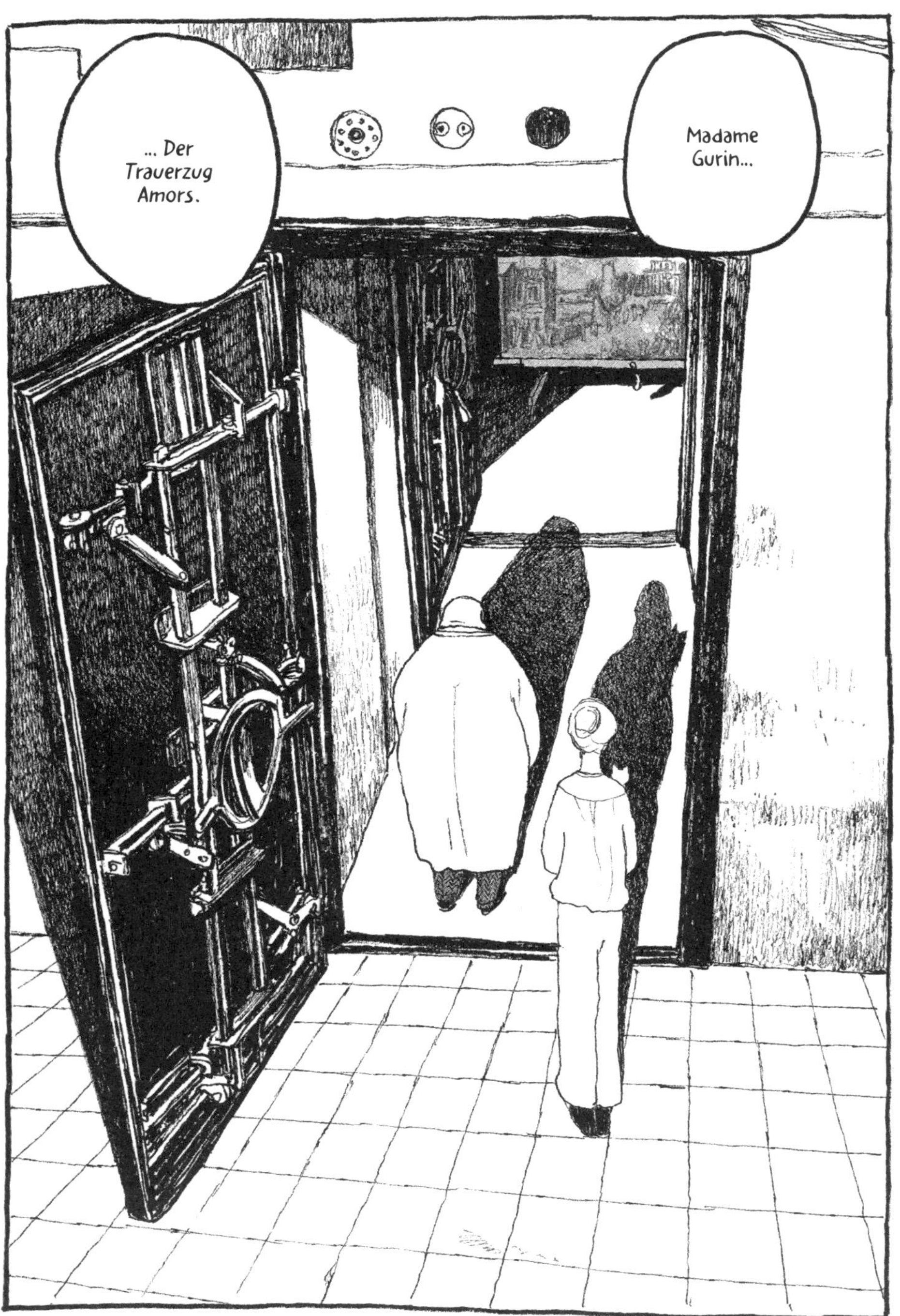
… Der Trauerzug Amors.
Madame Gurin…

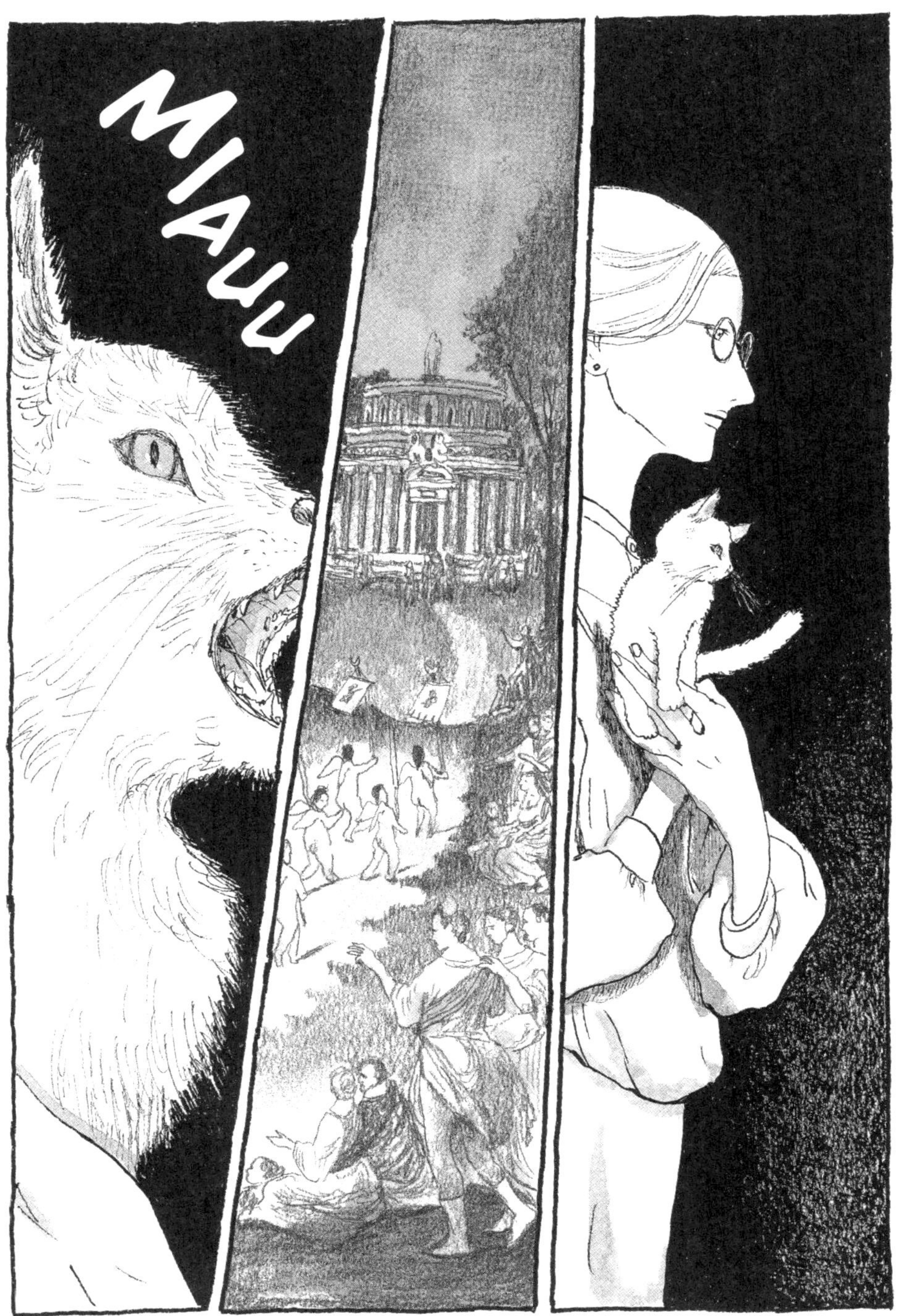
MIAUU

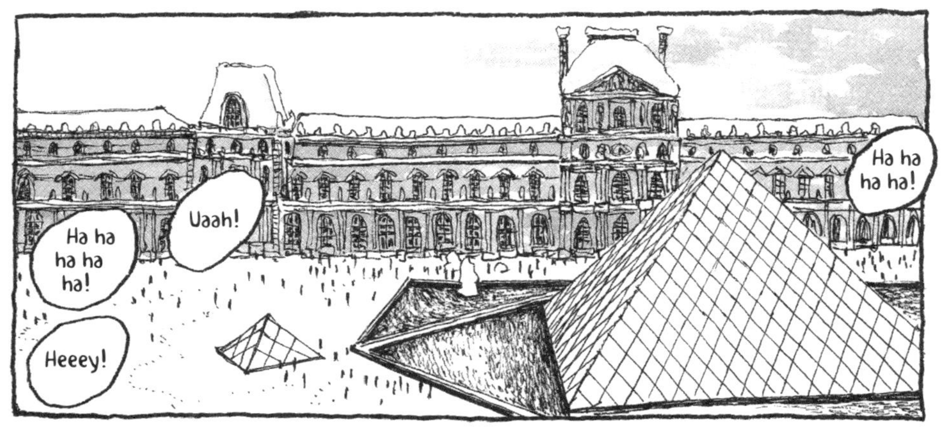
Heeey!
Ha ha ha ha ha!
Uaah!
Ha ha ha ha!

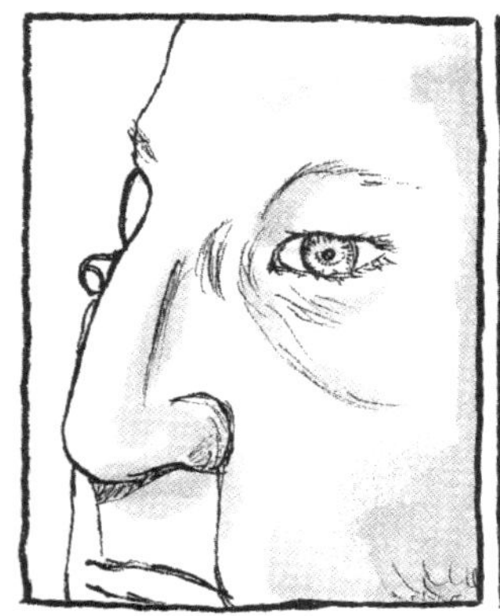

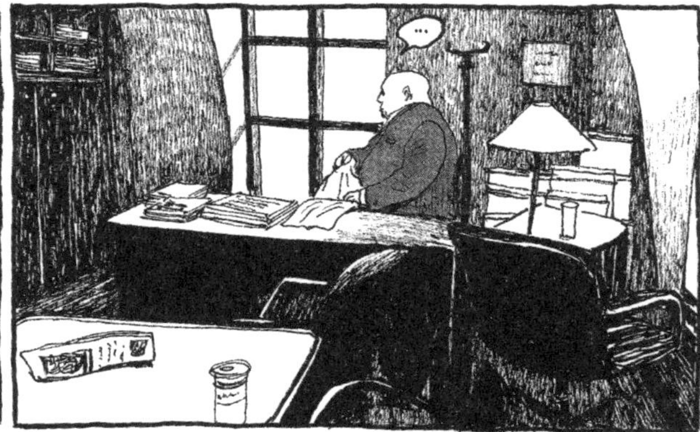
...

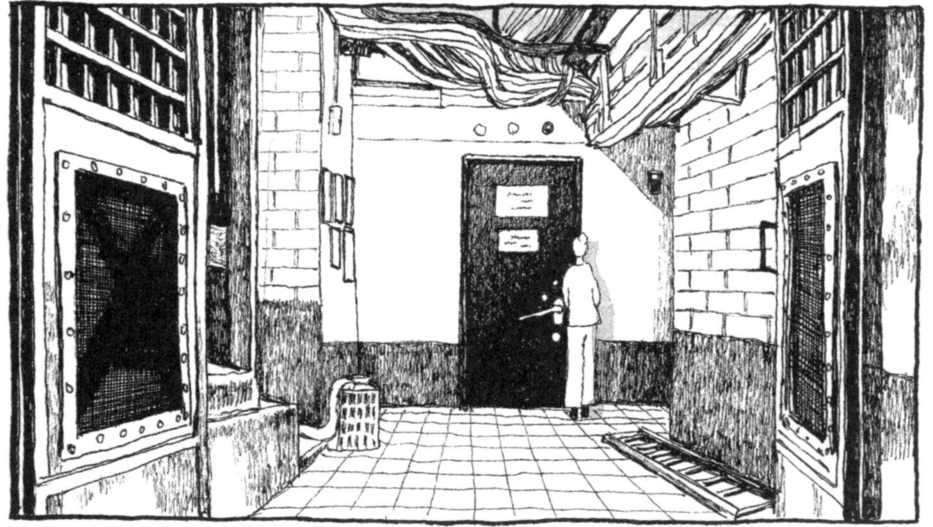

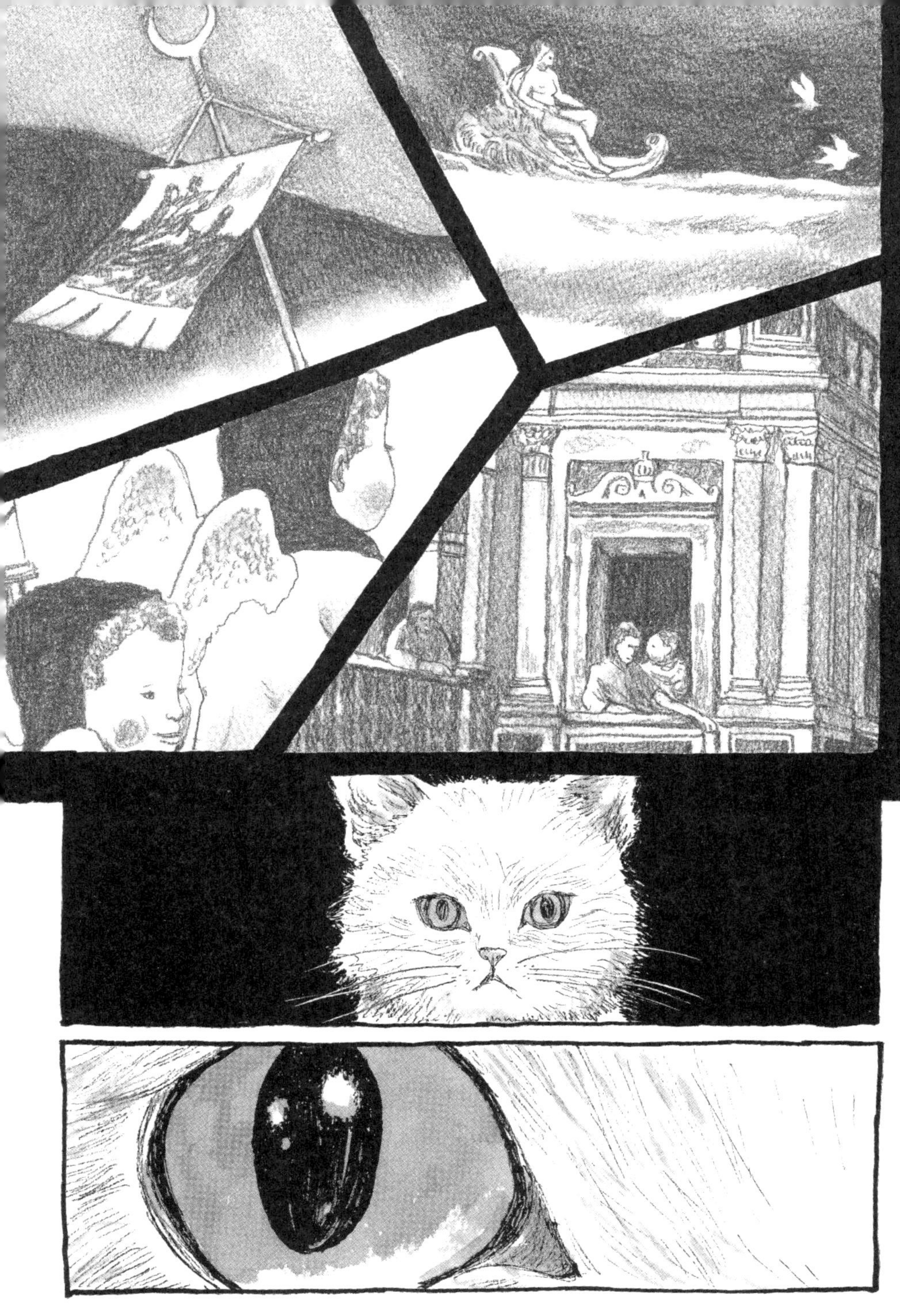

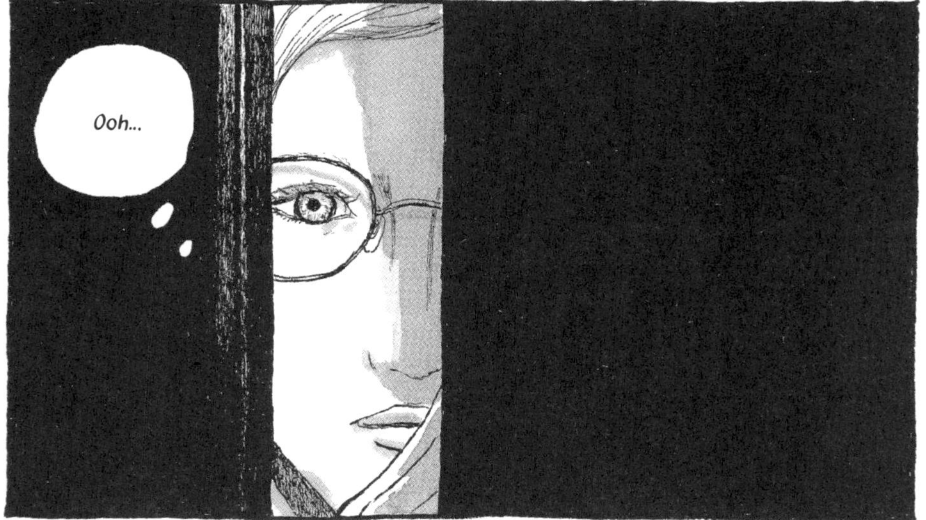
Ooh...

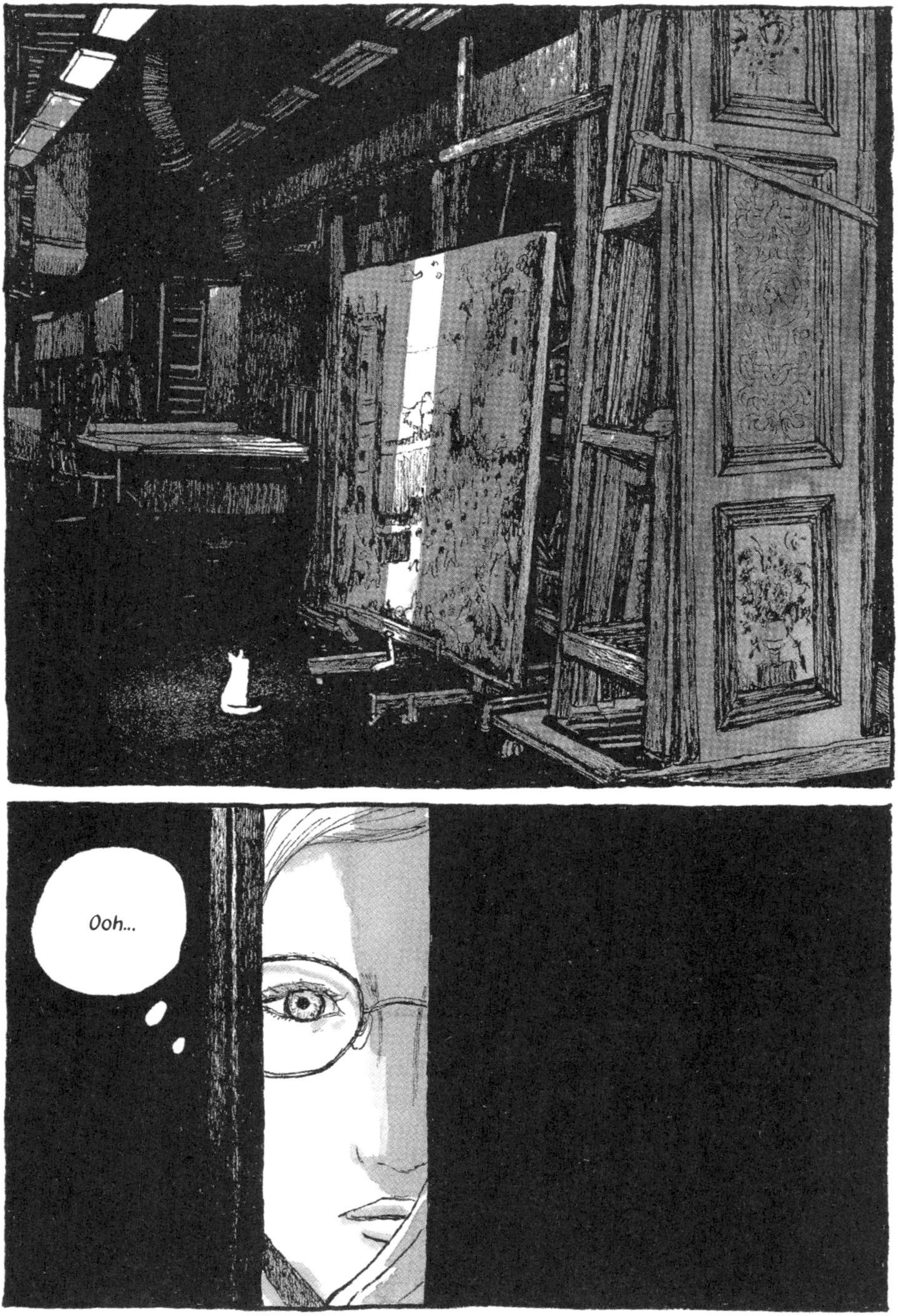

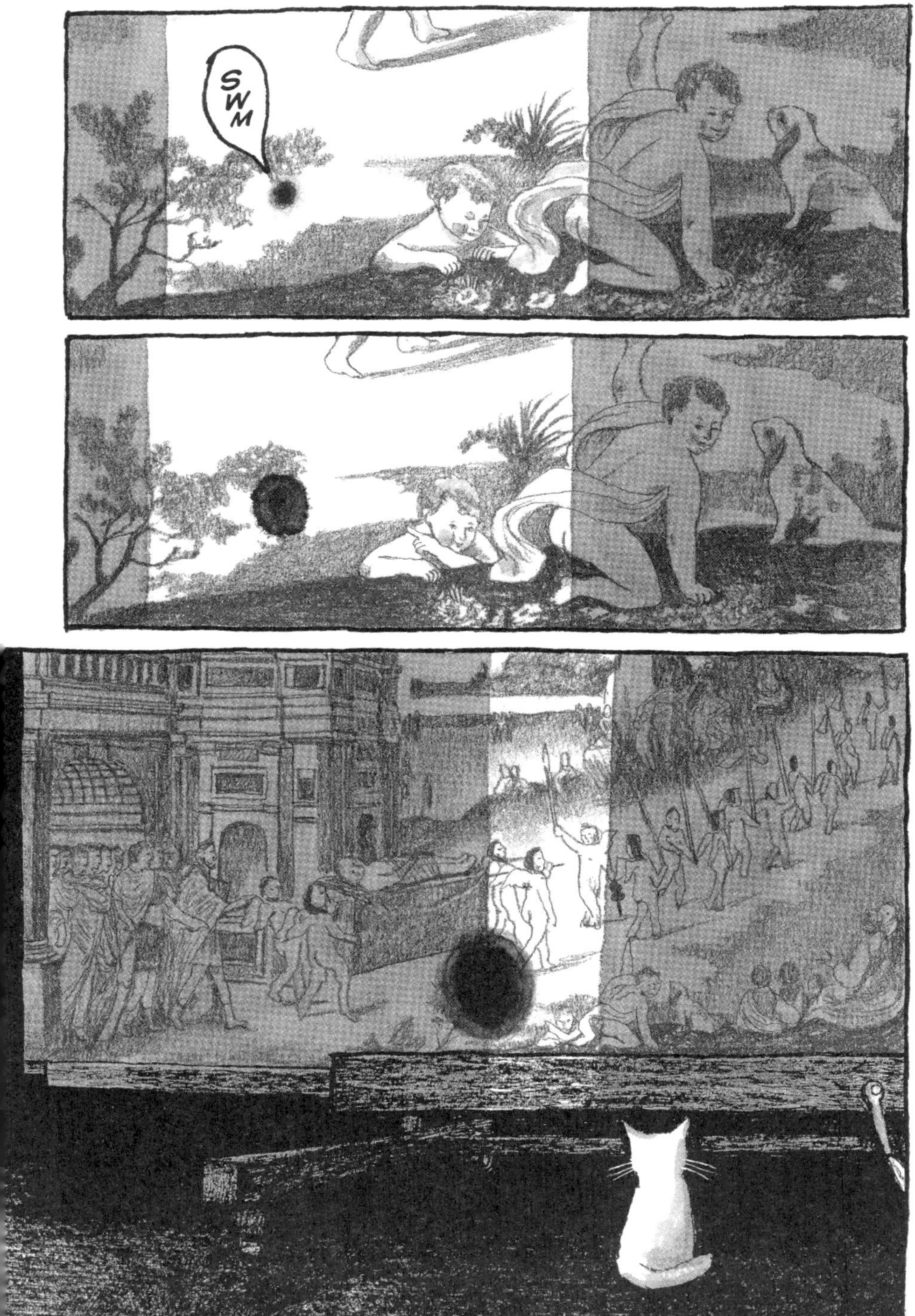

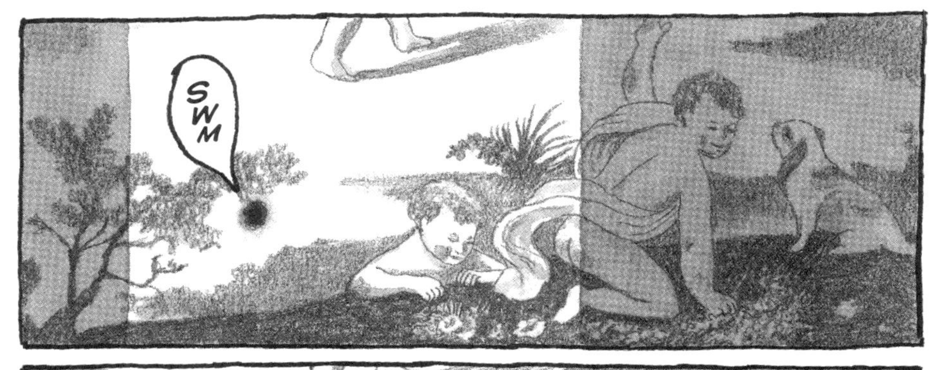
SWM

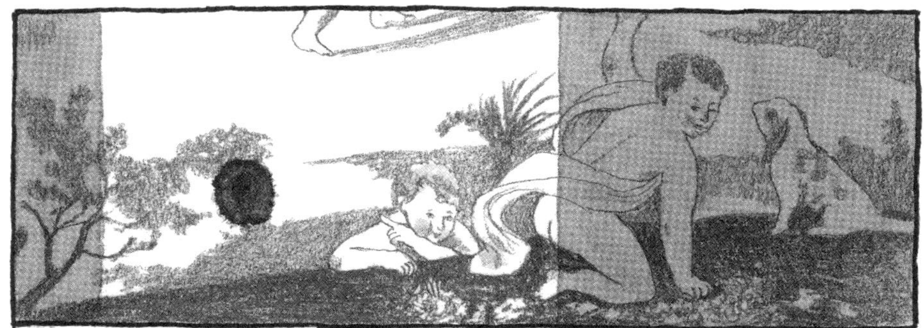

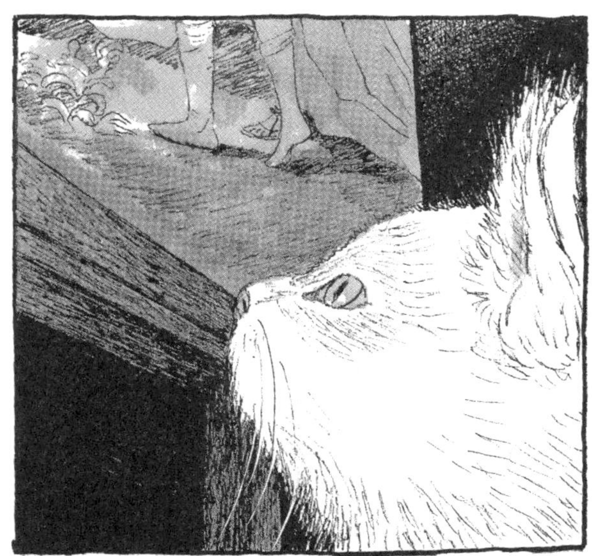

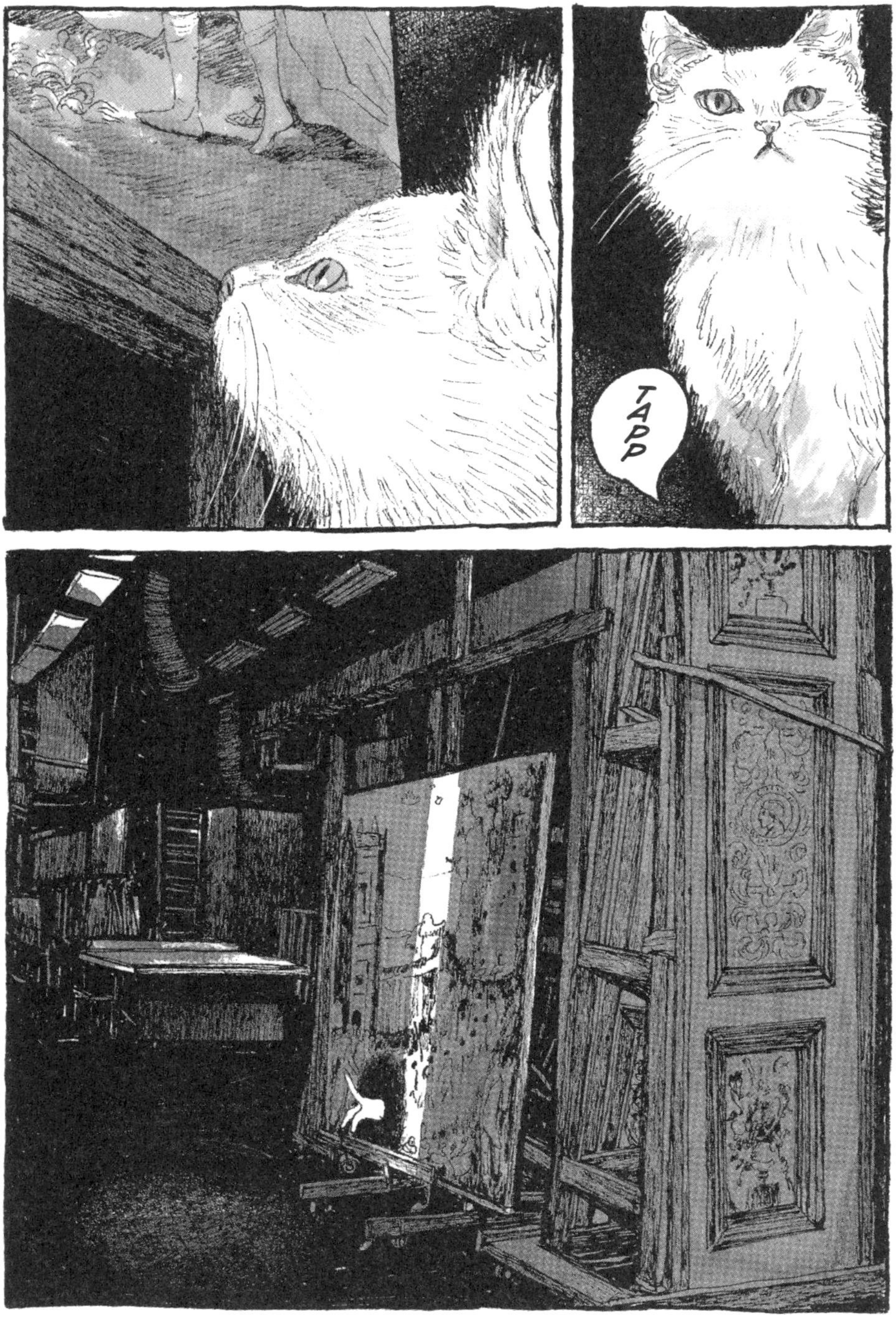

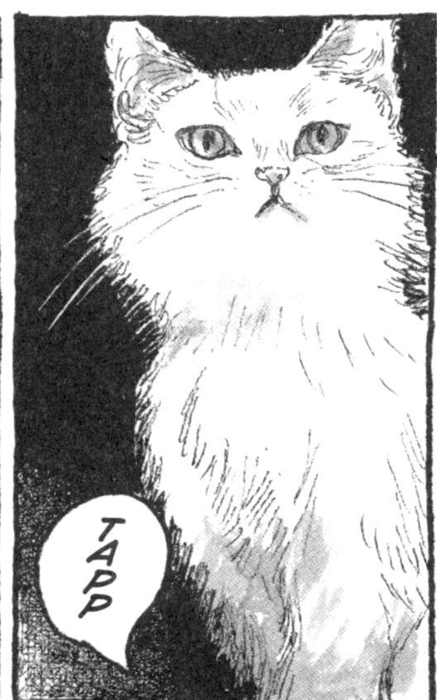
TAPP

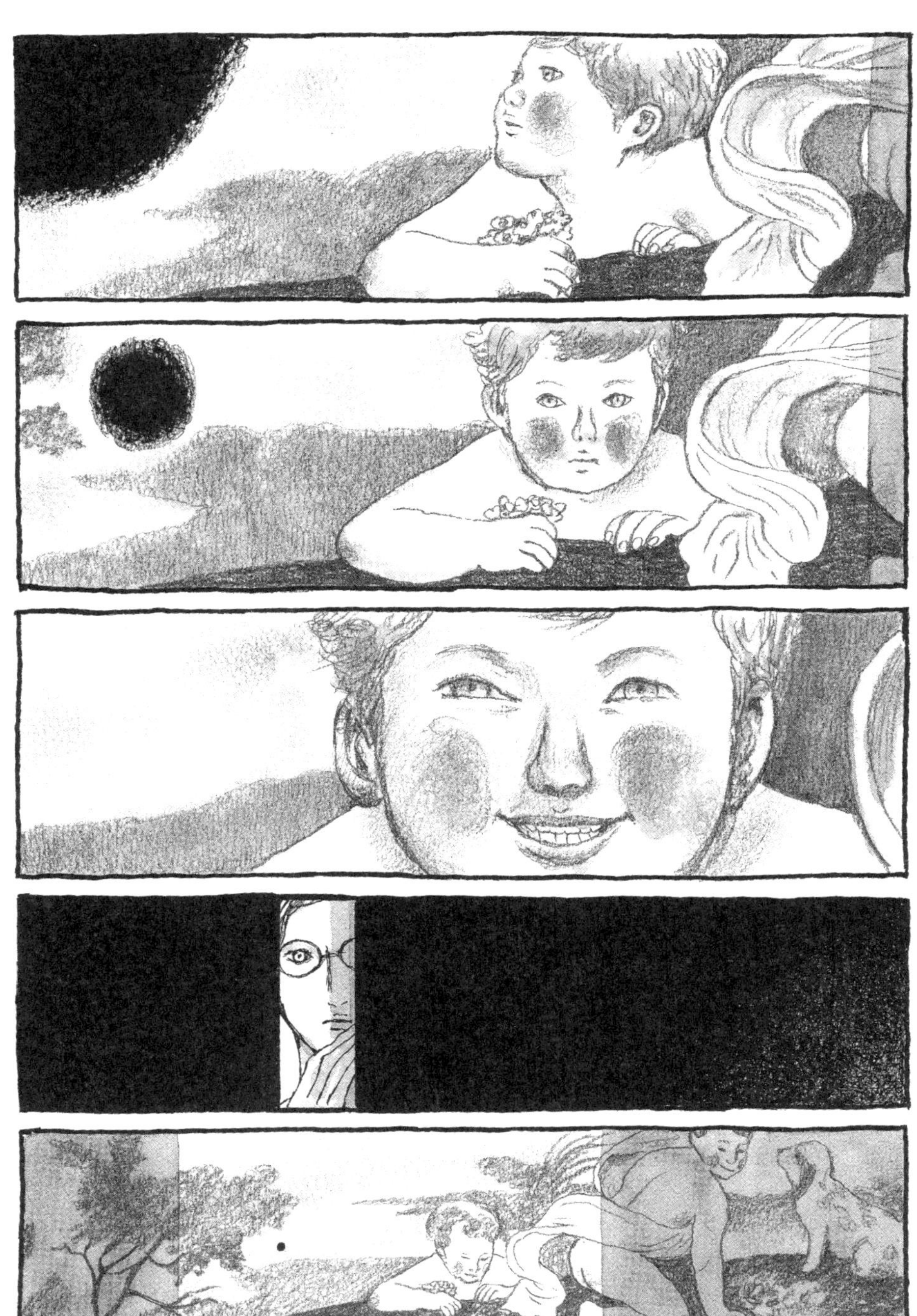

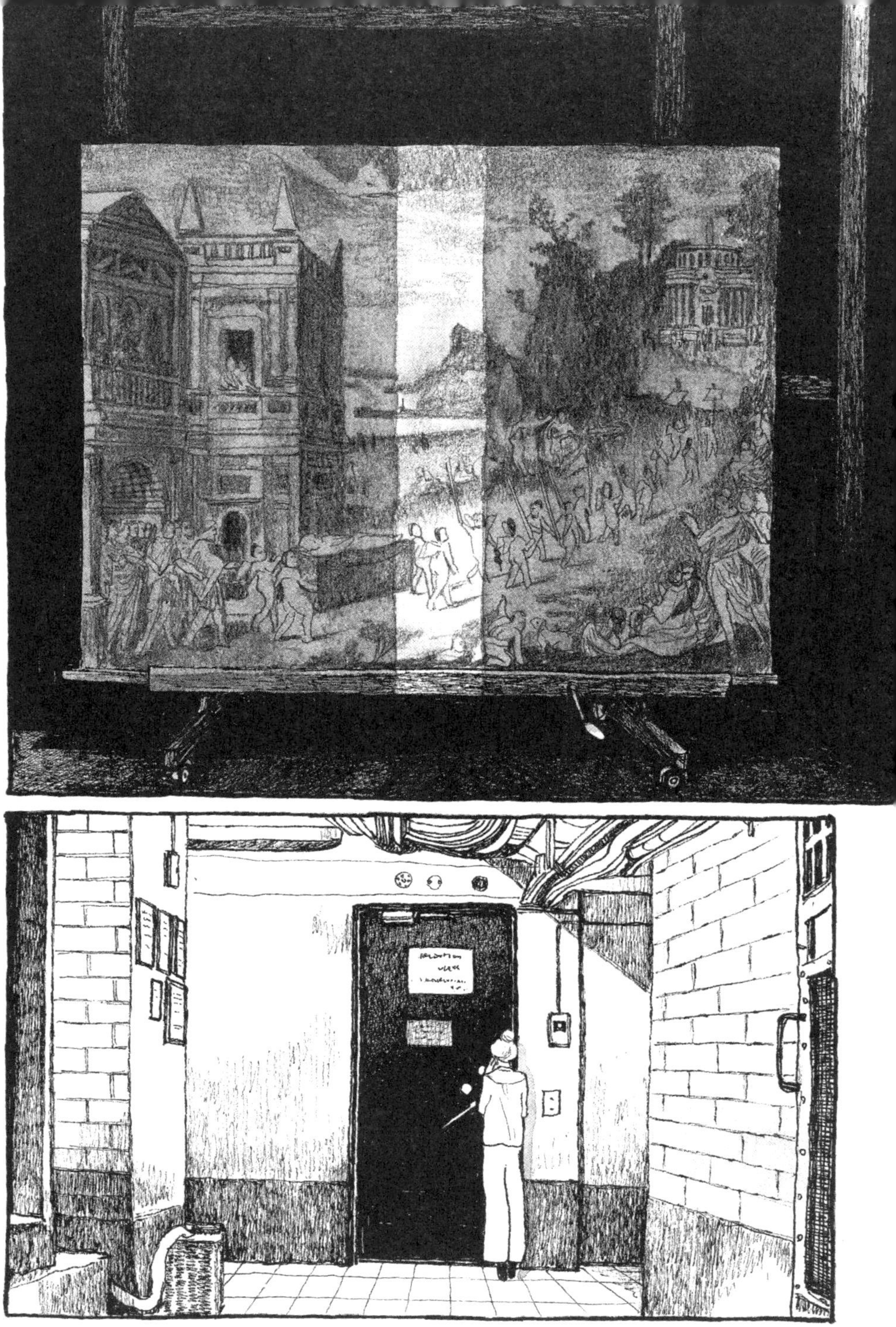

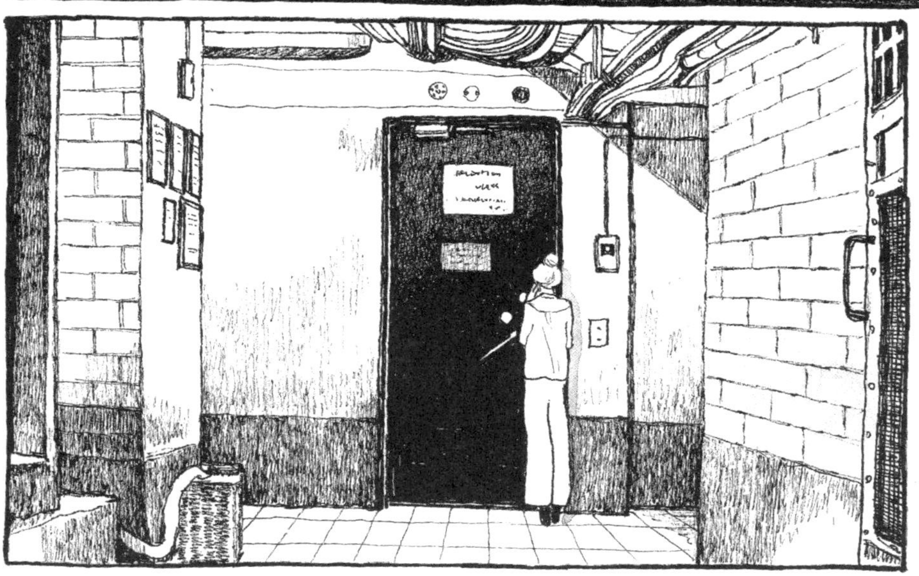

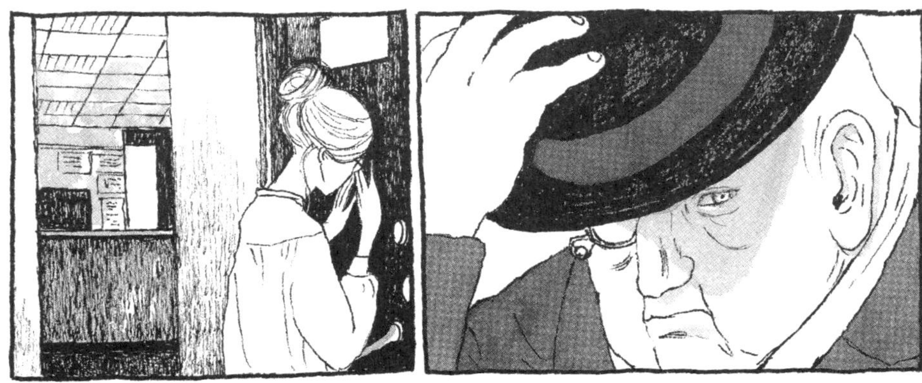

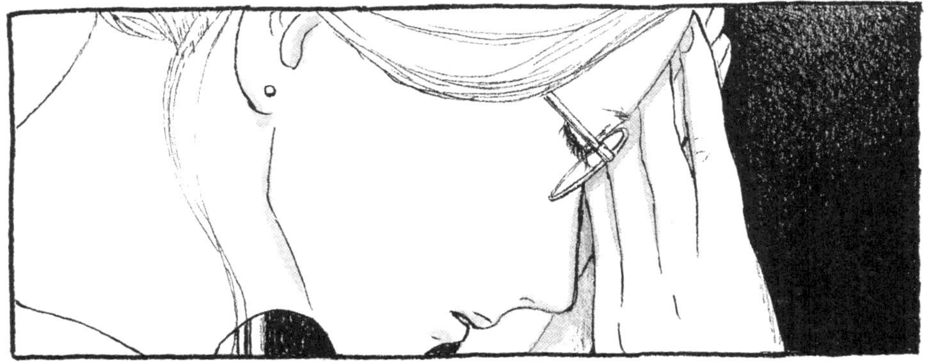

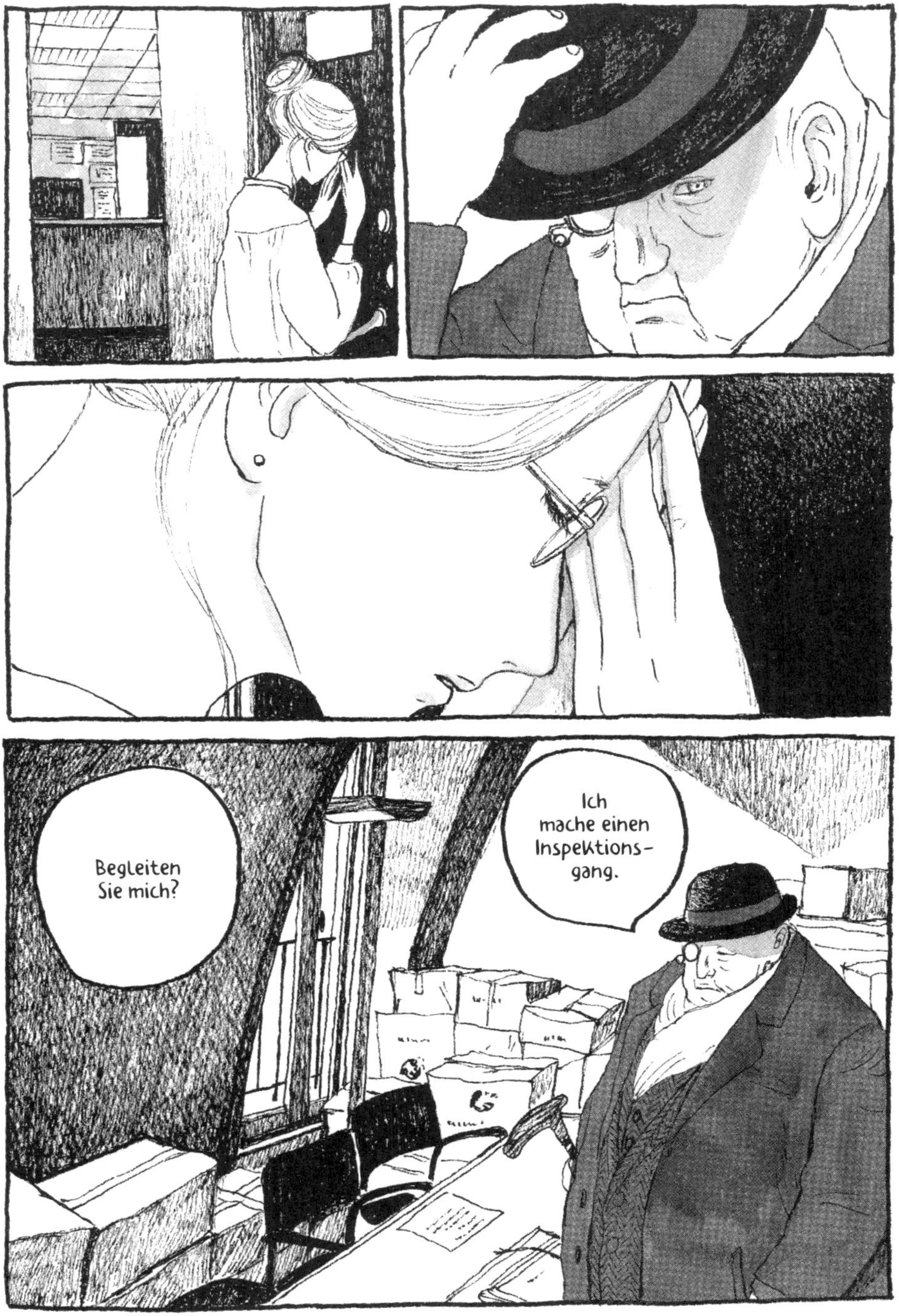

Ich mache einen Inspektions-gang.

Begleiten Sie mich?

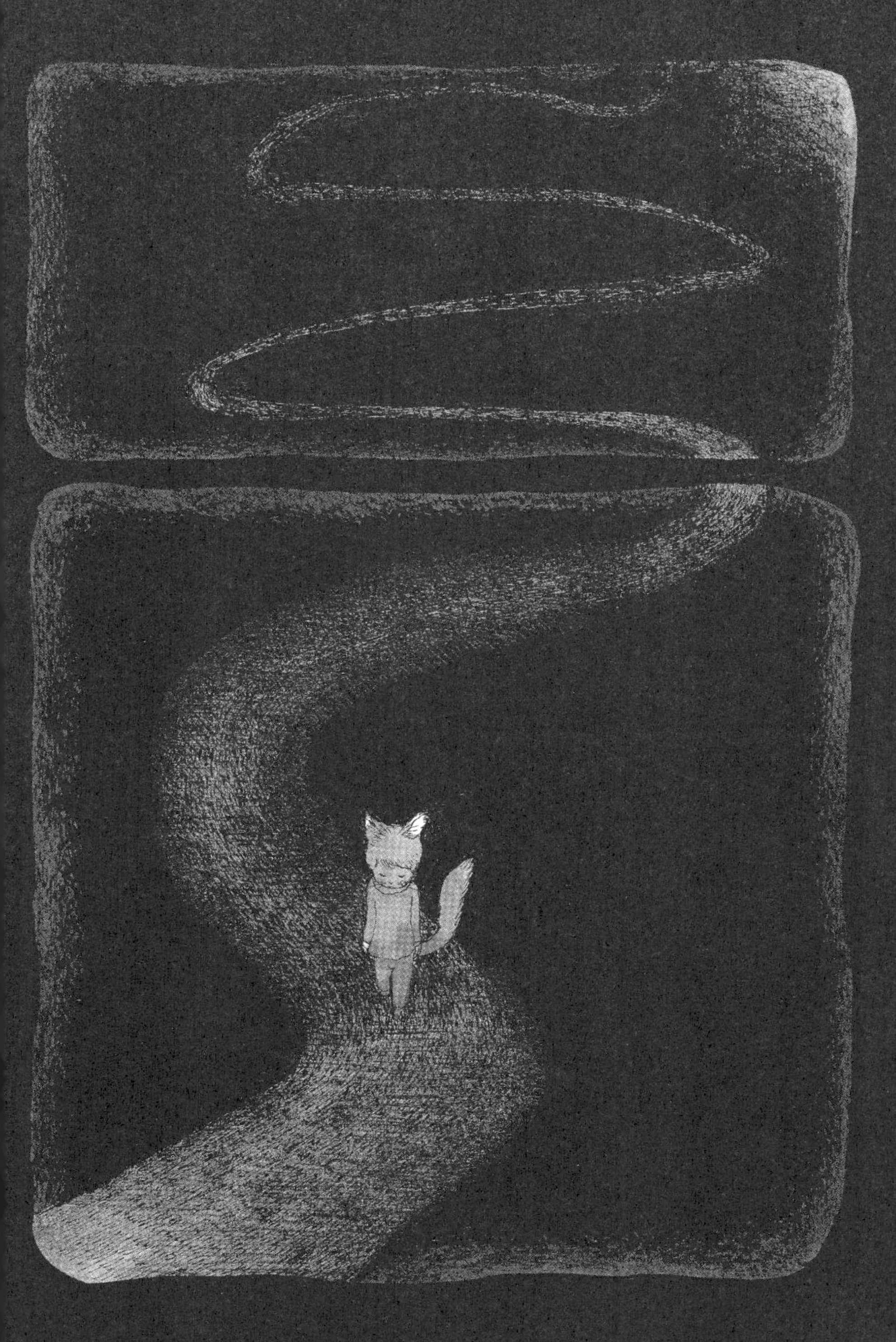

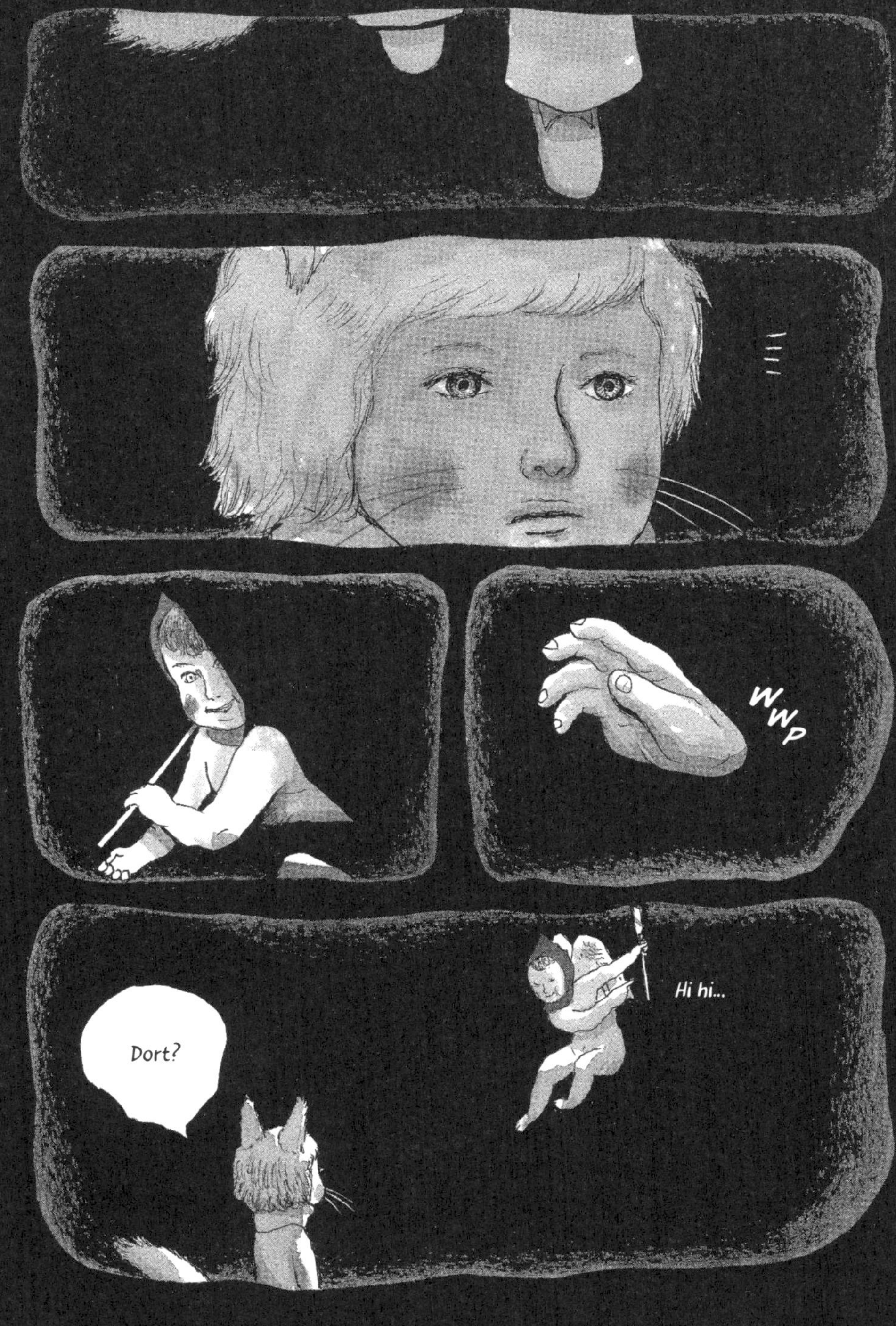
WWP
Dort?
Hi hi...

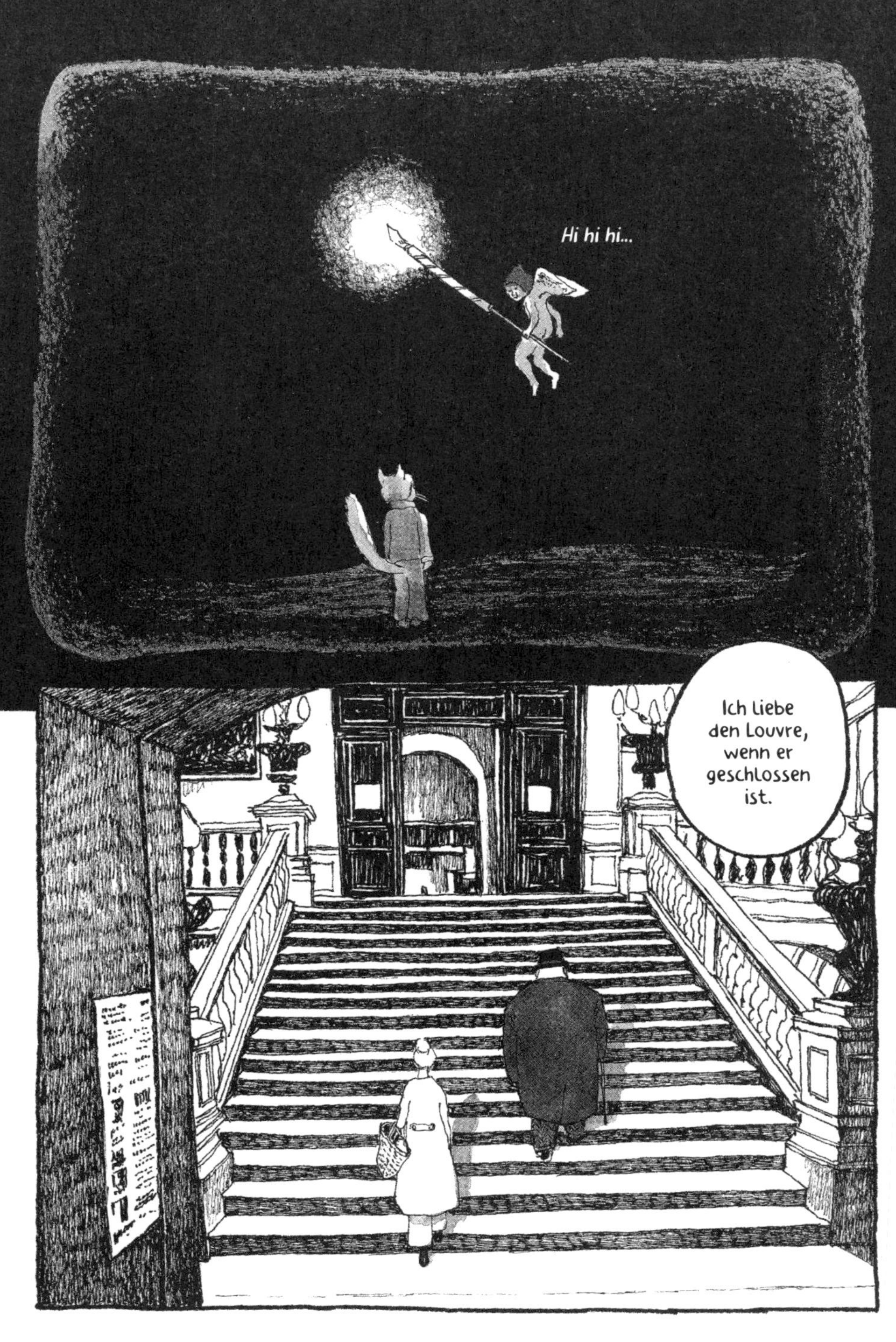
Hi hi hi...
Ich liebe den Louvre, wenn er geschlossen ist.

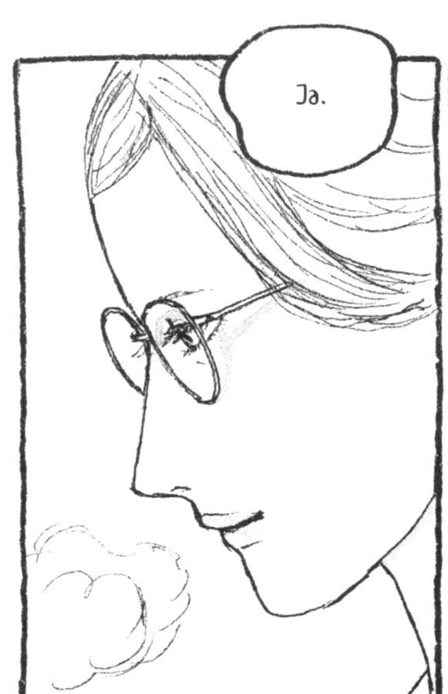
Ja.

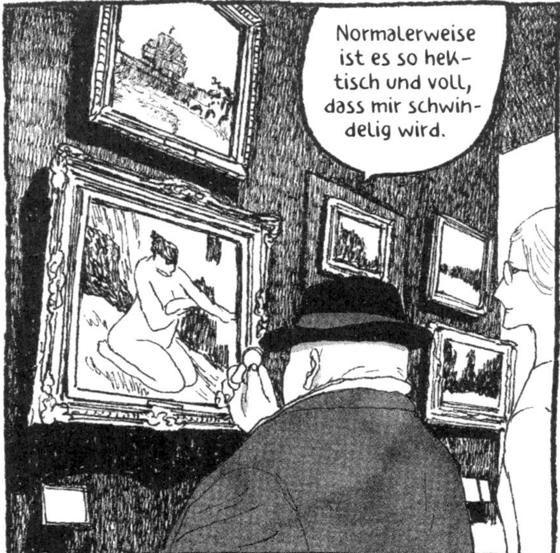
Normalerweise ist es so hek- tisch und voll, dass mir schwin- delig wird.

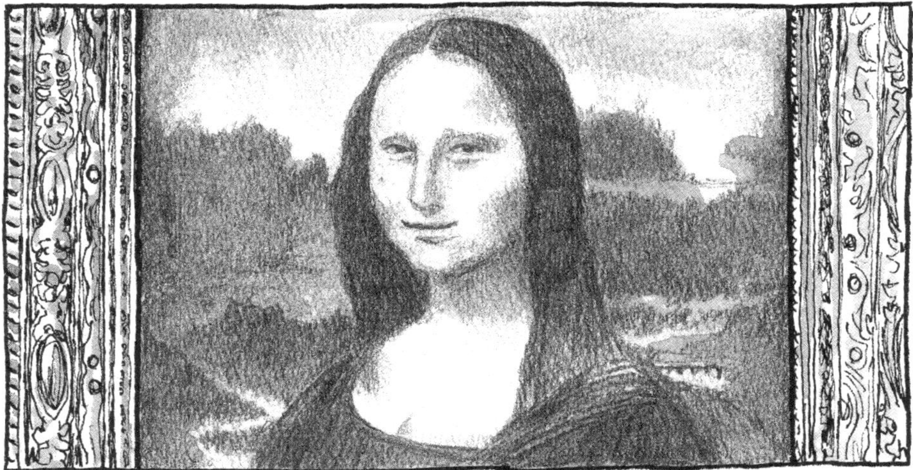

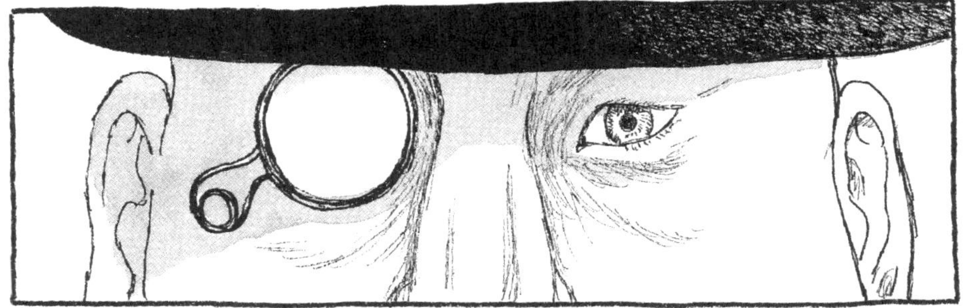

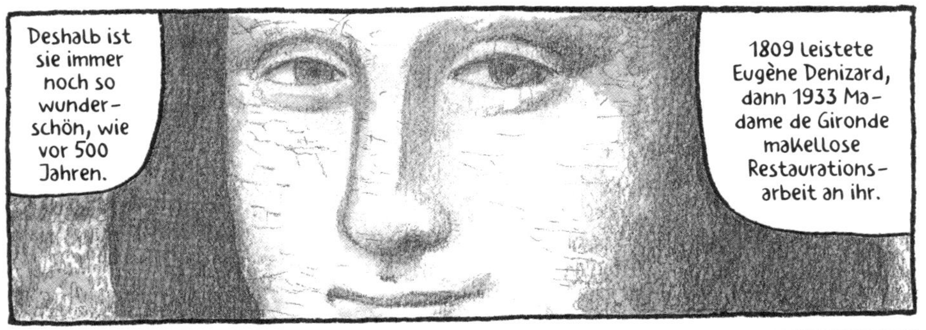
Deshalb ist sie immer noch so wunder-schön, wie vor 500 Jahren.
1809 leistete Eugène Denizard, dann 1933 Ma-dame de Gironde makellose Restaurations-arbeit an ihr.

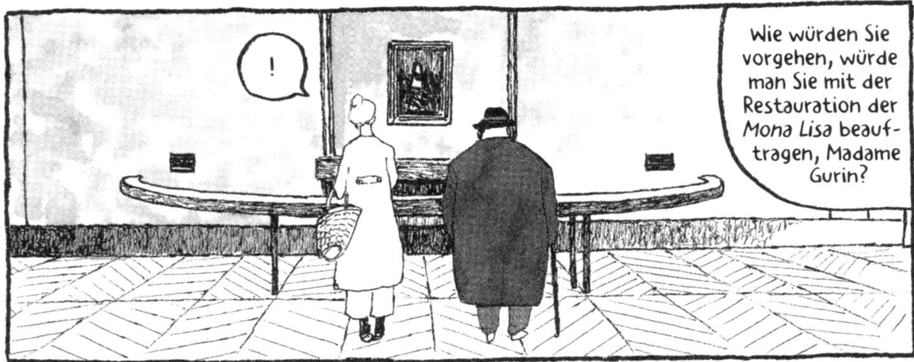
!
Wie würden Sie vorgehen, würde man Sie mit der Restauration der *Mona Lisa* beauf-tragen, Madame Gurin?

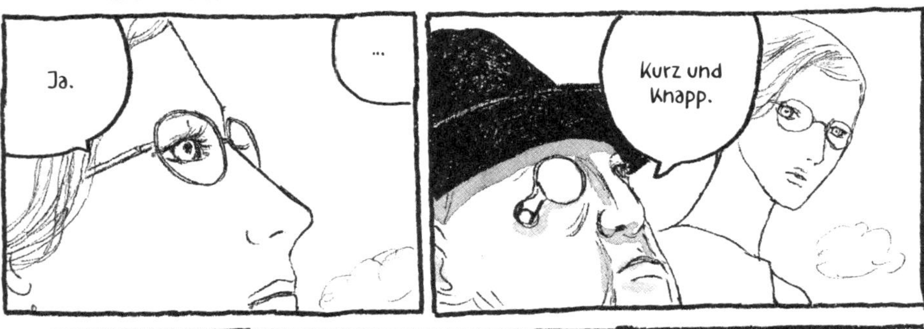
...
Ja.
Kurz und knapp.

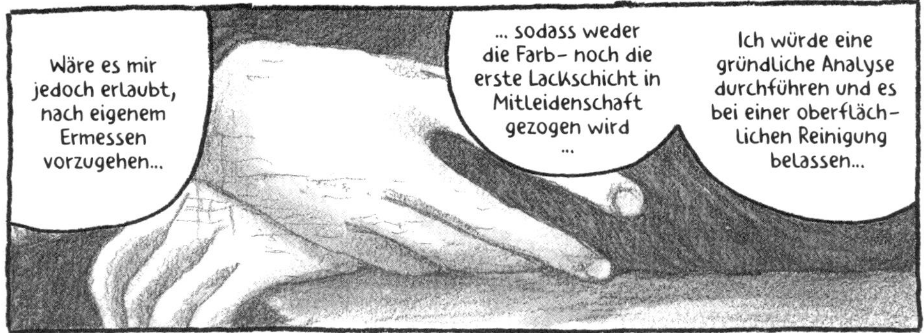
Ich würde eine gründliche Analyse durchführen und es bei einer oberfläch-lichen Reinigung belassen...
... sodass weder die Farb- noch die erste Lackschicht in Mitleidenschaft gezogen wird ...
Wäre es mir jedoch erlaubt, nach eigenem Ermessen vorzugehen...

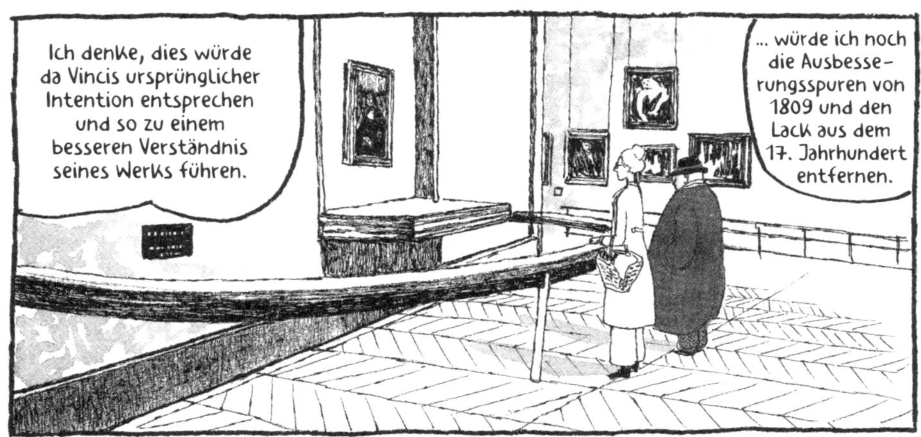
Ich denke, dies würde da Vincis ursprünglicher Intention entsprechen und so zu einem besseren Verständnis seines Werks führen.
... würde ich noch die Ausbesserungsspuren von 1809 und den Lack aus dem 17. Jahrhundert entfernen.

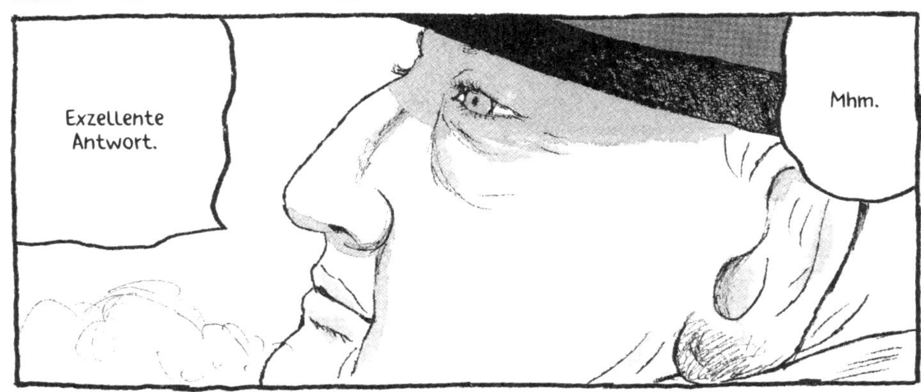
Exzellente Antwort.
Mhm.

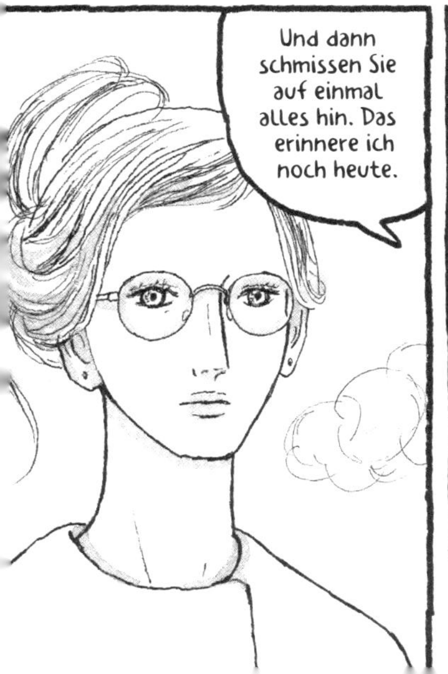
Und dann schmissen Sie auf einmal alles hin. Das erinnere ich noch heute.

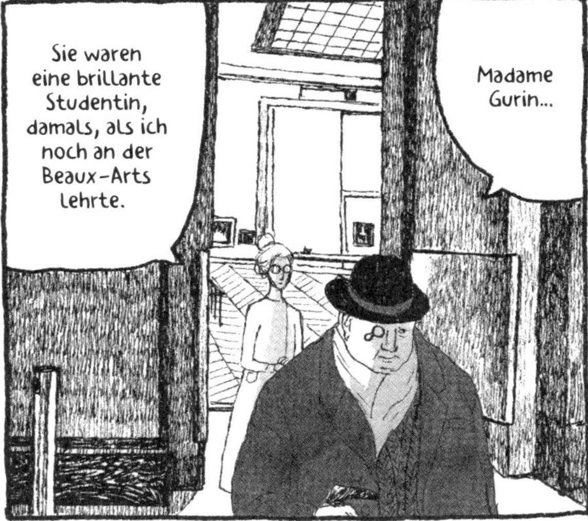
Sie waren eine brillante Studentin, damals, als ich noch an der Beaux-Arts lehrte.
Madame Gurin...

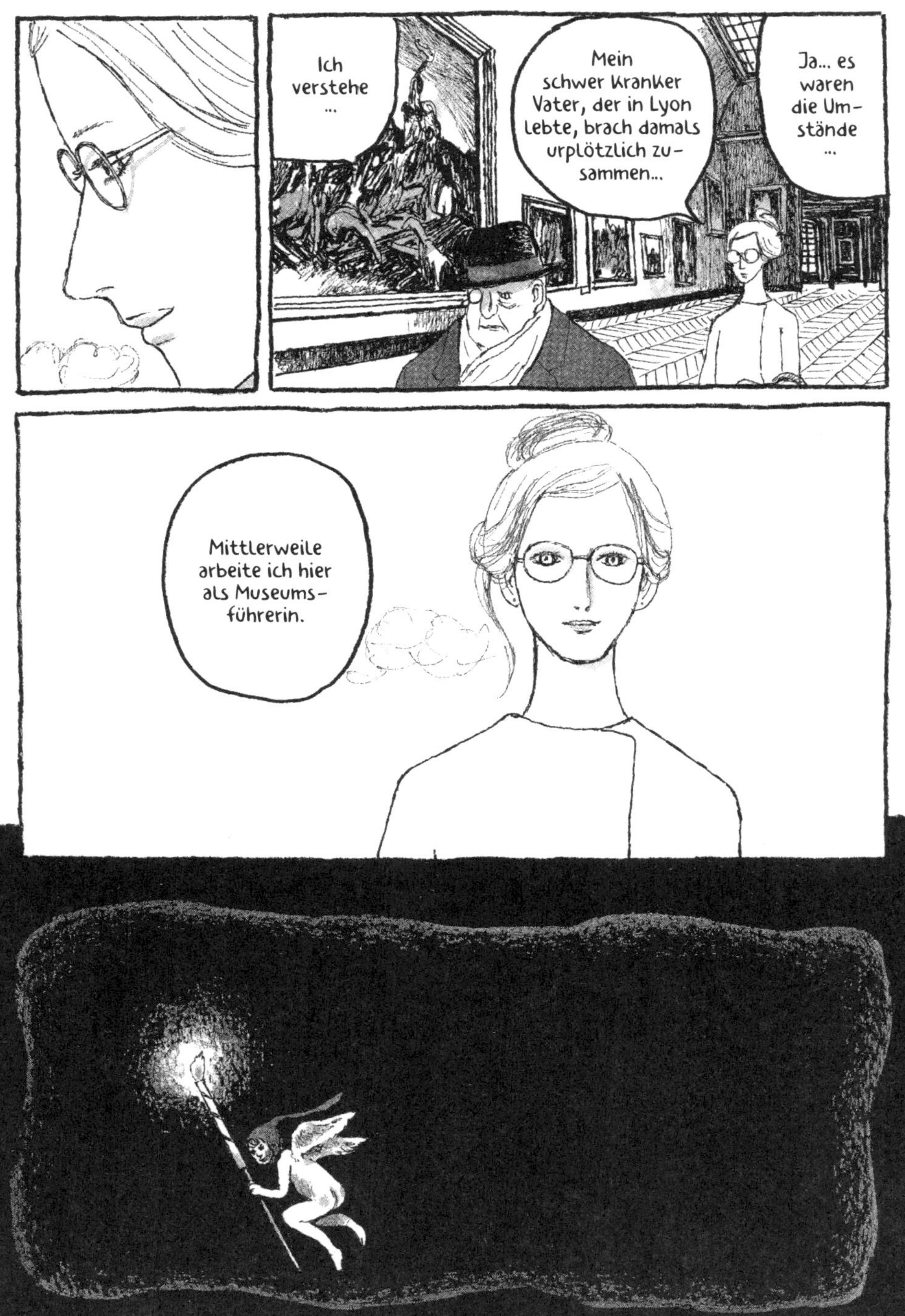
Ich verstehe ...
Mein schwer kranker Vater, der in Lyon lebte, brach damals urplötzlich zusammen...
Ja... es waren die Umstände ...
Mittlerweile arbeite ich hier als Museumsführerin.

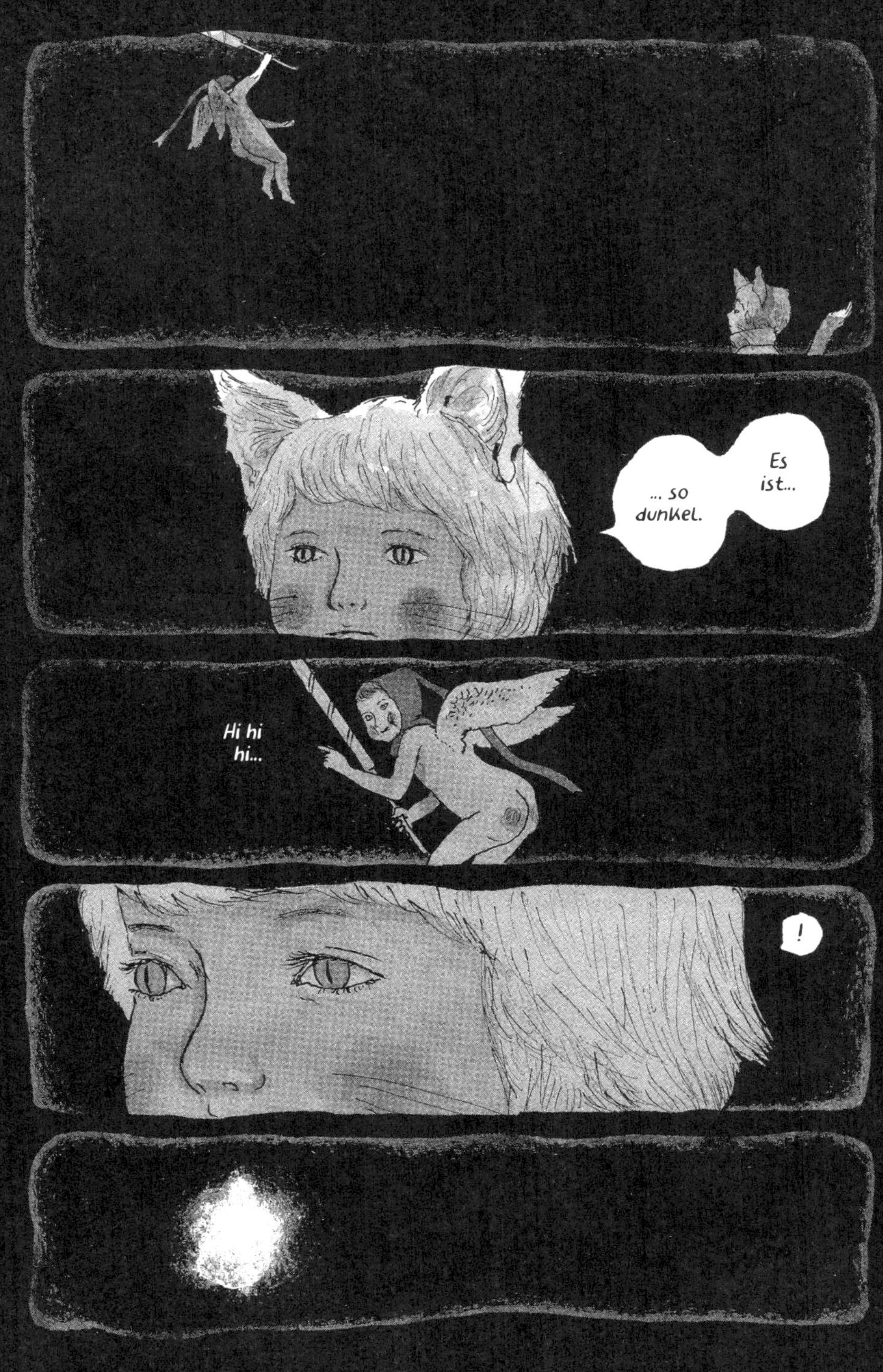
Es ist...
... so dunkel.
Hi hi hi...
!

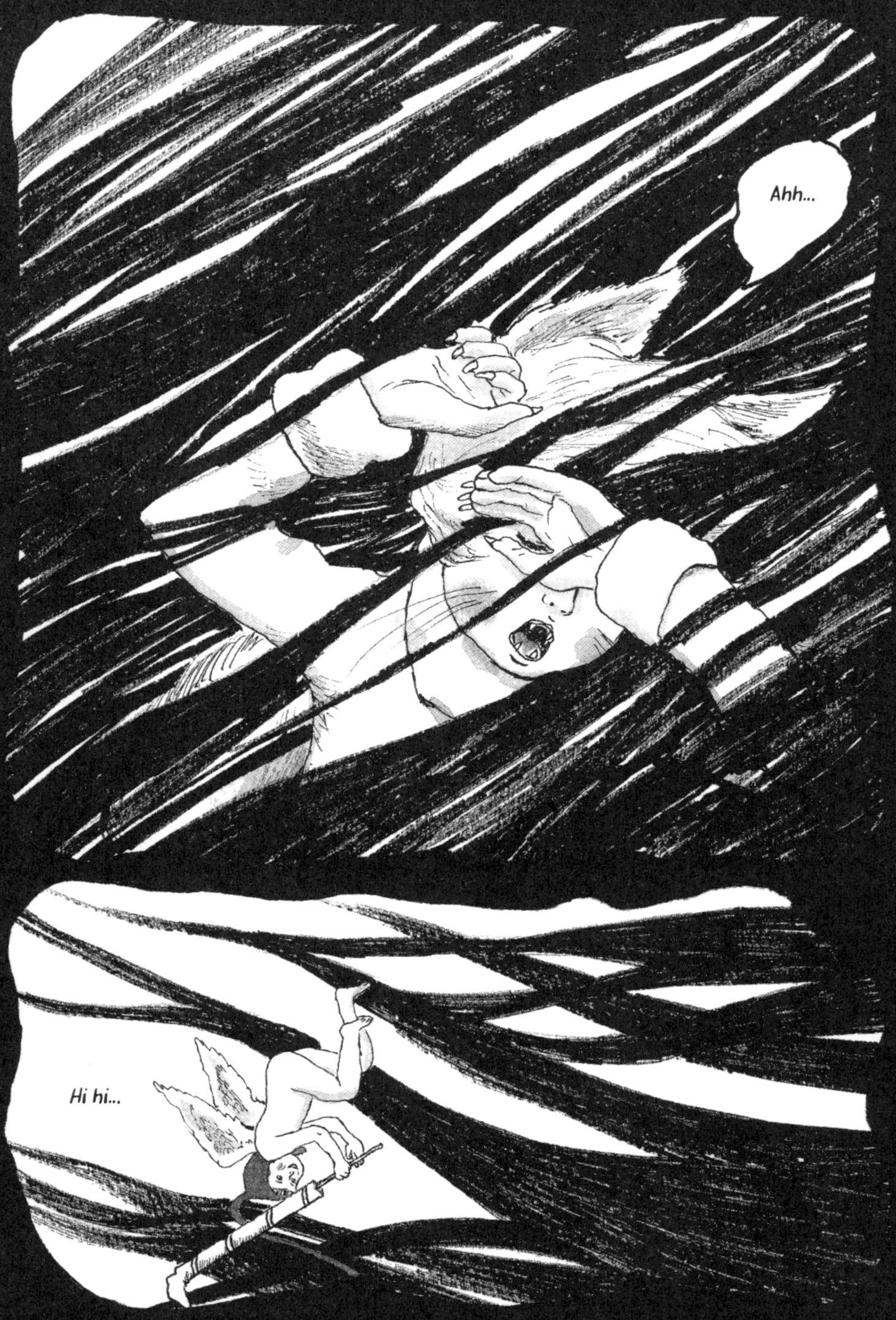
Ahh...
Hi hi...

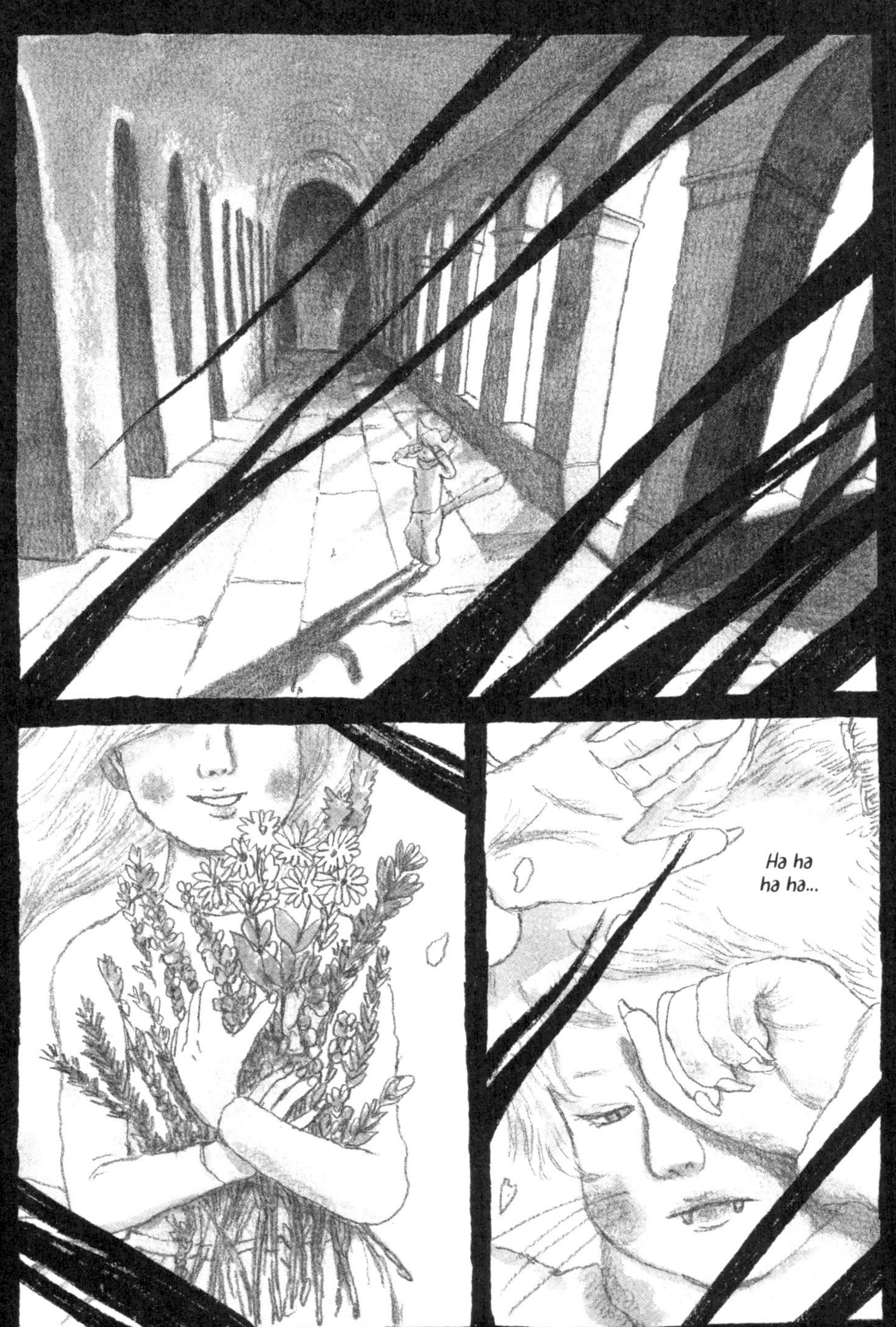
Ha ha
ha ha...

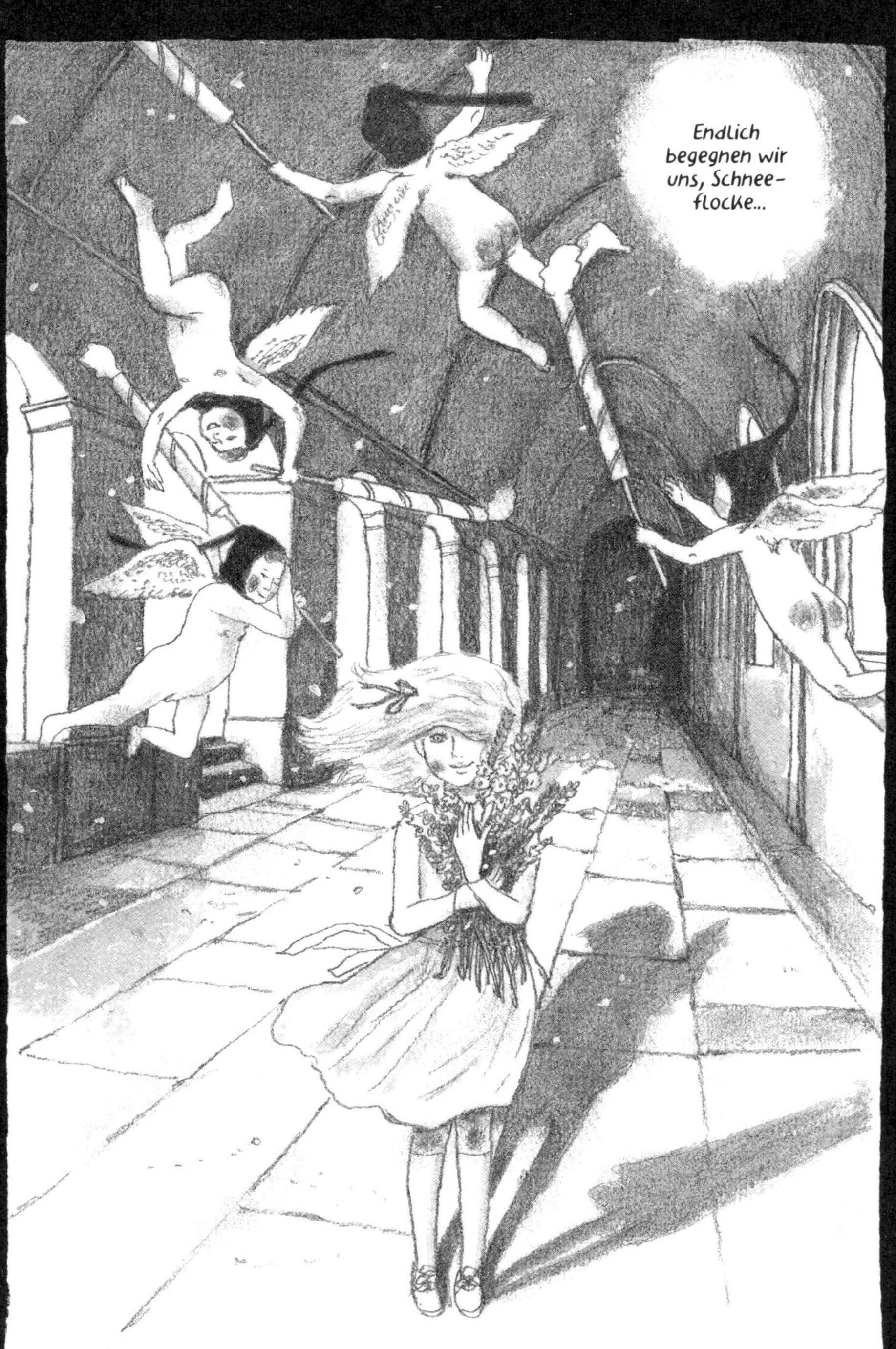
Endlich begegnen wir uns, Schnee-flocke...

Kapitel 15
DAS GEHEIMNIS VON AMORS TRAUERZUG

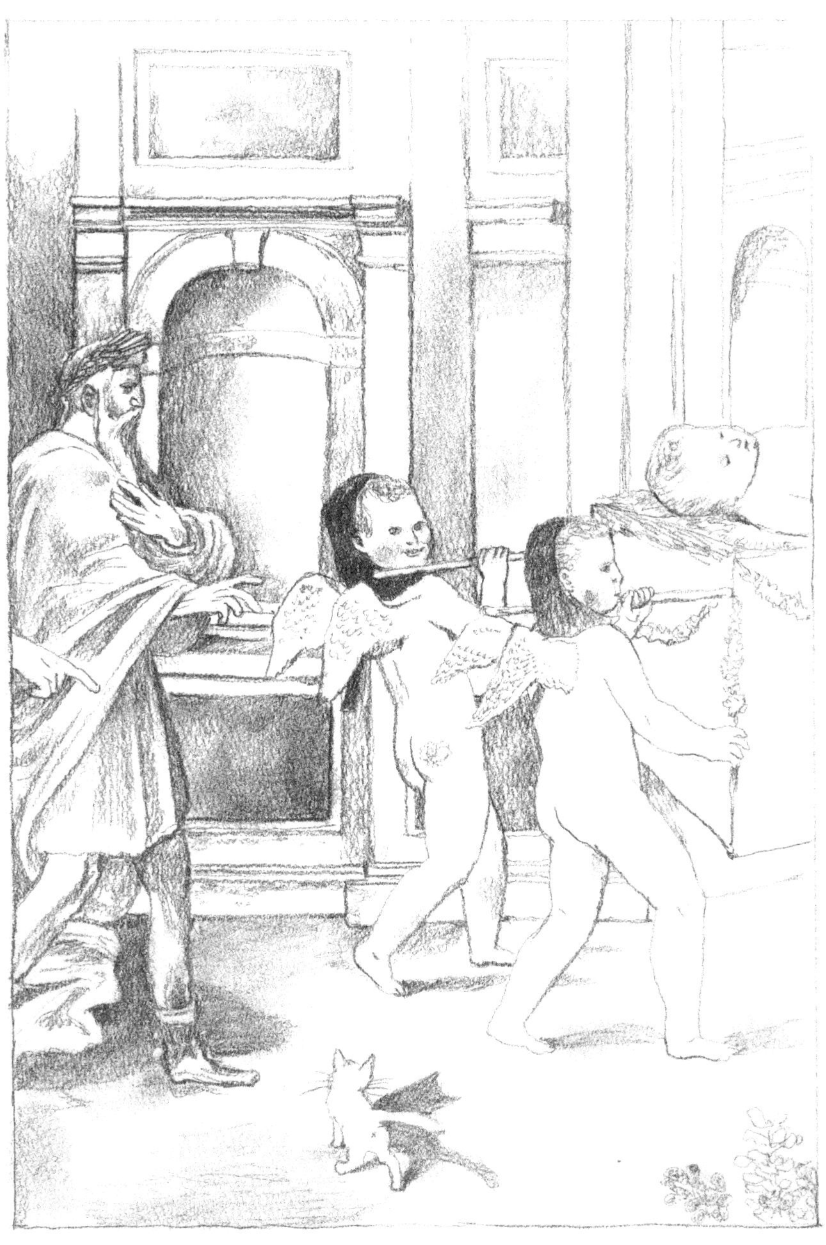

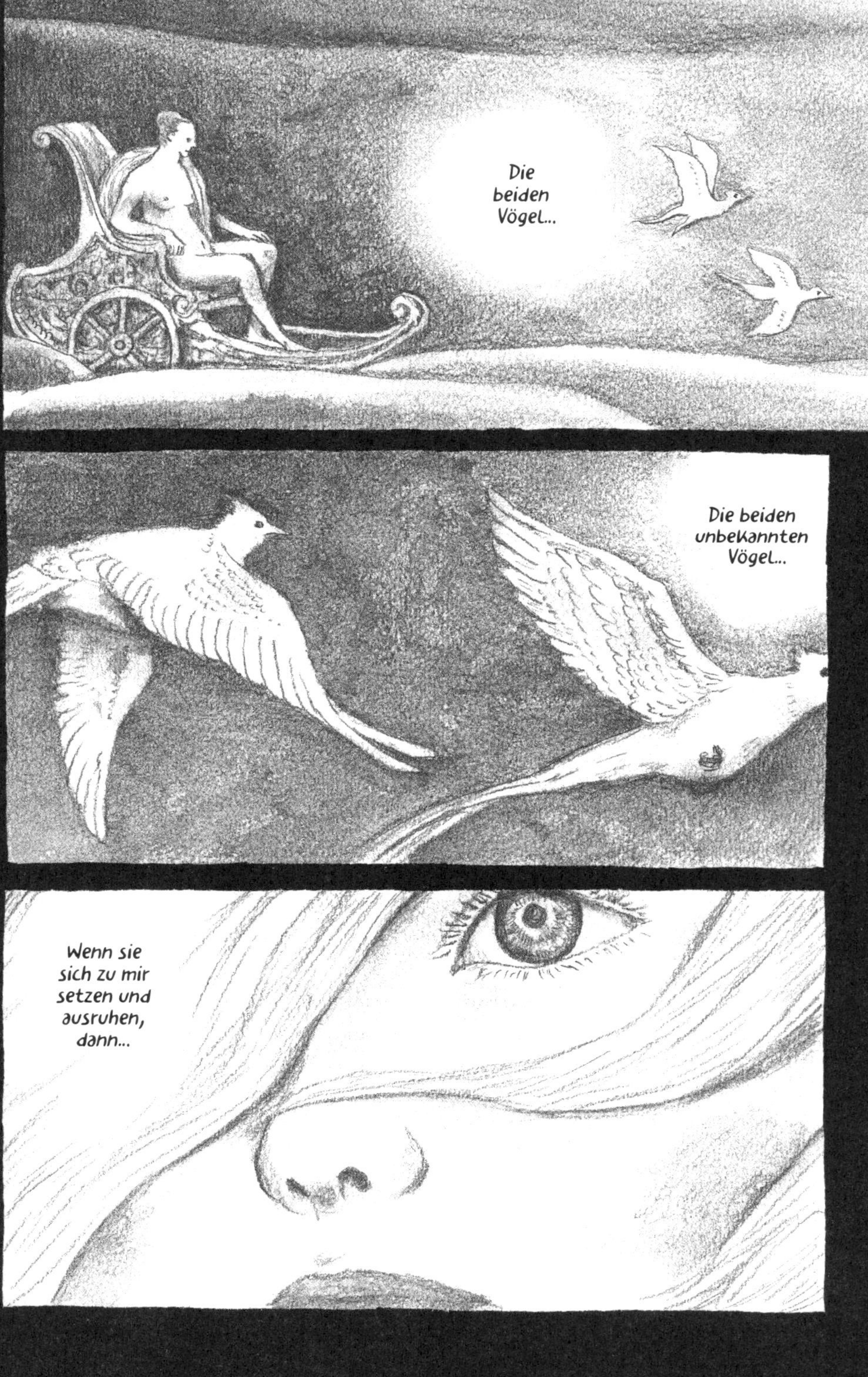
Die beiden Vögel...
Die beiden unbekannten Vögel...
Wenn sie sich zu mir setzen und ausruhen, dann...

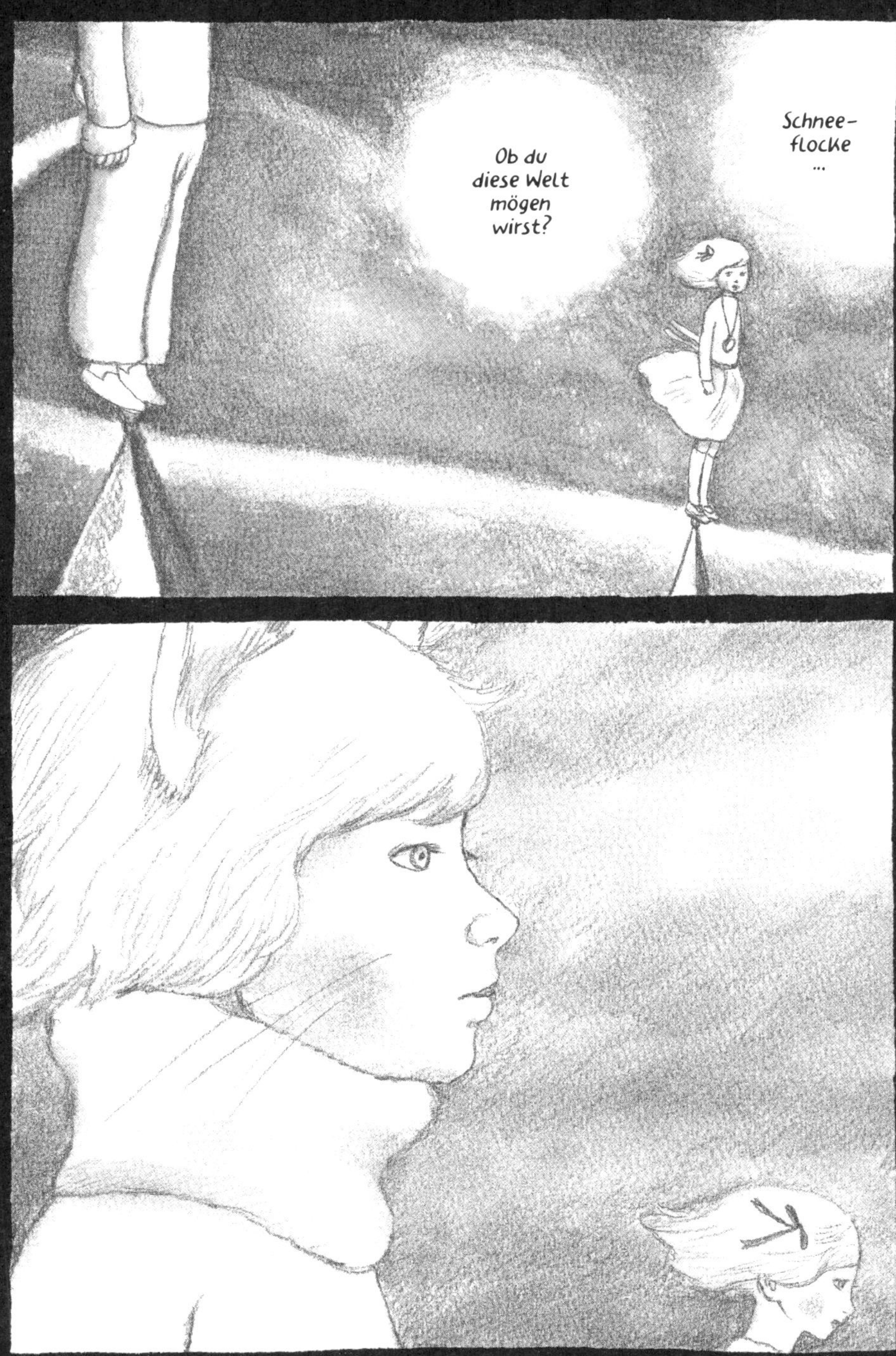
Ob du
diese Welt
mögen
wirst?
Schnee-
flocke
...

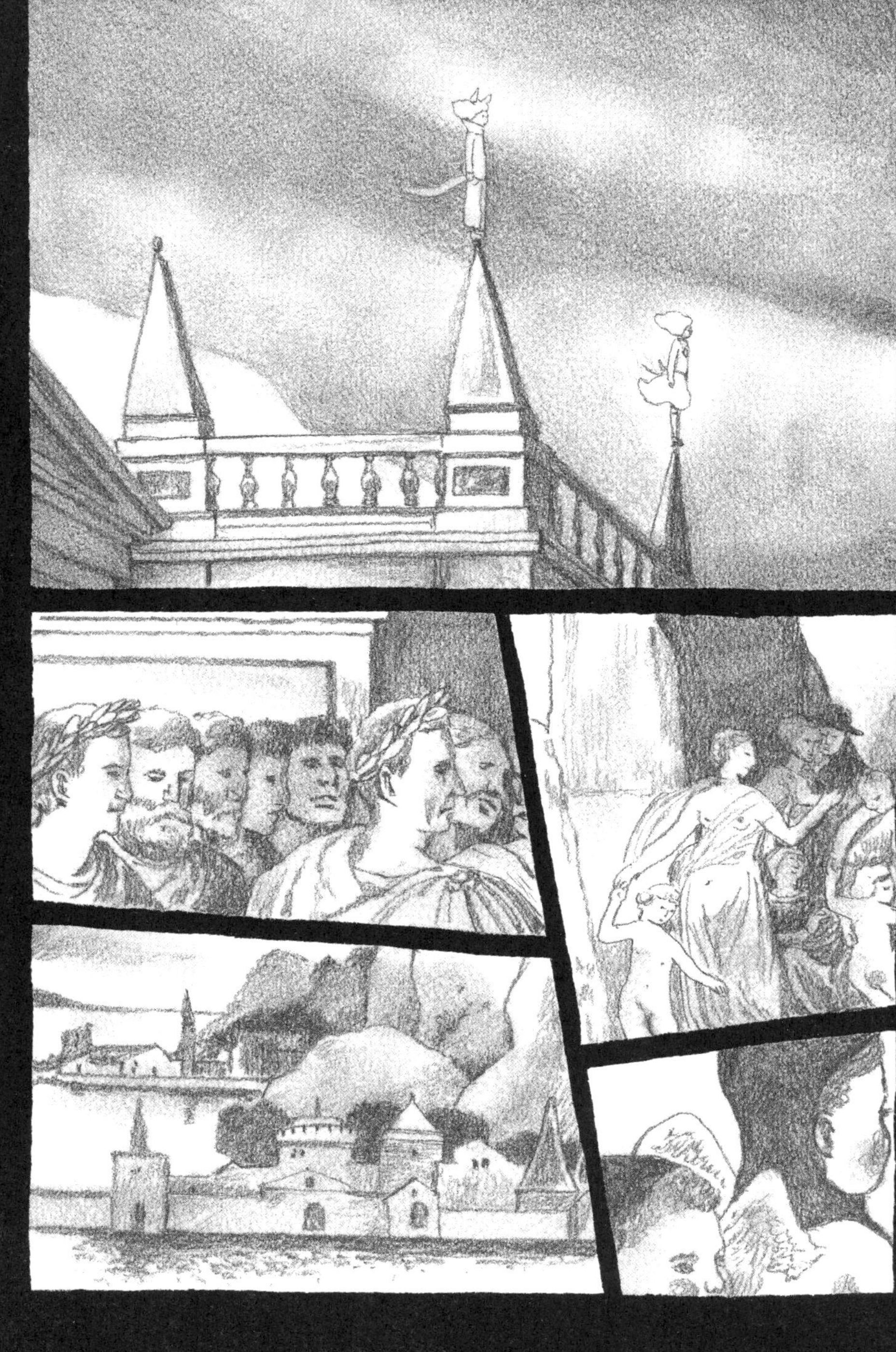

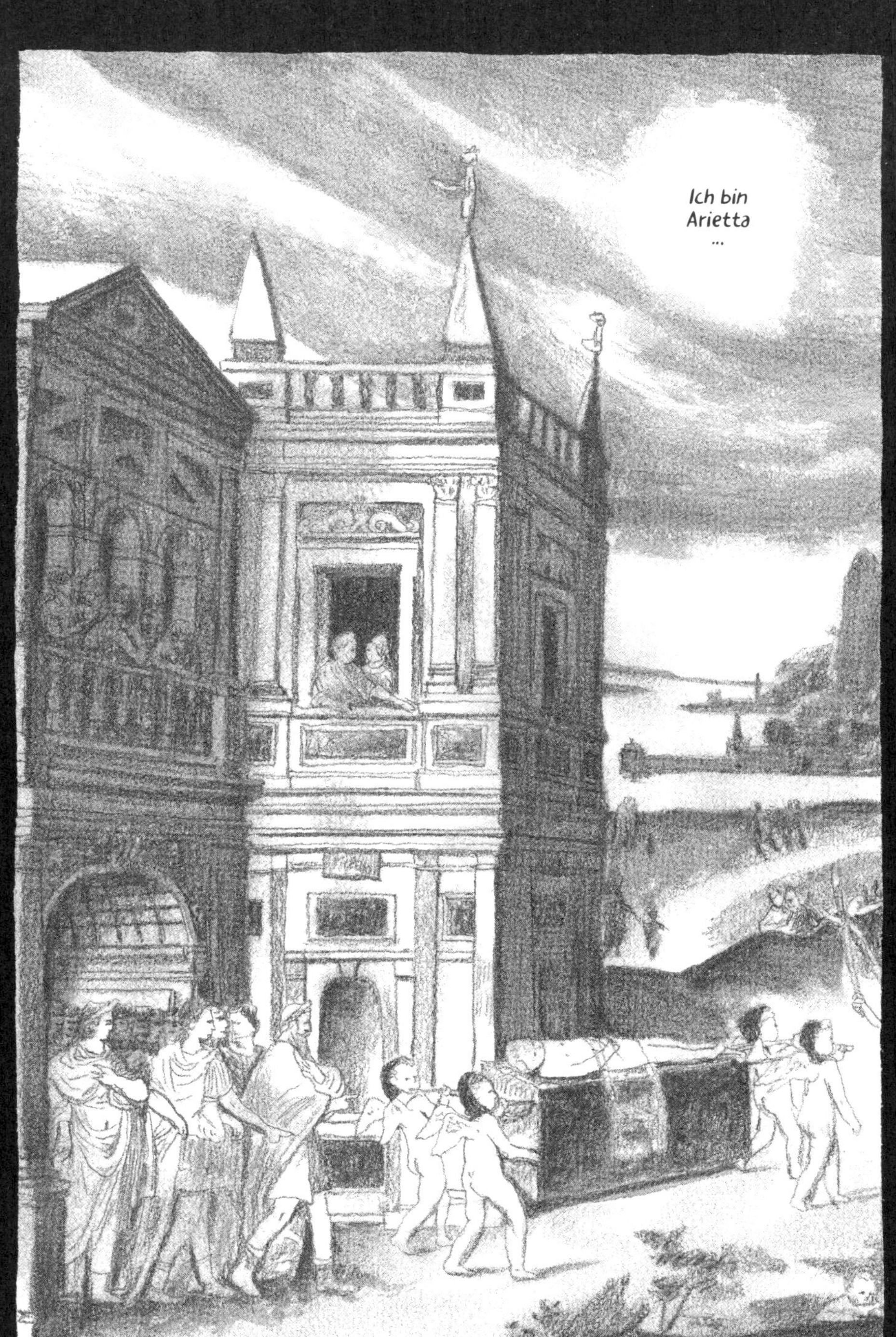
Ich bin
Arietta
...

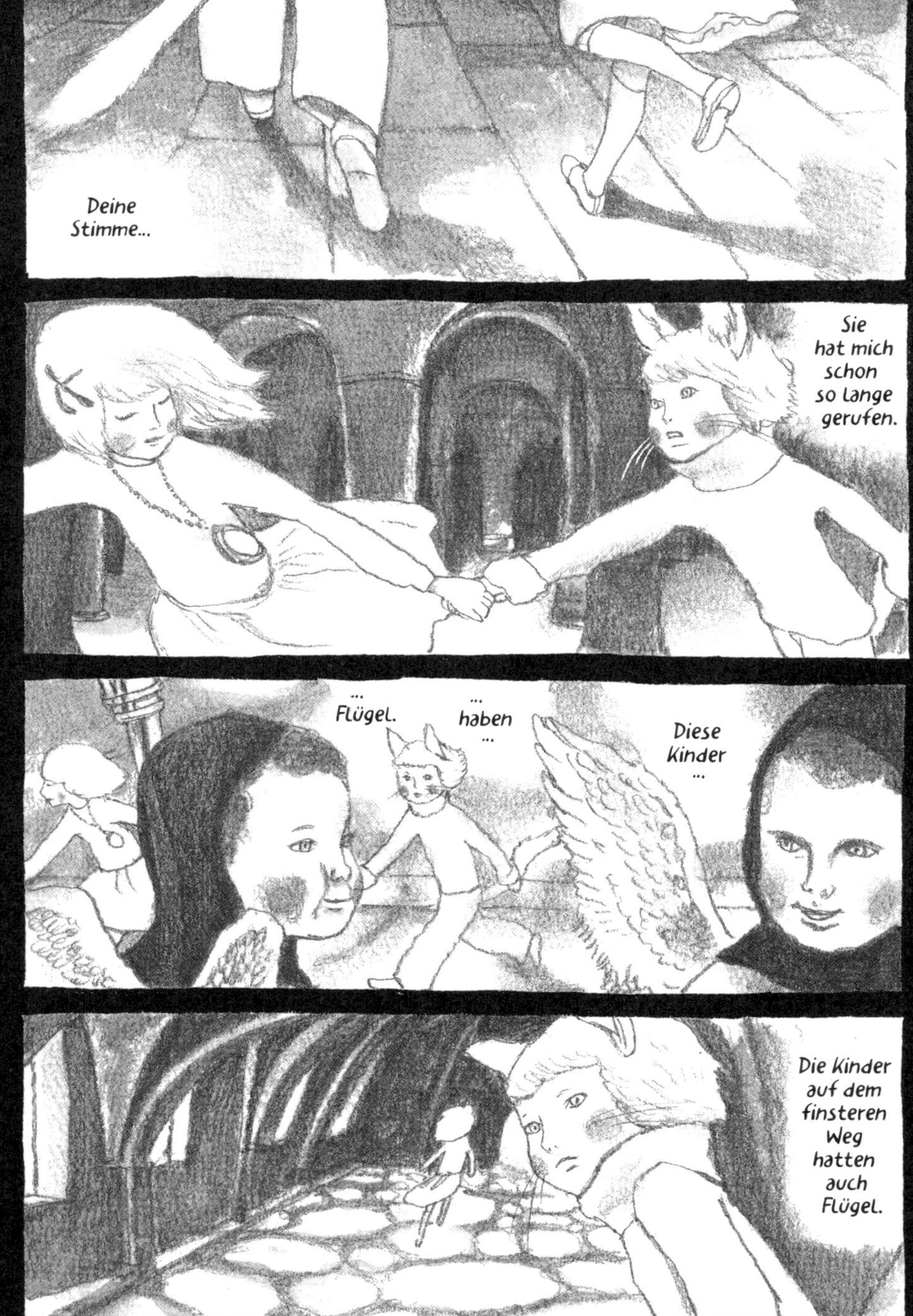
Deine Stimme...
Sie hat mich schon so lange gerufen.
Diese Kinder ...
... haben ...
... Flügel.
Die Kinder auf dem finsteren Weg hatten auch Flügel.

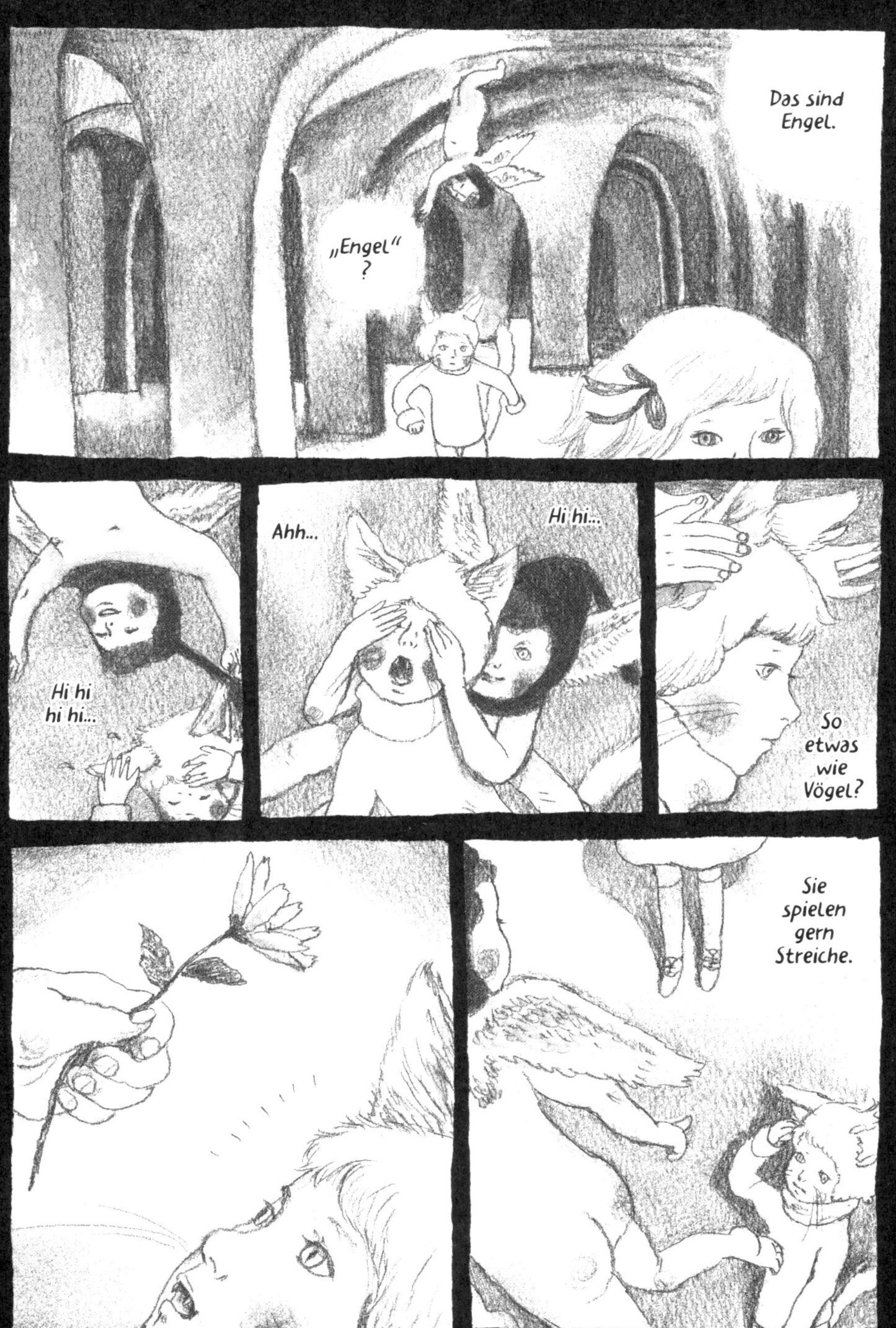
Das sind Engel.
„Engel“ ?
Ahh...
Hi hi...
Hi hi hi hi...
So etwas wie Vögel?
Sie spielen gern Streiche.

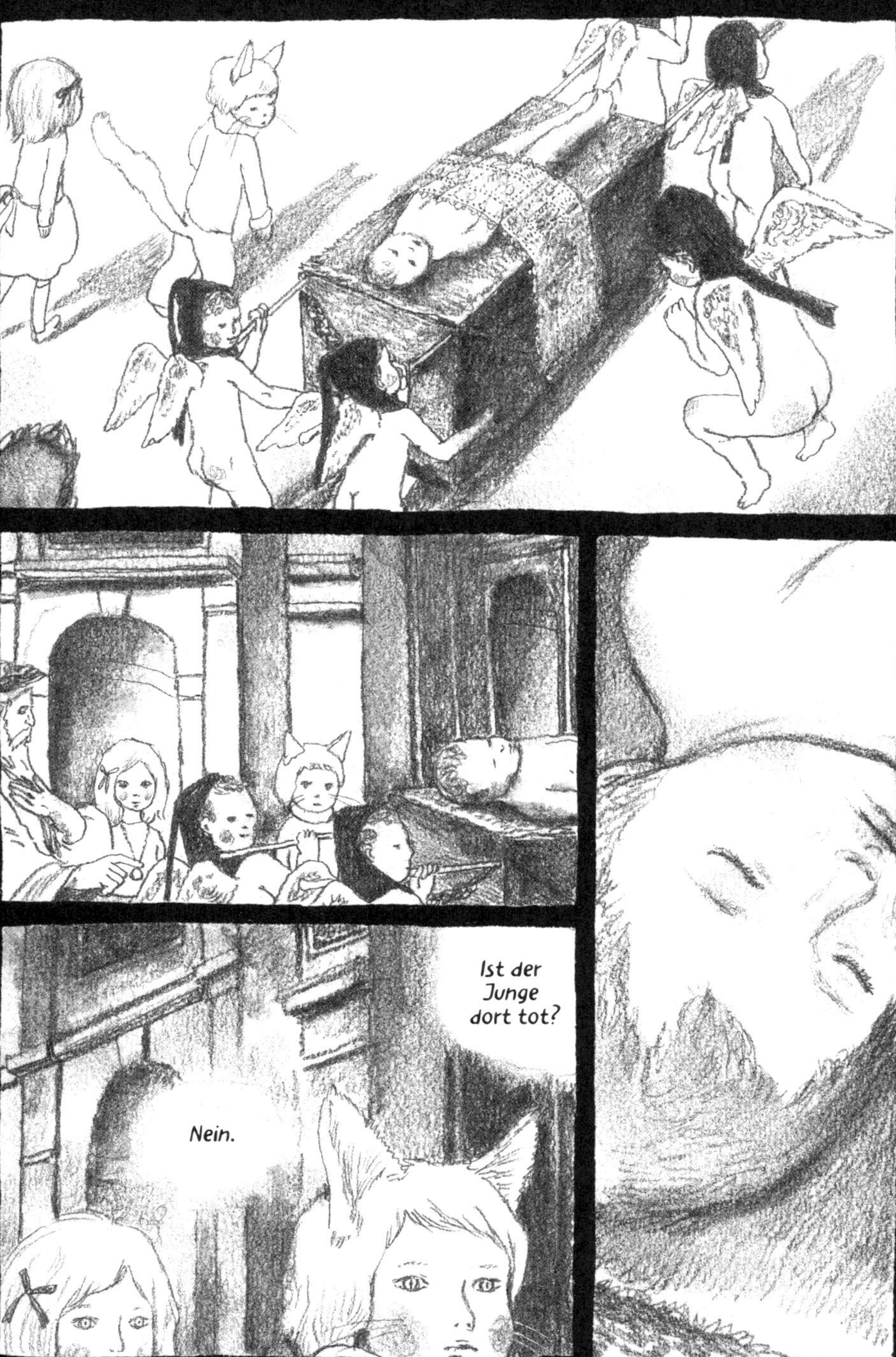
Ist der Junge dort tot?
Nein.

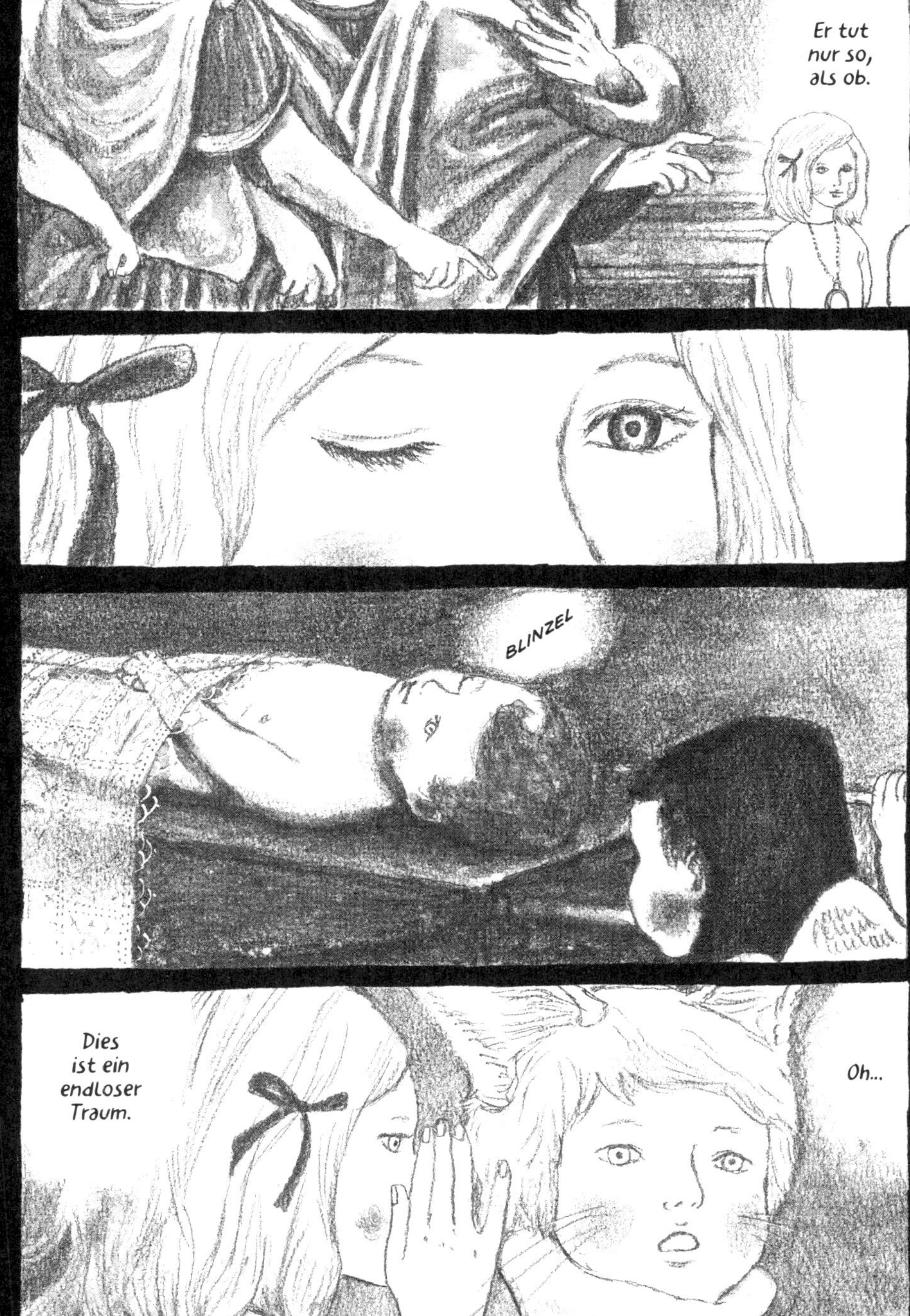
Er tut nur so, als ob.
BLINZEL
Dies ist ein endloser Traum.
Oh...

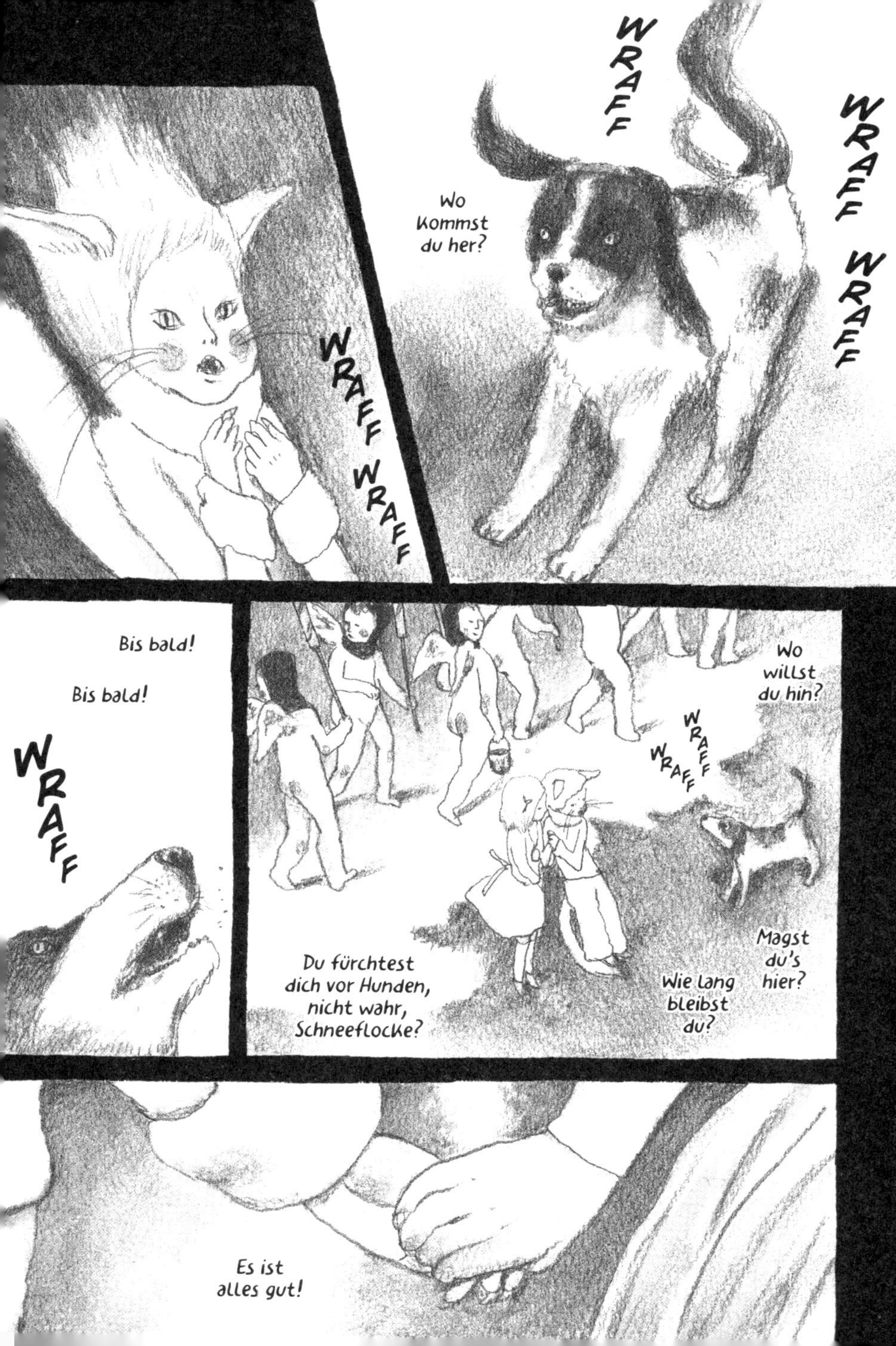
WRAFF
WRAFF WRAFF
Wo kommst du her?
WRAFF WRAFF WRAFF
Bis bald!
Bis bald!
WRAFF
Wo willst du hin?
WRAFF WRAFF
Magst du's hier?
Wie lang bleibst du?
Du fürchtest dich vor Hunden, nicht wahr, Schneeflocke?
Es ist alles gut!

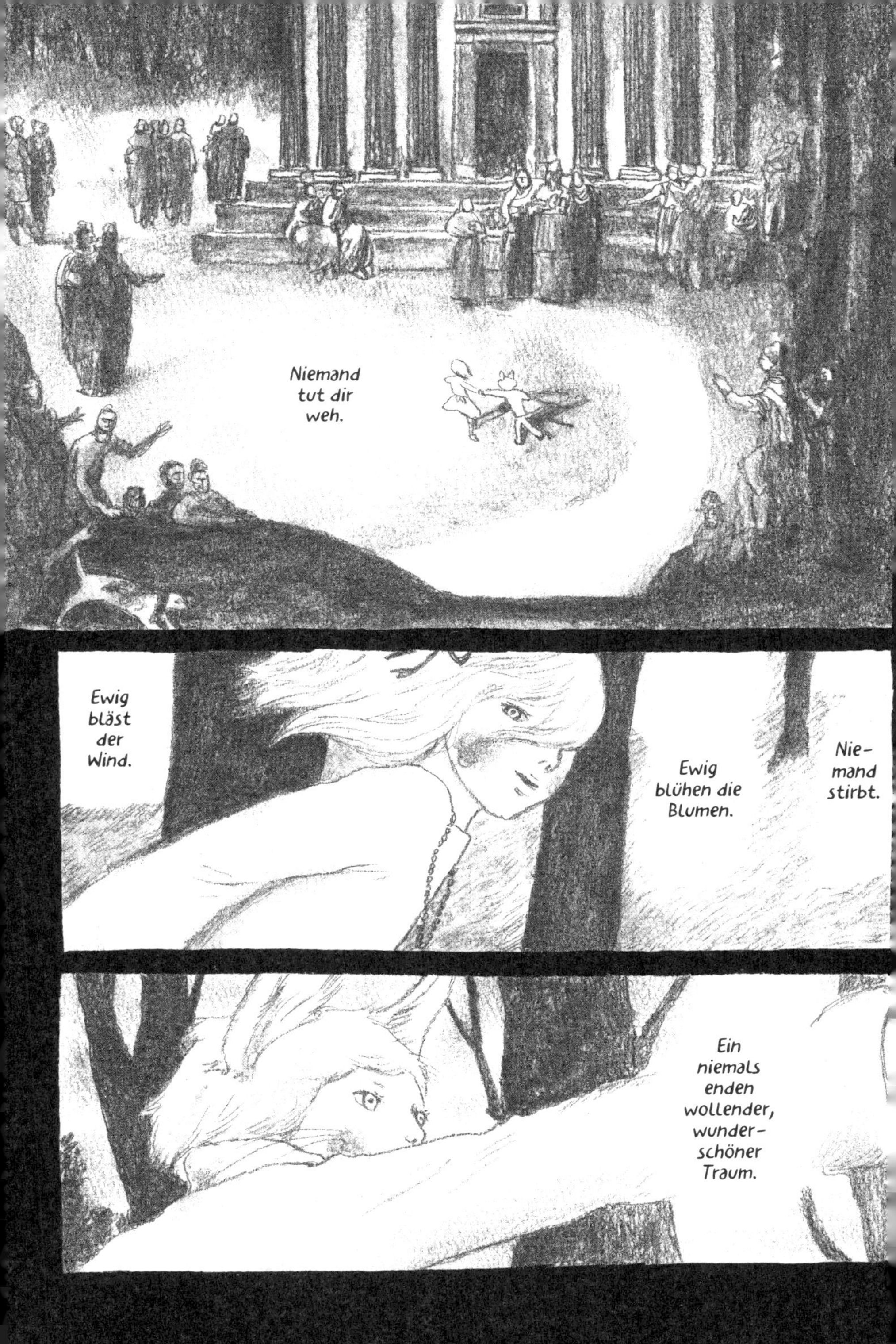
Niemand
tut dir
weh.
Ewig
bläst
der
Wind.
Ewig
blühen die
Blumen.
Nie-
mand
stirbt.
Ein
niemals
enden
wollender,
wunder-
schöner
Traum.

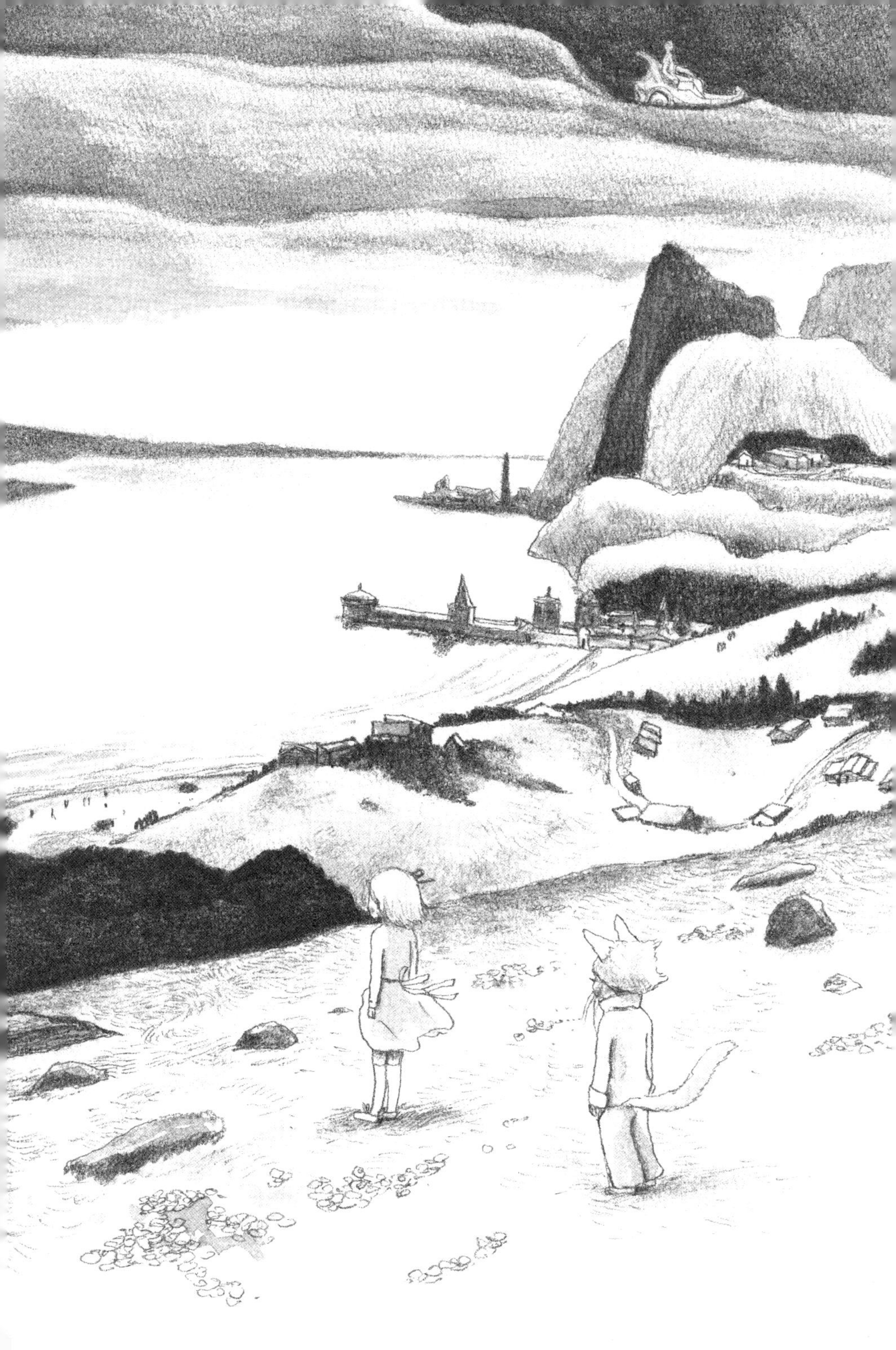

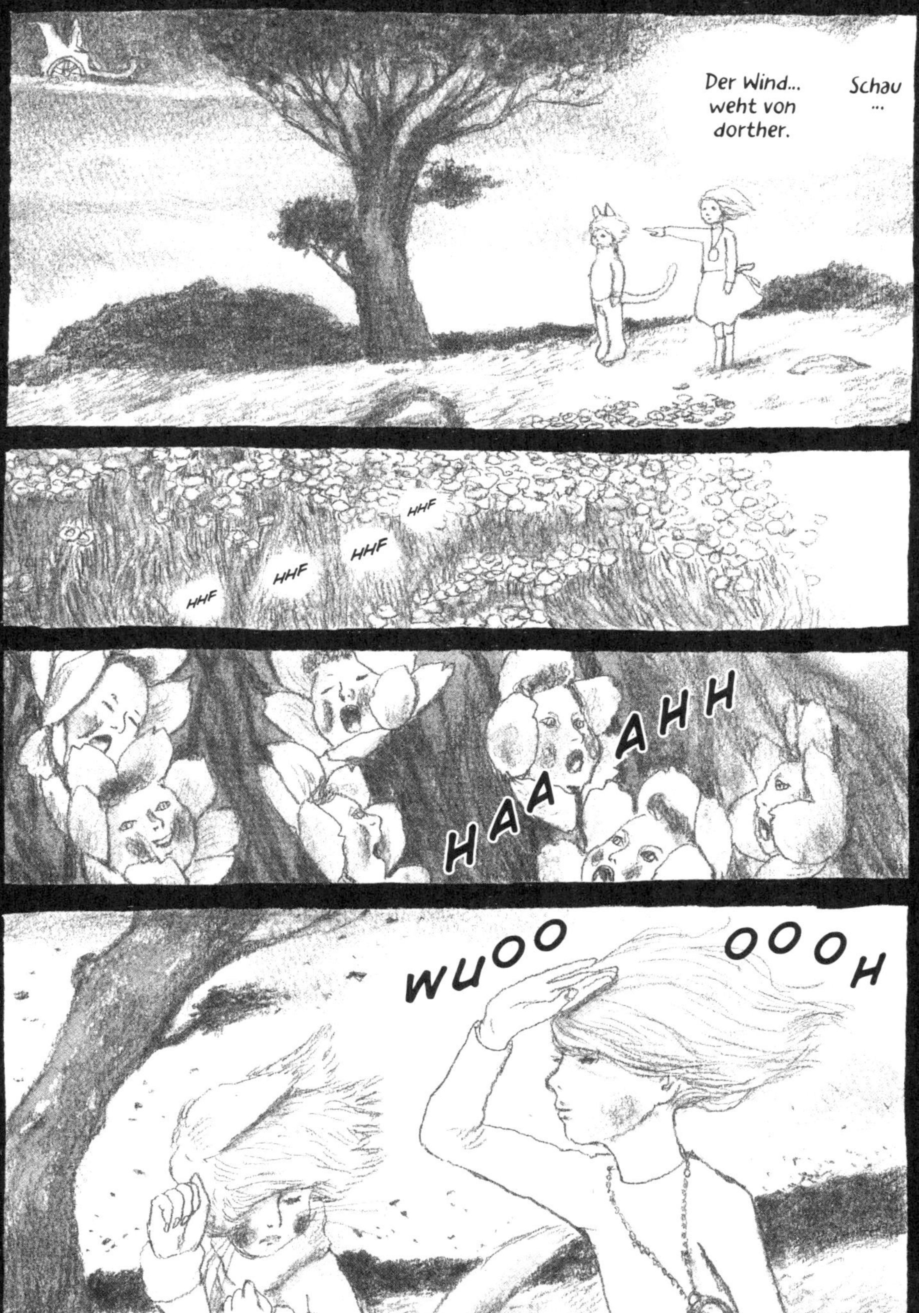
Schau ...
Der Wind... weht von dorther.
HHF
HHF
HHF
HHF
HAA AHH
WUOO OOOH

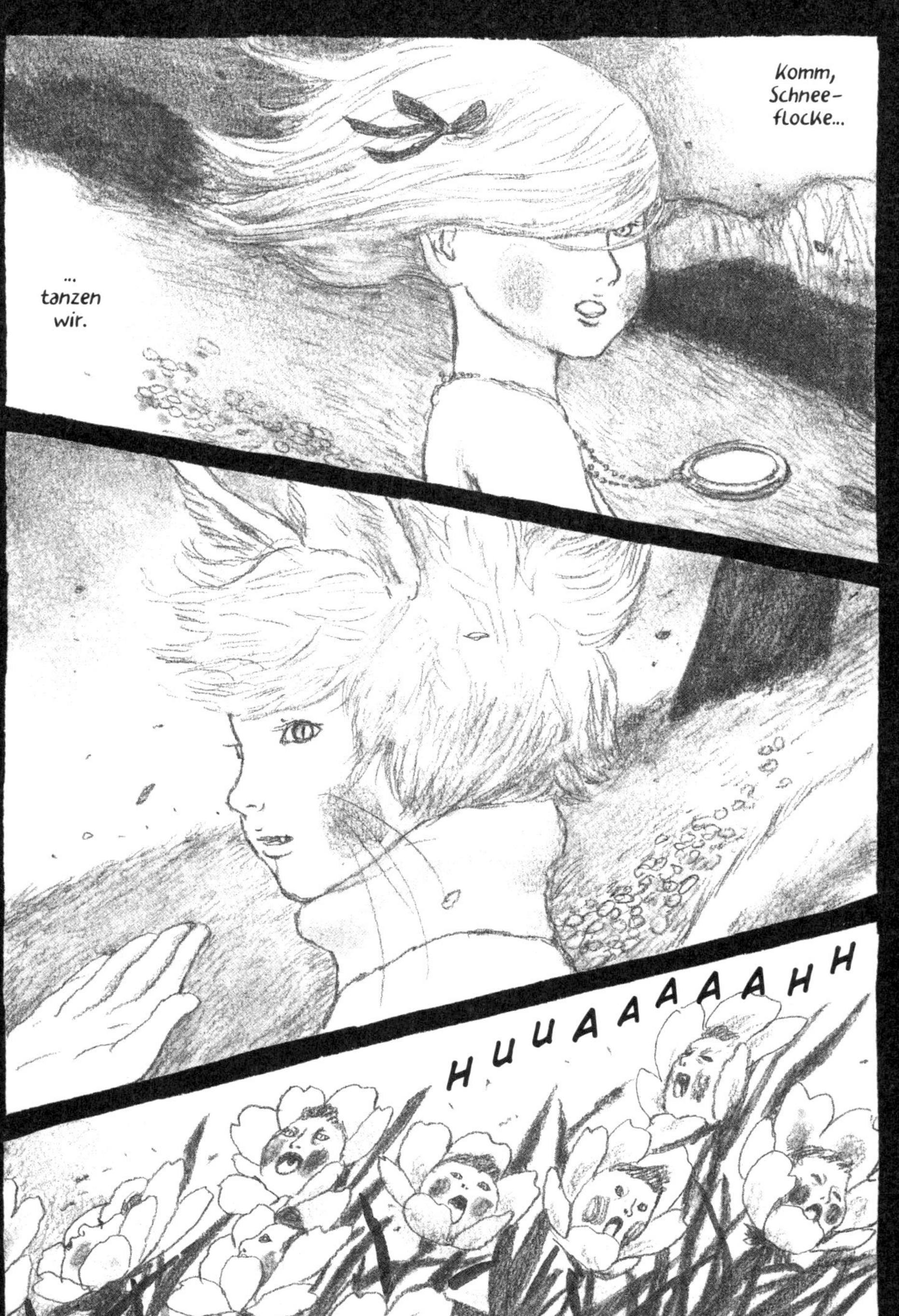
Komm, Schnee-flocke...
... tanzen wir.
HUUAAAAAAHH

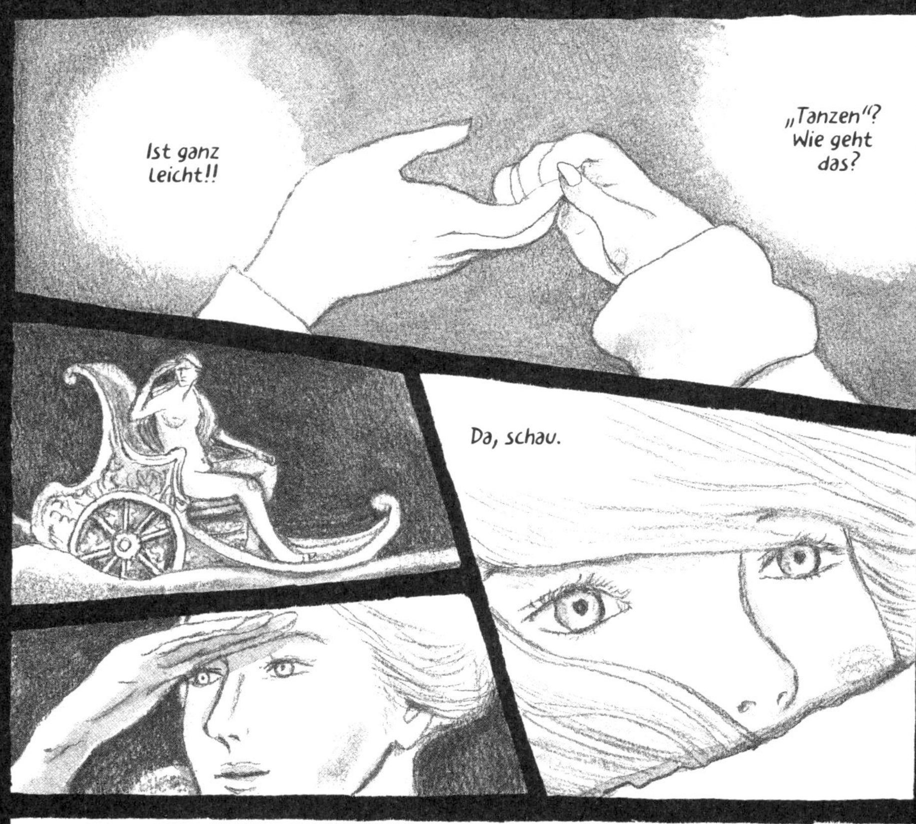

Eins, zwei, drei...

♫ Un,
♫ deux,
♩ troix...

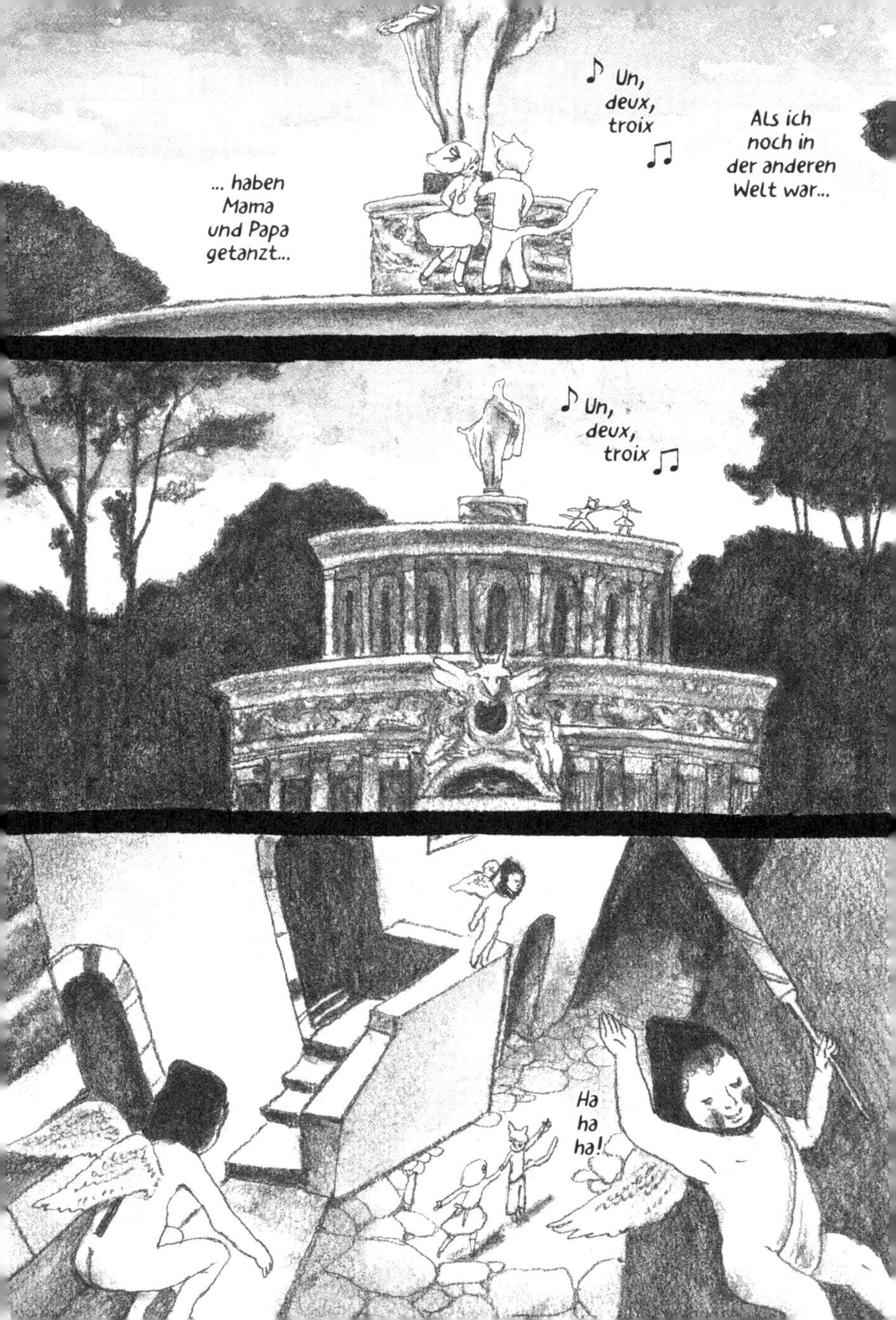
Als ich noch in der anderen Welt war…
♪ Un, deux, troix ♫
… haben Mama und Papa getanzt…
♪ Un, deux, troix ♫
Ha ha ha!

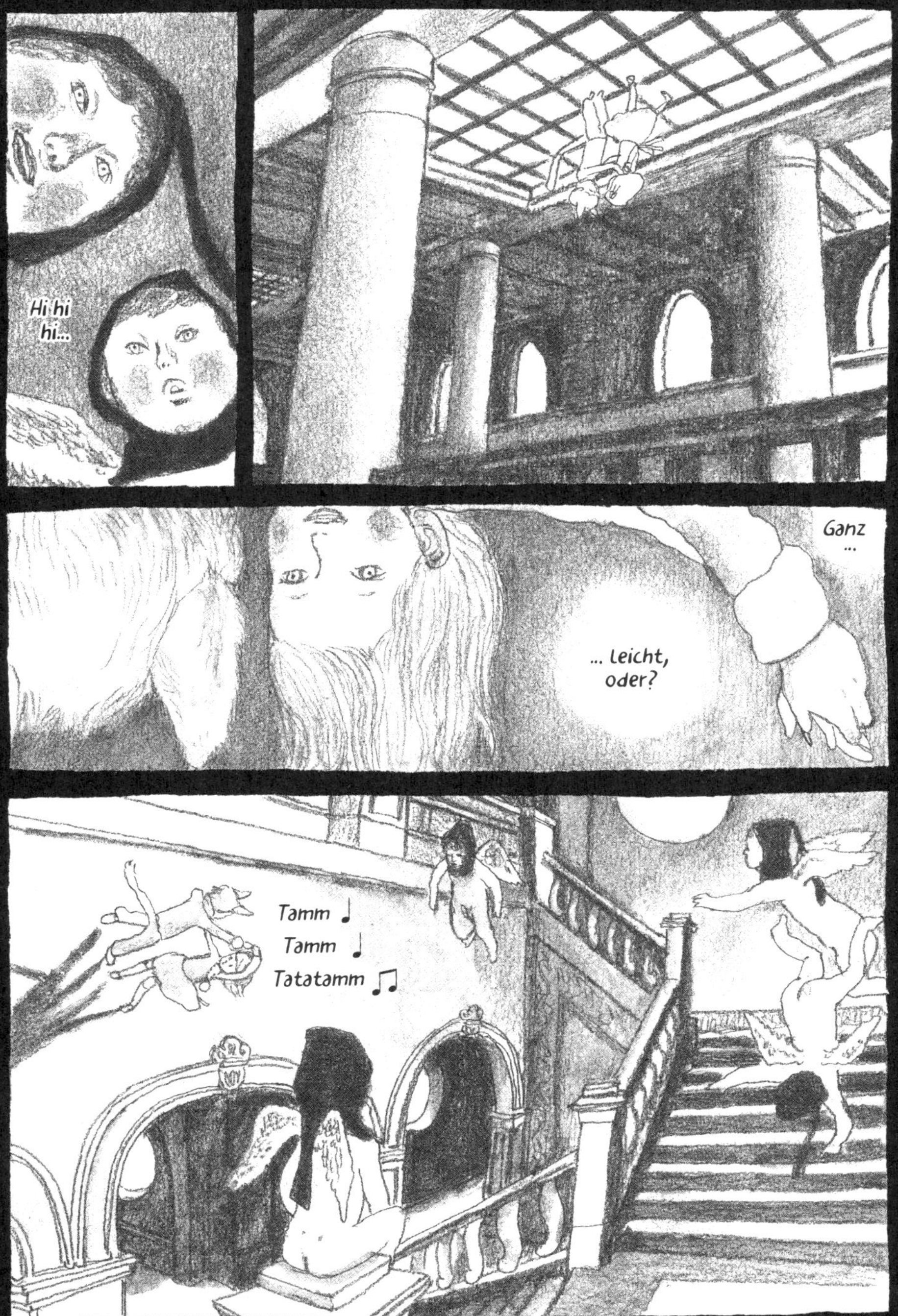
Hi hi
hi...
Ganz
...
... Leicht,
oder?
Tamm ♩
Tamm ♩
Tatatamm ♫

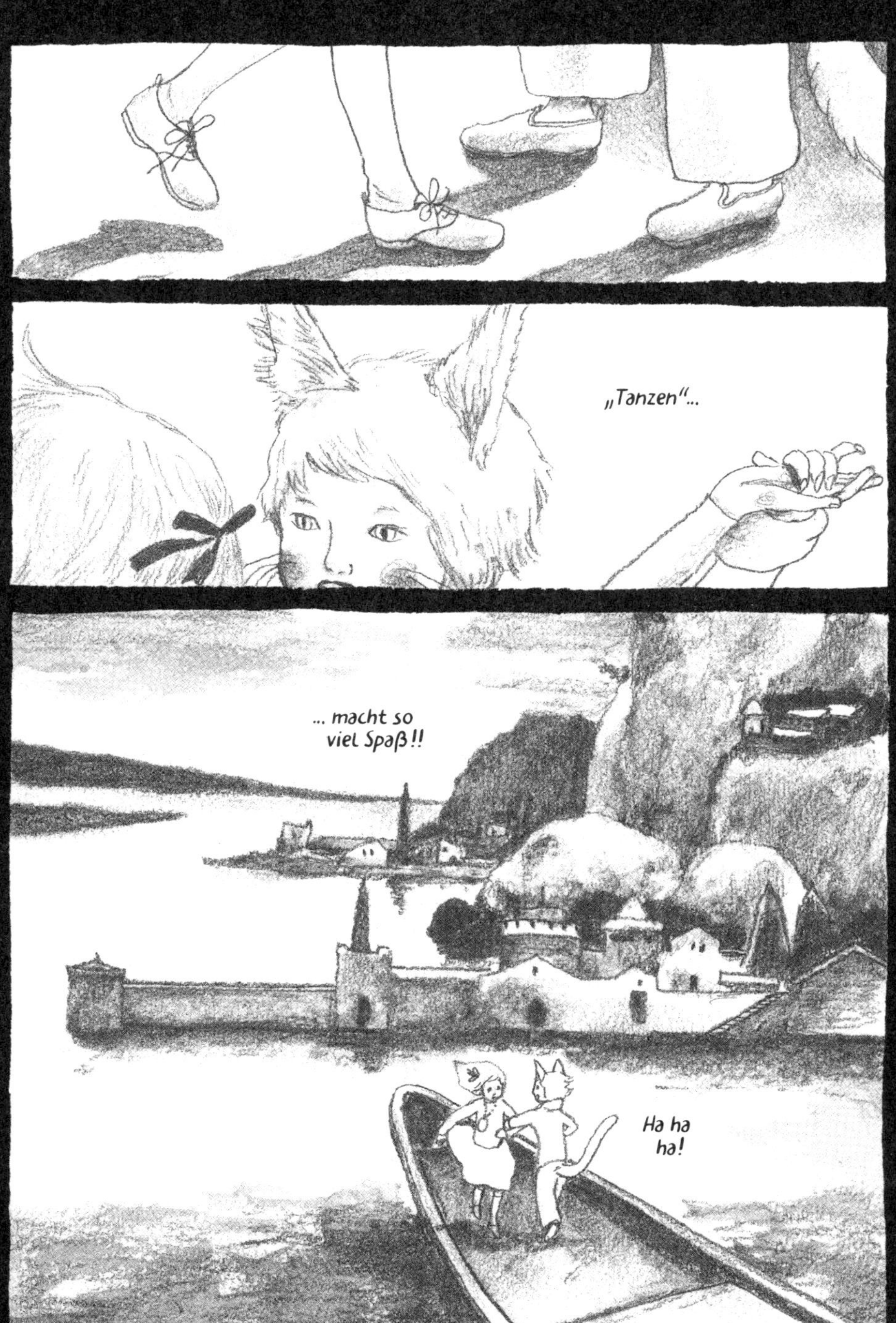
„Tanzen“...
... macht so viel Spaß!!
Ha ha ha!

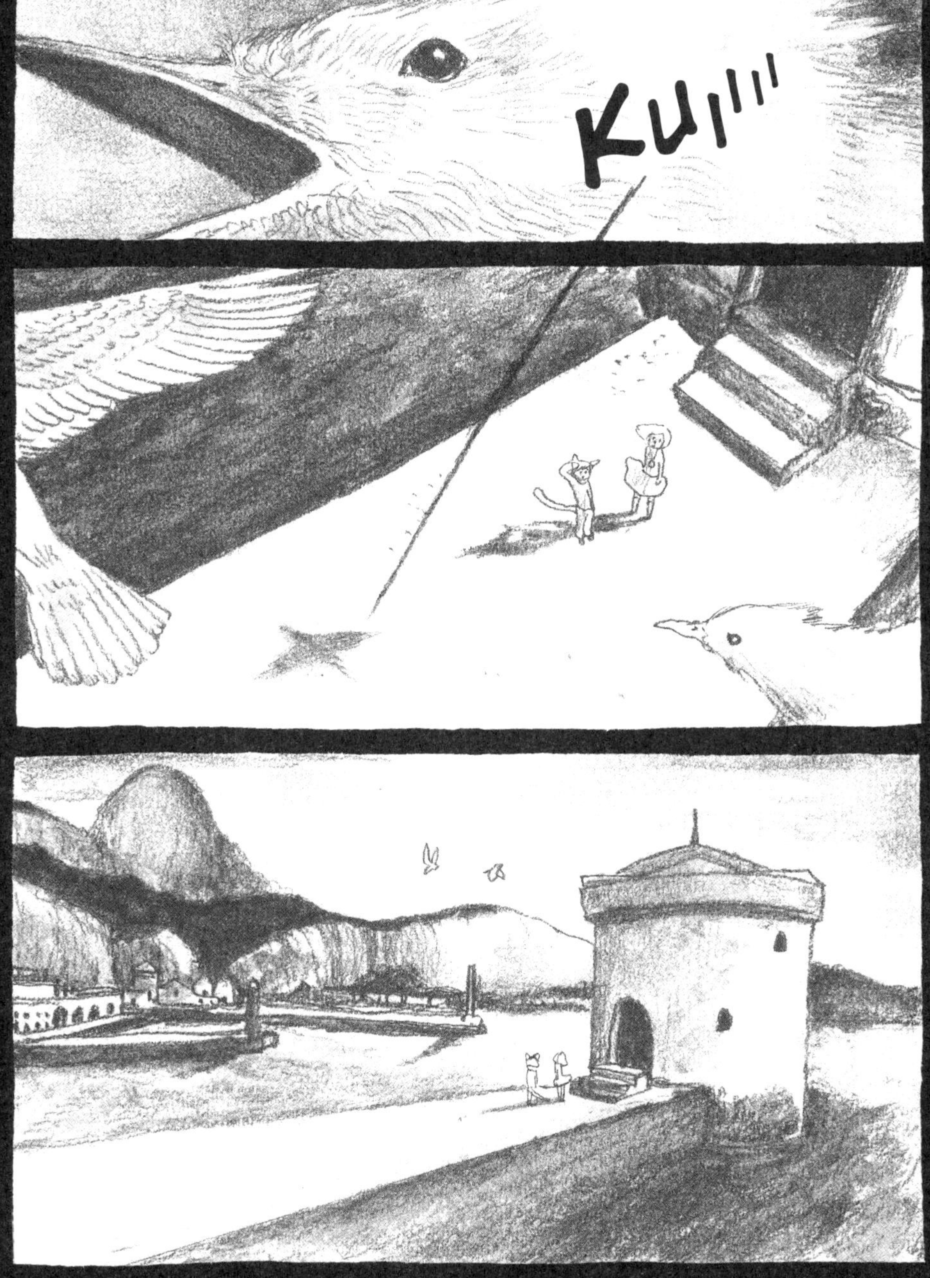
KUI'''

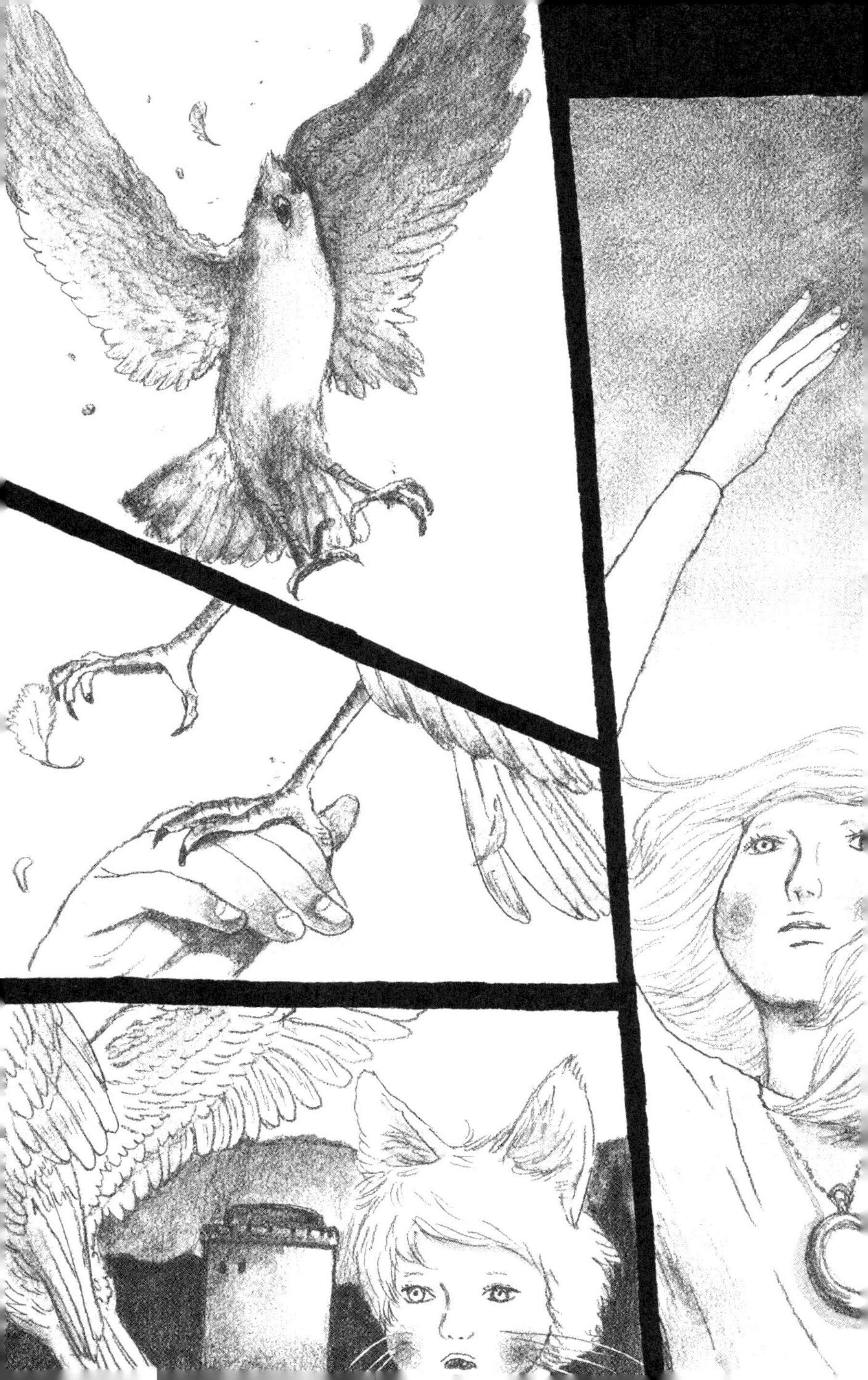

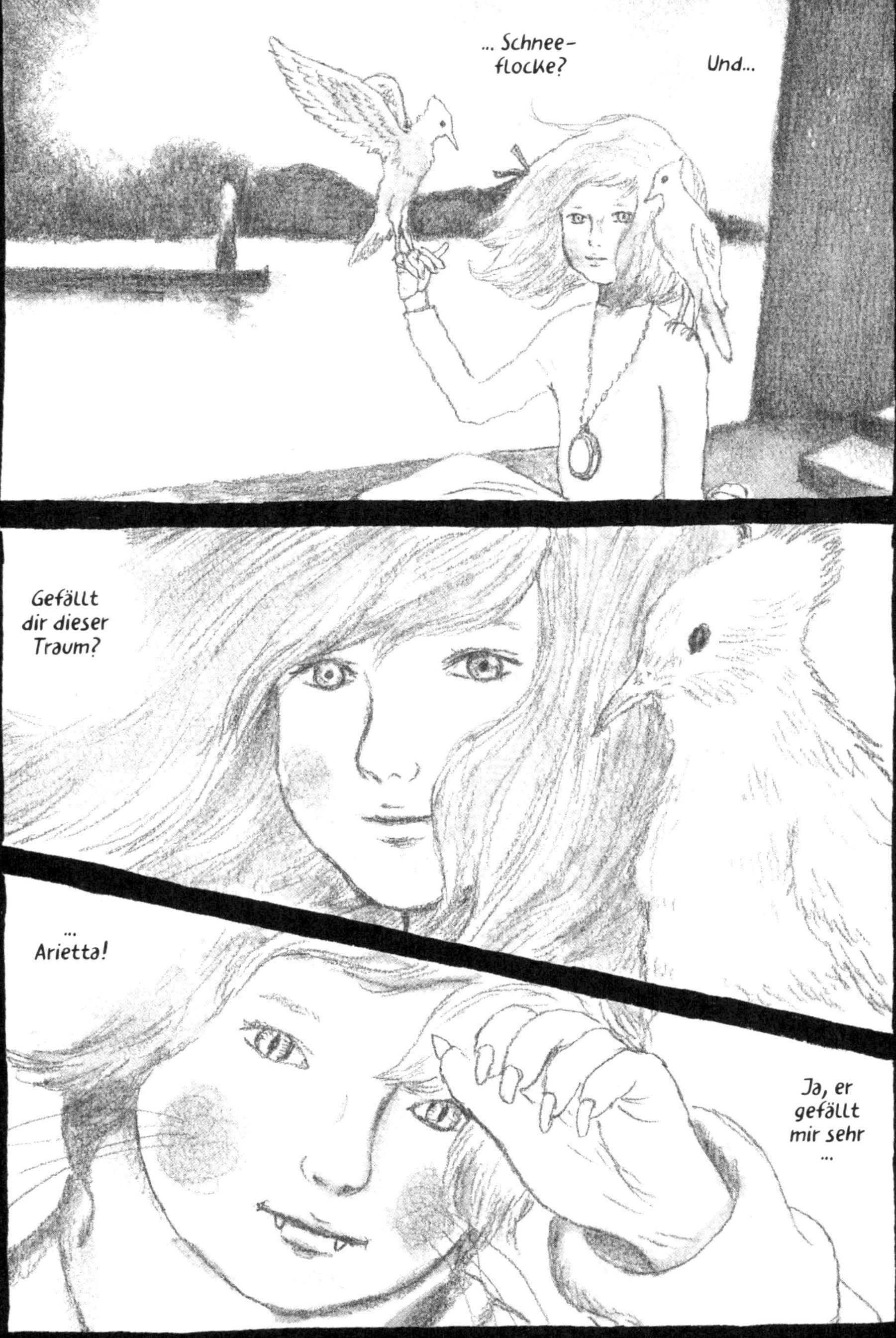
Und...
... Schnee-
flocke?
Gefällt
dir dieser
Traum?
...
Arietta!
Ja, er
gefällt
mir sehr
...

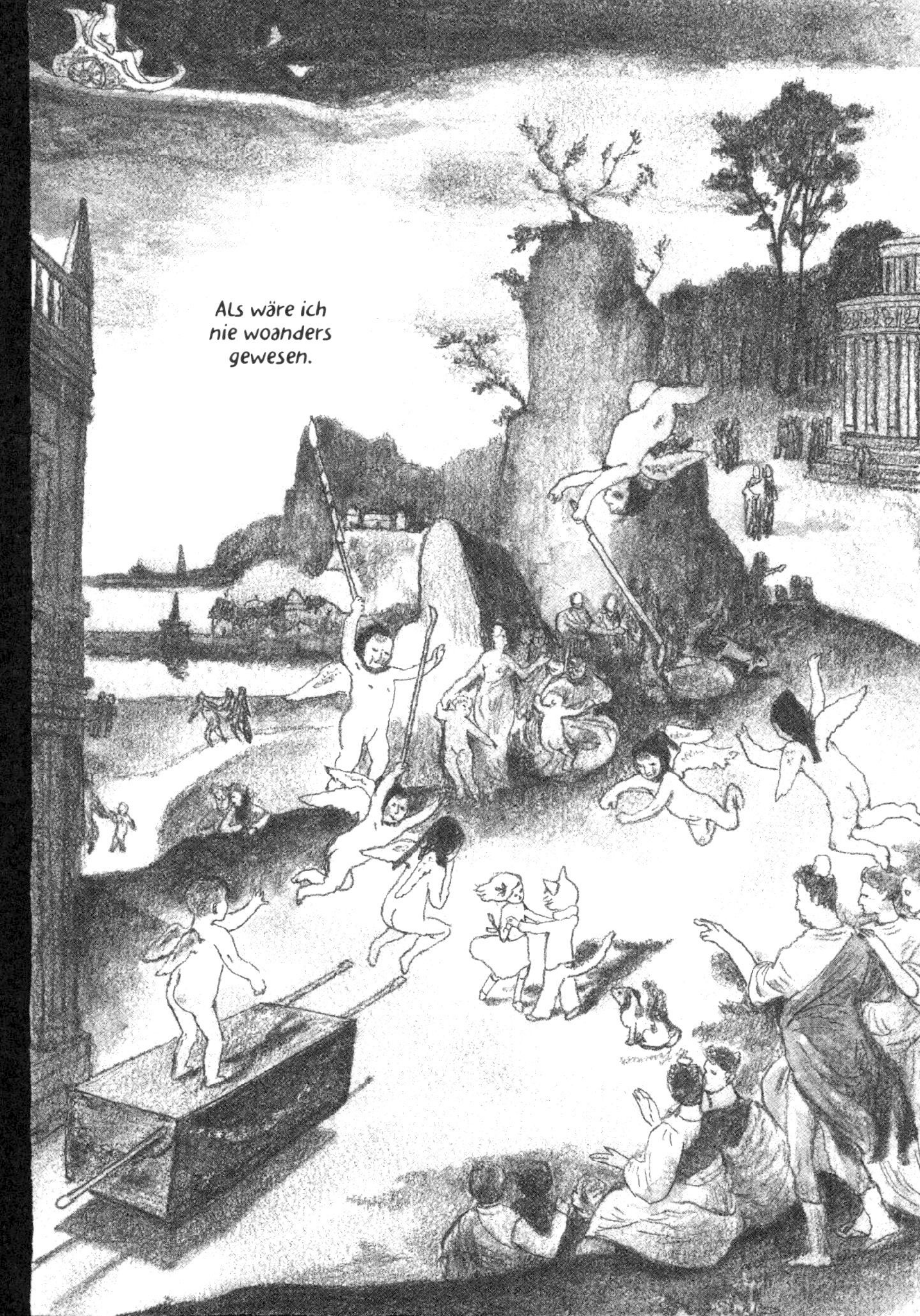
Als wäre ich
nie woanders
gewesen.

Kapitel 16
DAS GEHEIMNIS DER ALTEN TASCHENUHR

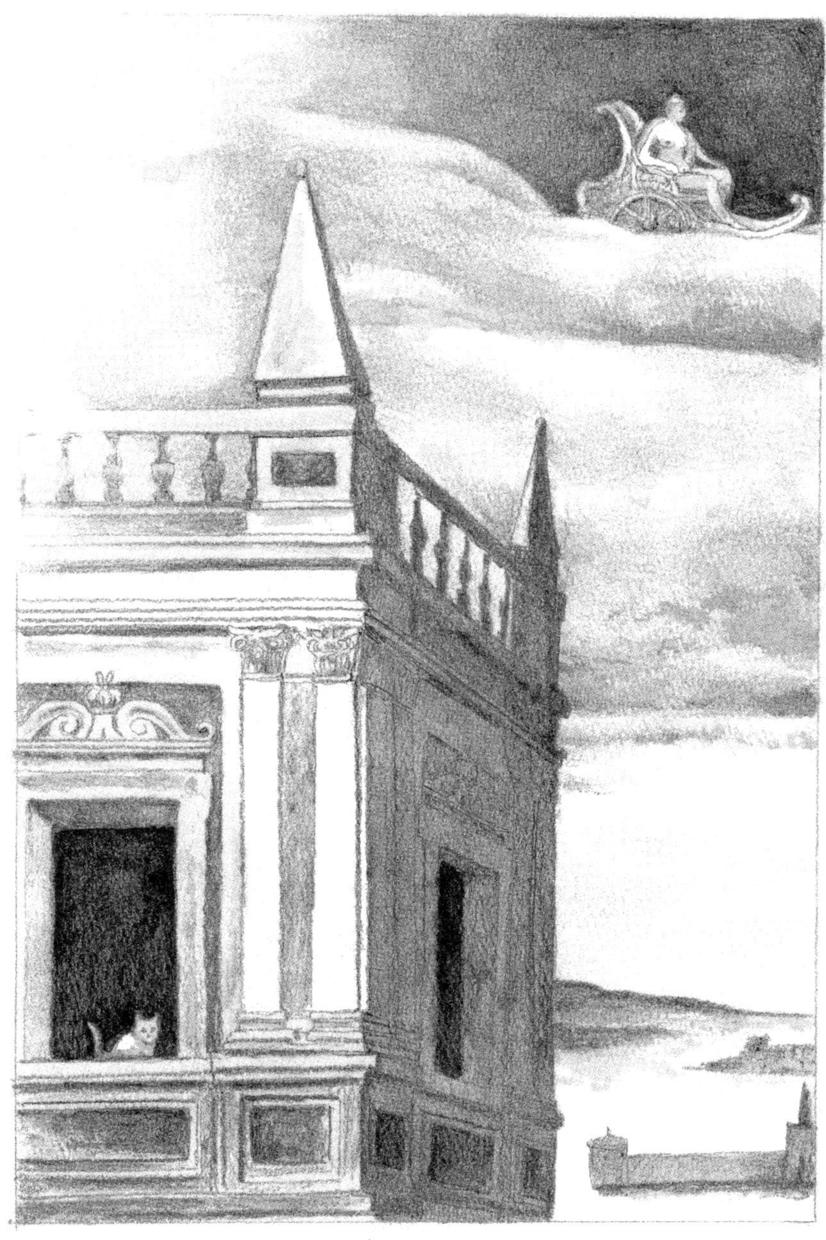

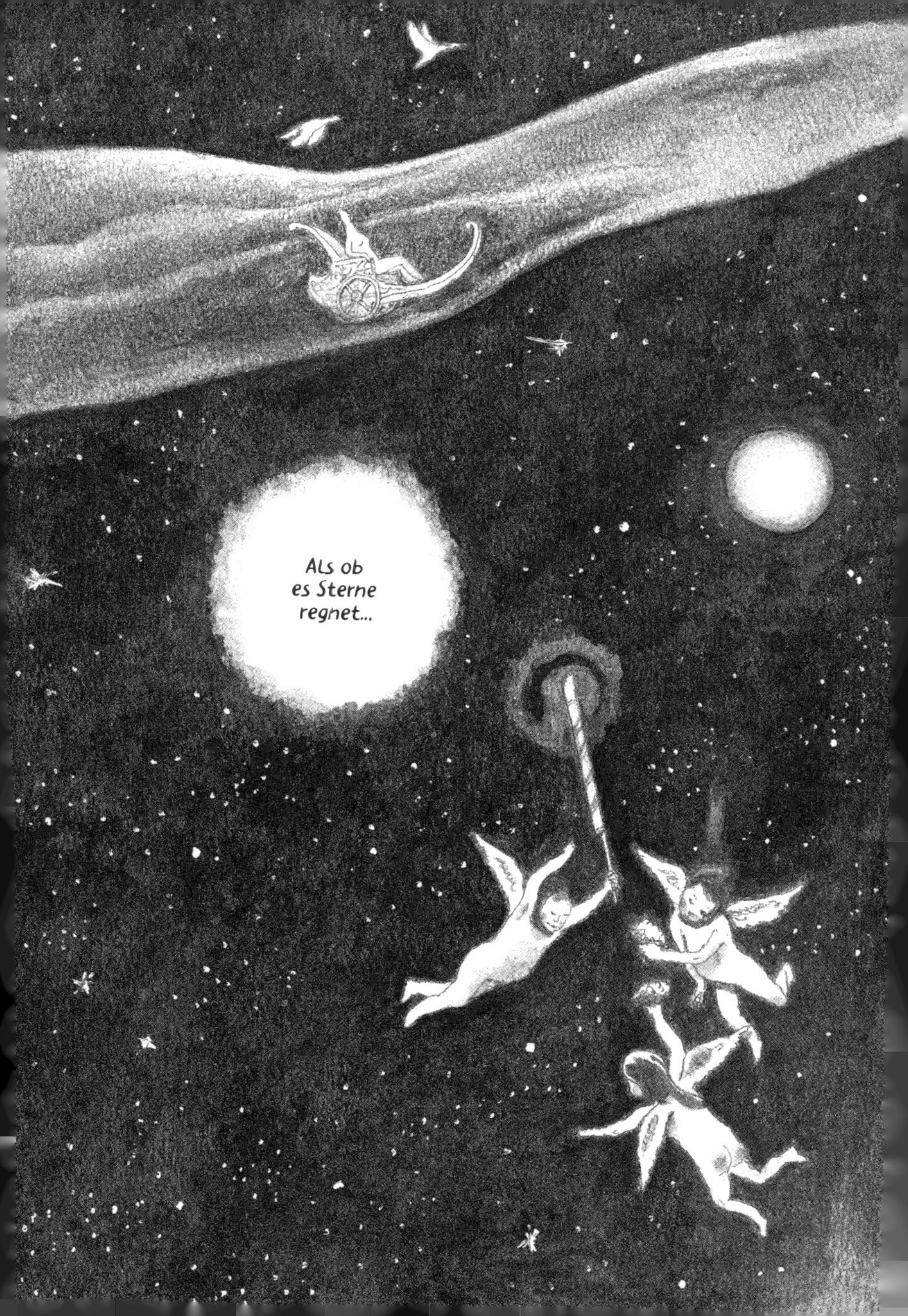
Als ob
es Sterne
regnet...

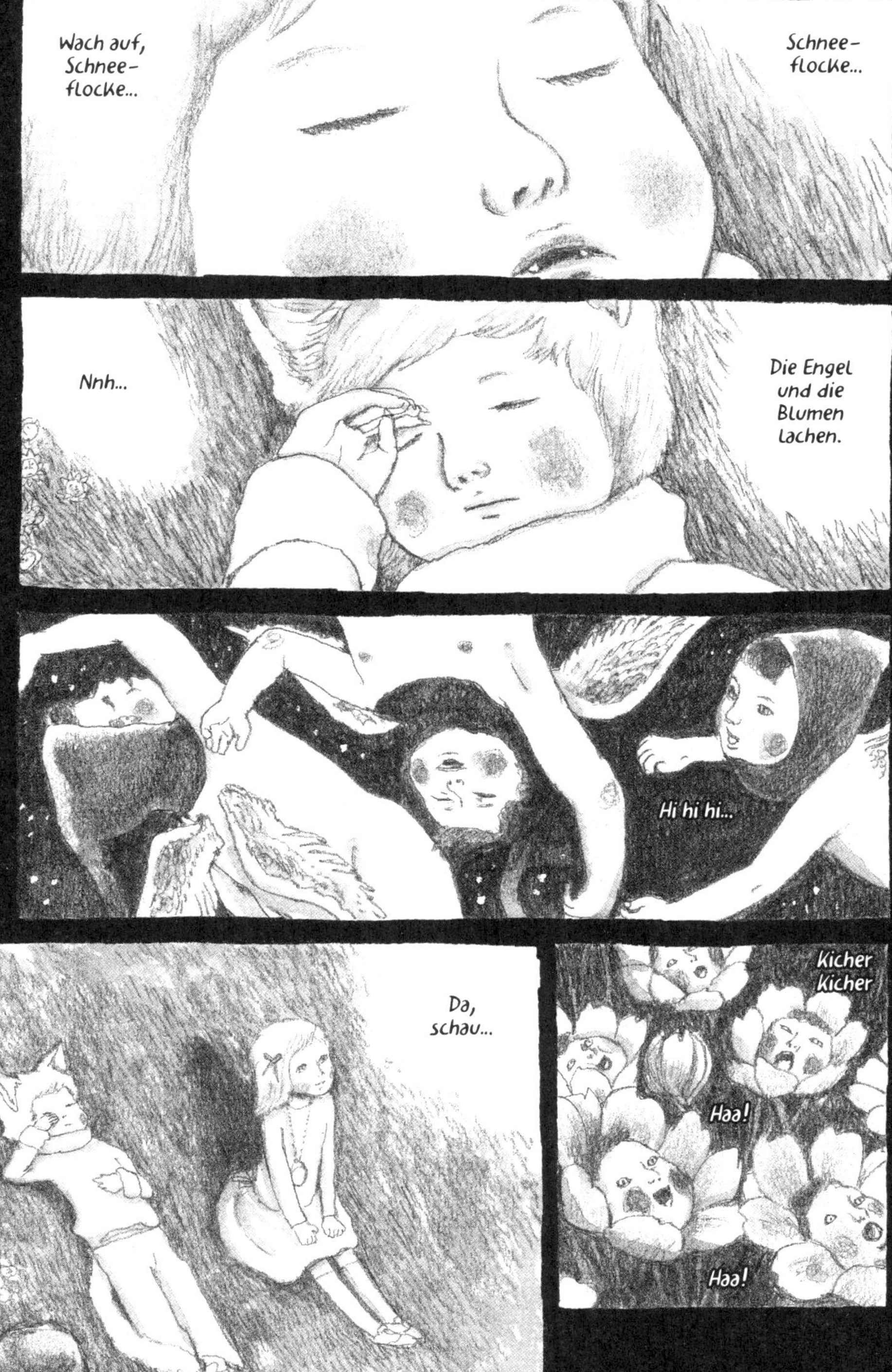
Wach auf, Schnee-flocke...
Schnee-flocke...
Nnh...
Die Engel und die Blumen lachen.
Hi hi hi...
Da, schau...
Kicher Kicher
Haa!
Haa!

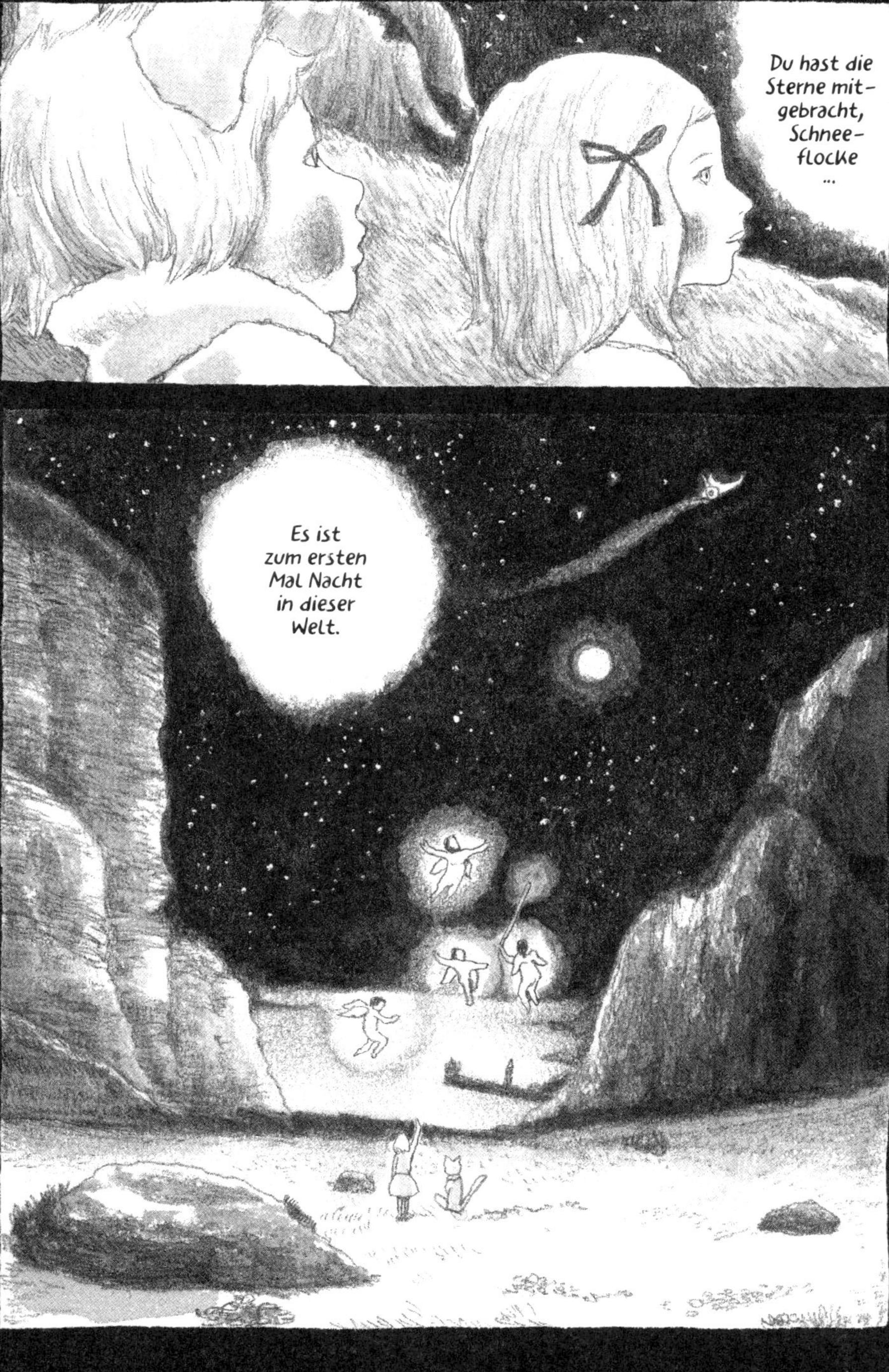
Du hast die
Sterne mit-
gebracht,
Schnee-
flocke
...
Es ist
zum ersten
Mal Nacht
in dieser
Welt.

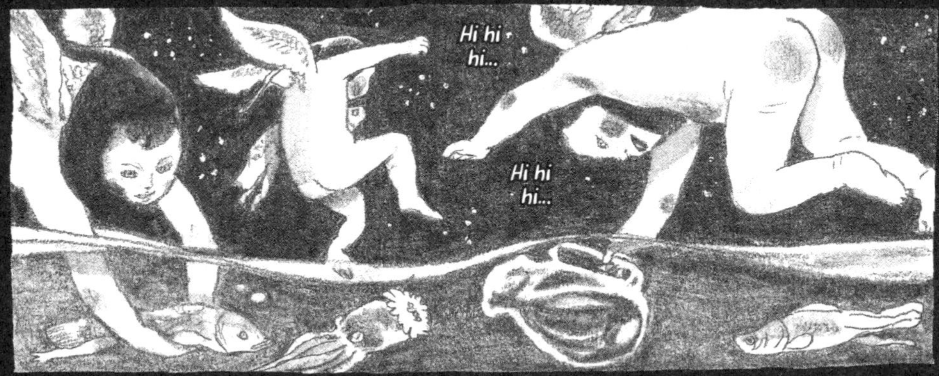
Hi hi hi...
Hi hi hi...

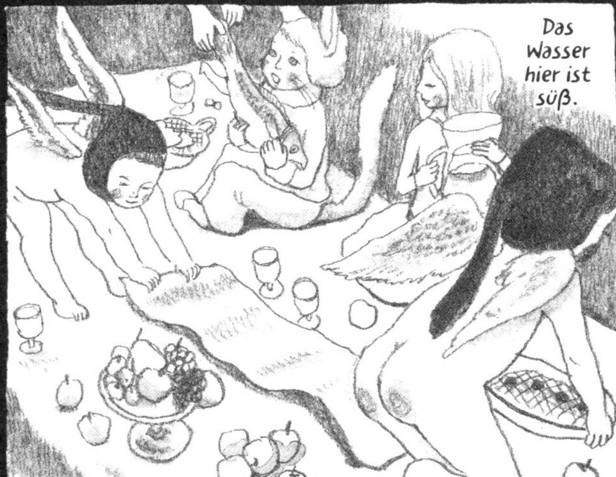
Das Wasser hier ist süß.

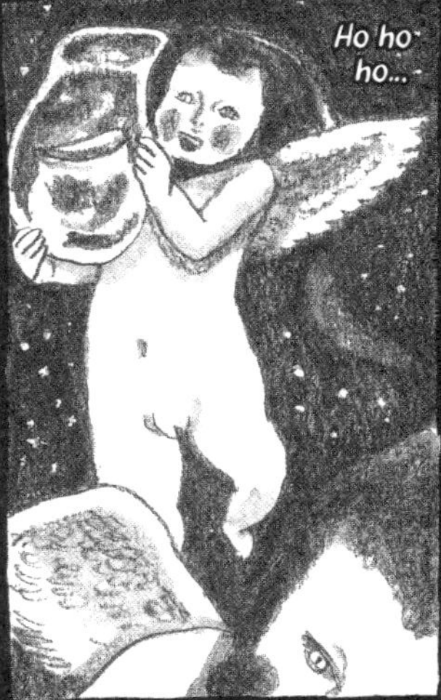
Ho ho ho...

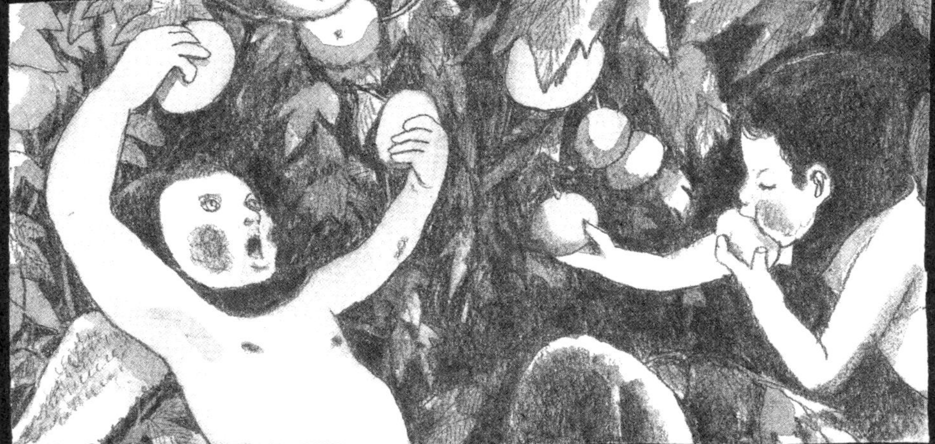

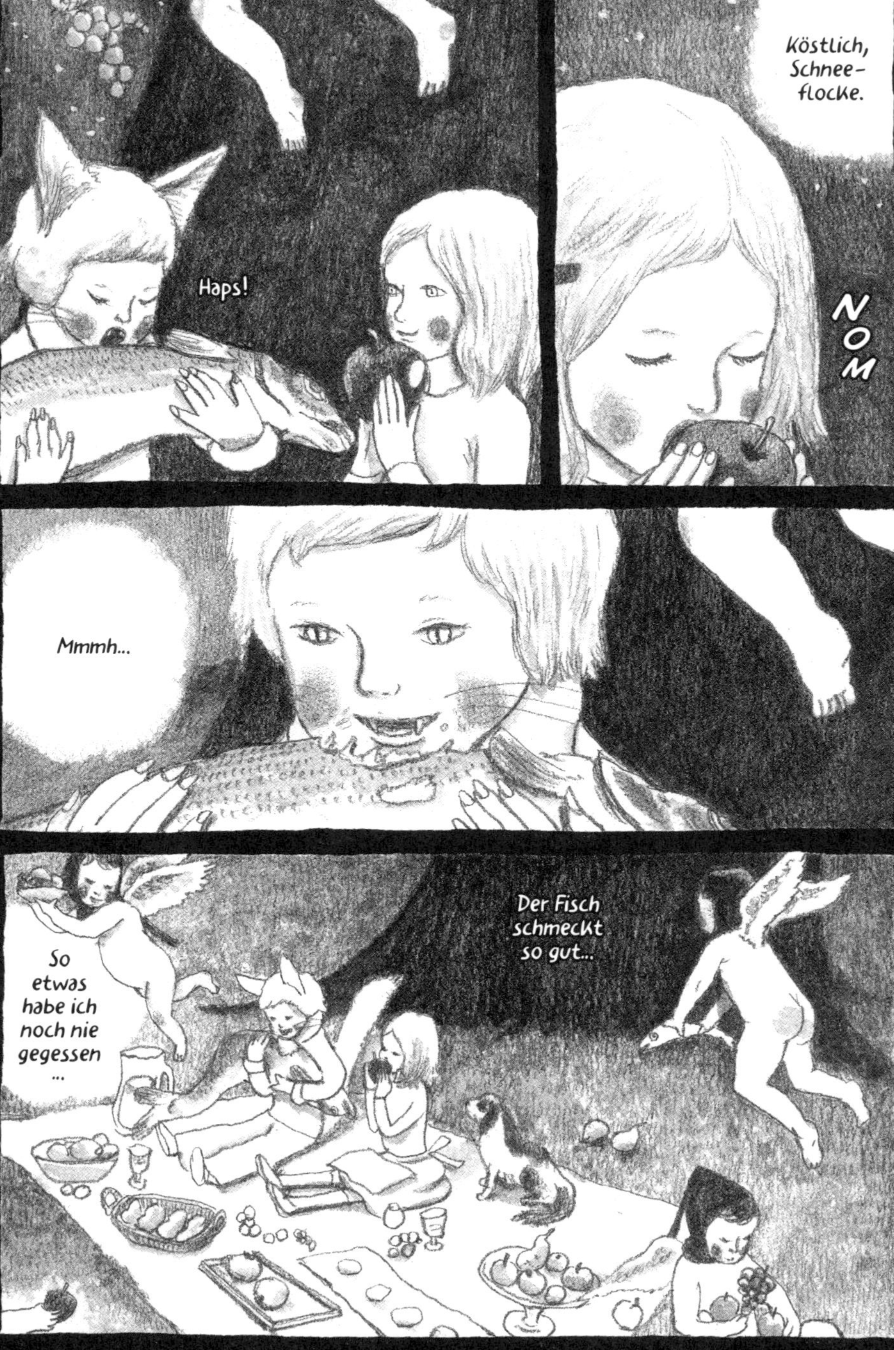
Haps!
Köstlich, Schnee-flocke.
NOM
Mmmh...
So etwas habe ich noch nie gegessen ...
Der Fisch schmeckt so gut...

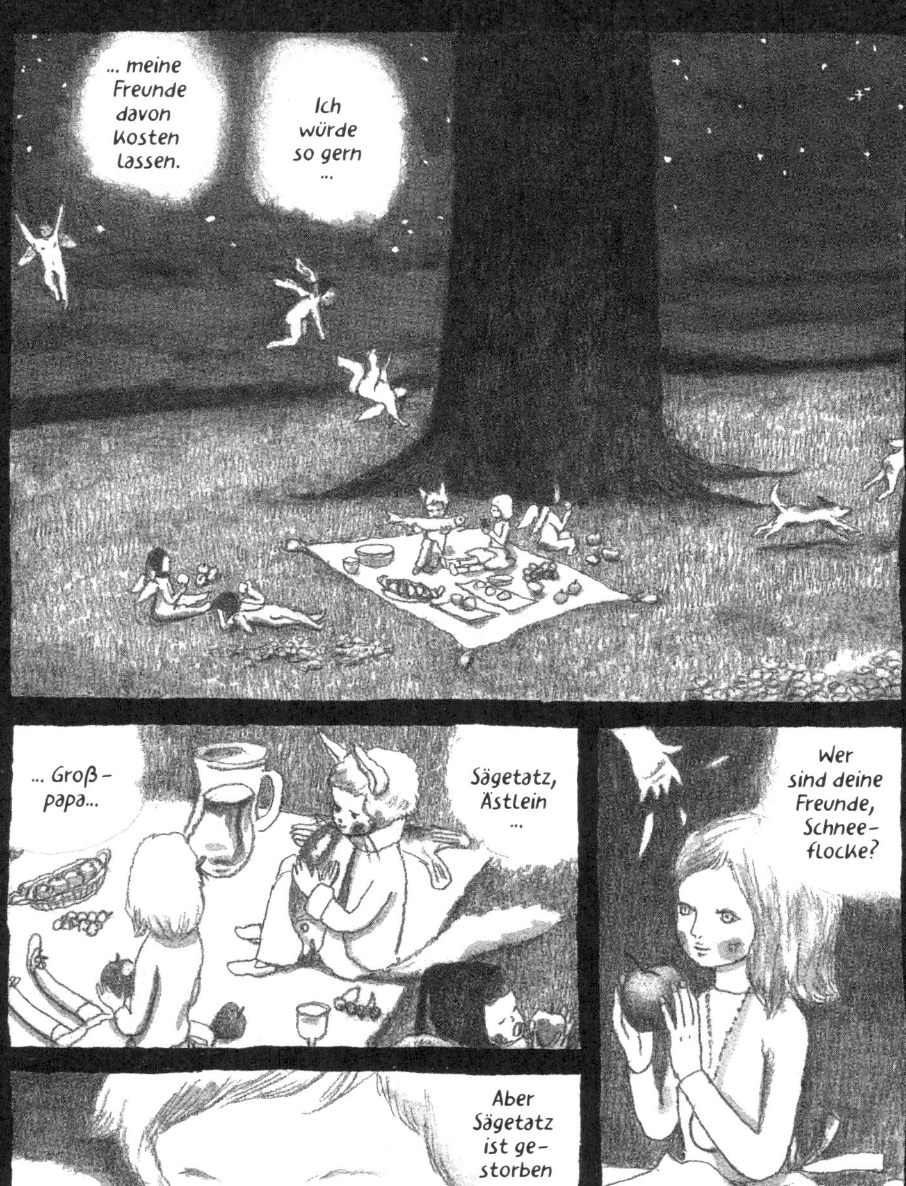
Ich würde so gern ...
... meine Freunde davon kosten lassen.
Sägetatz, Ästlein ...
... Großpapa...
Wer sind deine Freunde, Schneeflocke?
Aber Sägetatz ist gestorben ...
... in einer Sternennacht wie dieser ...

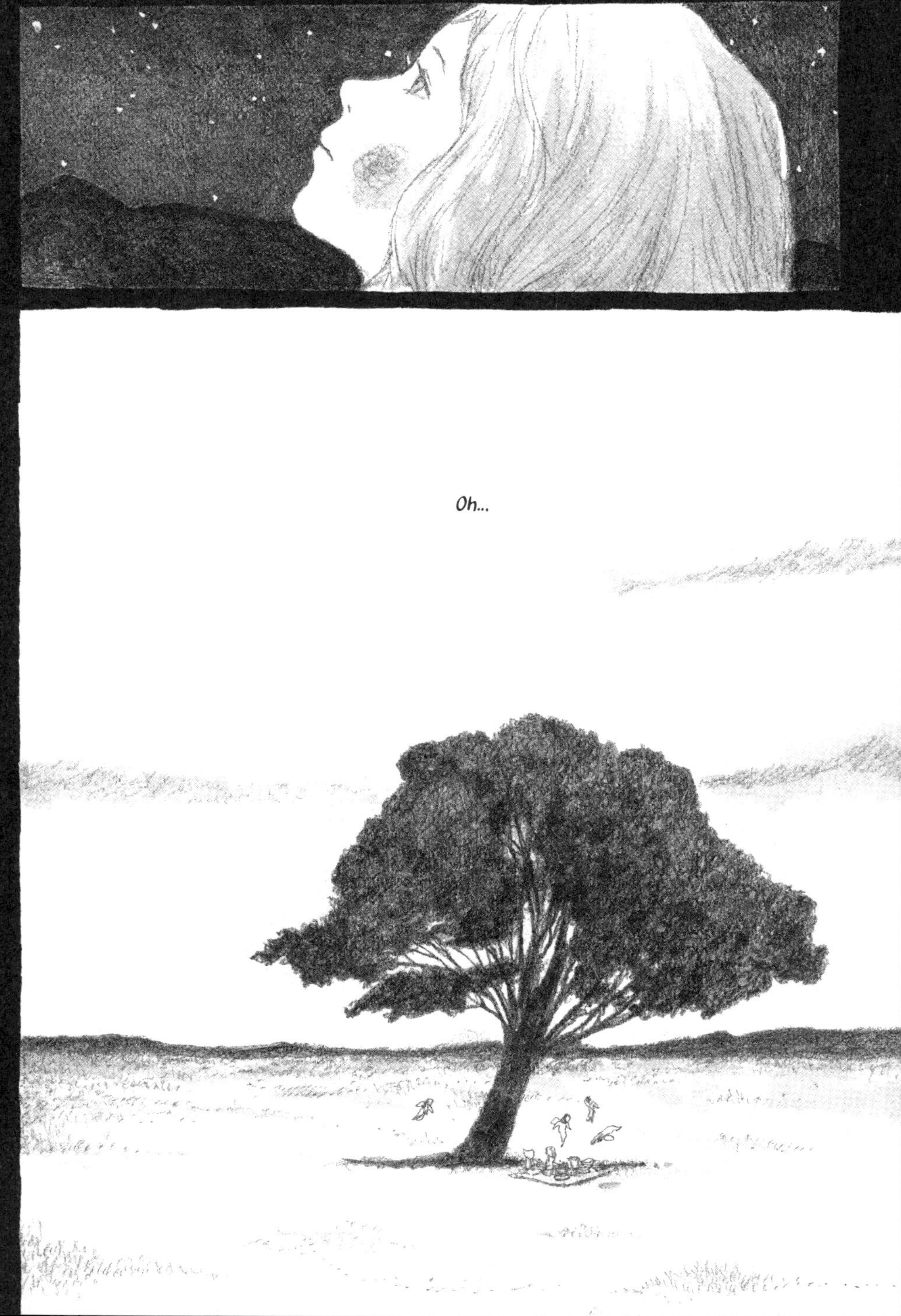
Oh...

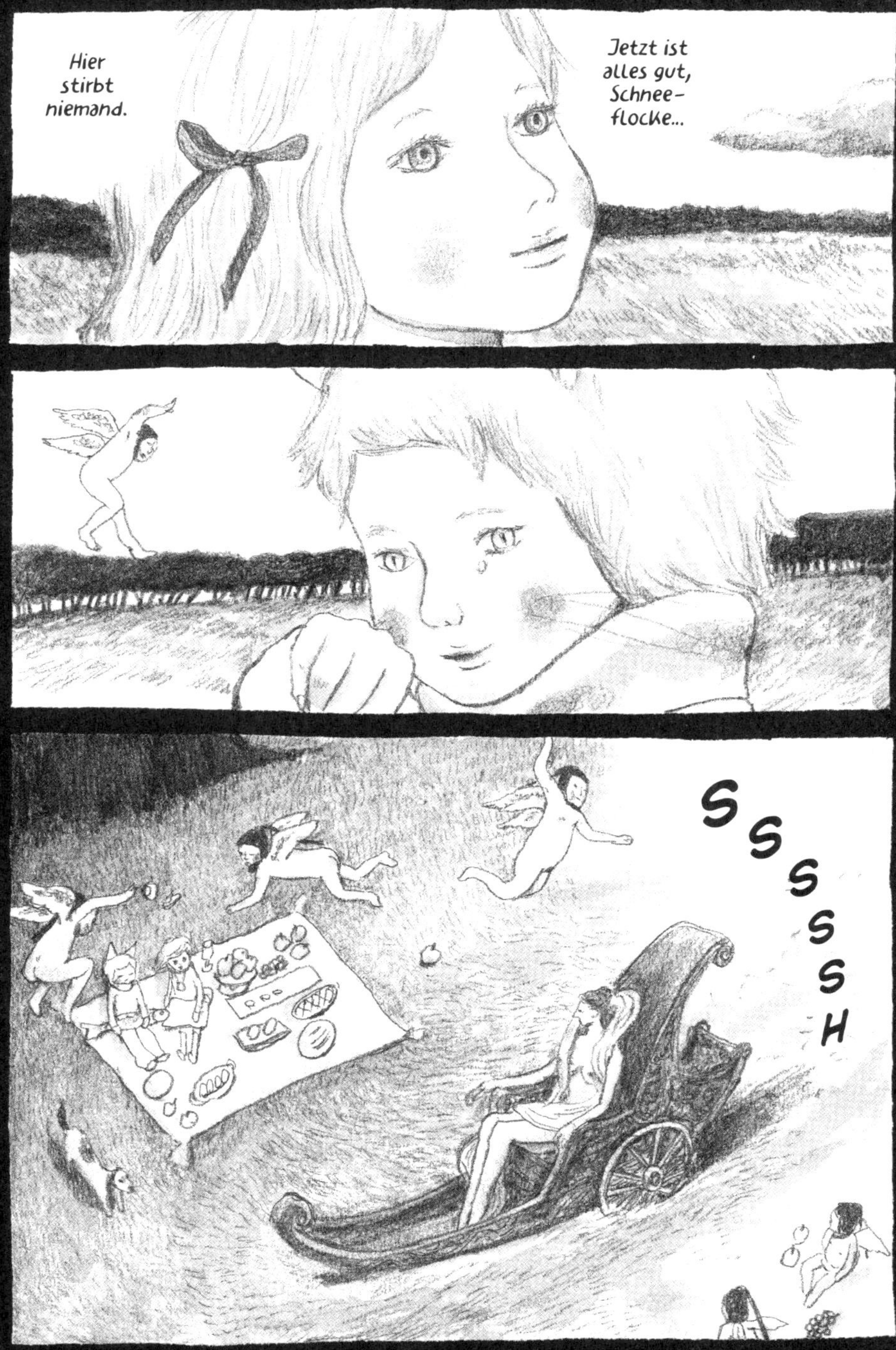
Hier stirbt niemand.
Jetzt ist alles gut, Schnee-flocke...
SSSSSSH

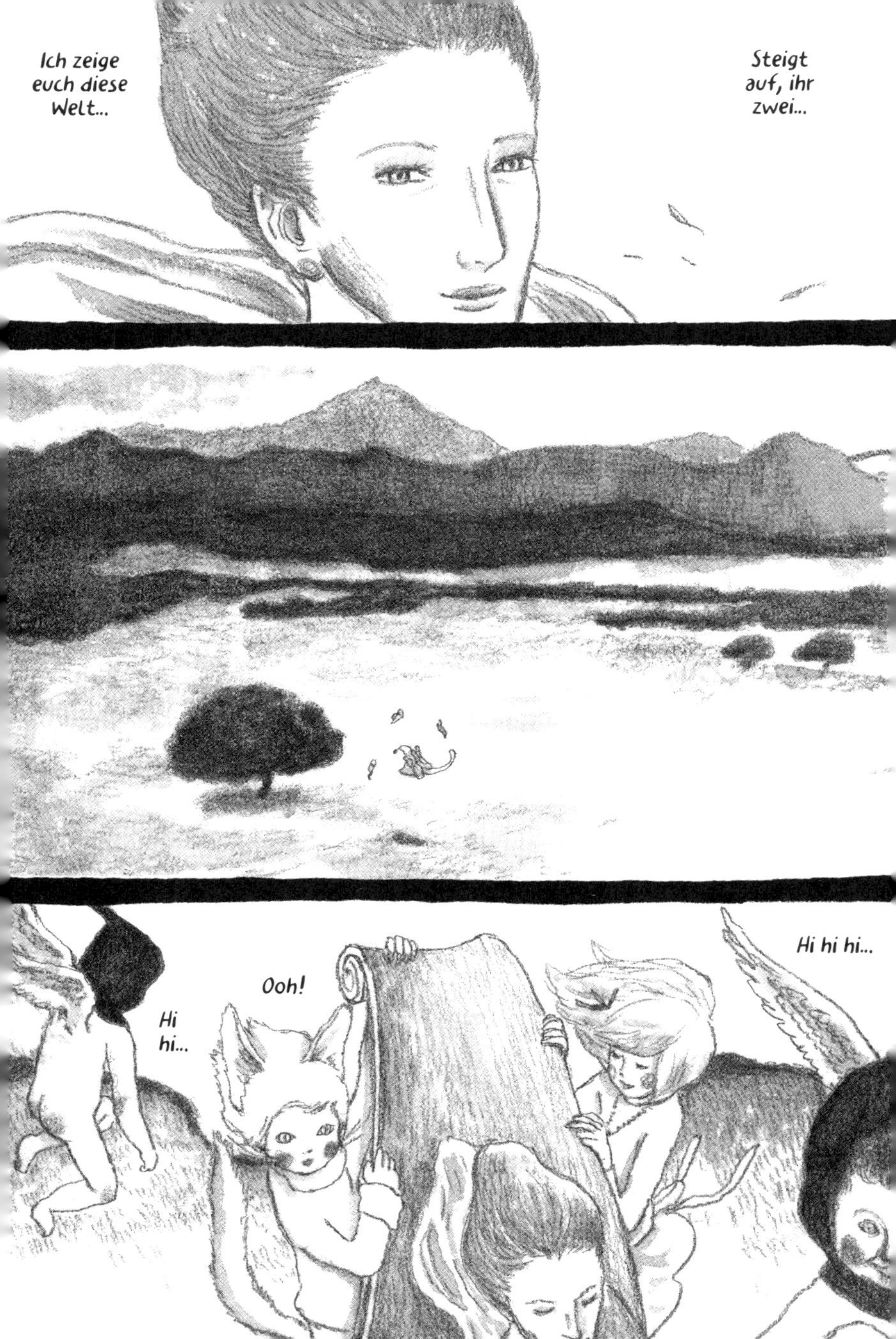
Ich zeige euch diese Welt...
Steigt auf, ihr zwei...
Hi hi...
Ooh!
Hi hi hi...

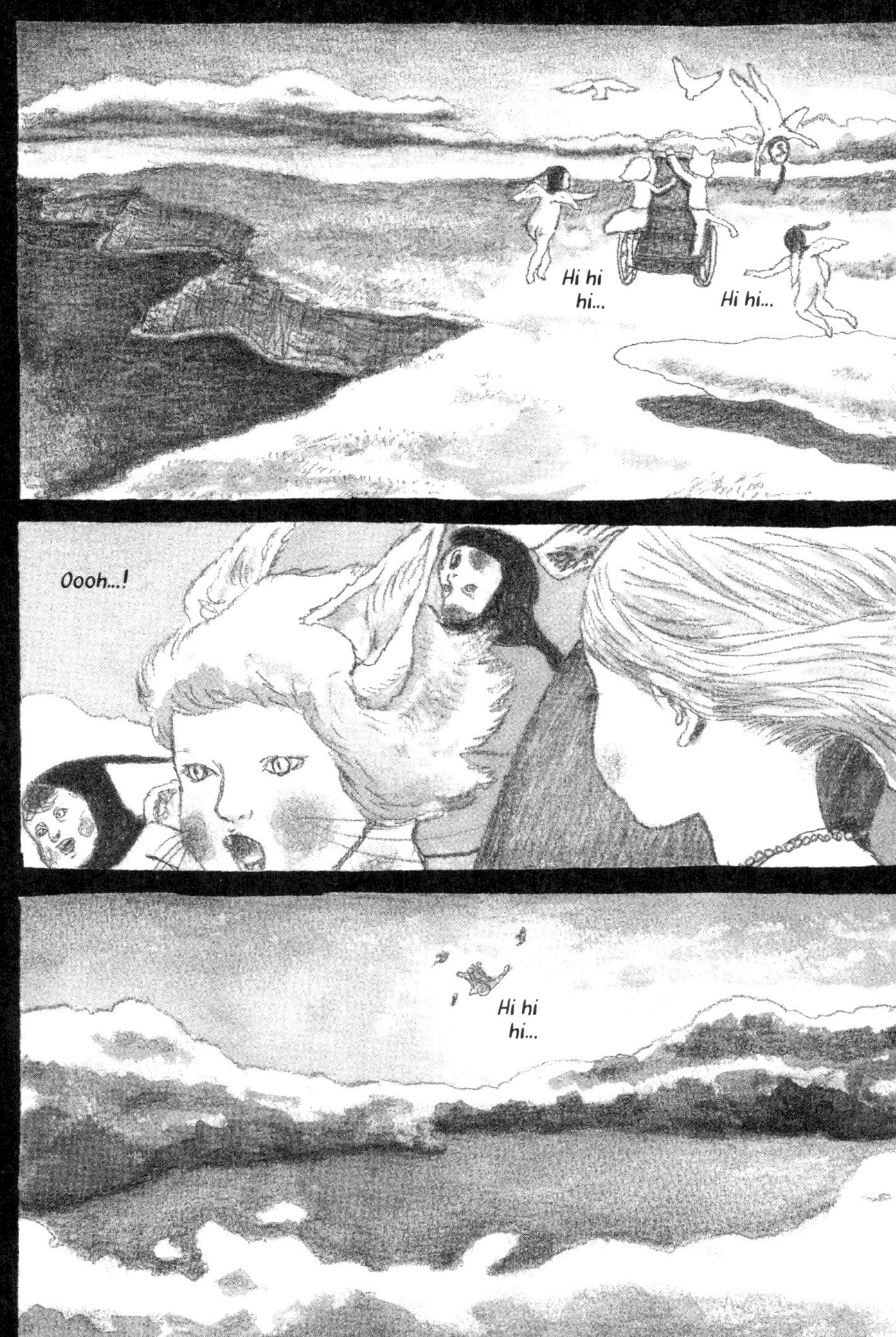
Hi hi
hi...
Hi hi...
Oooh...!
Hi hi
hi...

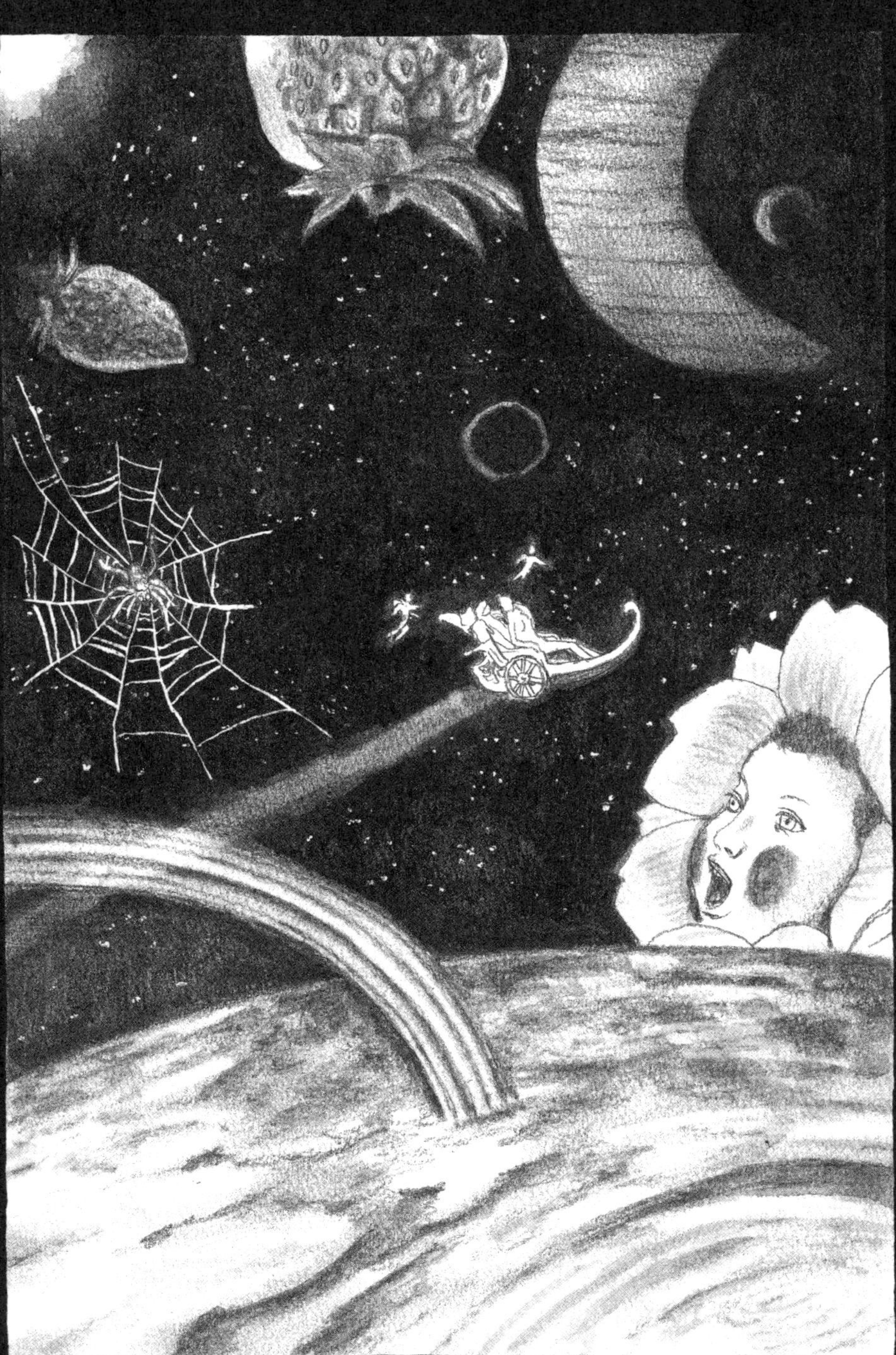

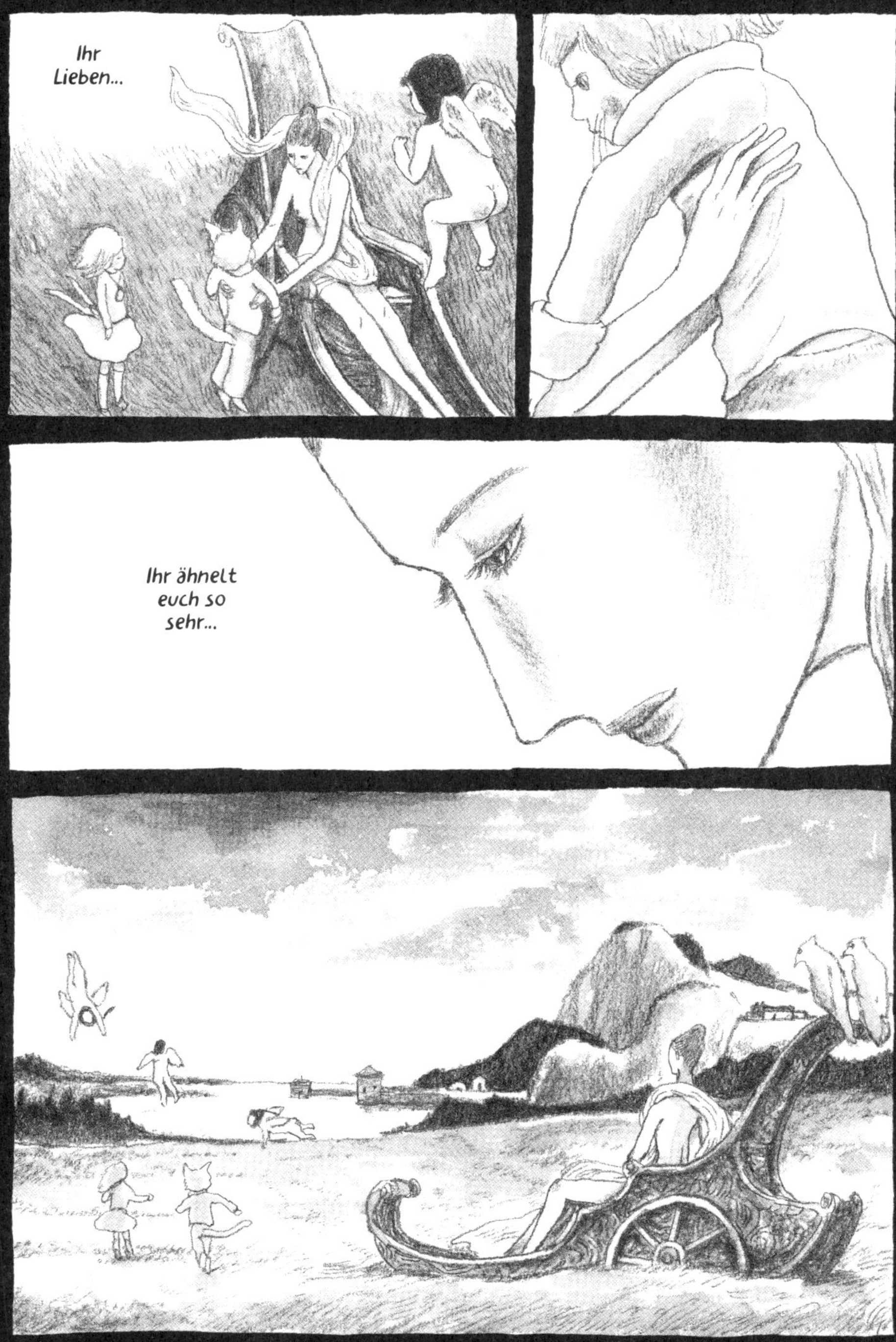
Ihr Lieben...
Ihr ähnelt euch so sehr...

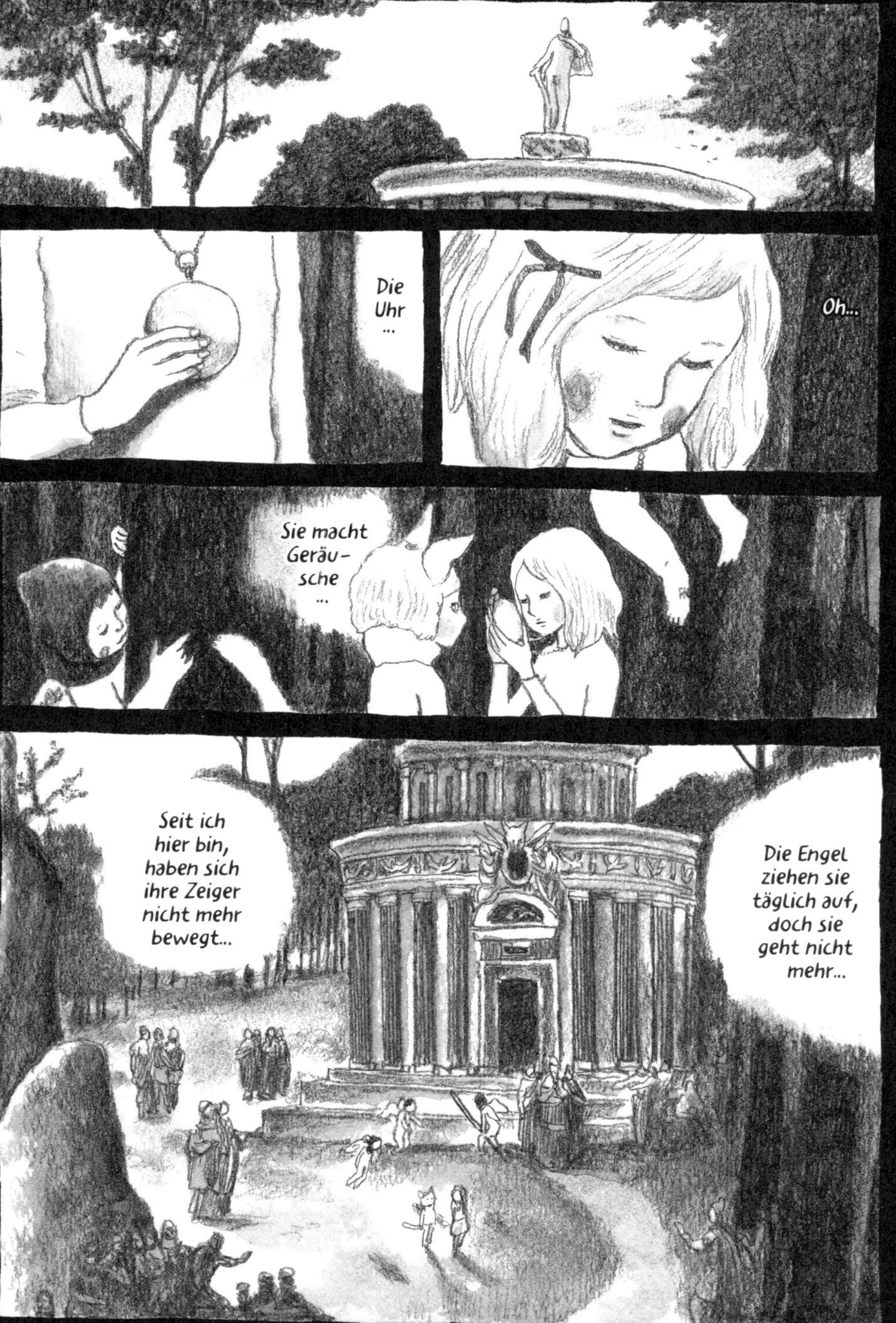
Die Uhr ...
Oh...
Sie macht Geräu-sche ...
Seit ich hier bin, haben sich ihre Zeiger nicht mehr bewegt...
Die Engel ziehen sie täglich auf, doch sie geht nicht mehr...

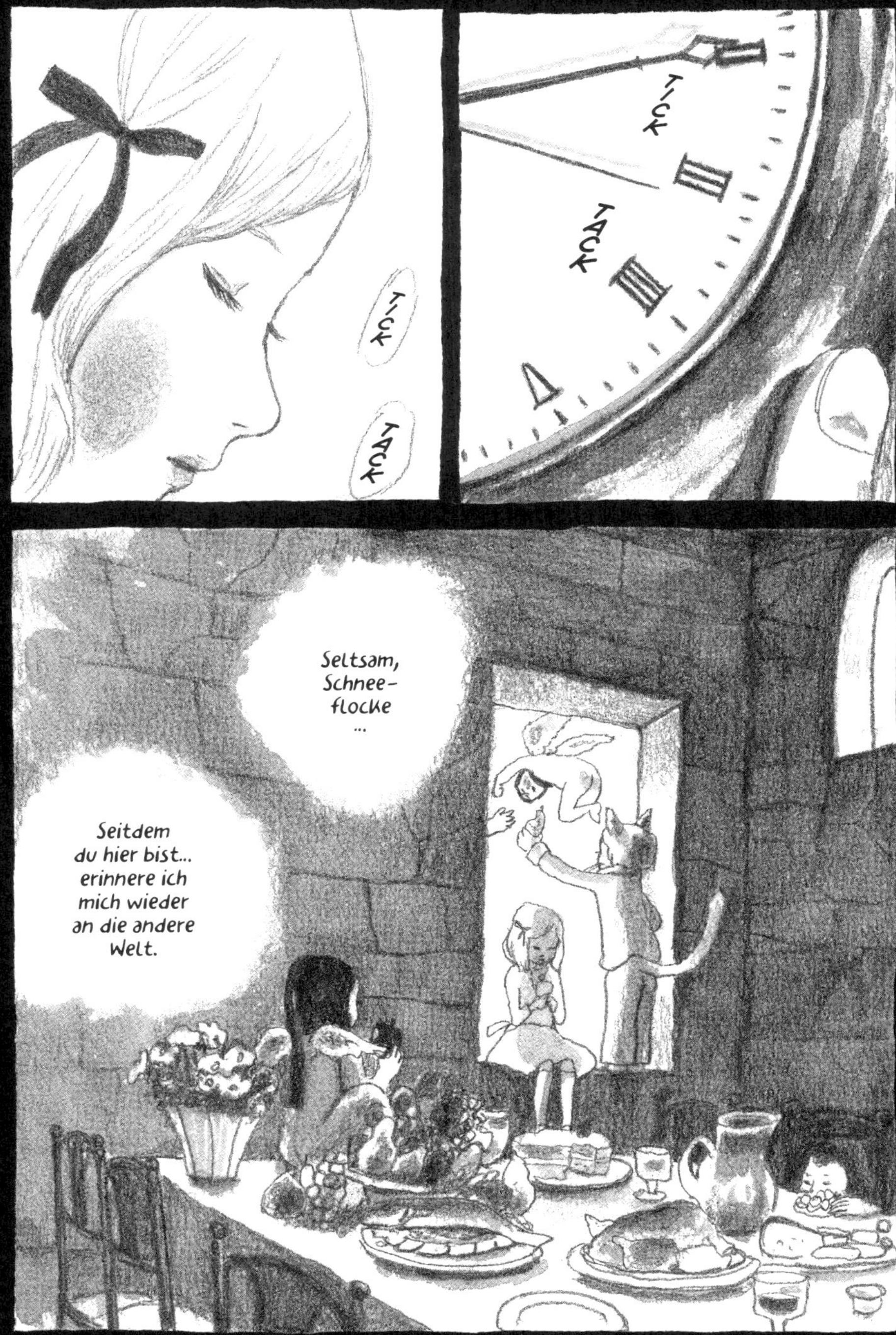
TICK
TACK
TICK
TACK
Seltsam, Schneeflocke ...
Seitdem du hier bist... erinnere ich mich wieder an die andere Welt.

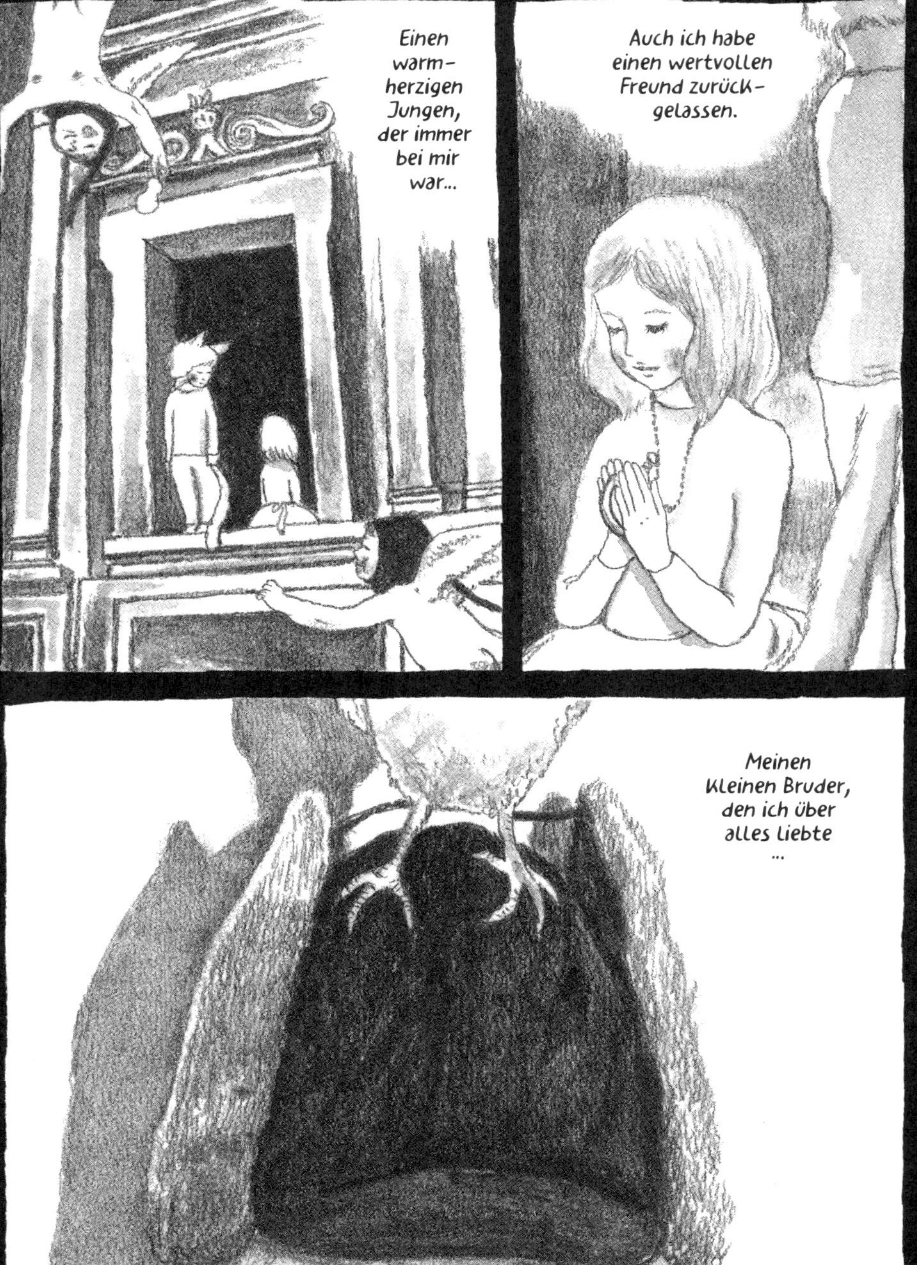
Einen warm-herzigen Jungen, der immer bei mir war...
Auch ich habe einen wertvollen Freund zurück-gelassen.
Meinen kleinen Bruder, den ich über alles liebte ...

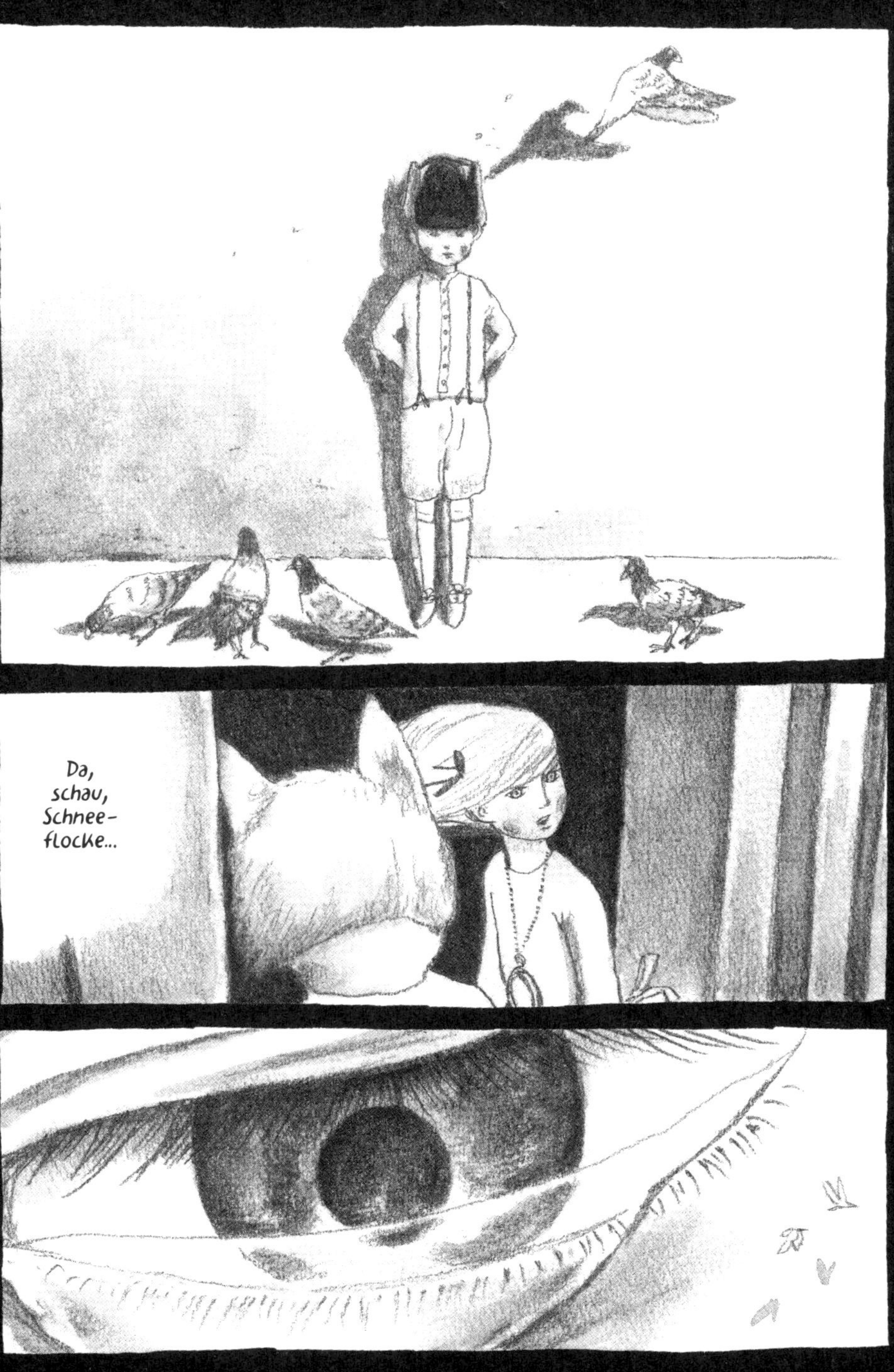
Da,
schau,
Schnee-
flocke...

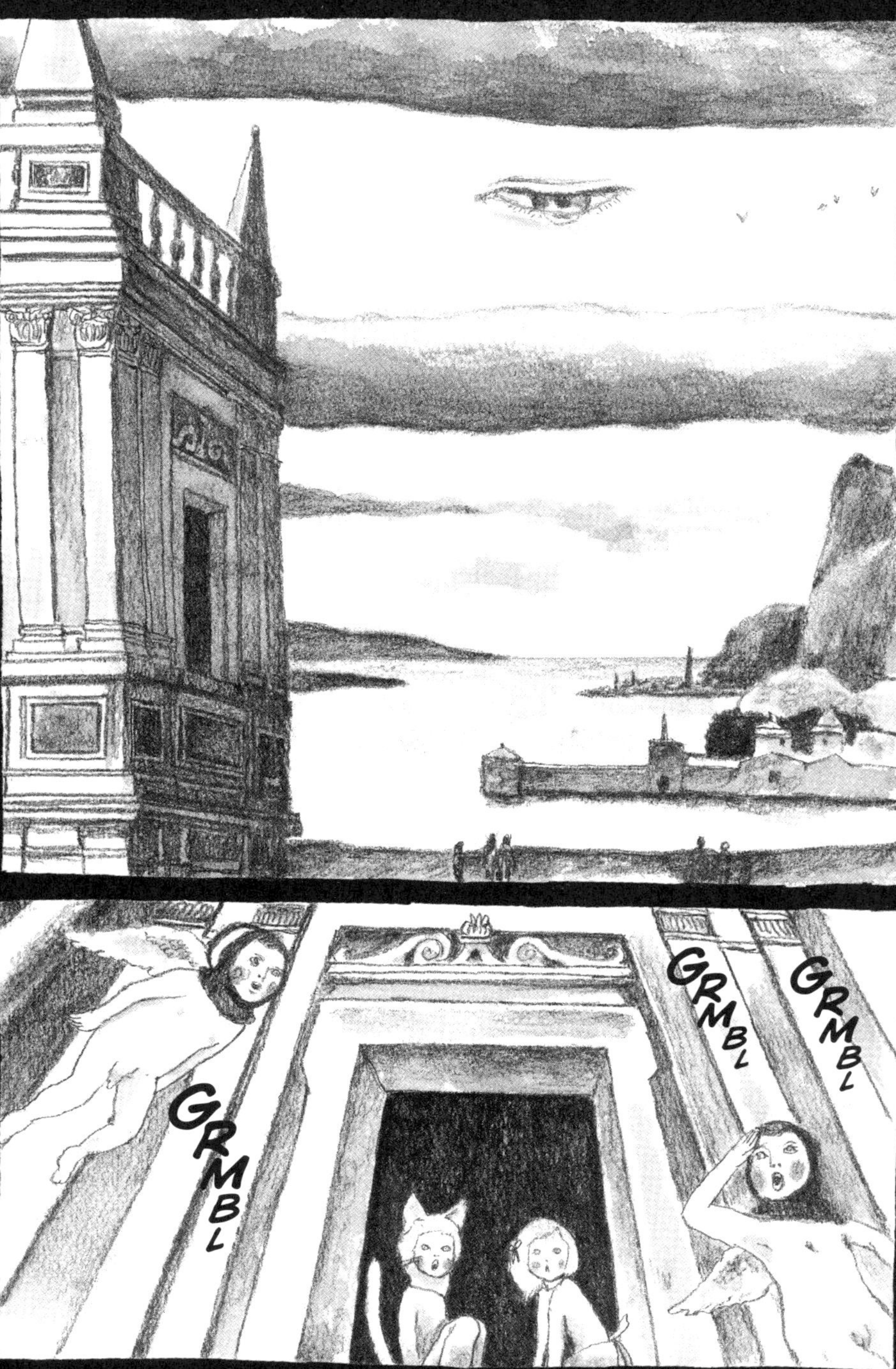
GRMBL
GRMBL
GRMBL

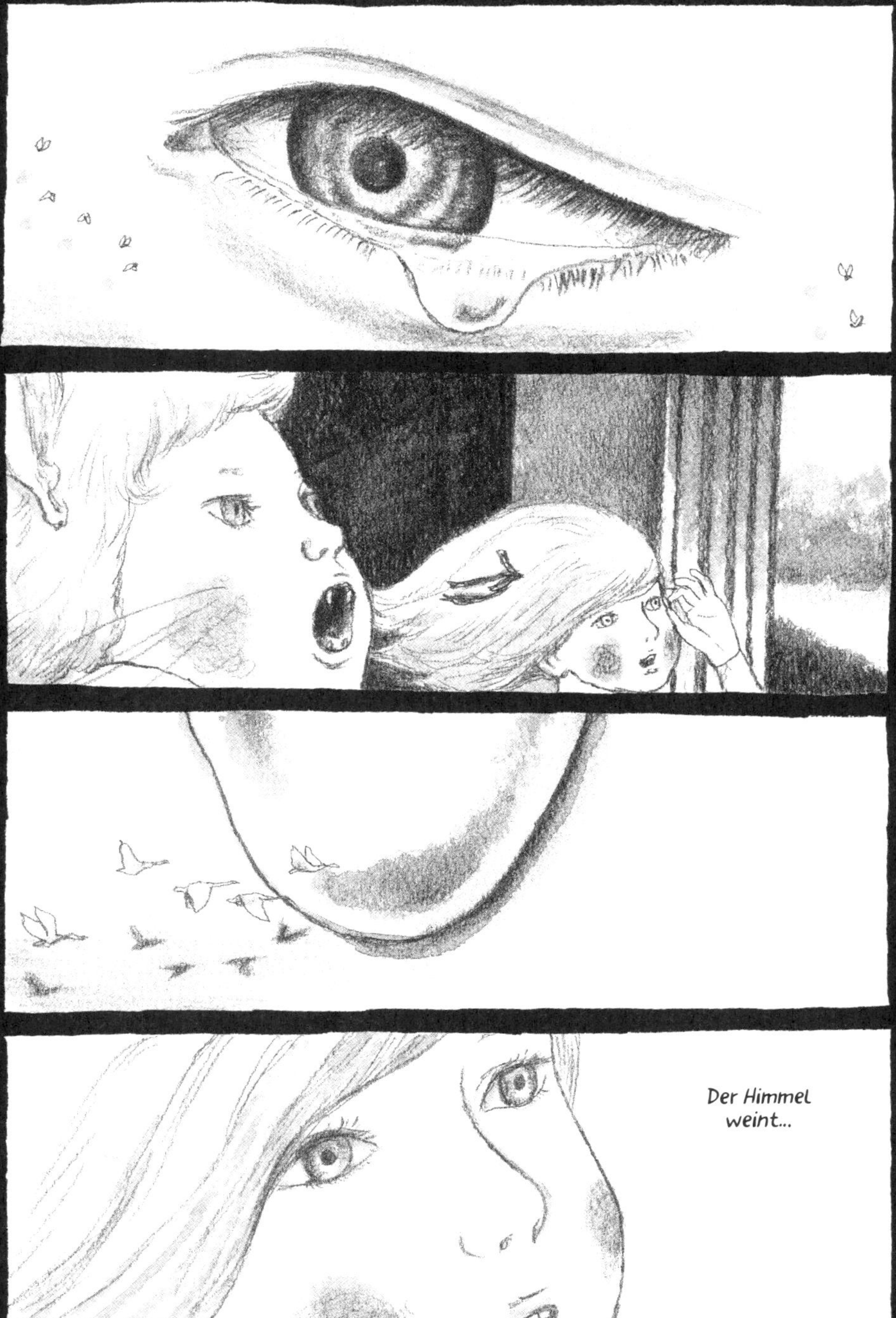

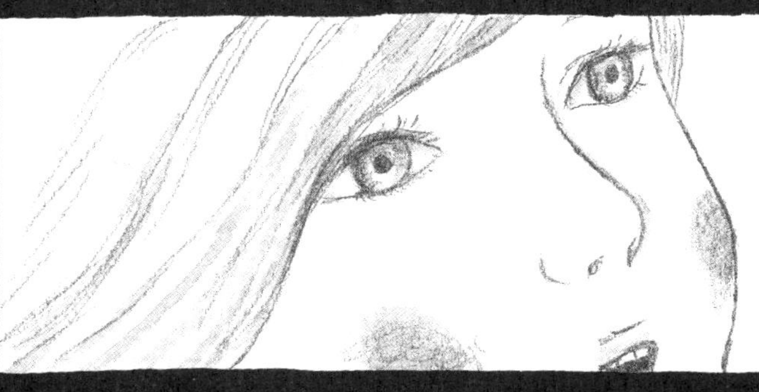
Der Himmel
weint...

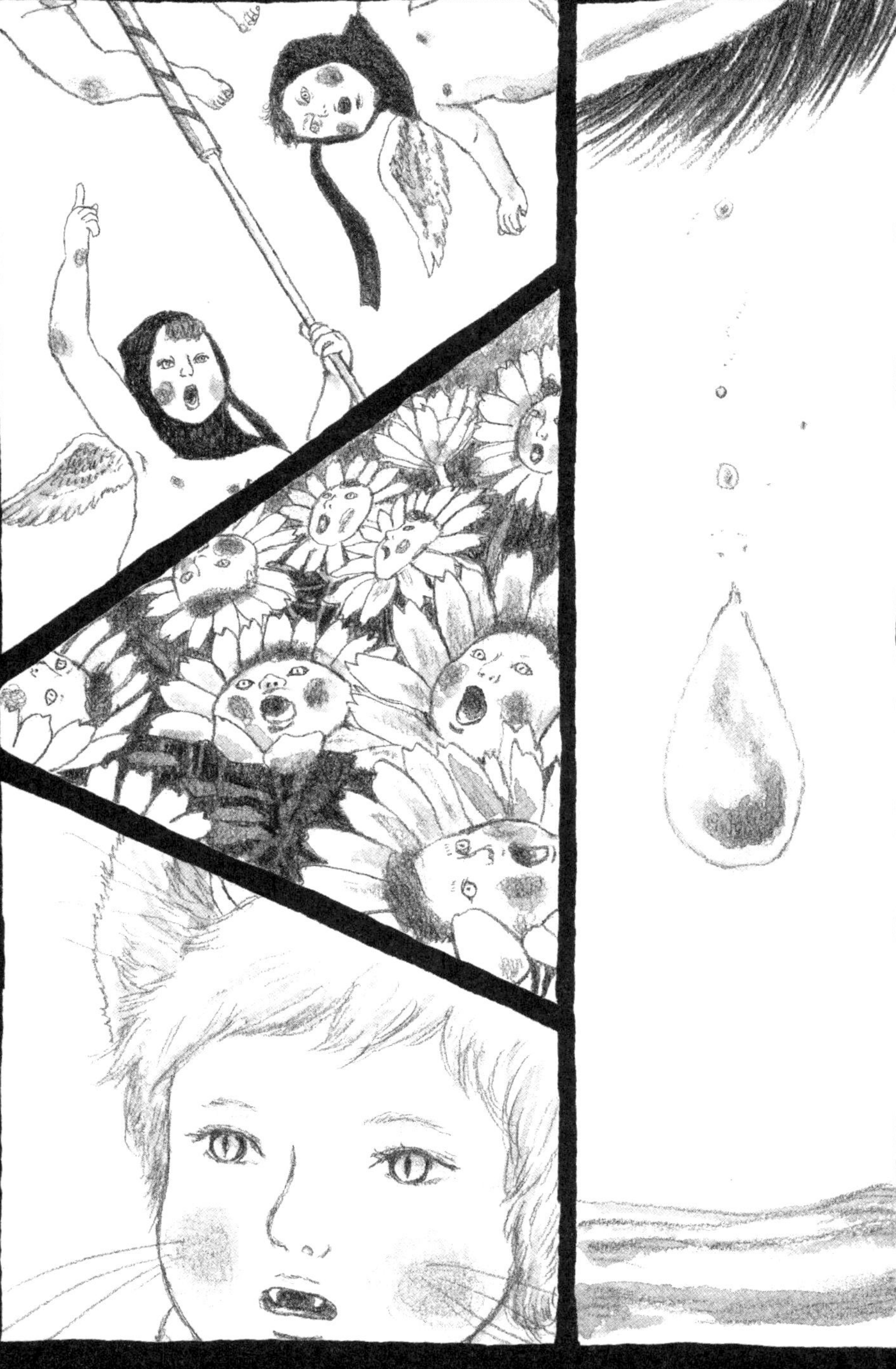

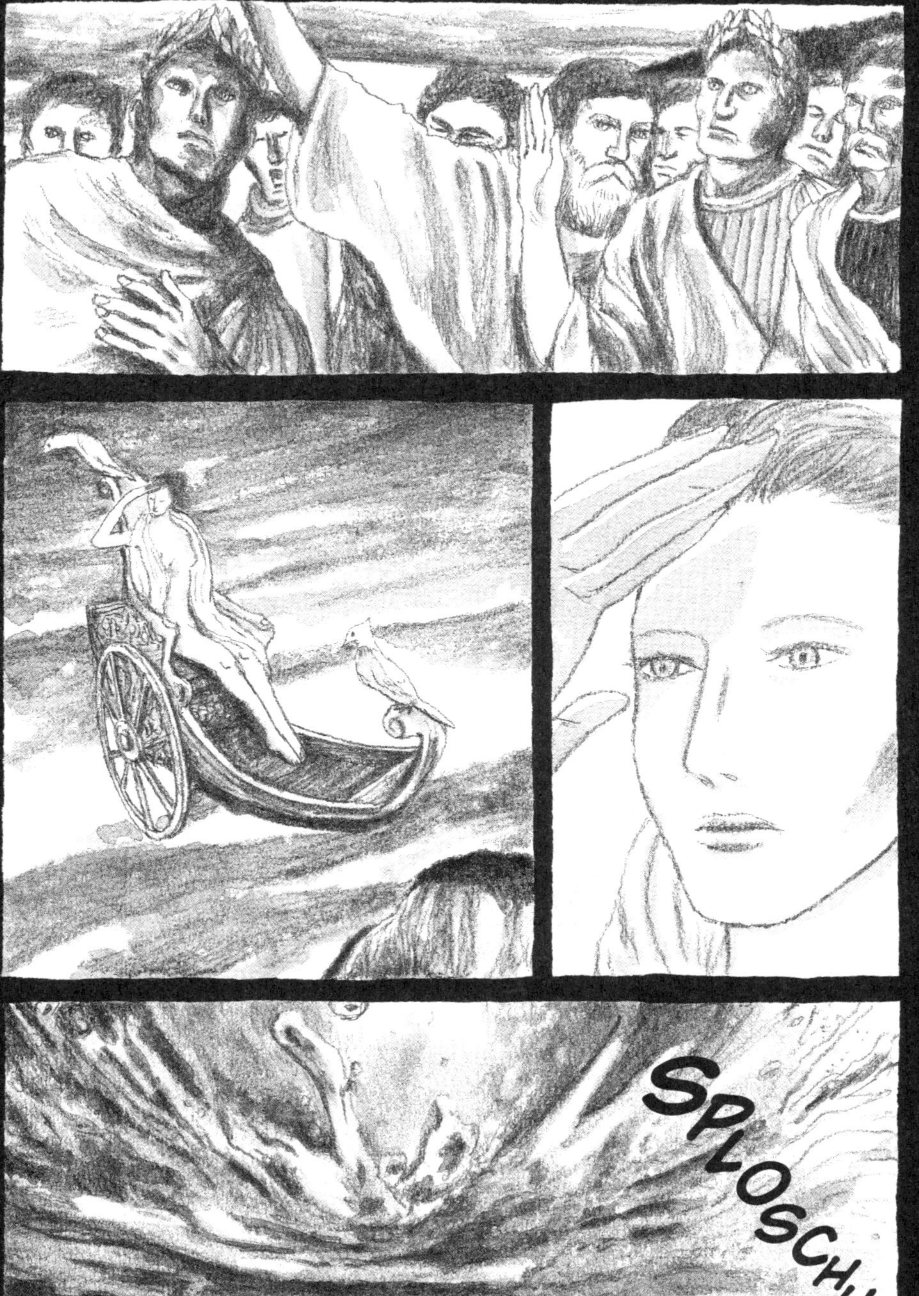

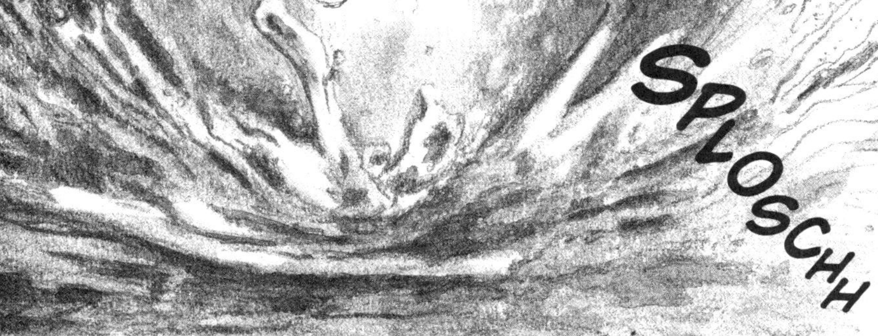
SPLOSCHH

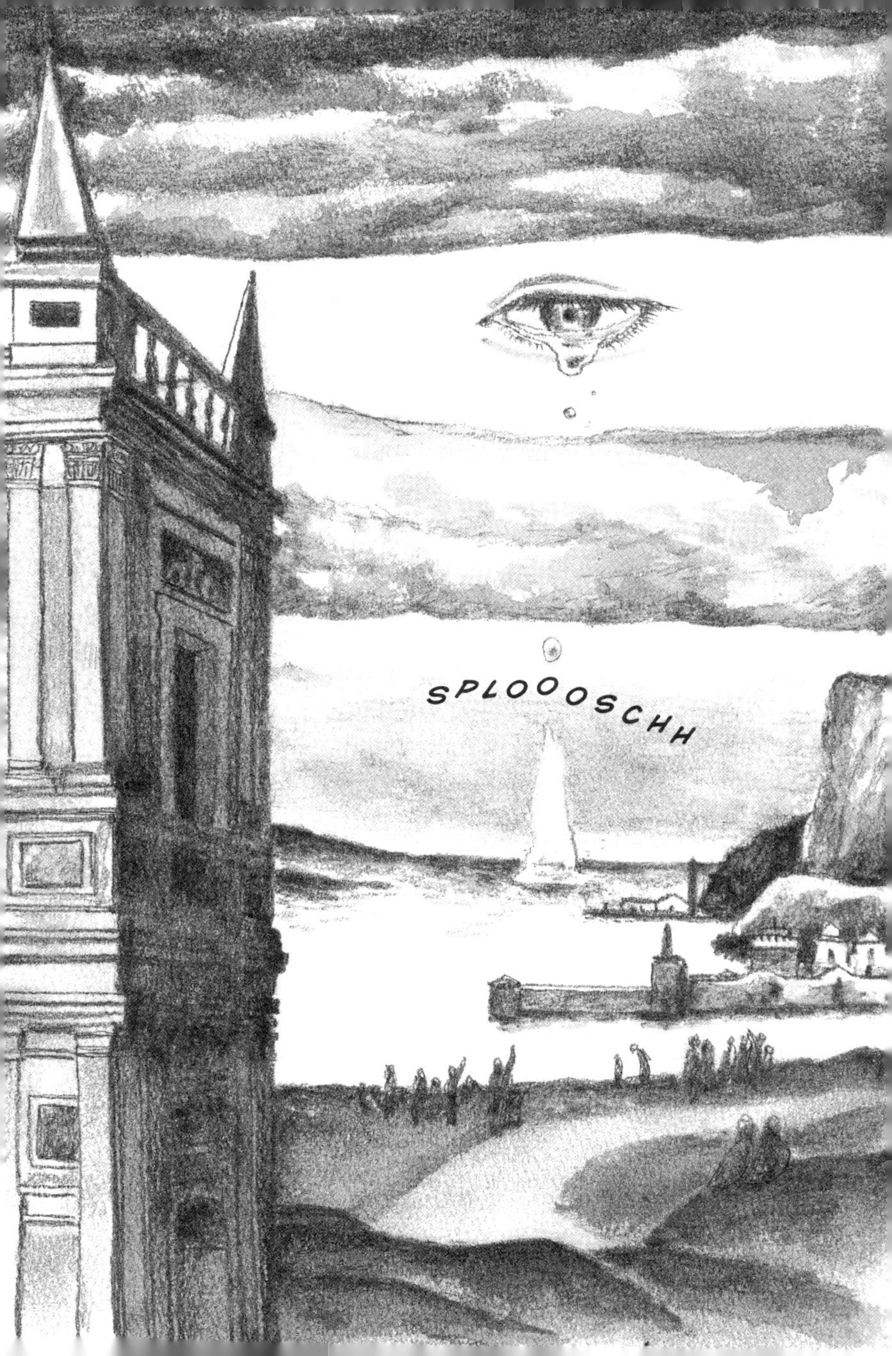
SPLOOOSCHH

Kapitel 17

DAS GEHEIMNIS DES WEISSEN KATERS UND DES MÄDCHENS

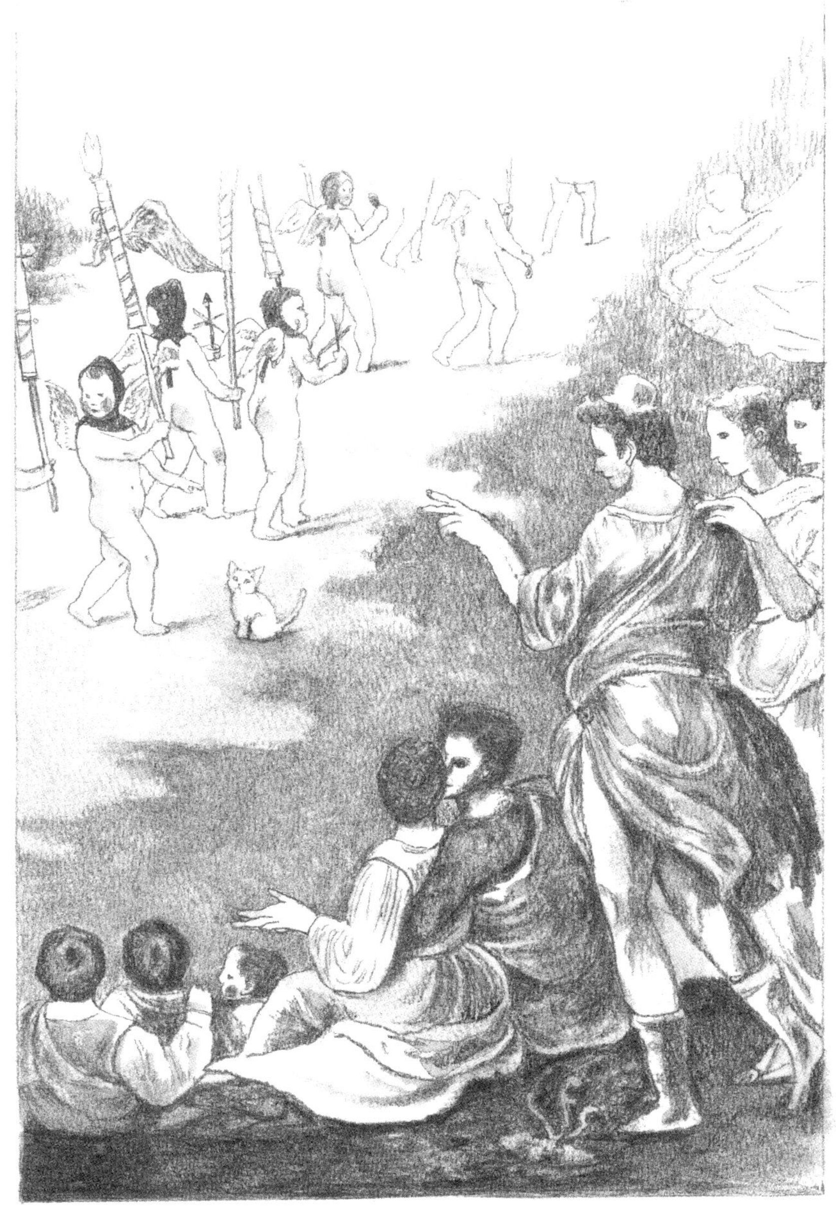

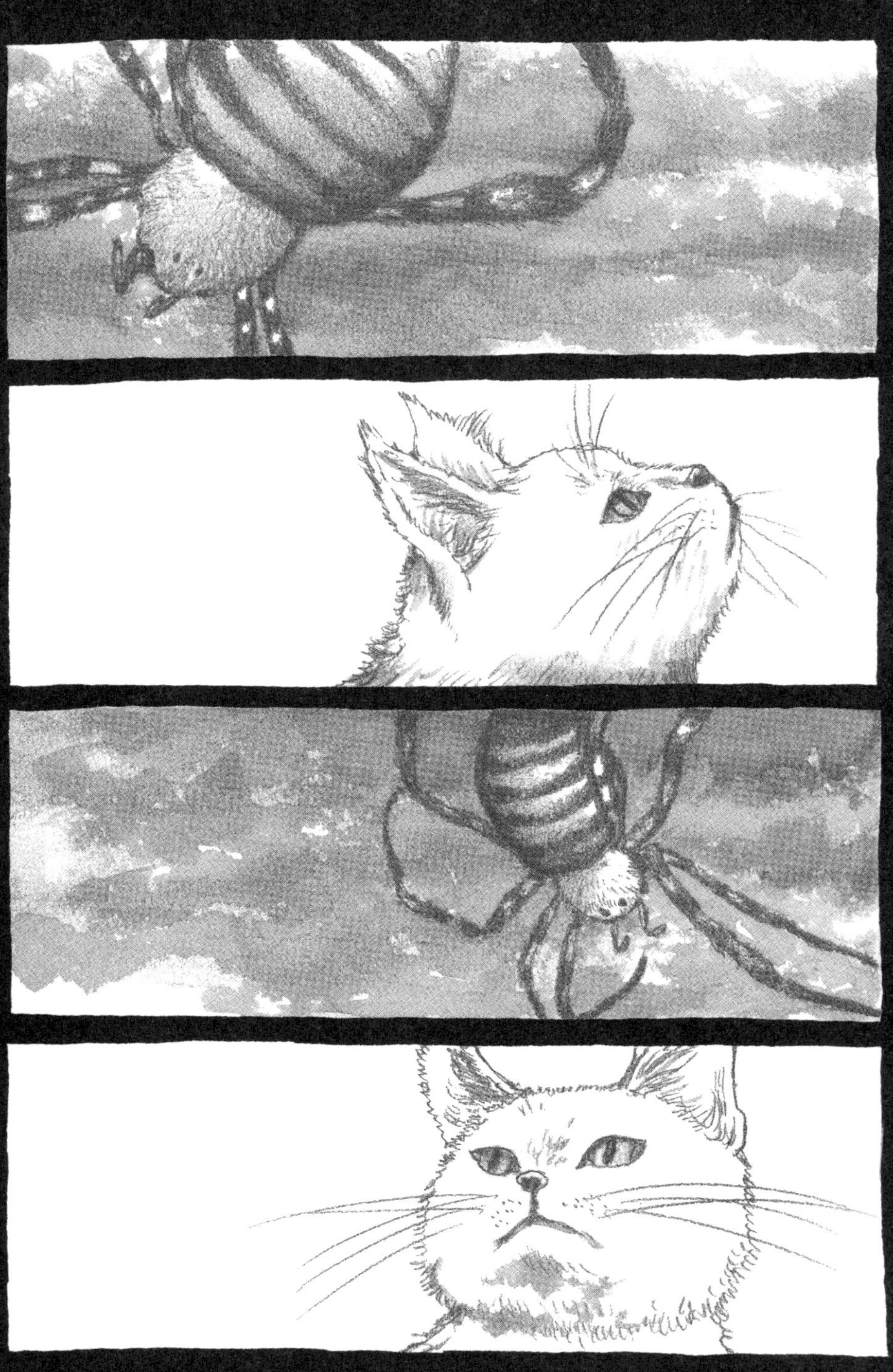

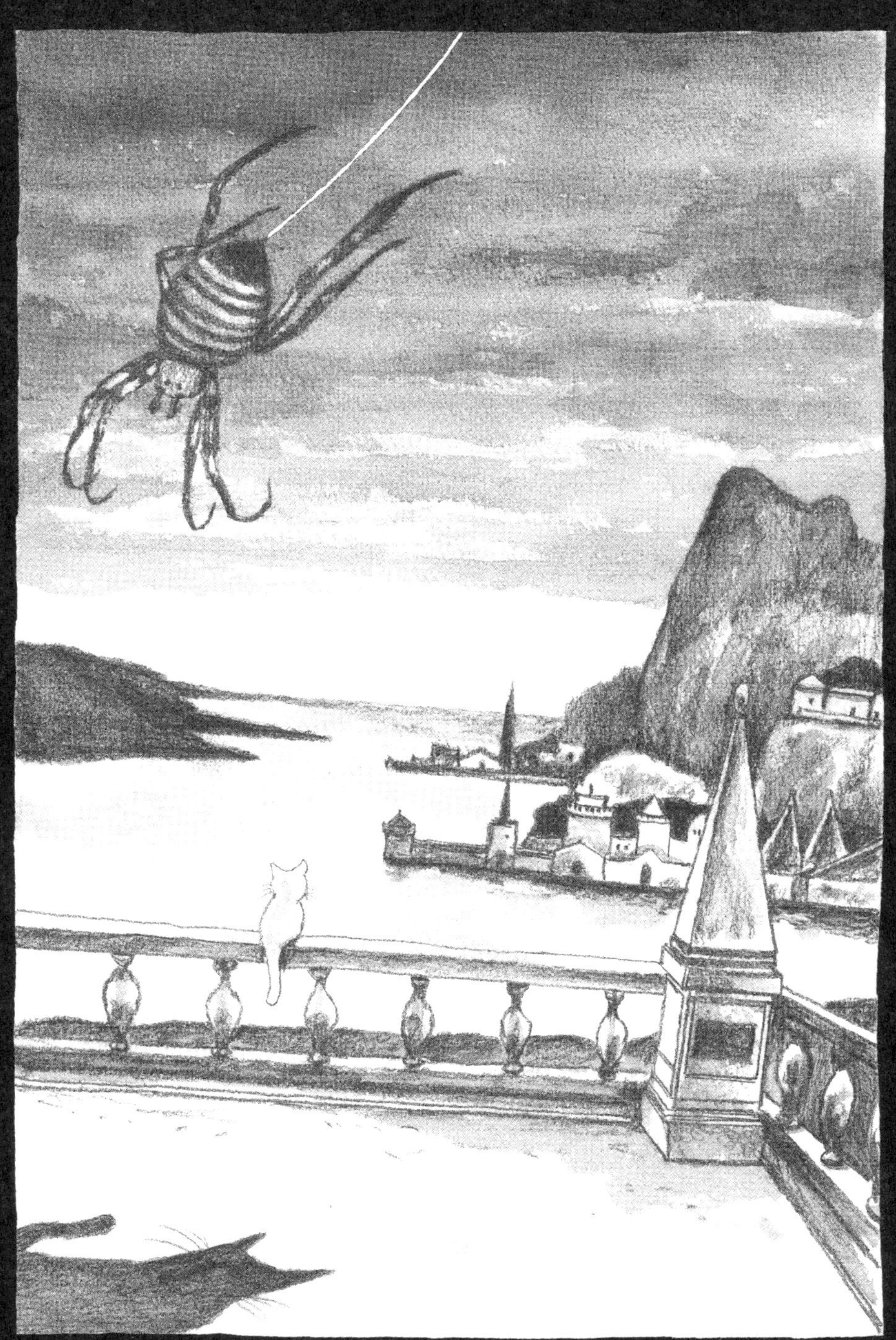

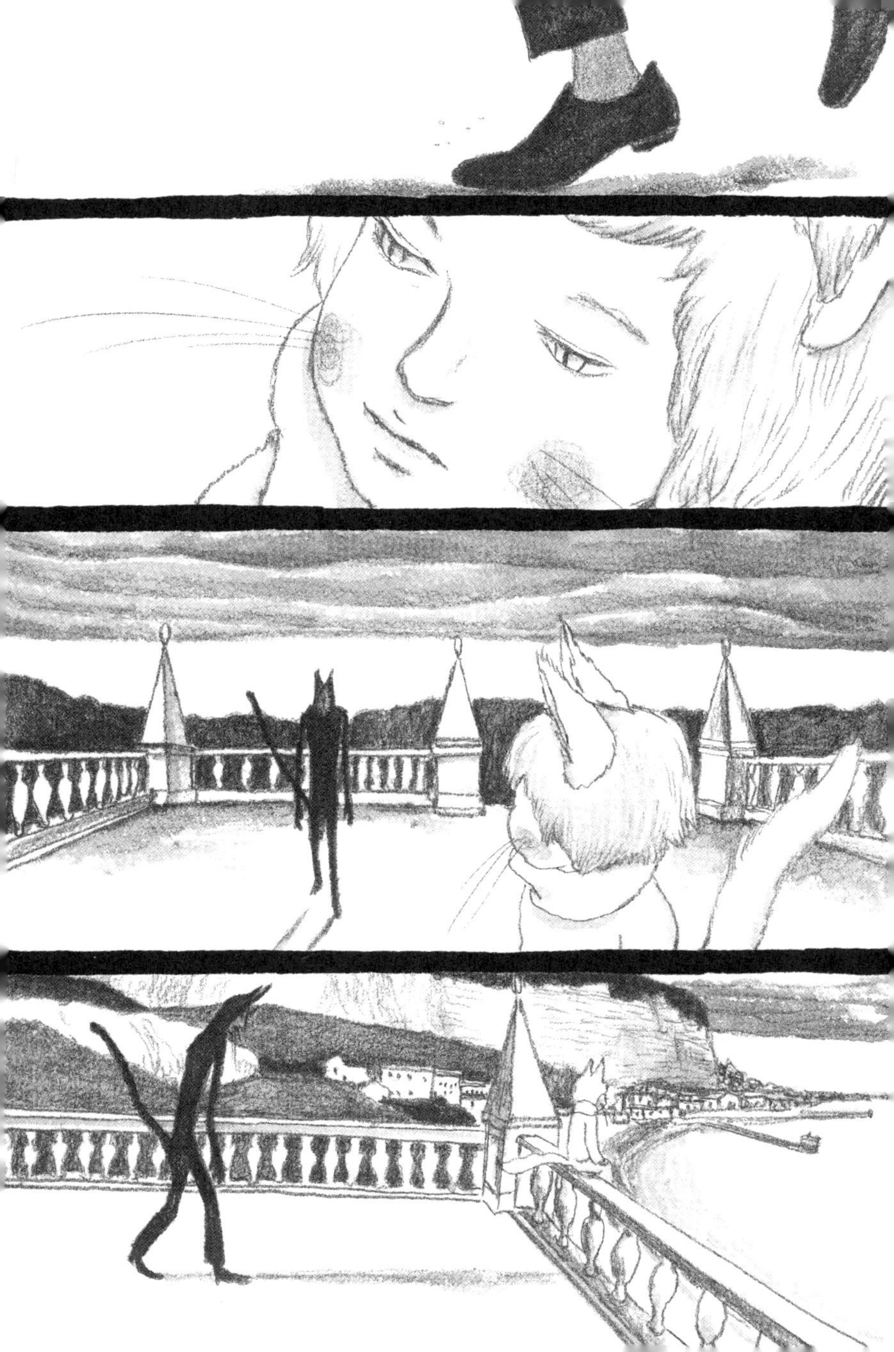

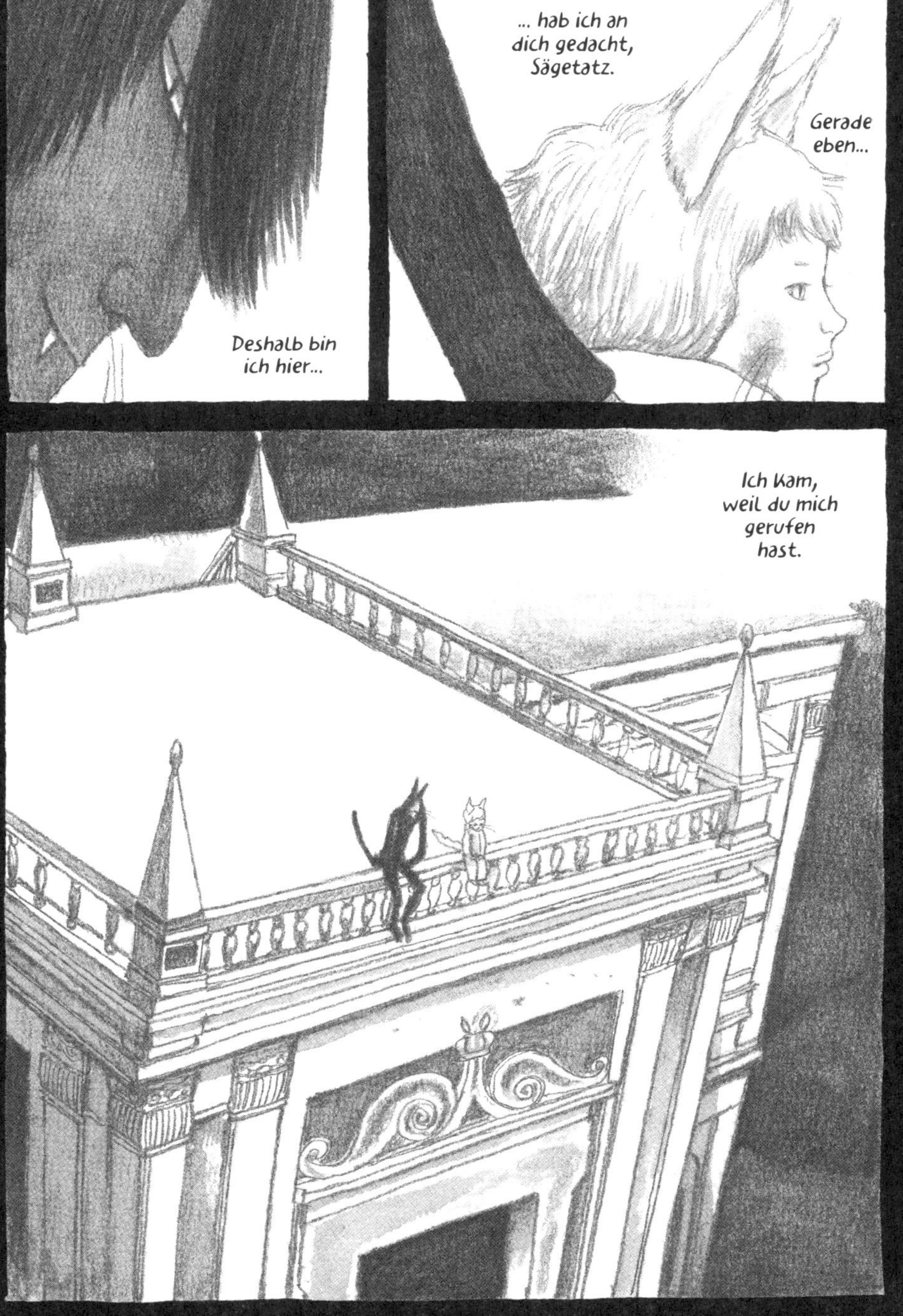
Gerade eben...
... hab ich an dich gedacht, Sägetatz.
Deshalb bin ich hier...
Ich kam, weil du mich gerufen hast.

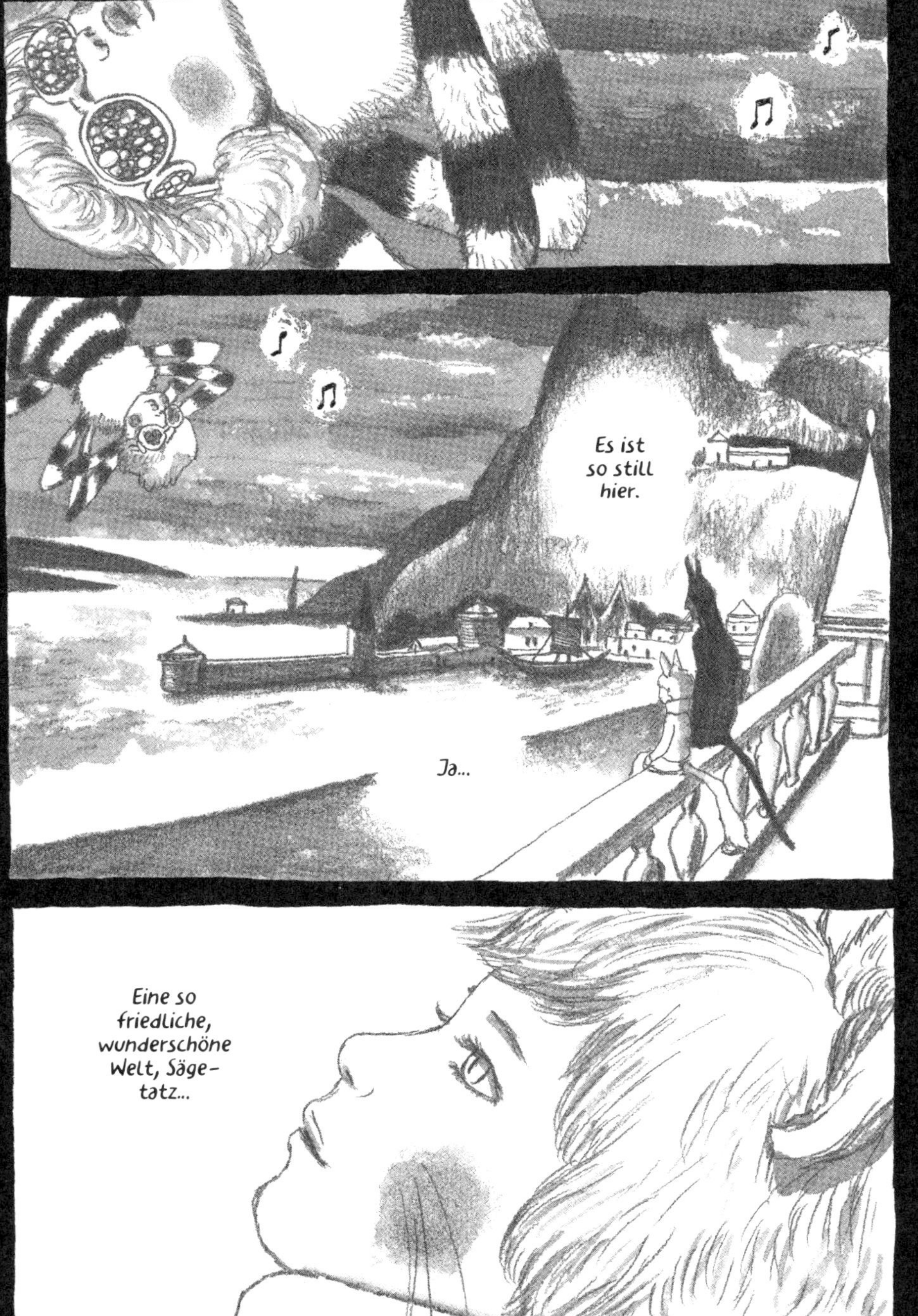
Es ist so still hier.
Ja...
Eine so friedliche, wunderschöne Welt, Säge-tatz...

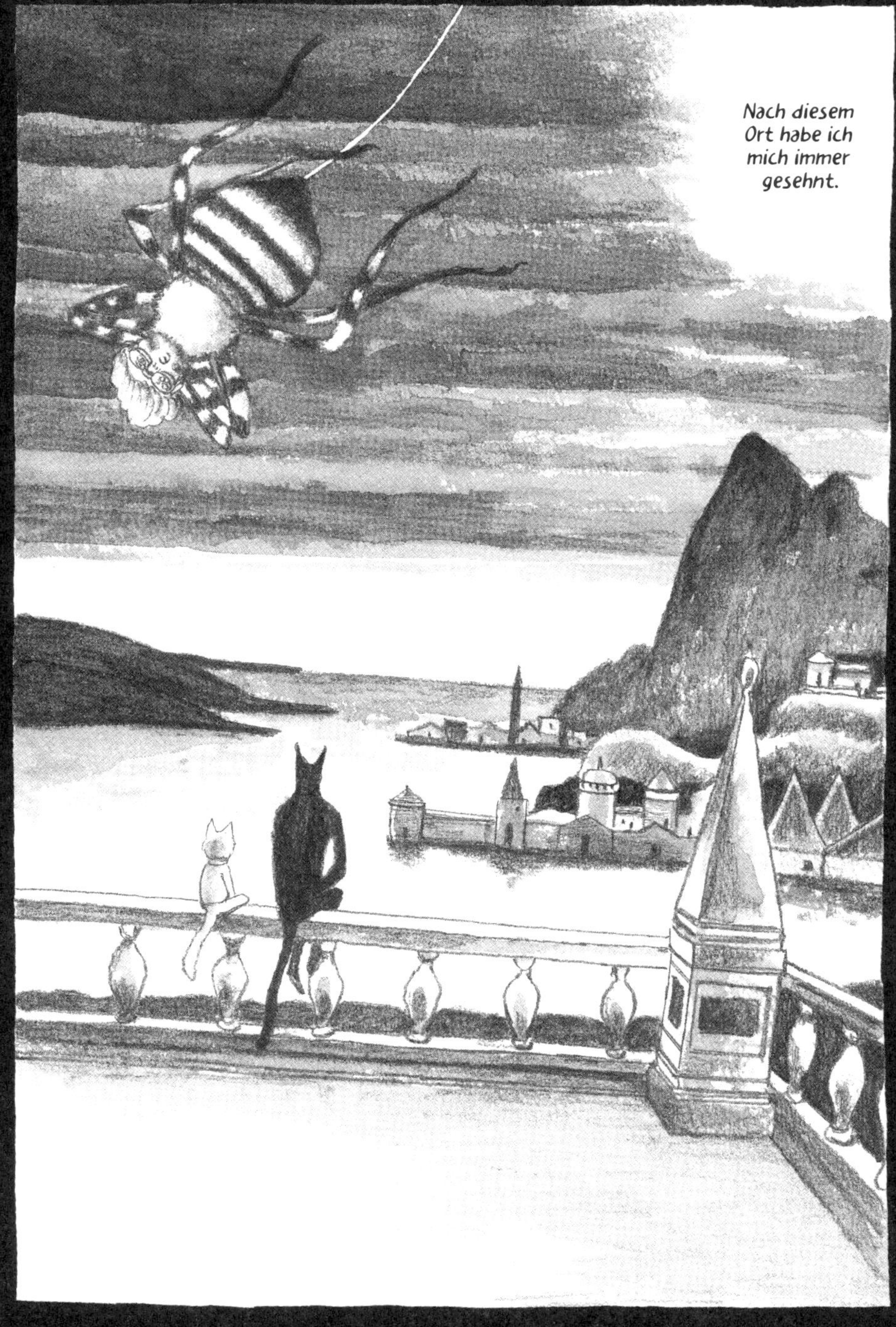
Nach diesem
Ort habe ich
mich immer
gesehnt.

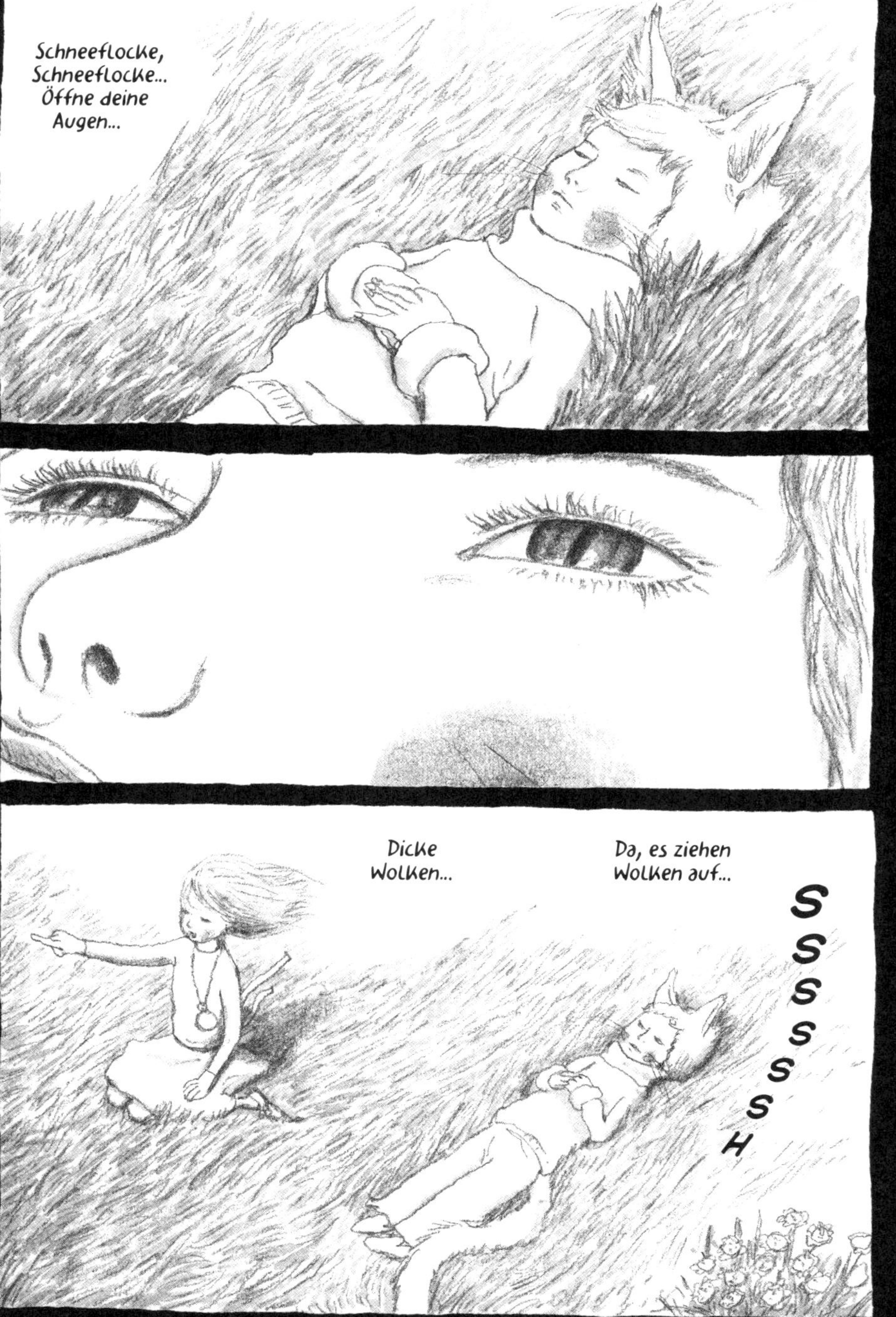
Schneeflocke,
Schneeflocke...
Öffne deine
Augen...
Da, es ziehen
Wolken auf...
Dicke
Wolken...
SSSSSSH

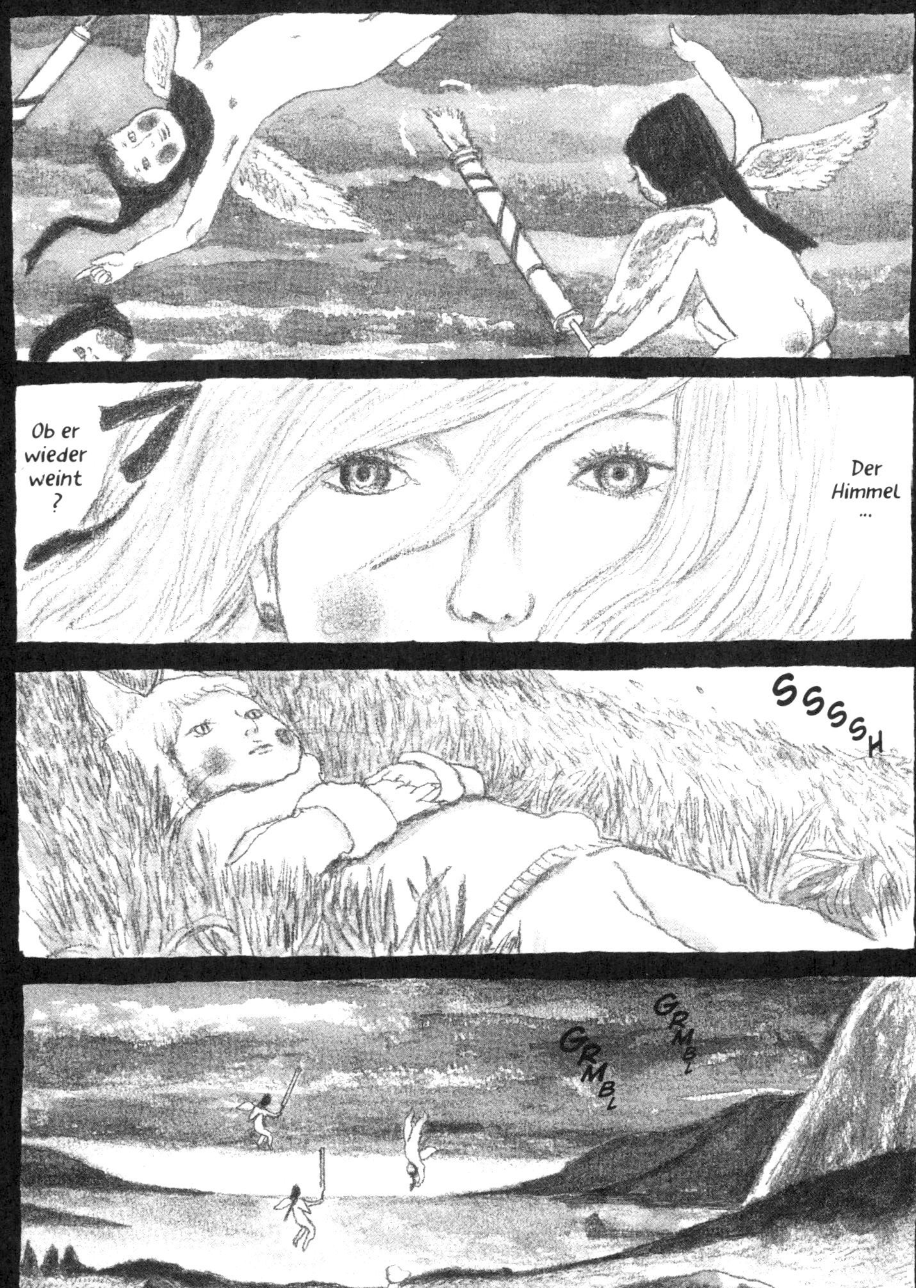
Ob er wieder weint ?
Der Himmel ...
SSSSSH
GRMBL
GRMBL

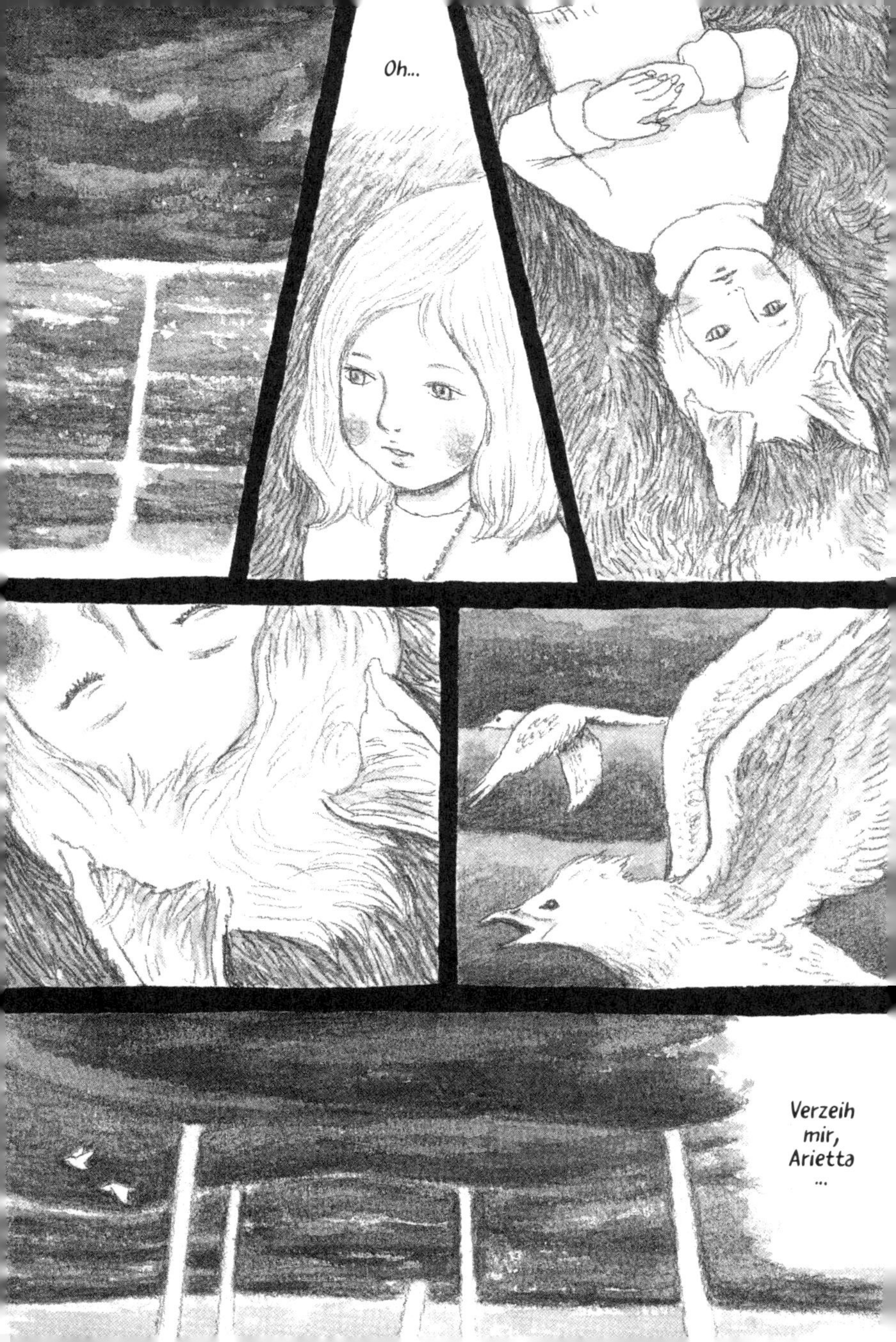
Oh...
Verzeih mir, Arietta ...

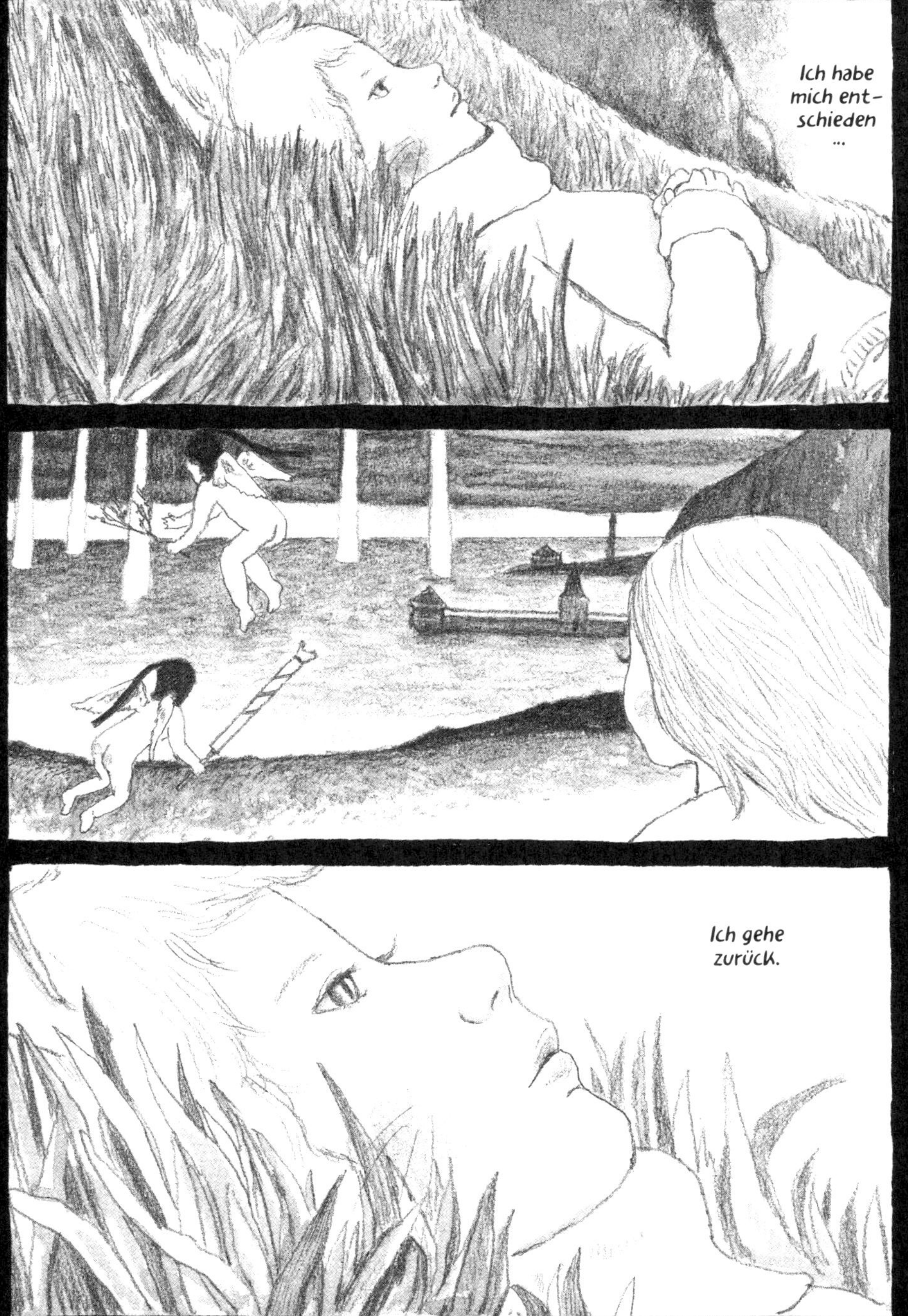
Ich habe
mich ent-
schieden
...
Ich gehe
zurück.

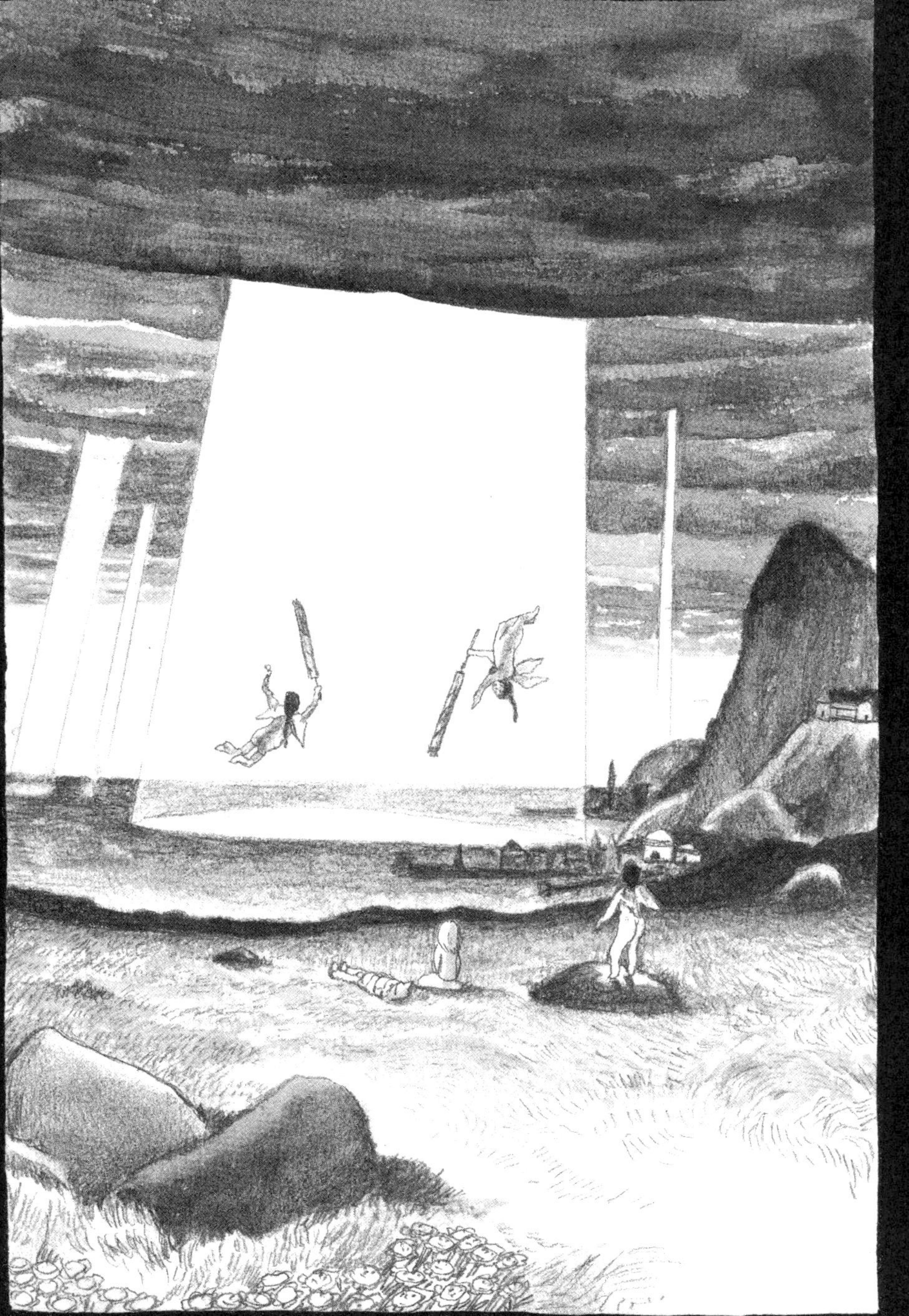

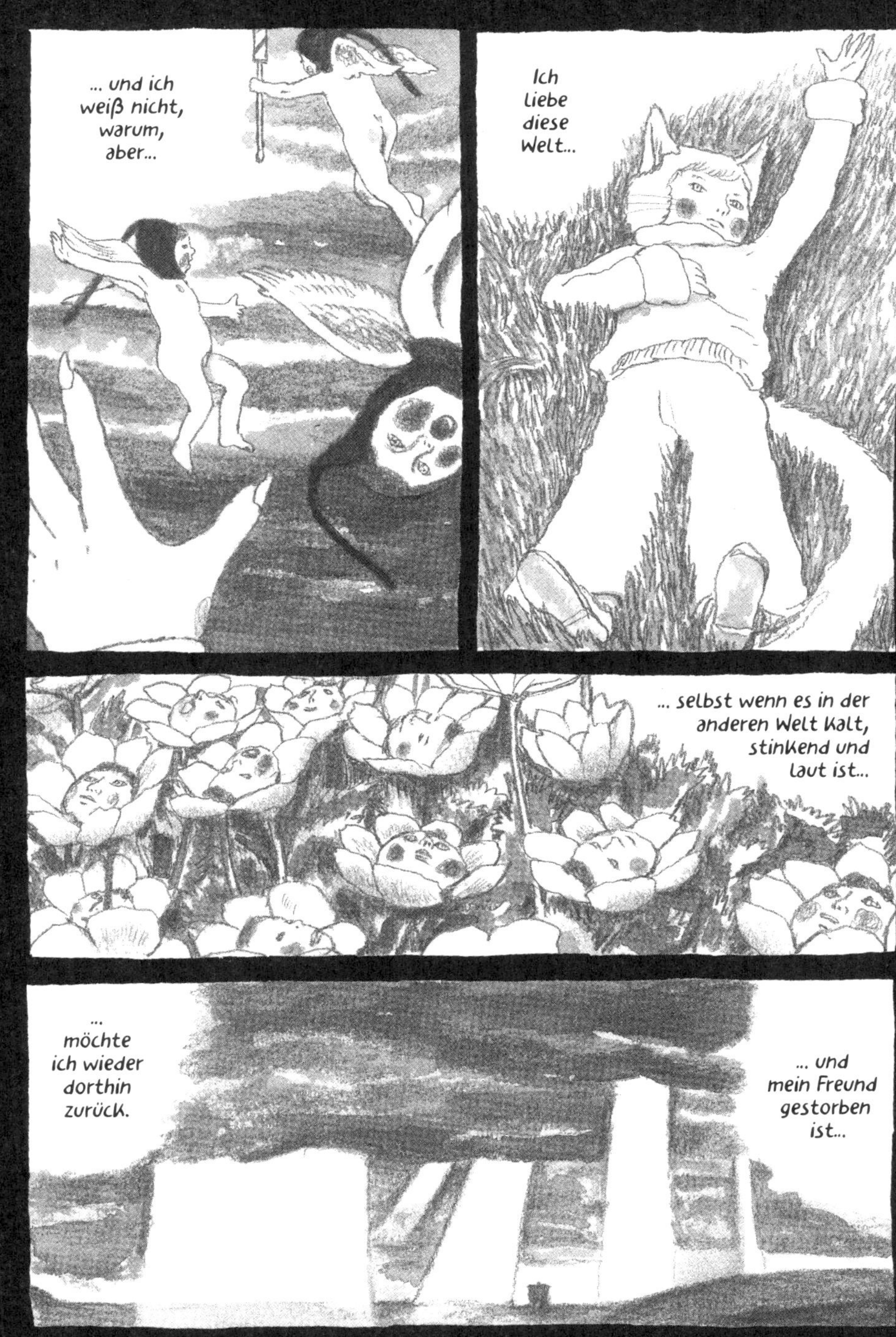
... und ich weiß nicht, warum, aber...
Ich liebe diese Welt...
... selbst wenn es in der anderen Welt kalt, stinkend und laut ist...
... und mein Freund gestorben ist...
... möchte ich wieder dorthin zurück.

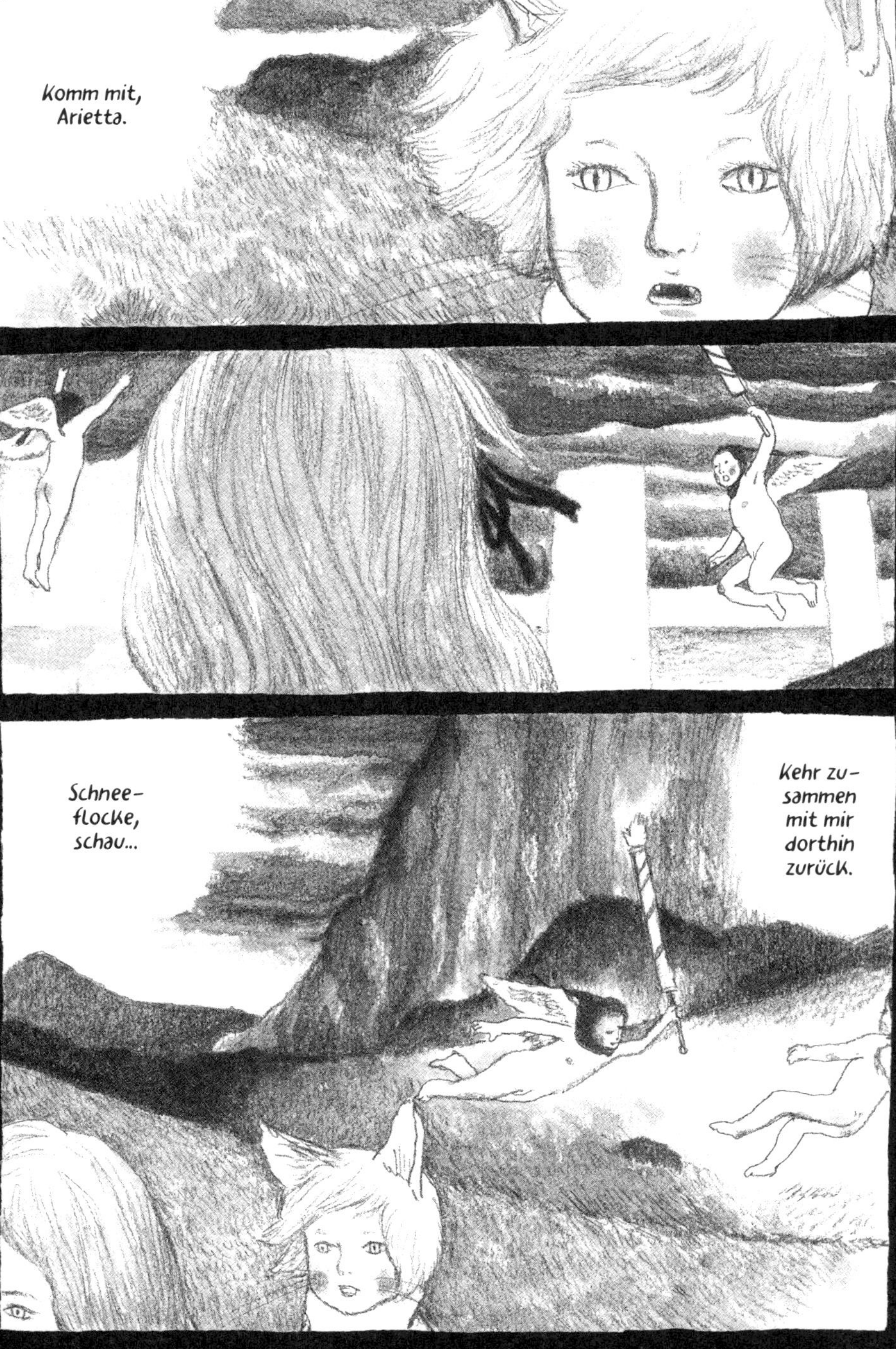
Komm mit, Arietta.
Schneeflocke, schau...
Kehr zusammen mit mir dorthin zurück.

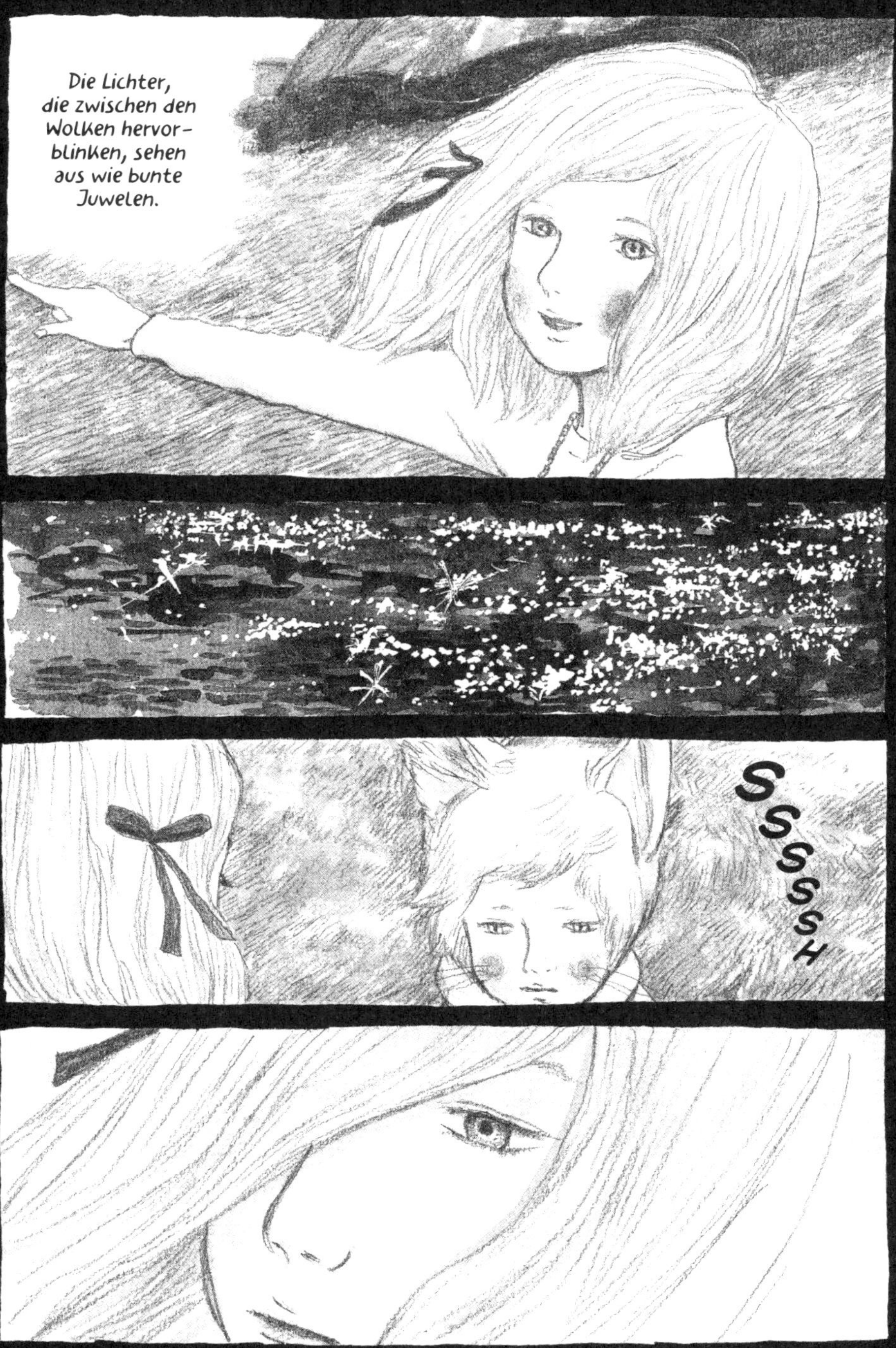
Die Lichter, die zwischen den Wolken hervorblinken, sehen aus wie bunte Juwelen.
SSSSSH

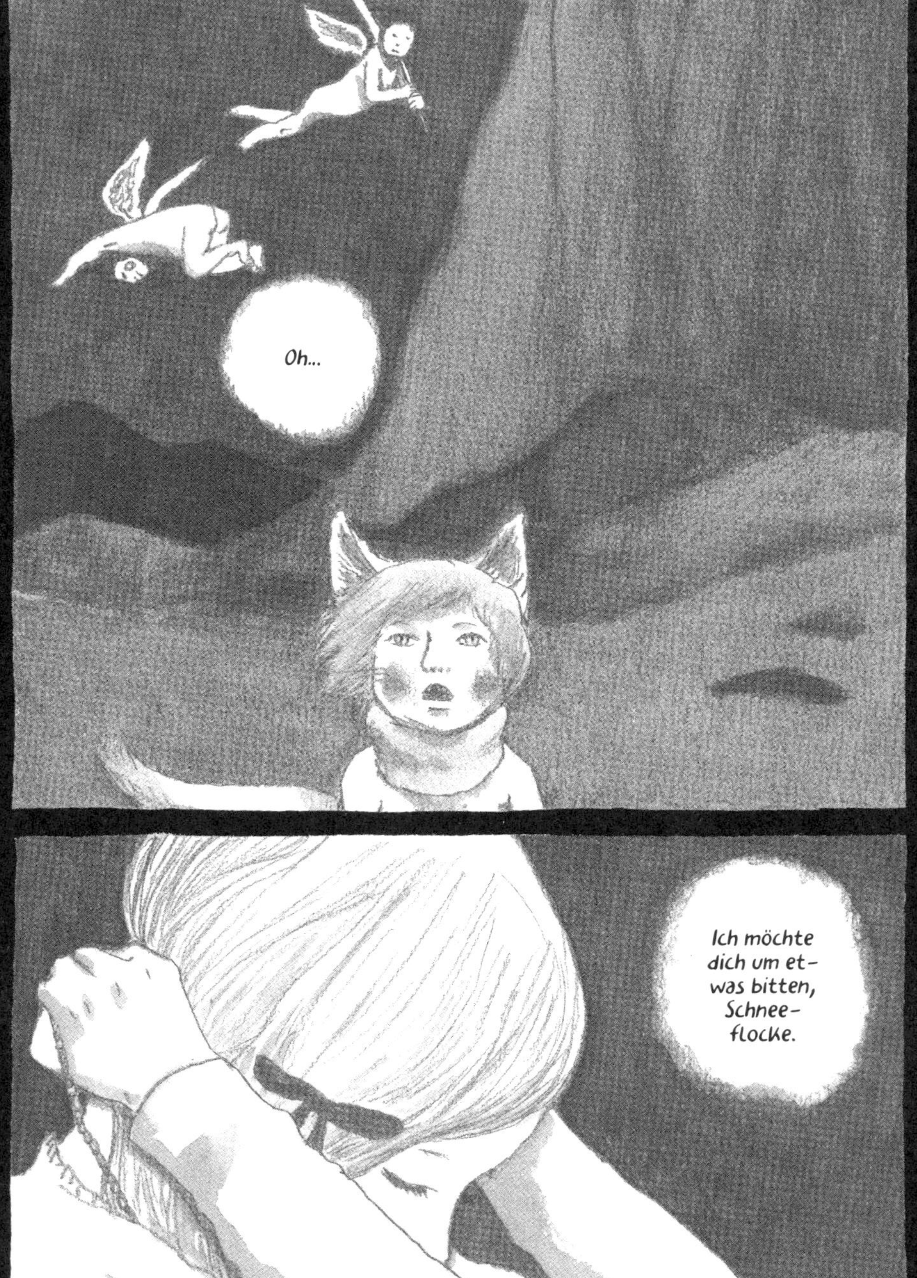
Oh...
Ich möchte dich um etwas bitten, Schneeflocke.

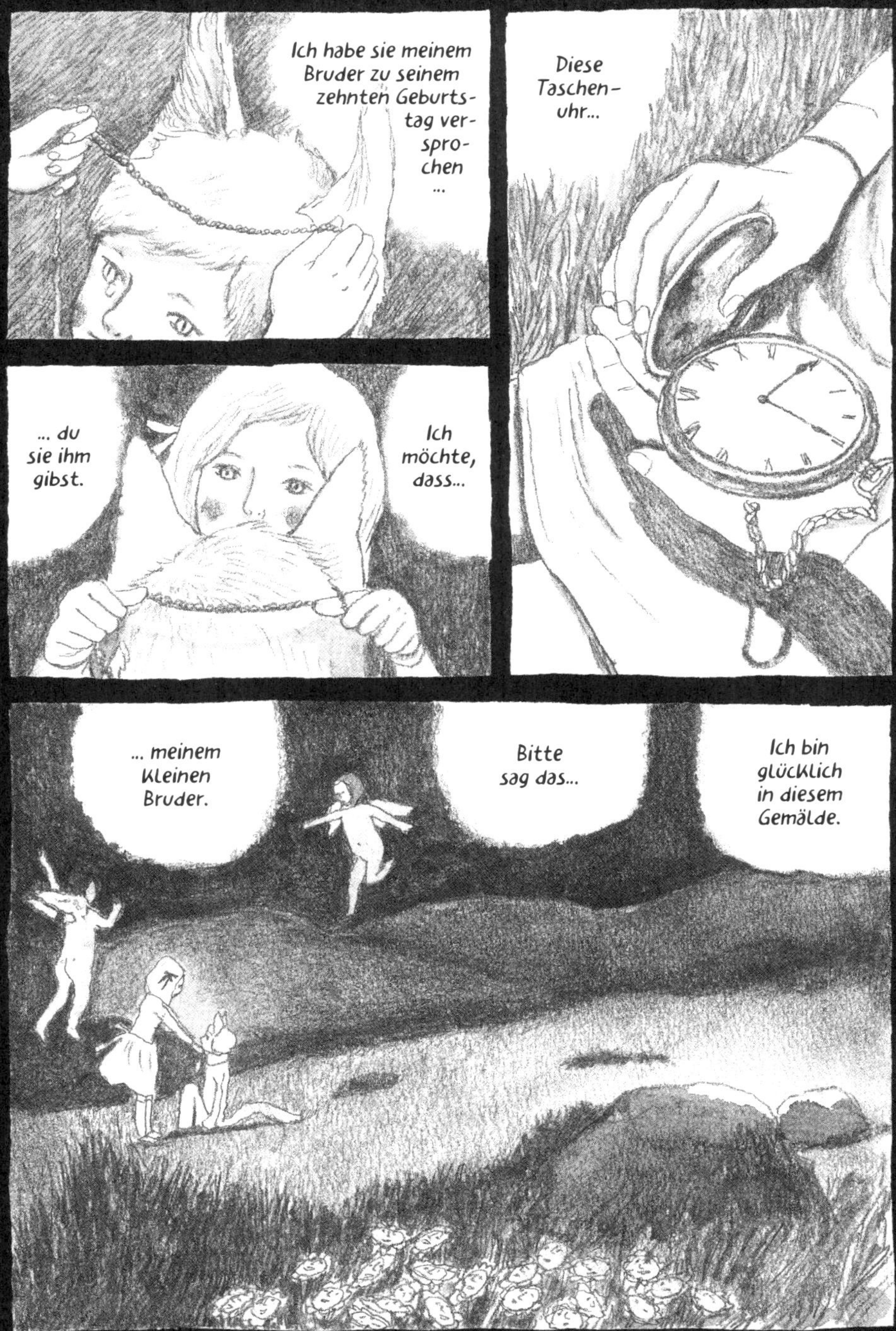
Diese Taschen-uhr...
Ich habe sie meinem Bruder zu seinem zehnten Geburtstag ver-spro-chen ...
Ich möchte, dass...
... du sie ihm gibst.
Ich bin glücklich in diesem Gemälde.
Bitte sag das...
... meinem kleinen Bruder.

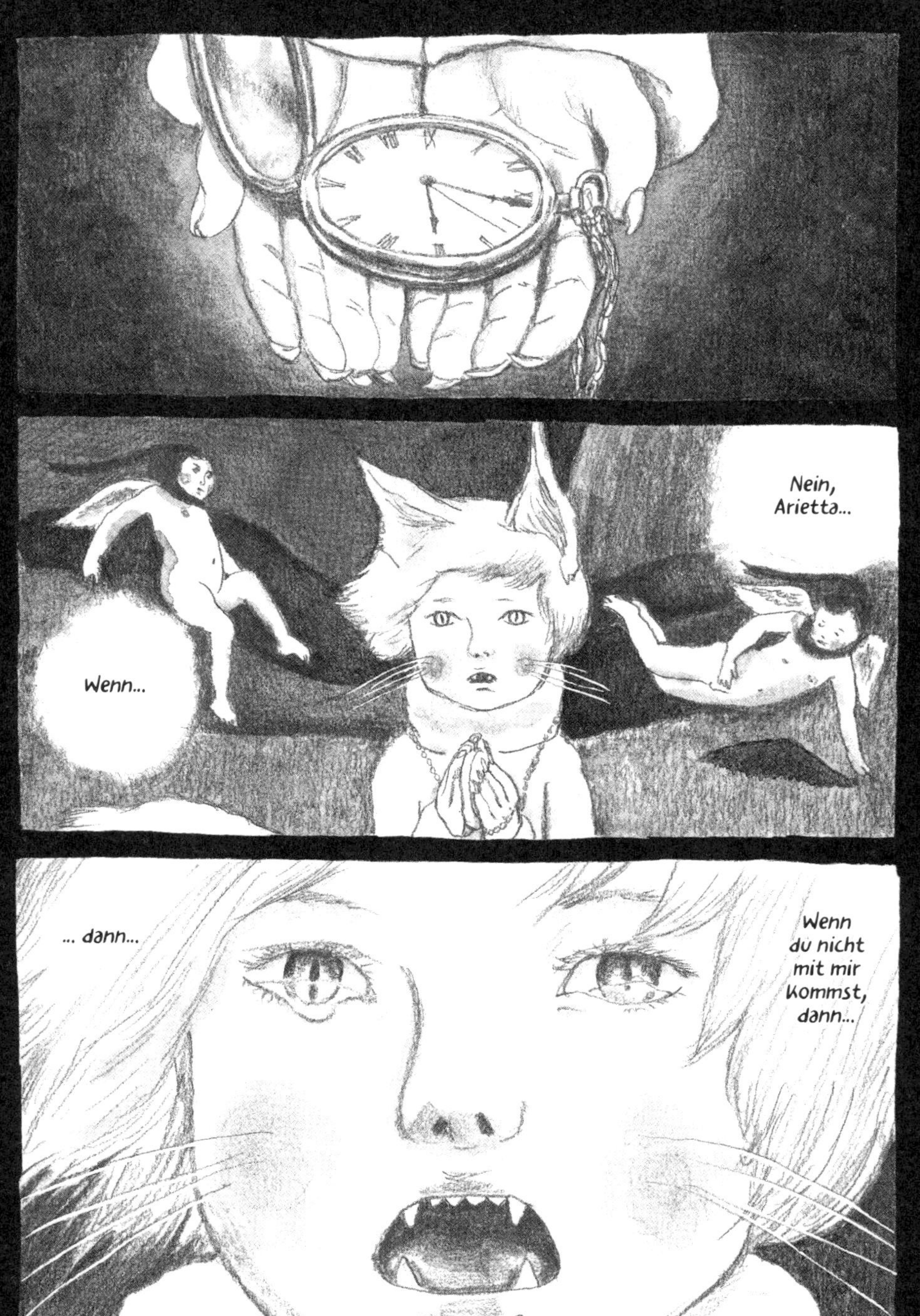
Nein,
Arietta...
Wenn...
... dann...
Wenn
du nicht
mit mir
kommst,
dann...

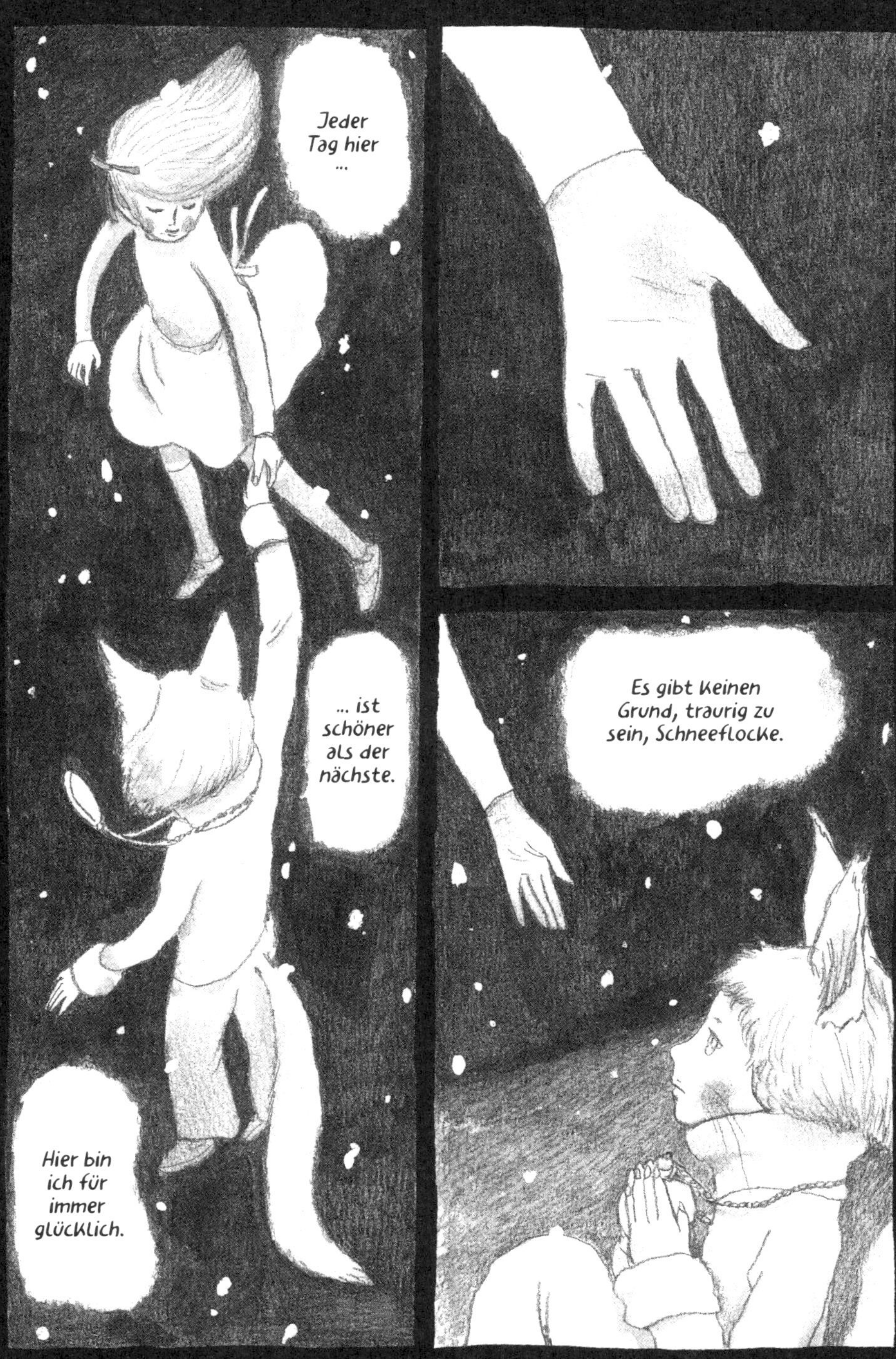
Jeder Tag hier …
… ist schöner als der nächste.
Hier bin ich für immer glücklich.
Es gibt keinen Grund, traurig zu sein, Schneeflocke.

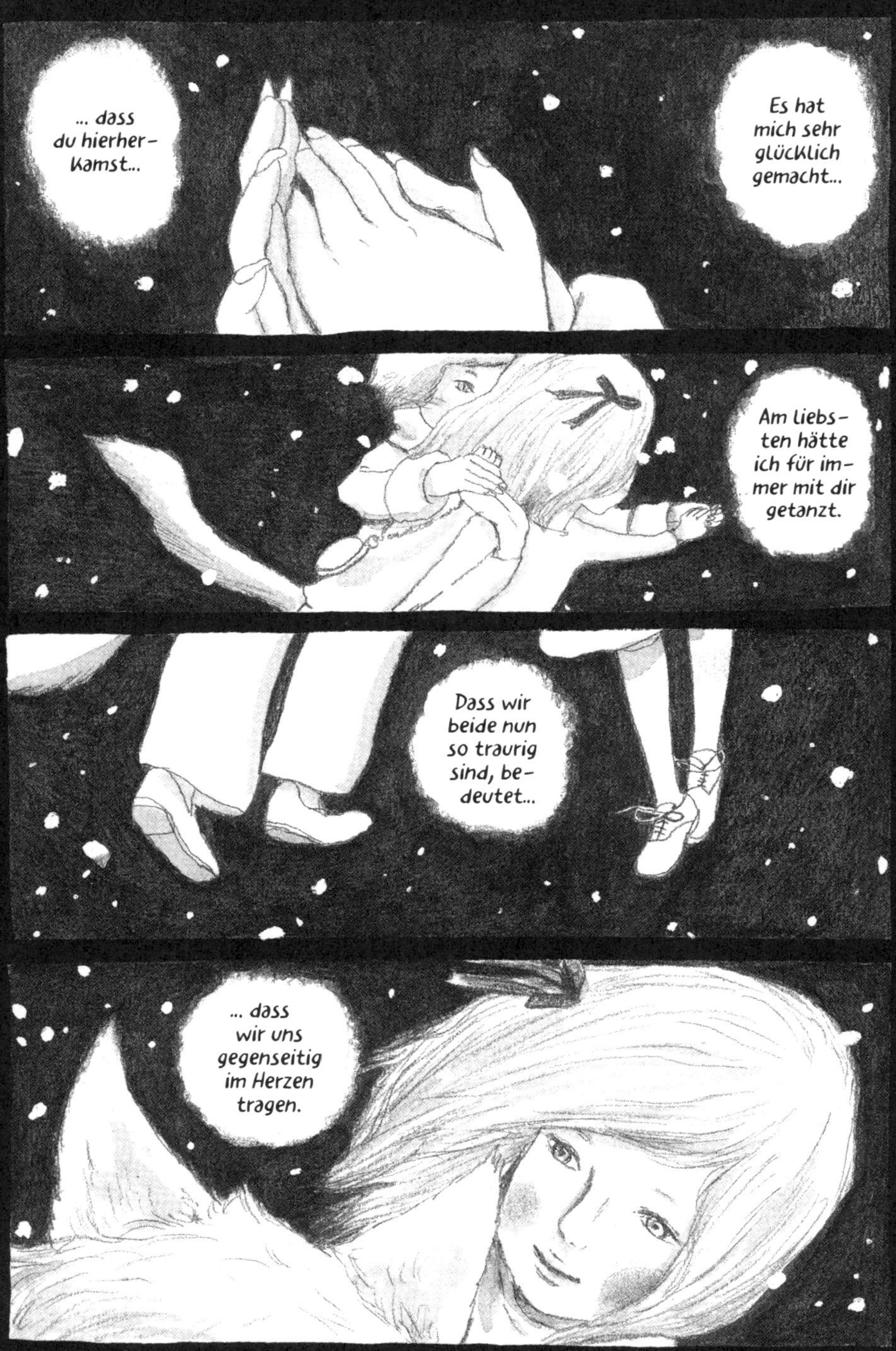
Es hat mich sehr glücklich gemacht...
... dass du hierher-kamst...
Am liebsten hätte ich für immer mit dir getanzt.
Dass wir beide nun so traurig sind, bedeutet...
... dass wir uns gegenseitig im Herzen tragen.

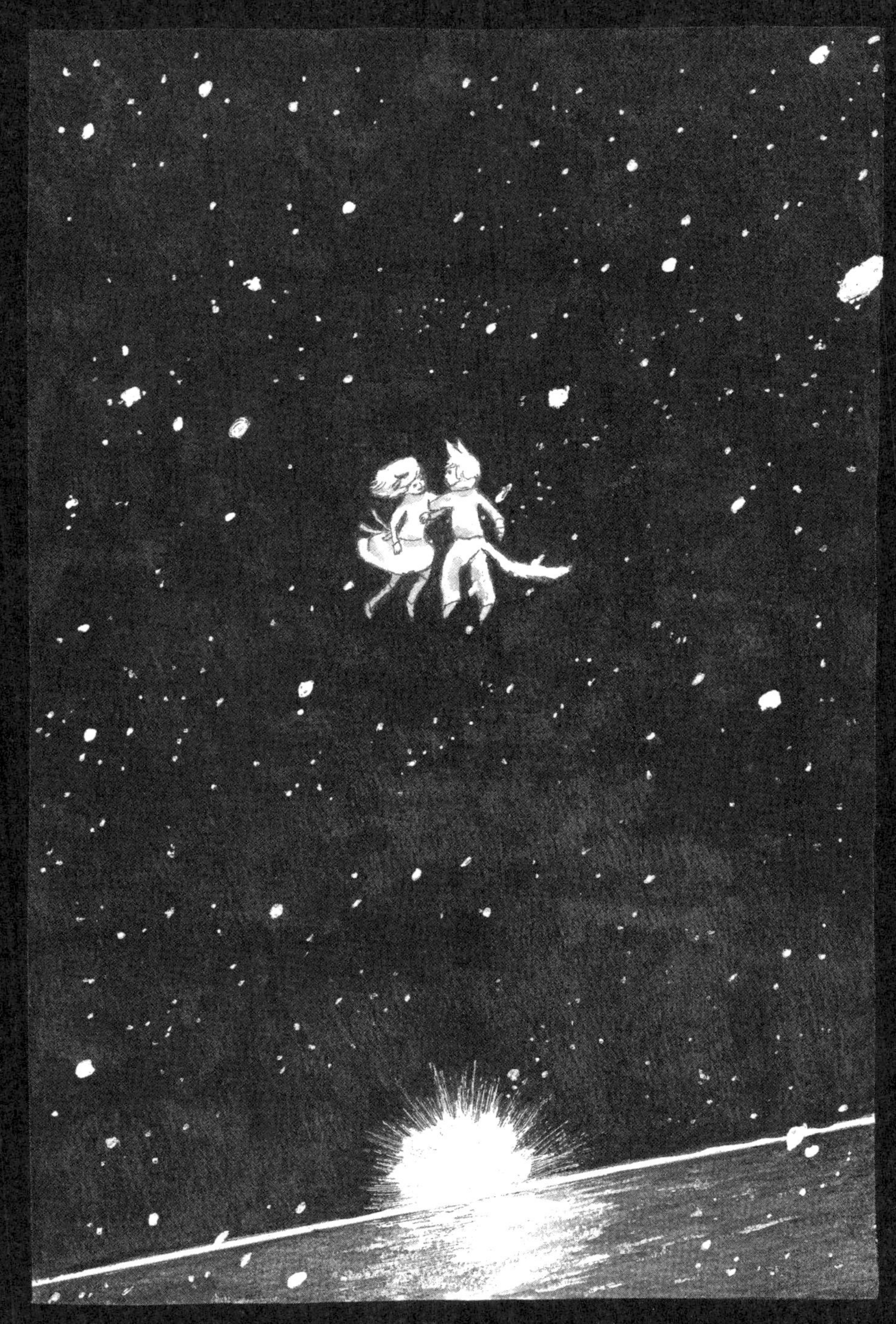

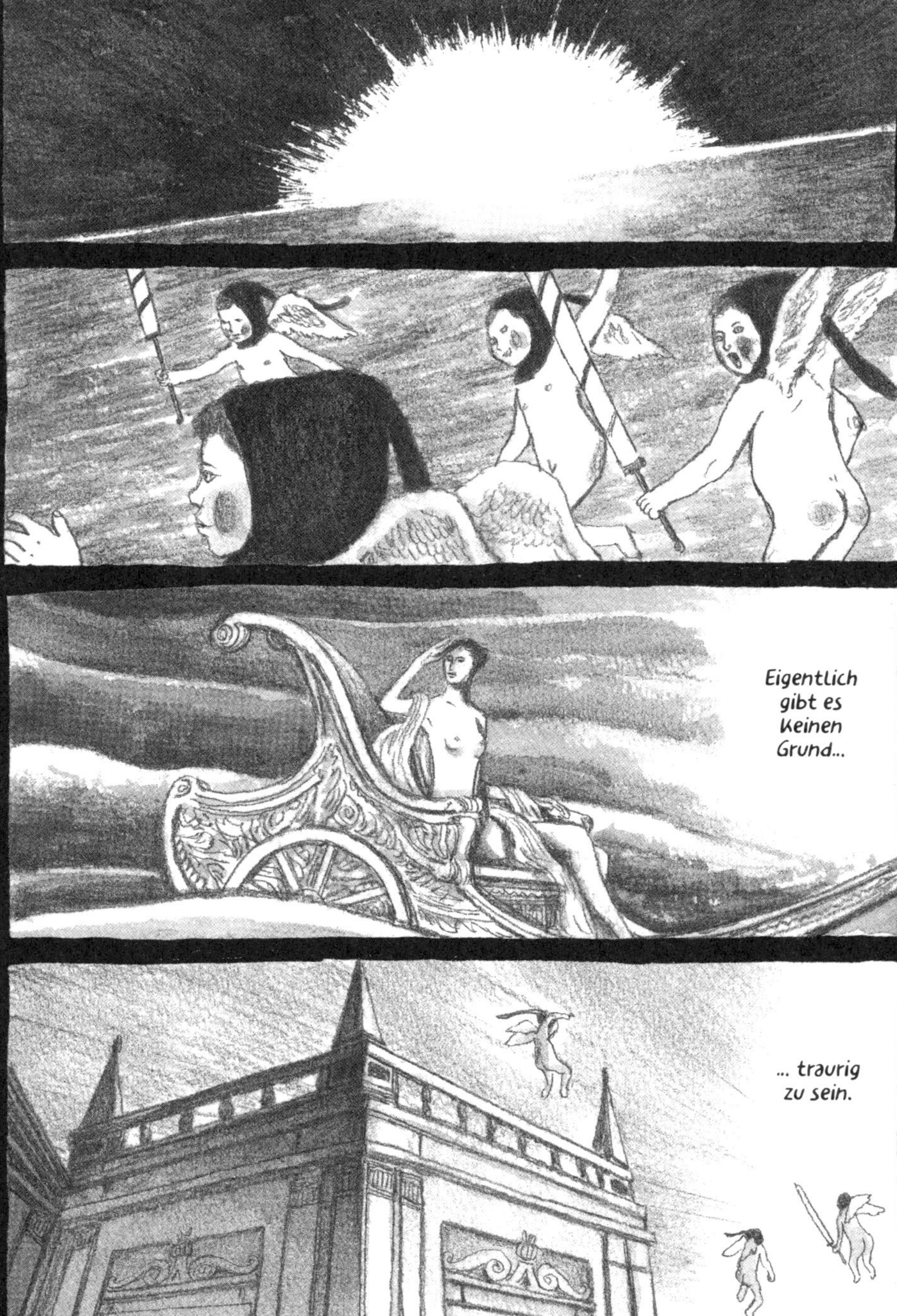
Eigentlich gibt es keinen Grund...
... traurig zu sein.

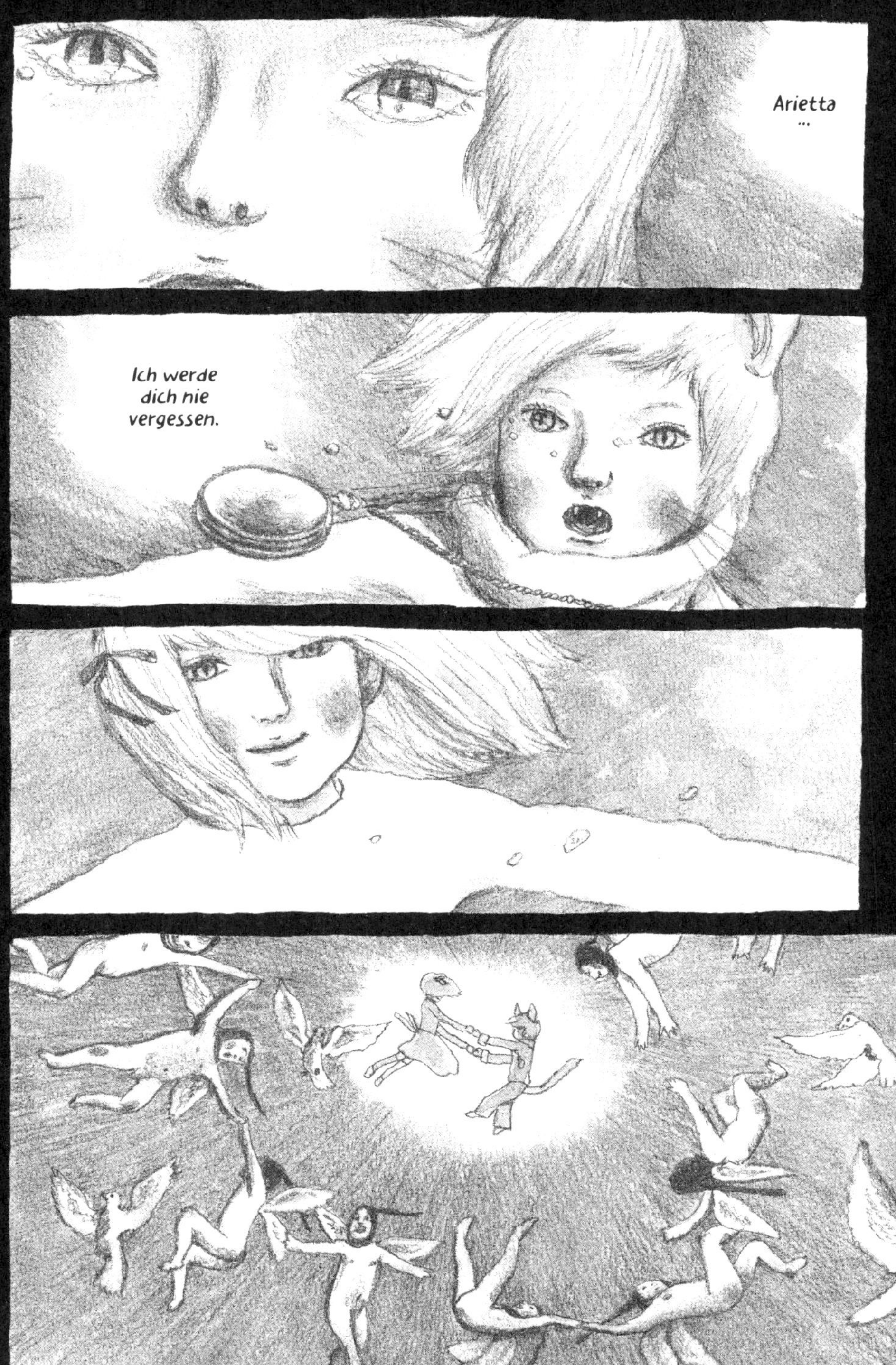
Arietta
...
Ich werde
dich nie
vergessen.

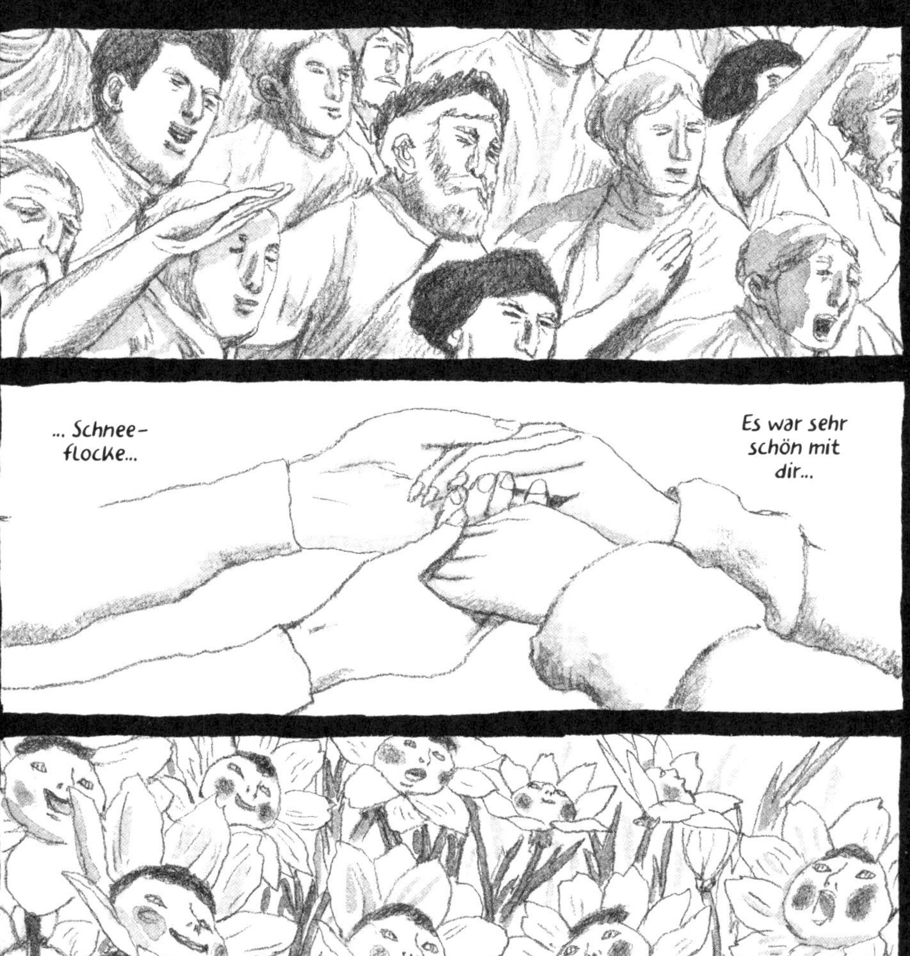

Leb wohl...

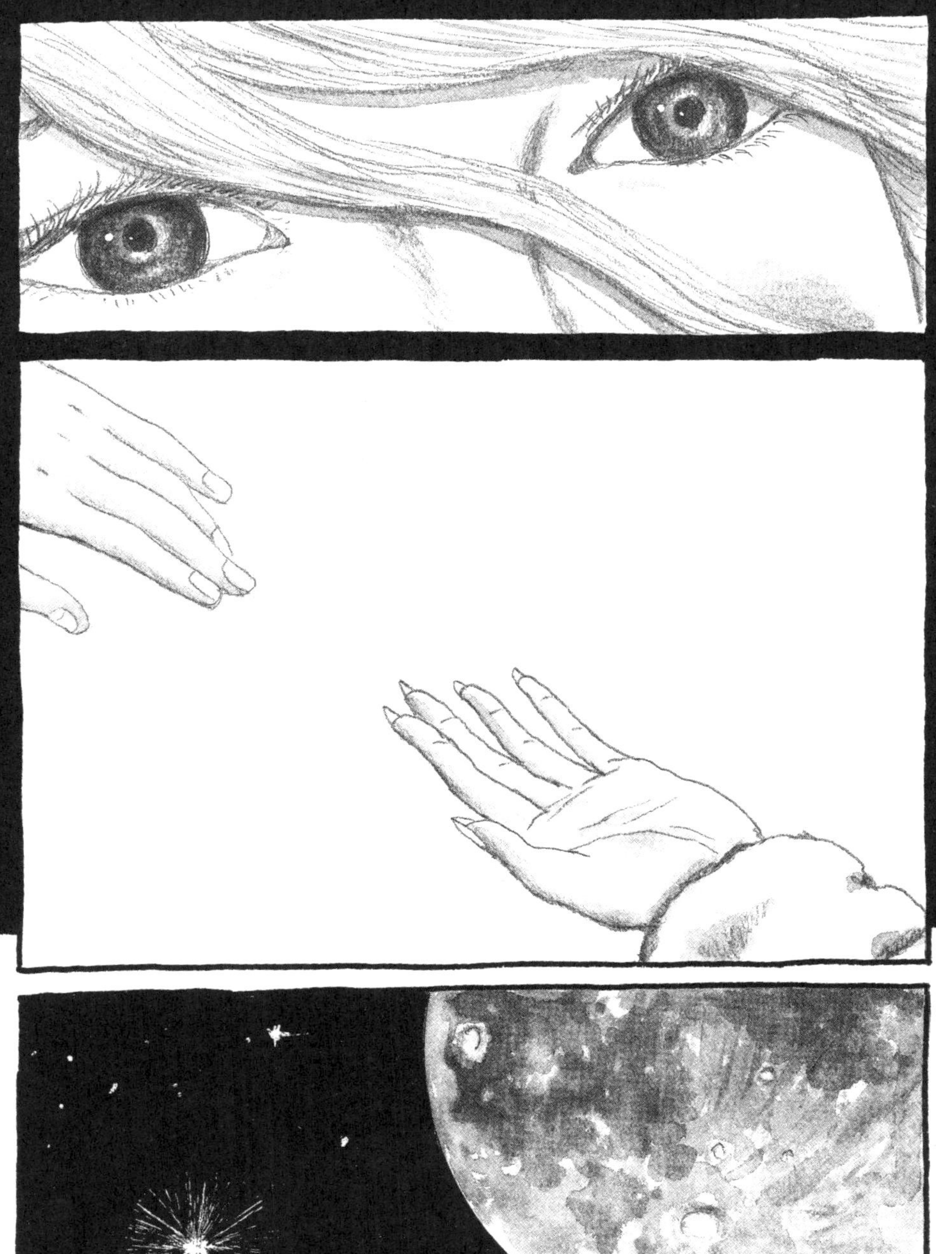

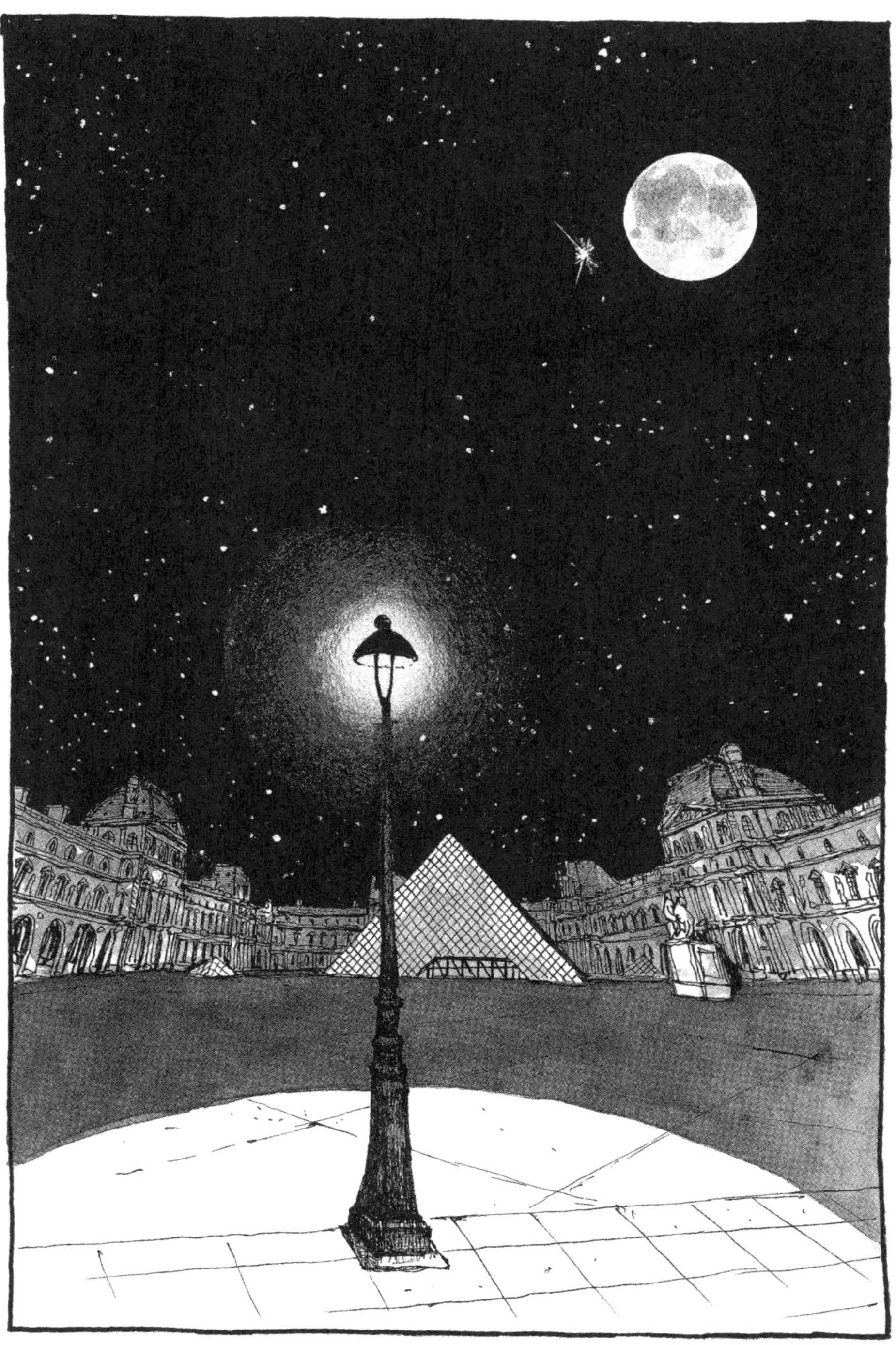

Letztes Kapitel

DAS GEHEIMNIS DES LOUVRE

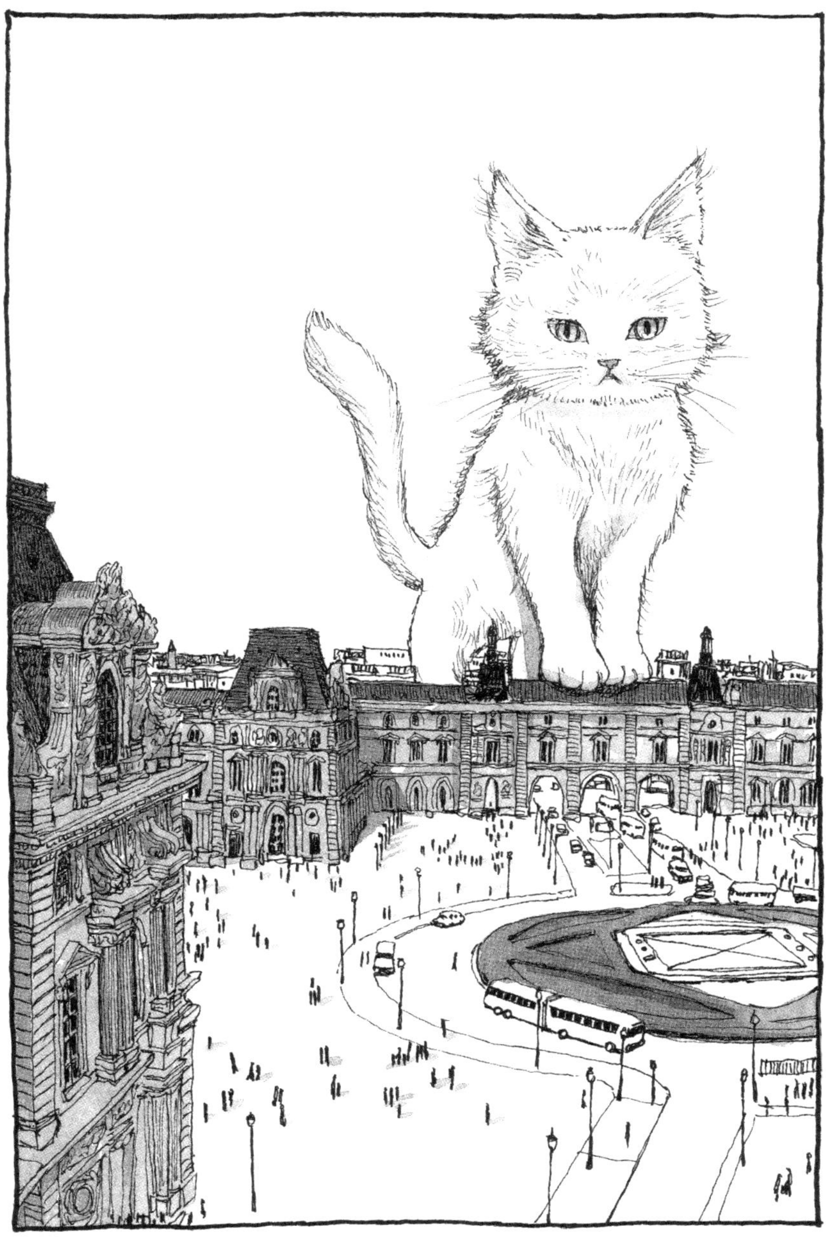

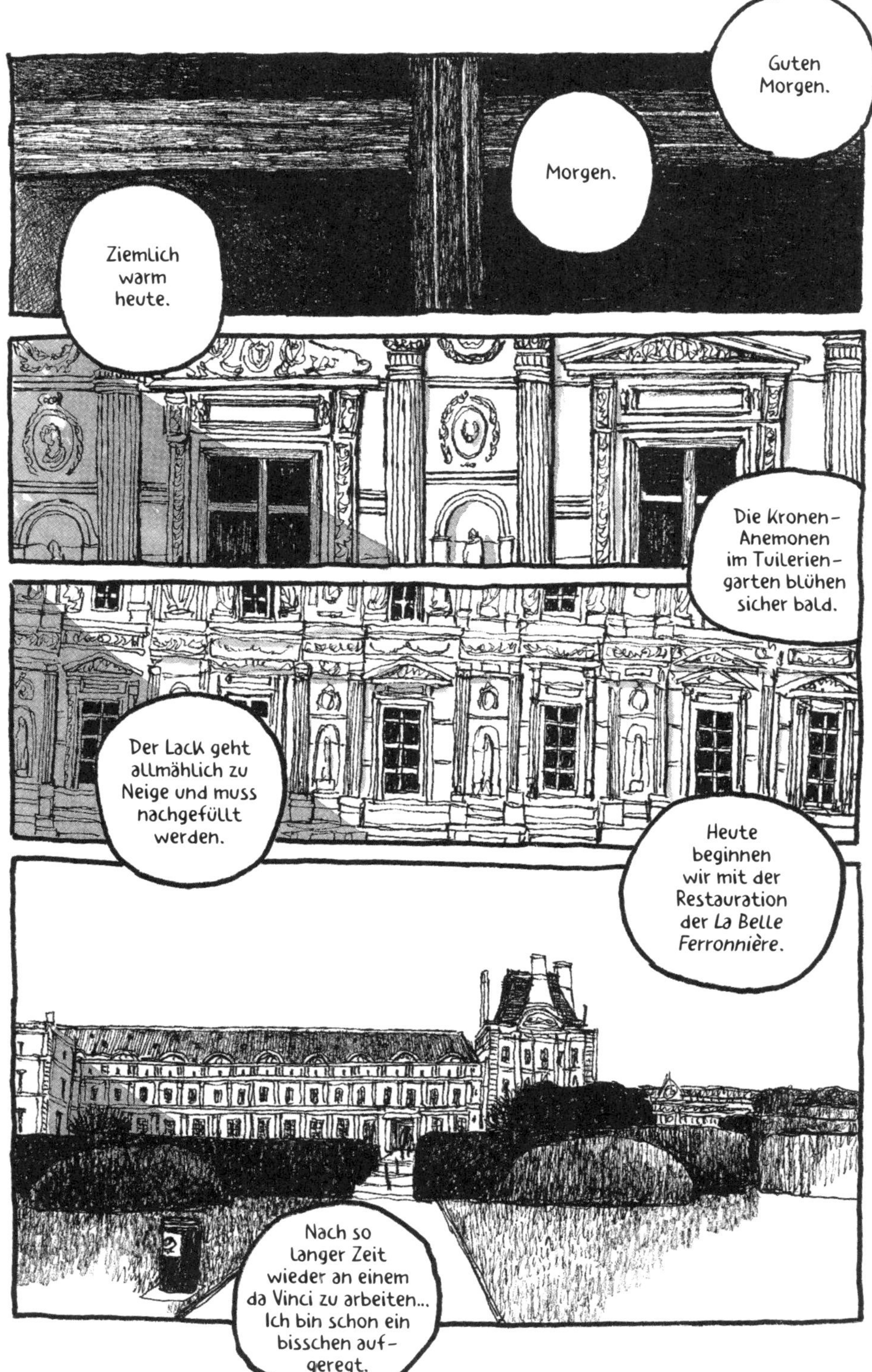
Guten Morgen.
Morgen.
Ziemlich warm heute.
Die Kronen-Anemonen im Tuilerien-garten blühen sicher bald.
Der Lack geht allmählich zu Neige und muss nachgefüllt werden.
Heute beginnen wir mit der Restauration der *La Belle Ferronnière*.
Nach so langer Zeit wieder an einem da Vinci zu arbeiten... Ich bin schon ein bisschen auf-geregt.

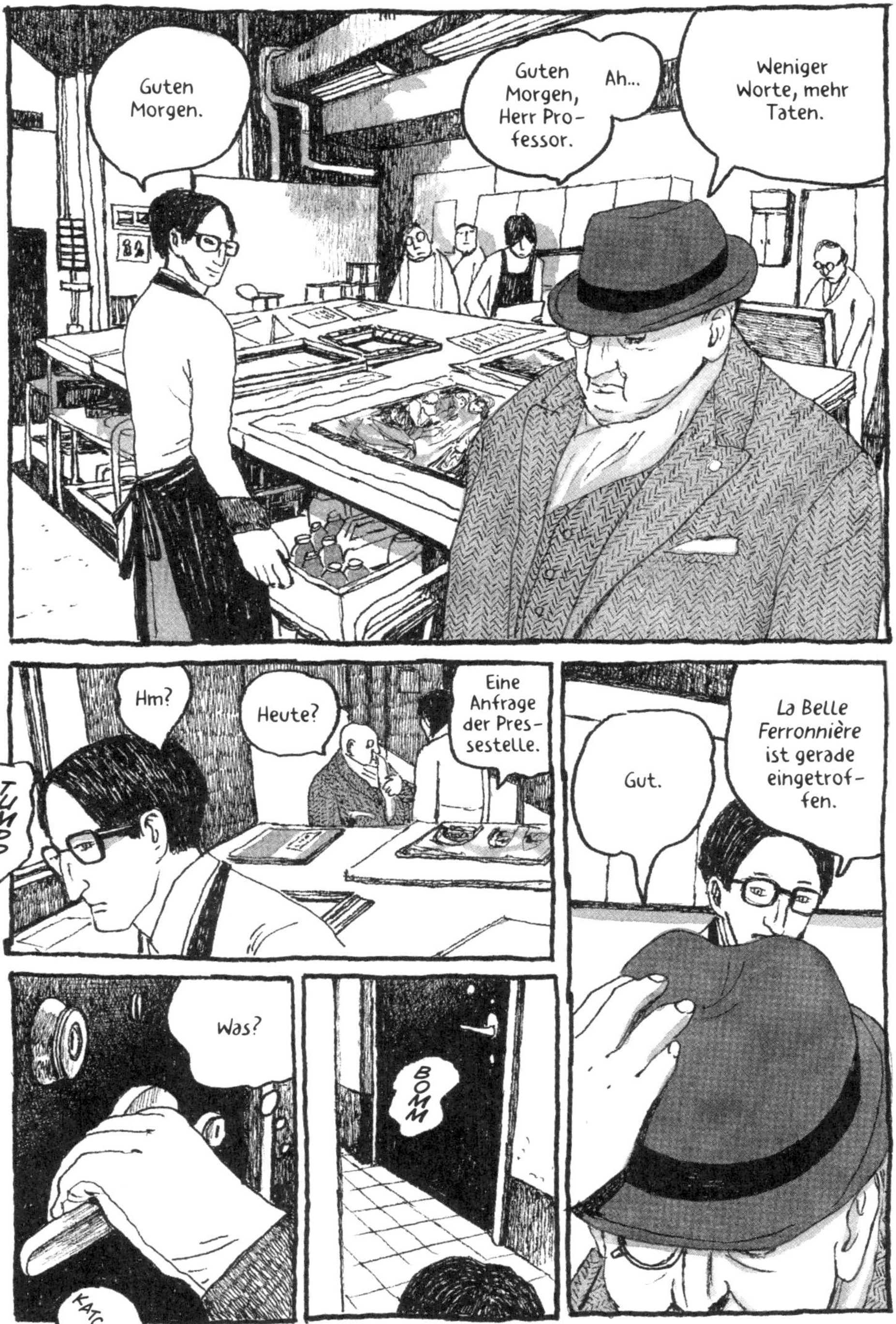

Guten Morgen.
Guten Morgen, Herr Professor.
Ah...
Weniger Worte, mehr Taten.
TUMPP
Hm?
Heute?
Eine Anfrage der Pressestelle.
La Belle Ferronnière ist gerade eingetroffen.
Gut.
Was?
KATCHAKK
BOMM

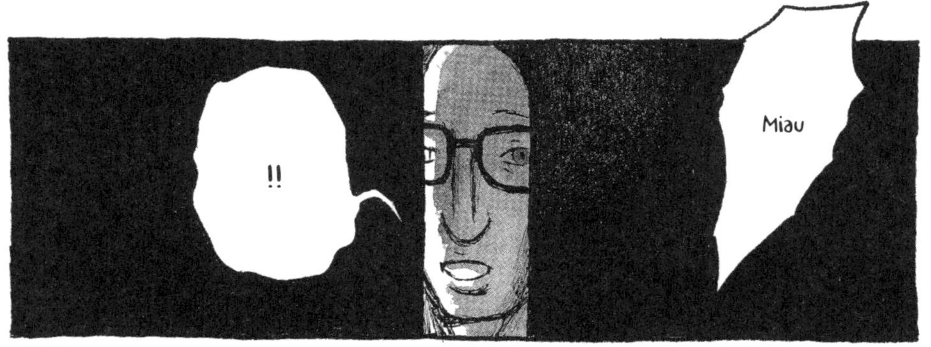
!!
Miau
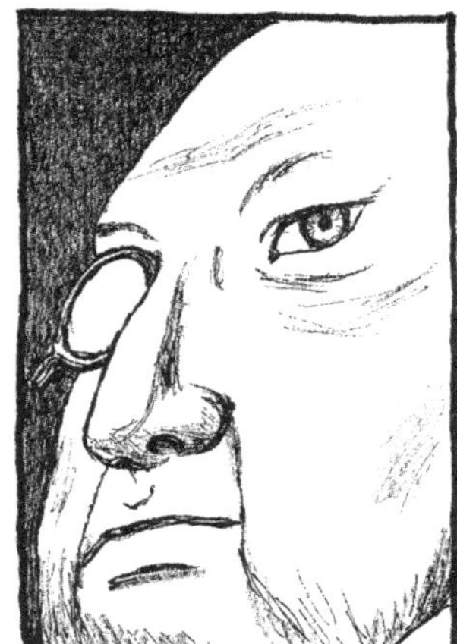
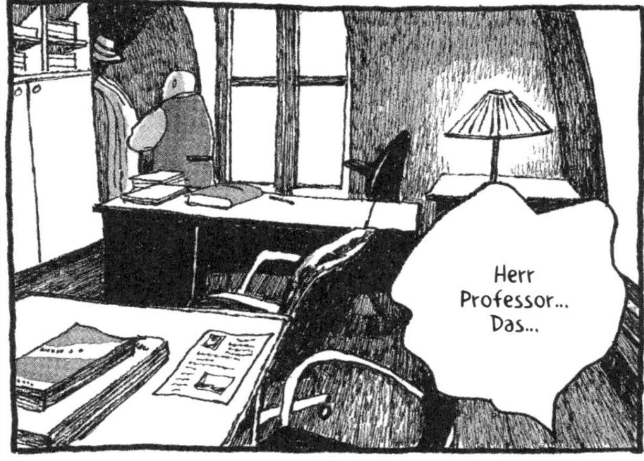
Herr Professor… Das…
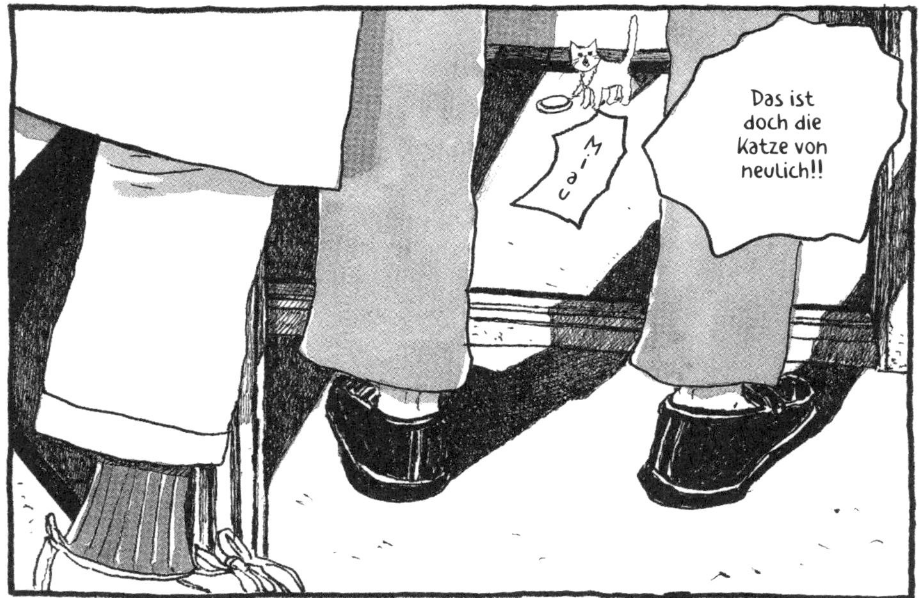
Das ist doch die Katze von neulich!!
Miau

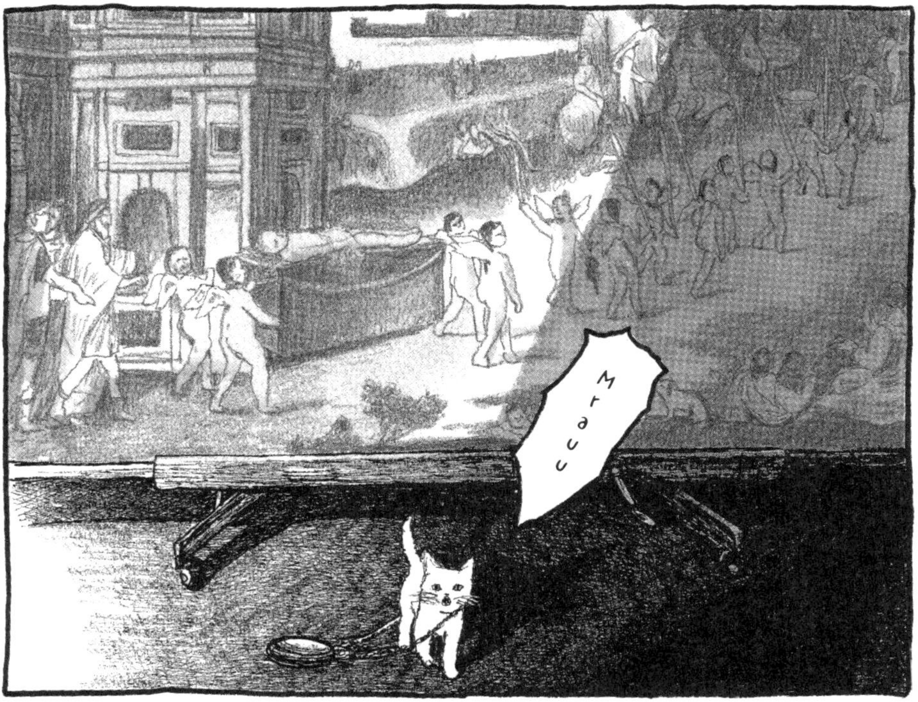

Mrauu

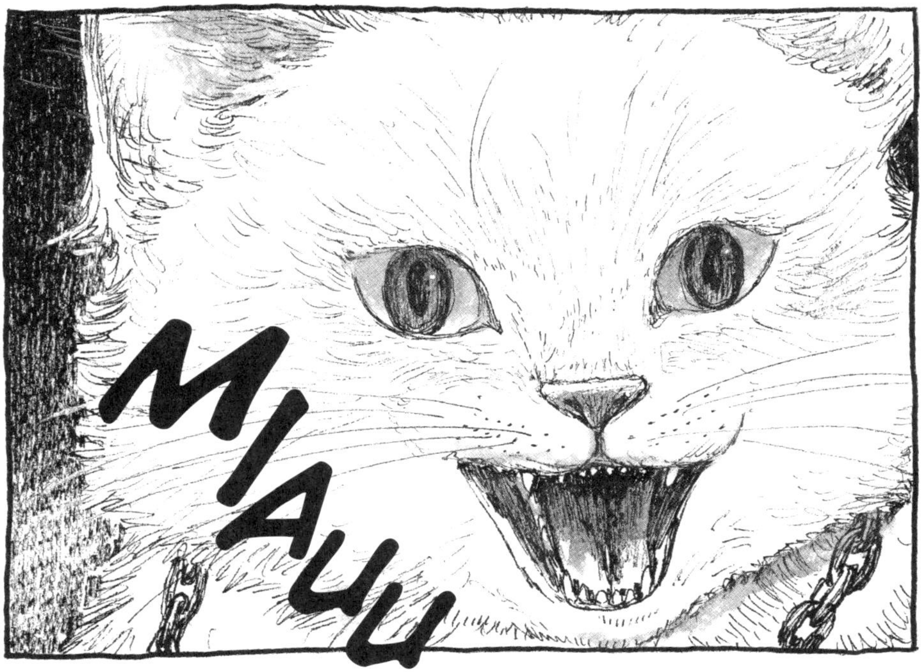

MIAUU

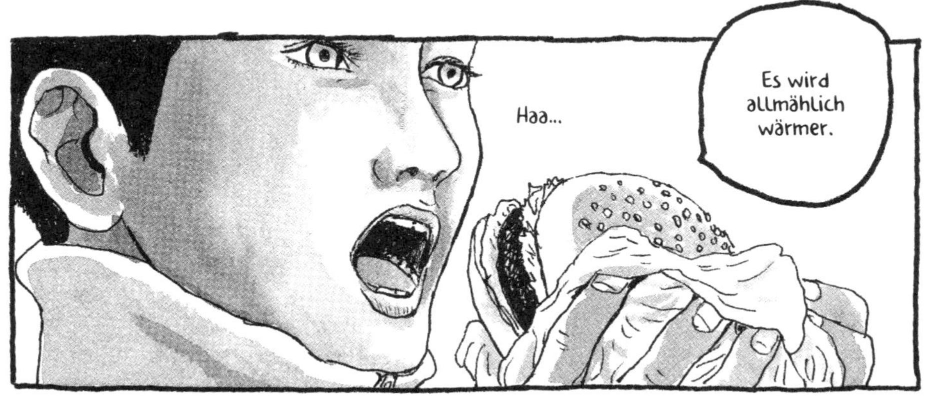
Haa...
Es wird allmählich wärmer.

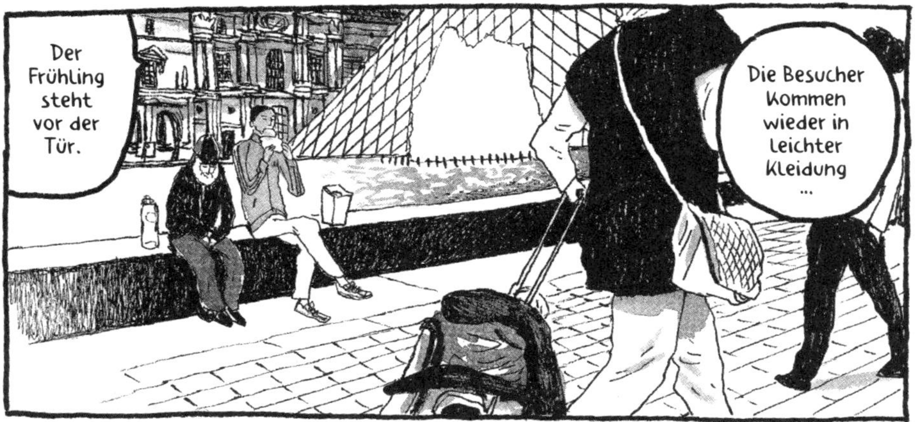
Der Frühling steht vor der Tür.
Die Besucher kommen wieder in leichter Kleidung ...

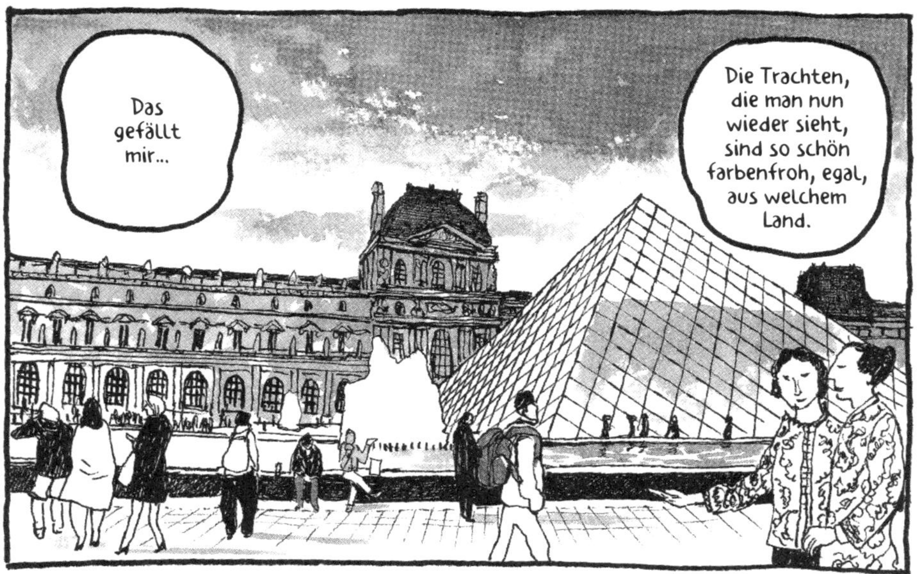
Das gefällt mir...
Die Trachten, die man nun wieder sieht, sind so schön farbenfroh, egal, aus welchem Land.

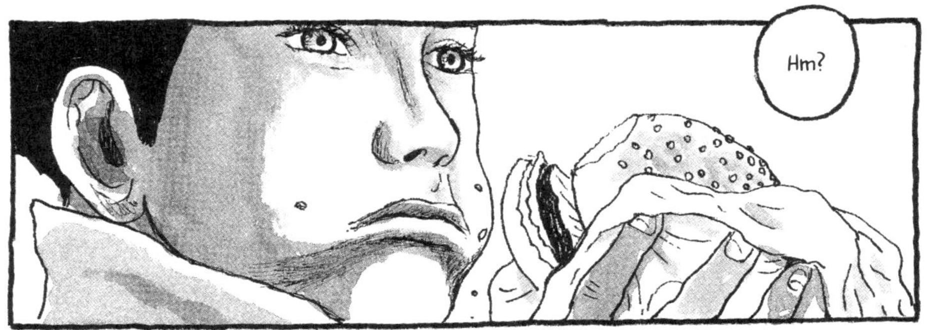
Hm?

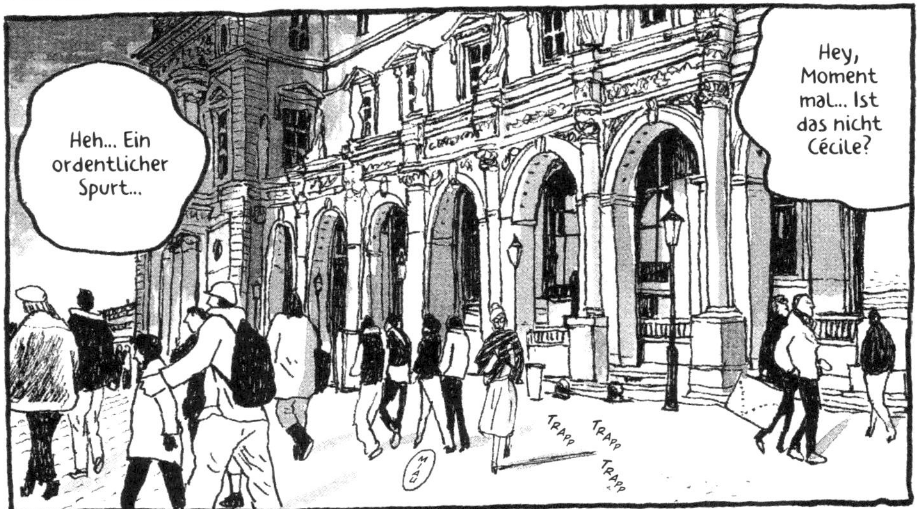
Hey, Moment mal... Ist das nicht Cécile?
Heh... Ein ordentlicher Spurt...
TRAPP
TRAPP
TRAPP
MIAU

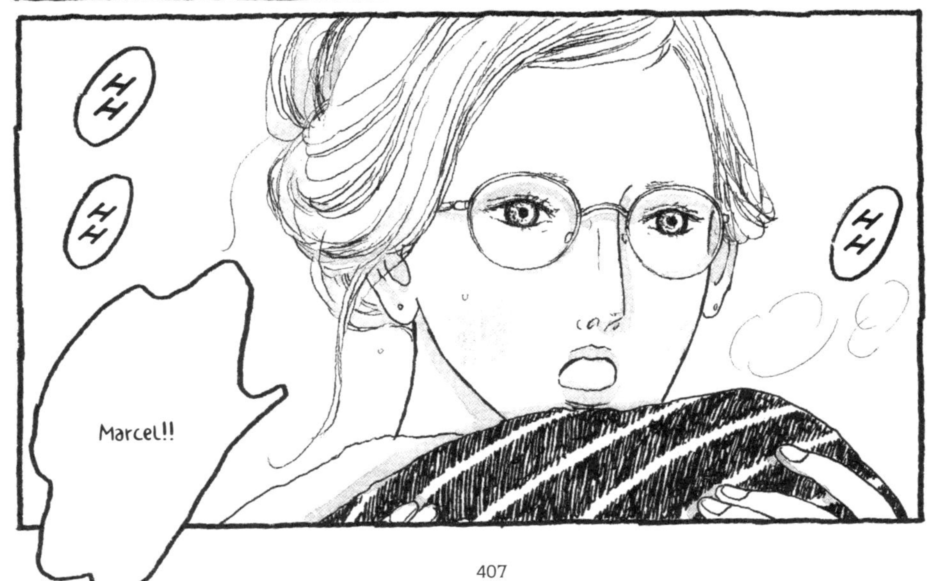
HH
HH
HH
Marcel!!

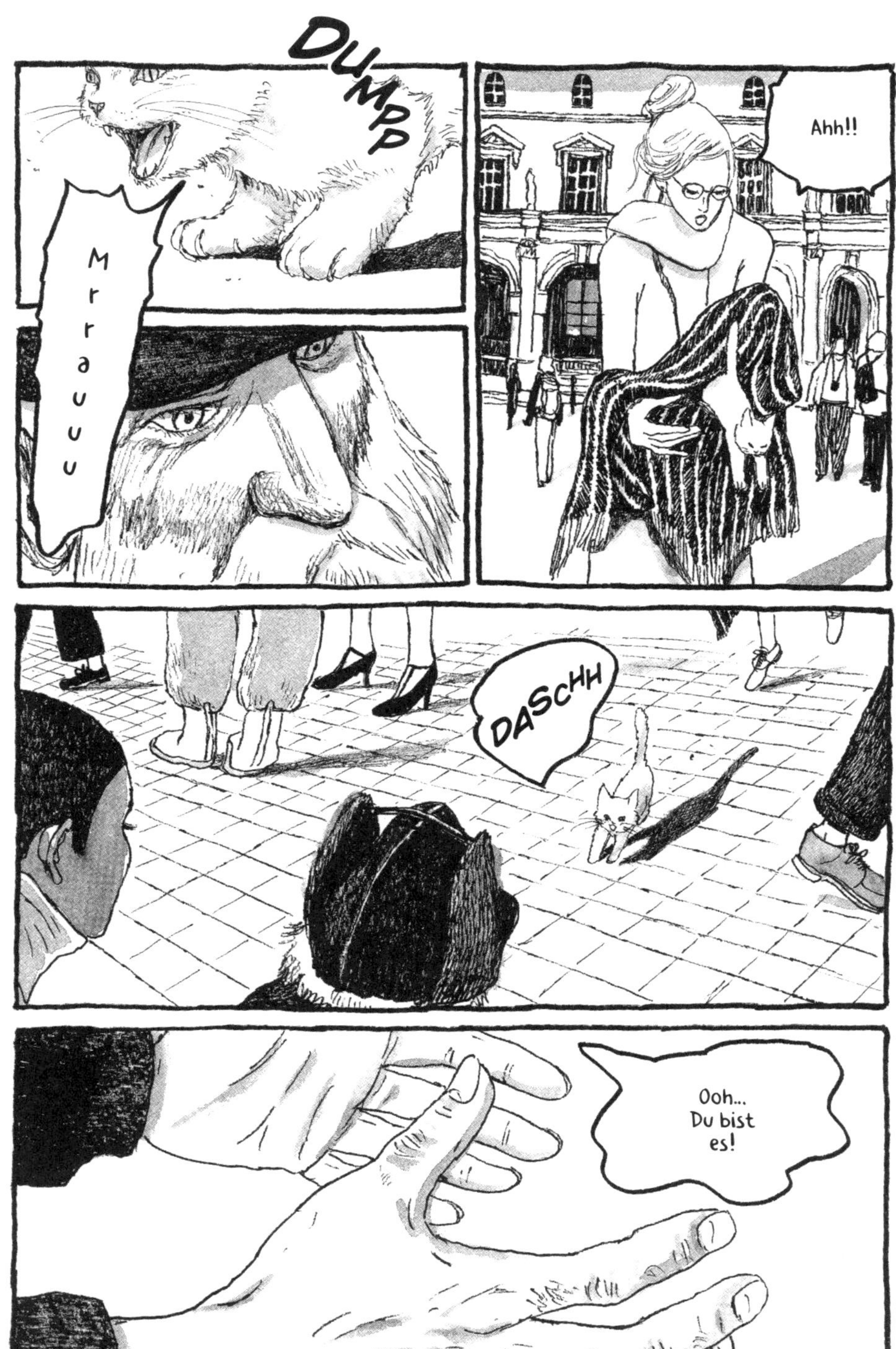
DUMPP
Mrrauuu
Ahh!!
DASCHH
Ooh... Du bist es!

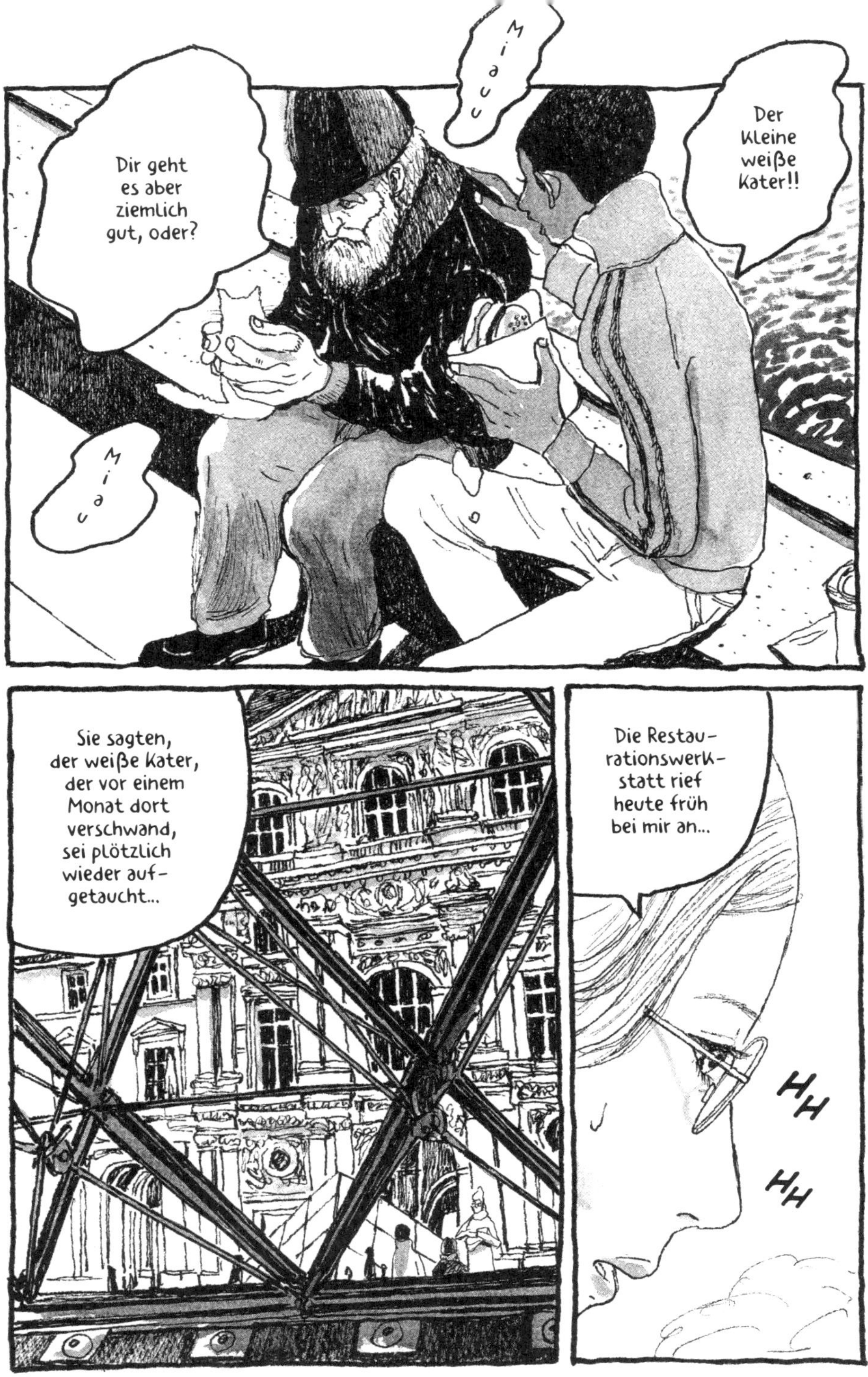

Dir geht es aber ziemlich gut, oder?

Miauu

Der kleine weiße Kater!!

Miau

Sie sagten, der weiße Kater, der vor einem Monat dort verschwand, sei plötzlich wieder aufgetaucht...

Die Restaurationswerkstatt rief heute früh bei mir an...

HH

HH

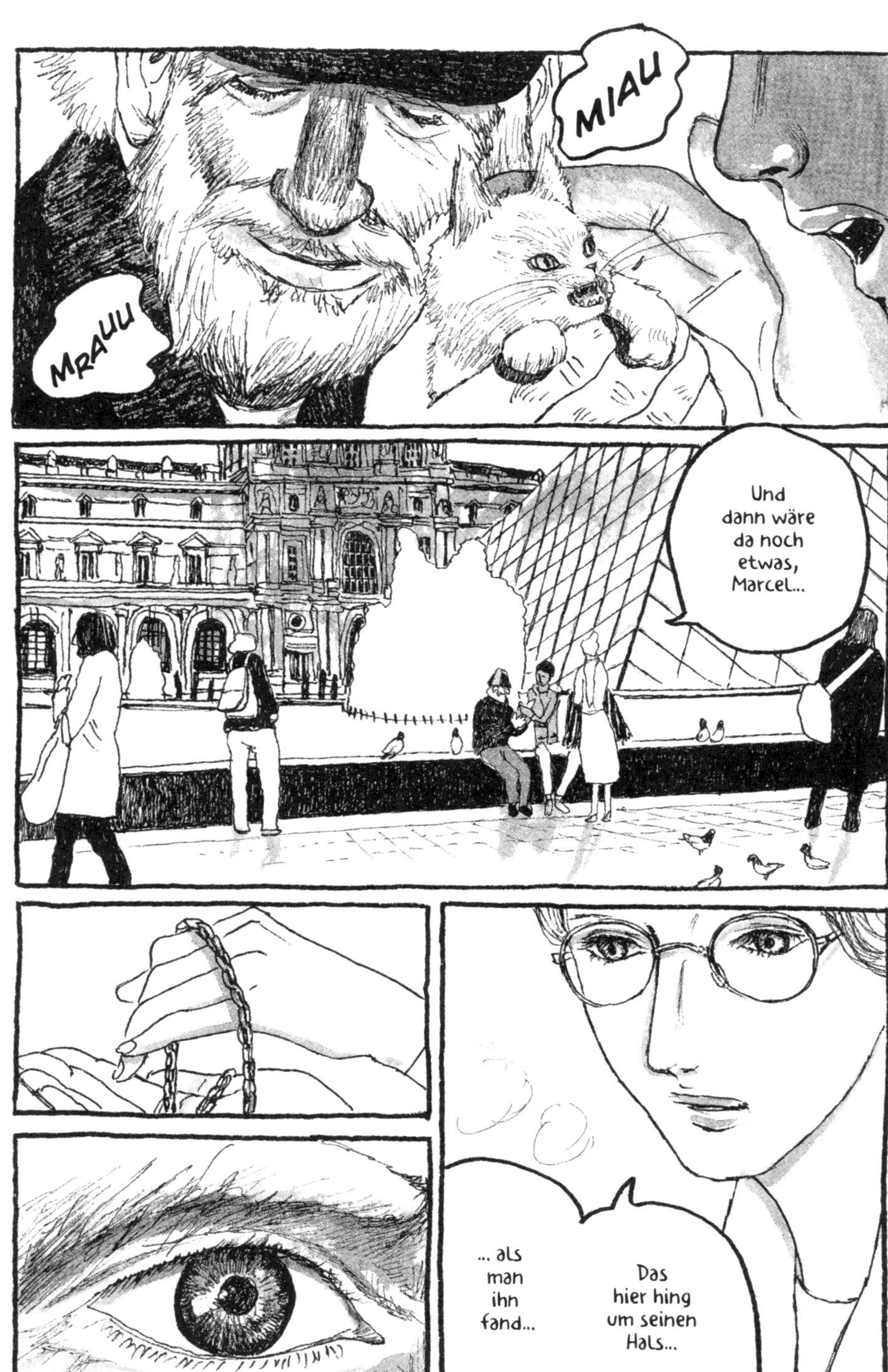
MIAU
MRAUU
Und dann wäre da noch etwas, Marcel...
Das hier hing um seinen Hals...
... als man ihn fand...

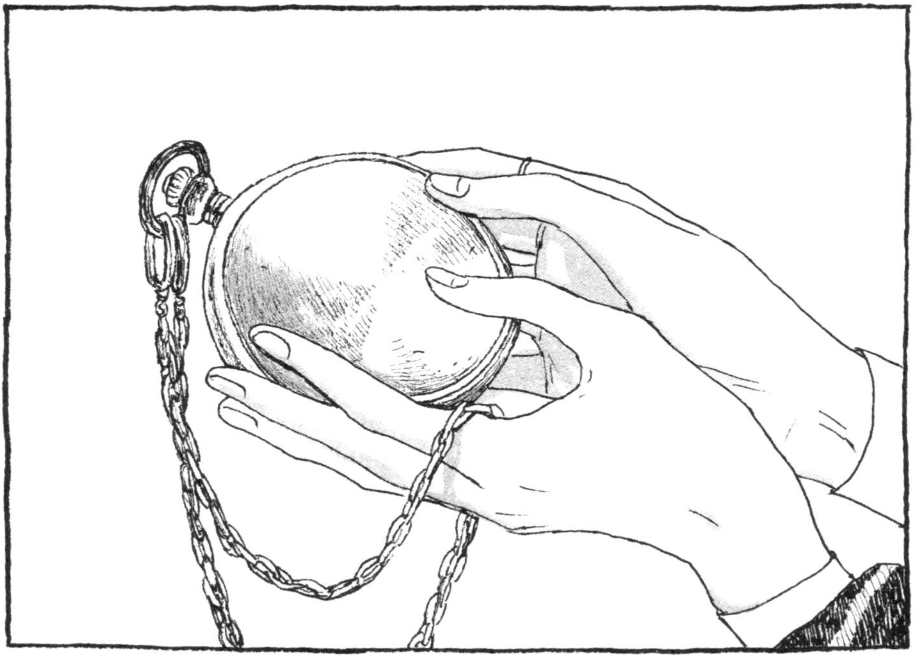

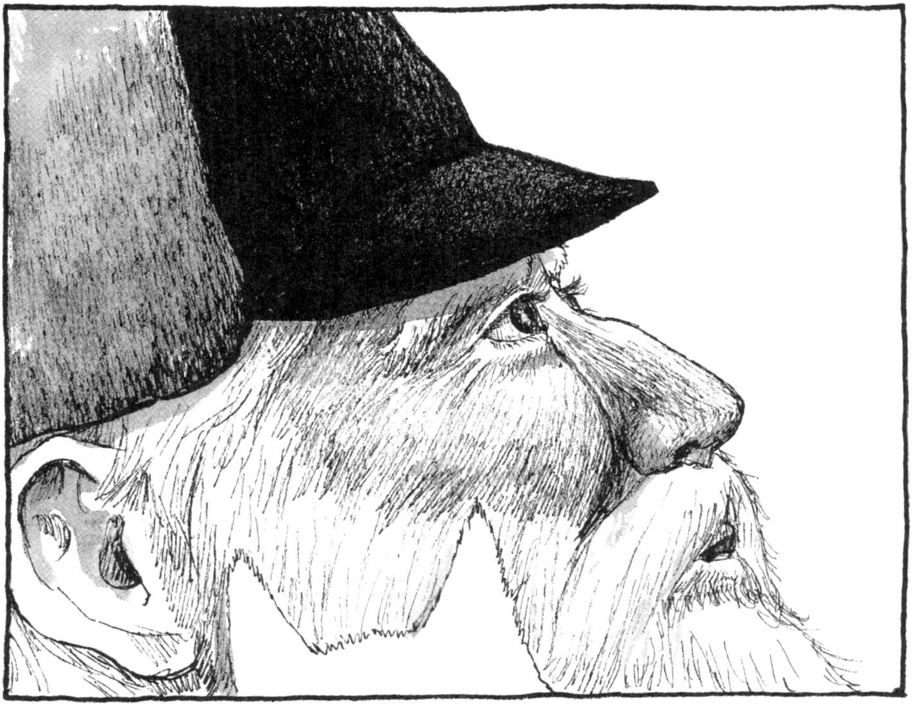

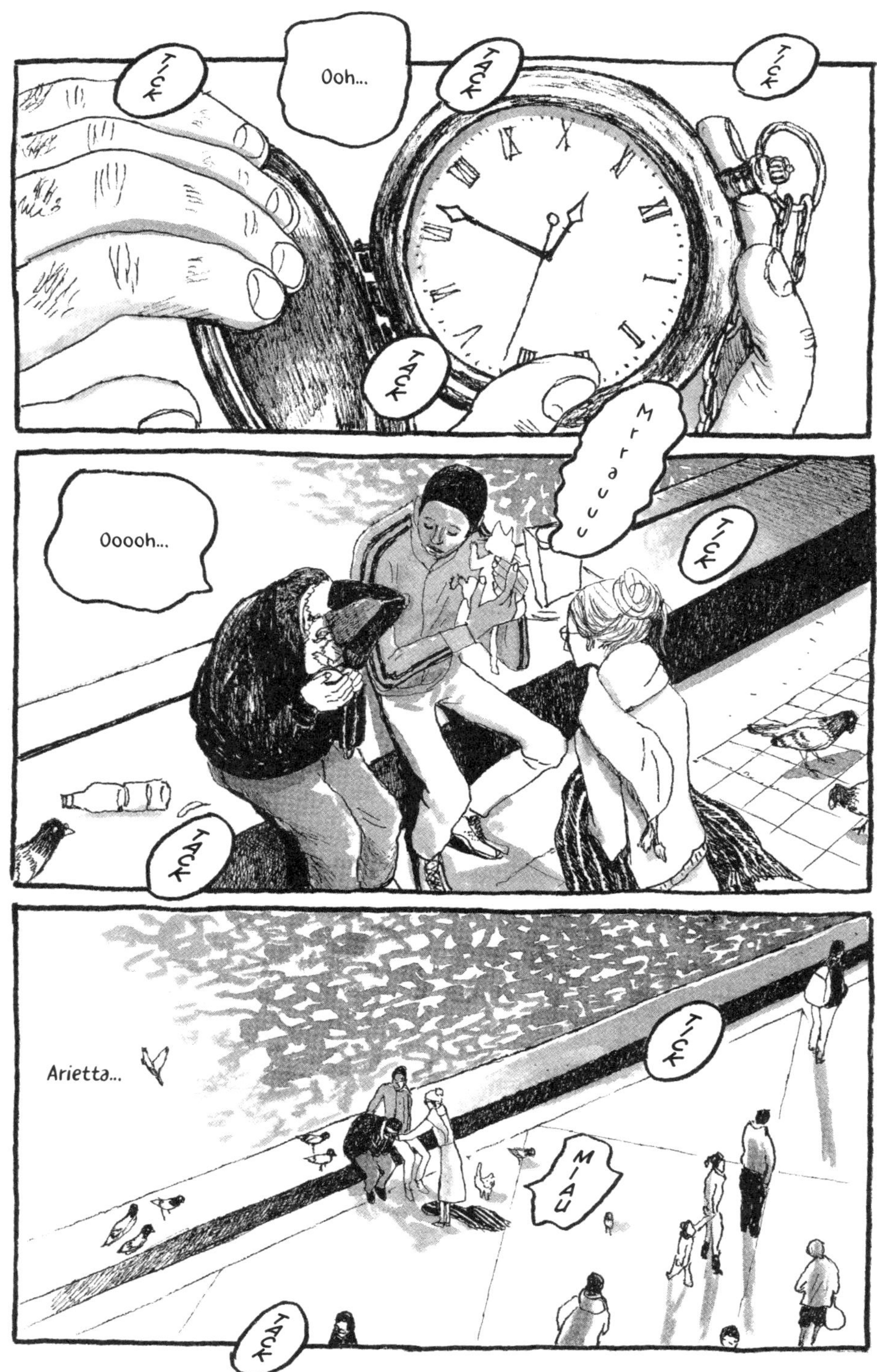
TICK
Ooh...
TACK
TICK
TACK
Mrrauuu
Ooooh...
TICK
TACK
Arietta...
TICK
MIAU
TACK

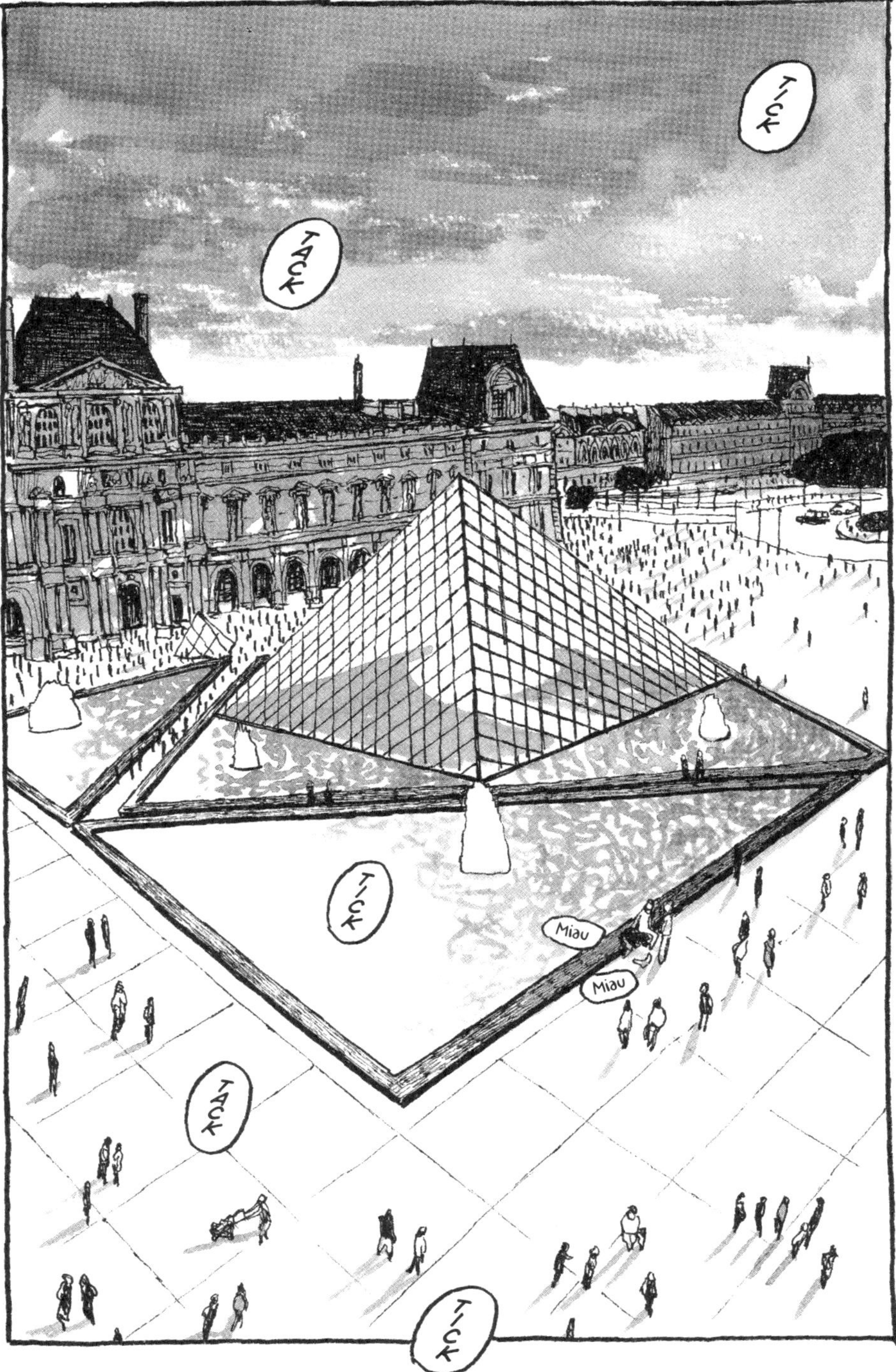
TICK
TACK
TICK
Miau
Miau
TACK
TICK

FRÜHLING

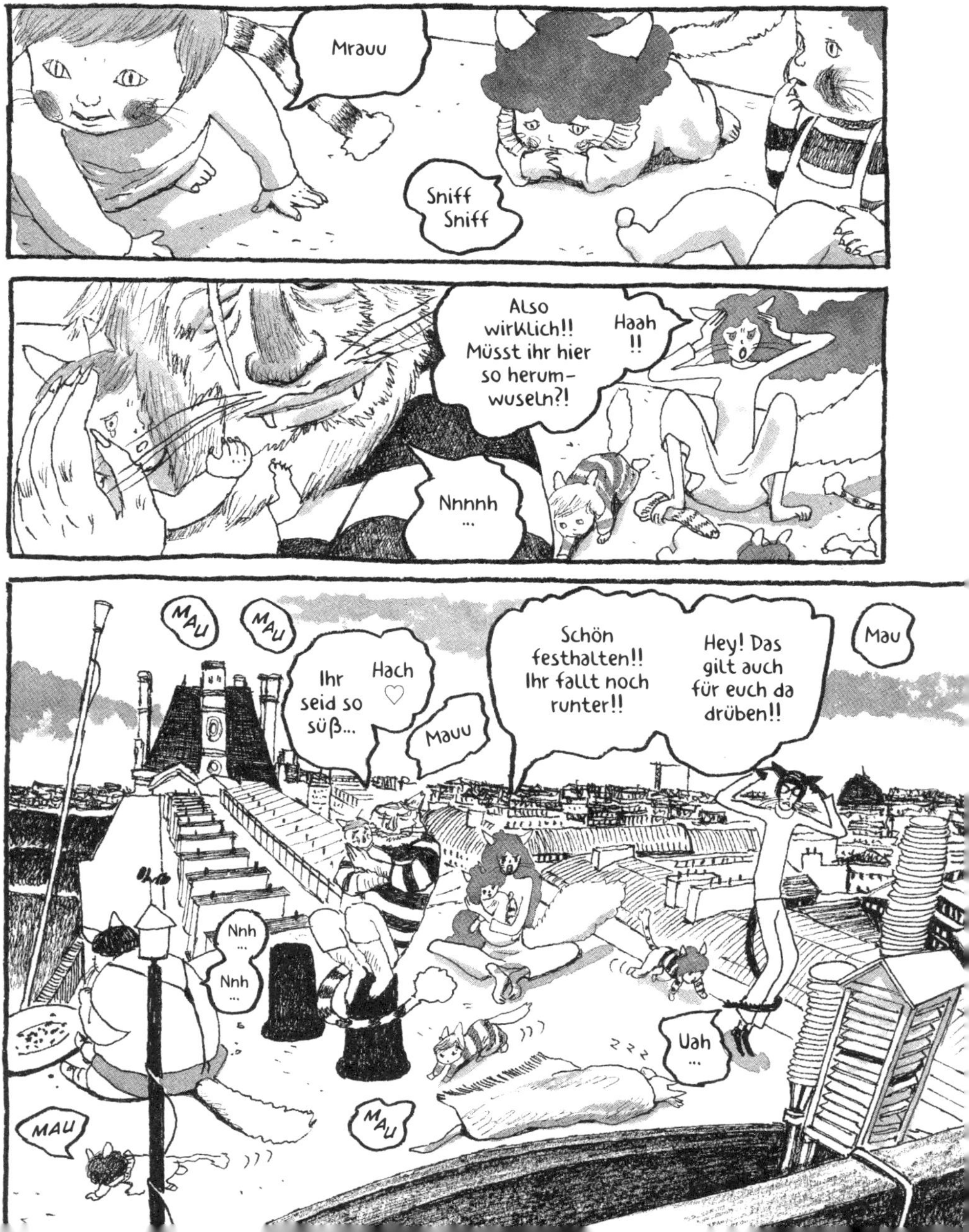

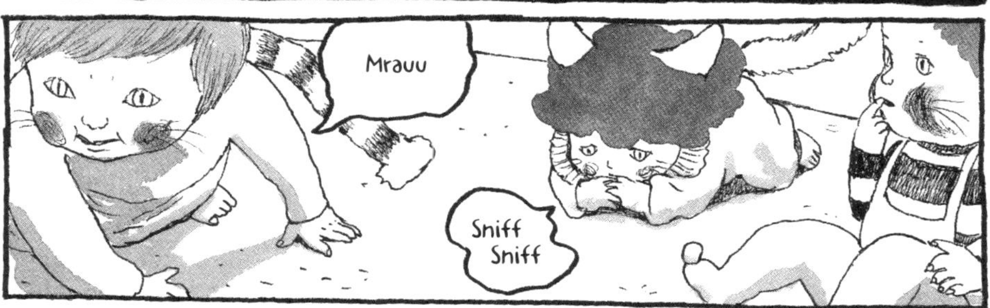
Mrauu
Sniff Sniff

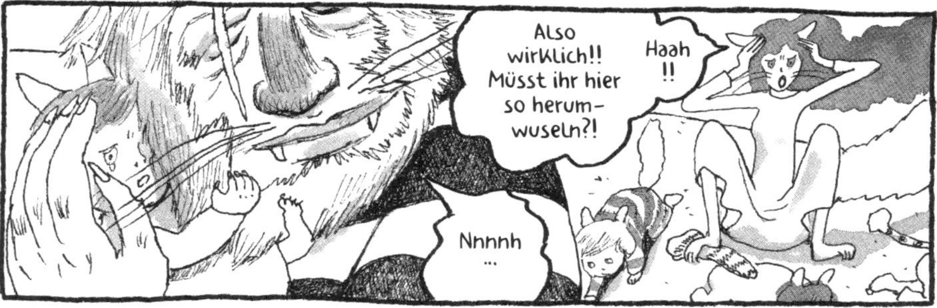
Also wirklich!! Müsst ihr hier so herum-wuseln?!
Haah !!
Nnnnh ...

MAU
MAU
Ihr seid so süß...
Hach ♡
Mauu
Schön festhalten!! Ihr fallt noch runter!!
Hey! Das gilt auch für euch da drüben!!
Mau
Nnh ...
Nnh ...
Uah ...
MAU
MAU

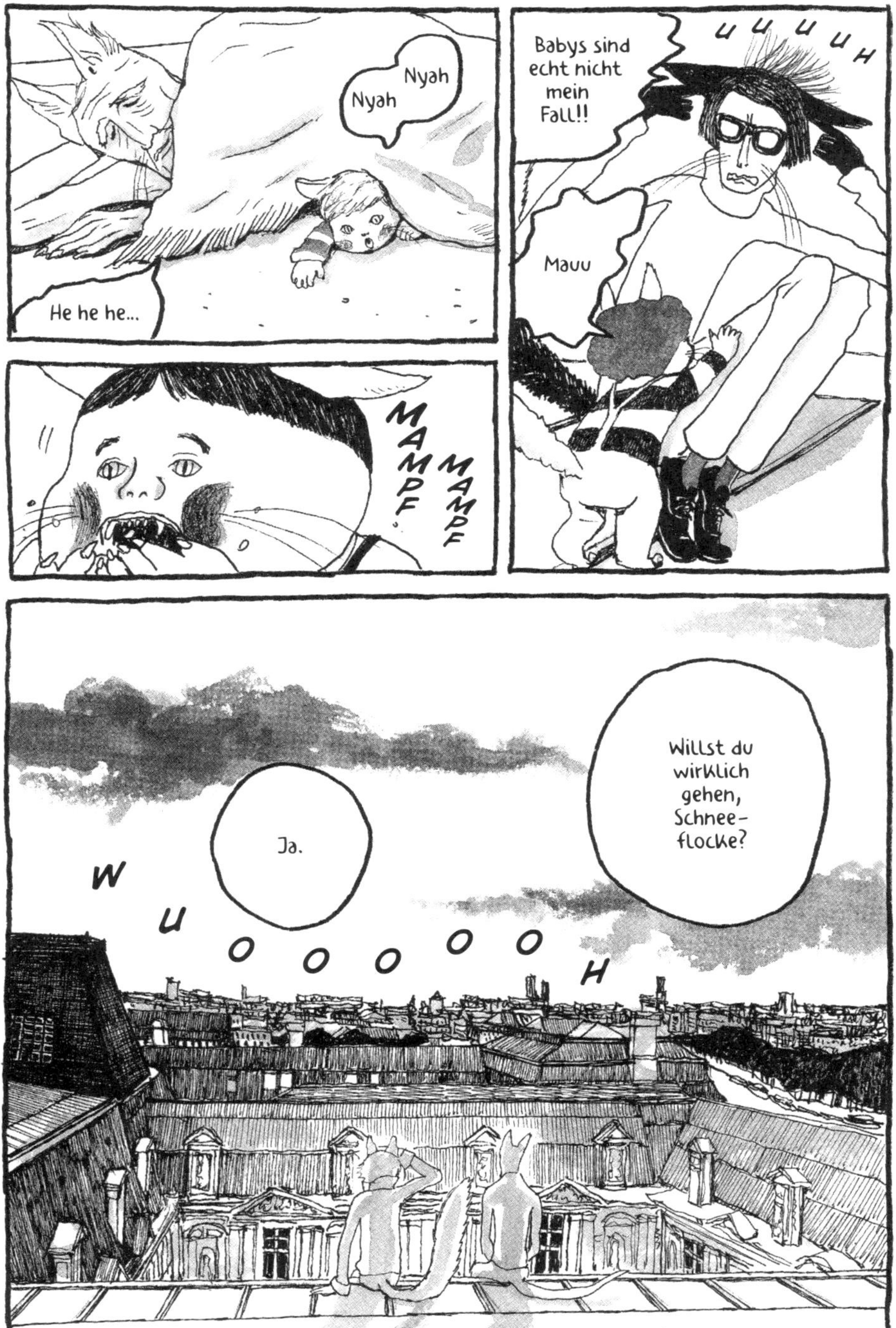

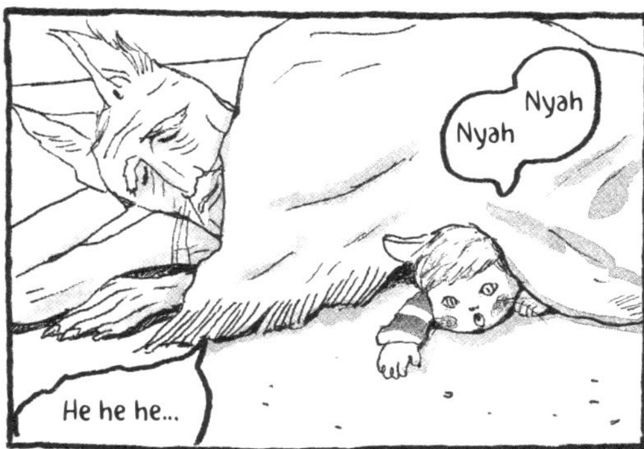
Nyah
Nyah
He he he...

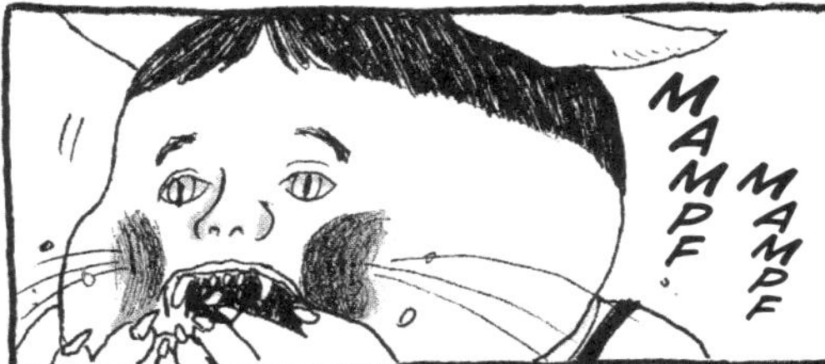
MAMPF MAMPF

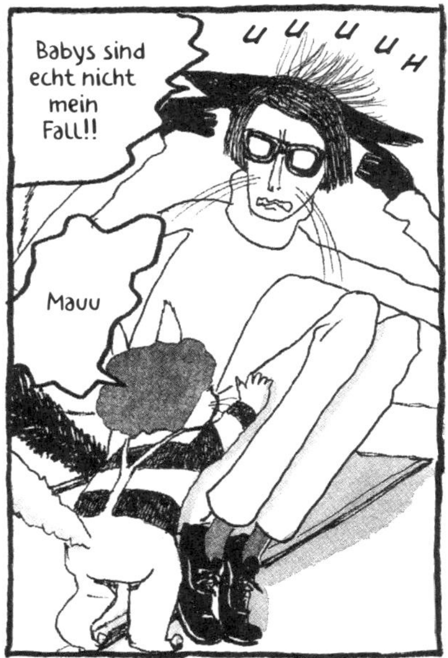
Babys sind echt nicht mein Fall!!
UUUUH
Mauu

Willst du wirklich gehen, Schnee-flocke?
Ja.
WUOOOOOH

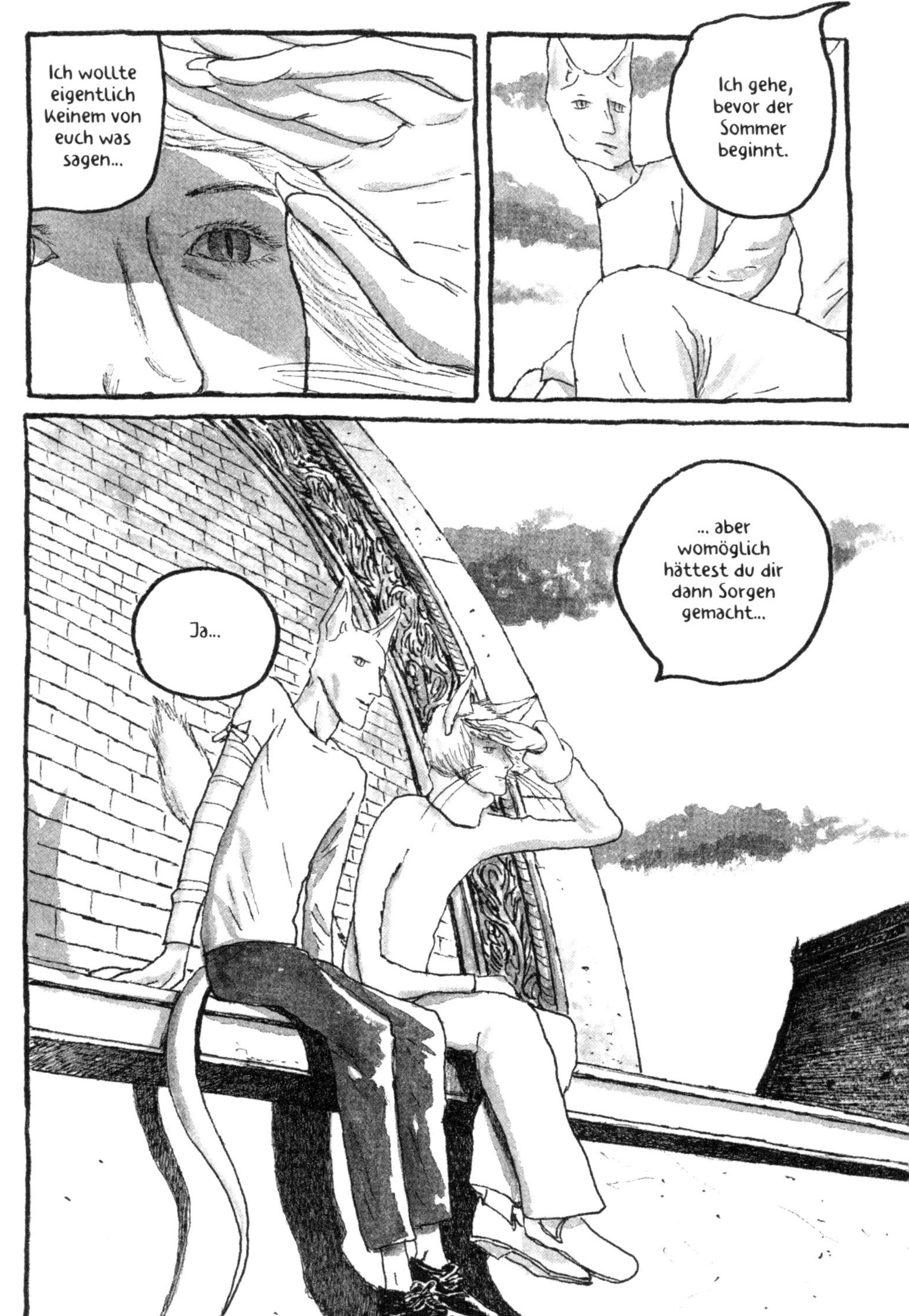
Ich wollte eigentlich keinem von euch was sagen...
Ich gehe, bevor der Sommer beginnt.
... aber womöglich hättest du dir dann Sorgen gemacht...
Ja...

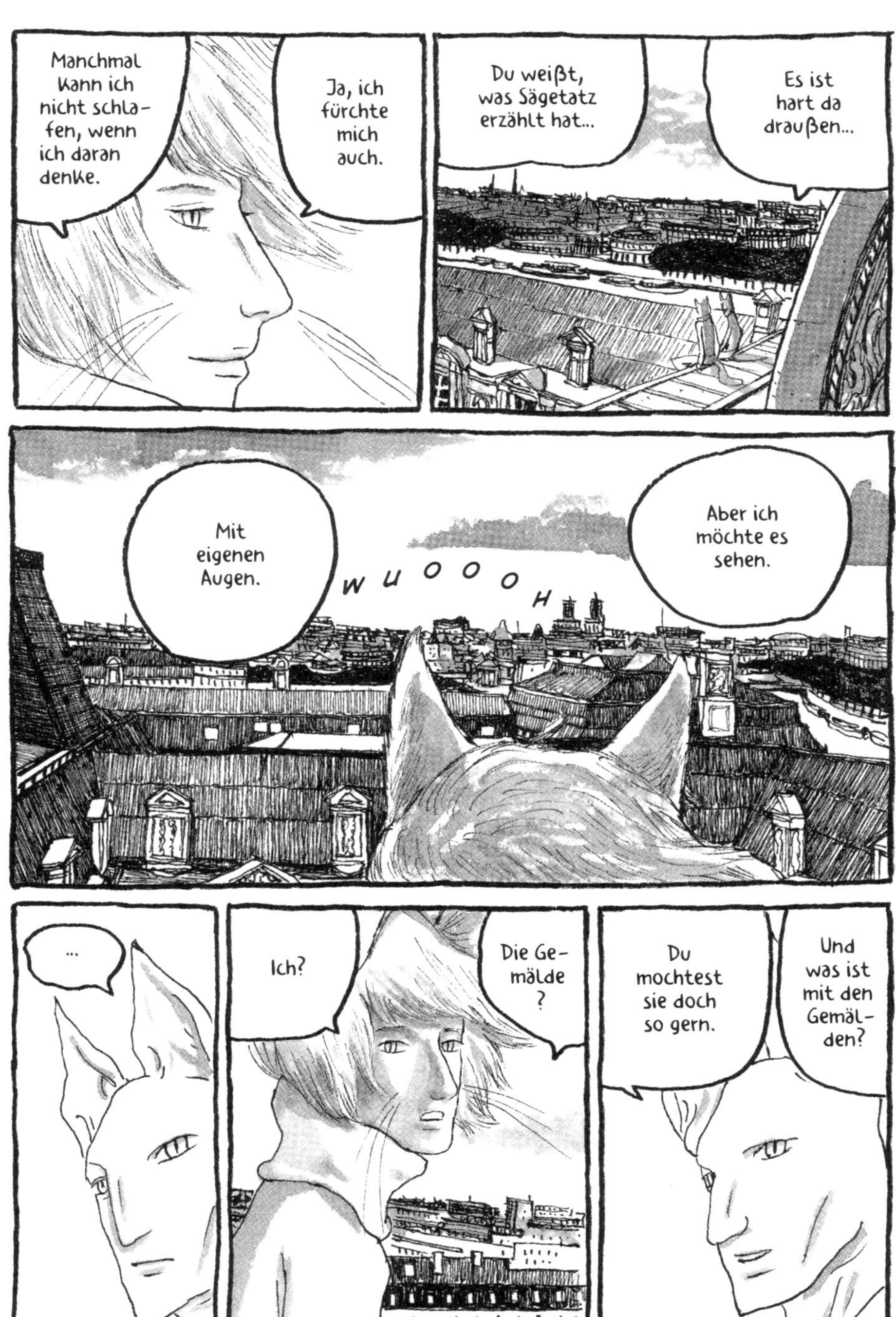
Manchmal kann ich nicht schla- fen, wenn ich daran denke.
Ja, ich fürchte mich auch.
Du weißt, was Sägetatz erzählt hat...
Es ist hart da draußen...
Mit eigenen Augen.
WUOOOOH
Aber ich möchte es sehen.
...
Ich?
Die Ge- mälde ?
Und was ist mit den Gemäl- den?
Du mochtest sie doch so gern.

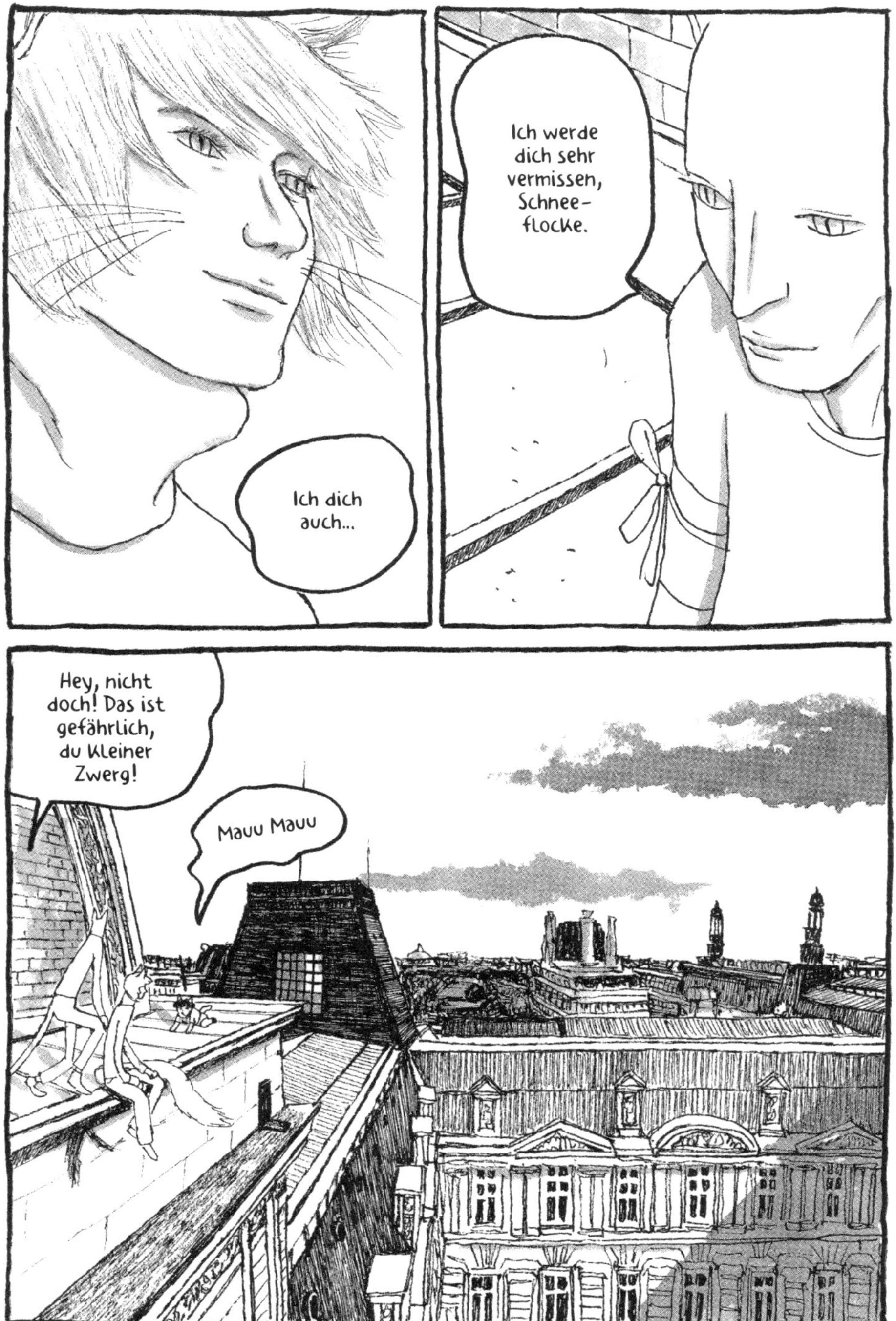

Ich werde dich sehr vermissen, Schnee-flocke.
Ich dich auch...
Hey, nicht doch! Das ist gefährlich, du kleiner Zwerg!
Mauu Mauu

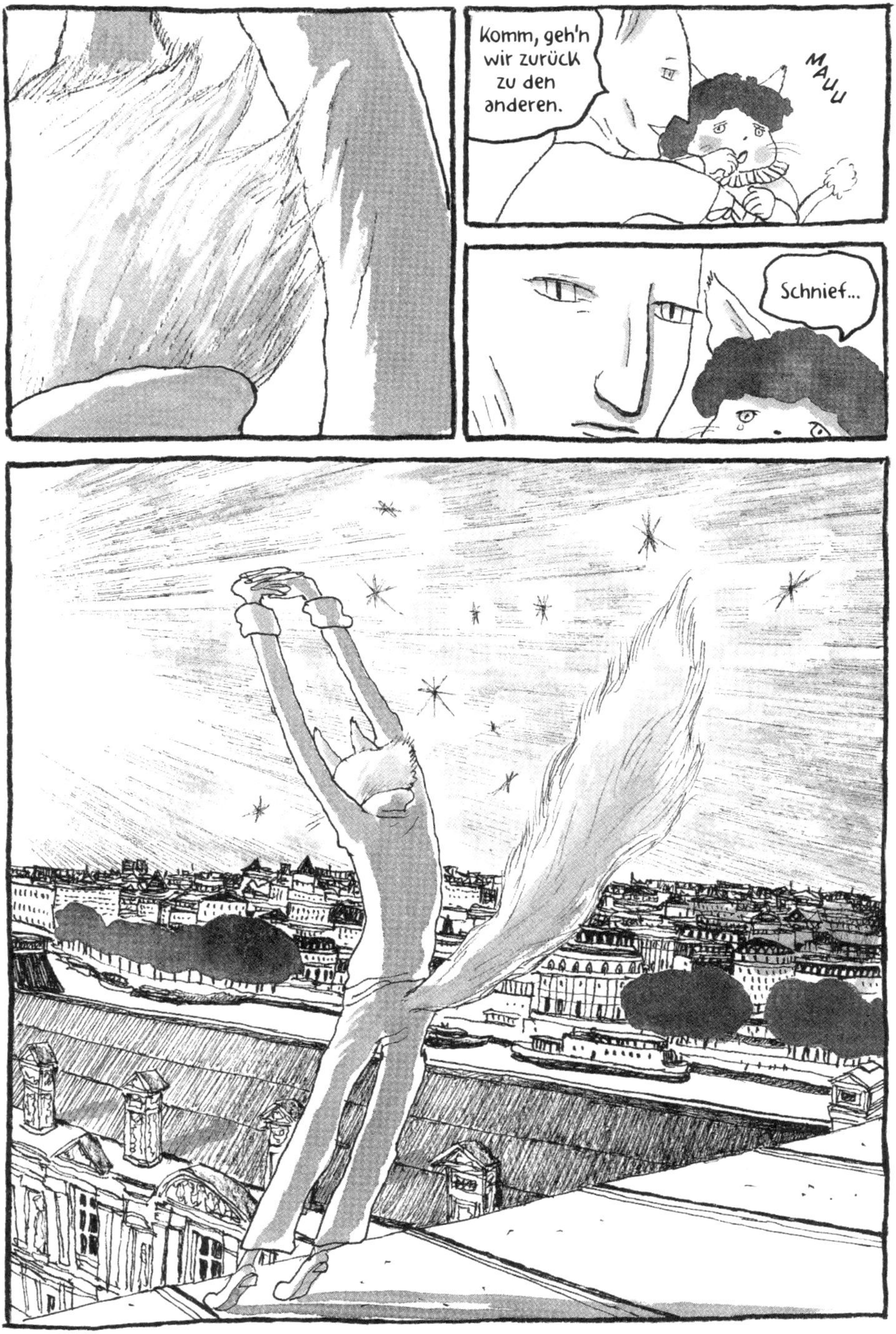

Komm, geh'n wir zurück zu den anderen.
MAUU
Schnief...

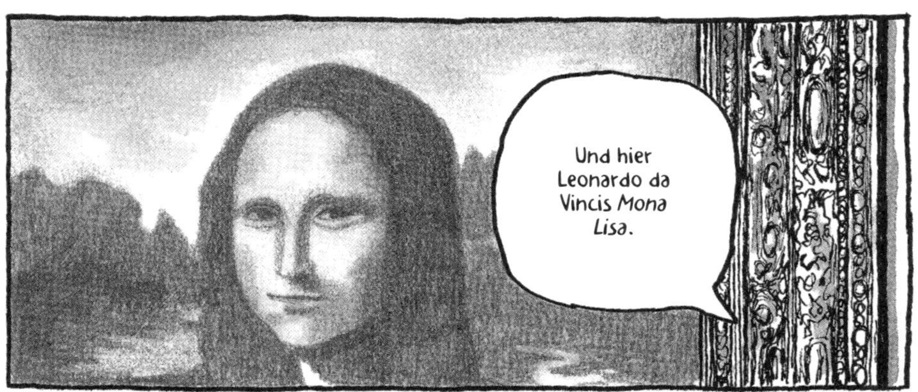
Und hier Leonardo da Vincis *Mona Lisa*.

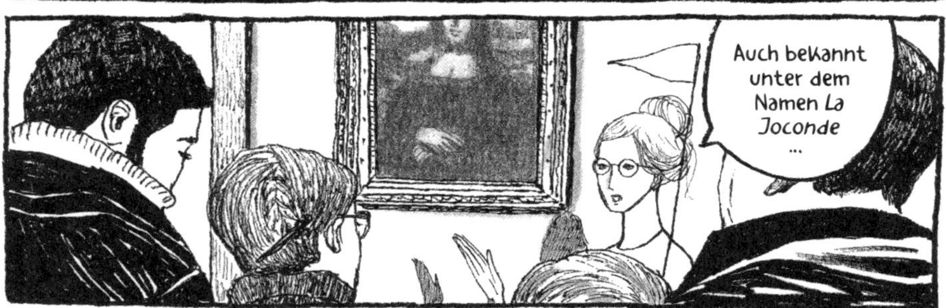
Auch bekannt unter dem Namen *La Joconde* …

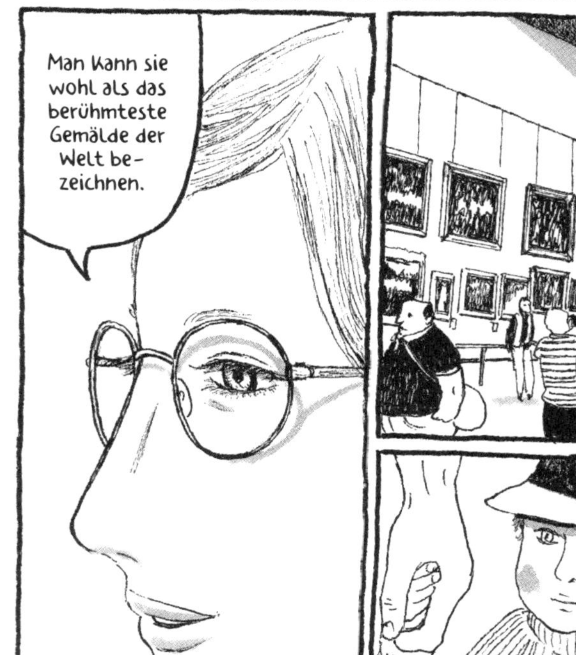
Man kann sie wohl als das berühmteste Gemälde der Welt be-zeichnen.

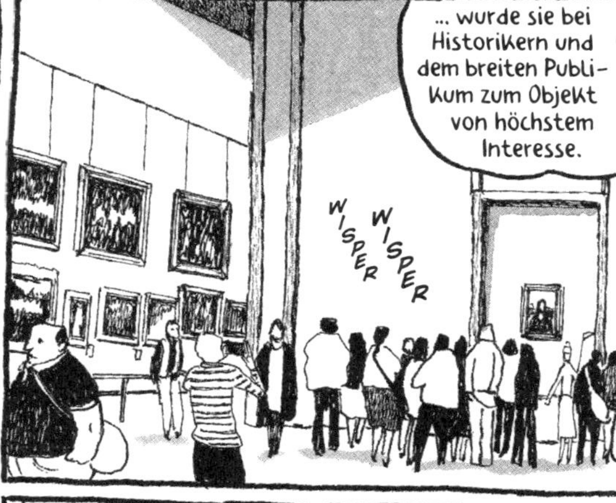
… wurde sie bei Historikern und dem breiten Publi-kum zum Objekt von höchstem Interesse.
WISPER WISPER

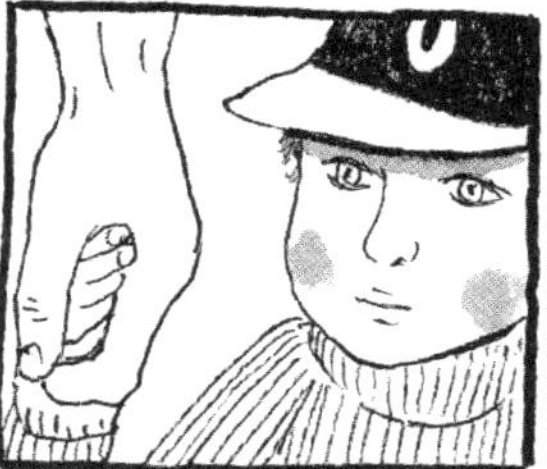

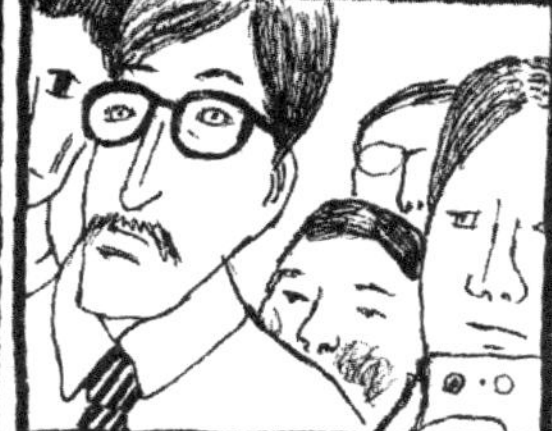

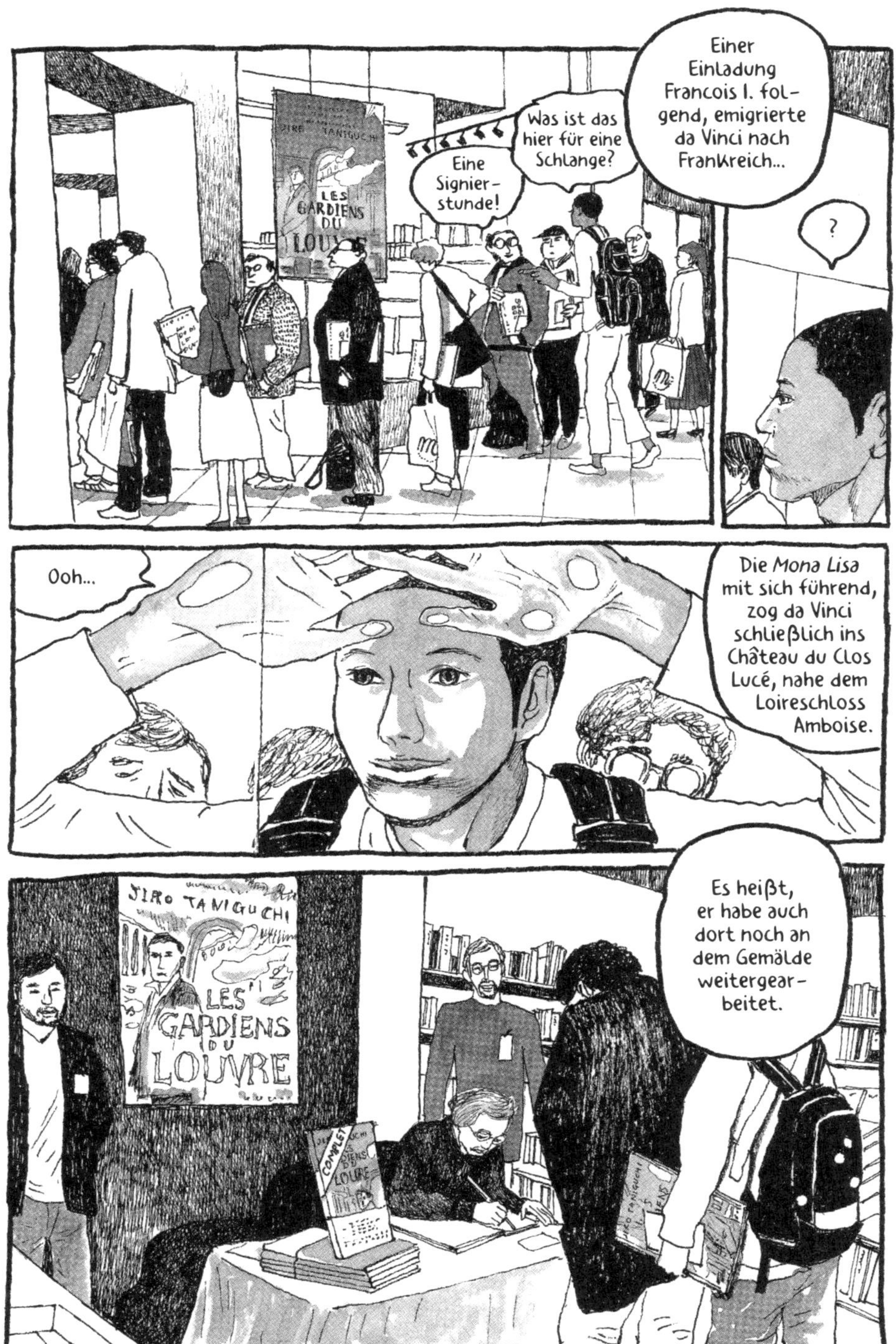
Was ist das hier für eine Schlange?
Eine Signier-stunde!
Einer Einladung Francois I. fol-gend, emigrierte da Vinci nach Frankreich...
?
Ooh...
Die *Mona Lisa* mit sich führend, zog da Vinci schließlich ins Château du Clos Lucé, nahe dem Loireschloss Amboise.
Es heißt, er habe auch dort noch an dem Gemälde weitergear-beitet.
JIRO TANIGUCHI
LES GARDIENS DU LOUVRE
COMPLET

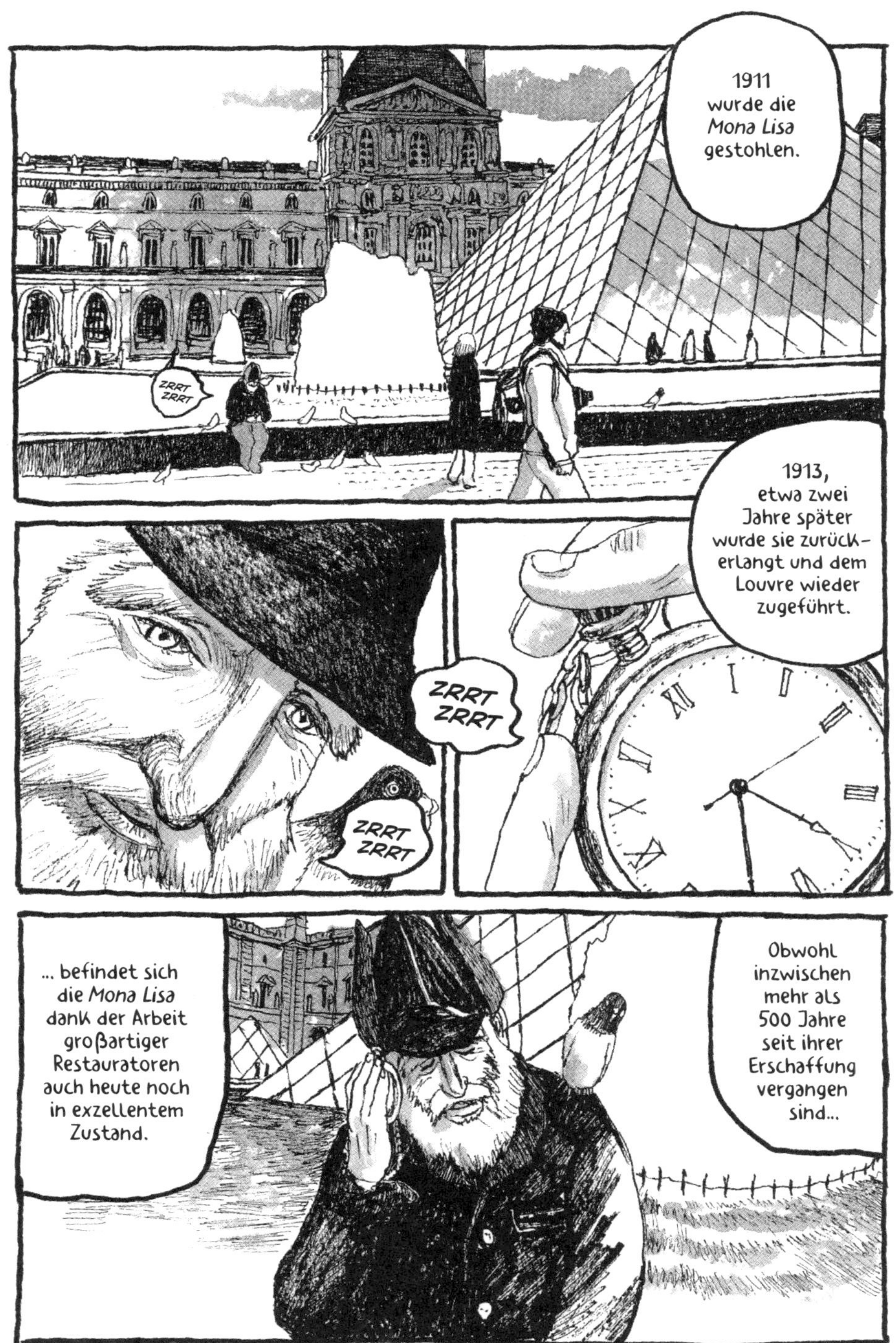
1911 wurde die Mona Lisa gestohlen.
ZRRT ZRRT
1913, etwa zwei Jahre später wurde sie zurück-erlangt und dem Louvre wieder zugeführt.
ZRRT ZRRT
ZRRT ZRRT
Obwohl inzwischen mehr als 500 Jahre seit ihrer Erschaffung vergangen sind…
… befindet sich die Mona Lisa dank der Arbeit großartiger Restauratoren auch heute noch in exzellentem Zustand.

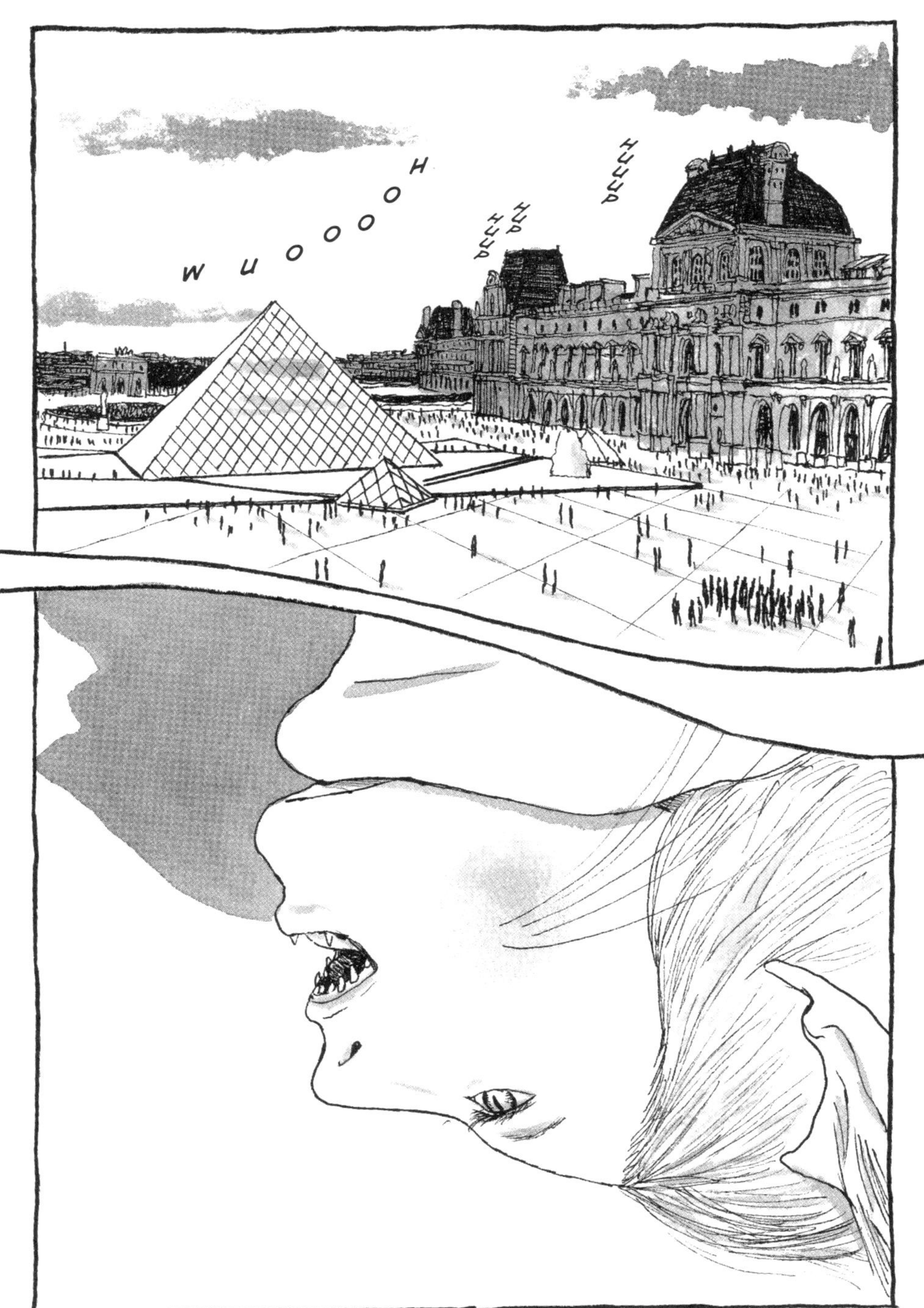
WUOOOOH
HUUUP
HUP
HUUUP

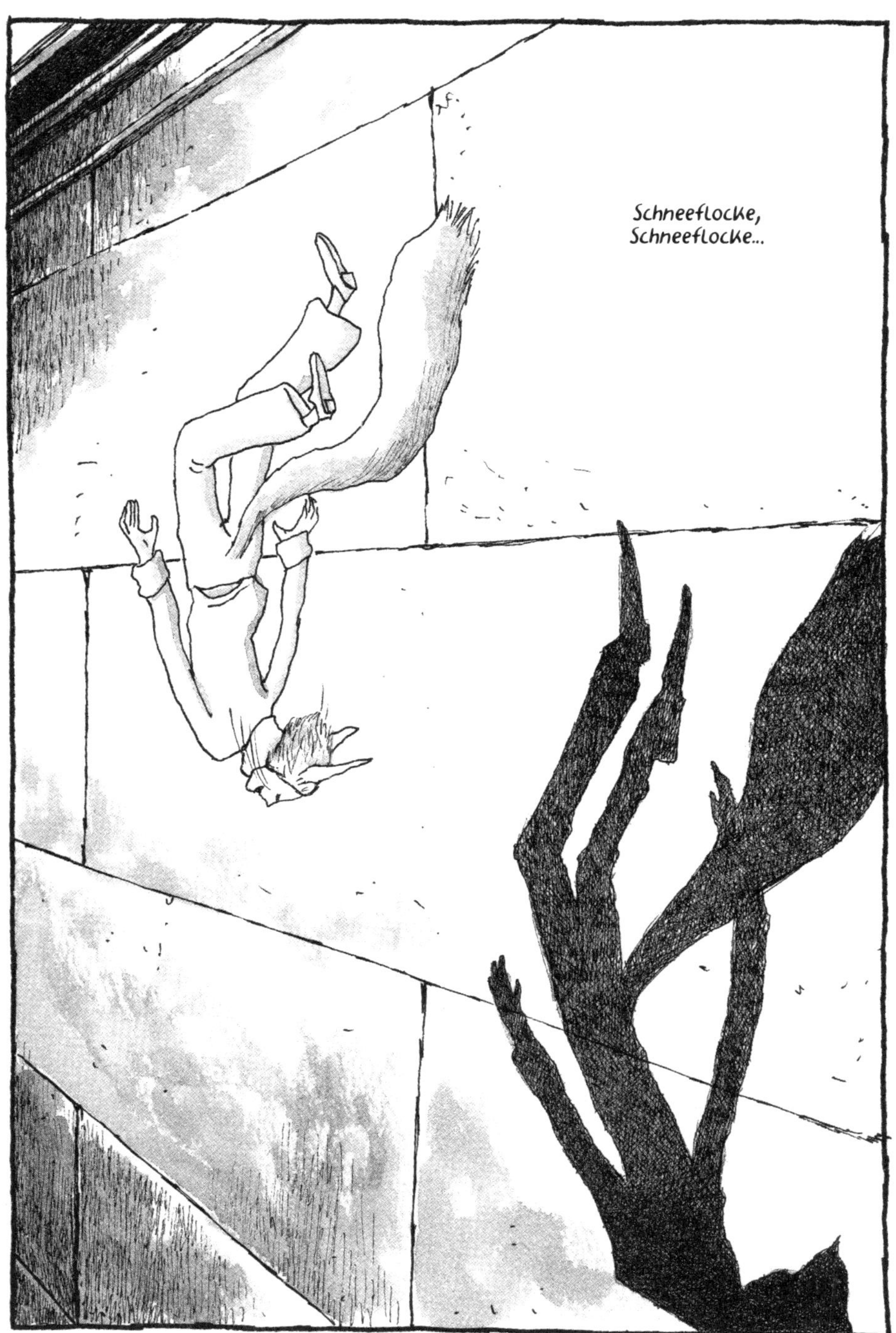
Schneeflocke,
Schneeflocke...

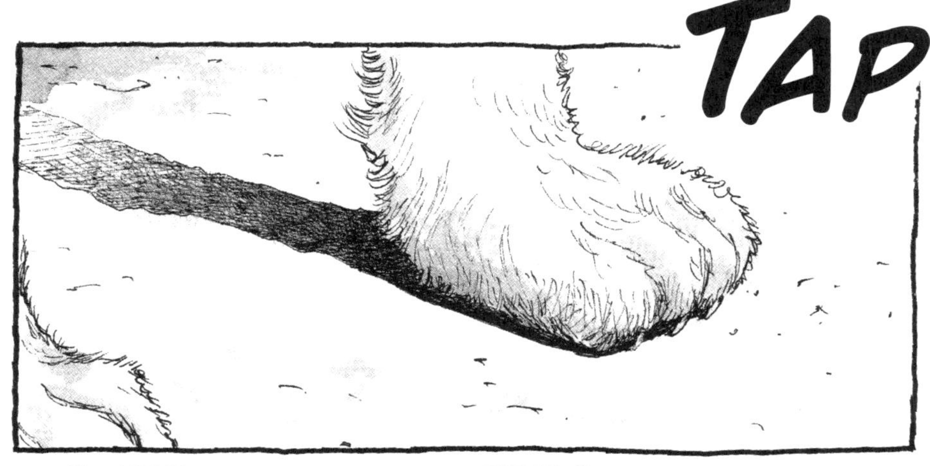
TAP

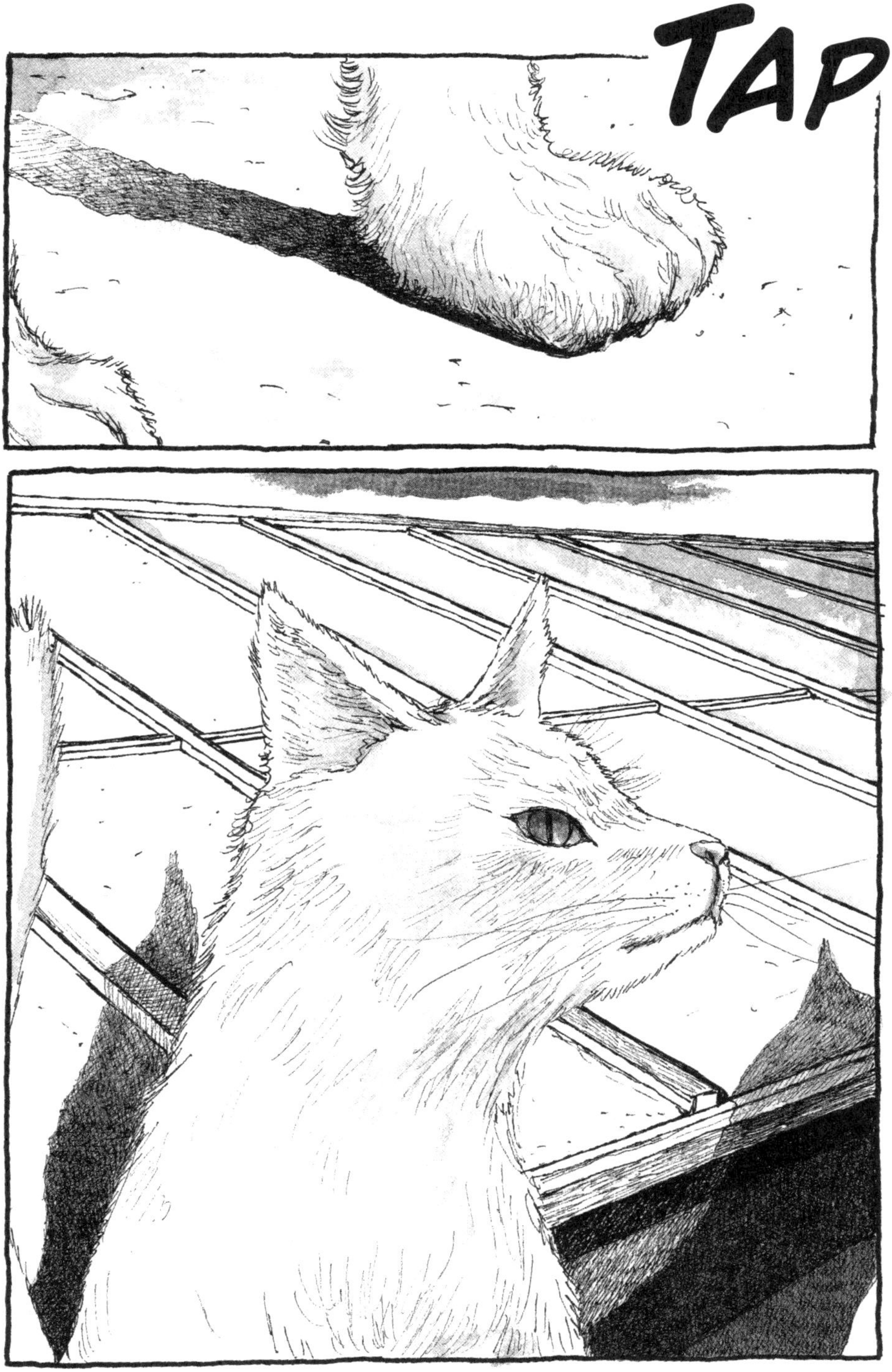

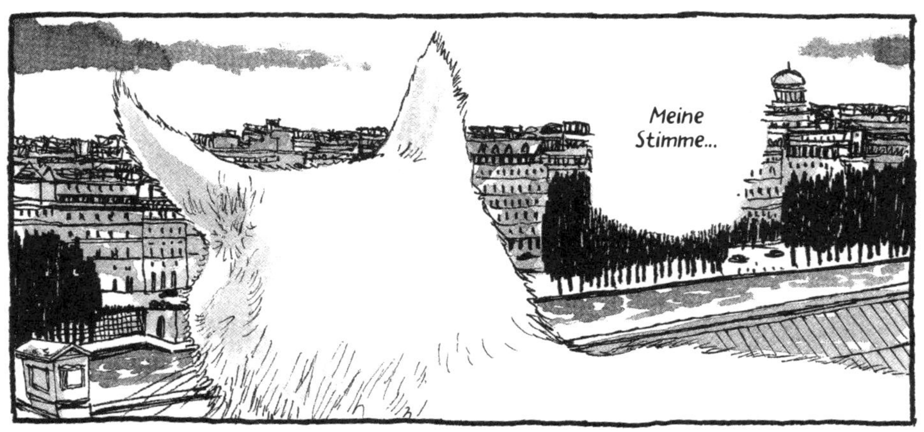
Meine Stimme...

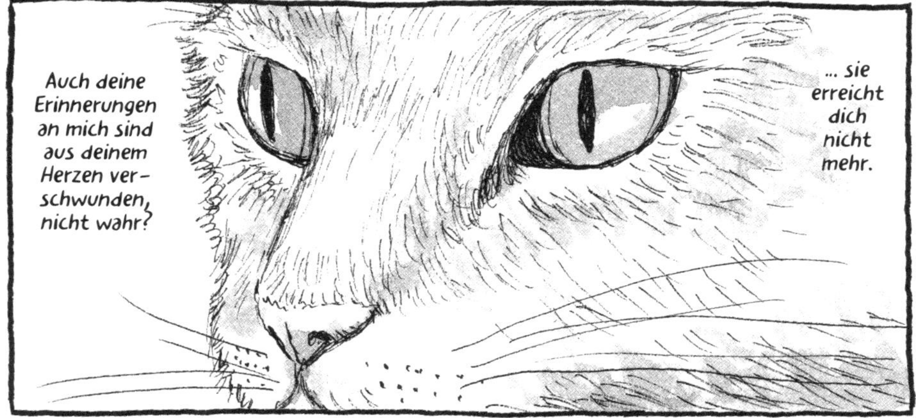
Auch deine Erinnerungen an mich sind aus deinem Herzen verschwunden, nicht wahr?
... sie erreicht dich nicht mehr.

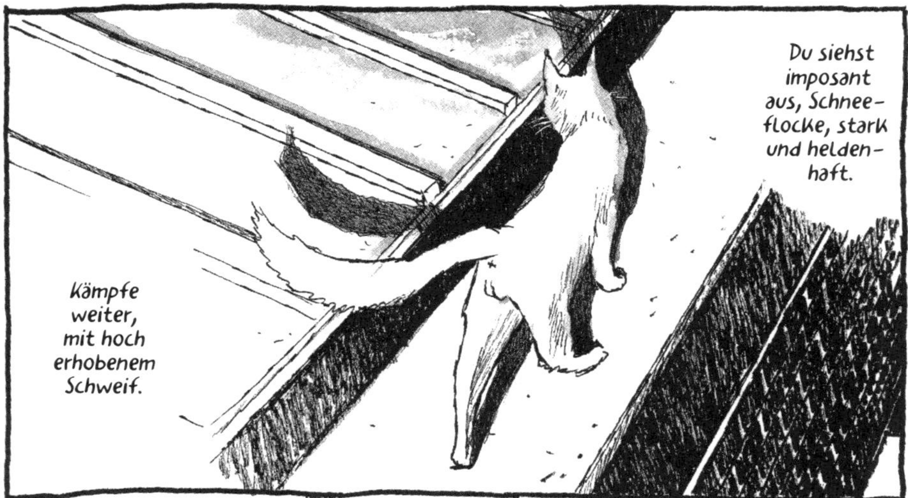
Du siehst imposant aus, Schneeflocke, stark und heldenhaft.
Kämpfe weiter, mit hoch erhobenem Schweif.

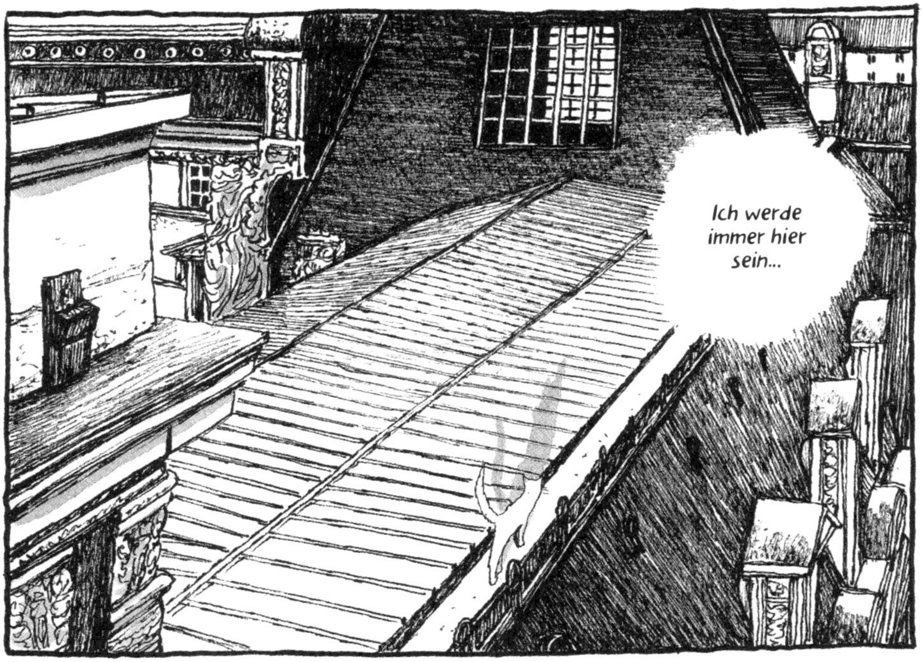

Ich werde immer hier sein...

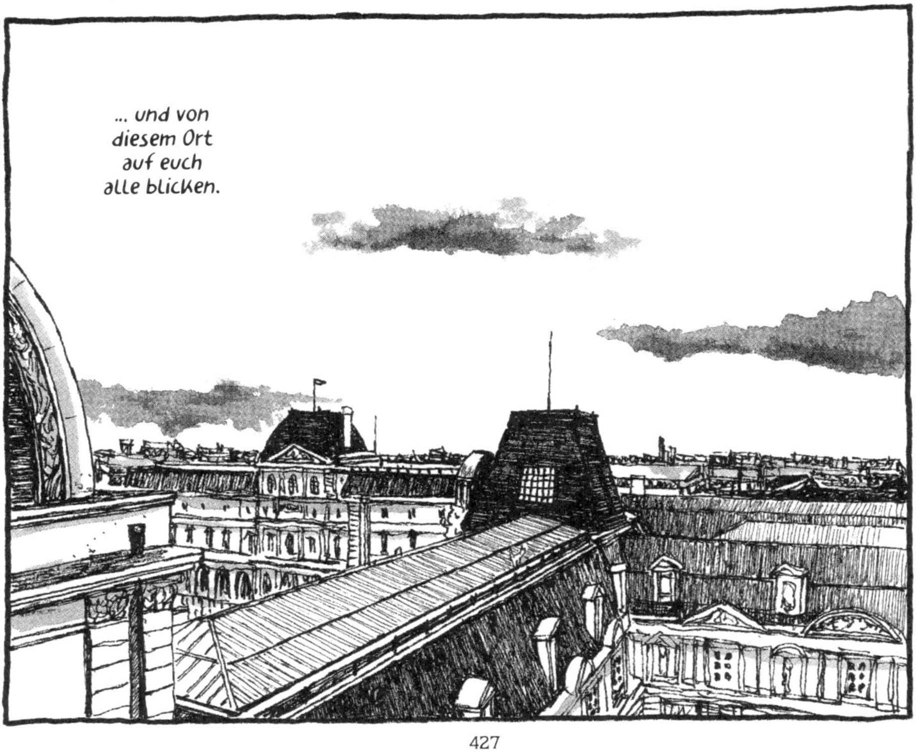

... und von diesem Ort auf euch alle blicken.

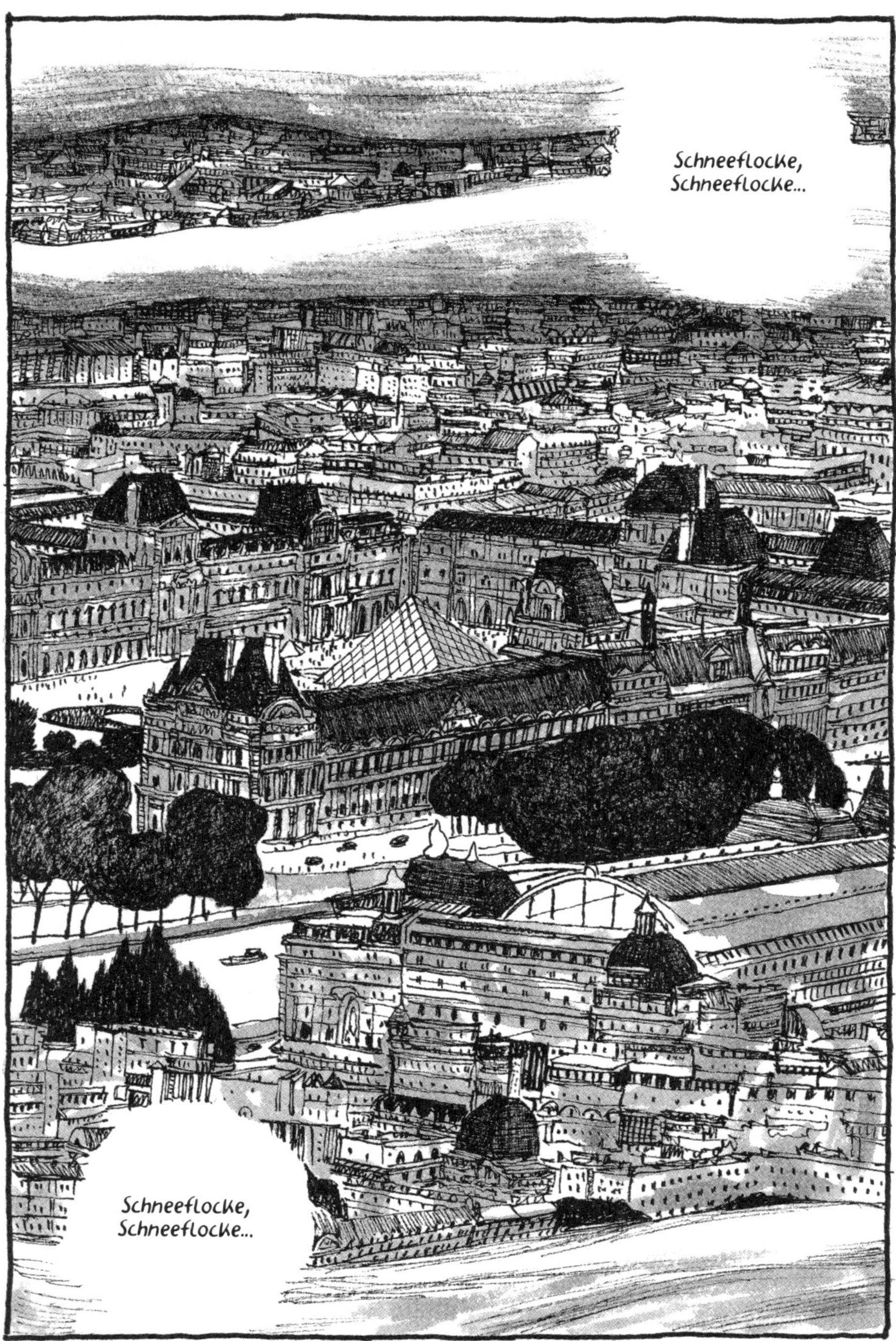
Schneeflocke,
Schneeflocke...
Schneeflocke,
Schneeflocke...

- ENDE -

Redaktion:
Motoyuki Oda

Geschichte
und Zeichnungen:
Taiyo Matsumoto
und Saho Tono

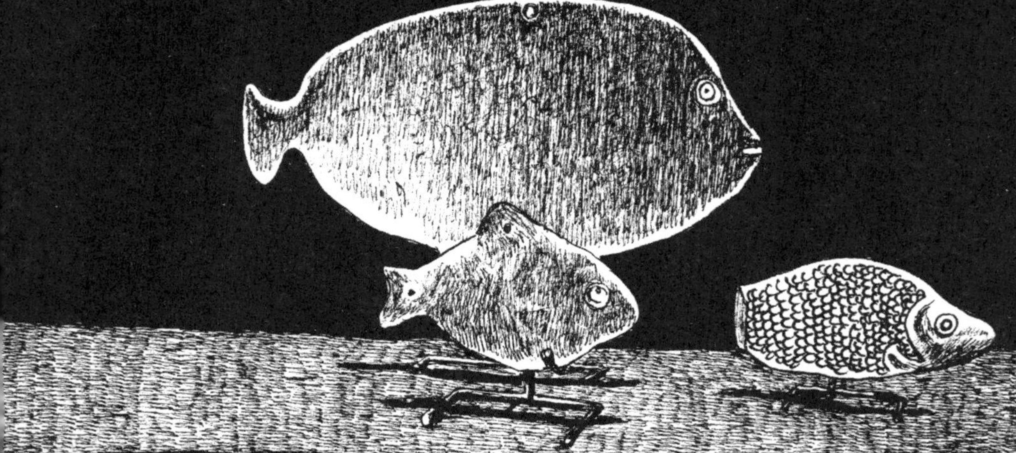

Fachliche
Unterstützung bei
den Recherchearbeiten
durch die Mitarbeiter
des Louvre-Museums

Dank an:
Fabrice Douar,
Sébastien Gnaedig,
Ilan Nguyen,
Ayako Takahashi,
Yasuki Hori,
Ichiro Nakaguma

Buchgestaltung
(japanische Ausgabe):
Junzi Takahashi

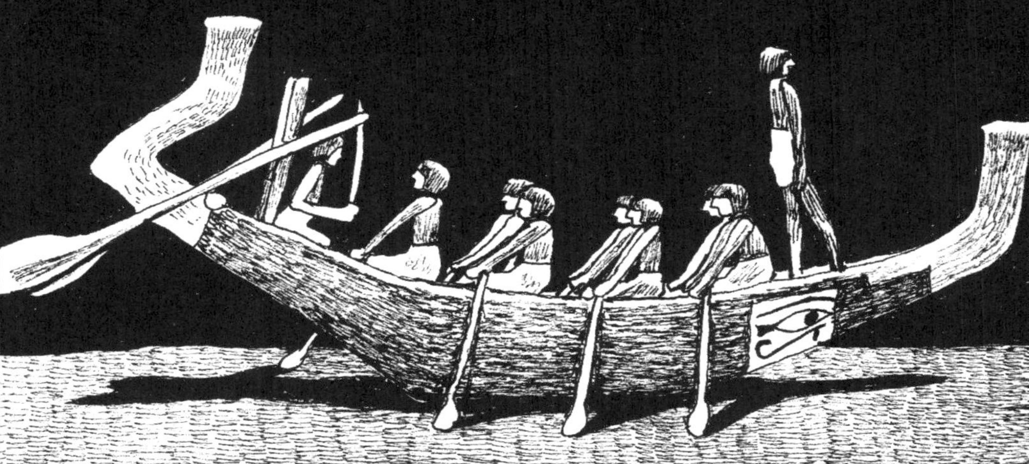

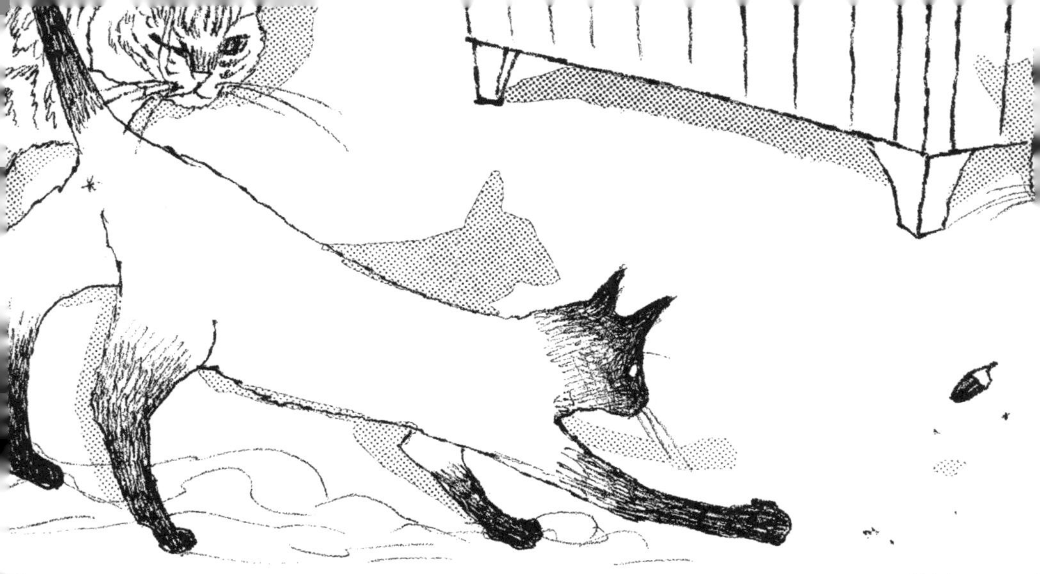

HALT!

DIE KATZEN DES LOUVRE ist ein Manga, der in japanischer Leserichtung veröffentlicht wird. Da in Japan von hinten nach vorn und von rechts nach links gelesen wird, beginnt dieses Buch hinten und endet hier. Die Bilder und Sprechblasen werden von rechts oben nach links unten gelesen.

Aus dem Japanischen von Daniel Büchner
Redaktion: Aranka Schindler
Korrektur: Gustav Mechlenburg
Lettering und Herstellung: diceindustries

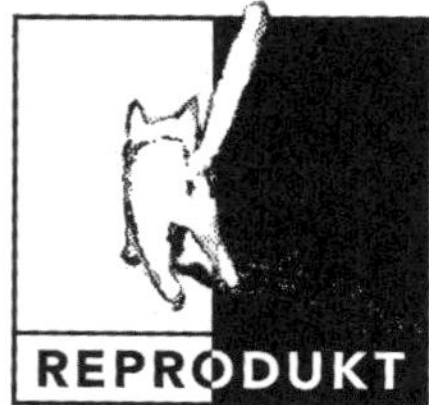

Reprodukt GmbH
Gottschedstr. 4 / Aufgang 1
13357 Berlin

Original Japanese edition published by SHOGAKUKAN.
German translation rights in Germany, Austria, Liechtenstein and German speaking areas in Switzerland, Belgium, Italy and Luxembourg
arranged with SHOGAKUKAN through VME PLB SAS.
Herausgeber: Dirk Rehm
ISBN 978-3-95640-417-7
Druck: Balto Print, Vilnius, Litauen

Zweite Auflage: September 2025
info@reprodukt.com | www.reprodukt.com